U0930025

中国法院年鉴

THE YEARBOOK OF CHINA COURTS

2023

《中国法院年鉴》编辑部　编

人民法院出版社

图书在版编目（CIP）数据

中国法院年鉴. 2023 / 《中国法院年鉴》编辑部编.
北京 : 人民法院出版社, 2024. 8. -- ISBN 978-7-5109-4205-1

Ⅰ. D926-54

中国国家版本馆CIP数据核字第2024KF7314号

中国法院年鉴·2023

《中国法院年鉴》编辑部　编

责任编辑	刘晓宁
封面设计	天平文创视觉设计/马晓腾　尹苗苗
出版发行	人民法院出版社
地　　址	北京市东城区东交民巷27号（100745）
电　　话	(010) 67550572（责任编辑）　67550558（发行部查询） 65223677（读者服务部）
客服 QQ	2092078039
网　　址	http://www.courtbook.com.cn
E - mail	courtpress@sohu.com
印　　刷	三河市国英印务有限公司
经　　销	新华书店

开　　本	787 毫米 × 1092 毫米　1/16
字　　数	698千字
印　　张	28.75
版　　次	2024 年 8 月第 1 版　2024 年 8 月第 1 次印刷
书　　号	ISBN 978-7-5109-4205-1
定　　价	198.00 元

《中国法院年鉴》编辑委员会

《中国法院年鉴》编辑人员

《中国法院年鉴》通讯编辑

《中国法院年鉴·2023》编辑说明

一、为深入贯彻习近平新时代中国特色社会主义思想，认真落实习近平总书记对档案工作的重要指示批示精神，总结好、运用好党领导人民司法的历史和经验，记录好、留存好习近平法治思想在新时代人民法院的创新实践，最高人民法院决定组织编纂《中国法院年鉴》。

二、《中国法院年鉴》收录的资料，均由最高人民法院各单位和各高级人民法院、解放军军事法院、新疆生产建设兵团分院提供，内容丰富、材料翔实、具有权威性。

三、《中国法院年鉴》每年编辑出版一卷，收录的资料均截至当年 12 月 31 日。

四、《中国法院年鉴》收录的资料，暂未包括台湾省、香港特别行政区、澳门特别行政区。

五、《中国法院年鉴·2023》反映 2023 年人民法院工作情况，内容包括特载、专文、司法解释、部分规范性文件、最高人民法院工作概况、地方法院和解放军军事法院工作情况、案例选载、人民法院大事记、统计资料、附录 10 个部分。

六、《中国法院年鉴·2023》的编辑工作，得到各高级人民法院、解放军军事法院、新疆生产建设兵团分院的大力支持，谨在此表示衷心的感谢。由于编辑水平有限，书中难免有疏漏或不当之处，敬请读者批评指正。

《中国法院年鉴》编辑部

2024 年 5 月

目　录

一、特载

二、专文

三、司法解释

四、部分规范性文件

五、最高人民法院工作概况

六、地方法院和解放军军事法院工作情况

七、案例选载

八、人民法院大事记

九、统计资料

十、附录

一、特载

中国法院年鉴

THE YEARBOOK OF CHINA COURTS

2023

第十四届全国人民代表大会第一次会议关于最高人民法院工作报告的决议

（2023年3月13日第十四届全国人民代表大会第一次会议通过）

第十四届全国人民代表大会第一次会议听取和审议了最高人民法院院长周强所作的工作报告。会议充分肯定最高人民法院过去五年的工作，同意报告提出的2023年工作建议，决定批准这个报告。

会议要求，最高人民法院要以习近平新时代中国特色社会主义思想为指导，深入贯彻习近平法治思想，全面贯彻党的二十大和二十届一中、二中全会精神，深刻领悟“两个确立”的决定性意义，增强“四个意识”、坚定“四个自信”、做到“两个维护”，毫不动摇坚持党的绝对领导，坚持以人民为中心，坚持中国特色社会主义法治道路，践行全过程人民民主，忠实履行宪法法律赋予的职责，全面提升审判执行工作质效，深化司法体制综合配套改革，持续加强智慧法院建设，锻造过硬法院队伍，加快推进审判体系和审判能力现代化，全力维护国家政治安全、确保社会大局稳定、促进社会公平正义、保障人民安居乐业，为全面建设社会主义现代化国家、全面推进中华民族伟大复兴提供有力司法保障。

最高人民法院工作报告

——2023年3月7日在第十四届全国人民代表大会第一次会议上

最高人民法院院长　周　强

各位代表：

现在，我代表最高人民法院，向大会报告工作，请予审议，并请全国政协各位委员提出意见。

过去五年的主要工作

2022 年是党和国家发展史上极为重要的一年，党的二十大胜利召开，擘画了全面建设社会主义现代化国家、以中国式现代化全面推进中华民族伟大复兴的宏伟蓝图。在以习近平同志为核心的党中央坚强领导下，在全国人大及其常委会有力监督下，全国法院围绕迎接党的二十大、学习宣传贯彻党的二十大精神，坚决筑牢政治忠诚，坚定维护安全稳定，依法服务发展大局，切实保障民生权益，深化司法体制改革，着力锻造法院铁军，各项工作稳中有进。最高人民法院受理案件 18547 件，审结 13785 件；地方各级人民法院和专门人民法院受理案件 3370.4 万件，审结、执结 3081 万件，结案标的额 9.9 万亿元。

党的十九大以来的五年，我们党团结带领人民有效应对严峻复杂的国际形势和接踵而至的巨大风险挑战，推动党和国家事业取得举世瞩目的重大成就。五年来，最高人民法院坚持以习近平新时代中国特色社会主义思想为指导，深入贯彻习近平法治思想，全面贯彻党的十九大和十九届历次全会精神，认真学习贯彻党的二十大精神，贯彻落实《中国共产党政法工作条例》，认真落实十三届全国人大历次会议决议，深刻领悟“两个确立”的决定性意义，增强“四个意识”、坚定“四个自信”、做到“两个维护”，紧紧围绕“努力让人民群众在每一个司法案件中感受到公平正义”目标，坚持服务大局、司法为民、公正司法，忠实履行宪法法律赋予的职责，推动人民法院工作实现新变革新发展。认真落实习近平主席特赦令和全国人大常委会特赦决定，在新中国成立 70 周年前夕依法裁定特赦罪犯 23593 人。2018 年至 2022 年，最高人民法院受理案件 14.9 万件，审结 14.5 万件，比上一个五年分别上升 81.4% 和 81.5%，制定司法解释 114 件，发布指导性案例 119 件，加强对全国法院审判工作监督指导；地方各级人民法院和专门人民法院受理案件 1.47 亿件，审结、执结 1.44 亿件，结案标的额 37.3 万亿元，比上一个五年分别上升 64.9%、67.3% 和 84.7%。通过发挥审判职能作用，推动建设更高水平的平安中国、法治中国，为全面建成小康社会、全面建设社会主义现代化国家提供有力司法服务和保障。

一、坚决维护国家安全、社会安定、人民安宁

全面贯彻总体国家安全观，坚持宽严相济刑事政策，五年来审结一审刑事案件 590.6 万件，判处罪犯 776.1 万人。

坚决维护国家政治安全。严惩各种渗透颠覆破坏、暴力恐怖、民族分裂、宗教极端等犯罪，坚定维护国家政权安全、制度安全、意识形态安全。审理施正屏、李孟居、李亨利、沙塔尔·沙吾提等案件，严惩间谍、窃密、资助危害国家安全犯罪活动、妄图分裂国家的犯罪分子。依法反制非法制裁和“长臂管辖”，坚定捍卫国家主权、安全、发展利益。

坚决维护社会稳定。持续开展扫黑除恶斗争，依法审结涉黑涉恶案件 3.9 万件 26.1 万人。对孙小果、杜少平、陈辉民、黄鸿发等依法判处并执行死刑。“黑财”执行到位 2461 亿元。一批为害一方的“村霸”“街霸”“矿霸”被绳之以法。依法惩治涉疫犯罪，维护正常防疫秩序，优化调整司法政策。从严惩治暴力伤医、扰医、闹医等侵害医务人员权益的违法犯罪，切实维护救死扶伤的白衣天使安全和尊严。依法惩治袭警犯罪，让暴力抗法者付出代价。审结故意杀人、强奸、抢劫、绑架、放火、爆炸等严重暴力犯罪案件 23.8 万件 27.4 万人，审结毒品犯罪案件 34.7 万件 44.2 万人，对高承勇、张维平、陈宇萍等一批罪行极其严重的犯罪分子依法判处死刑。我国刑事犯罪案件、严重暴力犯罪案件总体呈持续下降态势，人民群众安全感显著增强。

依法惩治腐败犯罪。配合国家监察体制改革，完善监察执法与刑事司法衔接机制。审结贪污贿赂等职务犯罪案件 11.9 万件 13.9 万人。依法从严惩处孙政才等 92 名原中管干部，对赵正永、孙力军、王立科、傅政华、刘彦平等依法适用终身监禁，对赖小民依法判处并执行死刑，彰显党中央有腐必惩、有贪必肃的坚定决心。坚决惩治侵害群众利益的“蝇贪”“蚁腐”，对挪用惠农资金、克扣征地补偿款、贪污危房改造补助等腐败犯罪严惩不贷。审结行贿犯罪案件 1.2 万件 1.3 万人，严惩多次行贿、巨额行贿、长期“围猎”干部的行贿犯罪。审理许超凡等外逃人员回国受审案件 979 件，对长期外逃的程三昌缺席审判，裁定没收张正欣、彭旭峰等死亡或外逃腐败分子境内外违法所得，追逃追赃“法网”越织越紧，对腐败分子产生极大震慑。

依法惩治信息网络犯罪。审结电信网络诈骗及关联犯罪案件 22.6 万件，千方百计帮助受骗群众挽回损失，“10·18”“11·20”等一批特大跨境电信网络诈骗犯罪分子被绳之以法。依法惩治侵犯公民个人信息、帮助信息网络犯罪活动等犯罪，加大全链条打击力度。通过审理刷单返利、虚假理财、交友陷阱等网络诈骗案件，揭露花样翻新的诈骗套路，助力全民反诈。严厉打击网络赌博犯罪，对张宁宁等跨境赌博犯罪集团案被告人依法从严惩处。审理涉网络“水军”、网络“黑公关”等案件，严惩散布虚假信息、危害网络生态的犯罪行为，决不允许网络

空间沦为法外之地。

依法惩治危害群众切身利益的犯罪。审结危害食品药品安全犯罪案件3万件4.6万人，严惩利欲熏心的造假者，对制售有毒有害食品的犯罪分子依法宣告从业禁止，守护百姓餐桌安全、用药安全。开展打击医保骗保犯罪专项行动，严惩幕后组织者和职业骗保人。严厉打击整治养老诈骗，审结"老庆祥""夕阳红""长者屋"等针对老年人的非法集资案件，判处罪犯4523人，追赃挽损31.9亿元，守护群众养老钱。

依法维护公共安全。审结危害生产安全犯罪案件1.1万件2万人，对一批重特大生产安全事故责任人依法判处重刑，维护人民群众生命财产安全。针对高空抛物、偷盗窨井盖、妨害安全驾驶等公众担忧的安全问题，出台司法政策，促进综合治理，有力维护群众"头顶上""脚底下"和出行中的安全。

二、依法服务构建新发展格局、推动高质量发展

完整、准确、全面贯彻新发展理念，审结一审商事案件2472.3万件，维护市场秩序，优化法治环境，服务经济社会高质量发展。

依法助力稳经济增信心。新冠肺炎疫情防控三年来，人民法院竭尽所能为企业减负纾困，帮群众排忧解难。出台助力中小微企业发展20条，推动解决挤压生存发展空间、拖欠账款等中小微企业急难愁盼问题。出台促进消费30条，严厉整治"霸王条款"、消费欺诈、预付式消费陷阱等行为，依法保护新零售业态、新个体经济，支持、规范社交电商等多样化经营模式，促进增强消费信心。出台稳定就业14条，明确居家办公或灵活办公工资裁判标准，维护高校毕业生就业见习、试用期合法权益，平衡保护用人单位和劳动者权益。妥善化解合同履行、商铺租赁、物流运输等涉疫纠纷77.9万件，多数通过调解、和解方式解决，帮助大中小微企业互谅互让、守望相助、共渡难关。运用民法典不可抗力、情势变更等条款，积极协调受疫情影响的中小企业、个体工商户以延期付款、分期付款等方式履行债务，鼓励业主或债权人减免租金、减免逾期利息。坚持善意文明司法，对应当采取查封、保全的财产，依法采用"活封活扣"，有效释放361万件案件所涉查封财产的使用价值和融资功能。及时修复企业信用179万件次，对13万个企业暂缓适用强制措施，通过一系列"放水养鱼"柔性措施，让守信的企业摆脱困境、轻装上阵。内蒙古、辽宁、湖北、湖南、广西等法院推行涉企案件经济影响评估机制，天津、河北、上海、浙江、山东、广东等法院主动为出海"抢订单"企业提供法律服务，竭力为市场主体拼经济创造"暖环境"。

依法服务创新驱动发展。加强知识产权司法保护，激发创新动力。审结一审知识产权案件219.4万件，同比增长221.1%。审理涉5G通信、新能源新材料、高端装备制造等高新技术案件，加大对关键核心技术及新兴产业、重点领域等知识产权保护力度。出台植物新品种权司法解释，审理"金粳818"水稻、"丹霞红"梨树等案件1585件，激励育种创新。海南法院强化"南繁硅谷"司法保障，陕西法院建立种业知识产权司法保护基地，甘肃法院设立种子法庭，守护"农业芯片"。出台加强中医药知识产权保护意见，天津、江西等法院完善司法措施，保障中医药传承创新发展。加大惩罚性赔偿力度，2022年侵犯知识产权案件判赔额较2018年增

长 153%。我国知识产权专业化审判体系基本形成。

依法服务优化营商环境。司法程序质量保持全球领先，为我国营商环境世界排名大幅跃升作出积极贡献。加强产权司法保护，落实平等保护原则，不论国有民营、内资外资、大中小微企业，一律平等对待、一视同仁。依法再审纠正张文中案等重大涉产权刑事冤错案件 209 件 283 人，对 6250 名在押企业经营者变更适用取保候审、监视居住等强制措施，对 290 名涉案企业经营者依法宣告无罪，坚决防止将经济纠纷当作犯罪处理，坚决保护市场主体合法的财产权益、合同权益。通过司法裁判弘扬契约精神，在买卖合同、股权转让等案件审理中依法认定合同效力，鼓励诚信交易。加强合同执行，降低交易成本。严防通过虚假诉讼逃废债，对恶意拖欠账款、减损资产、扩张债务行为坚决追究法律责任。依法惩治合同诈骗、串通投标、虚假破产等破坏市场经济秩序犯罪。依法审理行政协议案件，促进行政机关完善守信践诺机制，保障民营经济和社会资本合作方合法权益。

依法维护市场公平竞争。审结垄断和不正当竞争案件 2.9 万件。审理医药、电信、建材、文化消费等领域垄断案件，依法惩处垄断协议、滥用市场支配地位行为，保护市场竞争活力和消费者合法权益。依法惩治侵犯商业秘密、恶意抢注商标等违背诚信原则和商业道德的行为。加强传统品牌、老字号、驰名商标司法保护，审理涉"五常大米""沁州黄小米""云南白药"等商标权、不正当竞争案，制止"傍名牌""搭便车"。对"青花椒"等"碰瓷式维权"说"不"，为合法经营者撑腰，让违法经营者受罚。

依法促进数字经济健康发展。审理大数据权属交易、公共数据不正当竞争等案件，明确数据权利司法保护规则。惩处滥用数据、算法等排除、限制竞争的行为，坚决制止"大数据杀熟"、强制"二选一"等"店大欺客"行为。规范直播带货、付费点播等新业态新模式，保护创新经营，惩处非法逐利。浙江温州法院积极探索数据资源专业审判机制。北京、天津、上海法院对盗播北京冬奥会、世界杯等行为及时作出禁令，促进优化数字文化市场环境。

营造良好金融法治环境。审结金融犯罪案件 10.1 万件、金融民商事案件 1037.7 万件，助力服务实体经济、防控金融风险。大幅下调民间借贷利率司法保护上限，依法否定变相高息条款效力，降低实体经济融资成本。审慎处理涉连环担保和 P2P 网络借贷等案件，以市场化法治化手段防范化解金融风险。出台惩治非法集资、操纵证券期货市场等犯罪司法解释，对财务造假、"老鼠仓"等资本市场违法犯罪"零容忍"。出台证券集体诉讼司法解释，保护中小投资者合法权益，康美药业案 5.5 万名投资者通过特别代表人诉讼获赔 24.59 亿元。先后就科创板、创业板、北交所出台司法保障意见，服务资本市场基础性制度改革。

促进市场要素资源高效配置。审结破产案件 4.7 万件，涉及债权 6.3 万亿元，对仍有市场潜力的高负债企业通过依法重整实现重生，对资不抵债、拯救无望的企业宣告破产，实现市场出清。探索个人破产制度，让诚实而不幸的债务人能有重归市场打拼的机会。推进"执破直通"，办理执行转破产案件 1.5 万件。审结破产重整案件 2801 件，盘活资产 3.4 万亿元，帮助 3285 个企业摆脱困境，稳住 92.3 万名员工就业岗位。海航集团破产重整案成功化解 1.1 万亿元债务风险，北大方正、紫光集团、永泰能源、大船海工、"建工系"、中孚实业、贵阳大数据交易所、青海盐湖股份等一批有价值有前景的企业通过破产重整获得新生。

依法服务乡村振兴和区域协调发展。出台司法政策，服务脱贫攻坚、乡村振兴和农业农村现代化。依法审理涉农村土地“三权分置”案件，支持土地经营权依法有序流转，保障进城落户农民合法土地权益。妥善化解涉农产品产销、特色产业投资、农村电商、乡村旅游等纠纷，优化农村营商环境。黑龙江法院开设绿色通道保障春耕生产。山东法院以专业法庭促进寿光蔬菜等产业发展。江苏法院化解万亩养殖水面清退纠纷，吸引企业追加投资4亿元。跟进京津冀协同发展、长江经济带发展、长三角一体化发展、西部大开发新格局、东北全面振兴、中部地区高质量发展、雄安新区建设、成渝地区双城经济圈建设等重大战略，制定司法服务政策。支持南京法治园区和吉林、福建、四川等地法务区建设。支持河北法院与国家体育总局共建冰雪运动法律问题研究基地，助力后奥运经济发展。

依法服务生态文明建设。深入践行“两山”理念，审结环境资源案件129.3万件，审结检察机关和社会组织提起的环境公益诉讼案件1.7万件。贯彻保护优先、预防为主、损害担责等原则，制定生态环境侵权禁止令、惩罚性赔偿等司法解释。审理非法进口“洋垃圾”、环境监测数据造假、非法围填海域等案件，助力打好蓝天碧水净土保卫战。云南法院审理绿孔雀预防性保护公益诉讼案，加强生物多样性司法保护。完善长江、黄河生态保护修复司法政策，流域内法院司法协作“串珠成链”，携手保护“母亲河”。江苏法院跨省移交“长江特大非法采砂案”生态修复金，落实全流域一体化保护。创新适用补植复绿、增殖放流等恢复性司法举措，判令补植树木超过9085万株，放流鱼苗超过5.1亿尾。贵州法院支持认购碳汇修复生态，福建法院创新林业碳汇损失计量及赔偿机制，促进绿色低碳发展。河南、湖北、重庆、陕西、宁夏法院在黄河湿地、丹江、三峡库区、秦岭、贺兰山等建设生态司法修复基地，让受损生态得以修复。江西法院依法审理三清山巨蟒峰损毁案，对故意损毁自然遗迹的行为予以严惩。加强文物和文化遗产司法保护，“章公祖师”肉身坐佛像案开创以国内民事诉讼追索流失海外文物新途径，河北山海关、山西右玉法院建立长城文化遗产司法保护机制。基本建成中国特色环境资源审判组织体系，中国环境司法在全球环境治理中发挥越来越重要的作用。

依法服务高水平对外开放。审结涉外商事案件9.5万件、海事案件7.6万件。坚定不移贯彻对外开放基本国策，围绕高质量共建“一带一路”和自由贸易试验区、海南自由贸易港建设等出台司法服务政策。落实外商投资准入前国民待遇加负面清单制度，审理外商投资企业股东资格确认纠纷等案件，平等保护中外投资者合法权益。在南宁等地设立10个国际商事法庭。审理铁路提单物权纠纷案，促进陆上国际贸易规则创新。完善中欧班列等国际铁路运输案件专业化审判机制。推进国际海事司法中心建设，维护国家海洋权益，服务海洋经济发展。审理“普拉利斯”轮扣押案、“天使力量”轮船员劳务合同案等案件，我国海事司法公正、高效、透明等优势充分彰显，越来越多外国当事人主动选择中国法院管辖。恪守国际条约，尊重国际惯例，积极参与国际规则制定。上海合作组织成员国最高法院院长会议、中国—东盟大法官论坛、世界执行大会、世界互联网法治论坛、世界环境司法大会等成果丰硕，中国司法国际影响力日益提升。

三、坚持走好中国特色司法为民之路

坚持以人民为中心的发展思想，深入践行司法为民宗旨，贯彻实施民法典，审结一审民事案件 4583.3 万件，着力解决人民群众在司法领域的难点堵点问题，切实维护人民群众合法权益。

全面加强人格权保护。审结人格权纠纷案件 87.5 万件。在司法政策中完善人格权侵害禁令、人身安全保护令等规定，让人格权更有保障。出台人脸识别司法解释，审理可视门铃侵害邻里隐私、扫码点餐侵犯个人信息、社交软件私自收集用户信息等案件，为隐私权和个人信息保护构筑“防火墙”。审理侵害“两弹一星”功勋于敏、“杂交水稻之父”袁隆平等名誉案，让人格尊严免遭网络暴力侵害。审理“AI 陪伴”软件侵害人格权案，认定擅自使用他人形象创设虚拟人物构成侵权。审理请求返还冷冻胚胎案，保护丧偶妻子辅助生育权益，作出“人伦和情理胜诉”的温情判决。通过一系列司法政策和公正裁判，让人脸安全得到保障，隐私安宁免遭侵扰，名誉荣誉不被诋毁，人格利益更受重视，让人的价值、尊严受到法律充分尊重和保护。

保障人民安居乐业。审结涉教育、就业、医疗、养老、住房等民生案件 2224.1 万件。联合有关部门出台维护新就业形态劳动者权益意见，推动破解劳动关系难认定、工伤无赔偿、社保零缴纳等问题，让快递小哥、外卖骑手等新业态从业者有尊严、有保障。制定网络消费司法解释，保护涉网约车、网络购物、新型旅游等网络消费者合法权益。加强消费公益诉讼案件审判，探索适用惩罚性赔偿，对损害消费者生命健康等行为依法追究责任。妥善审理房地产纠纷案件 460.4 万件，依法优先保障刚需和改善性需求购房人合法权益，助力保交楼、保民生、保稳定。

维护家庭和谐幸福。审结婚姻家庭案件 896.1 万件，努力守“小家”和谐、护“大家”安定。会同全国妇联等深化家事审判改革，完善家事调解、家事调查、心理辅导等制度，健全妇女儿童权益保护机制。加大对家暴案件依职权调取证据力度，及时签发人身安全保护令 1.3 万份，联动各方推动保护令落地执行。出台服务应对人口老龄化国家战略司法措施，加强老年人权益保护，健全适老型诉讼服务机制。审理“空巢”老人、再婚老人赡养案，支持老年人精神赡养请求，让老人晚年幸福自由受到尊重，让子女常回家看看成为自觉，弘扬中华民族孝亲敬老的传统美德。

呵护少年儿童健康成长。落实最有利于未成年人原则，推行圆桌审判、轻罪犯罪记录封存、合适成年人到场、回访帮教等制度机制，完善中国特色社会主义少年司法制度。努力教育感化挽救失足未成年人，判处未成年人罪犯由 2013 年的 5.6 万人减少到 2022 年的 2.8 万人。宽容“但不纵容，对主观恶性深、手段残忍、屡教不改的依法予以惩处。对侵害未成年人犯罪”零容忍，该判处重刑的坚决依法判处。会同教育部等出台意见，依法严格执行侵害未成年人犯罪人员从业禁止制度，判处 202 名被告人终身禁止从事密切接触未成年人的工作。落实家庭教育促进法，发出家庭教育令 10308 份，督促“甩手家长”依法履行家庭教育责任。会同有关单位共同防治中小学生欺凌和暴力，积极预防未成年人沉迷网络或遭受网络侵害。开展司法与行政、家庭、学校、社区保护联动机制试点，共同保护祖国的明天。

依法维护国防利益和军人军属合法权益。审结破坏军事设施、冒充军人招摇撞骗、破坏军婚等涉军犯罪案件2503件。如期完成涉军停偿司法服务保障任务，助力实现军队资产不流失、群众利益不受损。军事法院贯彻依法治军战略，推进军事行政审判试点。全面推广涉军维权“信阳模式”“鄂豫皖模式”。河北、安徽、湖南法院妥善解决边防战士家庭涉法问题，为保家卫国的边防官兵减少后顾之忧。江苏、江西法院会同当地政府依法维护革命烈士遗孀、退役军人遗属权益。对诋毁“抗美援朝冰雕连”、亵渎卫国戍边英雄的犯罪分子依法严厉制裁，坚决捍卫英烈尊严荣光，在全社会高扬尊崇英雄的浩然正气。

维护港澳台侨同胞合法权益。审结涉港澳台案件12.1万件，办理涉港澳台司法协助互助案件4.6万件，审结涉侨案件4.4万件。基本实现内地与港澳民商事司法协助全覆盖。出台服务粤港澳大湾区建设意见、支持和保障横琴粤澳深度合作区建设意见、支持和保障全面深化前海深港现代服务业合作区改革开放意见，服务港澳融入国家发展大局。制定司法惠台36条，平等保护台胞台企合法权益。接收港澳台学生实习参访，让港澳台青年感受祖国法治建设成就。推行跨境网上立案和涉侨纠纷在线多元化解，架起维护侨胞权益“连心桥”。举办海峡两岸暨香港澳门司法论坛，发挥中华司法研究会作用，传承中华优秀传统法律文化，共同推动中华法治发展。

方便群众高效化解矛盾。紧扣群众所盼所需，迎难而上，持续攻坚，一一破解难题。在全面实行立案登记制、破解长期以来群众解纷立案“门难进”问题后，还要让群众化解矛盾“事好办”。各级法院坚持和发展新时代“枫桥经验”，贯彻“推进案件繁简分流、轻重分离、快慢分道”要求，建成中国特色一站式多元纠纷解决和诉讼服务体系，提供菜单式、集约式、一站式纠纷解决服务，真正把方便留给群众。构建多元化纠纷解决机制。与全国总工会、全国工商联、退役军人事务部、中国银保监会、中小企业协会等单位协作，形成覆盖12个领域的“总对总”在线多元调解新格局。人民法院调解平台开通以来，9.6万个调解组织和37.2万名调解员入驻，在线调解纠纷3832万件，2022年平均每分钟有75件纠纷成功在诉前在线化解。加强诉源治理，调解平台在线对接7.6万个基层治理单位，嵌入乡村、社区、网格，及时把矛盾纠纷化解在基层、化解在萌芽状态，努力实现案结事了人和。提供普惠均等的现代化诉讼服务。人民法院在线服务平台提供立案、交费、调解、开庭、执行等“一网通办”服务，司法服务全天候“不打烊”，群众办事可以全流程“掌上办”。12368热线实质办理诉讼事务，接听群众来电3250万件次。跨域立案服务网点覆盖城乡，提供跨域立案服务16.7万件，减轻群众异地诉讼往返奔波之苦。44.8万名律师、基层法律服务工作者注册使用律师服务平台，在线办理申请立案、阅卷、调查收集证据等事项884万件次。优化在线集约的审判辅助服务。网上保全平台办理保全123万件，标的额达4万亿元，2022年93%的诉前保全48小时内作出裁定。委托鉴定系统平均鉴定周期26个工作日，较线下缩短1/3。文书电子送达1.7亿次，336个邮政集约送达中心基本实现全国主要城市目的地法律文书“次日达”。一站式多元纠纷解决和诉讼服务体系真正实现为群众解忧、帮法官减负、让正义提速。

加强新时代人民法庭建设。大力创建“枫桥式人民法庭”，10050个人民法庭扎根基层，充分发挥处在服务人民群众第一线的优势，积极促进城乡基层治理和平安法治乡村建设。继承和发扬“马锡五审判方式”，内蒙古、重庆、西藏、甘肃、宁夏等法院依托马背法庭、车载法庭开展巡回审判，畅通司法服务群众“最后一公里”。吉林梨树、黑龙江建三江“田间法庭”守护“黑土粮仓”，福建平潭“海岛法庭”服务海岛渔村向海而兴，云南西双版纳“国门法庭”保护边民侨胞合法权益，安徽安庆、新疆福海的人民法庭用“六尺巷调解法”“冬不拉调解法”化解矛盾，让人民群众切实感受到公平正义就在身边。

巩固拓展“基本解决执行难”成果。紧紧依靠党委领导，打赢为期三年的“基本解决执行难”攻坚战，2019年向十三届全国人大二次会议报告“基本解决执行难”目标如期实现。持续巩固攻坚成果，保持执行工作高水平运行，努力兑现群众胜诉权益。五年来，受理执行案件4577.3万件，执结4512.1万件，执行到位金额9.4万亿元，2022年首次突破2万亿元。网络执行查控系统对被执行人全国范围内16类财产一键查询、线上控制，累计查控案件8535万件次，有效解决查人找物难。网络司法拍卖成交超过2万亿元，为当事人节约佣金621.4亿元，有力破解财产变现难。联合信用惩戒体系让失信被执行人“一处失信、处处受限”，918万人迫于信用惩戒压力主动履行了义务。在加强失信惩戒的同时，强化守信激励。浙江丽水法院邀请耄耋之年创业还债的守信老人为“诚信履行”代言，带动1260多名被执行人主动履行债务。规范执行标准流程，强化监督管理，健全规范体系。连续多年开展涉民生保障、涉拖欠农民工工资、涉拖欠民营企业账款等专项执行行动，其中执行到位涉民生案款626.8亿元。健全解决执行难长效机制，持续推进执行难综合治理、源头治理。经过不懈努力，中国特色执行制度机制更加健全，执行模式发生根本性变革，有力促进了法治社会和诚信社会建设。

加强法治宣传教育。全面落实普法责任制，充分利用互联网等媒体平台，强化以案释法，引导全民增强法治观念，在全社会营造尊法学法守法用法的良好氛围。广泛开展法院开放日和送法进机关、进校园、进乡村、进社区、进企业、进军营等活动。举办“现在开庭”“正在执行”等全媒体直播，让群众“零距离”感受司法公正。指导创作电视剧《底线》《阳光下的法庭》和纪录片《家事如天》等作品，用群众喜闻乐见的方式呈现人民法院对公平正义的执着追求，展现新时代法治中国建设成就。

四、坚决守住维护社会公平正义的最后一道防线

牢记公平正义是司法的灵魂和生命，始终以事实为根据、以法律为准绳，坚持严格公正司法，保障和促进社会公平正义。

坚持法理情相结合。坚持以法为据、以理服人、以情感人，牢固树立新时代社会主义司法理念，牢牢站稳人民立场，坚决纠正机械司法、就案办案等错误做法，努力实现案件办理政治效果、法律效果、社会效果有机统一。坚持罪责刑相适应原则，依法改判并核准百香果女童被害案被告人死刑，妥善审理“鹦鹉案”“兰草案”“为筹办抗战纪念展收购枪支案”，做到重罪重罚、轻罪轻罚、无罪不受刑事追究，使司法裁判真正符合人民群众心中朴素的公平正义观。

坚决捍卫法律尊严和权威。贯彻党和国家死刑政策，对挑战法律和道德底线、严重危害群众和社会安全的罪行决不姑息，论罪当判死刑的，坚决依法判处并核准死刑。严把死刑案件

质量关，对事实不清、证据不足的陶雪案、范太应案一审依法作出无罪判决，对熊秋保案依法不予核准死刑，之后真凶均出现，有效防范重大冤错案件发生。对因徇私枉法、假立功等导致“重罪轻判”的案件依法启动再审，改判张成功等人死刑，做到不枉不纵。全面排查1990年以来的1334.5万件“减假暂”案件，对存在问题或瑕疵的5.9万件逐案整改，加强减刑假释案件实质化审理，坚决防止“纸面服刑”“提钱出狱”。

加强人权司法保障。坚持实事求是、有错必纠，对冤错案件发现一起、查实一起、纠正一起，依法纠正五周案、张玉环案等重大刑事冤错案件26件53人。健全冤错案件有效防范和及时纠正机制，坚决守住防止冤错案件底线。贯彻罪刑法定、疑罪从无、证据裁判等原则，落实公开审判、法庭辩论制度，对死刑包括死缓二审案件一律开庭审理，对2675名公诉案件被告人和2097名自诉案件被告人依法宣告无罪。加强被告人辩护权和律师执业权利保障，畅通律师协会维护律师执业权利渠道，推进律师辩护全覆盖，全面落实死刑复核案件法律援助制度。完善国家赔偿和司法救助制度，加强冤错案件国家赔偿工作。“依法纠正冤错案件”写入党的第三个历史决议。

弘扬社会主义核心价值观。审理朱振彪追赶肇事逃逸者案、医生电梯内劝阻吸烟案、小区保安陪同送医案、救助老人压断肋骨案，面对矛盾冲突、是非曲直，不回避、不含糊、不迁就，旗帜鲜明支持见义勇为，坚决反对“和稀泥”，着力破解长期困扰群众的“扶不扶”“劝不劝”“追不追”“救不救”等法律和道德风险，引领良好社会风尚，推动法治建设。审理私自上树摘杨梅坠亡案、高铁霸座案、吃“霸王餐”逃单摔伤索赔案，让自甘风险者自负其责，让失德乱序者承担后果，引导社会成员增强公共意识、规则意识。新时代司法定分止争、明辨是非、激浊扬清、惩恶扬善，努力让法安天下、德润人心。

维护和促进社会公平。加强裁判尺度统一，切实防止公平正义因地域、城乡、行业差异而打折扣。修改司法解释，将人身损害赔偿统一按城镇居民标准计算，消除城乡居民赔偿标准差异。会同人力资源社会保障部等发布促进妇女平等就业政策文件，加强新冠病毒感染康复者平等就业权保障，审理女员工怀孕被解雇、毕业生求职遭地域歧视等案件，坚决纠正影响平等就业的不合理限制和就业歧视。会同中国残联等出台加强残疾人司法保护意见，加大对残疾人平等参与社会生活的保障力度。

监督、支持依法行政。审结一审行政案件138.4万件，审查行政非诉执行案件107.4万件，强化行政行为合法性审查，服务“放管服”改革和法治政府建设。加大对房屋土地、社会保障等关系群众切身利益案件审判力度，推动解决群众急难愁盼问题。依法审理涉国有土地出让、政府采购、招投标、招商引资等行政案件，保护行政相对人合法权益，促进诚信政府建设。探索行政案件集中管辖，破除行政诉讼“主客场”现象。推进行政机关负责人出庭应诉，天津、上海、浙江、山东、宁夏、兵团等法院加强行政争议多元化解中心建设，辽宁、吉林、河南、贵州、新疆等法院推动构建府院联动机制，促进行政争议实质性化解。

以公开促公正树公信。审判流程、庭审活动、裁判文书、执行信息四大公开平台让司法活动在阳光下运行，让公平正义以看得见的方式实现。中国裁判文书网公开文书1.4亿份、访问量逾千亿次，中国庭审公开网直播庭审超2100万场。越是公众关注案件，越是依法主动公开，让人民群众监督司法活动、见证司法公正，让热点案件审判成为全民共享的法治公开课。开放、动态、透明、便民的阳光司法机制已经形成。

五、司法体制改革和智慧法院建设取得重大进展

坚决贯彻党中央改革部署，实施 140 项改革举措，推动司法审判和现代科技深度融合，实现审判体系和审判能力深刻重塑。

司法体制综合配套改革深入推进。全面准确落实司法责任制，推动实现“让审理者裁判、由裁判者负责”，坚持法定审判组织依法行权和严格执行民主集中制相结合，健全权责清晰、权责统一、监督有序、制约有效的审判权力运行体系。深化法官员额制改革，落实入额必办案，推动法官员额能进能出、动态调整。建立法官惩戒制度，让违法审判必被问责、依法办案不受追究。加强和规范司法解释、案例指导，推行类案强制检索制度，促进法律适用统一。推进以审判为中心的诉讼制度改革，推行庭前会议、排除非法证据、法庭调查三项规程。深入推进量刑规范化。正确实施认罪认罚从宽制度。根据全国人大常委会授权，完成民事诉讼程序繁简分流改革试点，有序开展四级法院审级职能定位改革试点。完善人民陪审员制度，人民陪审员增至 32.7 万人，参审案件 1266.4 万件。

法院组织体系更趋完善。深化最高人民法院巡回法庭改革，6 个巡回法庭审理了一大批重大行政和民商事案件，较好实现最高审判机关重心下移、就地解决纠纷、方便群众诉讼等目标，被群众称为“家门口的最高人民法院”。在深圳、西安设立最高人民法院第一、第二国际商事法庭，创立国际商事专家委员会制度，创新诉讼与仲裁、调解有机衔接的一站式国际商事纠纷多元化解决机制。最高人民法院知识产权法庭统一审理全国范围内专利等技术类知识产权和垄断上诉案件，更好保护和激励科技创新。增设南京海事法院、海南自由贸易港知识产权法院，高起点高标准建设北京、上海、成渝金融法院，加强跨行政区划法院建设，人民法院组织体系更加适应国家发展战略需要。

智慧法院加速司法模式变革。全面推进智慧服务、智慧审判、智慧执行、智慧管理，建成全业务网上办理、全流程依法公开、全方位智能服务的智慧法院。智慧法院经受住世纪疫情大考，新冠疫情防控以来全国法院网上立案 2996 万件、开庭 504 万场、证据交换 819 万件次、异地执行 593 万件次、接访 15 万件次，实现“审判执行不停摆、公平正义不止步”。广泛应用类案识别推送、智能合约执行等技术，为审判执行工作赋能增效。建成全球最大的司法审判信息资源库，围绕社会治理热点形成 1317 份司法大数据报告。智慧法院成为中国司法在国际上的鲜明亮色。

互联网司法开创新模式新规则。率先出台人民法院在线诉讼、在线调解、在线运行“三大规则”，使各类在线司法活动有规可依、规范运行。制定区块链司法应用意见，司法区块链统一平台完成超过 28.9 亿条数据上链存证固证。发布人工智能司法应用意见，提出人工智能司法应用五大原则，明确人工智能只能辅助、不能代替法官裁判。北京、杭州、广州互联网法院在技术创新、规则确立、网络治理等方面探索不断深入，形成一批可复制可推广的经验。中国互联网司法从技术领先迈向规则引领。

全国法院坚持司法体制改革和智慧法院建设双轮驱动，在案件压力不断增大情况下，审判质效持续稳中向好。2018年以来，全国法院结案总量年均增长5.2%；法官人均办案从2017年的187件增至2022年的242件；2022年一审服判息诉率为89.3%，二审后达98%；在线诉讼审理周期比传统模式缩短22天；涉诉信访、涉诉进京访年均下降8.4%和44.5%，司法公信力明显提升，人民群众对司法公正的获得感不断增强。中国司法体制改革和智慧法院建设成果在国际上产生广泛影响。

六、锻造忠诚干净担当的法院铁军

贯彻新时代党的建设总要求，旗帜鲜明讲政治，持之以恒推进全面从严治党、从严治院，加强法院队伍革命化、正规化、专业化、职业化建设。

加强政治建设，筑牢政治忠诚。坚持不懈用习近平新时代中国特色社会主义思想凝心铸魂，推动习近平法治思想学习培训、党的二十大精神学习培训全员覆盖，坚持把党的创新理论作为干警入职教育第一课和青年理论武装必修课，帮助扣好从事司法工作的“第一粒扣子”。扎实开展“不忘初心、牢记使命”主题教育和党史学习教育。在法院系统组织开展“两个坚持”专题教育、“两个确立”主题教育。大力弘扬以“忠诚为民、崇法尚德、公正廉洁、刚正不阿、改革创新”为主要内容的新时代人民法院文化。五年来，全国法院涌现出一大批司法为民、公正司法的先进典型，2363个集体、2799名个人受到中央和国家机关表彰奖励。李庆军、胡国运、周春梅、魏晶晶、杨军、滕启刚、鲍卫忠等95名法官牺牲在工作岗位上，他们是共和国审判事业的忠诚卫士，他们用无私奉献乃至生命捍卫了公平正义。

加强能力建设，提升司法水平。贯彻实施法官法，修订法官教育培训工作条例，通过“人民法院大讲堂”等线上线下培训干警975.6万人次。加强知识产权、互联网、金融、涉外等领域司法人才培养。最高人民法院3名法官分别当选联合国上诉法庭、争议法庭和国际劳工组织行政法庭法官。支持海南自由贸易港、雄安新区等地法院队伍建设。加强援藏、援疆、援青工作，通过干部选派、巡回授课等方式，支持西部和民族地区法院队伍建设。内蒙古、广西、四川、云南、西藏、甘肃、青海、新疆等法院培养双语法官2373人，满足民族地区群众司法需求。

加强纪律作风建设，确保廉洁司法。坚持刀刃向内、刮骨疗毒，深入开展法院队伍教育整顿，坚决清除沉疴积弊和害群之马，一体推进顽瘴痼疾整治和建章立制，法院队伍得到前所未有的淬炼。严格落实中央八项规定及其实施细则精神，强化司法巡查、审务督察，全国法院查处违反中央八项规定精神干警3462人。转变司法作风，从最高人民法院到基层人民法院，全国四级法院院长、班子成员深入乡镇人民法庭驻庭蹲点，向群众学习，帮群众解纷。严格执行防止干预司法“三个规定”，2022年全国法院干警记录报告有关信息15.3万条，有干预就报告、有过问就上报正在成为干警习惯。以“零容忍”态度严惩司法腐败，五年来，最高人民法院查处本院违纪违法干警61人，各级法院查处利用审判执行权违纪违法干警8589人，追究刑事责任1727人。深刻吸取沈德咏等法院系统违纪违法案件教训，以案促改、以案促治。扎牢制度笼子，严肃铁规禁令，深化标本兼治，坚持不懈涵养清风正气。

各位代表，自觉接受监督，是践行全过程人民民主的必然要求，是实现司法公正的重要保障。依法接受人大监督。认真落实十三届全国人大历次会议精神，严格执行全国人大及其常委会制定的法律和作出的决议决定。向全国人大常委会报告解决执行难情况并接受专题询问，报告新时代刑事、民事、知识产权、涉外等审判工作情况，根据审议意见改进工作。办理代表建议涵盖 947 名代表，把 1965 件代表建议和 1861 件日常建议，逐项转化为推动法院工作高质量发展的具体举措。最高人民法院邀请全国人大代表视察法院 37 批次，通过邀请列席审委会、参加座谈会等方式听取意见 3605 人次。就保障食品药品安全、惩治暴力伤医、防治家庭暴力、保护商业秘密等，充分采纳代表意见，完善司法政策。自觉接受民主监督。坚持社会主义协商民主，自觉接受人民政协和各民主党派、工商联、无党派人士民主监督。办理政协提案 819 件，走访接待全国政协委员 1211 人次，及时采纳各方面意见建议。参加全国政协双周协商座谈会，就提高涉外执法司法质效、保护未成年人权益等共商良策。走访各民主党派中央，就法院工作广泛听取意见、凝聚共识。与全国工商联等举办四届民营经济法治建设峰会，共同优化民营经济发展法治环境。依法接受检察机关法律监督。认真审理抗诉案件，及时办理检察建议，共同维护司法公正。广泛接受社会监督。邀请特约监督员、特邀咨询员参加调研座谈等 1228 人次。主动接受舆论监督，召开新闻发布会 155 场，及时回应社会关切。

各位代表，新时代人民法院工作的新变化新发展，根本在于有习近平总书记作为党中央的核心、全党的核心掌舵领航，根本在于有习近平新时代中国特色社会主义思想科学指引，是习近平法治思想在司法领域的生动实践。成绩的取得，是全国人大及其常委会有力监督，国务院大力支持，全国政协民主监督，国家监察委员会、最高人民检察院监督，各民主党派、工商联、人民团体、无党派人士民主监督支持，地方各级党政机关、全国人大代表、全国政协委员、社会各界和广大人民群众关心帮助的结果。在此，我代表最高人民法院表示衷心的感谢！

回顾过去五年和新时代十年人民法院走过的历程，我们更加坚信：中国特色社会主义法治道路越走越宽广，法治中国前景无限光明。我们坚持守正创新、与时俱进，对做好人民法院工作有了更深刻的认识和体会：必须坚持党对司法工作的绝对领导，深刻领悟“两个确立”的决定性意义，增强“四个意识”、坚定“四个自信”、做到“两个维护”，坚定不移沿着习近平法治思想指引的方向前进；必须坚持服务大局、司法为民、公正司法，紧紧围绕党和国家中心工作履职尽责，努力让人民群众在每一个司法案件中感受到公平正义；必须坚持依法治国和以德治国相结合，以公正裁判弘扬社会主义核心价值观；必须坚持司法体制改革和智慧法院建设双轮驱动，加快推进审判体系和审判能力现代化；必须坚持一刻不停推进全面从严治党、从严治院，确保公正廉洁司法；必须坚持自觉接受监督，让审判权始终在监督下行使、为党和人民服务。

我们清醒认识到，人民法院工作还存在一些问题和困难：一是司法能力水平与中国式现代化要求和人民群众日益增长的公平正义需求相比还有差距，实现审判体系和审判能力现代化还需下更大气力。二是司法体制综合配套改革存在不平衡不到位问题，审判权力运行制约监督机制还存在短板。三是有的案件审判执行质量效率不高、效果不佳，存在机械司法、就案办案问题。推进切实解决执行难仍需久久为功。四是党风廉政建设和反腐败斗争形势依然严峻复杂，彻底铲除滋生司法腐败的土壤还任重道远，有的干警司法作风不正甚至发生腐败问题，严重影响司法公信力。五是部分中级、基层法院办案压力大，一些审判领域专业化人才短缺。对这些问题和困难，人民法院将采取有力措施，努力加以解决。

2023年工作建议

2023年，人民法院要坚持以习近平新时代中国特色社会主义思想为指导，深入贯彻习近平法治思想，全面贯彻落实党的二十大和二十届一中、二中全会精神，认真贯彻中央政法工作会议精神，认真落实本次大会决议，深刻领悟“两个确立”的决定性意义，增强“四个意识”、坚定“四个自信”、做到“两个维护”，忠实履行宪法法律赋予的职责，敢于斗争、善于斗争，稳中求进、守正创新，以审判体系和审判能力现代化服务中国式现代化，为全面建设社会主义现代化国家开好局起好步提供有力司法服务。

一是以习近平法治思想为指引，坚定不移走中国特色社会主义法治道路。在全国法院扎实开展党中央部署的主题教育，用习近平新时代中国特色社会主义思想统一思想、统一意志、统一行动。全面加强党的政治建设，坚决做到维护核心、绝对忠诚、听党指挥、勇于担当。紧密结合法院实际，全面贯彻党的二十大精神，确保党中央决策部署在人民法院不折不扣落实见效。坚持党的领导、人民当家作主、依法治国有机统一，创造更高水平的社会主义司法文明，在法治轨道上全面建设社会主义现代化国家。

二是更好统筹发展和安全，依法服务高水平安全和高质量发展。严厉打击境内外敌对势力渗透、破坏、颠覆、分裂活动。坚决依法惩治一切分裂国家的犯罪分子，维护国家统一。坚定不移反制非法制裁、“长臂管辖”，坚决捍卫我国司法主权和人民利益。严惩严重暴力、涉枪涉爆、跨境赌博、毒品等犯罪。持续推进扫黑除恶常态化。依法惩治粮食、金融、能源资源等领域犯罪，服务防范化解重大风险。依法惩治腐败犯罪，加大行贿犯罪惩处力度。加强个人信息保护，严惩信息网络犯罪。服务更好统筹疫情防控和经济社会发展。切实落实“两个毫不动摇”，发布优化法治环境促进民营经济发展壮大意见，全面贯彻平等保护原则，坚决防止以刑事手段干预经济纠纷，坚决制止侵害企业家人格权的违法行为，坚决保护民营企业和企业家合法财产权益，以司法手段保障中小企业回收应收账款，支持诚信经营，依法保障公平竞争，促进民营经济健康发展、高质量发展。对侵犯民营企业产权和企业家权益的案件，加大监督指导力度，对错案一经发现，坚决予以纠正。完善产权保护、市场准入、公平竞争、社会信用等方面司法政策，服务构建全国统一大市场。加大知识产权司法保护力度，加强反垄断和反不正当竞争司法，健全国家层面知识产权案件上诉审理机制。完善数字经济司法政策。服务区域协调发展战略实施。深化“枫桥式人民法庭”创建。加强环境资源审判，促进绿色发展。建设更高水平的涉外审判体系，服务高水平对外开放。坚持以高质量司法服务高质量发展，让产权和知识产权更有司法保障，契约履行更加有效，创新活力更加得到激发。

三是坚持以人民为中心，扎实推进司法为民、公正司法。倾听群众呼声，坚持问题导向，奔着问题去，真正解决问题，实质化解纠纷，不断满足群众公平正义需要。严惩侵害妇女、儿童、老年人权益的犯罪，切实保障妇女、儿童、老年人、残疾人合法权益。加强劳动权益保障和新就业形态劳动者保护。切实维护消费者合法权益。践行和弘扬社会主义核心价值观。提升一站式多元纠纷解决和诉讼服务体系综合效能。配合推进民事强制执行立法，向着切实解决执行难目标迈进。加强行政审判，服务法治政府建设。推动完善国家赔偿制度。用心用情做好涉军维权工作，坚定维护国防利益和军人军属、退役军人合法权益，促进巩固军政军民团结。加强港澳台侨同胞权益保护。推动完善公益诉讼制度，依法维护公共利益。加强审判监督指导，强化人权司法保障，保障律师执业权利，确保严格公正司法。加大普法宣传力度，推动司法维护公平正义更加深入人心。

四是深化司法体制改革，加快推进审判体系和审判能力现代化。始终以改革的思维和办法解决改革中出现的新情况新问题，坚持改革不停步，敢啃“硬骨头”。深化司法体制综合配套改革，全面准确落实司法责任制，加强司法改革创新实践，加快建设公正高效权威的社会主义司法制度。深化以审判为中心的诉讼制度改革。规范司法权力运行，强化对司法活动的制约监督。深化智慧法院建设，完善中国特色互联网司法模式，努力创造更高水平的数字正义。

五是坚持全面从严治党、从严治院，加强法院队伍建设。强化政治监督，巩固法院队伍教育整顿成果，坚决筑牢政治忠诚。自觉接受人大监督、民主监督和各方面监督。优化司法人员分类管理，加大涉外审判等领域紧缺司法人才培养力度。加强基层基础建设，支持革命老区、民族地区、边疆地区基层法院建设。深入调查研究，深入群众，深入一线，扑下身子抓落实。坚定不移从严正风肃纪，加大惩处司法腐败力度，一体推进不敢腐、不能腐、不想腐。贯彻“五个过硬”要求，坚持不懈锻造堪当重任的人民法院铁军。

各位代表，新时代新征程上，我们要更加紧密地团结在以习近平同志为核心的党中央周围，全面贯彻习近平新时代中国特色社会主义思想，弘扬伟大建党精神，牢记“三个务必”，团结奋斗、苦干实干，充分发挥审判职能作用，为全面建设社会主义现代化国家、全面推进中华民族伟大复兴作出新的贡献！

最高人民法院
关于人民法院环境资源审判工作情况的报告
——2023年10月21日在第十四届全国人民代表大会常务委员会第六次会议上

最高人民法院院长　张　军

全国人民代表大会常务委员会：

根据本次会议安排，我代表最高人民法院报告人民法院环境资源审判工作情况，请审议。

党的十八大以来，以习近平同志为核心的党中央把生态文明建设作为关系中华民族永续发展的根本大计，开展了一系列开创性工作，推动生态文明建设从理论到实践发生了历史性、转折性、全局性变化，美丽中国建设迈出重大步伐。习近平总书记深刻指出“保护生态环境必须依靠制度、依靠法治”，在2023年召开的全国生态环境保护大会上再次强调“要始终坚持用最严格制度最严密法治保护生态环境”。人民法院环境资源审判作为生态环境法治工作的重要组成部分，审理涉及环境污染防治、生物多样性保护、气候变化应对、资源开发利用、生态环境治理与服务等相关领域案件，涵盖刑事、民事、行政三大诉讼领域。在党中央坚强领导下，在全国人民代表大会及其常委会有力监督下，人民法院深入贯彻习近平生态文明思想和习近平法治思想，坚持以人民为中心，牢固树立和践行“绿水青山就是金山银山”理念，以高度的政治自觉、法治自觉、审判自觉，严格执行生态环境和资源保护法律法规，切实加强环境资源审判工作，用心用力用情守护良好生态环境这一最普惠的民生福祉，努力为建设人与自然和谐共生的现代化提供司法服务和保障。2021年5月，习近平总书记向世界环境司法大会致贺信指出，“中国持续深化环境司法改革创新，积累了生态环境司法保护的有益经验”，这是对人民法院环境资源审判工作的充分肯定和深切勉励。

一、2018年以来环境资源审判工作取得积极进展

进入新时代，随着我国社会主要矛盾转化为人民日益增长的美好生活需要和不平衡不充分的发展之间的矛盾，人民群众对优美生态环境的需要成为这一矛盾的重

要方面。人民法院坚决贯彻落实党中央关于推进生态文明建设重大决策部署，积极回应人民群众新期待，深入推进环境资源审判体制机制改革，大力加强专业审判队伍建设，依法公正高效审理各类环境资源案件，为推进美丽中国建设作出积极贡献。2018 年 1 月至 2023 年 9 月，共审结各类环境资源一审案件 147 万件，其中刑事案件 18.6 万件、民事案件 98.3 万件、行政案件 27.8 万件、不同主体提起的环境公益诉讼案件 2.3 万件。2018 年至 2022 年受理的环境资源一审案件数量较上一个五年增长 76.7%。

一是坚持服务大局，切实发挥环境资源司法保护职能作用。服务打好污染防治攻坚战。审结涉环境污染一审案件 4.2 万件，以严格公正司法助力重污染天气和城市黑臭水体治理、城乡人居环境改善、环境污染风险防控，促进蓝天碧水净土“生态颜值”和人民群众生活“幸福指数”同步提升。江西法院审理的全国首例污染环境惩罚性赔偿案中，被告公司跨省倾倒化工废液，造成当地土壤和水源污染，严重危害 1000 多名村民饮用水安全，被告人被追究刑事责任。同时，人民法院首次适用民法典污染环境惩罚性赔偿条款，依法判决被告公司承担环境修复费用、环境功能性损失费用等 285 万余元，并承担环境惩罚性赔偿金 17 万元。判决生效后，人民法院以资金集约管理使用方式，引入并监督第三方专业机构实施修复工程，使环境公益诉讼与修复执行有效衔接，受损生态环境修复和人民群众权益得以切实保障。服务发展方式绿色低碳转型。审结涉自然资源一审案件 116 万件，以严格公正司法助力产业结构、能源结构、交通运输结构、用地结构调整，推动资源节约集约利用，促进形成绿色低碳的生产方式和生活方式。最高人民法院在出台优化法治环境促进民营经济发展壮大的意见中专门就涉“碳”案件审理提供政策指引，促进民营企业绿色低碳发展。上海法院在审理长江口码头公司破产案中，为保住公司营运价值、维护众多债权人利益，依法裁定本案转入重整程序。面对该公司设施设备陈旧老化、存在重大环境污染隐患，被环保、交管部门联合要求限期整改，营运许可资质面临被吊销风险，积极指导破产管理人边重整边治理，成功引入投资 8700 万元，并将码头环保经营方案和环保承诺写入重整计划草案，协同推动长江流域减污降碳源头治理和企业绿色低碳转型，实现企业重生、生态保护和债权人利益最大化的有机统一。服务生态系统多样性、稳定性、持续性提升。审结涉生物资源和生态系统一审案件 18.9 万件，以严格公正司法助力生态系统保护和修复、生物多样性保护、防治外来物种入侵，促进山水林田湖草沙一体化保护和系统治理。云南法院在审理绿孔雀预防性保护民事公益诉讼案中，查明被告公司在生态保护红线范围内建设水电站，将危及国家Ⅰ级重点保护动物绿孔雀等物种生存环境及整个生态系统，开创性突破“无损害即无救济”的传统司法理念，将生态环境保护落在损害结果发生前，判令被告公司停止水电站建设，待按要求完成环境影响后评价、采取有效预防措施后由相关行政主管部门视情作出决定，切实守护住绿孔雀等濒危物种赖以生存的家园，被联合国评为推动可持续发展目标典型案例。服务积极稳妥推进碳达峰碳中和。审结涉碳市场交易一审案件 511 件，以严格公正司法助力碳排放总量和强度“双控”、完善绿色低碳政策和碳排放权市场交易制度、构建清洁低碳安全高效的能源体系、提升生态系统碳汇能力，促进经济社会发展和人民群众生活降低“含碳量”。最高人民法院发布司法服务“双碳”指导意见，发出“双碳”自主行动司法动员令。甘肃法院在审理一起“弃风弃光”民事公益诉讼案中，协调引导违反可再生能源法规定、未全额收购当地风电和光伏发电（称作“弃风弃光”）的被告电力公司，与相关社会组织达成调解协议，电力公司承诺投资至少9.13亿元用于风电、光伏发电等新能源配套电网建设，有效保障可再生能源推广，促进防治大气污染、减少温室气体排放。

二是深化司法改革，扎实推进环境资源审判专业化建设。健全专门化审判组织体系。跟上、适应经济社会发展需求，2014年6月，最高人民法院设立环境资源审判庭，办理相关案件并监督指导全国法院环境资源审判工作。截至目前，已有30个高级法院及兵团分院成立环境资源审判庭，南京、兰州、昆明、郑州、长春、乌鲁木齐等中级法院专设环境资源法庭，包括基层法院共有环境资源专门审判机构、组织2813个。最高人民法院及地方各级法院环境资源审判机构积极探索涉环境资源刑事、民事、行政审判职能“三合一”，促进刑事追诉与民事赔偿、行政履职依法协同。深化案件集中管辖。适应环境资源保护特点，建立以流域、森林、湿地等生态系统及国家公园、自然保护区等生态功能区为单位的案件集中管辖机制，推进生态环境一体保护、系统治理，办案质效明显提升。探索借力“外脑”助审。最高人民法院出台司法解释规范专家陪审员参加环境资源案件审理，福建等地法院建立生态环境技术调查官制度，湖北等地法院组建环境资源审判咨询专家库，促进提升涉案事实、证据、司法鉴定查明质效。

三是促进规范引领，着力健全环境资源案件法律适用规范。加强司法解释制定。2018年以来，制定、修订环境资源司法解释14件，指导各级法院全面准确适用法律。发布生态环境侵权惩罚性赔偿解释，依法提高违法行为成本，让恶意侵权人付出应有代价。发布生态环境侵权禁止令规范，落实保护优先、预防为主原则，有力维护人民群众环境权益。发布森林资源民事纠纷处理规范，落实民法典绿色原则，促进森林资源科学保护和合理利用。重视司法政策供给。发布新时代加强和创新环境资源审判工作意见、依法惩处盗采矿产资源犯罪意见、贯彻长江保护法意见、贯彻黄河保护法意见等规范性文件14件，指导各级法院全面提升环境资源审判工作水平。召开流域区域法院专业工作会，促推长江保护法、黄河保护法、黑土地保护法、青藏高原生态保护法贯彻实施。做实案例释法工作。发布生物多样性保护、长江生态环境保护、环境公益诉讼等专题指导性案例40件，发布司法服务碳达峰碳中和、国家公园保护、青藏高原生态保护、固体废物污染防治等典型案例24批278件，充分发挥案例对下业务指导和面向社会教育、警示、引领作用。优化责任承担与落实。创新用好补植复绿、增殖放流、劳务代偿等特色举措，探索适用技改抵扣、碳汇认购等适应“双碳”工作要求的司法举措，为环境资源保护提供更多更优修复选项。上海法院审理非法进口“洋垃圾”民事公益诉讼案，依法判令走私固体废物的侵权人连带赔偿行政执法机关实施无害化处置支出的合理费用，有效破解“企业污染、群众受害、政府买单”的生态保护困局。

四是积极延伸职能，立足司法审判推动生态环境综合治理。加强跨域司法协作。主动融入京津冀协同发展、长三角一体化发展、粤港澳大湾区建设、长江经济带发展、黄河流域生态保护和高质量发展等重大战略实施，服务流域区域系统保护和协调发展。长江经济带11+1省（市）、黄河流域9省（区）高级法院分别签订环境资源审判协作框架协议，秦岭山脉7省（市）高级法院签订生态环境司法保护协作框架协议并发表秦岭宣言，健全完善联席会议、要案会商、办案委托、成果共享等机制。江苏法院结合长江特大非法采砂案办理，做实长三角环境资源司法协作框架协议，积极落实区域法院间生态环境修复资金移交使用。强化多元协同共治。与检察机关、公安机关、行政主管机关等建立联席会议、案情通报、线索移送、矛盾化解等机制，推动行政执法与司法办案有机衔接。最高人民法院联合生态环境部等单位先后印发长江、黄河保护攻坚战行动方案，协同推进长江和黄河生态保护修复、生态安全维护、环境质量改善。与国家文物局签署加强司法文物保护利用、强化文物司法保护合作框架协议，共同做好新时代文物保护工作。各地法院在国家公园、自然保护区、人文遗产地等重点区域，建设集巡回审判、生态修复、宣传教育、综合治理等功能于一体的生态环境司法保护（修复）基地。广西等地法院探索“林（田、河、湖）长制”与“法官进网格”紧密结合，建立联合巡查机制，汇聚环境资源保护合力。优化环保法治宣传。将法治宣传与司法公开、以案释法与司法便民、普法与科普相结合，发挥巡回审判等机制作用，自觉接受各方监督，充分保障人民群众知情权、参与权、监督权。落实“谁执法谁普法”，打造“6·5”环境日、国家生态日普法宣传品牌，用群众喜闻乐见的方式生动阐释“小案件大道理”，促进全社会法治意识和环保意识不断提升。

五是深化国际交流合作，提供全球环境司法保护中国方案。主导形成国际共识。积极推动共建地球生命共同体，最高人民法院与联合国环境规划署合作举办世界环境司法大会并通过《昆明宣言》，明确环境司法应秉持公平、共同但有区别的责任及各自能力原则、保护和可持续利用自然资源原则、损害担责原则“三大法治原则”，积极适用预防性、恢复性司法措施、公益诉讼和多元化纠纷解决方式“四项司法举措”，紧扣环境司法专业化、信息化、国际化“三个工作着力点”，达成国际环境司法广泛法治共识，为建立公平合理、合作共赢的全球环境治理体系贡献中国司法智慧。深化环境司法国际合作。召开“新时代绿色丝绸之路”环境司法国际研讨会、气候变化司法应对国际研讨会等国际会议，形成《环境司法国际研讨会北京共识》等重要成果，参加《生物多样性公约》第十五次缔约方大会生态文明论坛、世界自然保护大会高级别圆桌会议等研讨活动，不断拓展国际交流广度和深度。不断增强环境司法案例影响力。联合国环境规划署数据库 2019 年专门设立中国环境司法板块，已收录三清山巨蟒峰保护案等 45 件中国环境资源审判典型案例和 6 部年度工作报告。中国法院贯彻落实习近平生态文明思想和习近平法治思想，以司法审判推动生态环境保护的实际行动，赢得国际社会广泛认可和赞许。联合国环境规划署官员评价：“中国在推进环境法治方面取得了令人瞩目和振奋的成就，在全球环境治理中处于引领地位。”

二、坚持问题导向，以深化理念变革引领环境资源审判工作高质量发展

近年来，环境资源审判工作取得明显成效，但与党中央要求和人民群众期待相比，与党的二十大提出的推进美丽中国建设的更重任务相比，仍有较大差距：一是协同治理有待进一步深化。刑事司法与行政执法有效衔接不够，司法机关和行政主管部门在是否涉嫌犯罪的证据标准、检验鉴定、规范适用等方面的认识和做法存在差异，导致以罚代刑、有案不移等问题不同程度存在，不利于对破坏环境资源违法犯罪的依法惩处和预防治理。由于行政执法证据标准低于刑事司法证明标准，导致一些案件证据转换难、后续侦办难，部分证据需要重新收集，影响

刑事诉讼效率。对这些问题，人民法院与有关部门多以个案作具体问题沟通，规范化、常态化协作并形成有效机制，促进线索移送、信息共享、配合取证、跟踪监督、平台对接等有待加强、深化。二是司法辅助机制建设须进一步加强。环境资源案件专业性、技术性强，需要依靠鉴定评估查明损害事实，但鉴定领域覆盖、鉴定质量和效率还不足以满足办案需求，制约了审判公正与效率的充分实现。生态环境修复配套制度尚待健全完善，生态环境损害赔偿相关资金有的纳入财政管理，有的存在法院账户，有的委托公益基金会或信托管理，使用、监督缺乏统一规范，不仅不能充分有效发挥作用，也容易引发廉洁风险。三是专业化建设有待进一步深化。中国特色环境资源审判体系基本建成，但一些地方环境资源案件范围还不尽明确、裁判标准不尽统一，专门审判机构实质化运行成效还有待提升。特别是环境资源刑事、民事、行政审判“三合一”融合发挥作用，须协同院内相关审判机构和院外政法、行政机关一体履职、相互配合，才能解决目前侦、捕、诉、审、执等环节衔接不畅等问题，促进环境资源综合保护效果更加好、可持续。四是能力素质须进一步提升。一些法院在做深做实能动司法，把中国特色社会主义司法制度优势转化为效能优势，运用司法建议、纠纷化解前移等推动生态环境源头治理方面跟不上、不适应；有的法官专业能力素质与环境资源审判实践要求还有差距，“法律＋环境”复合型人才紧缺，距离切实肩负起生态环境司法保护应有的政治责任、法治责任和审判责任还有不小差距。

问题是客观的、实践的，成因、根源还在思想、认识，最根本的是学习贯彻习近平生态文明思想、习近平法治思想有差距、跟不上。习近平总书记强调，“理念是行动的先导”。针对这些问题，最高人民法院党组在主题教育中深刻反思，大兴调查研究，学思践悟习近平生态文明思想和习近平法治思想，坚持稳中求进、守正创新，以深化理念变革引领环境资源审判工作高质量发展。

第一，树立能动司法理念。我们强调办理环境资源案件必须树立能动司法理念，在法律规范的裁量空间内，努力寻找最佳处理方案，努力实现政治效果、社会效果、法律效果有机统一，全力做实最佳生态效果。我们依法延伸环境资源审判职能，更加积极主动融入生态文明建设进程，做实讲政治、顾大局，切实保障民生福祉，促进厚植党的执政根基。在江苏法院审理的全国首例非法投放外来物种民事公益诉讼案中，行为人迷信“放生”积德行善，购买 2.5 万斤鲶鱼投入长荡湖，对长荡湖渔业资源和生态环境造成严重危害。人民法院针对一些地方多发的违法“放生”乱象，进行“普法＋科普”式庭审直播，100 多万网民在线观看这堂庭审法治公开课。庭前审后，还与宗教管理部门、行政执法部门沟通协作，以案释法，引导群众理性、规范“放生”，变违法擅自“放生”为科学增殖放流，实现“办理一案、治理一片”。

第二，树立绿色发展理念。我们强调环境资源审判必须完整准确全面贯彻新发展理念特别是生态优先、绿色发展理念，站在人与自然和谐共生的高度，依法审慎处理环境资源影响性案件，把“绿水青山就是金山银山”深刻揭示的保护生态环境就是保护生产力、改善生态环境就是发展生产力充分体现在司法政策引领中。青海法院就办理非法采砂案件发现的行政主管部门履职不尽规范等问题向主管机关提出司法建议，促进整改举措落到实处，努力从源头守护好“中华水塔”生态环境，做实在诉前实现生态环境和资源保护目的才是最佳的司法状态。

第三，树立系统保护理念。我们强调保护生态环境要坚持系统观念和全局观念，不断增强司法保护措施的系统性、整体性、协同性。办理相关案件，要根据山水林田湖草沙一体化保护和系统治理需要，持续推进环境资源审判创新发展。注重恢复性司法，正确把握和运用自然恢复和人工修复两种手段，积极创新生态环境修复方式，因地因时适用限期履行、劳务代偿、替代性修复等责任承担方式以及代履行等执行方式，促进生态环境及时有效恢复。坚持治罪与治理并重，充分运用宽严相济刑事政策、认罪认罚从宽制度的政策把握和裁量空间，在依法惩治环境资源犯罪的同时，积极引导被告人修复受损生态环境，促进涉案企业主动采取环保整改、技术改造、制度合规等措施，避免简单的一判了之、一罚了之，既实现对犯罪的惩罚和预防，又做实对环境的修复。

第四，树立最严法治理念。我们强调严格依法审理各类环境资源案件，坚持对环境资源违法和犯罪行为“全要素、全环节、全链条”惩治与预防，依法视情对行为人选择或综合运用刑事、民事、行政处罚，推动生态环境保护法律法规真正成为“长出牙齿”的严规铁律。通过公开审判、释法说理，强化全社会对生态环境保护的深刻理解、对人民群众环境权益的自觉维护，使法律法规从刚性约束的“文本法”转化为人民群众自觉遵守的“内心法”。广东法院办理的“噪音扰民”诉前禁止令案中，行为人因邻里矛盾每天定时循环播放“荒山野鬼”录音，引发周边群众投诉。因噪音分贝未达处罚标准，街道办、居委会多次调解未果，行政执法部门亦无从介入。人民法院根据受害人申请，就本案发出全国首份噪声环境侵权诉前禁止令，明令禁止该噪音扰民行为并释明恶意侵权可能被适用惩罚性赔偿的法律后果，确立了以宁静生活有无受到影响为标准判断噪声污染的裁判规则，有效化解矛盾纠纷，让守护环境权益的法律条文转化为鲜活的司法实践。

第五，树立协同治理理念。我们强调生态环境司法保护必须坚持职能部门协同治理的司法理念，积极主动促推司法衔接配合，在统一执法司法尺度、案件线索移送、环境修复执行、追究损害责任、环保法治宣传等方面协同发力，实现环境资源保护执法司法与源头治理双赢多赢共赢。2023 年 6 月以来，最高人民法院与水利部等部门联合开展为期半年的河湖安全保护专项执法行动，依法惩治侵占河湖、妨碍行洪安全、破坏水工程、非法采砂等领域违法犯罪行为，深化协同合作，形成共治合力。环境资源行政案件涉及行政机关履职，是带有司法监督性质的审判工作，一些法院存在畏难情绪。我们强调行政权与司法权虽分工不同，但根本统一于党的领导、统一于维护人民根本利益，要把监督就是支持、支持就是监督贯穿行政审判始终，主动与政府及其部门沟通，促进做好依法行政工作，共同把老百姓关心的问题解决好。同时，积极推动深化政法系统协调配合，明确、规范案件管辖、证据规则、法律适用等，提高协同办案能力。今年全国两会后，最高人民法院先后与最高人民检察院、司法部建立工作交流会商机制，将完善跨区域集中管辖制度、检察公益诉讼制度、规范司法鉴定等纳入交流会商事项，在解决制约司法工作的重点难点堵点问题上充分凝聚共识、共商解决之道。

三、努力在新征程上推进环境资源审判工作迈向更高水平

新时代新发展阶段，面对党的二十大部署的各项战略任务，面对全面依法治国这场国家

治理的深刻革命，面对人民群众在民主、法治、公平、正义、安全、环境等方面提出的更丰富内涵、更高水平的需求，环境资源审判工作迎来新的发展契机，也面临新的更大挑战。各级人民法院要坚持以习近平新时代中国特色社会主义思想为指导，全面贯彻党的二十大精神，抓好第一批、第二批主题教育的衔接联动，紧紧围绕“公正与效率”工作主题，做深做实为大局服务、为人民司法，奋力推进环境资源审判工作高质量发展，更加有力有效维护国家生态环境和资源安全、社会公共利益、人民群众环境权益，为加快推进人与自然和谐共生的现代化提供更加有力的司法服务和保障。

一是把坚定拥护“两个确立”、坚决做到“两个维护”体现和落实到环境资源审判全过程各方面。扎实贯彻习近平生态文明思想、习近平法治思想，牢牢把握党对司法工作的绝对领导，环境资源审判工作的重大部署、重大问题要及时向党中央请示报告，坚定不移走中国特色社会主义法治道路。贯彻落实全过程人民民主，更加主动接受人大监督，主动报告工作情况，自觉将代表意见建议落实为加强和改进环境资源审判工作的智慧和力量。坚持政治建设与业务建设紧密结合，做实“从政治上看、从法治上办”，深化环境资源审判专业化建设，更好满足服务保障经济社会高质量发展和生态环境高水平保护的需要。一体融合抓实政治素质、业务素质、职业道德素质建设，着力培养“法律＋环境”复合型人才，锻造忠诚干净担当的过硬环境资源审判队伍。

二是更加主动服务党和国家工作大局。围绕持续深入打好环境污染防治攻坚战，加大涉大气、水、土壤等污染纠纷案件审理力度，以更高标准深入推进蓝天、碧水、净土保卫战，推进城乡人居环境整治，持续改善生态环境质量。围绕加快推动发展方式绿色低碳转型，完整准确全面贯彻新发展理念，找准环境资源审判服务发展、保障民生和保护环境之间的平衡点，助力加快形成绿色生产方式和生活方式。围绕着力提升生态系统多样性、稳定性、持续性，在实施重要生态系统保护和修复、生物多样性保护、长江十年禁渔、防治外来物种入侵等方面加大司法保障力度。围绕积极稳妥推进碳达峰碳中和，贯彻落实党中央、国务院关于做好碳达峰碳中和工作的意见，完善司法服务举措，为正确处理“双碳”承诺和自主行动的关系提供法治保障。围绕守牢美丽中国建设安全底线，贯彻总体国家安全观，立足司法职能防范化解各种风险挑战，切实维护生态安全、核与辐射安全等，坚决维护国家安全、社会安定、人民安宁。

三是着力提升环境资源审判执行整体质效。深化、优化环境资源审判“三合一”，以最有利于经济社会高质量发展和生态环境高水平保护、最有利于当事人环境权益维护、最有利于案件公正高效处理为原则，统筹发挥刑事、民事、行政审判职能，确保案件办理“三个效果”有机统一。聚焦构建现代环境治理体系，完善环境资源专门化审判组织体系，规范环境资源案件范围，加快推进专门审判机构实质化运行。运用好环境资源审判机构成熟经验和工作机制，指导未设置专门审判机构的法院相关审判庭、合议庭履行好办理环境资源案件、促进生态环境治理的职能。建好具有专门知识的人民陪审员队伍，对技术性、专业性问题作出更具权威性的判断。聚焦“恢复性司法实践＋社会化综合治理”目标要求，进一步提升生态环境修复判项的明确性和可操作性，对环境侵权人不履行修复义务或受损生态环境无法修复、修复成本过高的，探索完善第三方代履行、替代履行与等价异位修复等司法举措。加强与检察机关、财政、生态环境等部门沟通配合，鼓励各地依靠现有政策和条件先行先试，探索生态环境赔偿相关资金集约利用的规范方式和途径。

四是加快完善环境资源司法保护制度体系。聚焦党的二十大报告关于“完善公益诉讼制度”的目标要求，加强公益诉讼立法问题研究，夯实公益诉讼制度法理和法律基础。重视环境公益诉讼领域司法解释制定、司法政策供给，规范指导性案例和典型案例发布，增强环境公益诉讼法律适用规范的系统性、整体性、协同性。加强对非法引进、释放、丢弃外来入侵物种等涉环境资源保护犯罪定罪量刑标准理论与实务研究，完善相关法律适用规范。加强环境法典有关研究，积极为立法提供审判实践经验。

五是推动共建清洁美丽的世界。落实党中央关于统筹推进国内法治和涉外法治要求，更加自觉运用审判职能促推环境资源法治建设。积极拓宽国际视野，主动参与和引领国际环境治理规则制定。拓展与有关国家及联合国环境规划署等国际组织的合作广度和深度，健全案例交换分享、法律适用交流、法官同堂培训等机制，服务共建地球生命共同体。不断提升更为世界各国政府和人民所关注的我国环境资源法治传播能力与实效，讲好中国环境司法故事，扩大中国环境司法的国际影响力和感召力。

委员长、各位副委员长、秘书长、各位委员，列席会议的各位代表，做好新时代新发展阶段环境资源审判工作，离不开全国人大及其常委会有力监督和关心支持。借此机会，谨提以下几项工作建议：一是推动实现生态环境赔偿相关资金专款专用，规范和细化管理、使用、监督机制，保障资金有效利用和生态环境及时修复。二是推动优化完善环境司法鉴定工作，规范环境司法鉴定机制建设及鉴定评估行业收费管理。三是进一步完善相关法律制度建设，加快环境法典研建和检察公益诉讼法立法步伐，积极推进矿产资源法等法律修订进程，不断夯实环境资源保护法治基础。

全国人大常委会专门听取和审议人民法院关于环境资源审判工作情况的报告，充分体现了对环境资源保护工作的高度重视和对人民法院工作的有力支持，全国法院和广大干警深受鼓舞。最高人民法院将带领全国法院，在以习近平同志为核心的党中央坚强领导下，在全国人大及其常委会有力监督下，深刻领悟“两个确立”的决定性意义，增强“四个意识”、坚定“四个自信”、做到“两个维护”，坚决执行全国人大及其常委会决定、决议，认真落实本次会议审议意见，全力推进环境资源审判工作高质量发展，努力以审判工作现代化服务保障中国式现代化。

二、专文

中国法院年鉴
THE YEARBOOK OF CHINA COURTS

2023

以高质量主题教育成效开创人民司法事业发展新局面

最高人民法院党组书记、院长　张　军

在全党深入开展学习贯彻习近平新时代中国特色社会主义思想主题教育，是以习近平同志为核心的党中央为全面贯彻党的二十大精神、动员全党同志为完成党的中心任务而团结奋斗所作的重大部署，是深入推进新时代党的建设新的伟大工程的重大部署。习近平总书记在主题教育工作会议上的重要讲话，深刻阐明主题教育的重大意义和目标要求，对主题教育各项工作作出全面部署。人民法院要认真学习领会贯彻，在“推动落实”上狠下功夫，确保主题教育各项任务落到实处、取得实实在在成效。

一、深刻领会开展主题教育的重大意义，以高度的政治自觉、思想自觉、行动自觉推进主题教育深入开展

习近平总书记深刻指出，开展这次主题教育，是统一全党思想意志行动、始终保持党的强大凝聚力、战斗力的必然要求；是推动全党积极担当作为、不断开创事业发展新局面的必然要求；是深入推进全面从严治党、以党的自我革命引领社会革命的必然要求。这充分体现了问题导向和目标导向的有机统一，充分体现了我们党对自身建设规律认识的不断深化。人民法院要深刻领会，从形势要求、现实情况、主题教育本身深刻理解把握开展主题教育的极端重要性。

从形势要求看。法院工作面对严峻复杂的国际国内形势，面对党的二十大部署的各项战略任务，面对全面依法治国这场国家治理的深刻革命，面对新发展阶段人民群众对民主、法治、公平、正义、安全、环境等方面提出的更丰富内涵、更高水平的需求，如何更好发挥法治固根本、稳预期、利长远的保障作用，以高质量司法助推高质量发展？是不是存在跟不上、不适应的情况？比如，履行好维护国家政治安全、制度安全，确保社会大局稳定职责方面，有无不尽周详的地方？比如，从制度和法律上把对国企民企平等对待的要求落实落细，涉产权司法保护机制落到实处。比如，诉源治理工作是主动融入国家治理、社会治理，促进实现“抓前端、治未病”，还是止于消极应对？等等。确有跟不上、不适应的问题，根本上还是思想跟不上、理念不适应，迫切需要我们学深悟透做实习近平新时代中国特色社会主义思想，

深入学习贯彻习近平法治思想，切实运用贯穿其中的立场观点方法指导实践、解决问题、推动工作。

从现实情况看。学风不纯不正，学习不走心不深入不系统，学用脱节，用党的创新理论指导实践、解决问题的能力不足等问题客观存在。深刻领悟“两个确立”的决定性意义、坚决做到“两个维护”，会上强调、文件中写出，要求上、形式上一直在学、在强调，关键是有没有入脑入心、解决思想和工作中的实际问题。比如，庭室组织各种学习活动，有没有结合本庭条线工作、本单位实际问题？有没有结合干警存在的思想困惑、认识误区？有没有真正把政治和业务、理论和实践融为一体？类似问题，是否作过深思，还是“无意识”？开展主题教育，就是要通过全面、系统、深入的学习思考，做实学思用贯通、知信行统一！

从主题教育本身看。中央和国家机关在党和国家治理体系中处于特殊重要位置，离党中央最近，服务党中央最直接，对开展好这次主题教育具有风向标作用。中央有关安排中特别明确，中央和国家机关各部门要在主题教育中切实抓好机关和系统内干部队伍教育整顿，充分体现了对中央和国家机关的更高要求，充分体现了严管厚爱相结合。作为第一批开展主题教育的单位，最高人民法院机关、各巡回法庭、知识产权法庭、直属单位各级党组织和全体党员干部要把自己摆进去，要“打好样”，切实提高政治站位，增强政治自觉、思想自觉、行动自觉，紧密联系工作实际，在思想深处接受主题教育洗礼，以扎实推进主题教育的实在成果为全国法院系统树立标杆、作出表率。

二、牢牢把握主题教育的总要求和目标任务，结合法院工作实际不折不扣落实到位

落实主题教育“学思想、强党性、重实践、建新功”的总要求，关键是要结合法院工作实际，检视司法理念、审判管理，更加有针对性地把主题教育抓实抓好、抓出成效。学思想，要进一步深刻领悟“两个确立”的决定性意义，切实提高学习贯彻习近平新时代中国特色社会主义思想的政治自觉，全面系统掌握这一思想的基本观点、科学体系，把握好这一思想的世界观、方法论，坚持好、运用好贯穿其中的立场观点方法；要在全面学习基础上学深悟透习近平法治思想，深刻理解把握“十一个坚持”，始终用习近平法治思想指引法院各项工作。强党性，要自觉用习近平新时代中国特色社会主义思想改造主观世界、锤炼坚强党性，深刻领会这一思想关于坚定理想信念、提升思想境界、加强党性锻炼等一系列要求，在司法审判工作中始终恪守坚持党的绝对领导、坚持以人民为中心、坚持中国特色社会主义法治道路的灵魂，以坚定的理想信念坚守司法为民的初心，把努力让人民群众在每一个司法案件中感受到公平正义落实落细。重实践，要全面深入分析新时代新发展阶段法院工作面临的新形势新任务新要求，把问题导向和目标导向有机统一起来，以习近平新时代中国特色社会主义思想之“矢”，去射审判工作现代化进程中存在或会面对的矛盾问题之“的”，抓实抓好为大局服务、为人民司法，切实推动人民法院工作高质量发展取得新突破、新成效。建新功，要一体推进、融合抓实政治建设、业务建设、职业道德建设，以“时时放心不下”的责任感、积极担当作为的精气神和求极致、止于至善的高标准，抓实抓好审判执行各项任务，以公正与效率的统一答好司法工作人民

满意的时代答卷，在以审判工作现代化服务保障中国式现代化上建新功、创佳绩。

党中央明确提出本次主题教育的根本任务和具体目标。对新时代的法院干警来讲，这也是对我们思想、政治、能力、担当、纪律、作风等方面的基本要求。落实这些目标任务，要与贯彻落实习近平总书记关于“五个过硬”“四化建设”“四个铁一般”等重要指示结合起来，真正融入法院队伍建设全过程，融入政治建设、业务建设、职业道德建设各方面。

要做到凝心铸魂筑牢根本。习近平总书记指出，法治工作是政治性很强的业务工作，也是业务性很强的政治工作。落实党的绝对领导，做实做好政治性很强的司法审判业务工作，首先就要用党的创新理论武装头脑。要努力在学习上取得新进步，不仅要知其然，更要知其所以然，始终以理论上的高度清醒保持政治上的纯洁坚定。习近平总书记多次就政治和法治的关系做过深入阐释，也特别强调，评价一个国家的司法制度，关键看是否符合国情、能否解决本国实际问题。对这些重要论述，只有结合实际学深悟透，做到真正入脑入心、融入血脉，才能把坚持党的绝对领导、坚持以人民为中心、坚持中国特色社会主义法治道路落到实处。

要做到锤炼品格强化忠诚。习近平总书记指出，忠诚不是自然而然产生的，对党要有朴素的感情，更要有理性的自觉。理性的自觉来自对党的创新理论，对习近平新时代中国特色社会主义思想持续、深入地学习领会、躬行实践。要把学习理论与领会党和国家事业发展取得的历史性成就、发生的历史性变革结合起来，与回顾新时代人民司法事业的长足进步结合起来。要深刻认识忠诚和信仰是具体的、实践的，把理论学习的着力点放在提高政治判断力、政治领悟力、政治执行力上，把讲政治落实到法院司法审判具体岗位、具体职责、具体工作中，落实到司法行政管理、后勤保障各环节，始终忠诚于党、忠诚于人民、忠诚于马克思主义。

要做到实干担当促进发展。为大局服务、为人民司法，厚植党长期执政的政治根基，这是人民法院的神圣职责与使命。人民法院广大党员干部要心怀“国之大者”，完整、准确、全面贯彻新发展理念，加强对党和国家重大决策部署的学习理解，准确把握新发展格局、高质量发展对司法审判工作提出的新的更高要求，切实找准落实党中央重大决策部署、服务国家重大战略实施的切入点、结合点，以依法能动履职展现人民法院的担当作为。贯彻习近平法治思想，人民法院不仅要通过审理个案抓末端、治已病，还承担着延伸审判职能抓前端、治未病的更重责任。担责、尽责，做深、做实，纠纷才可能少发，既发才可能少上“公堂”，“案多”才可能形成真正的转机。

要做到践行宗旨为民造福。习近平总书记明确提出，努力让人民群众在每一个司法案件中感受到公平正义。同自己纵向比，我们的能力素质、服务水平确实比以前有了很大提升，但是与人民群众对我们提出的更高要求相比，与党中央、习近平总书记对我们的要求、期盼相比，我们能力素质、服务质效的提升还是远远不能适应。学习贯彻习近平新时代中国特色社会主义思想，就必须深刻把握其中蕴含的坚定的人民立场，时刻牢记“感受到”公平正义的主体是人民群众，始终把人民群众对美好生活的向往、对公平正义的要求作为我们的奋斗目标，用心用情解决好群众的操心事、烦心事、揪心事，确保人民赋予的司法权始终为人民谋利益。

要做到廉洁奉公树立新风。党的二十大报告指出，公正司法是维护社会公平正义的最后一道防线。只有廉洁司法才能保证公正司法，在廉洁奉公方面人民法院必须坚持更严要求。要在主题教育中持续抓好最高法机关和系统内干部队伍教育整顿，深刻学习领会习近平总书记关于全面从严治党的重要论述，增强政治定力、纪律定力、道德定力、抵腐定力，知敬畏、存戒惧、守底线，始终保持为民务实清廉的政治本色。党组要带头履行好全面从严管党、从严治院的主体责任。各级党组织要切实落实严管就是厚爱，敢于动真碰硬、真抓严管，及时红脸出汗、咬耳扯袖，以对党负责、对事业负责、对同志负责的高度责任心，共同锻造“四个铁一般”法院铁军。

三、创造性落实主题教育各项安排，推动主题教育扎实有效开展

人民法院既要严格落实主题教育“规定动作”，又要充分发挥主观能动性，创新实践载体，突出法院特色，把理论学习、调查研究、推动发展、检视整改、建章立制等贯通起来，有机融合、一体推进，确保主题教育方式灵活、方法管用、效果更好。

理论学习必须研深悟透。要认认真真学原著悟原理，特别要在与法院工作结合上，与自身思想、职责、工作实际结合上多下功夫，自觉对标对表、及时校准偏差，真正做到学思用贯通、知信行统一。要通过集中研讨、举办读书班、专题党课、举办主题教育报告会等形式，交流学习体会。要创新形式、丰富载体，把主题教育与“三会一课”、主题党日等有机结合，切实增强针对性、实效性和感染力。要把主题教育贯穿各类培训始终，让主题教育成效融入全国法院系统业务培训。

调查研究务求实事求是。调查研究是此次主题教育的重要内容。开展调查研究，要善于发现真问题，通过各种途径，比如工作中感受的、下级法院反馈的、代表委员和群众反映的，把问题找准找实。要善于解决真问题，结合调研情况进行专题研讨、难题攻关，集思广益研究对策措施。调查研究要坚持融入日常，处处留心皆是调研，要把调查研究与全面贯彻党的二十大精神结合起来，与践行党的群众路线结合起来，与日常司法审判工作结合起来，少搞一阵风、杜绝“两张皮”、绝不走形式。要改进作风，调研不能扎堆，不能以发通知、要数据、要材料的书面调研代替各种形式的务实调研。调研工作要为基层解决问题，不能给基层增加负担。

推动发展重在破解难题。破解难题、推动发展是对主题教育具体成效的实际检验。要牢牢把握高质量发展这个全面建设社会主义现代化国家的首要任务，聚焦平等保护各类市场主体、高水平科技自立自强、高标准市场体系建设、生态环境保护修复、高水平对外开放等方面法治需求，聚焦民生司法保障突出问题和老百姓还不是很满意的立案、执行、信访等领域的实际问题，转变理念、站稳立场，拿出管用对策，努力提高司法服务保障水平。

检视整改坚持刀刃向内。要坚持边学边查边改，对调研发现的问题、代表委员提出的问题、群众反映强烈的问题等，列出清单、逐项整改。着力整治新发展理念树得不牢、以依法能动履职助推高质量发展成效不明显；党建与业务联系不紧密，理论学习走过场，日常思想政治工作欠缺；机关纪律建设、日常管理宽松软，有的领导干部和部门习惯当“二传手”等问题。这些问题的整治要入脑入心，坚持自我革命，坚持相互帮助，坚持实事求是，确保取得明显成效。

建章立制确保科学管用。要坚持“当下改”和“长久立”相结合，对具体问题，立行立

改；对制度性、机制性的问题，坚持先立后破，在充分调查研究基础上做好建章立制。建章立制工作，首先要查既有规定落实得怎样，哪些还不尽健全完善，重在管用、有效。健全完善的制度重在执行到位、落到实处、取得实效。

开展好学习贯彻习近平新时代中国特色社会主义思想主题教育，意义重大，责任重大。要以高度的政治责任感、良好的精神状态和扎实的工作作风把主题教育组织好、开展好，加强组织领导，把开展主题教育同推动中心工作结合起来，以高质量的主题教育成效，奋力开创新时代新征程人民司法事业发展新局面，更好以审判工作现代化服务保障中国式现代化。

（本文根据张军同志2023年4月12日在最高人民法院学习贯彻习近平新时代中国特色社会主义思想主题教育动员部署会上的讲话整理而成，原载于《人民司法》2023年第16期。）

做深做实主题教育　以司法审判工作现代化服务保障中国式现代化

最高人民法院党组书记、院长　张　军

习近平总书记指出，党的二十大报告提出了继续推进理论创新的科学方法，即必须坚持人民至上、必须坚持自信自立、必须坚持守正创新、必须坚持问题导向、必须坚持系统观念、必须坚持胸怀天下。“六个必须坚持”，既是继续推进理论创新的科学方法，也是习近平新时代中国特色社会主义思想的立场观点方法的重要体现。人民法院做深做实学习贯彻习近平新时代中国特色社会主义思想主题教育，首先就要在“学思想”上下实功，深刻把握习近平新时代中国特色社会主义思想的世界观和方法论，深刻领悟“六个必须坚持”蕴含的根本政治立场、重大原则方向、科学思想方法和工作方法，真正把马克思主义看家本领学到手，自觉用以检视思考法院工作存在的问题，指导以司法审判工作现代化服务保障中国式现代化的具体实践。

深刻领悟必须坚持人民至上

人民至上，是中国特色社会主义司法审判、司法政策、理论研究、教育培训必须始终保有和自觉坚持的底色。“人民至上”要求不唯书、不唯洋、一切以人民利益为重。党的二十大报告重申强调了“努力让人民群众在每一个司法案件中感受到公平正义”。从人民至上的高度理解，案件是否公正，标准是人民群众的判断、社会公众的感受，而不能单纯以法官在司法审判中认为自己依法办案为标准。要努力通过依法能动履职，让国家和社会的主体——人民群众感受到司法审判的公平正义。这就要求深入分析哪些案件司法人员认为体现了公正、案件程序了结当事人却申诉不止，深入分析上级法院在审判条线指导、监督公正司法方面还有哪些不足。这是各级法院面临的突出实践问题和重大理论问题。“人民至上”不是口号，在每个时代、每个发展阶段都有不同内涵。新时代新发展阶段，人民群众对民主、法治、公平、正义、安全、环境等方面提出内涵更丰富、更高水平的需求，人民群众“感受”公平正义的内涵和要求也发生了深刻变化。必须反思司法审判工作的理念和实践有没有跟不上、不适应的问题。必须思考怎样努力跟上，适应时代之变、人民之需，做到把习近平法治思想落到实处，在司法理念、司法政策、司法实务中，充分维护人民根本利益、厚植党的执政根基。

深刻领悟必须坚持自信自立

自信自立，是坚持党的绝对领导、坚持以人民为中心、坚持中国特色社会主义法治道路必须要有的底气。改革开放以来，我国经济社会发展发生天翻地覆变化、取得举世瞩目成就。特别是党的十八大以来，党和国家事业取得历史性成就、发生历史性变革，续写了“两大奇迹”新篇章，彰显了中国特色社会主义制度的巨大优越性，充分证明中国特色社会主义法治适合中国国情。理论上认同、情感上认同、实践上认同，才能理直气壮说明中国特色社会主义制度的优越性，有理有据讲清伟大变革、伟大成就得来的道理。西方国家的政治制度、司法制度各有其不同的政治、经济、历史、文化渊源，因此各异于他。我国作为五千年历史连绵不绝的东方大国，历史和人民选择了中国共产党，我国经济、文化、社会、国情决定了必须坚持和维护党的领导。在党的绝对领导下，人民法院坚定正确政治方向，坚持为大局服务、为人民司法，把维护国家政治安全特别是政权安全、制度安全放在第一位，恰是社会主义制度优越性所在、人民当家作主制度本质要求所在。只有把习近平新时代中国特色社会主义思想学深悟透用好，才能以理论上的清醒确保政治上的坚定，做到精神上不缺钙，真正自信自立。

深刻领悟必须坚持守正创新

守正创新，是中国特色社会主义司法审判工作必须始终坚持的方向。从讲政治看，必须坚持党的绝对领导之正；从讲法治看，宪法规定“中国共产党领导是中国特色社会主义最本质的特征”。守正，就是守党的绝对领导之正。没有中国共产党领导，就没有中国特色社会主义法律制度、司法制度。在党的领导下，中华民族迎来了从站起来、富起来到强起来的伟大飞跃。新时代新发展阶段，面对诸多复杂矛盾问题，须臾离不开党的坚强领导。越是走近世界舞台中央，越将面临更加严峻的挑战和考验；越是风高浪急甚至面对惊涛骇浪，越要坚持守正创新。守正不是消极，必须创新发展。马克思主义中国化的实践、改革开放的实践、新时代人民司法制度发展的实践都反复证明了这一点。最高人民法院知识产权法庭、国际商事法庭的设置，地方金融法院、知识产权法院、互联网法院的成立，执行制度机制改革等，都体现了在创新中谋发展，这才有了今天党中央赋予的更重责任。守正是方向，创新是动力。只有方向正确、动力持久，才能行得稳、走得快。守正创新涉及的问题很多。比如，公正司法如何落实？诉源治理如何深化？普通法院和专门法院建设如何体现中国特色社会主义国情？这些都要求我们结合主题教育，深入研究思考。

深刻领悟必须坚持问题导向

问题是时代的声音。主题教育突出强调问题导向，指明了“学思想、强党性、重实践、建新功”的方向方法。司法审判工作肩负更重责任，必须以问题为导向不断校正自己，不断解决何以自强的问题。全面贯彻党的二十大精神，服务保障经济社会高质量发展，没有意识到存在的不足和问题就是最大、最突出的问题，这也是最应当思考、检视、发现的根本问题。善于发现、提出问题，思考解决问题的方法路径，并从理论上以令人信服的论证统一思想认识，从而同心同德以真解决问题的态度、勇气解决真问题，是我们的责任。坚持问题导向，就要牢记“国之大者”，思考、回答新时代新发展阶段以司法审判工作现代化服务保障中国式现代化面临的机遇和挑战。坚持理论和实践、历史和未来、国内和国际相结合，认真思考主动融入国家治理、社会治理，在法治轨道上全面建设社会主义现代化国家面临的具体、突出问题，思考各级法院自身建设面临的具体、突出问题。把自己摆进去、把职责摆进去、把工作摆进去，既登高望远更脚踏实地，更加自觉以问题意识引领做实“讲政治、顾大局，促公正、提效率，重自律、强队伍”。

深刻领悟必须坚持系统观念

科学的思想方法决定推动发展的眼界和成败。没有对系统观念的正确把握，就找不到正确的方向和路径，工作可能事倍功半，甚至造成不应有的损失。主题教育要求一体推进理论学习、调查研究、推动发展、检视整改等，这就要求必须以马克思主义的世界观和方法论为指导，坚持系统观念。学习习近平新时代中国特色社会主义思想，就要坚持全面学习、全面把握、全面落实，从世界观、方法论上去理解、认识，不折不扣地践行。落实“全面依法治国是国家治理的一场深刻革命”，就要从法治与政治、经济、社会发展，与改革发展稳定等的内在联系上去深化认识、思考、把握，并把自己摆进去加深理解、抓好落实。人民法院绩效考核体系和审判质效指标管理体系建设，无疑是深化司法改革的难点、堵点问题。必须从政治建设、制度建设和队伍建设的高度，从符合司法规律、符合科学化人性化管理要求上，从抓好顶层科学设计、抓实中层担责践行、抓细引导干部理解参与上，综合考量、设计、推进，这也是对系统观念、辩证思维的把握和践行，是解决审判工作全局性问题必须抓住的主要矛盾和矛盾的主要方面。

深刻领悟必须坚持胸怀天下

做深做实主题教育，要有为党、为国、为民、为天下的情怀和格局。从宏观上讲，要认识和把握国际形势，以司法服务保障推动构建人类命运共同体。从中观上讲，人民法院审判工作理念、方式、方法要跟上、适应新时代新发展阶段要求。比如，要思考与兄弟政法机关如何深化落实相互支持、相互配合、相互制约；思考法院各部门之间的协同配合是否存在问题，改革中如何强化“一盘棋”思维；思考未成年人司法保护如何跟上、适应新形势新任务要求等。如果没有胸怀天下的使命、责任、情怀，就可能会有部门主义、保护主义作祟。从微观上讲，每名干警要有胸怀天下的情怀，积极思考如何在新时代新征程上激励自己更加自觉学深悟透做实习近平新时代中国特色社会主义思想。比如，对“三个规定”如实填报、司法责任制落实等，如果没有胸怀天下的使命、责任、情怀，就很难更加自觉地执行落实。主题教育中要真正涵养“先天下之忧而忧”的情怀担当，克服各种困难阻力，推动工作发展，把对习近平法治思想原创性内容的实践不断做得更深更实。

党的二十大报告强调，必须更好发挥法治固根本、稳预期、利长远的保障作用，在法治轨道上全面建设社会主义现代化国家。新时代新征程，司法审判工作责任重大、使命光荣。人民法院要深入学习贯彻习近平新时代中国特色社会主义思想，牢牢把握主题教育的总要求和目标任务，努力在以学铸魂、以学增智、以学正风、以学促干方面取得实实在在的成效，更好以司法审判工作现代化服务保障中国式现代化。

（本文原载于《旗帜》2023 年第 6 期。）

深入学习贯彻习近平法治思想　加快推进审判工作现代化

最高人民法院党组书记、院长　张　军

党的二十大报告擘画了全面建成社会主义现代化强国、以中国式现代化全面推进中华民族伟大复兴的宏伟蓝图，强调“在法治轨道上全面建设社会主义现代化国家”。习近平总书记 2023 年 1 月对政法工作作出重要指示，要求坚持改革创新，坚持发扬斗争精神，奋力推进政法工作现代化。人民法院是党领导下的国家审判机关，审判工作现代化既是政法工作现代化的重要内容，也是中国式现代化的重要保障，必须围绕“公正与效率”工作主题，做实为大局服务、为人民司法，从审判理念、审判机制、审判体系、审判管理等方面整体推进、系统落实，努力以审判工作现代化服务保障中国式现代化。

一、加快推进审判理念现代化

审判工作现代化，最首要、最关键的是审判理念现代化，以审判理念现代化统领、引导、促进各项工作现代化。审判理念现代化的根本，是把习近平法治思想作为“纲”和“魂”自觉融入审判执行工作全过程、各方面。必须牢牢坚持党对司法工作的绝对领导，坚决贯彻落实党的路线、方针、政策，积极创新地通过公正司法捍卫、保障、促进党的绝对领导在党和国家各方面工作中落到实处，不断厚植党的执政根基。必须坚持以人民为中心，始终牢记民心是最大的政治，全力满足人民群众在民主、法治、公平、正义、安全、环境等方面更高水平的需求，让人民群众在每一个司法案件中感受到公平正义。必须坚持中国特色社会主义法治道路，深刻认识与本国国情相适应的制度才是、就是最好的制度，增强走中国特色社会主义法治道路的自信、底气和定力。在习近平法治思想指引下，立足我国国情，传承中华优秀传统法律文化，加快推进审判理念现代化，努力跟上、适应新时代新发展阶段新要求。

坚持能动履职。习近平总书记强调，推动全党学习马克思主义哲学的目的，“就是更好认识国情，更好认识党和国家事业发展大势，更好认识历史发展规律，更加能动地推进各项工作”。审判必须依法，不能想当然擅断，但审判工作完全可以而且必须是能动的。在办理具体案件过程中，以让人民群众感受到公平正义为目标，在法律框架内，努力寻求案件处理的最佳方案。必须把屁股端端地坐在老百姓的这一面，牢记感受公平正义的主体只能是人民群众。法律是原则的、抽象的，但实践是具体的、鲜活的，法官必须依法充分运用自由裁量权，把事实证据查清，把裁判理据讲清，实现案件公正裁判。要有对社会的深刻理解、对公众情感的准确把握、对当事人诉求及理据的精准辨析，在法律规范的裁量空间内，确定裁判政治效果、社会效果更好的处理方案。更加注重裁判说理、辨法析理，努力使司法审判对法律条文——“文本法”的适用，符合包括当事人在内的人民群众感受的“内心法”。积极主动融入国家治理、社会治理，自觉做实讲政治、顾大局，厚植党的执政根基。要做到见微知著，善于从个案、类案中发现国家治理、社会治理中的问题，深化调查研究，制发司法建议，提出治本之策，助推国家治理、社会治理现代化。

坚持“抓前端、治未病”。习近平总书记强调，“法治建设既要抓末端、治已病，更要抓前端、治未病”。在党中央集中统一领导下，从源头上预防和减少类案多发高发，把党的领导和我国社会主义司法制度优势转化为公正高效审判、促进国家和社会治理的效能优势，是面对大量案件的治本之道，更是为大局服务的必然要求。要高度重视审判执行态势分析研判，通过办案关注、思考类案的成因，特别是明显升降的原因，敏于发现案件背后的深层社会治理问题，针对性提出司法建议、工作意见，主动融入、促进国家和社会治理。要做实新时代“枫桥经验”，深入贯彻全国调解工作会议精神，把诉调对接的“调”向前延伸，在党委、党委政法委领导下，做好对人民调解及其他各类调解的业务指导、司法确认，努力把矛盾纠纷化解在基层、解决在萌芽状态。要正确认识“诉”和“访”的辩证关系，加强涉诉信访案件实质性化解，引导当事人依法理性表达诉求，加快推进信访工作法治化。

坚持双赢多赢共赢。司法审判工作的裁判属性、监督属性，尤其需要善用智慧、讲究方法，坚持原则性与灵活性相统一，把“刚强的内心”与“柔软的身段”结合起来，在团结协作、和谐互促中实现司法审判工作的目的，实现“三个效果”的统一。行政审判是一项带有司法监督性质的审判工作。行政权和司法权根本上统一于党的绝对领导、统一于维护人民根本利益，审判工作中要牢固树立双赢多赢共赢理念，才可能把监督就是支持、支持就是监督贯穿始终。破产案件办理涉及企业、职工、债权人等多方利益，政府责任重大、关键，特别是涉大型企业的破产重整，事关防范化解重大风险，事关经济发展社会稳定，更需以双赢多赢共赢理念为引领，强化府院协作、内外协同，发挥破产审判在完善市场主体救治和退出机制中的重要作用，平衡保护社会公共利益和债权人、债务人利益。强制执行也要贯彻双赢多赢共赢理念，多做善做被执行人工作，引导其认识到主动履行更有利于自己长远发展利益，在依法保障胜诉当事人合法权益的同时，最大限度减少对被执行人生产经营的影响，努力帮助其渡过难关，尽力避免执行一个案件、垮掉一个企业。

坚持案结事了政通人和。人民群众到法院来不是走程序的，是希望通过公正裁判维护自己的合法权益，确定名分、止息纷争。要把实质性化解矛盾、解决问题作为司法审判的目标、导向，每一个审判环节都要把案结事了、服判息诉的功课做到极致。立案时、裁判中就要考虑执行工作，把财产保全做在前、把涉案财产处分理据查证清楚，避免无法执行再生纷争；裁判本案时就要考虑潜在的关联案件，进而选择最适合的处理方案。当事人诉请有理，但诉由不当，可以释法说明利弊，由当事人作出更有利于问题依法公平公正解决的决定。要以“如我在诉”的意识，把让人民群众在每一个司法案件中感受到公平正义真正落到实处。

二、加快推进审判机制现代化

审判机制现代化，就是要让审判权运行符合司法规律，确保司法责任制全面准确落实。党中央始终把司法责任制作为司法体制改革的“牛鼻子”抓住不放。党的十八届三中、四中全会提出，完善主审法官、合议庭办案责任制，让审理者裁判、由裁判者负责，落实谁办案谁负责；党的十九大报告提出，全面落实司法责任制，努力让人民群众在每一个司法案件中感受到公平正义；党的二十大报告强调，全面准确落实司法责任制，加快建设公正高效权威的社会主义司法制度。从“落实”到“全面落实”，再到“全面准确落实”的递进，蕴含着党对司法责任制规律性认识的持续深化，为人民法院以全面准确落实司法责任制为牵引、加快推进审判机制现代化指明了方向，提出了新的更高要求。

以党的领导责任统领、压实司法审判责任。司法责任是人民法院的宪法责任，由审委会、院庭长、合议庭、法官依法定职责分别承担、共同负责。司法责任制既不意味着错案责任由法官个人全部承担，也不意味着审判权力由法官个人独立行使，党组的领导责任、审委会和院庭长的监督管理责任必须落实到位。要以“阅核制”为抓手，依法落实院庭长监督管理责任。“阅核制”根本区别于“审批制”，庭长不同意合议庭、独任法官意见的，不能直接调整、改变，可以建议复议、提请专业法官会议讨论、报请院领导提交审委会讨论，并依法对裁判承担相应责任。“阅核制”中，裁判由院庭长依职权阅核，由法定审判组织依法作出，职能明确、责任清晰。司法裁判责任和监督管理责任根本统一于宪法、法院组织法的规定，要以党的政治领导责任统领、压实司法审判各环节、各方面责任，全面准确落实司法责任制。

落实落细审判组织法定职责。审判组织是审判权运行的载体。独任法官、合议庭、审委会等审判组织依法履职，是全面准确落实司法责任制的基本要求。要在落实有效监管责任基础上，充分发挥独任法官制度优势，依法优质高效多办案、办好案。要规范合议庭运行，通过科学完善的管理机制，督促合议庭成员依法规范履职，合议庭成员必须独立发表具体明确的意见并阐明理由。要把审委会履职重点放在抓大事、议要案上，落实审委会总结审判经验、发挥监督指导等职责。宏观指导上，要更加注重审判经验的总结，定期听取审判工作运行情况分析总结，作出科学评价判断，把监督指导的责任和压力向前端传导、压实。个案讨论上，善于由表及里、由此及彼，努力实现个案价值类案化、促进管理治理效果最大化。

落实落细上级法院监督指导责任。要注重发挥上级法院“统”的优势，做深做细上诉、申诉等案件分析，加强审判数据会商，突出问题导向做实做好监督指导。要优化上诉、申诉案件审理中的上下一体衔接机制，对上诉、申诉案件加强管理、优化办理，依法切实提升办案质效、减少群众诉累，对确有错误的，应当确定能直接改判就不发回重审的原则，力争以最小的程序成本定分止争。加强上诉、申诉案件审理中存在问题的总结分析，强化对下监督指导，不能让同类问题反复发生。要用足用好提级管辖、再审提审工作机制，更好发挥规范引领裁判的作用。充分发挥案例指导作用，推进建立人民法院案例库，促进法律适用统一，促进公民、社会法治意识养成。

三、加快推进审判体系现代化

推进审判体系现代化，关键在优化法院机构职能体系，实现机构设置规范、职能行使协同、体系运行高效等目标，统筹制度机制健全完善，照顾上下左右协同，推动改革真正发生“化学反应”。

组织机构要科学规范设置。司法权是中央事权，司法体制改革本质上属于政治体制改革，专门法院、专门法庭的设置要充分研究论证，确保科学规范。要把重点放在已设立的专门法院、专门法庭如何充分发挥司法改革效能、不断完善综合配套机制上，同时指导普通法院、普通法庭通过发挥专业审判庭、合议庭作用，优质高效审理好相关案件，更加注重总结审判经验，借鉴专门法院专业优势，把更有效促进专门领域治理的职责优化担当起来。法院内设机构设置要实事求是，遵循确有必要、统一、高效原则，做到机构设置科学、职能配置优化、体制机制完善、运行管理高效。要符合审判机关特点和审判权运行规律，注重审判中心、上下贯通、规范严肃。

审判职能要融合协同履职。“三合一”审判要以最有利于经济社会高质量发展、最有利于当事人合法权益维护、最有利于案件公正高效处理为原则，统筹发挥刑事、民事、行政审判职能，依法确定调处矛盾纠纷、制裁违法犯罪的方式方法，确保案件办理“三个效果”有机统一。比如，少年审判以未成年人利益最大化为原则，重在融合协同发挥刑事、民事、行政审判和公益诉讼职能。最高人民法院紧密结合涉未成年人案件特点，设立少年审判工作办公室，统筹、统一承担“三合一”少年审判监督指导职能，推动未成年人犯罪治理和司法保护工作“抓前端、治未病”。要健全统一规范、责任清晰、正向激励的协同各职能部门齐抓共管的制度优势，确保各级党委政治要求和审判机关法治责任不落空。

审判体系运行要强化大数据战略保障。增强大数据战略思维，发挥大数据战略保障作用，以“数字革命”驱动新时代新发展阶段司法审判整体提质增效。要在夯实数据基础上求实效，建好司法大数据库，加强标准化建设，确保规范高效地把各类司法信息资源转化为海量有效数据。要在创新深度应用上下功夫，探索创新大数据应用方式、平台、工具，充分发挥大数据在优化审判管理服务、提高司法审判质效、增强诉源治理效能等方面的作用。要在打破数据壁垒上抓联动，加快建成全国法院“一张网”，有效汇集各方面数据，确保审判体系高效顺畅运行。

四、加快推进审判管理现代化

党的二十大报告提出“完善干部考核评价体系，引导干部树立和践行正确政绩观，推动干部能上能下、能进能出，形成能者上、优者奖、庸者下、劣者汰的良好局面”。推进审判管理现代化，科学的考核评价体系是重要抓手。调动队伍积极性、提升审判质量，必须发挥好考评指挥棒作用。

建立科学的、符合司法规律的审判质量管理指标体系。最高人民法院经过充分调研论证，制定完善审判质量管理指标体系。新的审判质量管理指标体系坚持质量优先、兼顾效率、关注效果，设置服判息诉率、案访比、“案－件比”等指标，重在引导办案实现“三个效果”有机统一。“案－件比”是推进审判管理现代化的核心指标，目的就是引导各级法院注重实质性化解矛盾，防止“一案结而多案生”，用最优质量、最高效率、最佳效果处理好每一起案件，更好维护老百姓合法权益。为防止唯指标、数据论英雄，引领性指标设置“合理区间/参考区间”，杜绝违背司法规律的层层加码、盲目追高、数据造假等“反管理”现象。对于已经“做起来”、指标达到合理区间的，重在督导、引领做优做深“质”的工作，把更多精力放在提升质量、效果上。

做实全员绩效考核，把评案与考人贯通起来。最高人民法院全面推开完善绩效考核工作，着力解决干与不干、干多干少、干好干差一个样的问题。健全院庭长办案考核机制，充分发挥院庭长办案示范作用。完善院庭长办案通报机制，既要公开办案数量，更要公开类型、方式、质效等。在晋职晋级、评优评先中把考评结果作为重要依据，真正形成能者上、优者奖、庸者下、劣者汰的激励机制，引导干部树立和践行正确政绩观。落实员额退出机制，考评不合格的，该退额的要及时调整岗位。

一体融合推进政治素质、业务素质、职业道德素质建设。政治素质建设是统领，要切实防止形式主义、空喊口号，要看是否融入审判执行、形成行动自觉，要看案件办理“三个效果”有机统一是否落到了实处。业务素质建设要有政治灵魂、紧跟时代要求、突出问题导向，把服务保障经济社会高质量发展要求落到实处，切实提升队伍专业能力、专业精神。最高人民法院通过开通“法答网”、编写法院培训统编教材、开设“人民法院大讲堂”等方式，促进提高司法能力水平。职业道德素质建设要严格落实全面从严管党治院政治责任，落实严管就是厚爱，通过严管做到不敢腐、做实不能腐、做深不想腐。要把抓好“三个规定”落实作为检验一体融合推进政治素质、业务素质、职业道德素质建设的试金石，以更高标准更严要求，把“三个规定”抓得紧而又紧，确保公正廉洁司法。

新时代新征程，人民法院要坚持以习近平新时代中国特色社会主义思想为指导，全面贯彻落实党的二十大精神，深入贯彻习近平法治思想，坚持稳中求进、守正创新，加快推进审判工作现代化，更好服务保障中国式现代化，努力为强国建设、民族复兴伟业提供有力司法服务和保障。

（本文原载于《学习时报》2023年12月2日A1版。）

坚守为民初心的佤山法治“老黄牛”

——追记“时代楷模”鲍卫忠

中共最高人民法院党组

在云南临沧的佤族村寨里，一首歌传唱着：“共产党光辉照边疆，山笑水笑人欢乐。社会主义好哎……”这首歌见证了佤族人民的生活变迁，也传颂着一位佤山法治的守护者——鲍卫忠。这位云南省临沧市沧源佤族自治县人民法院原党组成员、执行局局长，45载的风雨岁月砥砺他炽热的报国情怀，24年的法院工作生涯铸就他无悔的法治信仰，7万公里的执法之路见证他执着的为民初心，被当地群众亲切地称为佤山法治“老黄牛”。2021年10月21日，鲍卫忠在工作岗位上突发疾病，经抢救无效于10月23日不幸去世。2022年9月，人力资源社会保障部、最高人民法院追授鲍卫忠“全国模范法官”称号。2023年12月，中共中央宣传部追授鲍卫忠“时代楷模”称号。

“共产党光辉照边疆”——他是许党报国的传承人

鲍卫忠出生在有着“班洪抗英保家园、班老回归祖国跟党走”光荣历史的沧源县，听着“阿佤人民唱新歌”成长，从小心里就种下了听党话、跟党走的种子，对党和人民的忠诚和热爱熔铸在他的血脉里。他1997年进入法院工作，报到的第一天就郑重承诺：“我出身边疆少数民族家庭，是党和人民给了我这个佤族孩子报效祖国的机会，这个恩情我将用一生来报答，我将干好本职工作，无愧于党、无愧于人民、无愧于心。”他用一生不停歇的脚步，践行诺言坚守初心，生动展现了“党的光辉照边疆、边疆人民心向党”的时代图景。

在法院工作的24年，鲍卫忠坚持扎根边疆基层一线，耐心细致、兢兢业业提供司法服务、开展执法办案，把党的温暖和公平正义送到边疆民族同胞的心坎上，把对党忠诚落实到每一次执法办案中。2021年8月19日，习近平总书记给沧源佤族自治县边境村老支书们的回信，在沧源县干部群众中引发热烈反响。在学习总书记回信的研讨会上，鲍卫忠讲道：“我们要把习近平新时代中国特色社会主义思想传达到村村寨寨，不断提升为人民服务的本领，充分发挥职能作用，为阿佤山建设提供强有力的司法保障。”随后，他和同事到班洪乡边境村与老支书们商议推进诉源治理工作，进一步探索多元化解决纠纷的方法和途径。2022年国庆节之后，班洪乡挂起

“老支书调解室”的牌子，此时鲍卫忠已经去世 1 年。他像那棵抗英纪念碑旁的老榕树，根植祖国大地，茂密的枝叶伸向蓝天，以法治的力量守护着一方热土和人民。

鲍卫忠牢记人民利益高于一切，关键时刻冲得上去、危难关头豁得出来。1997 年，21 岁的鲍卫忠还在沧源县单甲乡农经站工作。当年雨季，连日的暴雨冲断了道路，鲍卫忠带领群众前往一线抢修，可塌方路面位于陡峭的山腰间。一边是万丈悬崖，一边是危峰兀立，山上还不时有落石滚下，谁上前去实地勘探？鲍卫忠当仁不让，卷起衣袖裤腿，抄起锄头就往前走。身边的群众一把拉住他：“上不得，踩塌了掉下去就死定了。”还有几名村民抢着去：“我们经常爬山，比你熟悉路。”争执中，鲍卫忠大喝一声：“谁都别跟我争！”看到一向温和的鲍卫忠急了，大家安静下来，默默看着他一步步试探性地向塌方路段挪去，最终确认了路面受损情况，带领大家很快制定出了抢修方案。鲍卫忠就是这样的人，始终秉持全心全意为人民服务的根本宗旨，勇于担当、善于作为，把安全留给百姓，把危险留给自己。

2003 年，鲍卫忠作为法院干警下派乡镇挂职，驻村开展生态村、文明村、小康村“三村”建设工作。驻村 3 年时间里，他带领村干部排除重重困难，完成所在村 200 余户村民的旧房改造工作，让全村老少 900 多人住上了新房；修通 5 条进出村公路，解决了群众“出行难”“运输难”问题。他深知边民富、边疆稳的意义，脱贫攻坚期间主动报名驻村，为乡村发展和群众致富出谋划策。他带领贫困户种植的澳洲坚果现已果实累累，他看望过的老阿妈一直惦记着这个憨厚的年轻人……

山映党心，水拥党恩，赤诚初心怎么铸？鲍卫忠用一生给出了答案，他说：“为党工作是一生追求，为人民服务是一生方向。”他把一生献给了党的司法事业。老支书说，鲍卫忠的为民情怀饱含着他作为一名共产党员的初心和使命，值得阿佤人民纪念他。

“团结紧，向前进”——他是案结事了的法治航行手

沧源县人口不多，少数民族占大多数，且居住分散，案件所涉执行案款数额一般都不大，但就是这几百块、几千块钱，却直接关系民族群众的利益，决不能有半点马虎和懈怠。沧源境内 99% 以上都是山区，抬头所见都是连绵群山，脚下所踏大多是崎岖小路，百余公里路程往往要跑一整天。执行工作性质特殊，作为当地执行工作的领头雁、团队的主心骨，鲍卫忠的心一边牵着百姓生活，一边牵着法律公正，把善意文明的执行理念融入执行工作的全过程各环节，以“时时放心不下”的责任感，化解了 650 件“钉子案”“骨头案”。

他用心“磨案子”，做一名有力度的法官。“走着、听着、看着、写着”，这是鲍卫忠执行办案的八字“秘诀”。为了一个标的 5000 元的案件，他先后 6 次、累计行程 400 多公里到现场调解，只为促成案结事了人和。他相信，只要调解做到位，没有解不了的纠纷，没有打不开的心结。2021 年 8 月，一个消失已久的被执行人突然有了消息，鲍卫忠冒雨驱车 5 个小时，终于找到被执行人藏匿的简易房。看到执行干警，被执行人从最初的躲闪转为强硬，气氛一时剑拔弩张。原以为鲍卫忠会直接采取强制措施，没承想他却再次对被执行人做起了思想工作：“咱们都是佤族兄弟，有什么困难和我说，法律必须遵守，但办法我们可以一起想！”现场气氛渐渐缓和了下来，被执行人主动说起了家里的难处，诚恳地表示会尽快想办法把钱还上。鲍卫

忠正是以这种“就是头拱地也要把人民的事办好”的决心，磨掉了一件件要案难案，把案件的执行变成了一场场鲜活生动的法治课，把司法的温暖传递给每一个人。

他用力“践使命”，做一名有速度的法官。在全国法院为期 3 年的“基本解决执行难”攻坚战中，鲍卫忠带着执行局全体人员列清单、做排查，仅用时 3 个月就化解了积压多年的 41 件“骨头案”，执行到位案款总额 300 余万元。他严格落实执行信息化、规范化建设要求，积极推动构建执行难综合治理工作格局，大力创新司法拍卖模式，实现 100% 网拍，财产查控变现效率明显提高。在这 1095 个日夜里，鲍卫忠熬白了头发，熬红了眼睛，身患疾病也顾不得休息，但他认为这一切都值得。

他用情“解难题”，做一名有温度的法官。去被执行人家里，只要距离不远，鲍卫忠都不穿制服、不开警车。“为何不亮明身份？大张旗鼓有何不好？”年轻干警不理解。鲍卫忠说：“老百姓看到警车会议论，对被执行人影响不太好，而且容易使他们产生抵触情绪，不利于将来工作开展。”面对急需用钱看病的执行申请人，他自掏腰包，瞒着同事们悄悄为无力还款的被执行人垫付了 8840 元执行款，直到其他干警接到被执行人再次打来的还款电话，鲍卫忠的“秘密”才被大家发现。看到被执行人因养殖的土鸡找不到销路而焦虑发愁，他当场掏钱买下 3 只土鸡，还主动当起推销员，养鸡场、活鸡、鸡蛋，几乎每天都会在他的微信朋友圈“刷屏”，他也因此被人调侃为“最跨界”的执行法官。

阿佤山远、澜沧水长，执行之路怎么走？鲍卫忠用一生给出了答案，他说：“迈出去的是脚步，带回来的是民心。山不过来，我就过去。”路的尽头，是百姓的心头。鲍卫忠走遍了沧源大地的千山万水，访遍了阿佤村寨的千家万户，把遵法守法的种子播撒在阿佤大地。

“架起幸福桥”——他是佤山百姓的贴心人

阿佤山是世界上最大的竹子——巨龙竹的原产地和主要分布地。像巨龙竹扎根阿佤山一样，鲍卫忠扎根在边疆民族群众之中，以德修身、以德立威、以德服众，拳拳爱民心紧紧贴近人民。

沧源县群山延绵，早出晚归、披星戴月是法官们的工作常态。鲍卫忠把老百姓的事当作自己的事，下乡到群众家，他会参与火塘边的聚会，让普法宣讲融入这“永不熄灭的火塘”，用地道的乡音、亲切的问候、耐心的劝解，将专业的法言法语变成握手言和的欢声笑语。他始终把百姓需求放在心尖上，他的妻子说：“他就是这样一个人，来了电话一定接，看到信息一定回，当事人随时可以找到他。”他的办公柜子上贴满了便利贴，其中一张醒目地写着“司法救助，急！”那是他与人民群众心连心的绿色通道。他先后为 61 位特困执行人申请到 90.97 万元司法救助，每一分钱都带着法治的温度、执行的柔情。

鲍卫忠经常说：“我们办理的不仅是案子，更是边疆的稳定、民族的团结。”有一起发生在傣族村民小组和佤族村民艾嘎之间长达 8 年的土地纠纷，被执行人艾嘎拒不履行法院判决，案件的执行一波三折。鲍卫忠第一次去艾嘎家就吃了闭门羹；第二次，艾嘎更是喊来了 10 多个佤族亲朋好友，把鲍卫忠一行团团围住。危急关头，鲍卫忠毫不畏惧地冲到艾嘎面前，用佤语怒吼道：“难道你忘了我们佤族世代相传的族训吗？各族人民一家亲，九老九代不丢伴！请大家相信法院，这个案子我们一定会公平公正地处理！”人群渐渐散去，可鲍卫忠还是连艾嘎家门都没能进去；第三次是佤族新年——新米节，鲍卫忠一早就带着自酿水酒、一袋新米和一束稻穗叩响了艾嘎家的大门，一见艾嘎便含笑喊道：“兄弟，我们来跟你过年了，祝你年年大丰收！”边说边按照佤族的过年风俗把金黄的稻穗挂到了门上，把新米拿到了厨房，接着和艾嘎拉起了家常。鲍卫忠的真心实意打动了艾嘎，艾嘎紧锁的眉头渐渐松开，这起长达 8 年的纠纷得以圆满化解。鲍卫忠就是用这种“人心换人心”的方式，弥合了一道道纠纷产生的裂痕，架起了一座座民族团结的连心桥。

一方山水养一方人，一方百姓怎么护？鲍卫忠用一生给出了答案，他说：“要成为一个对人民有利的人，为党和人民的事业鞠躬尽瘁。”人民利益无小事，对群众小事的处理中见党性、见原则、见人格。有人说鲍卫忠“每办一个案件，都会多一个亲戚和朋友”。他被当地群众称为好“普艾”（兄弟），他的葬礼那天秋雨绵绵，很多当事人从四面八方赶来送他最后一程。

“壮志震山河”——他是清正廉洁的公正执法人

沧源境内岭脉绵亘、植被茂密，赋予了沧源“山青、水绿、竹翠、景美”的“生态名片”，纵横交错的山岭间涌出甘甜泉水，恩泽阿佤世代人民。泉的儿女，心中常怀对泉的感恩和依恋，心性品行上更显泉的清澈与高洁。鲍卫忠涵养了一身浩然正气。在法院工作 24 年，担任执行局局长 6 年，他始终公正无私、敢于较真碰硬，给自己和亲友定下“不准为案件打招呼、不准接受送礼、不准打听案情”的“三不准”要求。面对说情打招呼，他刚正不阿、严词拒绝；面对当事人的误解，他从不抱怨，用实实在在的公平正义作出最好的回答；面对不实举报，他行正端直、无愧于心，积极配合调查核实，无半点委屈……群众称他为正义“鲍公”，这是对他由衷的赞许和肯定。

他的清廉也感染着身边的人。现任沧源县法院副院长的俸俊玲，时常回忆起自己当书记员时跟师傅鲍卫忠在大树底下啃包子的往事。当时，鲍卫忠一行三人到村里调解，中午原、被告都恳切地留他们在家里吃饭。可鲍卫忠的态度温和且坚定，带头走出当事人家，坐在大树底下给大家分自己买的包子，吃完还不忘叮嘱俸俊玲：“我们有规定，不能接受执法对象吃请，哪怕原、被告都不介意，我们也要自觉遵守。”自此，不接受执法对象吃请的纪律意识在俸俊玲心里留下深深烙印。同事李红英回想起鲍卫忠处事的种种细节，满是感慨：“有一年，一对老夫妇为感谢鲍局长，把一袋新鲜核桃往他手里一塞就转身走了，他有事耽搁没能追上老人家，没想到当天下午他又专程赶往老人家里留下买核桃的钱。”“很多时候，我们只知道‘廉洁’的理念，但应该怎样做，鲍局长给我们做出了示范。”在鲍卫忠的带领下，沧源县法院执行局自 2015 年以来办理的 800 多件执行案件中，无一起关系案、人情案、金钱案。

铁汉也柔情。生活中的鲍卫忠是个有情有义的人，常常给人如泉水潺潺般温和的感觉。他是孝顺的好儿子，10 多年为瘫痪在床的父亲喂饭、按摩、擦洗身子。他还是多情的好丈夫，为爱人录制了吉他弹唱个人专辑，补上了迟到 10 年的婚纱照。他更是慈爱的父亲，一路小跑去接放学的双胞胎儿子，来不及擦干净鞋子上的泥土，就笑着递给他们出差时买的竹蜻蜓。他在笔记本上记下了孩子们想看的科幻电影名字，曾许下陪孩子们长大、与妻子白头偕老的诺言……正是因为他这样用心生活，才能够对身边的人、对群众生活中的酸甜苦辣产生深刻的情感共鸣，才能把群众的需求时刻放在心上，把为民情怀深深根植在心里。

山坚如磐，水柔带刚，公平正义怎么守？鲍卫忠用一生给出了答案，他说："我们办的不只是案子，更是很多人的人生。"他用一生的坚守诠释执法的刚正不阿，捍卫法官的原则底线，铸就守望相助、天下同心的人间大爱。

习近平总书记指出："伟大出自平凡，平凡造就伟大。只要有坚定的理想信念、不懈的奋斗精神，脚踏实地把每件平凡的事做好，一切平凡的人都可以获得不平凡的人生，一切平凡的工作都可以创造不平凡的成就。"这也是鲍卫忠的真实写照。佤山之巅，山高不辞细壤，故能造就横断山脉的奇峻秀美；澜沧江畔，长流不弃涓溪，故能成就澜沧水系的波澜壮阔；中华大地，无数个"鲍卫忠"不辞辛劳，在平凡的岗位上以担当奉献的实际行动，唱响了新时代的人民幸福歌。

（本文原载于《求是》2024 年第 3 期。）

三、司法解释

中国法院年鉴

THE YEARBOOK OF CHINA COURTS

2023

中华人民共和国最高人民法院

公告

《最高人民法院关于商品房消费者权利保护问题的批复》已于 2023 年 2 月 14 日由最高人民法院审判委员会第 1879 次会议通过，现予公布，自 2023 年 4 月 20 日起施行。

2023 年 4 月 20 日

最高人民法院
关于商品房消费者权利保护问题的批复

法释〔2023〕1 号

河南省高级人民法院：

你院《关于明确房企风险化解中权利顺位问题的请示》（豫高法〔2023〕36 号）收悉。就人民法院在审理房地产开发企业因商品房已售逾期难交付引发的相关纠纷案件中涉及的商品房消费者权利保护问题，经研究，批复如下：

一、建设工程价款优先受偿权、抵押权以及其他债权之间的权利顺位关系，按照《最高人民法院关于审理建设工程施工合同纠纷案件适用法律问题的解释（一）》第三十六条的规定处理。

二、商品房消费者以居住为目的购买房屋并已支付全部价款，主张其房屋交付请求权优先于建设工程价款优先受偿权、抵押权以及其他债权的，人民法院应当予以支持。

只支付了部分价款的商品房消费者，在一审法庭辩论终结前已实际支付剩余价款的，可以适用前款规定。

三、在房屋不能交付且无实际交付可能的情况下，商品房消费者主张价款返还请求权优先于建设工程价款优先受偿权、抵押权以及其他债权的，人民法院应当予以支持。

中华人民共和国最高人民法院

公告

《最高人民法院关于审理司法赔偿案件适用请求时效制度若干问题的解释》已于2023年4月3日由最高人民法院审判委员会第1883次会议通过，现予公布，自2023年6月1日起施行。

2023年5月23日

最高人民法院
关于审理司法赔偿案件适用请求时效制度若干问题的解释

法释〔2023〕2号

为正确适用国家赔偿请求时效制度的规定，保障赔偿请求人的合法权益，依照《中华人民共和国国家赔偿法》的规定，结合司法赔偿审判实践，制定本解释。

第一条 赔偿请求人向赔偿义务机关提出赔偿请求的时效期间为两年，自其知道或者应当知道国家机关及其工作人员行使职权时的行为侵犯其人身权、财产权之日起计算。

赔偿请求人知道上述侵权行为时，相关诉讼程序或者执行程序尚未终结的，请求时效期间自该诉讼程序或者执行程序终结之日起计算，但是本解释有特别规定的除外。

第二条 赔偿请求人以人身权受到侵犯为由，依照国家赔偿法第十七条第一项、第二项、第三项规定申请赔偿的，请求时效期间自其收到决定撤销案件、终止侦查、不起诉或者判决宣告无罪等终止追究刑事责任或者再审改判无罪的法律文书之日起计算。

办案机关未作出终止追究刑事责任的法律文书，但是符合《最高人民法院、最高人民检察院关于办理刑事赔偿案件适用法律若干问题的解释》第二条规定情形，赔偿请求人申请赔偿的，依法应当受理。

第三条 赔偿请求人以人身权受到侵犯为由，依照国家赔偿法第十七条第四项、第五项规定申请赔偿的，请求时效期间自其知道或者应当知道损害结果之日起计算；损害结果当时不能确定的，自损害结果确定之日起计算。

第四条 赔偿请求人以财产权受到侵犯为由，依照国家赔偿法第十八条第一项规定申请赔偿的，请求时效期间自其收到刑事诉讼程序或者执行程序终结的法律文书之日起计算，但是刑事诉讼程序或者执行程序终结之后办案机关对涉案财物尚未处理完毕的，请求时效期间自赔偿请求人知道或者应当知道其财产权受到侵犯之日起计算。

办案机关未作出刑事诉讼程序或者执行程序终结的法律文书，但是符合《最高人民法院、最高人民检察院关于办理刑事赔偿案件适用法律若干问题的解释》第三条规定情形，赔偿请求人申请赔偿的，依法应当受理。

赔偿请求人以财产权受到侵犯为由，依照国家赔偿法第十八条第二项规定申请赔偿的，请求时效期间自赔偿请求人收到生效再审刑事裁判文书之日起计算。

第五条 赔偿请求人以人身权或者财产权受到侵犯为由，依照国家赔偿法第三十八条规定申请赔偿的，请求时效期间自赔偿请求人收到民事、行政诉讼程序或者执行程序终结的法律文书之日起计算，但是下列情形除外：

（一）罚款、拘留等强制措施已被依法撤销的，请求时效期间自赔偿请求人收到撤销决定之日起计算；

（二）在民事、行政诉讼过程中，有殴打、虐待或者唆使、放纵他人殴打、虐待等行为，以及违法使用武器、警械，造成公民人身损害的，请求时效期间的计算适用本解释第三条的规定。

人民法院未作出民事、行政诉讼程序或者执行程序终结的法律文书，请求时效期间自赔偿请求人知道或者应当知道其人身权或者财产权受到侵犯之日起计算。

第六条 依照国家赔偿法第三十九条第一款规定，赔偿请求人被羁押等限制人身自由的期间，不计算在请求时效期间内。

赔偿请求人依照法律法规规定的程序向相关机关申请确认职权行为违法或者寻求救济的期间，不计算在请求时效期间内，但是相关机关已经明确告知赔偿请求人应当依法申请国家赔偿的除外。

第七条 依照国家赔偿法第三十九条第二款规定，在请求时效期间的最后六个月内，赔偿请求人因下列障碍之一，不能行使请求权的，请求时效中止：

（一）不可抗力；

（二）无民事行为能力人或者限制民事行为能力人没有法定代理人，或者法定代理人死亡、丧失民事行为能力、丧失代理权；

（三）其他导致不能行使请求权的障碍。

自中止时效的原因消除之日起满六个月，请求时效期间届满。

第八条 请求时效期间届满的，赔偿义务机关可以提出不予赔偿的抗辩。

请求时效期间届满，赔偿义务机关同意赔偿或者予以赔偿后，又以请求时效期间届满为由提出抗辩或者要求赔偿请求人返还赔偿金的，人民法院赔偿委员会不予支持。

第九条 赔偿义务机关以请求时效期间届满为由抗辩，应当在人民法院赔偿委员会作出国家赔偿决定前提出。

赔偿义务机关未按前款规定提出抗辩，又以请求时效期间届满为由申诉的，人民法院赔偿委员会不予支持。

第十条 人民法院赔偿委员会审理国家赔偿案件，不得主动适用请求时效的规定。

第十一条 请求时效期间起算的当日不计入，自下一日开始计算。

请求时效期间按照年、月计算，到期月的对应日为期间的最后一日；没有对应日的，月末日为期间的最后一日。

请求时效期间的最后一日是法定休假日的，以法定休假日结束的次日为期间的最后一日。

第十二条 本解释自2023年6月1日起施行。本解释施行后，案件尚在审理的，适用本解释；对本解释施行前已经作出生效赔偿决定的案件进行再审，不适用本解释。

第十三条 本院之前发布的司法解释与本解释不一致的，以本解释为准。

中华人民共和国最高人民法院
中华人民共和国最高人民检察院
公告

《最高人民法院、最高人民检察院关于办理强奸、猥亵未成年人刑事案件适用法律若干问题的解释》已于2023年1月3日由最高人民法院审判委员会第1878次会议、2023年3月2日由最高人民检察院第十三届检察委员会第一百一十四次会议通过，现予公布，自2023年6月1日起施行。

2023年5月24日

最高人民法院　最高人民检察院
关于办理强奸、猥亵未成年人刑事案件
适用法律若干问题的解释

法释〔2023〕3号

为依法惩处强奸、猥亵未成年人犯罪，保护未成年人合法权益，根据《中华人民共和国刑法》等法律规定，现就办理此类刑事案件适用法律的若干问题解释如下：

第一条　奸淫幼女的，依照刑法第二百三十六条第二款的规定从重处罚。具有下列情形之一的，应当适用较重的从重处罚幅度：

（一）负有特殊职责的人员实施奸淫的；

（二）采用暴力、胁迫等手段实施奸淫的；

（三）侵入住宅或者学生集体宿舍实施奸淫的；

（四）对农村留守女童、严重残疾或者精神发育迟滞的被害人实施奸淫的；

（五）利用其他未成年人诱骗、介绍、胁迫被害人的；

（六）曾因强奸、猥亵犯罪被判处刑罚的。

强奸已满十四周岁的未成年女性，具有前款第一项、第三项至第六项规定的情形之一，或者致使被害人轻伤、患梅毒、淋病等严重性病的，依照刑法第二百三十六条第一款的规定定罪，从重处罚。

第二条 强奸已满十四周岁的未成年女性或者奸淫幼女，具有下列情形之一的，应当认定为刑法第二百三十六条第三款第一项规定的“强奸妇女、奸淫幼女情节恶劣”：

（一）负有特殊职责的人员多次实施强奸、奸淫的；

（二）有严重摧残、凌辱行为的；

（三）非法拘禁或者利用毒品诱骗、控制被害人的；

（四）多次利用其他未成年人诱骗、介绍、胁迫被害人的；

（五）长期实施强奸、奸淫的；

（六）奸淫精神发育迟滞的被害人致使怀孕的；

（七）对强奸、奸淫过程或者被害人身体隐私部位制作视频、照片等影像资料，以此胁迫对被害人实施强奸、奸淫，或者致使影像资料向多人传播，暴露被害人身份的；

（八）其他情节恶劣的情形。

第三条 奸淫幼女，具有下列情形之一的，应当认定为刑法第二百三十六条第三款第五项规定的“造成幼女伤害”：

（一）致使幼女轻伤的；

（二）致使幼女患梅毒、淋病等严重性病的；

（三）对幼女身心健康造成其他伤害的情形。

第四条 强奸已满十四周岁的未成年女性或者奸淫幼女，致使其感染艾滋病病毒的，应当认定为刑法第二百三十六第三款第六项规定的“致使被害人重伤”。

第五条 对已满十四周岁不满十六周岁的未成年女性负有特殊职责的人员，与该未成年女性发生性关系，具有下列情形之一的，应当认定为刑法第二百三十六条之一规定的“情节恶劣”：

（一）长期发生性关系的；

（二）与多名被害人发生性关系的；

（三）致使被害人感染艾滋病病毒或者患梅毒、淋病等严重性病的；

（四）对发生性关系的过程或者被害人身体隐私部位制作视频、照片等影像资料，致使影像资料向多人传播，暴露被害人身份的；

（五）其他情节恶劣的情形。

第六条 对已满十四周岁的未成年女性负有特殊职责的人员，利用优势地位或者被害人孤立无援的境地，迫使被害人与其发生性关系的，依照刑法第二百三十六条的规定，以强奸罪定罪处罚。

第七条 猥亵儿童，具有下列情形之一的，应当认定为刑法第二百三十七条第三款第三项规定的“造成儿童伤害或者其他严重后果”：

（一）致使儿童轻伤以上的；

（二）致使儿童自残、自杀的；

（三）对儿童身心健康造成其他伤害或者严重后果的情形。

第八条 猥亵儿童，具有下列情形之一的，应当认定为刑法第二百三十七条第三款第四项规定的“猥亵手段恶劣或者有其他恶劣情节”：

（一）以生殖器侵入肛门、口腔或者以生殖器以外的身体部位、物品侵入被害人生殖器、肛门等方式实施猥亵的；

（二）有严重摧残、凌辱行为的；

（三）对猥亵过程或者被害人身体隐私部位制作视频、照片等影像资料，以此胁迫对被害人实施猥亵，或者致使影像资料向多人传播，暴露被害人身份的；

（四）采取其他恶劣手段实施猥亵或者有其他恶劣情节的情形。

第九条 胁迫、诱骗未成年人通过网络视频聊天或者发送视频、照片等方式，暴露身体隐私部位或者实施淫秽行为，符合刑法第二百三十七条规定的，以强制猥亵罪或者猥亵儿童罪定罪处罚。

胁迫、诱骗未成年人通过网络直播方式实施前款行为，同时符合刑法第二百三十七条、第三百六十五条的规定，构成强制猥亵罪、猥亵儿童罪、组织淫秽表演罪的，依照处罚较重的规定定罪处罚。

第十条 实施猥亵未成年人犯罪，造成被害人轻伤以上后果，同时符合刑法第二百三十四条或者第二百三十二条的规定，构成故意伤害罪、故意杀人罪的，依照处罚较重的规定定罪处罚。

第十一条 强奸、猥亵未成年人的成年被告人认罪认罚的，是否从宽处罚及从宽幅度应当从严把握。

第十二条 对强奸未成年人的成年被告人判处刑罚时，一般不适用缓刑。

对于判处刑罚同时宣告缓刑的，可以根据犯罪情况，同时宣告禁止令，禁止犯罪分子在缓刑考验期限内从事与未成年人有关的工作、活动，禁止其进入中小学校、幼儿园及其他未成年人集中的场所。确因本人就学、居住等原因，经执行机关批准的除外。

第十三条 对于利用职业便利实施强奸、猥亵未成年人等犯罪的，人民法院应当依法适用从业禁止。

第十四条 对未成年人实施强奸、猥亵等犯罪造成人身损害的，应当赔偿医疗费、护理费、交通费、营养费、住院伙食补助费等为治疗和康复支付的合理费用，以及因误工减少的收入。

根据鉴定意见、医疗诊断书等证明需要对未成年人进行精神心理治疗和康复，所需的相关费用，应当认定为前款规定的合理费用。

第十五条 本解释规定的“负有特殊职责的人员”，是指对未成年人负有监护、收养、看护、教育、医疗等职责的人员，包括与未成年人具有共同生活关系且事实上负有照顾、保护等职责的人员。

第十六条 本解释自 2023 年 6 月 1 日起施行。

中华人民共和国最高人民法院
公告

《最高人民法院关于具有专门知识的人民陪审员参加环境资源案件审理的若干规定》已于2023年4月17日由最高人民法院审判委员会第1885次会议通过，现予公布，自2023年8月1日起施行。

2023年7月26日

最高人民法院
关于具有专门知识的人民陪审员参加环境资源案件审理的若干规定

法释〔2023〕4号

为依法妥善审理环境资源案件，规范和保障具有专门知识的人民陪审员参加环境资源案件审判活动，根据《中华人民共和国刑事诉讼法》《中华人民共和国民事诉讼法》《中华人民共和国行政诉讼法》《中华人民共和国人民陪审员法》等法律的规定，结合环境资源案件特点和审判实际，制定本规定。

第一条 人民法院审理的第一审环境资源刑事、民事、行政案件，符合人民陪审员法第十五条规定，且案件事实涉及复杂专门性问题的，由不少于一名具有专门知识的人民陪审员参加合议庭审理。

前款规定外的第一审环境资源案件，人民法院认为有必要的，可以由具有专门知识的人民陪审员参加合议庭审理。

第二条 符合下列条件的人民陪审员，为本规定所称具有专门知识的人民陪审员：

（一）具有环境资源领域专门知识；

（二）在环境资源行政主管部门、科研院所、高等院校、企业、社会组织等单位从业三年以上。

第三条 人民法院参与人民陪审员选任，可以根据环境资源审判活动需要，结合案件类型、数量等特点，协商司法行政机关确定一定数量具有专门知识的人民陪审员候选人。

第四条 具有专门知识的人民陪审员任期届满后，人民法院认为有必要的，可以商请本人同意后协商司法行政机关经法定程序再次选任。

第五条 需要具有专门知识的人民陪审员参加案件审理的，人民法院可以根据环境资源案件的特点和具有专门知识的人民陪审员选任情况，在符合专业需求的人民陪审员名单中随机抽取确定。

第六条 基层人民法院可以根据环境资源案件审理的需要，协商司法行政机关选任具有专门知识的人民陪审员。

设立环境资源审判专门机构的基层人民法院，应当协商司法行政机关选任具有专门知识的人民陪审员。

设立环境资源审判专门机构的中级人民法院，辖区内基层人民法院均未设立环境资源审判专门机构的，应当指定辖区内不少于一家基层人民法院协商司法行政机关选任具有专门知识的人民陪审员。

第七条 基层人民法院审理的环境资源案件，需要具有专门知识的人民陪审员参加合议庭审理的，组成不少于一名具有专门知识的人民陪审员参加的三人合议庭。

基层人民法院审理的可能判处十年以上有期徒刑且社会影响重大的环境资源刑事案件，以及环境行政公益诉讼案件，需要具有专门知识的人民陪审员参加合议庭审理的，组成不少于一名具有专门知识的人民陪审员参加的七人合议庭。

第八条 中级人民法院审理的环境民事公益诉讼案件、环境行政公益诉讼案件、生态环境损害赔偿诉讼案件以及其他具有重大社会影响的环境污染防治、生态保护、气候变化应对、资源开发利用、生态环境治理与服务等案件，需要具有专门知识的人民陪审员参加合议庭审理的，组成不少于一名具有专门知识的人民陪审员参加的七人合议庭。

第九条 实行环境资源案件跨区域集中管辖的中级人民法院审理第一审环境资源案件，需要具有专门知识的人民陪审员参加合议庭审理的，可以从环境资源案件集中管辖区域内基层人民法院具有专门知识的人民陪审员名单中随机抽取确定。

第十条 铁路运输法院等没有对应同级人民代表大会的法院审理第一审环境资源案件，需要具有专门知识的人民陪审员参加合议庭审理的，在其所在地级市辖区或案件管辖区域内基层人民法院具有专门知识的人民陪审员名单中随机抽取确定。

第十一条 符合法律规定的审判人员应当回避的情形，或所在单位与案件有利害关系的，具有专门知识的人民陪审员应当自行回避。当事人也可以申请具有专门知识的人民陪审员回避。

第十二条 审判长应当依照人民陪审员法第二十条的规定，对具有专门知识的人民陪审员参加的下列工作，重点进行指引和提示：

（一）专门性事实的调查；

（二）就是否进行证据保全、行为保全提出意见；

（三）庭前会议、证据交换和勘验；

（四）就是否委托司法鉴定，以及鉴定事项、范围、目的和期限提出意见；

（五）生态环境修复方案的审查；

（六）环境民事公益诉讼案件、生态环境损害赔偿诉讼案件的调解、和解协议的审查。

第十三条 具有专门知识的人民陪审员参加环境资源案件评议时，应当就案件事实涉及的专门性问题发表明确意见。

具有专门知识的人民陪审员就该专门性问题发表的意见与合议庭其他成员不一致的，合议庭可以将案件提请院长决定是否提交审判委员会讨论决定。有关情况应当记入评议笔录。

第十四条 具有专门知识的人民陪审员可以参与监督生态环境修复、验收和修复效果评估。

第十五条 具有专门知识的人民陪审员参加环境资源案件的审理，本规定没有规定的，适用《最高人民法院关于适用〈中华人民共和国人民陪审员法〉若干问题的解释》的规定。

第十六条 本规定自2023年8月1日起施行。

中华人民共和国最高人民法院
公告

《最高人民法院关于审理生态环境侵权责任纠纷案件适用法律若干问题的解释》已于 2023 年 6 月 5 日由最高人民法院审判委员会第 1890 次会议通过，现予公布，自 2023 年 9 月 1 日起施行。

2023 年 8 月 14 日

最高人民法院
关于审理生态环境侵权责任纠纷案件适用法律若干问题的解释

法释〔2023〕5 号

为正确审理生态环境侵权责任纠纷案件，依法保护当事人合法权益，根据《中华人民共和国民法典》《中华人民共和国民事诉讼法》《中华人民共和国环境保护法》等法律的规定，结合审判实践，制定本解释。

第一条 侵权人因实施下列污染环境、破坏生态行为造成他人人身、财产损害，被侵权人请求侵权人承担生态环境侵权责任的，人民法院应予支持：

（一）排放废气、废水、废渣、医疗废物、粉尘、恶臭气体、放射性物质等污染环境的；

（二）排放噪声、振动、光辐射、电磁辐射等污染环境的；

（三）不合理开发利用自然资源的；

（四）违反国家规定，未经批准，擅自引进、释放、丢弃外来物种的；

（五）其他污染环境、破坏生态的行为。

第二条 因下列污染环境、破坏生态引发的民事纠纷，不作为生态环境侵权案件处理：

（一）未经由大气、水、土壤等生态环境介质，直接造成损害的；

（二）在室内、车内等封闭空间内造成损害的；

（三）不动产权利人在日常生活中造成相邻不动产权利人损害的；

（四）劳动者在职业活动中受到损害的。

前款规定的情形，依照相关法律规定确定民事责任。

第三条 不动产权利人因经营活动污染环境、破坏生态造成相邻不动产权利人损害，被侵权人请求其承担生态环境侵权责任的，人民法院应予支持。

第四条 污染环境、破坏生态造成他人损害，行为人不论有无过错，都应当承担侵权责任。

行为人以外的其他责任人对损害发生有过错的，应当承担侵权责任。

第五条 两个以上侵权人分别污染环境、破坏生态造成同一损害，每一个侵权人的行为都足以造成全部损害，被侵权人根据民法典第一千一百七十一条的规定请求侵权人承担连带责任的，人民法院应予支持。

第六条 两个以上侵权人分别污染环境、破坏生态，每一个侵权人的行为都不足以造成全部损害，被侵权人根据民法典第一千一百七十二条的规定请求侵权人承担责任的，人民法院应予支持。

侵权人主张其污染环境、破坏生态行为不足以造成全部损害的，应当承担相应举证责任。

第七条 两个以上侵权人分别污染环境、破坏生态，部分侵权人的行为足以造成全部损害，部分侵权人的行为只造成部分损害，被侵权人请求足以造成全部损害的侵权人对全部损害承担责任，并与其他侵权人就共同造成的损害部分承担连带责任的，人民法院应予支持。

被侵权人依照前款规定请求足以造成全部损害的侵权人与其他侵权人承担责任的，受偿范围应以侵权行为造成的全部损害为限。

第八条 两个以上侵权人分别污染环境、破坏生态，部分侵权人能够证明其他侵权人的侵权行为已先行造成全部或者部分损害，并请求在相应范围内不承担责任或者减轻责任的，人民法院应予支持。

第九条 两个以上侵权人分别排放的物质相互作用产生污染物造成他人损害，被侵权人请求侵权人承担连带责任的，人民法院应予支持。

第十条 为侵权人污染环境、破坏生态提供场地或者储存、运输等帮助，被侵权人根据民法典第一千一百六十九条的规定请求行为人与侵权人承担连带责任的，人民法院应予支持。

第十一条 过失为侵权人污染环境、破坏生态提供场地或者储存、运输等便利条件，被侵权人请求行为人承担与过错相适应责任的，人民法院应予支持。

前款规定的行为人存在重大过失的，依照本解释第十条的规定处理。

第十二条 排污单位将所属的环保设施委托第三方治理机构运营，第三方治理机构在合同履行过程中污染环境造成他人损害，被侵权人请求排污单位承担侵权责任的，人民法院应予支持。

排污单位依照前款规定承担责任后向有过错的第三方治理机构追偿的，人民法院应予支持。

第十三条 排污单位将污染物交由第三方治理机构集中处置，第三方治理机构在合同履行过程中污染环境造成他人损害，被侵权人请求第三方治理机构承担侵权责任的，人民法院应予支持。

排污单位在选任、指示第三方治理机构中有过错，被侵权人请求排污单位承担相应责任的，人民法院应予支持。

第十四条 存在下列情形之一的，排污单位与第三方治理机构应当根据民法典第一千一百六十八条的规定承担连带责任：

（一）第三方治理机构按照排污单位的指示，违反污染防治相关规定排放污染物的；

（二）排污单位将明显存在缺陷的环保设施交由第三方治理机构运营，第三方治理机构利用该设施违反污染防治相关规定排放污染物的；

（三）排污单位以明显不合理的价格将污染物交由第三方治理机构处置，第三方治理机构违反污染防治相关规定排放污染物的；

（四）其他应当承担连带责任的情形。

第十五条 公司污染环境、破坏生态，被侵权人请求股东承担责任，符合公司法第二十条规定情形的，人民法院应予支持。

第十六条 侵权人污染环境、破坏生态造成他人损害，被侵权人请求未尽到安全保障义务的经营场所、公共场所的经营者、管理者或者群众性活动的组织者承担相应补充责任的，人民法院应予支持。

第十七条 依照法律规定应当履行生态环境风险管控和修复义务的民事主体，未履行法定义务造成他人损害，被侵权人请求其承担相应责任的，人民法院应予支持。

第十八条 因第三人的过错污染环境、破坏生态造成他人损害，被侵权人请求侵权人或者第三人承担责任的，人民法院应予支持。

侵权人以损害是由第三人过错造成的为由，主张不承担责任或者减轻责任的，人民法院不予支持。

第十九条 因第三人的过错污染环境、破坏生态造成他人损害，被侵权人同时起诉侵权人和第三人承担责任，侵权人对损害的发生没有过错的，人民法院应当判令侵权人、第三人就全部损害承担责任。侵权人承担责任后有权向第三人追偿。

侵权人对损害的发生有过错的，人民法院应当判令侵权人就全部损害承担责任，第三人承担与其过错相适应的责任。侵权人承担责任后有权就第三人应当承担的责任份额向其追偿。

第二十条 被侵权人起诉第三人承担责任的，人民法院应当向被侵权人释明是否同时起诉侵权人。被侵权人不起诉侵权人的，人民法院应当根据民事诉讼法第五十九条的规定通知侵权人参加诉讼。

被侵权人仅请求第三人承担责任，侵权人对损害的发生也有过错的，人民法院应当判令第三人承担与其过错相适应的责任。

第二十一条 环境影响评价机构、环境监测机构以及从事环境监测设备和防治污染设施维护、运营的机构存在下列情形之一，被侵权人请求其与造成环境污染、生态破坏的其他责任人根据环境保护法第六十五条的规定承担连带责任的，人民法院应予支持：

（一）故意出具失实评价文件的；

（二）隐瞒委托人超过污染物排放标准或者超过重点污染物排放总量控制指标的事实的；

（三）故意不运行或者不正常运行环境监测设备或者防治污染设施的；

（四）其他根据法律规定应当承担连带责任的情形。

第二十二条 被侵权人请求侵权人赔偿因污染环境、破坏生态造成的人身、财产损害，以及为防止损害发生和扩大而采取必要措施所支出的合理费用的，人民法院应予支持。

被侵权人同时请求侵权人根据民法典第一千二百三十五条的规定承担生态环境损害赔偿责任的，人民法院不予支持。

第二十三条 因污染环境、破坏生态影响他人取水、捕捞、狩猎、采集等日常生活并造成经济损失，同时符合下列情形，请求人主张行为人承担责任的，人民法院应予支持：

（一）请求人的活动位于或者接近生态环境受损区域；

（二）请求人的活动依赖受损害生态环境；

（三）请求人的活动不具有可替代性或者替代成本过高；

（四）请求人的活动具有稳定性和公开性。

根据国家规定须经相关行政主管部门许可的活动，请求人在污染环境、破坏生态发生时未取得许可的，人民法院对其请求不予支持。

第二十四条 两个以上侵权人就污染环境、破坏生态造成的损害承担连带责任，实际承担责任超过自己责任份额的侵权人根据民法典第一百七十八条的规定向其他侵权人追偿的，人民法院应予支持。侵权人就惩罚性赔偿责任向其他侵权人追偿的，人民法院不予支持。

第二十五条 两个以上侵权人污染环境、破坏生态造成他人损害，人民法院应当根据行为有无许可，污染物的种类、浓度、排放量、危害性，破坏生态的方式、范围、程度，以及行为对损害后果所起的作用等因素确定各侵权人的责任份额。

两个以上侵权人污染环境、破坏生态承担连带责任，实际承担责任的侵权人向其他侵权人追偿的，依照前款规定处理。

第二十六条 被侵权人对同一污染环境、破坏生态行为造成损害的发生或者扩大有重大过失，侵权人请求减轻责任的，人民法院可以予以支持。

第二十七条 被侵权人请求侵权人承担生态环境侵权责任的诉讼时效期间，以被侵权人知道或者应当知道权利受到损害以及侵权人、其他责任人之日起计算。

被侵权人知道或者应当知道权利受到损害以及侵权人、其他责任人之日，侵权行为仍持续的，诉讼时效期间自行为结束之日起计算。

第二十八条 被侵权人以向负有环境资源监管职能的行政机关请求处理因污染环境、破坏生态造成的损害为由，主张诉讼时效中断的，人民法院应予支持。

第二十九条 本解释自 2023 年 9 月 1 日起施行。

本解释公布施行后，《最高人民法院关于审理环境侵权责任纠纷案件适用法律若干问题的解释》（法释〔2015〕12 号）同时废止。

中华人民共和国最高人民法院
公告

《最高人民法院关于生态环境侵权民事诉讼证据的若干规定》已于 2023 年 4 月 17 日由最高人民法院审判委员会第 1885 次会议通过，现予公布，自 2023 年 9 月 1 日起施行。

2023 年 8 月 14 日

最高人民法院
关于生态环境侵权民事诉讼证据的若干规定

法释〔2023〕6 号

为保证人民法院正确认定案件事实，公正、及时审理生态环境侵权责任纠纷案件，保障和便利当事人依法行使诉讼权利，保护生态环境，根据《中华人民共和国民法典》《中华人民共和国民事诉讼法》《中华人民共和国环境保护法》等有关法律规定，结合生态环境侵权民事案件审判经验和实际情况，制定本规定。

第一条 人民法院审理环境污染责任纠纷案件、生态破坏责任纠纷案件和生态环境保护民事公益诉讼案件，适用本规定。

生态环境保护民事公益诉讼案件，包括环境污染民事公益诉讼案件、生态破坏民事公益诉讼案件和生态环境损害赔偿诉讼案件。

第二条 环境污染责任纠纷案件、生态破坏责任纠纷案件的原告应当就以下事实承担举证责任：

（一）被告实施了污染环境或者破坏生态的行为；

（二）原告人身、财产受到损害或者有遭受损害的危险。

第三条 生态环境保护民事公益诉讼案件的原告应当就以下事实承担举证责任：

（一）被告实施了污染环境或者破坏生态的行为，且该行为违反国家规定；

（二）生态环境受到损害或者有遭受损害的重大风险。

第四条 原告请求被告就其污染环境、破坏生态行为支付人身、财产损害赔偿费用，或者支付民法典第一千二百三十五条规定的损失、费用的，应当就其主张的损失、费用的数额承担举证责任。

第五条 原告起诉请求被告承担环境污染、生态破坏责任的，应当提供被告行为与损害之间具有关联性的证据。

人民法院应当根据当事人提交的证据，结合污染环境、破坏生态的行为方式、污染物的性质、环境介质的类型、生态因素的特征、时间顺序、空间距离等因素，综合判断被告行为与损害之间的关联性是否成立。

第六条 被告应当就其行为与损害之间不存在因果关系承担举证责任。

被告主张不承担责任或者减轻责任的，应当就法律规定的不承担责任或者减轻责任的情形承担举证责任。

第七条 被告证明其排放的污染物、释放的生态因素、产生的生态影响未到达损害发生地，或者其行为在损害发生后才实施且未加重损害后果，或者存在其行为不可能导致损害发生的其他情形的，人民法院应当认定被告行为与损害之间不存在因果关系。

第八条 对于发生法律效力的刑事裁判、行政裁判因未达到证明标准未予认定的事实，在因同一污染环境、破坏生态行为提起的生态环境侵权民事诉讼中，人民法院根据有关事实和证据确信待证事实的存在具有高度可能性的，应当认定该事实存在。

第九条 对于人民法院在生态环境保护民事公益诉讼生效裁判中确认的基本事实，当事人在因同一污染环境、破坏生态行为提起的人身、财产损害赔偿诉讼中无需举证证明，但有相反证据足以推翻的除外。

第十条 对于可能损害国家利益、社会公共利益的事实，双方当事人未主张或者无争议，人民法院认为可能影响裁判结果的，可以责令当事人提供有关证据。

前款规定的证据，当事人申请人民法院调查收集，符合《最高人民法院关于适用〈中华人民共和国民事诉讼法〉的解释》第九十四条规定情形的，人民法院应当准许；人民法院认为有必要的，可以依职权调查收集。

第十一条 实行环境资源案件集中管辖的法院，可以委托侵权行为实施地、侵权结果发生地、被告住所地等人民法院调查收集证据。受委托法院应当在收到委托函次日起三十日内完成委托事项，并将调查收集的证据及有关笔录移送委托法院。

受委托法院未能完成委托事项的，应当向委托法院书面告知有关情况及未能完成的原因。

第十二条 当事人或者利害关系人申请保全环境污染、生态破坏相关证据的，人民法院应当结合下列因素进行审查，确定是否采取保全措施：

（一）证据灭失或者以后难以取得的可能性；

（二）证据对证明待证事实有无必要；

（三）申请人自行收集证据是否存在困难；

（四）有必要采取证据保全措施的其他因素。

第十三条 在符合证据保全目的的情况下，人民法院应当选择对证据持有人利益影响最小的保全措施，尽量减少对保全标的物价值的损害和对证据持有人生产、生活的影响。

确需采取查封、扣押等限制保全标的物使用的保全措施的，人民法院应当及时组织当事人对保全的证据进行质证。

第十四条 人民法院调查收集、保全或者勘验涉及环境污染、生态破坏专门性问题的证据，应当遵守相关技术规范。必要时，可以通知鉴定人到场，或者邀请负有环境资源保护监督管理职责的部门派员协助。

第十五条 当事人向人民法院提交证据后申请撤回该证据，或者声明不以该证据证明案件事实的，不影响其他当事人援引该证据证明案件事实以及人民法院对该证据进行审查认定。

当事人放弃使用人民法院依其申请调查收集或者保全的证据的，按照前款规定处理。

第十六条 对于查明环境污染、生态破坏案件事实的专门性问题，人民法院经审查认为有必要的，应当根据当事人的申请或者依职权委托具有相应资格的机构、人员出具鉴定意见。

第十七条 对于法律适用、当事人责任划分等非专门性问题，或者虽然属于专门性问题，但可以通过法庭调查、勘验等其他方式查明的，人民法院不予委托鉴定。

第十八条 鉴定人需要邀请其他机构、人员完成部分鉴定事项的，应当向人民法院提出申请。

人民法院经审查认为确有必要的，在听取双方当事人意见后，可以准许，并告知鉴定人对最终鉴定意见承担法律责任；主要鉴定事项由其他机构、人员实施的，人民法院不予准许。

第十九条 未经人民法院准许，鉴定人邀请其他机构、人员完成部分鉴定事项的，鉴定意见不得作为认定案件事实的根据。

前款情形，当事人申请退还鉴定费用的，人民法院应当在三日内作出裁定，责令鉴定人退还；拒不退还的，由人民法院依法执行。

第二十条 鉴定人提供虚假鉴定意见的，该鉴定意见不得作为认定案件事实的根据。人民法院可以依照民事诉讼法第一百一十四条的规定进行处理。

鉴定事项由其他机构、人员完成，其他机构、人员提供虚假鉴定意见的，按照前款规定处理。

第二十一条 因没有鉴定标准、成熟的鉴定方法、相应资格的鉴定人等原因无法进行鉴定，或者鉴定周期过长、费用过高的，人民法院可以结合案件有关事实、当事人申请的有专门知识的人的意见和其他证据，对涉及专门性问题的事实作出认定。

第二十二条 当事人申请有专门知识的人出庭，就鉴定意见或者污染物认定、损害结果、因果关系、生态环境修复方案、生态环境修复费用、生态环境受到损害至修复完成期间服务功能丧失导致的损失、生态环境功能永久性损害造成的损失等专业问题提出意见的，人民法院可以准许。

对方当事人以有专门知识的人不具备相应资格为由提出异议的，人民法院对该异议不予支持。

第二十三条 当事人就环境污染、生态破坏的专门性问题自行委托有关机构、人员出具的意见，人民法院应当结合本案的其他证据，审查确定能否作为认定案件事实的根据。

对方当事人对该意见有异议的，人民法院应当告知提供意见的当事人可以申请出具意见的机构或者人员出庭陈述意见；未出庭的，该意见不得作为认定案件事实的根据。

第二十四条 负有环境资源保护监督管理职责的部门在其职权范围内制作的处罚决定等文书所记载的事项推定为真实，但有相反证据足以推翻的除外。

人民法院认为有必要的，可以依职权对上述文书的真实性进行调查核实。

第二十五条 负有环境资源保护监督管理职责的部门及其所属或者委托的监测机构在行政执法过程中收集的监测数据、形成的事件调查报告、检验检测报告、评估报告等材料，以及公安机关单独或者会同负有环境资源保护监督管理职责的部门提取样品进行检测获取的数据，经当事人质证，可以作为认定案件事实的根据。

第二十六条 对于证明环境污染、生态破坏案件事实有重要意义的书面文件、数据信息或者录音、录像等证据在对方当事人控制之下的，承担举证责任的当事人可以根据《最高人民法院关于适用〈中华人民共和国民事诉讼法〉的解释》第一百一十二条的规定，书面申请人民法院责令对方当事人提交。

第二十七条 承担举证责任的当事人申请人民法院责令对方当事人提交证据的，应当提供有关证据的名称、主要内容、制作人、制作时间或者其他可以将有关证据特定化的信息。根据申请人提供的信息不能使证据特定化的，人民法院不予准许。

人民法院应当结合申请人是否参与证据形成过程、是否接触过该证据等因素，综合判断其提供的信息是否达到证据特定化的要求。

第二十八条 承担举证责任的当事人申请人民法院责令对方当事人提交证据的，应当提出证据由对方当事人控制的依据。对方当事人否认控制有关证据的，人民法院应当根据法律规定、当事人约定、交易习惯等因素，结合案件的事实、证据作出判断。

有关证据虽未由对方当事人直接持有，但在其控制范围之内，其获取不存在客观障碍的，人民法院应当认定有关证据由其控制。

第二十九条 法律、法规、规章规定当事人应当披露或者持有的关于其排放的主要污染物名称、排放方式、排放浓度和总量、超标排放情况、防治污染设施的建设和运行情况、生态环境开发利用情况、生态环境违法信息等环境信息，属于《最高人民法院关于民事诉讼证据的若干规定》第四十七条第一款第三项规定的“对方当事人依照法律规定有权查阅、获取的书证”。

第三十条 在环境污染责任纠纷、生态破坏责任纠纷案件中，损害事实成立，但人身、财产损害赔偿数额难以确定的，人民法院可以结合侵权行为对原告造成损害的程度、被告因侵权行为获得的利益以及过错程度等因素，并可以参考负有环境资源保护监督管理职责的部门的意见等，合理确定。

第三十一条 在生态环境保护民事公益诉讼案件中，损害事实成立，但生态环境修复费用、生态环境受到损害至修复完成期间服务功能丧失导致的损失、生态环境功能永久性损害造成的损失等数额难以确定的，人民法院可以根据污染环境、破坏生态的范围和程度等已查明的案件事实，结合生态环境及其要素的稀缺性、生态环境恢复的难易程度、防治污染设备的运行成本、被告因侵权行为获得的利益以及过错程度等因素，并可以参考负有环境资源保护监督管理职责的部门的意见等，合理确定。

第三十二条 本规定未作规定的，适用《最高人民法院关于民事诉讼证据的若干规定》。

第三十三条 人民法院审理人民检察院提起的环境污染民事公益诉讼案件、生态破坏民事公益诉讼案件，参照适用本规定。

第三十四条 本规定自 2023 年 9 月 1 日起施行。

本规定公布施行后，最高人民法院以前发布的司法解释与本规定不一致的，不再适用。

中华人民共和国最高人民法院
公告

《最高人民法院关于审理破坏森林资源刑事案件适用法律若干问题的解释》已于 2023 年 6 月 19 日由最高人民法院审判委员会第 1891 次会议通过，现予公布，自 2023 年 8 月 15 日起施行。

2023 年 8 月 13 日

最高人民法院
关于审理破坏森林资源刑事案件适用法律若干问题的解释

法释〔2023〕8 号

为依法惩治破坏森林资源犯罪，保护生态环境，根据《中华人民共和国刑法》《中华人民共和国刑事诉讼法》《中华人民共和国森林法》等法律的有关规定，现就审理此类刑事案件适用法律的若干问题解释如下：

第一条 违反土地管理法规，非法占用林地，改变被占用林地用途，具有下列情形之一的，应当认定为刑法第三百四十二条规定的造成林地"毁坏"：

（一）在林地上实施建窑、建坟、建房、修路、硬化等工程建设的；

（二）在林地上实施采石、采砂、采土、采矿等活动的；

（三）在林地上排放污染物、堆放废弃物或者进行非林业生产、建设，造成林地被严重污染或者原有植被、林业生产条件被严重破坏的。

实施前款规定的行为，具有下列情形之一的，应当认定为刑法第三百四十二条规定的“数量较大，造成耕地、林地等农用地大量毁坏”：

（一）非法占用并毁坏公益林地五亩以上的；

（二）非法占用并毁坏商品林地十亩以上的；

（三）非法占用并毁坏的公益林地、商品林地数量虽未分别达到第一项、第二项规定标准，但按相应比例折算合计达到有关标准的；

（四）二年内曾因非法占用农用地受过二次以上行政处罚，又非法占用林地，数量达到第一项至第三项规定标准一半以上的。

第二条 违反国家规定，非法采伐、毁坏列入《国家重点保护野生植物名录》的野生植物，或者非法收购、运输、加工、出售明知是非法采伐、毁坏的上述植物及其制品，具有下列情形之一的，应当依照刑法第三百四十四条的规定，以危害国家重点保护植物罪定罪处罚：

（一）危害国家一级保护野生植物一株以上或者立木蓄积一立方米以上的；

（二）危害国家二级保护野生植物二株以上或者立木蓄积二立方米以上的；

（三）危害国家重点保护野生植物，数量虽未分别达到第一项、第二项规定标准，但按相应比例折算合计达到有关标准的；

（四）涉案国家重点保护野生植物及其制品价值二万元以上的。

实施前款规定的行为，具有下列情形之一的，应当认定为刑法第三百四十四条规定的“情节严重”：

（一）危害国家一级保护野生植物五株以上或者立木蓄积五立方米以上的；

（二）危害国家二级保护野生植物十株以上或者立木蓄积十立方米以上的；

（三）危害国家重点保护野生植物，数量虽未分别达到第一项、第二项规定标准，但按相应比例折算合计达到有关标准的；

（四）涉案国家重点保护野生植物及其制品价值二十万元以上的；

（五）其他情节严重的情形。

违反国家规定，非法采伐、毁坏古树名木，或者非法收购、运输、加工、出售明知是非法采伐、毁坏的古树名木及其制品，涉案树木未列入《国家重点保护野生植物名录》的，根据涉案树木的树种、树龄以及历史、文化价值等因素，综合评估社会危害性，依法定罪处罚。

第三条 以非法占有为目的，具有下列情形之一的，应当认定为刑法第三百四十五条第一款规定的“盗伐森林或者其他林木”：

（一）未取得采伐许可证，擅自采伐国家、集体或者他人所有的林木的；

（二）违反森林法第五十六条第三款的规定，擅自采伐国家、集体或者他人所有的林木的；

（三）在采伐许可证规定的地点以外采伐国家、集体或者他人所有的林木的。

不以非法占有为目的，违反森林法的规定，进行开垦、采石、采砂、采土或者其他活动，造成国家、集体或者他人所有的林木毁坏，符合刑法第二百七十五条规定的，以故意毁坏财物罪定罪处罚。

第四条 盗伐森林或者其他林木，涉案林木具有下列情形之一的，应当认定为刑法第三百四十五条第一款规定的“数量较大”：

（一）立木蓄积五立方米以上的；

（二）幼树二百株以上的；

（三）数量虽未分别达到第一项、第二项规定标准，但按相应比例折算合计达到有关标准的；

（四）价值二万元以上的。

实施前款规定的行为，达到第一项至第四项规定标准十倍、五十倍以上的，应当分别认定为刑法第三百四十五条第一款规定的“数量巨大”“数量特别巨大”。

实施盗伐林木的行为，所涉林木系风倒、火烧、水毁或者林业有害生物等自然原因死亡或者严重毁损的，在决定应否追究刑事责任和裁量刑罚时，应当从严把握；情节显著轻微危害不大的，不作为犯罪处理。

第五条　具有下列情形之一的，应当认定为刑法第三百四十五条第二款规定的“滥伐森林或者其他林木”：

（一）未取得采伐许可证，或者违反采伐许可证规定的时间、地点、数量、树种、方式，任意采伐本单位或者本人所有的林木的；

（二）违反森林法第五十六条第三款的规定，任意采伐本单位或者本人所有的林木的；

（三）在采伐许可证规定的地点，超过规定的数量采伐国家、集体或者他人所有的林木的。

林木权属存在争议，一方未取得采伐许可证擅自砍伐的，以滥伐林木论处。

第六条　滥伐森林或者其他林木，涉案林木具有下列情形之一的，应当认定为刑法第三百四十五条第二款规定的“数量较大”：

（一）立木蓄积二十立方米以上的；

（二）幼树一千株以上的；

（三）数量虽未分别达到第一项、第二项规定标准，但按相应比例折算合计达到有关标准的；

（四）价值五万元以上的。

实施前款规定的行为，达到第一项至第四项规定标准五倍以上的，应当认定为刑法第三百四十五条第二款规定的“数量巨大”。

实施滥伐林木的行为，所涉林木系风倒、火烧、水毁或者林业有害生物等自然原因死亡或者严重毁损的，一般不以犯罪论处；确有必要追究刑事责任的，应当从宽处理。

第七条　认定刑法第三百四十五条第三款规定的“明知是盗伐、滥伐的林木”，应当根据涉案林木的销售价格、来源以及收购、运输行为违反有关规定等情节，结合行为人的职业要求、经历经验、前科情况等作出综合判断。

具有下列情形之一的，可以认定行为人明知是盗伐、滥伐的林木，但有相反证据或者能够作出合理解释的除外：

（一）收购明显低于市场价格出售的林木的；

（二）木材经营加工企业伪造、涂改产品或者原料出入库台账的；

（三）交易方式明显不符合正常习惯的；

（四）逃避、抗拒执法检查的；

（五）其他足以认定行为人明知的情形。

第八条 非法收购、运输明知是盗伐、滥伐的林木，具有下列情形之一的，应当认定为刑法第三百四十五条第三款规定的“情节严重”：

（一）涉案林木立木蓄积二十立方米以上的；

（二）涉案幼树一千株以上的；

（三）涉案林木数量虽未分别达到第一项、第二项规定标准，但按相应比例折算合计达到有关标准的；

（四）涉案林木价值五万元以上的；

（五）其他情节严重的情形。

实施前款规定的行为，达到第一项至第四项规定标准五倍以上或者具有其他特别严重情节的，应当认定为刑法第三百四十五条第三款规定的“情节特别严重”。

第九条 多次实施本解释规定的行为，未经处理，且依法应当追诉的，数量、数额累计计算。

第十条 伪造、变造、买卖采伐许可证，森林、林地、林木权属证书以及占用或者征用林地审核同意书等国家机关批准的林业证件、文件构成犯罪的，依照刑法第二百八十条第一款的规定，以伪造、变造、买卖国家机关公文、证件罪定罪处罚。

买卖允许进出口证明书等经营许可证明，同时构成刑法第二百二十五条、第二百八十条规定之罪的，依照处罚较重的规定定罪处罚。

第十一条 下列行为，符合刑法第二百六十四条规定的，以盗窃罪定罪处罚：

（一）盗窃国家、集体或者他人所有并已经伐倒的树木的；

（二）偷砍他人在自留地或者房前屋后种植的零星树木的。

非法实施采种、采脂、掘根、剥树皮等行为，符合刑法第二百六十四条规定的，以盗窃罪论处。在决定应否追究刑事责任和裁量刑罚时，应当综合考虑对涉案林木资源的损害程度以及行为人获利数额、行为动机、前科情况等情节；认为情节显著轻微危害不大的，不作为犯罪处理。

第十二条 实施破坏森林资源犯罪，具有下列情形之一的，从重处罚：

（一）造成林地或者其他农用地基本功能丧失或者遭受永久性破坏的；

（二）非法占用自然保护地核心保护区内的林地或者其他农用地的；

（三）非法采伐国家公园、国家级自然保护区内的林木的；

（四）暴力抗拒、阻碍国家机关工作人员依法执行职务，尚不构成妨害公务罪、袭警罪的；

（五）经行政主管部门责令停止违法行为后，继续实施相关行为的。

实施本解释规定的破坏森林资源行为，行为人系初犯，认罪认罚，积极通过补种树木、恢复植被和林业生产条件等方式修复生态环境，综合考虑涉案林地的类型、数量、生态区位或者涉案植物的种类、数量、价值，以及行为人获利数额、行为手段等因素，认为犯罪情节轻微的，可以免予刑事处罚；认为情节显著轻微危害不大的，不作为犯罪处理。

第十三条 单位犯刑法第三百四十二条、第三百四十四条、第三百四十五条规定之罪的，依照本解释规定的相应自然人犯罪的定罪量刑标准，对直接负责的主管人员和其他直接责任人员定罪处罚，并对单位判处罚金。

第十四条 针对国家、集体或者他人所有的国家重点保护植物和其他林木实施犯罪的违法所得及其收益，应当依法追缴或者责令退赔。

第十五条 组织他人实施本解释规定的破坏森林资源犯罪的，应当按照其组织实施的全部罪行处罚。

对于受雇佣为破坏森林资源犯罪提供劳务的人员，除参与利润分成或者领取高额固定工资的以外，一般不以犯罪论处，但曾因破坏森林资源受过处罚的除外。

第十六条 对于实施本解释规定的相关行为未被追究刑事责任的行为人，依法应当给予行政处罚、政务处分或者其他处分的，移送有关主管机关处理。

第十七条 涉案国家重点保护植物或者其他林木的价值，可以根据销赃数额认定；无销赃数额，销赃数额难以查证，或者根据销赃数额认定明显不合理的，根据市场价格认定。

第十八条 对于涉案农用地类型、面积，国家重点保护植物或者其他林木的种类、立木蓄积、株数、价值，以及涉案行为对森林资源的损害程度等问题，可以由林业主管部门、侦查机关依据现场勘验、检查笔录等出具认定意见；难以确定的，依据鉴定机构出具的鉴定意见或者下列机构出具的报告，结合其他证据作出认定：

（一）价格认证机构出具的报告；

（二）国务院林业主管部门指定的机构出具的报告；

（三）地、市级以上人民政府林业主管部门出具的报告。

第十九条 本解释所称“立木蓄积”的计算方法为：原木材积除以该树种的出材率。

本解释所称“幼树”，是指胸径五厘米以下的树木。

滥伐林木的数量，应当在伐区调查设计允许的误差额以上计算。

第二十条 本解释自2023年8月15日起施行。本解释施行后，《最高人民法院关于滥伐自己所有权的林木其林木应如何处理的问题的批复》（法复〔1993〕5号）、《最高人民法院关于审理破坏森林资源刑事案件具体应用法律若干问题的解释》（法释〔2000〕36号）、《最高人民法院关于在林木采伐许可证规定的地点以外采伐本单位或者本人所有的森林或者其他林木的行为如何适用法律问题的批复》（法释〔2004〕3号）、《最高人民法院关于审理破坏林地资源刑事案件具体应用法律若干问题的解释》（法释〔2005〕15号）同时废止；之前发布的司法解释与本解释不一致的，以本解释为准。

中华人民共和国最高人民法院
公告

《最高人民法院关于公司解散纠纷案件受理费收费标准的批复》已于2023年7月17日经最高人民法院审判委员会第1896次会议通过，现予公布，自2023年9月22日起施行。

2023年9月22日

最高人民法院
关于公司解散纠纷案件受理费收费标准的批复

法释〔2023〕9号

福建省高级人民法院：

你院《关于公司解散纠纷案件受理费收取标准的请示》收悉。经研究，批复如下：

同意你院审判委员会第二种意见，公司解散纠纷应当按照非财产案件确定受理费收费标准。公司强制清算案件的申请费以强制清算财产总额为基数，按照财产案件受理费标准减半计算。

中华人民共和国最高人民法院
公告

《最高人民法院关于修改〈最高人民法院关于知识产权法庭若干问题的规定〉的决定》已于 2023 年 10 月 16 日由最高人民法院审判委员会第 1901 次会议通过，现予公布，自 2023 年 11 月 1 日起施行。

2023 年 10 月 21 日

最高人民法院
关于修改《最高人民法院关于知识产权法庭若干问题的规定》的决定

法释〔2023〕10 号

最高人民法院审判委员会第 1901 次会议决定，对《最高人民法院关于知识产权法庭若干问题的规定》作如下修改：

一、将第二条修改为："知识产权法庭审理下列上诉案件：

（一）专利、植物新品种、集成电路布图设计授权确权行政上诉案件；

（二）发明专利、植物新品种、集成电路布图设计权属、侵权民事和行政上诉案件；

（三）重大、复杂的实用新型专利、技术秘密、计算机软件权属、侵权民事和行政上诉案件；

（四）垄断民事和行政上诉案件。

知识产权法庭审理下列其他案件：

（一）前款规定类型的全国范围内重大、复杂的第一审民事和行政案件；

（二）对前款规定的第一审民事和行政案件已经发生法律效力的判决、裁定、调解书依法申请再审、抗诉、再审等适用审判监督程序的案件；

（三）前款规定的第一审民事和行政案件管辖权争议，行为保全裁定申请复议，罚款、拘留决定申请复议，报请延长审限等案件；

（四）最高人民法院认为应当由知识产权法庭审理的其他案件。”

二、将第三条修改为：“审理本规定第二条所称案件的下级人民法院应当按照规定及时向知识产权法庭移送纸质、电子卷宗。”

三、增加一条，作为第四条：“知识产权法庭可以要求当事人披露涉案知识产权相关权属、侵权、授权确权等关联案件情况。当事人拒不如实披露的，可以作为认定其是否遵循诚实信用原则和构成滥用权利等的考量因素。”

四、将第八条改为第七条：“知识产权法庭审理的案件的立案信息、合议庭组成人员、审判流程、裁判文书等依法公开。”

五、将第十一条改为第十条，将其中的“本规定第二条第一、二、三项所称第一审案件”改为“本规定第二条第一款规定类型的第一审民事和行政案件”。

六、删除第四条、第五条、第十二条、第十三条、第十四条。

七、其他条文序号作相应调整。

本决定自 2023 年 11 月 1 日起施行。

根据本决定，《最高人民法院关于知识产权法庭若干问题的规定》作相应修改后重新公布。

最高人民法院
关于知识产权法庭若干问题的规定

（2018 年 12 月 3 日最高人民法院审判委员会第 1756 次会议通过
根据 2023 年 10 月 16 日最高人民法院审判委员会第 1901 次会议通过的《最高人民法院关于修改〈最高人民法院关于知识产权法庭若干问题的规定〉的决定》修正
该修正自 2023 年 11 月 1 日起施行）

为进一步统一知识产权案件裁判标准，依法平等保护各类市场主体合法权益，加大知识产权司法保护力度，优化科技创新法治环境，加快实施创新驱动发展战略，根据《中华人民共和国人民法院组织法》《中华人民共和国民事诉讼法》《中华人民共和国行政诉讼法》《全国人民代表大会常务委员会关于专利等知识产权案件诉讼程序若干问题的决定》等法律规定，结合审判工作实际，就最高人民法院知识产权法庭相关问题规定如下。

第一条 最高人民法院设立知识产权法庭，主要审理专利等专业技术性较强的知识产权上诉案件。

知识产权法庭是最高人民法院派出的常设审判机构，设在北京市。

知识产权法庭作出的判决、裁定、调解书和决定，是最高人民法院的判决、裁定、调解书和决定。

第二条 知识产权法庭审理下列上诉案件：

（一）专利、植物新品种、集成电路布图设计授权确权行政上诉案件；

（二）发明专利、植物新品种、集成电路布图设计权属、侵权民事和行政上诉案件；

（三）重大、复杂的实用新型专利、技术秘密、计算机软件权属、侵权民事和行政上诉案件；

（四）垄断民事和行政上诉案件。

知识产权法庭审理下列其他案件：

（一）前款规定类型的全国范围内重大、复杂的第一审民事和行政案件；

（二）对前款规定的第一审民事和行政案件已经发生法律效力的判决、裁定、调解书依法申请再审、抗诉、再审等适用审判监督程序的案件；

（三）前款规定的第一审民事和行政案件管辖权争议，行为保全裁定申请复议，罚款、拘留决定申请复议，报请延长审限等案件；

（四）最高人民法院认为应当由知识产权法庭审理的其他案件。

第三条 审理本规定第二条所称案件的下级人民法院应当按照规定及时向知识产权法庭移送纸质、电子卷宗。

第四条 知识产权法庭可以要求当事人披露涉案知识产权相关权属、侵权、授权确权等关联案件情况。当事人拒不如实披露的，可以作为认定其是否遵循诚实信用原则和构成滥用权利等的考量因素。

第五条 知识产权法庭可以根据案件情况到实地或者原审人民法院所在地巡回审理案件。

第六条 知识产权法庭采取保全等措施，依照执行程序相关规定办理。

第七条 知识产权法庭审理的案件的立案信息、合议庭组成人员、审判流程、裁判文书等依法公开。

第八条 知识产权法庭法官会议由庭长、副庭长和若干资深法官组成，讨论重大、疑难、复杂案件等。

第九条 知识产权法庭应当加强对有关案件审判工作的调研，及时总结裁判标准和审理规则，指导下级人民法院审判工作。

第十条 对知识产权法院、中级人民法院已经发生法律效力的本规定第二条第一款规定类型的第一审民事和行政案件判决、裁定、调解书，省级人民检察院向高级人民法院提出抗诉的，高级人民法院应当告知其由最高人民检察院依法向最高人民法院提出，并由知识产权法庭审理。

第十一条 本规定自 2019 年 1 月 1 日起施行。最高人民法院此前发布的司法解释与本规定不一致的，以本规定为准。

中华人民共和国最高人民法院
公告

《最高人民法院关于综合治理类司法建议工作若干问题的规定》已于2023年10月19日由最高人民法院审判委员会第1902次会议通过，现予公布，自2023年11月16日起施行。

2023年11月15日

最高人民法院
关于综合治理类司法建议工作若干问题的规定

法释〔2023〕11号

为进一步加强和规范综合治理类司法建议工作，更好发挥审判机关在国家和社会治理中的重要作用，根据《中华人民共和国人民法院组织法》等法律规定，结合人民法院工作实际，制定本规定。

第一条 人民法院在履行审判执行职责时发现社会治理领域中存在引起矛盾纠纷多发高发，影响经济社会发展和人民群众权益保护的突出问题，需要向有关主管机关或者其他有关单位提出改进工作、完善治理的司法建议的，适用本规定。

第二条 人民法院提出司法建议，应当遵循确有必要的原则，确保司法建议的针对性、规范性和实效性。

第三条 人民法院提出司法建议时，应当根据综合治理问题涉及的行业、领域等向相应的主管机关或者其他有关单位提出；向主管机关提出的，一般应当向本院辖区范围内的同级主管机关提出。发现的综合治理问题需要异地主管机关采取措施的，可以提出工作建议，层报相应的上级人民法院决定。

第四条 司法建议应当以人民法院名义提出。

第五条 人民法院提出司法建议前，应当结合审判执行工作中发现的问题充分调查研究，并积极与被建议单位沟通，听取其意见。

第六条 人民法院提出司法建议，应当制作司法建议书。

司法建议书实行统一编号。

第七条 司法建议书起草完成后，应当依照《中华人民共和国人民法院组织法》第三十七条第一款第四项的规定提请审判委员会审议。

司法建议书审议通过后，由院长签发。

第八条 人民法院提出司法建议时，应当告知被建议单位就建议采纳落实情况等予以书面答复。答复期限根据具体情况确定，一般不超过两个月；法律、司法解释另有规定的，依照其规定。

人民法院应当结合审判执行工作支持、配合、督促被建议单位采取相应措施，协同抓好司法建议相关工作的落实。

第九条 司法建议涉及的问题重大，需要引起高度重视的，人民法院可以将司法建议书抄送被建议单位的上级主管机关或者其他有关单位。

第十条 各级人民法院应当确定司法建议工作日常管理机构，完善审核、指导、考核、激励等机制，并将司法建议工作质效纳入绩效考核。

第十一条 各级人民法院应当依照《中华人民共和国人民法院组织法》第九条的规定，将司法建议工作情况列入向同级人民代表大会及其常务委员会报告的事项。

第十二条 人民法院提出综合治理类司法建议以外的其他司法建议的，依照有关法律、司法解释、其他规范性文件的规定办理。有关法律、司法解释、其他规范性文件没有规定的事项，可以根据本辖区的具体情况和实际需要，参照本规定办理。

第十三条 本规定自2023年11月16日起施行。最高人民法院此前发布的司法解释和其他规范性文件与本规定不一致的，以本规定为准。

附件：1. 人民法院司法建议书制作规范
　　　2. 文书样式
　　　3. 封面样式

附件1

人民法院司法建议书制作规范

为指导全国法院司法建议书的制作，确保司法建议文书格式统一、要素齐全、结构完整、繁简得当、逻辑严密、用语准确，提高文书质量，制定本规范。

一、基本要素

司法建议书由首部、主文、尾部三部分组成。

二、首部

首部包括标题、司法建议书编号、被建议单位名称。

标题包括法院名称、事由和司法建议书。例如："××人民法院关于××的司法建议书"。

司法建议书实行统一编号。最高人民法院的司法建议书以"法建"+〔文书年度〕+文书

编号 + “号”形式编号，地方各级人民法院的司法建议书以地名简称 + “法建” + 〔文书年度〕+ 文书编号 + “号”形式编号。

被建议单位名称应使用该单位全称、规范化简称或者同类型单位统称。

三、主文

简要说明抓好相关领域工作的重要性和被建议单位在该领域已采取的主要举措及成效。然后列明在审判执行工作中发现的该领域需要重视和解决的问题，依据法律法规及政策提出的具体建议，反馈时限，以及其他需要说明的事项。建议与问题应当一一对应。

四、尾部

包括院印、法院名称和日期、联系人姓名和电话、附件和抄送单位名称。

司法建议书如有附件，应当在正文之后、成文日期之前注明附件的顺序号和名称。

抄送单位应当使用该机关全称、规范化简称或者同类型机关统称。

五、封面

1. 法徽图案高 55mm，宽 50mm。上页边距为 60mm，法徽下沿与标题文字上沿之间距离为 40mm。

2. 标题文字为“××人民法院司法建议书”，位于法徽图案下方，字体为小标宋体字；标题分两行或三行排列，法院名称字体大小为 30 磅，司法建议书字体大小为 36 磅。

3. 封面应庄重、美观，页边距、字体大小及行距可适当进行调整。

附件 2

文书样式

××人民法院关于 ×××的司法建议书

××法建〔××××〕×号

××××（被建议单位名称）：

…………（写明抓好相关领域工作的重要性，被建议单位已采取的主要举措及成效）。

我院在审判（执行）工作（或写明 ×× 个案，或写明案件类型，或写明司法调研工作）中，发现…………（围绕诉源治理、社会治理写明有关主管机关或者其他单位存在的重要问题，内容多的可分项书写）。为此，特建议：

…………（写明建议的具体事项，建议应当与问题一一对应，内容多的可分项书写）。

请你单位在收到本建议书后及时研究，采取有力措施推进 ×× 问题治理，并在 × 个月内向我院书面反馈工作进展情况。（已纳入考核的地区可写明：反馈、落实情况将纳入当地依法治理或平安建设等考核）。我院将积极支持、配合你单位做好相关工作，共同推进 ×× 领域的治理工作。

附件：（按顺序列明相关裁判文书、调研报告或者其他相关材料）

（院印）

××人民法院

年月日

联系人：×××××××（联系电话）

抄送：××××。（抄送单位名称，如抄送单位较多，名称需要回行，回行时与冒号后的首字对齐，并在最后一个抄送单位名称后标句号）

附件 3

封面样式

XX人民法院

司 法 建 议 书

XX人民法院监制

中华人民共和国最高人民法院

公告

《最高人民法院关于适用〈中华人民共和国涉外民事关系法律适用法〉若干问题的解释（二）》已于2023年8月30日由最高人民法院审判委员会第1898次会议通过，现予公布，自2024年1月1日起施行。

2023年11月30日

最高人民法院
关于适用《中华人民共和国涉外民事关系法律适用法》若干问题的解释（二）

法释〔2023〕12号

为正确适用《中华人民共和国涉外民事关系法律适用法》，结合审判实践，就人民法院审理涉外民商事案件查明外国法律制定本解释。

第一条 人民法院审理涉外民商事案件适用外国法律的，应当根据涉外民事关系法律适用法第十条第一款的规定查明该国法律。

当事人选择适用外国法律的，应当提供该国法律。

当事人未选择适用外国法律的，由人民法院查明该国法律。

第二条 人民法院可以通过下列途径查明外国法律：

（一）由当事人提供；

（二）通过司法协助渠道由对方的中央机关或者主管机关提供；

（三）通过最高人民法院请求我国驻该国使领馆或者该国驻我国使领馆提供；

（四）由最高人民法院建立或者参与的法律查明合作机制参与方提供；

（五）由最高人民法院国际商事专家委员会专家提供；

（六）由法律查明服务机构或者中外法律专家提供；

（七）其他适当途径。

人民法院通过前款规定的其中一项途径无法获得外国法律或者获得的外国法律内容不明确、不充分的，应当通过该款规定的不同途径补充查明。

人民法院依据本条第一款第一项的规定要求当事人协助提供外国法律的，不得仅以当事人未予协助提供为由认定外国法律不能查明。

第三条 当事人提供外国法律的，应当提交该国法律的具体规定并说明获得途径、效力情况、与案件争议的关联性等。外国法律为判例法的，还应当提交判例全文。

第四条 法律查明服务机构、法律专家提供外国法律的，除提交本解释第三条规定的材料外，还应当提交法律查明服务机构的资质证明、法律专家的身份及资历证明，并附与案件无利害关系的书面声明。

第五条 查明的外国法律的相关材料均应当在法庭上出示。人民法院应当听取各方当事人对外国法律的内容及其理解与适用的意见。

第六条 人民法院可以召集庭前会议或者以其他适当方式，确定需要查明的外国法律的范围。

第七条 人民法院认为有必要的，可以通知提供外国法律的法律查明服务机构或者法律专家出庭接受询问。当事人申请法律查明服务机构或者法律专家出庭，人民法院认为有必要的，可以准许。

法律查明服务机构或者法律专家现场出庭确有困难的，可以在线接受询问，但法律查明服务机构或者法律专家所在国法律对跨国在线参与庭审有禁止性规定的除外。

出庭的法律查明服务机构或者法律专家只围绕外国法律及其理解发表意见，不参与其他法庭审理活动。

第八条 人民法院对外国法律的内容及其理解与适用，根据以下情形分别作出处理：

（一）当事人对外国法律的内容及其理解与适用均无异议的，人民法院可以予以确认；

（二）当事人对外国法律的内容及其理解与适用有异议的，应当说明理由。人民法院认为有必要的，可以补充查明或者要求当事人补充提供材料。经过补充查明或者补充提供材料，当事人仍有异议的，由人民法院审查认定；

（三）外国法律的内容已为人民法院生效裁判所认定的，人民法院应当予以确认，但有相反证据足以推翻的除外。

第九条 人民法院应当根据外国法律查明办理相关手续等所需时间确定当事人提供外国法律的期限。当事人有具体理由说明无法在人民法院确定的期限内提供外国法律而申请适当延长期限的，人民法院视情可予准许。

当事人选择适用外国法律，其在人民法院确定的期限内无正当理由未提供该外国法律的，人民法院可以认定为不能查明外国法律。

第十条 人民法院依法适用外国法律审理案件，应当在裁判文书中载明外国法律的查明过程及外国法律的内容；人民法院认定外国法律不能查明的，应当载明不能查明的理由。

第十一条 对查明外国法律的费用负担，当事人有约定的，从其约定；没有约定的，人民法院可以根据当事人的诉讼请求和具体案情，在作出裁判时确定上述合理费用的负担。

第十二条 人民法院查明香港特别行政区、澳门特别行政区的法律，可以参照适用本解释。有关法律和司法解释对查明香港特别行政区、澳门特别行政区的法律另有规定的，从其规定。

第十三条 本解释自2024年1月1日起施行。

本解释公布施行后，最高人民法院以前发布的司法解释与本解释不一致的，以本解释为准。

中华人民共和国最高人民法院
公告

《最高人民法院关于适用〈中华人民共和国民法典〉合同编通则若干问题的解释》已于2023年5月23日由最高人民法院审判委员会第1889次会议通过，现予公布，自2023年12月5日起施行。

2023年12月4日

最高人民法院
关于适用《中华人民共和国民法典》合同编通则若干问题的解释

法释〔2023〕13号

为正确审理合同纠纷案件以及非因合同产生的债权债务关系纠纷案件，依法保护当事人的合法权益，根据《中华人民共和国民法典》《中华人民共和国民事诉讼法》等相关法律规定，结合审判实践，制定本解释。

一、一般规定

第一条 人民法院依据民法典第一百四十二条第一款、第四百六十六条第一款的规定解释合同条款时，应当以词句的通常含义为基础，结合相关条款、合同的性质和目的、习惯以及诚信原则，参考缔约背景、磋商过程、履行行为等因素确定争议条款的含义。

有证据证明当事人之间对合同条款有不同于词句的通常含义的其他共同理解，一方主张按照词句的通常含义理解合同条款的，人民法院不予支持。

对合同条款有两种以上解释，可能影响该条款效力的，人民法院应当选择有利于该条款有效的解释；属于无偿合同的，应当选择对债务人负担较轻的解释。

第二条 下列情形，不违反法律、行政法规的强制性规定且不违背公序良俗的，人民法院可以认定为民法典所称的“交易习惯”：

（一）当事人之间在交易活动中的惯常做法；

（二）在交易行为当地或者某一领域、某一行业通常采用并为交易对方订立合同时所知道或者应当知道的做法。

对于交易习惯，由提出主张的当事人一方承担举证责任。

二、合同的订立

第三条 当事人对合同是否成立存在争议，人民法院能够确定当事人姓名或者名称、标的和数量的，一般应当认定合同成立。但是，法律另有规定或者当事人另有约定的除外。

根据前款规定能够认定合同已经成立的，对合同欠缺的内容，人民法院应当依据民法典第五百一十条、第五百一十一条等规定予以确定。

当事人主张合同无效或者请求撤销、解除合同等，人民法院认为合同不成立的，应当依据《最高人民法院关于民事诉讼证据的若干规定》第五十三条的规定将合同是否成立作为焦点问题进行审理，并可以根据案件的具体情况重新指定举证期限。

第四条 采取招标方式订立合同，当事人请求确认合同自中标通知书到达中标人时成立的，人民法院应予支持。合同成立后，当事人拒绝签订书面合同的，人民法院应当依据招标文件、投标文件和中标通知书等确定合同内容。

采取现场拍卖、网络拍卖等公开竞价方式订立合同，当事人请求确认合同自拍卖师落槌、电子交易系统确认成交时成立的，人民法院应予支持。合同成立后，当事人拒绝签订成交确认书的，人民法院应当依据拍卖公告、竞买人的报价等确定合同内容。

产权交易所等机构主持拍卖、挂牌交易，其公布的拍卖公告、交易规则等文件公开确定了合同成立需要具备的条件，当事人请求确认合同自该条件具备时成立的，人民法院应予支持。

第五条 第三人实施欺诈、胁迫行为，使当事人在违背真实意思的情况下订立合同，受到损失的当事人请求第三人承担赔偿责任的，人民法院依法予以支持；当事人亦有违背诚信原则的行为的，人民法院应当根据各自的过错确定相应的责任。但是，法律、司法解释对当事人与第三人的民事责任另有规定的，依照其规定。

第六条 当事人以认购书、订购书、预订书等形式约定在将来一定期限内订立合同，或者为担保在将来一定期限内订立合同交付了定金，能够确定将来所要订立合同的主体、标的等内容的，人民法院应当认定预约合同成立。

当事人通过签订意向书或者备忘录等方式，仅表达交易的意向，未约定在将来一定期限内订立合同，或者虽然有约定但是难以确定将来所要订立合同的主体、标的等内容，一方主张预约合同成立的，人民法院不予支持。

当事人订立的认购书、订购书、预订书等已就合同标的、数量、价款或者报酬等主要内容达成合意，符合本解释第三条第一款规定的合同成立条件，未明确约定在将来一定期限内另行订立合同，或者虽然有约定但是当事人一方已实施履行行为且对方接受的，人民法院应当认定本约合同成立。

第七条 预约合同生效后，当事人一方拒绝订立本约合同或者在磋商订立本约合同时违背诚信原则导致未能订立本约合同的，人民法院应当认定该当事人不履行预约合同约定的义务。

人民法院认定当事人一方在磋商订立本约合同时是否违背诚信原则，应当综合考虑该当事人在磋商时提出的条件是否明显背离预约合同约定的内容以及是否已尽合理努力进行协商等因素。

第八条 预约合同生效后，当事人一方不履行订立本约合同的义务，对方请求其赔偿因此造成的损失的，人民法院依法予以支持。

前款规定的损失赔偿，当事人有约定的，按照约定；没有约定的，人民法院应当综合考虑预约合同在内容上的完备程度以及订立本约合同的条件的成就程度等因素酌定。

第九条 合同条款符合民法典第四百九十六条第一款规定的情形，当事人仅以合同系依据合同示范文本制作或者双方已经明确约定合同条款不属于格式条款为由主张该条款不是格式条款的，人民法院不予支持。

从事经营活动的当事人一方仅以未实际重复使用为由主张其预先拟定且未与对方协商的合同条款不是格式条款的，人民法院不予支持。但是，有证据证明该条款不是为了重复使用而预先拟定的除外。

第十条 提供格式条款的一方在合同订立时采用通常足以引起对方注意的文字、符号、字体等明显标识，提示对方注意免除或者减轻其责任、排除或者限制对方权利等与对方有重大利害关系的异常条款的，人民法院可以认定其已经履行民法典第四百九十六条第二款规定的提示义务。

提供格式条款的一方按照对方的要求，就与对方有重大利害关系的异常条款的概念、内容及其法律后果以书面或者口头形式向对方作出通常能够理解的解释说明的，人民法院可以认定其已经履行民法典第四百九十六条第二款规定的说明义务。

提供格式条款的一方对其已经尽到提示义务或者说明义务承担举证责任。对于通过互联网等信息网络订立的电子合同，提供格式条款的一方仅以采取了设置勾选、弹窗等方式为由主张其已经履行提示义务或者说明义务的，人民法院不予支持，但是其举证符合前两款规定的除外。

三、合同的效力

第十一条 当事人一方是自然人，根据该当事人的年龄、智力、知识、经验并结合交易的复杂程度，能够认定其对合同的性质、合同订立的法律后果或者交易中存在的特定风险缺乏应有的认知能力的，人民法院可以认定该情形构成民法典第一百五十一条规定的“缺乏判断能力”。

第十二条 合同依法成立后，负有报批义务的当事人不履行报批义务或者履行报批义务不符合合同的约定或者法律、行政法规的规定，对方请求其继续履行报批义务的，人民法院应予支持；对方主张解除合同并请求其承担违反报批义务的赔偿责任的，人民法院应予支持。

人民法院判决当事人一方履行报批义务后，其仍不履行，对方主张解除合同并参照违反合同的违约责任请求其承担赔偿责任的，人民法院应予支持。

合同获得批准前，当事人一方起诉请求对方履行合同约定的主要义务，经释明后拒绝变更诉讼请求的，人民法院应当判决驳回其诉讼请求，但是不影响其另行提起诉讼。

负有报批义务的当事人已经办理申请批准等手续或者已经履行生效判决确定的报批义务，批准机关决定不予批准，对方请求其承担赔偿责任的，人民法院不予支持。但是，因迟延履行报批义务等可归责于当事人的原因导致合同未获批准，对方请求赔偿因此受到的损失的，人民法院应当依据民法典第一百五十七条的规定处理。

第十三条 合同存在无效或者可撤销的情形，当事人以该合同已在有关行政管理部门办理备案、已经批准机关批准或者已依据该合同办理财产权利的变更登记、移转登记等为由主张合同有效的，人民法院不予支持。

第十四条 当事人之间就同一交易订立多份合同，人民法院应当认定其中以虚假意思表示订立的合同无效。当事人为规避法律、行政法规的强制性规定，以虚假意思表示隐藏真实意思表示的，人民法院应当依据民法典第一百五十三条第一款的规定认定被隐藏合同的效力；当事人为规避法律、行政法规关于合同应当办理批准等手续的规定，以虚假意思表示隐藏真实意思表示的，人民法院应当依据民法典第五百零二条第二款的规定认定被隐藏合同的效力。

依据前款规定认定被隐藏合同无效或者确定不发生效力的，人民法院应当以被隐藏合同为事实基础，依据民法典第一百五十七条的规定确定当事人的民事责任。但是，法律另有规定的除外。

当事人就同一交易订立的多份合同均系真实意思表示，且不存在其他影响合同效力情形的，人民法院应当在查明各合同成立先后顺序和实际履行情况的基础上，认定合同内容是否发生变更。法律、行政法规禁止变更合同内容的，人民法院应当认定合同的相应变更无效。

第十五条 人民法院认定当事人之间的权利义务关系，不应当拘泥于合同使用的名称，而应当根据合同约定的内容。当事人主张的权利义务关系与根据合同内容认定的权利义务关系不一致的，人民法院应当结合缔约背景、交易目的、交易结构、履行行为以及当事人是否存在虚构交易标的等事实认定当事人之间的实际民事法律关系。

第十六条 合同违反法律、行政法规的强制性规定，有下列情形之一，由行为人承担行政责任或者刑事责任能够实现强制性规定的立法目的的，人民法院可以依据民法典第一百五十三条第一款关于“该强制性规定不导致该民事法律行为无效的除外”的规定认定该合同不因违反强制性规定无效：

（一）强制性规定虽然旨在维护社会公共秩序，但是合同的实际履行对社会公共秩序造成的影响显著轻微，认定合同无效将导致案件处理结果有失公平公正；

（二）强制性规定旨在维护政府的税收、土地出让金等国家利益或者其他民事主体的合法利益而非合同当事人的民事权益，认定合同有效不会影响该规范目的的实现；

（三）强制性规定旨在要求当事人一方加强风险控制、内部管理等，对方无能力或者无义务审查合同是否违反强制性规定，认定合同无效将使其承担不利后果；

（四）当事人一方虽然在订立合同时违反强制性规定，但是在合同订立后其已经具备补正违反强制性规定的条件却违背诚信原则不予补正；

（五）法律、司法解释规定的其他情形。

法律、行政法规的强制性规定旨在规制合同订立后的履行行为，当事人以合同违反强制性规定为由请求认定合同无效的，人民法院不予支持。但是，合同履行必然导致违反强制性规定或者法律、司法解释另有规定的除外。

依据前两款认定合同有效，但是当事人的违法行为未经处理的，人民法院应当向有关行政管理部门提出司法建议。当事人的行为涉嫌犯罪的，应当将案件线索移送刑事侦查机关；属于刑事自诉案件的，应当告知当事人可以向有管辖权的人民法院另行提起诉讼。

第十七条 合同虽然不违反法律、行政法规的强制性规定，但是有下列情形之一，人民法院应当依据民法典第一百五十三条第二款的规定认定合同无效：

（一）合同影响政治安全、经济安全、军事安全等国家安全的；

（二）合同影响社会稳定、公平竞争秩序或者损害社会公共利益等违背社会公共秩序的；

（三）合同背离社会公德、家庭伦理或者有损人格尊严等违背善良风俗的。

人民法院在认定合同是否违背公序良俗时，应当以社会主义核心价值观为导向，综合考虑当事人的主观动机和交易目的、政府部门的监管强度、一定期限内当事人从事类似交易的频次、行为的社会后果等因素，并在裁判文书中充分说理。当事人确因生活需要进行交易，未给社会公共秩序造成重大影响，且不影响国家安全，也不违背善良风俗的，人民法院不应当认定合同无效。

第十八条 法律、行政法规的规定虽然有“应当”“必须”或者“不得”等表述，但是该规定旨在限制或者赋予民事权利，行为人违反该规定将构成无权处分、无权代理、越权代表等，或者导致合同相对人、第三人因此获得撤销权、解除权等民事权利的，人民法院应当依据法律、行政法规规定的关于违反该规定的民事法律后果认定合同效力。

第十九条 以转让或者设定财产权利为目的订立的合同，当事人或者真正权利人仅以让与人在订立合同时对标的物没有所有权或者处分权为由主张合同无效的，人民法院不予支持；因未取得真正权利人事后同意或者让与人事后未取得处分权导致合同不能履行，受让人主张解除合同并请求让与人承担违反合同的赔偿责任的，人民法院依法予以支持。

前款规定的合同被认定有效，且让与人已经将财产交付或者移转登记至受让人，真正权利人请求认定财产权利未发生变动或者请求返还财产的，人民法院应予支持。但是，受让人依据民法典第三百一十一条等规定善意取得财产权利的除外。

第二十条 法律、行政法规为限制法人的法定代表人或者非法人组织的负责人的代表权，规定合同所涉事项应当由法人、非法人组织的权力机构或者决策机构决议，或者应当由法人、非法人组织的执行机构决定，法定代表人、负责人未取得授权而以法人、非法人组织的名义订立合同，未尽到合理审查义务的相对人主张该合同对法人、非法人组织发生效力并由其承担违约责任的，人民法院不予支持，但是法人、非法人组织有过错的，可以参照民法典第一百五十七条的规定判决其承担相应的赔偿责任。相对人已尽到合理审查义务，构成表见代表的，人民法院应当依据民法典第五百零四条的规定处理。

合同所涉事项未超越法律、行政法规规定的法定代表人或者负责人的代表权限，但是超越法人、非法人组织的章程或者权力机构等对代表权的限制，相对人主张该合同对法人、非法人组织发生效力并由其承担违约责任的，人民法院依法予以支持。但是，法人、非法人组织举证证明相对人知道或者应当知道该限制的除外。

法人、非法人组织承担民事责任后，向有过错的法定代表人、负责人追偿因越权代表行为造成的损失的，人民法院依法予以支持。法律、司法解释对法定代表人、负责人的民事责任另有规定的，依照其规定。

第二十一条 法人、非法人组织的工作人员就超越其职权范围的事项以法人、非法人组织的名义订立合同，相对人主张该合同对法人、非法人组织发生效力并由其承担违约责任的，人民法院不予支持。但是，法人、非法人组织有过错的，人民法院可以参照民法典第一百五十七条的规定判决其承担相应的赔偿责任。前述情形，构成表见代理的，人民法院应当依据民法典第一百七十二条的规定处理。

合同所涉事项有下列情形之一的，人民法院应当认定法人、非法人组织的工作人员在订立合同时超越其职权范围：

（一）依法应当由法人、非法人组织的权力机构或者决策机构决议的事项；

（二）依法应当由法人、非法人组织的执行机构决定的事项；

（三）依法应当由法定代表人、负责人代表法人、非法人组织实施的事项；

（四）不属于通常情形下依其职权可以处理的事项。

合同所涉事项未超越依据前款确定的职权范围，但是超越法人、非法人组织对工作人员职权范围的限制，相对人主张该合同对法人、非法人组织发生效力并由其承担违约责任的，人民法院应予支持。但是，法人、非法人组织举证证明相对人知道或者应当知道该限制的除外。

法人、非法人组织承担民事责任后，向故意或者有重大过失的工作人员追偿的，人民法院依法予以支持。

第二十二条 法定代表人、负责人或者工作人员以法人、非法人组织的名义订立合同且未超越权限，法人、非法人组织仅以合同加盖的印章不是备案印章或者系伪造的印章为由主张该合同对其不发生效力的，人民法院不予支持。

合同系以法人、非法人组织的名义订立，但是仅有法定代表人、负责人或者工作人员签名或者按指印而未加盖法人、非法人组织的印章，相对人能够证明法定代表人、负责人或者工作人员在订立合同时未超越权限的，人民法院应当认定合同对法人、非法人组织发生效力。但是，当事人约定以加盖印章作为合同成立条件的除外。

合同仅加盖法人、非法人组织的印章而无人员签名或者按指印，相对人能够证明合同系法定代表人、负责人或者工作人员在其权限范围内订立的，人民法院应当认定该合同对法人、非法人组织发生效力。

在前三款规定的情形下，法定代表人、负责人或者工作人员在订立合同时虽然超越代表或者代理权限，但是依据民法典第五百零四条的规定构成表见代表，或者依据民法典第一百七十二条的规定构成表见代理的，人民法院应当认定合同对法人、非法人组织发生效力。

第二十三条 法定代表人、负责人或者代理人与相对人恶意串通，以法人、非法人组织的名义订立合同，损害法人、非法人组织的合法权益，法人、非法人组织主张不承担民事责任的，人民法院应予支持。法人、非法人组织请求法定代表人、负责人或者代理人与相对人对因此受到的损失承担连带赔偿责任的，人民法院应予支持。

根据法人、非法人组织的举证，综合考虑当事人之间的交易习惯、合同在订立时是否显失公平、相关人员是否获取了不正当利益、合同的履行情况等因素，人民法院能够认定法定代表人、负责人或者代理人与相对人存在恶意串通的高度可能性的，可以要求前述人员就合同订立、履行的过程等相关事实作出陈述或者提供相应的证据。其无正当理由拒绝作出陈述，或者所作陈述不具合理性又不能提供相应证据的，人民法院可以认定恶意串通的事实成立。

第二十四条 合同不成立、无效、被撤销或者确定不发生效力，当事人请求返还财产，经审查财产能够返还的，人民法院应当根据案件具体情况，单独或者合并适用返还占有的标的物、更正登记簿册记载等方式；经审查财产不能返还或者没有必要返还的，人民法院应当以认定合同不成立、无效、被撤销或者确定不发生效力之日该财产的市场价值或者以其他合理方式计算的价值为基准判决折价补偿。

除前款规定的情形外，当事人还请求赔偿损失的，人民法院应当结合财产返还或者折价补偿的情况，综合考虑财产增值收益和贬值损失、交易成本的支出等事实，按照双方当事人的过错程度及原因力大小，根据诚信原则和公平原则，合理确定损失赔偿额。

合同不成立、无效、被撤销或者确定不发生效力，当事人的行为涉嫌违法且未经处理，可能导致一方或者双方通过违法行为获得不当利益的，人民法院应当向有关行政管理部门提出司法建议。当事人的行为涉嫌犯罪的，应当将案件线索移送刑事侦查机关；属于刑事自诉案件的，应当告知当事人可以向有管辖权的人民法院另行提起诉讼。

第二十五条 合同不成立、无效、被撤销或者确定不发生效力，有权请求返还价款或者报酬的当事人一方请求对方支付资金占用费的，人民法院应当在当事人请求的范围内按照中国人民银行授权全国银行间同业拆借中心公布的一年期贷款市场报价利率（LPR）计算。但是，占用资金的当事人对于合同不成立、无效、被撤销或者确定不发生效力没有过错的，应当以中国人民银行公布的同期同类存款基准利率计算。

双方互负返还义务，当事人主张同时履行的，人民法院应予支持；占有标的物的一方对标的物存在使用或者依法可以使用的情形，对方请求将其应支付的资金占用费与应收取的标的物使用费相互抵销的，人民法院应予支持，但是法律另有规定的除外。

四、合同的履行

第二十六条 当事人一方未根据法律规定或者合同约定履行开具发票、提供证明文件等非主要债务，对方请求继续履行该债务并赔偿因怠于履行该债务造成的损失的，人民法院依法予以支持；对方请求解除合同的，人民法院不予支持，但是不履行该债务致使不能实现合同目的或者当事人另有约定的除外。

第二十七条 债务人或者第三人与债权人在债务履行期限届满后达成以物抵债协议，不存在影响合同效力情形的，人民法院应当认定该协议自当事人意思表示一致时生效。

债务人或者第三人履行以物抵债协议后，人民法院应当认定相应的原债务同时消灭；债务人或者第三人未按照约定履行以物抵债协议，经催告后在合理期限内仍不履行，债权人选择请求履行原债务或者以物抵债协议的，人民法院应予支持，但是法律另有规定或者当事人另有约定的除外。

前款规定的以物抵债协议经人民法院确认或者人民法院根据当事人达成的以物抵债协议制作成调解书，债权人主张财产权利自确认书、调解书生效时发生变动或者具有对抗善意第三人效力的，人民法院不予支持。

债务人或者第三人以自己不享有所有权或者处分权的财产权利订立以物抵债协议的，依据本解释第十九条的规定处理。

第二十八条 债务人或者第三人与债权人在债务履行期限届满前达成以物抵债协议的，人民法院应当在审理债权债务关系的基础上认定该协议的效力。

当事人约定债务人到期没有清偿债务，债权人可以对抵债财产拍卖、变卖、折价以实现债权的，人民法院应当认定该约定有效。当事人约定债务人到期没有清偿债务，抵债财产归债权人所有的，人民法院应当认定该约定无效，但是不影响其他部分的效力；债权人请求对抵债财产拍卖、变卖、折价以实现债权的，人民法院应予支持。

当事人订立前款规定的以物抵债协议后，债务人或者第三人未将财产权利转移至债权人名下，债权人主张优先受偿的，人民法院不予支持；债务人或者第三人已将财产权利转移至债权人名下的，依据《最高人民法院关于适用〈中华人民共和国民法典〉有关担保制度的解释》第六十八条的规定处理。

第二十九条 民法典第五百二十二条第二款规定的第三人请求债务人向自己履行债务的，人民法院应予支持；请求行使撤销权、解除权等民事权利的，人民法院不予支持，但是法律另有规定的除外。

合同依法被撤销或者被解除，债务人请求债权人返还财产的，人民法院应予支持。

债务人按照约定向第三人履行债务，第三人拒绝受领，债权人请求债务人向自己履行债务的，人民法院应予支持，但是债务人已经采取提存等方式消灭债务的除外。第三人拒绝受领或者受领迟延，债务人请求债权人赔偿因此造成的损失的，人民法院依法予以支持。

第三十条 下列民事主体，人民法院可以认定为民法典第五百二十四条第一款规定的对履行债务具有合法利益的第三人：

（一）保证人或者提供物的担保的第三人；

（二）担保财产的受让人、用益物权人、合法占有人；

（三）担保财产上的后顺位担保权人；

（四）对债务人的财产享有合法权益且该权益将因财产被强制执行而丧失的第三人；

（五）债务人为法人或者非法人组织的，其出资人或者设立人；

（六）债务人为自然人的，其近亲属；

（七）其他对履行债务具有合法利益的第三人。

第三人在其已经代为履行的范围内取得对债务人的债权，但是不得损害债权人的利益。

担保人代为履行债务取得债权后，向其他担保人主张担保权利的，依据《最高人民法院关于适用〈中华人民共和国民法典〉有关担保制度的解释》第十三条、第十四条、第十八条第二款等规定处理。

第三十一条 当事人互负债务，一方以对方没有履行非主要债务为由拒绝履行自己的主要债务的，人民法院不予支持。但是，对方不履行非主要债务致使不能实现合同目的或者当事人另有约定的除外。

当事人一方起诉请求对方履行债务，被告依据民法典第五百二十五条的规定主张双方同时履行的抗辩且抗辩成立，被告未提起反诉的，人民法院应当判决被告在原告履行债务的同时履行自己的债务，并在判项中明确原告申请强制执行的，人民法院应当在原告履行自己的债务后对被告采取执行行为；被告提起反诉的，人民法院应当判决双方同时履行自己的债务，并在判项中明确任何一方申请强制执行的，人民法院应当在该当事人履行自己的债务后对对方采取执行行为。

当事人一方起诉请求对方履行债务，被告依据民法典第五百二十六条的规定主张原告应先履行的抗辩且抗辩成立的，人民法院应当驳回原告的诉讼请求，但是不影响原告履行债务后另行提起诉讼。

第三十二条 合同成立后，因政策调整或者市场供求关系异常变动等原因导致价格发生当事人在订立合同时无法预见的、不属于商业风险的涨跌，继续履行合同对于当事人一方明显不公平的，人民法院应当认定合同的基础条件发生了民法典第五百三十三条第一款规定的“重大变化”。但是，合同涉及市场属性活跃、长期以来价格波动较大的大宗商品以及股票、期货等风险投资型金融产品的除外。

合同的基础条件发生了民法典第五百三十三条第一款规定的重大变化，当事人请求变更合同的，人民法院不得解除合同；当事人一方请求变更合同，对方请求解除合同的，或者当事人一方请求解除合同，对方请求变更合同的，人民法院应当结合案件的实际情况，根据公平原则判决变更或者解除合同。

人民法院依据民法典第五百三十三条的规定判决变更或者解除合同的，应当综合考虑合同基础条件发生重大变化的时间、当事人重新协商的情况以及因合同变更或者解除给当事人造成的损失等因素，在判项中明确合同变更或者解除的时间。

当事人事先约定排除民法典第五百三十三条适用的，人民法院应当认定该约定无效。

五、合同的保全

第三十三条 债务人不履行其对债权人的到期债务，又不以诉讼或者仲裁方式向相对人主张其享有的债权或者与该债权有关的从权利，致使债权人的到期债权未能实现的，人民法院可以认定为民法典第五百三十五条规定的“债务人怠于行使其债权或者与该债权有关的从权利，影响债权人的到期债权实现”。

第三十四条 下列权利，人民法院可以认定为民法典第五百三十五条第一款规定的专属于债务人自身的权利：

（一）抚养费、赡养费或者扶养费请求权；

（二）人身损害赔偿请求权；

（三）劳动报酬请求权，但是超过债务人及其所扶养家属的生活必需费用的部分除外；

（四）请求支付基本养老保险金、失业保险金、最低生活保障金等保障当事人基本生活的权利；

（五）其他专属于债务人自身的权利。

第三十五条 债权人依据民法典第五百三十五条的规定对债务人的相对人提起代位权诉讼的，由被告住所地人民法院管辖，但是依法应当适用专属管辖规定的除外。

债务人或者相对人以双方之间的债权债务关系订有管辖协议为由提出异议的，人民法院不予支持。

第三十六条 债权人提起代位权诉讼后，债务人或者相对人以双方之间的债权债务关系订有仲裁协议为由对法院主管提出异议的，人民法院不予支持。但是，债务人或者相对人在首次开庭前就债务人与相对人之间的债权债务关系申请仲裁的，人民法院可以依法中止代位权诉讼。

第三十七条 债权人以债务人的相对人为被告向人民法院提起代位权诉讼，未将债务人列为第三人的，人民法院应当追加债务人为第三人。

两个以上债权人以债务人的同一相对人为被告提起代位权诉讼的，人民法院可以合并审理。债务人对相对人享有的债权不足以清偿其对两个以上债权人负担的债务的，人民法院应当按照债权人享有的债权比例确定相对人的履行份额，但是法律另有规定的除外。

第三十八条 债权人向人民法院起诉债务人后，又向同一人民法院对债务人的相对人提起代位权诉讼，属于该人民法院管辖的，可以合并审理。不属于该人民法院管辖的，应当告知其向有管辖权的人民法院另行起诉；在起诉债务人的诉讼终结前，代位权诉讼应当中止。

第三十九条 在代位权诉讼中，债务人对超过债权人代位请求数额的债权部分起诉相对人，属于同一人民法院管辖的，可以合并审理。不属于同一人民法院管辖的，应当告知其向有管辖权的人民法院另行起诉；在代位权诉讼终结前，债务人对相对人的诉讼应当中止。

第四十条 代位权诉讼中，人民法院经审理认为债权人的主张不符合代位权行使条件的，应当驳回诉讼请求，但是不影响债权人根据新的事实再次起诉。

债务人的相对人仅以债权人提起代位权诉讼时债权人与债务人之间的债权债务关系未经生

效法律文书确认为由，主张债权人提起的诉讼不符合代位权行使条件的，人民法院不予支持。

第四十一条 债权人提起代位权诉讼后，债务人无正当理由减免相对人的债务或者延长相对人的履行期限，相对人以此向债权人抗辩的，人民法院不予支持。

第四十二条 对于民法典第五百三十九条规定的“明显不合理”的低价或者高价，人民法院应当按照交易当地一般经营者的判断，并参考交易时交易地的市场交易价或者物价部门指导价予以认定。

转让价格未达到交易时交易地的市场交易价或者指导价百分之七十的，一般可以认定为“明显不合理的低价”；受让价格高于交易时交易地的市场交易价或者指导价百分之三十的，一般可以认定为“明显不合理的高价”。

债务人与相对人存在亲属关系、关联关系的，不受前款规定的百分之七十、百分之三十的限制。

第四十三条 债务人以明显不合理的价格，实施互易财产、以物抵债、出租或者承租财产、知识产权许可使用等行为，影响债权人的债权实现，债务人的相对人知道或者应当知道该情形，债权人请求撤销债务人的行为的，人民法院应当依据民法典第五百三十九条的规定予以支持。

第四十四条 债权人依据民法典第五百三十八条、第五百三十九条的规定提起撤销权诉讼的，应当以债务人和债务人的相对人为共同被告，由债务人或者相对人的住所地人民法院管辖，但是依法应当适用专属管辖规定的除外。

两个以上债权人就债务人的同一行为提起撤销权诉讼的，人民法院可以合并审理。

第四十五条 在债权人撤销权诉讼中，被撤销行为的标的可分，当事人主张在受影响的债权范围内撤销债务人的行为的，人民法院应予支持；被撤销行为的标的不可分，债权人主张将债务人的行为全部撤销的，人民法院应予支持。

债权人行使撤销权所支付的合理的律师代理费、差旅费等费用，可以认定为民法典第五百四十条规定的“必要费用”。

第四十六条 债权人在撤销权诉讼中同时请求债务人的相对人向债务人承担返还财产、折价补偿、履行到期债务等法律后果的，人民法院依法予以支持。

债权人请求受理撤销权诉讼的人民法院一并审理其与债务人之间的债权债务关系，属于该人民法院管辖的，可以合并审理。不属于该人民法院管辖的，应当告知其向有管辖权的人民法院另行起诉。

债权人依据其与债务人的诉讼、撤销权诉讼产生的生效法律文书申请强制执行的，人民法院可以就债务人对相对人享有的权利采取强制执行措施以实现债权人的债权。债权人在撤销权诉讼中，申请对相对人的财产采取保全措施的，人民法院依法予以准许。

六、合同的变更和转让

第四十七条 债权转让后，债务人向受让人主张其对让与人的抗辩的，人民法院可以追加让与人为第三人。

债务转移后，新债务人主张原债务人对债权人的抗辩的，人民法院可以追加原债务人为第三人。

当事人一方将合同权利义务一并转让后，对方就合同权利义务向受让人主张抗辩或者受让人就合同权利义务向对方主张抗辩的，人民法院可以追加让与人为第三人。

第四十八条 债务人在接到债权转让通知前已经向让与人履行，受让人请求债务人履行的，人民法院不予支持；债务人接到债权转让通知后仍然向让与人履行，受让人请求债务人履行的，人民法院应予支持。

让与人未通知债务人，受让人直接起诉债务人请求履行债务，人民法院经审理确认债权转让事实的，应当认定债权转让自起诉状副本送达时对债务人发生效力。债务人主张因未通知而给其增加的费用或者造成的损失从认定的债权数额中扣除的，人民法院依法予以支持。

第四十九条 债务人接到债权转让通知后，让与人以债权转让合同不成立、无效、被撤销或者确定不发生效力为由请求债务人向其履行的，人民法院不予支持。但是，该债权转让通知被依法撤销的除外。

受让人基于债务人对债权真实存在的确认受让债权后，债务人又以该债权不存在为由拒绝向受让人履行的，人民法院不予支持。但是，受让人知道或者应当知道该债权不存在的除外。

第五十条 让与人将同一债权转让给两个以上受让人，债务人以已经向最先通知的受让人履行为由主张其不再履行债务的，人民法院应予支持。债务人明知接受履行的受让人不是最先通知的受让人，最先通知的受让人请求债务人继续履行债务或者依据债权转让协议请求让与人承担违约责任的，人民法院应予支持；最先通知的受让人请求接受履行的受让人返还其接受的财产的，人民法院不予支持，但是接受履行的受让人明知该债权在其受让前已经转让给其他受让人的除外。

前款所称最先通知的受让人，是指最先到达债务人的转让通知中载明的受让人。当事人之间对通知到达时间有争议的，人民法院应当结合通知的方式等因素综合判断，而不能仅根据债务人认可的通知时间或者通知记载的时间予以认定。当事人采用邮寄、通讯电子系统等方式发出通知的，人民法院应当以邮戳时间或者通讯电子系统记载的时间等作为认定通知到达时间的依据。

第五十一条 第三人加入债务并与债务人约定了追偿权，其履行债务后主张向债务人追偿的，人民法院应予支持；没有约定追偿权，第三人依照民法典关于不当得利等的规定，在其已经向债权人履行债务的范围内请求债务人向其履行的，人民法院应予支持，但是第三人知道或者应当知道加入债务会损害债务人利益的除外。

债务人就其对债权人享有的抗辩向加入债务的第三人主张的，人民法院应予支持。

七、合同的权利义务终止

第五十二条 当事人就解除合同协商一致时未对合同解除后的违约责任、结算和清理等问题作出处理，一方主张合同已经解除的，人民法院应予支持。但是，当事人另有约定的除外。

有下列情形之一的，除当事人一方另有意思表示外，人民法院可以认定合同解除：

（一）当事人一方主张行使法律规定或者合同约定的解除权，经审理认为不符合解除权行使条件但是对方同意解除；

（二）双方当事人均不符合解除权行使的条件但是均主张解除合同。

前两款情形下的违约责任、结算和清理等问题，人民法院应当依据民法典第五百六十六条、第五百六十七条和有关违约责任的规定处理。

第五十三条 当事人一方以通知方式解除合同，并以对方未在约定的异议期限或者其他合理期限内提出异议为由主张合同已经解除的，人民法院应当对其是否享有法律规定或者合同约定的解除权进行审查。经审查，享有解除权的，合同自通知到达对方时解除；不享有解除权的，不发生合同解除的效力。

第五十四条 当事人一方未通知对方，直接以提起诉讼的方式主张解除合同，撤诉后再次起诉主张解除合同，人民法院经审理支持该主张的，合同自再次起诉的起诉状副本送达对方时解除。但是，当事人一方撤诉后又通知对方解除合同且该通知已经到达对方的除外。

第五十五条 当事人一方依据民法典第五百六十八条的规定主张抵销，人民法院经审理认为抵销权成立的，应当认定通知到达对方时双方互负的主债务、利息、违约金或者损害赔偿金等债务在同等数额内消灭。

第五十六条 行使抵销权的一方负担的数项债务种类相同，但是享有的债权不足以抵销全部债务，当事人因抵销的顺序发生争议的，人民法院可以参照民法典第五百六十条的规定处理。

行使抵销权的一方享有的债权不足以抵销其负担的包括主债务、利息、实现债权的有关费用在内的全部债务，当事人因抵销的顺序发生争议的，人民法院可以参照民法典第五百六十一条的规定处理。

第五十七条 因侵害自然人人身权益，或者故意、重大过失侵害他人财产权益产生的损害赔偿债务，侵权人主张抵销的，人民法院不予支持。

第五十八条 当事人互负债务，一方以其诉讼时效期间已经届满的债权通知对方主张抵销，对方提出诉讼时效抗辩的，人民法院对该抗辩应予支持。一方的债权诉讼时效期间已经届满，对方主张抵销的，人民法院应予支持。

八、违约责任

第五十九条 当事人一方依据民法典第五百八十条第二款的规定请求终止合同权利义务关系的，人民法院一般应当以起诉状副本送达对方的时间作为合同权利义务关系终止的时间。根据案件的具体情况，以其他时间作为合同权利义务关系终止的时间更加符合公平原则和诚信原则的，人民法院可以以该时间作为合同权利义务关系终止的时间，但是应当在裁判文书中充分说明理由。

第六十条 人民法院依据民法典第五百八十四条的规定确定合同履行后可以获得的利益时，可以在扣除非违约方为订立、履行合同支出的费用等合理成本后，按照非违约方能够获得的生产利润、经营利润或者转售利润等计算。

非违约方依法行使合同解除权并实施了替代交易，主张按照替代交易价格与合同价格的差额确定合同履行后可以获得的利益的，人民法院依法予以支持；替代交易价格明显偏离替代交易发生时当地的市场价格，违约方主张按照市场价格与合同价格的差额确定合同履行后可以获得的利益的，人民法院应予支持。

非违约方依法行使合同解除权但是未实施替代交易，主张按照违约行为发生后合理期间内合同履行地的市场价格与合同价格的差额确定合同履行后可以获得的利益的，人民法院应予支持。

第六十一条 在以持续履行的债务为内容的定期合同中，一方不履行支付价款、租金等金钱债务，对方请求解除合同，人民法院经审理认为合同应当依法解除的，可以根据当事人的主张，参考合同主体、交易类型、市场价格变化、剩余履行期限等因素确定非违约方寻找替代交易的合理期限，并按照该期限对应的价款、租金等扣除非违约方应当支付的相应履约成本确定合同履行后可以获得的利益。

非违约方主张按照合同解除后剩余履行期限相应的价款、租金等扣除履约成本确定合同履行后可以获得的利益的，人民法院不予支持。但是，剩余履行期限少于寻找替代交易的合理期限的除外。

第六十二条 非违约方在合同履行后可以获得的利益难以根据本解释第六十条、第六十一条的规定予以确定的，人民法院可以综合考虑违约方因违约获得的利益、违约方的过错程度、其他违约情节等因素，遵循公平原则和诚信原则确定。

第六十三条 在认定民法典第五百八十四条规定的“违约一方订立合同时预见到或者应当预见到的因违约可能造成的损失”时，人民法院应当根据当事人订立合同的目的，综合考虑合同主体、合同内容、交易类型、交易习惯、磋商过程等因素，按照与违约方处于相同或者类似情况的民事主体在订立合同时预见到或者应当预见到的损失予以确定。

除合同履行后可以获得的利益外，非违约方主张还有其向第三人承担违约责任应当支出的额外费用等其他因违约所造成的损失，并请求违约方赔偿，经审理认为该损失系违约一方订立合同时预见到或者应当预见到的，人民法院应予支持。

在确定违约损失赔偿额时，违约方主张扣除非违约方未采取适当措施导致的扩大损失、非违约方也有过错造成的相应损失、非违约方因违约获得的额外利益或者减少的必要支出的，人民法院依法予以支持。

第六十四条 当事人一方通过反诉或者抗辩的方式，请求调整违约金的，人民法院依法予以支持。

违约方主张约定的违约金过分高于违约造成的损失，请求予以适当减少的，应当承担举证责任。非违约方主张约定的违约金合理的，也应当提供相应的证据。

当事人仅以合同约定不得对违约金进行调整为由主张不予调整违约金的，人民法院不予支持。

第六十五条 当事人主张约定的违约金过分高于违约造成的损失，请求予以适当减少的，人民法院应当以民法典第五百八十四条规定的损失为基础，兼顾合同主体、交易类型、合同的履行情况、当事人的过错程度、履约背景等因素，遵循公平原则和诚信原则进行衡量，并作出裁判。

约定的违约金超过造成损失的百分之三十的，人民法院一般可以认定为过分高于造成的损失。

恶意违约的当事人一方请求减少违约金的，人民法院一般不予支持。

第六十六条 当事人一方请求对方支付违约金，对方以合同不成立、无效、被撤销、确定不发生效力、不构成违约或者非违约方不存在损失等为由抗辩，未主张调整过高的违约金的，人民法院应当就若不支持该抗辩，当事人是否请求调整违约金进行释明。第一审人民法院认为抗辩成立且未予释明，第二审人民法院认为应当判决支付违约金的，可以直接释明，并根据当事人的请求，在当事人就是否应当调整违约金充分举证、质证、辩论后，依法判决适当减少违约金。

被告因客观原因在第一审程序中未到庭参加诉讼，但是在第二审程序中到庭参加诉讼并请求减少违约金的，第二审人民法院可以在当事人就是否应当调整违约金充分举证、质证、辩论后，依法判决适当减少违约金。

第六十七条 当事人交付留置金、担保金、保证金、订约金、押金或者订金等，但是没有约定定金性质，一方主张适用民法典第五百八十七条规定的定金罚则的，人民法院不予支持。当事人约定了定金性质，但是未约定定金类型或者约定不明，一方主张为违约定金的，人民法院应予支持。

当事人约定以交付定金作为订立合同的担保，一方拒绝订立合同或者在磋商订立合同时违背诚信原则导致未能订立合同，对方主张适用民法典第五百八十七条规定的定金罚则的，人民法院应予支持。

当事人约定以交付定金作为合同成立或者生效条件，应当交付定金的一方未交付定金，但是合同主要义务已经履行完毕并为对方所接受的，人民法院应当认定合同在对方接受履行时已经成立或者生效。

当事人约定定金性质为解约定金，交付定金的一方主张以丧失定金为代价解除合同的，或者收受定金的一方主张以双倍返还定金为代价解除合同的，人民法院应予支持。

第六十八条 双方当事人均具有致使不能实现合同目的的违约行为，其中一方请求适用定金罚则的，人民法院不予支持。当事人一方仅有轻微违约，对方具有致使不能实现合同目的的违约行为，轻微违约方主张适用定金罚则，对方以轻微违约方也构成违约为由抗辩的，人民法院对该抗辩不予支持。

当事人一方已经部分履行合同，对方接受并主张按照未履行部分所占比例适用定金罚则的，人民法院应予支持。对方主张按照合同整体适用定金罚则的，人民法院不予支持，但是部分未履行致使不能实现合同目的的除外。

因不可抗力致使合同不能履行，非违约方主张适用定金罚则的，人民法院不予支持。

九、附则

第六十九条 本解释自 2023 年 12 月 5 日起施行。

民法典施行后的法律事实引起的民事案件，本解释施行后尚未终审的，适用本解释；本解释施行前已经终审，当事人申请再审或者按照审判监督程序决定再审的，不适用本解释。

中华人民共和国最高人民法院
公告

《最高人民法院关于修改〈最高人民法院关于设立国际商事法庭若干问题的规定〉的决定》已于 2023 年 12 月 5 日由最高人民法院审判委员会第 1908 次会议通过，现予公布，自 2024 年 1 月 1 日起施行。

2023 年 12 月 18 日

最高人民法院
关于修改《最高人民法院关于设立国际商事法庭若干问题的规定》的决定

法释〔2023〕14 号

根据第十四届全国人民代表大会常务委员会第五次会议审议通过的《全国人民代表大会常务委员会〈关于修改中华人民共和国民事诉讼法〉的决定》的相关规定，对《最高人民法院关于设立国际商事法庭若干问题的规定》作如下修改：

一、将第二条第一项修改为："（一）当事人依照民事诉讼法第二百七十七条的规定协议选择最高人民法院管辖且标的额为人民币 3 亿元以上的第一审国际商事案件；"

二、将第八条第一款修改为："国际商事法庭审理案件应当适用域外法律时，可以通过下列途径查明：

（一）由当事人提供；

（二）通过司法协助渠道由对方的中央机关或者主管机关提供；

（三）通过最高人民法院请求我国驻该国使领馆或者该国驻我国使领馆提供；

（四）由最高人民法院建立或者参与的法律查明合作机制参与方提供；

（五）由最高人民法院国际商事专家委员会专家提供；

（六）由法律查明服务机构或者中外法律专家提供；

（七）其他适当途径。”

本决定自 2024 年 1 月 1 日起施行。

《最高人民法院关于设立国际商事法庭若干问题的规定》根据本决定作相应修改后重新公布。

最高人民法院
关于设立国际商事法庭若干问题的规定

（2018 年 6 月 25 日最高人民法院审判委员会第 1743 次会议通过
根据 2023 年 12 月 5 日最高人民法院审判委员会第 1908 次会议通过的《最高人民法院关于修改〈最高人民法院关于设立国际商事法庭若干问题的规定〉的决定》修正
该修正自 2024 年 1 月 1 日起施行）

为依法公正及时审理国际商事案件，平等保护中外当事人合法权益，营造稳定、公平、透明、便捷的法治化国际营商环境，服务和保障“一带一路”建设，依据《中华人民共和国人民法院组织法》《中华人民共和国民事诉讼法》等法律，结合审判工作实际，就设立最高人民法院国际商事法庭相关问题规定如下。

第一条 最高人民法院设立国际商事法庭。国际商事法庭是最高人民法院的常设审判机构。

第二条 国际商事法庭受理下列案件：

（一）当事人依照民事诉讼法第二百七十七条的规定协议选择最高人民法院管辖且标的额为人民币 3 亿元以上的第一审国际商事案件；

（二）高级人民法院对其所管辖的第一审国际商事案件，认为需要由最高人民法院审理并获准许的；

（三）在全国有重大影响的第一审国际商事案件；

（四）依照本规定第十四条申请仲裁保全、申请撤销或者执行国际商事仲裁裁决的；

（五）最高人民法院认为应当由国际商事法庭审理的其他国际商事案件。

第三条 具有下列情形之一的商事案件，可以认定为本规定所称的国际商事案件：

（一）当事人一方或者双方是外国人、无国籍人、外国企业或者组织的；

（二）当事人一方或者双方的经常居所地在中华人民共和国领域外的；

（三）标的物在中华人民共和国领域外的；

（四）产生、变更或者消灭商事关系的法律事实发生在中华人民共和国领域外的。

第四条 国际商事法庭法官由最高人民法院在具有丰富审判工作经验，熟悉国际条约、国际惯例以及国际贸易投资实务，能够同时熟练运用中文和英文作为工作语言的资深法官中选任。

第五条 国际商事法庭审理案件，由三名或者三名以上法官组成合议庭。

合议庭评议案件，实行少数服从多数的原则。少数意见可以在裁判文书中载明。

第六条 国际商事法庭作出的保全裁定，可以指定下级人民法院执行。

第七条 国际商事法庭审理案件，依照《中华人民共和国涉外民事关系法律适用法》的规定确定争议适用的实体法律。

当事人依照法律规定选择适用法律的，应当适用当事人选择的法律。

第八条 国际商事法庭审理案件应当适用域外法律时，可以通过下列途径查明：

（一）由当事人提供；

（二）通过司法协助渠道由对方的中央机关或者主管机关提供；

（三）通过最高人民法院请求我国驻该国使领馆或者该国驻我国使领馆提供；

（四）由最高人民法院建立或者参与的法律查明合作机制参与方提供；

（五）由最高人民法院国际商事专家委员会专家提供；

（六）由法律查明服务机构或者中外法律专家提供；

（七）其他适当途径。

通过上述途径提供的域外法律资料以及专家意见，应当依照法律规定在法庭上出示，并充分听取各方当事人的意见。

第九条 当事人向国际商事法庭提交的证据材料系在中华人民共和国领域外形成的，不论是否已办理公证、认证或者其他证明手续，均应当在法庭上质证。

当事人提交的证据材料系英文且经对方当事人同意的，可以不提交中文翻译件。

第十条 国际商事法庭调查收集证据以及组织质证，可以采用视听传输技术及其他信息网络方式。

第十一条 最高人民法院组建国际商事专家委员会，并选定符合条件的国际商事调解机构、国际商事仲裁机构与国际商事法庭共同构建调解、仲裁、诉讼有机衔接的纠纷解决平台，形成“一站式”国际商事纠纷解决机制。

国际商事法庭支持当事人通过调解、仲裁、诉讼有机衔接的纠纷解决平台，选择其认为适宜的方式解决国际商事纠纷。

第十二条 国际商事法庭在受理案件后七日内，经当事人同意，可以委托国际商事专家委员会成员或者国际商事调解机构调解。

第十三条 经国际商事专家委员会成员或者国际商事调解机构主持调解，当事人达成调解协议的，国际商事法庭可以依照法律规定制发调解书；当事人要求发给判决书的，可以依协议的内容制作判决书送达当事人。

第十四条 当事人协议选择本规定第十一条第一款规定的国际商事仲裁机构仲裁的，可以在申请仲裁前或者仲裁程序开始后，向国际商事法庭申请证据、财产或者行为保全。

当事人向国际商事法庭申请撤销或者执行本规定第十一条第一款规定的国际商事仲裁机构作出的仲裁裁决的，国际商事法庭依照民事诉讼法等相关法律规定进行审查。

第十五条 国际商事法庭作出的判决、裁定，是发生法律效力的判决、裁定。

国际商事法庭作出的调解书，经双方当事人签收后，即具有与判决同等的法律效力。

第十六条 当事人对国际商事法庭作出的已经发生法律效力的判决、裁定和调解书，可以依照民事诉讼法的规定向最高人民法院本部申请再审。

最高人民法院本部受理前款规定的申请再审案件以及再审案件，均应当另行组成合议庭。

第十七条 国际商事法庭作出的发生法律效力的判决、裁定和调解书，当事人可以向国际商事法庭申请执行。

第十八条 国际商事法庭通过电子诉讼服务平台、审判流程信息公开平台以及其他诉讼服务平台为诉讼参与人提供诉讼便利，并支持通过网络方式立案、缴费、阅卷、证据交换、送达、开庭等。

第十九条 本规定自 2018 年 7 月 1 日起施行。

中华人民共和国最高人民法院
公告

《最高人民法院关于审理涉外民商事案件适用国际条约和国际惯例若干问题的解释》已于2023年12月5日由最高人民法院审判委员会第1908次会议通过，现予公布，自2024年1月1日起施行。

2023年12月28日

最高人民法院
关于审理涉外民商事案件适用国际条约和国际惯例若干问题的解释

法释〔2023〕15号

为正确审理涉外民商事案件，根据《中华人民共和国对外关系法》《中华人民共和国涉外民事关系法律适用法》等法律，结合审判实践，制定本解释。

第一条 人民法院审理《中华人民共和国海商法》《中华人民共和国票据法》《中华人民共和国民用航空法》《中华人民共和国海上交通安全法》调整的涉外民商事案件，涉及适用国际条约的，分别按照《中华人民共和国海商法》第二百六十八条、《中华人民共和国票据法》第九十五条、《中华人民共和国民用航空法》第一百八十四条、《中华人民共和国海上交通安全法》第一百二十一条的规定予以适用。

人民法院审理上述法律调整范围之外的其他涉外民商事案件，涉及适用国际条约的，参照上述法律的规定。国际条约与中华人民共和国法律有不同规定的，适用国际条约的规定，但中华人民共和国声明保留的条款除外。

第二条 涉外民商事案件涉及两项或多项国际条约的适用时，人民法院应当根据国际条约中的适用关系条款确定应当适用的国际条约。

第三条 国际条约规定当事人可以约定排除或部分排除国际条约的适用，当事人主张依据其约定排除或部分排除国际条约适用的，人民法院予以支持。国际条约限制当事人排除或部分排除国际条约的适用，当事人主张依据其约定排除或部分排除国际条约适用的，人民法院不予支持。

第四条 当事人在合同中援引尚未对中华人民共和国生效的国际条约的，人民法院可以根据该国际条约的内容确定当事人之间的权利义务，但违反中华人民共和国法律、行政法规强制性规定或者损害中华人民共和国主权、安全和社会公共利益的除外。

第五条 涉外民商事合同当事人明示选择适用国际惯例，当事人主张根据国际惯例确定合同当事人之间的权利义务的，人民法院应予支持。

第六条 中华人民共和国法律和中华人民共和国缔结或者参加的国际条约没有规定的，人民法院可以适用国际惯例。当事人仅以未明示选择为由主张排除适用国际惯例的，人民法院不予支持。

第七条 适用国际条约和国际惯例损害中华人民共和国主权、安全和社会公共利益的，人民法院不予适用。

第八条 本解释自 2024 年 1 月 1 日起施行。

第九条 最高人民法院以前发布的司法解释与本解释不一致的，以本解释为准。

四、部分规范性文件

中国法院年鉴
THE YEARBOOK OF CHINA COURTS

2023

最高人民法院
印发《关于司法赔偿案件案由的规定》的通知

法〔2023〕68 号

各省、自治区、直辖市高级人民法院，解放军军事法院，新疆维吾尔自治区高级人民法院生产建设兵团分院：

最高人民法院《关于司法赔偿案件案由的规定》已于 2023 年 4 月 3 日由最高人民法院审判委员会第 1883 次会议讨论通过，自 2023 年 6 月 1 日起施行，《关于国家赔偿案件案由的规定》（法〔2012〕32 号）同时废止。现将《关于司法赔偿案件案由的规定》（以下简称《案由规定》）印发给你们，并就适用《案由规定》的有关问题通知如下。

一、认真学习和准确适用《案由规定》

本次对案由规定进行修改，坚持以国家赔偿法为依据，重点解决原案由规定过于简单笼统、案由划分过于粗疏以及司法赔偿审判实践中部分案件无案由可用、以申请赔偿理由代替案由等问题。案由规定的修改以必要性和实用性为原则，尊重既往案由使用习惯，结合审判实践需要，确保修改后的案由规定体系完整、分类准确、适用方便。

准确适用司法赔偿案件案由，有利于人民法院司法赔偿立案、审判工作的精细化，有利于提高案件统计的准确性，可以为人民法院司法决策提供有效参考。各级人民法院要充分认识到准确适用司法赔偿案件案由的重要性，认真学习《案由规定》，理解案由层级式列举的体系和具体适用规则，准确选择适用具体案由，依法维护赔偿请求人申请赔偿权利，切实落实新时代司法赔偿审判工作"人民性"理念，不断促进司法赔偿审判精细化发展。

二、案由的体系编排和确定标准

《案由规定》坚持以国家赔偿法篇章体系为依据，将案由的列举方式由原案由规定的平铺式改为层级式，以"刑事赔偿""非刑事司法赔偿"2 个一级案由为基础，进行三级分类，使每一个司法赔偿案件都有可适用的案由。其中，"刑事赔偿"案由按照侵权客体分为 3 个二级案由，分别是"人身自由损害刑事赔偿""生命健康损害刑事赔偿"和"财产损害刑事赔偿"；"非刑事司法赔偿"案由按照侵权行为分为 4 个二级案由，分别是"违法采取对妨害诉讼的强制措施赔偿""违法保全赔偿""违法先予执行赔偿"和"错误执行赔偿"。

三级案由以原有的 14 个案由为基础，除"违法保全赔偿""错误执行赔偿"被保留为二级案由外，其他 12 个原有案由均被保留为三级案由。同时，根据司法赔偿审判实践需要，新增三级案由8个，分别是“变相羁押赔偿”“怠于履行监管职责致伤、致死赔偿”“违法没收、拒不退还取保候审保证金赔偿”以及涉执行司法赔偿案由“无依据、超范围执行赔偿”“违法执行损害案外人权益赔偿”“违法采取执行措施赔偿”“违法采取执行强制措施赔偿”“违法不执行、拖延执行赔偿”。

三、案由具体适用规则

（一）一般适用规则

《案由规定》实现了人民法院各种司法赔偿案件类型的全覆盖。在具体适用时，不应在《案由规定》之外创设其他案由，如“其他赔偿”“国家赔偿”等。应当按照层级递进原则，由下至上，先适用三级案由；无对应的三级案由时，适用二级案由；二级案由仍不对应的，适用一级案由。在有下一层级案由可适用的情况下，不能直接适用上一层级案由。例如，赔偿请求人主张赔偿义务机关违法刑事拘留侵害人身自由申请赔偿，应适用三级案由“违法刑事拘留赔偿”，而非“人身自由损害刑事赔偿”或者“刑事赔偿”。

（二）选择性案由适用规则

本次修改，《案由规定》中共有选择性案由9个，即“刑讯逼供致伤、致死赔偿”“殴打、虐待致伤、致死赔偿”“怠于履行监管职责致伤、致死赔偿”“违法使用武器、警械致伤、致死赔偿”“刑事违法查封、扣押、冻结、追缴赔偿”“违法没收、拒不退还取保候审保证金赔偿”“错判罚金、没收财产赔偿”“无依据、超范围执行赔偿”“违法不执行、拖延执行赔偿”。在适用选择性案由时应根据赔偿请求人的具体理由、请求确定，如赔偿请求人主张赔偿义务机关刑讯逼供致身体伤残申请赔偿，案由应为“刑讯逼供致伤赔偿”，并非“刑讯逼供致伤、致死赔偿”；主张赔偿义务机关在刑事诉讼过程中违法扣押、追缴财产致财产损失申请赔偿，案由应为“刑事违法扣押、追缴赔偿”，并非“刑事违法查封、扣押、冻结、追缴赔偿”。

（三）多个案由合并适用规则

赔偿义务机关实施了多个侵权行为，赔偿请求人在一个案件中申请一并赔偿时，可以并列适用不同的案由。如赔偿请求人主张赔偿义务机关违法刑事拘留并刑讯逼供致身体受伤申请赔偿，案由应为“违法刑事拘留、刑讯逼供致伤赔偿”。如果多个案由分属不同层级，按照由下至上的顺序排列案由。如赔偿请求人主张执行法院错误执行其享有质权的财产，并在其申诉过程中存在拉扯拖拽行为致身体伤害申请赔偿，可适用三级案由“违法执行损害案外人权益赔偿”和一级案由“非刑事司法赔偿”，在决定书中可表述为“违法执行损害案外人权益、非刑事司法赔偿”。

四、其他应注意的问题

（一）各级人民法院要准确把握司法赔偿案件案由的性质和功能。《案由规定》不是司法赔偿案件受案范围规定，人民法院在确定具体个案是否属于受案范围时，应当根据国家赔偿法及相关司法解释的规定进行判断，不能以《案由规定》作为判断依据。

（二）申请赔偿的事项不属于国家赔偿法调整范围的，人民法院可以根据申请赔偿的具体理由确定相应案由，如赔偿请求人在国家赔偿法实施前被再审改判无罪，申请国家赔偿虽不属于人民法院国家赔偿案件的受案范围，但仍可适用“再审无罪赔偿”案由。如以民事、行政判决错误为由请求作出原错判的人民法院承担赔偿责任，可以适用“非刑事司法赔偿”案由。

（三）案件名称的表述应与案由表述保持一致，不能用申请赔偿的理由代替案由。如赔偿请求人主张人民法院违法保全侵犯财产权申请赔偿，案件名称应表述为“某某申请某某人民法院违法保全赔偿案”，不应表述为“某某以违法保全为由申请某某人民法院国家赔偿案”。

（四）本通知下发后，各高级人民法院要切实抓好辖区内法院相关人员对《案由规定》的学习、培训工作，确保培训到人，尤其是从事立案登记和司法统计的人员。今后在适用《案由规定》填写案由时，各级人民法院务必要切实负起责任，认真按照本通知要求予以填写。对于未做培训或者不负责任、随意填写的法院，最高人民法院将适时予以通报批评。

2023年4月19日

关于司法赔偿案件案由的规定

（2023年4月3日最高人民法院审判委员会第1883次会议通过
自2023年6月1日起施行）

为正确适用法律，统一确定案由，根据《中华人民共和国国家赔偿法》等法律规定，结合人民法院司法赔偿审判工作实际情况，对司法赔偿案件案由规定如下：

一、刑事赔偿

适用于赔偿请求人主张赔偿义务机关在行使刑事司法职权时侵犯人身权或者财产权的赔偿案件。

（一）人身自由损害刑事赔偿

适用于赔偿请求人主张赔偿义务机关在行使刑事司法职权时侵犯人身自由的赔偿案件。

1. 违法刑事拘留赔偿

适用于赔偿请求人主张赔偿义务机关违反刑事诉讼法规定的条件、程序或者时限采取拘留措施的赔偿案件。

2. 变相羁押赔偿

适用于赔偿请求人主张赔偿义务机关违反刑事诉讼法的规定指定居所监视居住或者超出法定时限连续传唤、拘传，实际已达到刑事拘留效果的赔偿案件。

3. 无罪逮捕赔偿

适用于赔偿请求人主张赔偿义务机关采取逮捕措施错误的赔偿案件。

4. 二审无罪赔偿

适用于赔偿请求人主张二审已改判无罪，赔偿义务机关此前作出一审有罪错判的赔偿案件。

5. 重审无罪赔偿

适用于赔偿请求人主张二审发回重审后已作无罪处理，赔偿义务机关此前作出一审有罪错判的赔偿案件。

6. 再审无罪赔偿

适用于赔偿请求人主张依照审判监督程序已再审改判无罪或者改判部分无罪，赔偿义务机关此前作出原生效有罪错判的赔偿案件。

（二）生命健康损害刑事赔偿

适用于赔偿请求人主张赔偿义务机关在行使刑事司法职权时侵犯生命健康的赔偿案件。

1. 刑讯逼供致伤、致死赔偿

适用于赔偿请求人主张赔偿义务机关刑讯逼供造成身体伤害或者死亡的赔偿案件。

2. 殴打、虐待致伤、致死赔偿

适用于赔偿请求人主张赔偿义务机关以殴打、虐待行为或者唆使、放纵他人以殴打、虐待行为造成身体伤害或者死亡的赔偿案件。

3. 怠于履行监管职责致伤、致死赔偿

适用于赔偿请求人主张赔偿义务机关未尽法定监管、救治职责，造成被羁押人身体伤害或者死亡的赔偿案件。

4. 违法使用武器、警械致伤、致死赔偿

适用于赔偿请求人主张赔偿义务机关违法使用武器、警械造成身体伤害或者死亡的赔偿案件。

（三）财产损害刑事赔偿

适用于赔偿请求人主张赔偿义务机关在行使刑事司法职权时侵犯财产权益的赔偿案件。

1. 刑事违法查封、扣押、冻结、追缴赔偿

适用于赔偿请求人主张赔偿义务机关在刑事诉讼过程中，违法对财产采取查封、扣押、冻结、追缴措施的赔偿案件。

2. 违法没收、拒不退还取保候审保证金赔偿

适用于赔偿请求人主张赔偿义务机关违法没收取保候审保证金、无正当理由对应当退还的取保候审保证金不予退还的赔偿案件。

3. 错判罚金、没收财产赔偿

适用于赔偿请求人主张原判罚金、没收财产执行后，依照审判监督程序已再审改判财产刑的赔偿案件。

二、非刑事司法赔偿

适用于赔偿请求人主张人民法院在民事、行政诉讼等非刑事司法活动中，侵犯人身权或者财产权的赔偿案件。

（四）违法采取对妨害诉讼的强制措施赔偿

适用于赔偿请求人主张人民法院在民事、行政诉讼中，违法采取对妨害诉讼的强制措施的赔偿案件。

1. 违法司法罚款赔偿

适用于赔偿请求人主张人民法院在民事、行政诉讼中，违法司法罚款的赔偿案件。

2. 违法司法拘留赔偿

适用于赔偿请求人主张人民法院在民事、行政诉讼中，违法司法拘留的赔偿案件。

（五）违法保全赔偿

适用于赔偿请求人主张人民法院在民事、行政诉讼中，违法采取或者违法解除保全措施的赔偿案件。

（六）违法先予执行赔偿

适用于赔偿请求人主张人民法院在民事、行政诉讼中，违法采取先予执行措施的赔偿案件。

（七）错误执行赔偿

适用于赔偿请求人主张人民法院对民事、行政判决、裁定以及其他生效法律文书执行错误的赔偿案件。

1. 无依据、超范围执行赔偿

适用于赔偿请求人主张人民法院执行未生效法律文书，或者超出生效法律文书确定的数额、范围执行的赔偿案件。

2. 违法执行损害案外人权益赔偿

适用于赔偿请求人主张人民法院违法执行案外人财产、未依法保护案外人优先受偿权等合法权益，或者对其他法院已经依法保全、执行的财产违法执行的赔偿案件。

3. 违法采取执行措施赔偿

适用于赔偿请求人主张人民法院违法采取查封、扣押、冻结、拍卖、变卖、以物抵债、交付等执行措施，或者在采取前述措施过程中存在未履行监管职责等过错的赔偿案件。

4. 违法采取执行强制措施赔偿

适用于赔偿请求人主张人民法院违法采取纳入失信被执行人名单、限制消费、限制出境、罚款、拘留等执行强制措施的赔偿案件。

5. 违法不执行、拖延执行赔偿

适用于赔偿请求人主张人民法院违法不执行、拖延执行或者应当依法恢复执行而不恢复的赔偿案件。

最高人民法院
关于2023年作出的国家赔偿决定涉及侵犯公民人身自由赔偿金计算标准的通知

法〔2023〕77号

各省、自治区、直辖市高级人民法院，解放军军事法院，新疆维吾尔自治区高级人民法院生产建设兵团分院：

国家统计局2023年5月9日公布，2022年全国城镇非私营单位就业人员年平均工资为114029元。按照人力资源和社会保障部提供的日平均工资计算公式，日平均工资为436.89元。根据国家赔偿法第三十三条和《最高人民法院、最高人民检察院关于办理刑事赔偿案件适用法律若干问题的解释》第二十一条第二款规定，各级人民法院自2023年5月10日起作出国家赔偿决定时，对侵犯公民人身自由的赔偿金，按照每日436.89元计算。

特此通知，请遵照执行。

2023年5月10日

最高人民法院
印发《最高人民法院关于法律适用问题请示答复的规定》的通知

法〔2023〕88号

各省、自治区、直辖市高级人民法院，解放军军事法院，新疆维吾尔自治区高级人民法院生产建设兵团分院：

现将《最高人民法院关于法律适用问题请示答复的规定》印发给你们，请认真组织实施。实施过程中遇有情况和问题，请及时报告最高人民法院。

2023年5月26日

最高人民法院
关于法律适用问题请示答复的规定

一、一般规定

第一条 为规范人民法院法律适用问题请示答复工作，加强审判监督指导，提升司法公正与效率，根据有关法律、司法解释的规定，结合审判工作实际，制定本规定。

第二条 具有下列情形之一的，高级人民法院可以向最高人民法院提出请示：

（一）法律、法规、司法解释、规范性文件等没有明确规定，适用法律存在重大争议的；

（二）对法律、法规、司法解释、规范性文件等规定具体含义的理解存在重大争议的；

（三）司法解释、规范性文件制定时所依据的客观情况发生重大变化，继续适用有关规定明显有违公平正义的；

（四）类似案件裁判规则明显不统一的；

（五）其他对法律适用存在重大争议的。

技术类知识产权和反垄断法律适用问题，具有前款规定情形之一的，第一审人民法院可以向最高人民法院提出请示。

最高人民法院认为必要时，可以要求下级人民法院报告有关情况。

第三条 不得就案件的事实认定问题提出请示。

二、请示

第四条 向最高人民法院提出请示，应当经本院审判委员会讨论决定，就法律适用问题提出意见，并说明理由；有分歧意见的，应当写明倾向性意见。

第五条 请示应当按照审级逐级层报。

第六条 提出请示的人民法院应当以院名义制作书面请示，扼要写明请示的法律适用问题，并制作请示综合报告，写明以下内容：

（一）请示的法律适用问题及由来；

（二）合议庭、审判委员会对请示的法律适用问题的讨论情况、分歧意见及各自理由；

（三）类案检索情况；

（四）需要报告的其他情况；

（五）联系人及联系方式。

高级人民法院就基层、中级人民法院请示的法律适用问题向最高人民法院请示的，应当同时附下级人民法院的请示综合报告。

请示、请示综合报告一式五份，连同电子文本，一并报送最高人民法院立案庭。

三、办理

第七条 最高人民法院立案庭应当自收到请示材料之日起三个工作日内审查完毕。请示材料符合要求的，应当编定案号，并按照下列情形分别处理：

（一）符合请示范围、程序的，应当受理，并确定请示的承办部门；

（二）不属于请示范围，或者违反请示程序的，不予受理，并书面告知提出请示的人民法院。

请示材料不符合要求的，应当一次性告知提出请示的人民法院在指定的期限内补充。

第八条 最高人民法院立案庭应当按照下列规定确定请示的承办部门：

（一）请示的法律适用问题涉及司法解释、规范性文件规定的具体含义，或者属于司法解释、规范性文件所针对的同类问题的，由起草部门承办；有多个起草部门的，由主要起草部门承办；

（二）不属于前项规定情形的，根据职责分工确定请示的承办部门。

承办部门难以确定的，由立案庭会同研究室确定。

第九条 承办部门收到立案庭转来的请示材料后，经审查认为不属于本部门职责范围的，应当在三个工作日内，与立案庭协商退回；协商不成的，报分管院领导批准后，退回立案庭重新提出分办意见。有关部门不得自行移送、转办。

其他部门认为请示应当由本部门办理的，应当报分管院领导批准后，向立案庭提出意见。

第十条 承办部门应当指定专人办理请示。承办人研究提出处理意见后，承办部门应当组织集体研究。

对请示的法律适用问题，承办部门可以商请院内有关部门共同研究，或者提出初步处理意见后，征求院内有关部门意见。必要时，可以征求院外有关部门或者专家的意见。

第十一条 承办部门应当将处理意见报分管院领导审批。必要时，分管院领导可以报院长审批或者提请审判委员会讨论决定。

在报分管院领导审批前，承办部门应当将处理意见送研究室审核。研究室一般在五个工作日内出具审核意见。研究室提出不同意见的，承办部门在报分管院领导审批时，应当作出说明。

第十二条 最高人民法院应当分别按照以下情形作出处理：

（一）对请示的法律适用问题作出明确答复，并写明答复依据；

（二）不属于请示范围，或者违反请示程序的，不予答复，并书面告知提出请示的人民法院；

（三）最高人民法院对相同或者类似法律适用问题作出过答复的，可以不予答复，并将有关情况告知提出请示的人民法院。

第十三条 最高人民法院的答复应当以院名义作出。

答复一般采用书面形式。以电话答复等其他形式作出的，应当将底稿等材料留存备查。

答复作出后，承办部门应当及时将答复上传至查询数据库。

第十四条 最高人民法院应当尽快办理请示，至迟在受理请示之日起二个月内办结。需要征求院外有关部门意见或者提请审判委员会讨论的，可以延长二个月。

因特殊原因不能在前款规定的期限内办结的，承办部门应当在报告分管院领导后，及时通知提出请示的人民法院，并抄送审判管理办公室。

对于涉及刑事法律适用问题的请示，必要时，可以提醒有关人民法院依法变更强制措施。

第十五条 对最高人民法院的答复，提出请示的人民法院应当执行，但不得作为裁判依据援引。

第十六条 可以公开的答复，最高人民法院应当通过适当方式向社会公布。

四、其他规定

第十七条 最高人民法院对办理请示答复编定案号，类型代字为“法复”。

第十八条 最高人民法院在办理请示答复过程中，认为请示的法律适用问题具有普遍性、代表性，影响特别重大的，可以通知下级人民法院依法将有关案件移送本院审判。

第十九条 答复针对的法律适用问题具有普遍指导意义的，提出请示的人民法院可以编写案例，作为备选指导性案例向最高人民法院推荐。

第二十条 对请示的法律适用问题，必要时，最高人民法院可以制定司法解释作出明确。

第二十一条 最高人民法院应当建设本院办理请示答复的专门模块和查询数据库，对请示答复进行信息化办理、智能化管理和数字化分析应用。

请示答复的流程管理、质量评查等由审判管理办公室负责。

承办部门超过本规定第十四条规定期限未办结的，审判管理办公室应当要求承办部门书面说明情况，督促其限期办结，并视情予以通报。

第二十二条 提出、办理请示等工作，应当遵守有关保密工作规定。

第二十三条 基层、中级人民法院就法律适用问题提出请示，中级、高级人民法院对法律适用问题作出处理的，参照适用本规定。

第二十四条 各高级人民法院、解放军军事法院应当在每年 1 月 31 日之前，将上一年度本院作出的答复报送最高人民法院研究室。

第二十五条 本规定自 2023 年 9 月 1 日起施行。此前的规范性文件与本规定不一致的，以本规定为准。

附件：文书参考样式

参考样式 1：请示

×××高级人民法院
关于 ×××法律适用问题的请示

× 高法请〔年份〕×× 号

最高人民法院：

我院（或者 ××× 人民法院）在审理（或者执行）×××（写明当事人姓名、案由）一案过程中，对 ××× 法律适用问题存在重大争议。我院审判委员会讨论认为（或者倾向认为），……（简要写明审判委员会对法律适用问题的意见或者倾向性意见，以及相应理由）。根据《最高人民法院关于法律适用问题请示答复的规定》第二条第一款第 × 项的规定，现向你院提出请示。请予答复。

×××× 年 ×× 月 ×× 日

（院印）

联系人及联系方式：

【说明】（一）本样式供高级人民法院向最高人民法院提出请示用。技术类知识产权和垄断案件第一审人民法院向最高人民法院提出请示的，参照适用本样式。

（二）请示是针对类案所反映的问题的，将“我院（或者 ××× 人民法院）在审理（或者执行）×××（写明当事人姓名、案由）一案过程中”修改为“我院（或者 ××× 人民法院）在审理（或者执行）案件过程中”。

参考样式 2：请示综合报告

×××高级人民法院
关于 ×××法律适用问题请示的综合报告

最高人民法院：

我院（或者 ××× 人民法院）在审理（或者执行）×××（写明当事人姓名、案由）一案过程中，对 ××× 法律适用问题存在重大争议。经我院审判委员会讨论，根据《最高人民法院关于法律适用问题请示答复的规定》第二条第一款第 × 项的规定，向你院提出请示。现将有关情况综合报告如下：

一、请示的法律适用问题及由来

……（此处主要写明需要请示的法律适用问题。必要时，可以围绕请示的法律适用问题写明相关事实）

二、合议庭、审判委员会对请示的法律适用问题的意见

……（此处详细写明合议庭、审判委员会对请示的法律适用问题的意见、依据以及理由；有不同意见的，一并写明）

三、类案检索情况

……（此处写明根据《最高人民法院关于统一法律适用加强类案检索的指导意见（试行）》进行类案检索的情况，重点是对最高人民法院发布的指导性案例、典型案例及裁判生效的案件的检索情况）

四、需要报告的其他情况

……（此处写明对法律适用可能产生影响的情况）

××××年××月××日

（院印）

联系人及联系方式：

【说明】（一）本样式供高级人民法院向最高人民法院提出请示用。技术类知识产权和垄断案件第一审人民法院向最高人民法院提出请示的，参照适用本样式。

（二）请示是针对类案所反映的问题的，将正文第一段中“我院（或者×××人民法院）在审理（或者执行）×××（写明当事人姓名、案由）一案过程中”修改为“我院（或者×××人民法院）在审理（或者执行）案件过程中”。

参考样式3：答复

最高人民法院
关于×××法律适用问题请示的答复

（××××）最高法法复××××号

×××高级人民法院：

你院×高法请〔年份〕××号《关于×××法律适用问题的请示》收悉。经研究，根据《最高人民法院关于法律适用问题请示答复的规定》第十二条第一项的规定，答复如下：

依照《×××》第×条（写明答复的依据）的规定，……（写明答复的具体内容）。

此复。

××××年××月××日

（院印）

【说明】本样式供最高人民法院对高级人民法院的请示作出答复用。最高人民法院对技术类知识产权和垄断案件第一审人民法院的请示作出答复的，参照适用本样式。

参考样式 4：不予受理通知书

最高人民法院
关于 ×××法律适用问题请示的不予受理通知书

（××××）最高法法复 ×××× 号

××× 高级人民法院：

你院 × 高法请〔年份〕×× 号《关于 ××× 法律适用问题的请示》收悉。经研究，因……（写明不予受理的理由），根据《最高人民法院关于法律适用问题请示答复的规定》第七条第一款第二项的规定，不予受理。

此复。

××××年××月××日

（院印）

【说明】本样式供最高人民法院对高级人民法院的请示不予受理用。最高人民法院对技术类知识产权和垄断案件第一审人民法院的请示不予受理的，参照适用本样式。

参考样式 5：不予答复通知书

最高人民法院
关于 ×××法律适用问题请示的不予答复通知书

（××××）最高法法复 ×××× 号

××× 高级人民法院：

你院 × 高法请〔年份〕×× 号《关于 ××× 法律适用问题的请示》收悉。经研究，因……（简要写明不予答复的理由。最高人民法院对相同或者类似法律适用问题作出过答复的，可以写明此前答复的内容，并附答复），根据《最高人民法院关于法律适用问题请示答复的规定》第十二条第二项（或者第三项）的规定，不予答复。

此复。

××××年××月××日

（院印）

【说明】本样式供最高人民法院对高级人民法院的请示不予答复用。最高人民法院对技术类知识产权和垄断案件第一审人民法院的请示不予答复的，参照适用本样式。

最高人民法院
关于贯彻执行修改后的《最高人民法院关于知识产权法庭若干问题的规定》的通知

法〔2023〕183号

各省、自治区、直辖市高级人民法院，新疆维吾尔自治区高级人民法院生产建设兵团分院，各知识产权法院、具有技术类知识产权和垄断案件管辖权的中级人民法院：

为贯彻执行好2023年10月16日最高人民法院审判委员会第1901次会议通过的《最高人民法院关于修改〈最高人民法院关于知识产权法庭若干问题的规定〉的决定》，现就有关事项通知如下。

一、修改后的《最高人民法院关于知识产权法庭若干问题的规定》第二条第一款第三项规定的“重大、复杂的实用新型专利、技术秘密、计算机软件权属、侵权民事和行政上诉案件”是指不服高级人民法院一审的有关案件裁判提起上诉的案件。

二、2023年11月1日以后作出裁判的、不属于修改后的《最高人民法院关于知识产权法庭若干问题的规定》第二条第一款规定类型的案件，以一审人民法院的上一级人民法院为上诉法院。一审人民法院应当在裁判文书尾部对此作出准确指引。

三、对于属于修改后的《最高人民法院关于知识产权法庭若干问题的规定》第二条第一款规定类型的案件，一审人民法院在2023年11月1日以后作出有关行为保全裁定的，应当在尾部写明“如不服本裁定，可以自收到裁定书之日起五日内向本院或者最高人民法院申请复议一次。复议期间不停止裁定的执行。”当事人通过原审法院向最高人民法院提出复议申请的，原审法院应当在五日内检齐有关案卷并移送至最高人民法院知识产权法庭。

四、各高级人民法院要认真做好有关实用新型专利、技术秘密、计算机软件权属、侵权民事和行政上诉案件以及涉及行政裁决等的外观设计专利行政上诉案件审理工作，为本院知识产权审判部门及时调配专业审判人才，同时加强对相关类型案件的对下审判业务指导监督，确保裁判标准统一，不断提升审判质效。

执行中遇到的问题，请及时报告最高人民法院。

特此通知。

2023年10月21日

最高人民法院
关于认真学习、贯彻《最高人民法院关于适用〈中华人民共和国民法典〉合同编通则若干问题的解释》的通知

法〔2023〕239号

各省、自治区、直辖市高级人民法院，解放军军事法院，新疆维吾尔自治区高级人民法院生产建设兵团分院：

《最高人民法院关于适用〈中华人民共和国民法典〉合同编通则若干问题的解释》（以下简称《解释》）已于2023年12月5日起实施。为在审判工作中正确适用《解释》，现就学习、贯彻《解释》有关问题通知如下。

一、充分认识《解释》出台的意义

民法典合同编的切实实施，对于在法治轨道上发展社会主义市场经济、巩固社会主义基本经济制度具有重大意义。《解释》以习近平新时代中国特色社会主义思想为指导，坚持人民至上、问题导向、系统思维、守正创新，根据民法典规定和司法实践经验，在广泛征求各方面意见的基础上，就长期困扰民商事审判的疑难问题作出了规定。《解释》的出台，对正确、切实实施民法典，统一裁判思路，规范法官自由裁量权，提高人民法院实质性化解纠纷的能力，抓实“公正与效率”工作主题，稳定社会对司法裁判的预期，引导当事人诉前自行协商化解纠纷，推进新时代能动司法，推动经济高质量发展，均具有重要作用。为使各级人民法院尽快准确理解掌握民法典合同编及《解释》的精神和内容，在案件审理中正确理解适用，各级人民法院要在妥善处理好工学关系的前提下，通过多种形式组织学习培训，做好宣传工作。

二、准确把握《解释》的时间效力

《解释》第69条第2款就民法典施行后的法律事实引起的民事案件是否适用《解释》作出了规定。对于民法典施行前的法律事实引起的民事案件，依据《最高人民法院关于适用〈中华人民共和国民法典〉时间效力的若干规定》的规定，如果民法典合同编通则的条文具有溯及既往的效力，则《解释》就该条的法律适用进行的规定也应具有溯及力。此外，如果审理的案件应适用原合同法的规定，而民法典对该规定并无实质性修改，则《解释》施行后，人民法院在审理一、二审案件时，可以在裁判文书“本院认为”部分，将《解释》对该规定的理解作为裁判说理的依据。

三、关于情势变更制度的适用

原《最高人民法院关于适用〈中华人民共和国合同法〉若干问题的解释（二）》（以下简称《合同法解释二》）第二十六条规定情势变更制度后，最高人民法院发布了《关于正确适

用〈中华人民共和国合同法〉若干问题的解释（二）服务党和国家的工作大局的通知》（法〔2009〕165 号），要求各级人民法院审慎适用情势变更制度，根据案件的特殊情况，确需在个案中适用的，应当由高级人民法院审核；必要时应报请最高人民法院审核。考虑到民法典第五百三十三条已就情势变更制度作了明确规定，《解释》施行后，上述审核制度不再施行。各级人民法院应正确理解民法典及《解释》关于情势变更制度的规定，妥善处理实现个案公平与维护合同稳定之间的关系。

2023 年 12 月 19 日

最高人民法院
关于改革完善人民法院公告发布管理工作的通知

法〔2023〕244 号

各省、自治区、直辖市高级人民法院，解放军军事法院，新疆维吾尔自治区高级人民法院生产建设兵团分院：

为规范人民法院公告发布管理工作，2020 年 9 月 15 日最高人民法院印发了《关于进一步规范人民法院公告发布管理工作的规定（试行）》（法〔2020〕242 号，以下简称 242 号文件）。从实际运行以来的情况看，法院公告发布的及时性、规范性有了很大程度的提高，但发布周期长、受众面较窄、规范性不够等问题依然存在，有时还比较突出，制约了审判执行工作的顺利进行，影响了当事人诉讼权利的正当行使。为深入贯彻习近平法治思想，认真践行以人民为中心的发展理念，做深做实为大局服务、为人民司法，积极回应人民群众对司法工作的新要求新期待，让人民法院改革成果真正惠及人民群众，努力让人民群众在每一个司法案件中感受到公平正义，最高人民法院决定对法院执行 242 号文件发布公告管理工作作出进一步完善规范。现将有关要求通知如下。

一、人民法院公告发布工作将全面实现网络化。自 2024 年 1 月 1 日起，除了应在报纸上刊登的法定类型法院公告外，人民法院报不再刊登法院公告，法院公告将全部刊登在中国法院网（子网站人民法院公告网）。中国法院网、人民法院报发布的公告也将同步推送到知名网络媒体平台，实现法院公告的即时转发、快速传播和便捷查阅。其他媒体发布法院公告也原则上通过网络发布。

二、法院公告要严格限定“在全国范围具有传播力、影响力的报纸、信息网络等媒体”上发布。242 号文件第五条规定，刊登公告的媒体原则上应是“在全国范围具有传播力、影响力的报纸、信息网络等媒体”。经研究，确定 18 家中央主要新闻单位（包括人民日报社、新华通讯社、中央广播电视总台、求是杂志社、解放军新闻传播中心、光明日报社、经济日报社、中国日报社、科技日报社、人民政协报社、中央纪委国家监委新闻传播中心、中国新闻社、学习时报社、工人日报社、中国青年报社、中国妇女报社、农民日报社、法治日报社）和3家中央政法新闻单位（人民法院新闻传媒总社、检察日报社、公安部新闻传媒中心）的主要报纸及其主要网络媒体平台为“在全国范围具有传播力、影响力的报纸、信息网络等媒体”，上述“18+3”家的主要报纸及其主要网络媒体平台为发布法院公告的媒体平台，人民法院不得在其他媒体平台发布法院公告。

三、各级人民法院办案系统对接人民法院新闻传媒总社公告管理系统。各级人民法院要主动将办案系统与人民法院新闻传媒总社的公告管理系统直接对接，实现法院公告数据的双向流动，让公告信息能够全面、准确、及时回传汇聚，保证办案人员在办案系统中直接顺畅办理、发布、查询和保存公告，积极发挥公告数据服务审判执行工作的作用。

四、要强化规范化考核管理。242号文件是规范法院公告发布管理工作的基础性规范，各级人民法院应当严格落实242号文件的规定，将公告发布工作纳入审判流程管理进行考核，加强日常巡视监督，确保242号文件要求落实落地。各级人民法院要对媒体发布公告是否规范进行审查，对于违反公告发布要求、经指出后拒不改正的媒体，不得再通过该媒体发布公告，以确保公告发布的规范、及时、权威。

五、其他要求。各高级人民法院要及时将本通知精神传达到辖区人民法院，同时要结合实际认真贯彻执行，注意总结经验，完善健全有关工作机制。在执行中有问题和建议，请及时报告最高人民法院。

2023年12月27日

最高人民法院
关于办理申请执行监督案件若干问题的意见

法发〔2023〕4号

为进一步完善申请执行监督案件办理程序，推动法律正确统一适用，根据《中华人民共和国民事诉讼法》的规定和《最高人民法院关于进一步完善执行权制约机制加强执行监督的意见》的要求，结合执行工作实际，制定本意见。

第一条 当事人、利害关系人对于人民法院依照民事诉讼法第二百三十二条规定作出的执行复议裁定不服，向上一级人民法院申请执行监督，人民法院应当立案，但法律、司法解释或者本意见另有规定的除外。

申请人依法应当提出执行异议而未提出，直接向异议法院的上一级人民法院申请执行监督的，人民法院应当告知其向异议法院提出执行异议或者申请执行监督；申请人依法应当申请复议而未申请，直接向复议法院的上一级人民法院申请执行监督的，人民法院应当告知其向复议法院申请复议或者申请执行监督。

人民法院在办理执行申诉信访过程中，发现信访诉求符合前两款规定情形的，按照前两款规定处理。

第二条 申请执行人认为人民法院应当采取执行措施而未采取，向执行法院请求采取执行措施的，人民法院应当及时审查处理，一般不立执行异议案件。

执行法院在法定期限内未执行，申请执行人依照民事诉讼法第二百三十三条规定请求上一级人民法院提级执行、责令下级人民法院限期执行或者指令其他人民法院执行的，应当立案办理。

第三条 当事人对执行裁定不服，向人民法院申请复议或者申请执行监督，有下列情形之一的，人民法院应当以适当的方式向其释明法律规定或者法定救济途径，一般不作为执行复议或者执行监督案件受理：

（一）依照民事诉讼法第二百三十四条规定，对案外人异议裁定不服，依照审判监督程序办理或者向人民法院提起诉讼的；

（二）依照《最高人民法院关于民事执行中变更、追加当事人若干问题的规定》第三十二条规定，对处理变更、追加当事人申请的裁定不服，可以向人民法院提起执行异议之诉的；

（三）依照民事诉讼法第二百四十四条规定，仲裁裁决被人民法院裁定不予执行，当事人可以重新申请仲裁或者向人民法院起诉的；

（四）依照《最高人民法院关于公证债权文书执行若干问题的规定》第二十条规定，公证债权文书被裁定不予执行或者部分不予执行，当事人可以向人民法院提起诉讼的；

（五）法律或者司法解释规定不通过执行复议程序进行救济的其他情形。

第四条 申请人向人民法院申请执行监督，有下列情形之一的，不予受理：

（一）针对人民法院就复议裁定作出的执行监督裁定提出执行监督申请的；

（二）在人民检察院对申请人的申请作出不予提出检察建议后又提出执行监督申请的。

前款第一项规定情形，人民法院应当告知当事人可以向人民检察院申请检察建议，但因人民检察院提出检察建议而作出执行监督裁定的除外。

第五条 申请人对执行复议裁定不服向人民法院申请执行监督的，参照民事诉讼法第二百一十二条规定，应当在执行复议裁定发生法律效力后六个月内提出。

申请人因超过提出执行异议期限或者申请复议期限向人民法院申请执行监督的，应当在提出异议期限或者申请复议期限届满之日起六个月内提出。

申请人超过上述期限向人民法院申请执行监督的，人民法院不予受理；已经受理的，裁定终结审查。

第六条 申请人对高级人民法院作出的执行复议裁定不服的，应当向原审高级人民法院申请执行监督；申请人向最高人民法院申请执行监督，符合下列情形之一的，最高人民法院应当受理：

（一）申请人对执行复议裁定认定的基本事实和审查程序无异议，但认为适用法律有错误的；

（二）执行复议裁定经高级人民法院审判委员会讨论决定的。

第七条 向最高人民法院申请执行监督的，执行监督申请书除依法必须载明的事项外，还应当声明对原裁定认定的基本事实、适用的审查程序没有异议，同时载明案件所涉法律适用问题的争议焦点、论证裁定适用法律存在错误的理由和依据。

申请人提交的执行监督申请书不符合前款规定要求的，最高人民法院应当给予指导和释明，一次性全面告知其在十日内予以补正；申请人无正当理由逾期未予补正的，按撤回监督申请处理。

第八条 高级人民法院作出的执行复议裁定适用法律确有错误，且符合下列情形之一的，最高人民法院可以立执行监督案件：

（一）具有普遍法律适用指导意义的；

（二）最高人民法院或者不同高级人民法院之间近三年裁判生效的同类案件存在重大法律适用分歧，截至案件审查时仍未解决的；

（三）最高人民法院认为应当立执行监督案件的其他情形。

最高人民法院对地方各级人民法院、专门人民法院已经发生法律效力的执行裁定，发现确有错误，且符合前款所列情形之一的，可以立案监督。

第九条 向最高人民法院申请的执行监督案件符合下列情形之一的，最高人民法院可以决定由原审高级人民法院审查：

（一）案件可能存在基本事实不清、审查程序违法、遗漏异议请求情形的；

（二）原执行复议裁定适用法律可能存在错误，但不具有普遍法律适用指导意义的。

第十条 高级人民法院经审查，认为原裁定适用法律确有错误，且符合本意见第八条第一项、第二项规定情形之一，需要由最高人民法院审查的，经该院审判委员会讨论决定后，可以报请最高人民法院审查。

最高人民法院收到高级人民法院根据前款规定提出的报请后，认为有必要由本院审查的，应当立案审查；认为没有必要的，不予立案，并决定交高级人民法院立案审查。

第十一条 最高人民法院应当自收到执行监督申请书之日起三十日内，决定由本院或者作出执行复议裁定的高级人民法院立案审查。

最高人民法院决定由原审高级人民法院审查的，应当在作出决定之日起十日内将执行监督申请书和相关材料交原审高级人民法院立案审查，并及时通知申请人。

第十二条 除《最高人民法院关于执行案件立案、结案若干问题的意见》第二十六条规定的结案方式外，执行监督案件还可采用以下方式结案：

（一）撤销执行异议裁定和执行复议裁定，发回异议法院重新审查；或者撤销执行复议裁定，发回复议法院重新审查；

（二）按撤回执行监督申请处理；

（三）终结审查。

第十三条 人民法院审查执行监督案件，一般应当作出执行裁定，但不支持申诉请求的，可以根据案件具体情况作出驳回通知书。

第十四条 本意见自2023年2月1日起施行。本意见施行以后，最高人民法院之前有关意见的规定与本意见不一致的，按照本意见执行。

最高人民法院于本意见施行之前受理的申请执行监督案件，施行当日尚未审查完毕的，应当继续审查处理。

2023年1月19日

最高人民法院
关于完整准确全面贯彻新发展理念为积极稳妥推进碳达峰碳中和提供司法服务的意见

法发〔2023〕5号

实现碳达峰碳中和，是以习近平同志为核心的党中央统筹国内国际两个大局作出的重大战略决策，是立足新发展阶段、贯彻新发展理念、构建新发展格局、推动高质量发展的内在要求。为深入学习贯彻习近平生态文明思想和习近平法治思想，贯彻落实党的二十大精神，完整准确全面贯彻新发展理念，推动绿色发展，促进人与自然和谐共生，进一步发挥人民法院审判职能作用，为积极稳妥推进碳达峰碳中和提供司法服务，提出如下意见。

一、指导思想和总体要求

1.坚持以习近平生态文明思想和习近平法治思想为指导。坚持以人民为中心，服务国家发展大局，推进美丽中国建设。坚持绿水青山就是金山银山，生态优先、节约集约、绿色低碳发展。坚持系统保护，推进山水林田湖草沙一体化保护和系统治理，为实现碳达峰碳中和各项决策部署落地见效提供司法服务，推动实现人与自然和谐共生的中国式现代化。

2.完整准确全面贯彻新发展理念。积极稳妥推进碳达峰碳中和，统筹产业结构调整、减污降碳、生态保护、应对气候变化。依法助力协调和平衡发展和减排、整体和局部、短期和中长期、政府和市场的关系。以促进能源绿色低碳发展为关键，推动形成节约资源和保护环境的产业结构、生产方式、生活方式、空间格局，走符合中国国情和实际的司法服务道路。

3.贯彻最严格制度最严密法治。准确把握刑事、民事、行政法律涉及生态环境保护的立法精神，让制度成为刚性约束和不可触碰的高压线。正确适用民法典绿色原则和绿色条款，强化以环境保护法为基础，以生态保护、污染防治、资源利用以及能源开发等法律为主干，以行政法规规章为补充的碳达峰碳中和法律制度供给和执行，加快形成系统完备的裁判规则体系，确保法律适用统一。

4. 统筹国内法治与涉外法治。落实《世界环境司法大会昆明宣言》，秉持公平、共同但有区别的责任及各自能力原则，依法审理节能减排、低碳技术、碳交易、绿色金融等相关案件，促进气候变化减缓和适应。秉持人类命运共同体理念，坚定维护经济全球化和可持续发展，持续深化环境司法领域国际合作交流，积极参与应对气候变化全球治理。

二、服务经济社会发展全面绿色转型

5. 依法审理新业态新模式生产服务消费纠纷案件。把握好能源和生态环境市场被纳入全国统一要素和资源市场体系的重要契机，加大新类型生态资源权益司法保护力度，推进数字化赋能绿色低碳发展，强化对新类型环境权益交易模式、资源要素市场创新的规则指引，降低绿色项目开发和交易成本，形成节约集约、循环高效、普惠共享的生产服务新格局。妥善审理涉标的物包装方式争议的消费纠纷案件，对包装方式是否符合通用方式，是否足以保护标的物并且有利于碳减排、保护生态环境等因素作出合理判断，积极倡导电子商务平台绿色消费和可持续经营发展。

6. 依法审理温室气体排放侵权纠纷案件。审理温室气体排放生态环境侵权纠纷案件，依法认定企业排放行为与损害后果之间因果关系是否成立，明确侵权人承担停止侵害、排除妨碍、消除危险、生态环境修复、赔偿损失等民事责任。侵权人自愿购买核证自愿减排量并在碳排放权交易市场核销或购买其他碳汇产品折抵赔偿碳汇损失、生态环境受到损害至修复完成期间服务功能丧失导致损失的，坚持生态修复优先，处理好固碳和增汇的关系。

7. 依法审理大气污染防治案件。依法监督、支持行政机关依照法定权限和程序，对无证排放、通过逃避监管方式排放、超标排放大气污染物，机动车、非道路移动机械生产企业对发动机、污染控制装置弄虚作假，以及违法焚烧废弃物等行为进行行政处罚，对造成污染的排放设施设备实施查封、扣押等行政强制措施。推动行政机关充分利用生态环境制度体系促进低碳发展，采取多污染物与温室气体协同控制措施，全面提升减污降碳综合效能。对违法使用受控消耗臭氧层物质，走私木炭、硅砂等构成犯罪的，依法追究刑事责任。

8. 依法审理适应气候变化行政补偿案件。加大司法对行政机关采取措施积极适应气候变化的支持力度，推动行政争议实质性化解。审理企业退出重点生态功能区、生态环境敏感区和脆弱区、自然保护地等行政补偿纠纷案件，企业主张因行政机关变更或撤销行政许可而遭受实际损失的，依法对行政行为进行合法性审查，保障企业有序退出。审理收回国有土地使用权、规划变更、移民安置等行政补偿纠纷案件，依法保障行政相对人的合法权益，推动完善陆地生态系统保护和海洋生态系统保护，促进资源开发利用与生态环境保护相协调。

9. 依法审理企业环境信息披露纠纷案件。引导企业主动适应绿色低碳发展要求，强化环境责任意识，依法及时、真实、准确、完整披露环境信息。投资者以上市公司和发债企业等未按照企业环境信息披露管理要求，公布企业碳排放量、排放设施等碳排放信息，年度融资形式、金额、投向等信息，以及融资所投项目的应对气候变化、生态环境保护等相关信息，致其遭受损失为由提起侵权损害赔偿诉讼、符合法律规定情形的，依法确定上市公司和发债企业等承担相应侵权责任，确保资金投向气候友好型绿色低碳项目，切实保护投资者合法权益，维护公平、公正的气候投融资市场秩序。

三、保障产业结构深度调整

10. 依法审理产能置换纠纷案件。审理钢铁、水泥等产能置换纠纷案件，依法确认合同效力，结合产业政策，能源消耗、碳排放强度和总量控制要求，认定合同履行和违约责任，推动产能指标从高耗能、高碳排放企业向低耗能、低碳排放企业转移。审理债务人在建项目被纳入国家相关领域产业规划或产能置换范围的破产重整、破产和解或者破产清算等纠纷案件，积极引导债务人与债权人协商，协调解决企业兼并问题，完善市场主体救治和退出机制，推动实现产业结构调整目标。

11. 依法审理高耗能、高碳排放企业生态环境侵权纠纷案件。侵权人提出延长生态环境修复赔偿金交纳期限、分批赔偿申请，同时提供有效担保的，依法予以准许，引导企业有序开展节能降碳技术改造。侵权人按照生效裁判要求，在合理期限内履行生态环境修复义务，申请支付清洁生产改造费用折抵生态环境受到损害至修复完成期间服务功能丧失导致损失的，依法予以准许，加强绿色低碳技改抵扣赔偿损失方式的推广适用。

12. 依法审理绿色金融纠纷案件。审理清洁能源、节能环保、绿色交通、绿色建筑和碳减排技术等领域具有发展前景，但经营、资金周转暂遇困难的企业所涉金融借款合同纠纷案件，要充分考虑中国人民银行发布的碳减排支持工具、绿色专项再贷款、碳减排项目质押贷款等政策性开发性金融工具，促进金融机构为企业绿色低碳转型提供长期稳定融资支持，降低融资成本。审理绿色股权投资、绿色保险、绿色股票指数、绿色基金等纠纷案件，投资者以相关责任主体违反绿色金融管理规定或擅自改变资金绿色用途、致其遭受损失为由主张损害赔偿责任的，依法予以支持，有效保护投资者合法权益，鼓励更多资本和机构参与气候投融资。

四、助推构建清洁低碳安全高效能源体系

13. 依法审理煤炭资源利用和电源结构调整纠纷案件。审理涉煤炭资源整合案件，被兼并中小煤矿主张兼并煤炭企业与其新设目标公司共同承担矿业权转让债务清偿责任等的，要结合煤炭资源整合政策，合同签订主体、具体内容以及履行情况，依法保护中小煤矿合法权益，推动高碳排放企业低碳公正转型。审理煤炭中长期合同纠纷案件，坚守契约精神，依法推动完善煤炭生产企业与发电供热企业长协机制，并严格落实。审理电源结构调整纠纷案件，要促进有计划分步骤实施碳达峰行动，依法服务国家能源结构清洁高效转型，维护企业和员工的合法权益，防范社会风险。

14. 依法审理油气资源开发纠纷案件。审理油气资源矿业权转让合同纠纷案件，依法确认合同中履行报批义务等条款的效力。负有报批义务的一方当事人未按照合同约定或者法律、行

政法规规定办理申请批准等手续，合同相对方请求其履行报批义务的，依法予以支持，推动油气企业尽快释放产能。预约合同生效后，一方当事人不履行预约合同约定的订立委托、合作勘探开发油气资源本约合同义务，对方请求其承担违约损害赔偿责任的，依法予以支持。依法惩处涉能源资源非法采矿、破坏性采矿等犯罪行为，保障国家能源供应安全。

15. 依法审理可再生能源发展纠纷案件。审理清洁能源建设项目环境影响评价案件，要按照能源项目建设用地分类指导政策和国土空间规划要求，依法妥善处理好沙漠、戈壁、荒漠生态环境保护和大型风电、光伏发电基地等建设用地需求之间的关系，助力形成清洁低碳安全高效能源供应体系。依法推动行政机关主动公开涉及公众生态环境利益调整、需要公众广泛知晓或者公众参与决策的重大建设项目批准和实施情况、环境保护监督检查情况等政府信息。依法引导和推动电力企业重视促进碳减排和保护生态环境的社会责任，加大设备资金投入，提升电力系统对可再生能源电力的消纳能力。审理电网企业涉可再生能源发电并网、运行服务和涉分布式光伏发电并网运行纠纷案件，依法推动能源高效、清洁利用。

16. 依法审理合同能源管理节能服务合同纠纷案件。节能服务企业与用能单位以合同形式约定节能项目的节能目标，节能服务企业向用能单位提供节能服务，用能单位以节能效益支付节能服务企业投入及其合理利润，用能单位未依约支付节能效益分享款的，依法认定构成违约。节能服务企业作为出质人，以节能服务项目收益权作为质押财产出质并在法定登记机构办理登记，质权人主张就质押节能服务项目收益优先受偿的，依法予以支持。

五、推进完善碳市场交易机制

17. 依法审理碳排放配额、核证自愿减排量交易纠纷案件。重点排放单位、其他符合国家有关交易规则规定的机构或个人等碳排放权交易主体主张通过协议转让、单向竞价等方式订立的交易合同有效的，依法予以支持。审理碳排放配额、核证自愿减排量交易合同案件，依照法律法规，参照行政规章，结合碳市场业务规则、交易合同约定，全面、客观审核碳排放权注册登记系统、碳排放权交易系统以及核证自愿减排注册登记系统、核证自愿减排交易系统记载的分配、持有、交易、变更、注销等信息、数据，依法确定碳交易产品的归属。交易主体主张碳排放权、核证自愿减排注册登记机构、交易机构承担相关民事责任的，应当依照法律法规，参照行政规章关于注册登记机构与交易机构之间的职能划分和风险防范制度、结算风险准备金制度等规定，结合碳市场业务规则、交易合同约定等，依法予以认定，保障碳市场健康有序发展。

18. 依法审理碳排放配额、核证自愿减排量担保纠纷案件。担保合同当事人或者利害关系人以碳排放配额、核证自愿减排量不是可以设立担保的财产为由，主张担保合同无效的，从严认定合同无效情形，依法最大限度维护合同效力。当事人在碳排放权或者核证自愿减排注册登记系统等办理质押登记，债务人不履行到期债务或者发生当事人约定实现质权的情形，质权人主张就登记账户内的碳排放配额或者核证自愿减排量优先受偿的，依法予以支持，助力碳交易产品发挥融资功能，稳定市场预期。

19. 依法审理碳排放配额清缴行政处罚案件。温室气体重点排放单位实际排放量超过所持有的上一年度碳排放配额，未按时履行足额清缴义务，行政机关责令限期改正，重点排放单位逾期未改正、未补缴碳排放配额或未提交核证自愿减排量抵销，行政机关依法作出等量核减重点排放单位下一年度碳排放配额、罚款等行政处罚决定的，依法支持行政机关履行温室气体减排行政监管职责。

20. 依法办理涉碳排放配额、核证自愿减排量金钱债权执行案件。对被执行人的存款、现金、有价证券、机动车等可以执行的动产和其他方便执行的财产执行完毕后，债务仍未能得到清偿的，可依法查封、扣押、冻结被执行人的碳排放配额、核证自愿减排量。查封、扣押、冻结的财产不得超出被执行人应当履行义务部分的范围。应当向碳排放权、核证自愿减排注册登记机构、交易机构送达执行裁定书和协助执行通知书。

21. 依法审理涉温室气体排放报告纠纷案件。温室气体重点排放单位因拒绝履行温室气体排放报告义务，或者虚构、捏造、瞒报、漏报温室气体排放数据的，支持行政机关依法作出行政处罚决定。技术服务机构与温室气体重点排放单位恶意串通，虚构、捏造、瞒报、漏报温室气体排放数据，对他人造成损害，受害人主张侵权损害赔偿的，依法予以支持；构成犯罪的，依法追究刑事责任。

六、持续深化环境司法改革创新

22. 建立完善涉碳案件审判机制。构建有利于积极稳妥推进碳达峰碳中和的案件归口审理制度。完善由环境资源审判机构牵头，与立案、刑事、民事、行政、执行等相关部门分工配合的审判协调机制。对新类型、具有普遍法律适用指导意义、存在重大法律适用分歧的案件提级管辖。统筹有序推进碳达峰碳中和与应对气候变化，确保法律适用统一。

23. 着力提升专业化审判能力。加强对民法典绿色原则，新类型生态资源权益保护、担保融资等重大、前沿性基础理论研究，准确把握产业结构调整、能源体系建设、减污降碳协同、应对气候变化等相关纠纷案件特点和审理思路。加快具有跨部门法学理论，能够综合运用财政、金融和环境工程等基础知识，具有全球视野，通晓国际规则的碳达峰碳中和复合型审判人才储备。探索建立与域外涉碳案例交换分享机制、法律适用交流机制，加快涉碳案件审判经验积累。

24. 推动开展绿色低碳社会行动示范。加强与行政主管部门沟通协作。依法支持仲裁机构发挥更大作用，实现调解、仲裁和诉讼有机衔接。深度应用司法大数据技术，探索建立与全国碳排放权注册登记系统、交易系统，国家温室气体自愿减排注册登记系统、交易系统之间安全、高效的信息共享。持续开展世界地球日、世界环境日、全国节能宣传周、全国低碳日等主题宣传活动，提升公众对自身节能降碳行为的感知，鼓励企业、机构、个人建立碳账户、优先使用碳普惠减排量进行碳中和，加快形成全民参与的良好格局，共建天更蓝、山更绿、水更清的美好家园。

2023 年 2 月 16 日

最高人民法院　全国妇联
印发《关于开展家庭教育指导工作的意见》的通知

法发〔2023〕7号

各省、自治区、直辖市高级人民法院、妇联，解放军军事法院，新疆维吾尔自治区高级人民法院生产建设兵团分院，新疆生产建设兵团妇联：

为促进未成年人的父母或者其他监护人依法履行家庭教育职责，维护未成年人合法权益，预防未成年人违法犯罪，保障未成年人健康成长，根据《中华人民共和国未成年人保护法》《中华人民共和国预防未成年人犯罪法》《中华人民共和国家庭教育促进法》等法律规定，结合司法实践，最高人民法院、全国妇联联合制定了《关于开展家庭教育指导工作的意见》。现予以印发，请结合实际认真贯彻执行。在执行中遇到的问题，请及时分别报告最高人民法院、全国妇联。

2023年5月29日

最高人民法院　全国妇联
关于开展家庭教育指导工作的意见

为促进未成年人的父母或者其他监护人依法履行家庭教育职责，维护未成年人合法权益，预防未成年人违法犯罪，保障未成年人健康成长，根据《中华人民共和国未成年人保护法》《中华人民共和国预防未成年人犯罪法》《中华人民共和国家庭教育促进法》等法律规定，结合工作实际，制定本意见。

一、总体要求

1. 人民法院开展家庭教育指导工作，应当坚持以下原则：

（1）最有利于未成年人。尊重未成年人人格尊严，适应未成年人身心发展规律，给予未成年人特殊、优先保护，以保护未成年人健康成长为根本目标；

（2）坚持立德树人。指导未成年人的父母或者其他监护人依法履行家庭教育主体责任，传播正确家庭教育理念，培育和践行社会主义核心价值观，促进未成年人全面发展、健康成长；

（3）支持为主、干预为辅。尊重未成年人的父母或者其他监护人的人格尊严，注重引导、帮助，耐心细致、循循善诱开展工作，促进家庭和谐、避免激化矛盾；

（4）双向指导、教帮结合。既注重对未成年人的父母或者其他监护人的教育指导，也注重对未成年人的教育引导，根据情况和需要，帮助解决未成年人家庭的实际困难；

（5）专业指导、注重实效。结合具体案件情况，有针对性地确定家庭教育指导方案，及时评估教育指导效果，并视情调整教育指导方式和内容，确保取得良好效果。

2. 人民法院在法定职责范围内参与、配合、支持家庭教育指导服务体系建设。在办理涉未成年人刑事、民事、行政、执行等各类案件过程中，根据情况和需要，依法开展家庭教育指导工作。

妇联协调社会资源，通过家庭教育指导机构、社区家长学校、文明家庭建设等多种渠道，宣传普及家庭教育知识，组织开展家庭教育实践活动，推进覆盖城乡的家庭教育指导服务体系建设。

各级人民法院、妇联应当加强协作配合，建立联动机制，共同做好家庭教育指导工作。

二、指导情形

3. 人民法院在审理离婚案件过程中，对有未成年子女的夫妻双方，应当提供家庭教育指导。

对于抚养、收养、监护权、探望权纠纷等案件，以及涉留守未成年人、困境未成年人等特殊群体的案件，人民法院可以就监护和家庭教育情况主动开展调查、评估，必要时，依法提供家庭教育指导。

4. 人民法院在办理案件过程中，发现存在下列情形的，根据情况对未成年人的父母或者其他监护人予以训诫，并可以要求其接受家庭教育指导：

（1）未成年人的父母或者其他监护人违反《中华人民共和国未成年人保护法》第十六条及《中华人民共和国家庭教育促进法》第二十一条等规定，不依法履行监护职责的；

（2）未成年人的父母或者其他监护人违反《中华人民共和国未成年人保护法》第十七条、第二十四条及《中华人民共和国家庭教育促进法》第二十条、第二十三条的规定，侵犯未成年人合法权益的；

（3）未成年人存在严重不良行为或者实施犯罪行为的；

（4）未成年人的父母或者其他监护人不依法履行监护职责或者侵犯未成年人合法权益的其他情形。

符合前款第二、第三、第四项情形，未成年人的父母或者其他监护人拒不接受家庭教育指导，或者接受家庭教育指导后仍不依法履行监护职责的，人民法院可以以决定书的形式制发家庭教育指导令，依法责令其接受家庭教育指导。

5. 在办理涉及未成年人的案件时，未成年人的父母或者其他监护人主动请求对自己进行家庭教育指导的，人民法院应当提供。

6. 居民委员会、村民委员会、中小学校、幼儿园等开展家庭教育指导服务活动过程中，申请人民法院协助开展法治宣传教育的，人民法院应当支持。

三、指导要求

7. 人民法院应当根据《中华人民共和国家庭教育促进法》第十六条、第十七条的规定，结合案件具体情况，有针对性地确定家庭教育的内容，指导未成年人的父母或者其他监护人合理运用家庭教育方式方法。

8. 人民法院在开展家庭教育指导过程中，应当结合案件具体情况，对未成年人的父母或者其他监护人开展监护职责教育：

（1）教育未成年人的父母或者其他监护人依法履行监护责任，加强亲子陪伴，不得实施遗弃、虐待、伤害、歧视等侵害未成年人的行为；

（2）委托他人代为照护未成年人的，应当与被委托人、未成年人以及未成年人所在的学校、婴幼儿照顾服务机构保持联系，定期了解未成年人学习、生活情况和心理状况，履行好家庭教育责任；

（3）未成年人的父母分居或者离异的，明确告知其在诉讼期间、分居期间或者离婚后，应当相互配合共同履行家庭教育责任，任何一方不得拒绝或者怠于履行家庭教育责任，不得以抢夺、藏匿未成年子女等方式争夺抚养权或者阻碍另一方行使监护权、探望权。

9. 人民法院在开展家庭教育指导过程中，应当结合案件具体情况，对未成年人及其父母或者其他监护人开展法治教育：

（1）教育未成年人的父母或者其他监护人树立法治意识，增强法治观念；

（2）保障适龄未成年人依法接受并完成义务教育；

（3）教育未成年人遵纪守法，增强自我保护的意识和能力；

（4）发现未成年人存在不良行为、严重不良行为或者实施犯罪行为的，责令其父母或者其他监护人履行职责、加强管教，同时注重亲情感化，并教育未成年人认识错误，积极改过自新。

10. 人民法院决定委托专业机构开展家庭教育指导的，也应当依照前两条规定，自行做好监护职责教育和法治教育工作。

四、指导方式

11. 人民法院可以在诉前调解、案件审理、判后回访等各个环节，通过法庭教育、释法说理、现场辅导、网络辅导、心理干预、制发家庭教育责任告知书等多种形式开展家庭教育指导。

根据情况和需要，人民法院可以自行开展家庭教育指导，也可以委托专业机构、专业人员开展家庭教育指导，或者与专业机构、专业人员联合开展家庭教育指导。

委托专业机构、专业人员开展家庭教育指导的，人民法院应当跟踪评估家庭教育指导效果。

12. 对于需要开展专业化、个性化家庭教育指导的，人民法院可以根据未成年人的监护状况和实际需求，书面通知妇联开展或者协助开展家庭教育指导工作。

妇联应当加强与人民法院配合，协调发挥家庭教育指导机构、家长学校、妇女儿童活动中心、妇女儿童之家等阵地作用，支持、配合人民法院做好家庭教育指导工作。

13. 责令未成年人的父母或者其他监护人接受家庭教育指导的，家庭教育指导令应当载明责令理由和接受家庭教育指导的时间、场所和频次。

开展家庭教育指导的频次，应当与未成年人的父母或者其他监护人不正确履行家庭教育责任以及未成年人不良行为或者犯罪行为的程度相适应。

14. 人民法院向未成年人的父母或者其他监护人送达家庭教育指导令时，应当耐心、细致地做好法律释明工作，告知家庭教育指导对保护未成年人健康成长的重要意义，督促其自觉接受、主动配合家庭教育指导。

15. 未成年人的父母或者其他监护人对家庭教育指导令不服的，可以自收到决定书之日起五日内向作出决定书的人民法院申请复议一次。复议期间，不停止家庭教育指导令的执行。

16. 人民法院、妇联开展家庭教育指导工作，应当依法保护未成年人及其父母或者其他监护人的隐私和个人信息。通过购买社会服务形式开展家庭教育指导的，应当要求相关机构组织及工作人员签订保密承诺书。

人民法院制发的家庭教育指导令，不在互联网公布。

17. 未成年人遭受性侵害、虐待、拐卖、暴力伤害的，人民法院、妇联在开展家庭教育指导过程中应当与有关部门、人民团体、社会组织互相配合，视情采取心理干预、法律援助、司法救助、社会救助、转学安置等保护措施。

对于未成年人存在严重不良行为或者实施犯罪行为的，在开展家庭教育指导过程中，应当对未成年人进行跟踪帮教。

五、保障措施

18. 鼓励各地人民法院、妇联结合本地实际，单独或会同有关部门建立家庭教育指导工作站，设置专门场所，配备专门人员，开展家庭教育指导工作。

鼓励各地人民法院、妇联探索组建专业化家庭教育指导队伍，加强业务指导及专业培训，聘请熟悉家庭教育规律、热爱未成年人保护事业和善于做思想教育工作的人员参与家庭教育指导。

19. 人民法院在办理涉未成年人案件过程中，发现有关单位未尽到未成年人教育、管理、救助、看护等保护职责的，应当及时向有关单位发出司法建议。

20. 人民法院应当结合涉未成年人案件的特点和规律，有针对性地开展家庭教育宣传和法治宣传教育。

全国家庭教育宣传周期间，各地人民法院应当结合本地实际，组织开展家庭教育宣传和法治宣传教育活动。

21. 人民法院、妇联应当与有关部门、人民团体、社会组织加强协作配合，推动建立家庭教育指导工作联动机制，及时研究解决家庭教育指导领域困难问题，不断提升家庭教育指导工作实效。

22. 开展家庭教育指导的工作情况，纳入人民法院绩效考核范围。

23. 人民法院开展家庭教育指导工作，不收取任何费用，所需费用纳入本单位年度经费预算。

六、附则

24. 本意见自2023年6月1日起施行。

附件：XXXX人民法院决定书（家庭教育指导令）

附件

××××人民法院决定书
（家庭教育指导令）

（办理案件的案号）

……（接受责令人员信息）。

……（接受责令人员信息）。

本院在审理……（写明当事人及案由）一案中，发现×××作为未成年子女的监护人，未能依法正确履行家庭教育责任。

依照《中华人民共和国家庭教育促进法》第四十九条，决定如下：

责令×××于××年×月×日×时到×××接受家庭教育指导（责令多次接受家庭教育指导、接受网络指导等的，可对表述作出调整）。

如不服本决定，可以在收到决定书之日起五日内向本院申请复议一次，复议期间，不停止家庭教育指导令的执行。

××年××月××日

（院印）

最高人民法院
关于贯彻实施《中华人民共和国黄河保护法》的意见

法发〔2023〕8号

为深入贯彻习近平新时代中国特色社会主义思想，深学笃行习近平法治思想和习近平生态文明思想，全面落实党的二十大精神，准确实施《中华人民共和国黄河保护法》，充分发挥人民法院审判职能作用，以高质量司法服务黄河流域生态保护和高质量发展，结合人民法院工作实际，制定如下实施意见。

一、切实提高政治站位，不断增强司法服务黄河流域生态保护和高质量发展的责任感使命感

1. 贯彻实施黄河保护法是落实习近平总书记重要指示批示精神和党中央决策部署的重要举措。黄河流域生态保护和高质量发展是习近平总书记亲自谋划、亲自部署、亲自推动的重大国家战略。黄河保护法的出台，为人民法院在法治轨道上扎实服务推进黄河流域生态保护和高质量发展提供了制度支撑。各级人民法院要进一步提高政治站位，把贯彻实施黄河保护法作为落实“两个维护”的具体行动，贯穿到黄河流域司法保护工作的全过程各方面，为实现人与自然和谐共生、中华民族永续发展提供坚实司法保障。

2. 贯彻实施黄河保护法是回应人民群众对黄河长久安澜美好向往的重要实践。黄河保护法坚持以人民为中心，始终为人民谋福祉，积极回应人民群众对黄河优美生态环境和高质量发展的新追求新期盼。各级人民法院要始终牢记初心使命，充分认识生态环境保护是重要的民生问题，立足审判职能，依法公正高效审理各类环境资源案件，着力解决好人民群众急难愁盼问题，服务好黄河流域生态保护和高质量发展，守护好黄河流域的青山碧水蓝天净土，努力让黄河成为造福人民的幸福河。

3. 贯彻实施黄河保护法是推进黄河流域生态保护和高质量发展的重要保障。黄河保护法坚持问题导向，旨在系统治理黄河流域生态环境突出问题。各级人民法院要落实最严格制度最严密法治，全面学习领会黄河保护法立法精神，准确把握立法特殊性和侧重点，结合山水相济大保护的流域司法特色，持续加强黄河流域生态保护与修复，推进水资源节约集约利用，保障水沙调控与防洪安全，深入打好污染防治攻坚战，服务绿色高质量发展，保护传承弘扬黄河文化，真正把黄河保护法的立法目的、基本原则和各项制度落到实处。

二、准确把握立法原则，紧紧围绕推动黄河流域生态保护和高质量发展持续用力

4. 坚持生态优先、绿色发展。牢固树立和践行绿水青山就是金山银山的理念，正确处理保护和发展、发展和安全、全局和局部、当前和长远等重大关系问题，找准统筹生态环境司法保护、经济社会发展和民生保障的平衡点。准确把握重在保护、要在治理的战略要求，助推环境问题整治，促进生态保护修复，服务绿色低碳发展，协同推进黄河流域生态环境高水平保护和经济社会高质量发展。

5. 坚持量水而行、节水为重。根据以水定城、以水定地、以水定人、以水定产的治水思路，全面落实水资源刚性约束制度，依法保障城乡居民生活用水、基本生态用水、生产用水，服务构建与水资源承载能力相适应的现代产业体系。聚焦保水、固土、治沙、防洪等黄河流域审判工作重点，促进水资源合理分配，提高水资源利用效率，抑制不合理用水需求，加强违规取用水规制，推动用水方式由粗放向节约集约转变。

6. 坚持因地制宜、分类施策。对标《黄河流域生态保护和高质量发展规划纲要》要求，瞄准各地在黄河流域生态保护和高质量发展战略布局中的不同定位，结合区域特点和地方实际，找准人民法院环境资源审判工作的结合点着力点。充分考虑黄河上下游、干支流、左右岸差异，加强生态环境分区管控，抓好江河源头和饮用水水源地、重要湖泊水库、河道堤坝岸线的保护治理，坚守生态保护红线、环境质量底线、资源利用上线。

7. 坚持统筹谋划、协同推进。深化对流域司法保护的规律性认识，坚持山水林田湖草沙一体化保护和系统治理，从生态系统的完整性、地理单元的连续性和经济社会发展的可持续性角度出发，强化黄河流域系统治理、整体治理、协同治理。全领域全过程贯彻生态环境保护理念，统筹适用刑事、民事、行政法律责任，打造畅通高效的内外协调联动机制，健全完善源头严防、过程严管、损害严惩和充分修复的现代环境司法保障体系。

三、充分发挥审判职能，着力提高贯彻实施黄河保护法各项工作的针对性靶向性实效性

8. 丰富修复举措，持续加强生态保护与修复。加大对黄河源头和水源涵养区、重要生态功能区、生态敏感脆弱区的司法保护力度，依法惩治非法采矿、采砂、渔猎、养殖、采伐、开垦、建设等违法犯罪活动，加强外来入侵物种治理。着力提升流域生态系统质量和稳定性，系统保护修复雪山冰川、高原冻土、高寒草甸、草原、湿地、森林、荒漠、泉域及其他流域特有生态环境要素，助力国家公园等自然保护地体系建设。探索创新预防性、惩罚性、恢复性司法措施，科学合理运用补植复绿、增殖放流、劳务代偿、技改抵扣、碳汇认购等多元化生态修复方式，健全完善生态环境修复资金管理使用及修复效果评估机制，努力实现“预防—保护—惩罚—修复”的完整闭环。

9. 促进绿色用水，推动水资源节约集约利用。依法审理取水许可、权属确认等行政争议案件和水资源使用权民事纠纷案件，推动高耗水项目技术改造或有序退出，规范用水权交易市场，促进水资源配置优化。配合行政执法机关整治挖湖造景、地下水超采、盲目上马“公园热”等不合理用水行为，确保流域用水安全。妥善审理涉节水产业、节水技术、节水设施案件，鼓励能源、化工、建材等高耗水产业节水增效，支持城乡老旧供水设施和管网改造，服务推进节水型社会建设。

10. 注重综合防治，保障水沙调控与防洪安全。依法惩治违法利用占用河道、湖泊水域岸线、水库库区的行为，保障黄河行洪安全，促进黄河流域各类生产建设活动规范有序。依法审理涉水沙调控和防洪防凌调度、水功能区管理、山洪泥石流灾害防治案件，服务重点区域水土流失治理，筑牢黄河流域生态屏障。妥善审理黄河滩区居民迁建、退耕还湿、违章建筑拆除、小水电整改退出相关案件，监督支持行政机关依法行使职权，保护行政相对人合法权益。

11. 严格落实责任，深入打好污染防治攻坚战。加强黄河流域水、土壤、大气污染惩治力度，注重农业面源污染、工业污染、城乡生活污染综合治理，坚持精准科学依法治污，扎实推进城乡人居环境整治。依法审理水污染防治、水环境治理、水资源监管、环境影响评价和排污许可管理相关案件，从严惩处污染黄河干流、重要支流、重要湖库等重点水域及环境监管失

职、环境监测数据造假等违法犯罪行为。准确适用生态环境侵权责任和禁止令、惩罚性赔偿，及时制止侵害行为，充分救济受损权益，严厉制裁恶意侵权人，切实提高环境违法成本。

12. 支持创新驱动，服务流域绿色高质量发展。完整准确全面贯彻新发展理念，准确适用《中华人民共和国民法典》绿色原则和绿色条款，依法审理涉产业结构、能源结构、交通运输结构等优化调整案件及碳排放权、排污权、用能权、用水权等新型权益案件，探索碳汇等生态产品价值实现司法方案，依法保护产权，支持科技创新，服务乡村振兴。妥善审理涉高耗水、高污染、高耗能项目案件及相关企业破产重整、清算案件，监督支持行政机关依法查处未批先建、批建不符等违法行为，促进企业合规绿色转型。

13. 加强文化保护，助力传承和弘扬黄河文化。严厉惩处破坏文物、名胜古迹违法犯罪行为，依法追究盗掘（盗窃）、销赃、倒卖等全链条各环节参与人的法律责任。妥善审理涉历史文化名城名镇名村、水文化遗产、农耕文化遗产、文化旅游等案件，依法保护传统技艺、医药、曲艺、民俗等非物质文化遗产，助力黄河国家文化公园建设，促进黄河文化创造性发展。加强革命文物遗迹保护力度，妥善审理违法占用、毁损具有革命纪念意义的文物和遗迹案件，传承弘扬黄河红色文化，筑牢中华民族的根和魂。

四、持续深化改革创新，为保障黄河安澜服务民族复兴再立新功

14. 着力推进环境资源审判专门化。坚持守正创新，增强系统观念，不断完善环境资源审判体制机制。各级人民法院要以黄河保护法施行为契机，立足流域保护特点和治理需要，因地制宜推进以生态系统或生态功能区为单位的跨行政区划环境资源审判集中管辖机制，扎实推进环境资源刑事、民事、行政案件统一由专门审判机构审理，完善环境公益诉讼、生态环境损害赔偿诉讼制度，丰富流域区域生态环境保护裁判规则，实现对生态环境的整体系统保护。

15. 着力推进审判机构运行实质化。按照司法体制改革、四级法院审级职能定位改革以及诉讼制度改革要求，找准涉及各类生态环境要素的刑事、民事、行政案件中的小切口，细化环境资源审判庭归口审理案件的范围和职责，促进审判职能、人员、理念的实质融合，确保聚焦主业主责。完善环境资源案件提级管辖机制，对新类型、具有普遍法律适用指导意义、存在重大法律适用分歧的案件依法提级管辖，强化指导性案例和典型案例培树机制。用足用好环境资源审判信息平台，丰富环境资源审判分案识别要素，以信息化助推专业化建设。

16. 着力推进审判能力水平现代化。始终把党的政治建设摆在首位，坚持为大局服务、为人民司法，全面提高流域司法保护能力水平。狠抓审判质效，健全完善契合环境资源审判实际的绩效考核和培训交流机制，打造纪律作风过硬、适应审判职能“三合一”需要、具有国际视野的专业队伍。突出问题导向，大兴调查研究，针对流域司法保护的特点、重点、难点问题，积极探索创新，统一法律适用，以高质量司法服务高质量发展。

17. 着力推进环境司法功能多元化。坚持能动司法，做实“抓前端、治未病”，通过诉源治理、多元解纷、司法建议等方式主动融入社会综合治理。加强以案释法普法，充分发挥典型案例的教育引导作用，多途径开展法治宣传，推动美丽中国建设全民行动。深化环境司法国际合作，推进经验交流互鉴、成果惠益分享，讲好中国环境法治故事，传播中国软实力。

18. 着力推进流域司法协作常效化。加强流域区域尤其是跨省级行政区划人民法院之间在立案、审判、执行方面的工作协调对接，健全远程立案、在线庭审、电子送达、修复资金移送等配套机制，促进各类协作机制落实落地。积极开展行政与司法协同合作，优化与检察机关、公安机关、行政执法机关之间在信息通报、形势会商、证据调取、线索移交、纠纷化解、生态修复等方面的衔接配合，不断完善生态环境保护多元共治格局。

2023 年 6 月 27 日

最高人民法院　最高人民检察院　中国海警局
关于印发《依法打击涉海砂违法犯罪座谈会纪要》的通知

法发〔2023〕9 号

各省、自治区、直辖市高级人民法院、人民检察院，解放军军事法院、军事检察院，新疆维吾尔自治区高级人民法院生产建设兵团分院、新疆生产建设兵团人民检察院，中国海警局各分局、直属局，沿海省、自治区、直辖市海警局：

为深入学习贯彻习近平新时代中国特色社会主义思想，全面贯彻习近平生态文明思想和习近平法治思想，依法打击涉海砂违法犯罪，切实维护海洋生态环境和矿产资源安全，根据《中华人民共和国刑法》《中华人民共和国刑事诉讼法》等法律规定，最高人民法院、最高人民检察院、中国海警局制定了《依法打击涉海砂违法犯罪座谈会纪要》，现予以印发，请结合实际认真贯彻执行。在执行中遇到的问题，请及时分别报告最高人民法院、最高人民检察院、中国海警局。

2023 年 6 月 6 日

最高人民法院　最高人民检察院　中国海警局
依法打击涉海砂违法犯罪座谈会纪要

党的二十大作出“发展海洋经济，保护海洋生态环境，加快建设海洋强国”的战略部署，将海洋强国建设作为推动中国式现代化的有机组成和重要任务。面对严峻复杂的海洋形势与国际形势，我国作为海洋贸易和航运大国，依法打击涉海洋违法犯罪活动，加快推进海洋法治建设，是深入学习贯彻习近平新时代中国特色社会主义思想，贯彻落实习近平生态文明思想和习近平法治思想，完善涉外法治体系的必然要求。2022 年 7 月、2023 年 2 月，最高人民法院、最高人民检察院、中国海警局先后在福建、广东、海南、浙江四省召开座谈会，分析研判当前涉海砂违法犯罪的严峻形势，总结交流办理涉海砂刑事案件的经验做法，研究探讨办案中的疑难问题，对人民法院、人民检察院、海警机构依法打击涉海砂违法犯罪、统一法律适用标准达成了共识。

会议指出，近年来，涉海砂违法犯罪活动高发多发，威胁海洋生态环境安全，催生海上黑恶势力，危害建筑工程安全，影响海上通航安全，具有较大的社会危害性。会议要求，各部门要切实提高政治站位，牢记“国之大者”，紧紧围绕党和国家工作大局，用最严格制度、最严密法治筑牢维护海洋生态环境和海砂资源安全的执法司法屏障。会议强调，各部门要正确理解和准确适用刑法和《最高人民法院、最高人民检察院关于办理非法采矿、破坏性采矿刑事案件适用法律若干问题的解释》（法释〔2016〕25 号，以下简称《非法采矿解释》)、《最高人民法院关于充分发挥环境资源审判职能作用依法惩处盗采矿产资源犯罪的意见》（法发〔2022〕19 号）等规定，坚持宽严相济刑事政策，统一执法司法尺度，依法加大对涉海砂违法犯罪的惩治力度，切实维护海洋生态环境和矿产资源安全。现形成纪要如下。

一、关于罪名适用

1. 未取得海砂开采海域使用权证，且未取得采矿许可证，在中华人民共和国内水、领海采挖海砂，符合刑法第三百四十三条第一款和《非法采矿解释》第二条、第三条规定的，以非法采矿罪定罪处罚。

对于在中华人民共和国毗连区、专属经济区、大陆架以及中华人民共和国管辖的其他海域实施前款规定的行为，适用我国刑法追究刑事责任的案件，参照前款规定定罪处罚。

2. 具有下列情形之一的，对过驳和运输海砂的船主或者船长，依照刑法第三百四十三条第一款的规定，以非法采矿罪定罪处罚：

（1）与非法采挖海砂犯罪分子事前通谋，指使或者驾驶运砂船前往指定海域直接从采砂船过驳和运输海砂的；

（2）未与非法采挖海砂犯罪分子事前通谋，但受其雇佣，指使或者驾驶运砂船前往指定海域，在非法采砂行为仍在进行时，明知系非法采挖的海砂，仍直接从采砂船过驳和运输海砂的；

（3）未与非法采挖海砂犯罪分子事前通谋，也未受其雇佣，在非法采砂行为仍在进行时，明知系非法采挖的海砂，临时与非法采挖海砂犯罪分子约定时间、地点，直接从采砂船过驳和运输海砂的。

具有下列情形之一的，对过驳和运输海砂的船主或者船长，依照刑法第三百一十二条的规定，以掩饰、隐瞒犯罪所得罪定罪处罚：

（1）未与非法采挖海砂犯罪分子事前通谋，指使或者驾驶运砂船前往相关海域，在非法采砂行为已经完成后，明知系非法采挖的海砂，仍直接从采砂船过驳和运输海砂的；

（2）与非法收购海砂犯罪分子事前通谋，指使或者驾驶运砂船前往指定海域过驳和运输海砂的；

（3）无证据证明非法采挖、运输、收购海砂犯罪分子之间存在事前通谋或者事中共同犯罪故意，但受其中一方雇佣后，指使或者驾驶运砂船前往指定海域，明知系非法采挖的海砂，仍从其他运砂船上过驳和运输海砂的。

二、关于主观故意认定

3. 判断过驳和运输海砂的船主或者船长是否具有犯罪故意，应当依据其任职情况、职业经历、专业背景、培训经历、本人因同类行为受到行政处罚或者刑事责任追究情况等证据，结合其供述，进行综合分析判断。

实践中，具有下列情形之一，行为人不能作出合理解释的，一般可以认定其“明知系非法采挖的海砂”，但有相反证据的除外：

（1）故意关闭船舶自动识别系统，或者船舶上有多套船舶自动识别系统，或者故意毁弃船载卫星电话、船舶自动识别系统、定位系统数据及手机存储数据的；

（2）故意绕行正常航线和码头、在隐蔽水域或者在明显不合理的隐蔽时间过驳和运输，或者使用暗号、暗语、信物等方式进行联络、接头的；

（3）使用“三无”船舶、虚假船名船舶或非法改装船舶，或者故意遮蔽船号，掩盖船体特征的；

（4）虚假记录船舶航海日志、轮机日志，或者进出港未申报、虚假申报的；

（5）套用相关许可证、拍卖手续、合同等合法文件资料，或者使用虚假、伪造文件资料的；

（6）无法出具合法有效海砂来源证明，或者拒不提供海砂真实来源证明的；

（7）以明显低于市场价格进行交易的；

（8）支付、收取或者约定的报酬明显不合理，或者使用控制的他人名下银行账户收付海砂交易款项的；

（9）逃避、抗拒执法检查，或者事前制定逃避检查预案的；

（10）其他足以认定的情形。

4. 明知他人实施非法采挖、运输、收购海砂犯罪，仍为其提供资金、场地、工具、技术、单据、证明、手续等重要便利条件或者居间联络，对犯罪产生实质性帮助作用的，以非法采矿罪或者掩饰、隐瞒犯罪所得罪的共同犯罪论处。

三、关于下游行为的处理

5. 认定非法运输、收购、代为销售或者以其他方法掩饰、隐瞒非法采挖的海砂及其产生的收益构成掩饰、隐瞒犯罪所得、犯罪所得收益罪，以上游非法采矿犯罪事实成立为前提。上游犯罪尚未依法裁判，但查证属实的，不影响掩饰、隐瞒犯罪所得、犯罪所得收益罪的认定。上游非法采挖海砂未达到非法采矿罪“情节严重”标准的，对下游对应的掩饰、隐瞒行为可以依照海洋环境保护法、海域使用管理法、治安管理处罚法等法律法规给予行政处罚。

6. 明知是非法采挖的海砂及其产生的收益，而予以运输、收购、代为销售或者以其他方法掩饰、隐瞒，一年内曾因实施此类行为受过行政处罚，又实施此类行为的，应当依照刑法第三百一十二条的规定，以掩饰、隐瞒犯罪所得、犯罪所得收益罪定罪处罚。多次实施此类行为，未经行政处罚，依法应当追诉的，犯罪所得、犯罪所得收益的数额应当累计计算。

7. 以掩饰、隐瞒犯罪所得、犯罪所得收益罪定罪处罚的，应当注意与上游非法采矿犯罪保持量刑均衡。

四、关于劳务人员的责任认定

8.《非法采矿解释》第十一条规定，对受雇佣提供劳务的人员，除参与利润分成或者领取高额固定工资的以外，一般不以犯罪论处，但曾因非法采矿、破坏性采矿受过处罚的除外。对于该条中“高额固定工资”的理解，不宜停留在对“高额”的字面理解层面，应当结合其在整个犯罪活动中的职责分工、参与程度等因素进行综合判断。

实践中，要注意结合本地区经济社会发展水平，以及采矿行业提供劳务人员的平均工资水平审查认定。一般情况下，领取或者约定领取上一年度本省（自治区、直辖市）同种类采矿、运输等行业提供劳务人员平均工资二倍以上固定财产性收益的，包括工资、奖金、补贴、物质奖励等，可以认定为“高额固定工资”。

9. 具有下列情形之一的，一般不适用《非法采矿解释》第十一条“一般不以犯罪论处”的规定：

（1）明知他人实施非法采挖、运输、收购海砂犯罪，仍多次为其提供开采、装卸、运输、销售等实质性帮助或者重要技术支持，情节较重的；

（2）在相关犯罪活动中，承担一定发起、策划、操纵、管理、协调职责的；

（3）多次逃避检查，或者采取通风报信等方式为非法采挖海砂犯罪活动逃避监管或者为犯罪分子逃避处罚提供帮助的。

五、关于涉案海砂价格的认定

10. 对于涉案海砂价值，有销赃数额的，一般根据销赃数额认定；对于无销赃数额，销赃数额难以查证，或者根据销赃数额认定明显不合理的，根据海砂市场交易价格和数量认定。

非法采挖的海砂在不同环节销赃，非法采挖、运输、保管等过程中产生的成本支出，在销赃数额中不予扣除。

11. 海砂价值难以确定的，依据当地政府相关部门所属价格认证机构出具的报告认定，或者依据省级以上人民政府自然资源、水行政、海洋等主管部门出具的报告，结合其他证据作出认定。

12. 确定非法开采的海砂价值，一般应当以实施犯罪行为终了时当地海砂市场交易价格或者非法采挖期间当地海砂的平均市场价格为基准。犯罪行为存在明显时段连续性的，可以分别按照不同时段实施犯罪行为时当地海砂市场交易价格为基准。如当地县（市、区）无海砂市场交易价格，可参照周边地区海砂市场交易价格。

六、关于涉案船舶、财物的处置

13. 对涉案船舶，海警机构应当依法及时查封、扣押，扣押后一般由海警机构自行保管，特殊情况下，也可以交由船主或者船长暂时保管。

14. 具有下列情形之一的，一般可以认定为《非法采矿解释》第十二条第二款规定的“用于犯罪的专门工具”，并依法予以没收：

（1）犯罪分子所有，并专门用于非法采挖海砂犯罪的工具；

（2）长期不作登记或者系“三无”船舶或者挂靠、登记在他人名下，但实为犯罪分子控制，并专门用于非法采挖海砂犯罪的工具；

（3）船舶、机具所有人明知犯罪分子专门用于非法采挖海砂违法犯罪而出租、出借船舶、机具，构成共同犯罪或者相关犯罪的。

15. 具有下列情形之一的，一般可以认定为船舶所有人明知他人专门用于非法采挖海砂违法犯罪而出租、出借船舶，但是能够作出合理解释或者有相反证据的除外：

（1）未经有关部门批准，擅自将船舶改装为可用于采挖、运输海砂的船舶或者进行伪装的；

（2）同意或者默许犯罪分子将船舶改装为可用于采挖、运输海砂的船舶或者进行伪装的；

（3）曾因出租、出借船舶用于非法采挖、运输海砂受过行政处罚，又将船舶出租、出借给同一违法犯罪分子的；

（4）拒不提供真实的实际使用人信息，或者提供虚假的实际使用人信息的；

（5）其他足以认定明知的情形。

16. 非法采挖、运输海砂犯罪分子为逃避专门用于犯罪的船舶被依法罚没，或者为逃避一年内曾因非法采挖、运输海砂受过行政处罚，又实施此类行为被追究刑事责任，而通过虚构买卖合同、口头协议等方式转让船舶所有权，但并未进行物权变动登记，也未实际支付船舶转让价款的，可以依法认定涉案船舶为“用于犯罪的专门工具”。

17. 涉案船舶的价值与涉案金额过于悬殊，且涉案船舶证件真实有效、权属明确、船证一致的，一般不予没收。实践中，应当综合行为的性质、情节、后果、社会危害程度及行为人认罪悔罪表现等因素，对涉案船舶依法处置。

18. 船主以非法运输海砂为业，明知是非法采挖海砂仍一年内多次实施非法运输海砂犯罪活动，构成共同犯罪或者相关犯罪的，涉案船舶可以认定为《非法采矿解释》第十二条第二款规定的“供犯罪所用的本人财物”，并依法予以没收。

19. 海警机构对查扣的涉案海砂，在固定证据和留存样本后，经县级以上海警机构主要负责人批准，可以依法先行拍卖，并对拍卖进行全流程监管。拍卖所得价款暂予保管，诉讼终结后依法处理。

对于涉案船舶上采运砂机具等设施设备，海警机构在侦查过程中应当及时查封、扣押，人民法院原则上应当依法判决没收，或者交由相关主管部门予以拆除。

七、关于加强协作配合与监督制约

20. 案件发生后，犯罪嫌疑人、被告人从海上返回陆地的登陆地的海警机构、人民检察院、人民法院可以依法行使管辖权。“登陆地”既包括犯罪嫌疑人、被告人自行或者通过其他途径“主动登陆地”，也包括被海警机构等执法部门押解返回陆地的“被动登陆地”。海警机构应当按照就近登陆、便利侦查的原则选择登陆地。

21. 各级人民法院、人民检察院、海警机构办理涉海砂刑事案件和刑事附带民事公益诉讼案件，应当充分发挥职能作用，分工负责，互相配合，互相制约，有效形成打击合力。各级海警机构要加强串并研判，注重深挖彻查，依法全面收集、固定、完善相关证据，提升办案质量，依法提请批准逮捕、移送审查起诉。各级人民检察院要依法充分履行法律监督职责，高质效开展涉海砂刑事案件审查批准逮捕、审查起诉等工作。必要时，人民检察院可提前介入侦查，引导海警机构全面收集、固定刑事案件和刑事附带民事公益诉讼案件证据。各级人民法院在审理涉海砂刑事案件时，要切实发挥审判职能，贯彻宽严相济刑事政策，准确适用法律，确保罚当其罪。

22. 各级人民法院、人民检察院、海警机构应当建立健全日常联络、信息通报、案件会商、类案研判等制度机制，及时对涉海砂违法犯罪活动出现的新情况新问题进行研究，解决重大疑难复杂问题，提升案件办理效果。

23. 各级人民法院、人民检察院、海警机构在办理涉海砂刑事案件时，应当结合工作职责，认真分析研判涉海砂违法犯罪规律、形成原因，统筹运用制发司法建议、检察建议、开展检察公益诉讼、进行法治宣传、以案释法等方式，构建惩防并举、预防为先、治理为本的综合性防控体系；在注重打击犯罪的同时，积极推动涉海砂违法犯罪的诉源治理、综合治理，斩断利益链条，铲除犯罪滋生土壤。

最高人民法院
印发《最高人民法院关于人民法院司法改革事项报批实施工作的规定》的通知

法发〔2023〕10号

各省、自治区、直辖市高级人民法院，解放军军事法院，新疆维吾尔自治区高级人民法院生产建设兵团分院；本院各单位，驻院纪检监察组：

现将《最高人民法院关于人民法院司法改革事项报批实施工作的规定》印发给你们，请结合实际认真贯彻执行。执行过程中遇有问题，请及时报告最高人民法院。

2023年6月8日

最高人民法院
关于人民法院司法改革事项报批实施工作的规定

为深入贯彻党的二十大精神，全面贯彻习近平法治思想，抓好中央部署的各项司法改革任务落地落实，确保人民法院司法改革方向正确、于法有据、稳妥有序，现就人民法院司法改革事项报批实施工作规定如下。

一、人民法院推进司法改革，应当坚持以习近平法治思想为指引，在摸清情况、找准问题基础上，充分听取各有关方面意见建议，深入开展调查研究，加强必要性、可行性研究，做深做优改革效果预判、影响评估和报批实施，同步健全配套机制，优化研究室职责，确保人民法院司法改革工作始终坚持党的集中统一领导、始终坚持以人民为中心、始终坚持问题导向、始终坚持体现系统观念和科学方法、始终坚持以钉钉子精神抓好落实、始终坚持把全面从严管党治院要求贯穿改革全过程各环节。

二、地方各级人民法院和专门人民法院拟推进的司法改革事项，存在下列情形之一的，应当层报最高人民法院审核批准后实施：

（一）遇到新情况新问题，且法律、法规、司法解释未规定或者规定不明确，需要先行先试的；

（二）创新举措可能与现行规定相冲突，需经授权后实施的；

（三）涉及诉讼机制或者司法政策调整的；

（四）涉及人民法院工作职能、机构编制、队伍建设、职业保障政策重大调整的；

（五）涉及与其他国家机关之间权责划分的；

（六）其他可能产生重大社会影响的。

按照地方整体改革部署，由人民法院承担的改革任务属于上述情形之一的，相关人民法院应当层报最高人民法院审核批准后实施。

前述事项中，涉及重大体制性、政策性、争议性问题的，按照有关规定报最高人民法院党组讨论决定，或者向党中央、中央政法委请示。

三、属于本规定的报批事项，相关人民法院应当形成书面请示层报最高人民法院。报送请示应当一文一事，不得在非请示性公文中夹带请示事项。

书面请示应当载明相关改革事项的主要内容、预期目标，以及需要最高人民法院、上级人民法院或者其他国家机关给予的政策支持和配套举措，并附可行性研究报告、初步改革方案和相关规范性文件等材料。可行性研究报告应当包括下列内容：

（一）相关改革事项提出的基本背景、政策依据、法律依据和适用范围；

（二）相关改革事项的必要性论证和征求意见情况；

（三）推进改革的有利条件、不利因素和风险评估；

（四）地方党政机关、相关政法单位的意见建议；

（五）其他需要说明的重要问题。

高级、中级人民法院应当认真研究辖区人民法院报送的司法改革事项，并提出初步处理建议，不得仅将原文转请示上一级人民法院。

四、各高级人民法院报送的司法改革事项请示，由最高人民法院研究室统一接收、登记、审核、审批和反馈。经审核认为不属于报批事项的，由研究室负责人报分管院领导审批后，于十五日内退回并说明理由；属于报批事项的，根据最高人民法院内部职能分工确定审核部门，由研究室分管院领导审批后分送相关部门审核。

五、审核部门应当重点审核以下内容：

（一）是否符合中央改革精神；

（二）是否符合宪法、法律、法规和司法解释规定；

（三）是否属于应当向党中央、中央政法委请示的事项；

（四）是否涉及与其他中央国家机关沟通协调的事项；

（五）是否需要全国人大常委会授权调整适用相关法律；

（六）是否坚持问题导向，有利于解决人民群众急难愁盼或者制约审判工作现代化的实际问题；

（七）是否科学、必要、可行、妥当；

（八）可能产生的效果、风险及其应对措施；

（九）其他应当审核的内容。

六、审核部门应当自收到相关材料后三十日内提出书面审核意见。涉及其他中央国家机关或者院内多个部门的，可以先向有关部门征求意见。书面审核意见应当经分管院领导审批后送研究室。

七、审核部门区分不同情形，在书面审核意见中提出处理建议：

（一）内容符合本规定要求的，同意推进相关司法改革事项；

（二）符合本规定要求但对内容有修改意见的，提出具体修改意见及理由，必要时可以要求补充相关材料；

（三）推进相关司法改革事项的依据不充分、条件不成熟、超越司法职能、存在重大风险，或者属于最高人民法院专属改革权限的，退回并说明理由。

司法改革事项所涉院内部门之间存在重大分歧的，由审核部门分管院领导牵头组织协调，必要时建议提交院党组讨论决定。

八、研究室对审核意见进行复核，草拟正式复函。需要提交最高人民法院党组讨论决定或者请示党中央、中央政法委的，根据党组决定或者党中央、中央政法委批复草拟正式复函。复函经院长审签后由办公厅以“法办函”反馈相关高级人民法院，高级人民法院应当及时转送相关人民法院。

经最高人民法院审核批准的改革事项，相关高级人民法院应当于改革启动后三十日内将正式改革方案、启动情况、相关规范性文件送最高人民法院研究室备案，并每半年报送一次改革推进情况。

九、人民法院司法改革事项需要调整适用现行法律的，应当经党中央批准、全国人大常委会授权后，由最高人民法院组织开展试点。

经最高人民法院审核批准的司法改革试点项目期限一般为一年，原则上不超过两年。最高人民法院研究室建立司法改革试点台账，每半年汇总、清理一次。司法改革试点台账实行挂账管理、定期清理、到点验收，由审核部门会同研究室负责指导、验收工作。对试点期间中央已推出相关司法改革举措，或者已经制定或者修改相关法律的试点，以通知形式宣布结束；对进展缓慢、组织不力、违法违规的试点，及时预警、督促整改，必要时提前停止、依纪问责；对需要整合的试点，及时宣布合并；对已经到期的试点，及时总结销号。

十、经最高人民法院审核批准的司法改革事项，由审核部门会同相关高级人民法院开展业务指导、中期评估、总结验收和复制推广工作。对实践证明行之有效、可复制推广的，及时研究论证，制定推广方案；对落地不实或者针对性、操作性不强的，及时挂账整改；对实际检验效果不佳的，及时调整方案或者要求停止。

十一、最高人民法院通过调研、督察、通报等多种形式，加强对司法改革事项报批工作的监督指导。对于存在下列情形之一并造成严重后果的，依法依规追究相关人民法院领导干部及工作人员的责任：

（一）违反本规定，对司法改革事项应当请示不请示、应当报告不报告的；

（二）擅自推出应当由最高人民法院审核批准的司法改革措施的；

（三）缺乏责任担当，推诿塞责、上交矛盾、消极作为的；

（四）搞形式主义、官僚主义，请示报告内容不实、信息不准的。

十二、党和国家有关规划、计划、要点等部署最高人民法院牵头办理的司法

改革事项，经书面请示中央政法委研究同意后，按程序报请党中央、中央全面深化改革委员会、中央全面依法治国委员会审批审议或者提交全国人大常委会。

最高人民法院出台的司法改革整体规划，按程序报中央政法委同意；涉及政法领域重大体制、重大政策调整的司法改革事项，按程序报党中央同意后推进实施。

十三、本规定印发后，地方各级人民法院和专门人民法院正在推进的司法改革事项应当按照本规定层报最高人民法院审核，但此前已书面请示最高人民法院并获批准的除外。

十四、本规定自印发之日起施行。

最高人民法院
印发《关于加强和规范案件提级管辖和再审提审工作的指导意见》的通知

法发〔2023〕13号

各省、自治区、直辖市高级人民法院，解放军军事法院，新疆维吾尔自治区高级人民法院生产建设兵团分院：

现将《关于加强和规范案件提级管辖和再审提审工作的指导意见》予以印发，请结合实际认真贯彻执行。执行中遇有问题，请及时报告最高人民法院。

2023年7月28日

关于加强和规范案件提级管辖和再审提审工作的指导意见

为加强人民法院审级监督体系建设，做深做实新时代能动司法，推动以审判工作现代化服务保障中国式现代化，现根据相关法律和司法解释的规定，结合审判工作实际，就加强和规范人民法院案件提级管辖、再审提审工作，制定本意见。

一、一般规定

第一条 健全完善案件提级管辖、再审提审工作机制，是完善四级法院审级职能定位改革

的重要内容，有利于促进诉源治理、统一法律适用、维护群众权益。各级人民法院应当通过积极、规范、合理适用提级管辖，推动将具有指导意义、涉及重大利益、可能受到干预的案件交由较高层级人民法院审理，发挥典型案件裁判的示范引领作用，实现政治效果、社会效果、法律效果的有机统一。中级以上人民法院应当加大再审提审适用力度，精准履行审级监督和再审纠错职能。最高人民法院聚焦提审具有普遍法律适用指导意义、存在重大法律适用分歧的典型案件，充分发挥最高审判机关监督指导全国审判工作、确保法律正确统一适用的职能。

第二条 本意见所称“提级管辖”，是指根据《中华人民共和国刑事诉讼法》第二十四条、《中华人民共和国民事诉讼法》第三十九条、《中华人民共和国行政诉讼法》第二十四条的规定，下级人民法院将所管辖的第一审案件转移至上级人民法院审理，包括上级人民法院依下级人民法院报请提级管辖、上级人民法院依职权提级管辖。

第三条 本意见所称“再审提审”，是指根据《中华人民共和国民事诉讼法》第二百零五条第二款、第二百一十一条第二款，《中华人民共和国行政诉讼法》第九十一条、第九十二条第二款的规定，上级人民法院对下级人民法院已经发生法律效力的民事、行政判决、裁定，认为确有错误并有必要提审的，裁定由本院再审，包括上级人民法院依职权提审、上级人民法院依当事人再审申请提审、最高人民法院依高级人民法院报请提审。

二、完善提级管辖机制

第四条 下级人民法院对已经受理的第一审刑事、民事、行政案件，认为属于下列情形之一，不宜由本院审理的，应当报请上一级人民法院审理：

（一）涉及重大国家利益、社会公共利益的；

（二）在辖区内属于新类型，且案情疑难复杂的；

（三）具有诉源治理效应，有助于形成示范性裁判，推动同类纠纷统一、高效、妥善化解的；

（四）具有法律适用指导意义的；

（五）上一级人民法院或者其辖区内人民法院之间近三年裁判生效的同类案件存在重大法律适用分歧的；

（六）由上一级人民法院一审更有利于公正审理的。

上级人民法院对辖区内人民法院已经受理的第一审刑事、民事、行政案件，认为属于上述情形之一，有必要由本院审理的，可以决定提级管辖。

第五条 “在辖区内属于新类型，且案情疑难复杂的”案件，主要指案件所涉领域、法律关系、规制范围等在辖区内具有首案效应或者相对少见，在法律适用上存在难点和争议。

“具有诉源治理效应，有助于形成示范性裁判，推动同类纠纷统一、高效、妥善化解的”案件，是指案件具有示范引领价值，通过确立典型案件的裁判规则，能够对处理类似纠纷形成规范指引，引导当事人作出理性选择，促进批量纠纷系统化解，实现纠纷源头治理。

“具有法律适用指导意义的”案件，是指法律、法规、司法解释、司法指导性文件等没有明确规定，需要通过典型案件裁判进一步明确法律适用；司法解释、司法指导性文件、指导性案例发布时所依据的客观情况发生重大变化，继续适用有关规则审理明显有违公平正义。

“由上一级人民法院一审更有利于公正审理的”案件，是指案件因所涉领域、主体、利益等因素，可能受地方因素影响或者外部干预，下级人民法院不宜行使管辖权。

第六条 下级人民法院报请上一级人民法院提级管辖的案件，应当经本院院长或者分管院领导批准，以书面形式请示。请示应当包含案件基本情况、报请提级管辖的事实和理由等内容，并附必要的案件材料。

第七条 民事、行政第一审案件报请提级管辖的，应当在当事人答辩期届满后，至迟于案件法定审理期限届满三十日前向上一级人民法院报请。

刑事第一审案件报请提级管辖的，应当至迟于案件法定审理期限届满十五日前向上一级人民法院报请。

第八条 上一级人民法院收到案件报请提级管辖的请示和材料后，由立案庭编立“辖”字号，转相关审判庭组成合议庭审查。上一级人民法院应当在编立案号之日起三十日内完成审查，但法律和司法解释对审查时限另有规定的除外。

合议庭经审查并报本院院长或者分管院领导批准后，根据本意见所附诉讼文书样式，作出同意或者不同意提级管辖的法律文书。相关法律文书一经作出即生效。

第九条 上级人民法院根据本意见第二十一条规定的渠道，发现下级人民法院受理的第一审案件可能需要提级管辖的，可以及时与相关人民法院沟通，并书面通知提供必要的案件材料。

上级人民法院认为案件应当提级管辖的，经本院院长或者分管院领导批准后，根据本意见所附诉讼文书样式，作出提级管辖的法律文书。

第十条 上级人民法院作出的提级管辖法律文书，应当载明以下内容：

（一）案件基本信息；

（二）本院决定提级管辖的理由和分析意见。

上级人民法院不同意提级管辖的，应当在相关法律文书中载明理由和分析意见。

第十一条 上级人民法院决定提级管辖的，应当在作出法律文书后五日内，将法律文书送原受诉人民法院。原受诉人民法院收到提级管辖的法律文书后，应当在五日内送达当事人，并在十日内将案卷材料移送上级人民法院。上级人民法院应当在收到案卷材料后五日内立案。对检察机关提起公诉的案件，上级人民法院决定提级管辖的，应当书面通知同级人民检察院，原受诉人民法院应当将案卷材料退回同级人民检察院，并书面通知当事人。

上级人民法院决定不予提级管辖的，应当在作出法律文书后五日内，将法律文书送原受诉人民法院并退回相关案卷材料。案件由原受诉人民法院继续审理。

第十二条 上级人民法院决定提级管辖的案件，应当依法组成合议庭适用第一审普通程序审理。

原受诉人民法院已经依法完成的送达、保全、鉴定等程序性工作，上级人民法院可以不再重复开展。

第十三条 中级人民法院、高级人民法院决定提级管辖的案件，应当报上一级人民法院立案庭备案。

第十四条 按照本意见提级管辖的案件，审理期限自上级人民法院立案之日起重新计算。

下级人民法院向上级人民法院报送提级管辖请示的期间和上级人民法院审查处理期间，均不计入案件审理期限。

对依报请不同意提级管辖的案件，自原受诉人民法院收到相关法律文书之日起恢复案件审限计算。

三、规范民事、行政再审提审机制

第十五条 上级人民法院对下级人民法院已经发生法律效力的民事、行政判决、裁定，认为符合再审条件的，一般应当提审。

对于符合再审条件的民事、行政判决、裁定，存在下列情形之一的，最高人民法院、高级人民法院可以指令原审人民法院再审，或者指定与原审人民法院同级的其他人民法院再审，但法律和司法解释另有规定的除外：

（一）原判决、裁定认定事实的主要证据未经质证的；

（二）对审理案件需要的主要证据，当事人因客观原因不能自行收集，书面申请人民法院调查收集，人民法院未调查收集的；

（三）违反法律规定，剥夺当事人辩论权利的；

（四）发生法律效力的判决、裁定是由第一审法院作出的；

（五）当事人一方人数众多或者当事人双方均为公民的民事案件；

（六）经审判委员会讨论决定的其他情形。

第十六条 最高人民法院依法受理的民事、行政申请再审审查案件，除法律和司法解释规定应当提审的情形外，符合下列情形之一的，也应当裁定提审：

（一）在全国有重大影响的；

（二）具有普遍法律适用指导意义的；

（三）所涉法律适用问题在最高人民法院内部存在重大分歧的；

（四）所涉法律适用问题在不同高级人民法院之间裁判生效的同类案件存在重大分歧的；

（五）由最高人民法院提审更有利于案件公正审理的；

（六）最高人民法院认为应当提审的其他情形。

最高人民法院依职权主动发现地方各级人民法院已经发生法律效力的民事、行政判决、裁定确有错误，并且符合前款规定的，应当提审。

第十七条 高级人民法院对于本院和辖区内人民法院作出的已经发生法律效力的民事、行政判决、裁定，认为适用法律确有错误，且属于本意见第十六条第一款第一项至第五项所列情形之一的，经本院审判委员会讨论决定后，可以报请最高人民法院提审。

第十八条 高级人民法院报请最高人民法院再审提审的案件，应当向最高人民法院提交书面请示，请示应当包括以下内容：

（一）案件基本情况；

（二）本院再审申请审查情况；

（三）报请再审提审的理由；

（四）合议庭评议意见、审判委员会讨论意见；

（五）必要的案件材料。

第十九条　最高人民法院收到高级人民法院报送的再审提审请示及材料后，由立案庭编立“监”字号，转相关审判庭组成合议庭审查，并在三个月以内作出下述处理：

（一）符合提审条件的，作出提审裁定；

（二）不符合提审条件的，作出不同意提审的批复。

最高人民法院不同意提审的，应当在批复中说明意见和理由。

第二十条　案件报请最高人民法院再审提审的期间和最高人民法院审查处理期间，不计入申请再审审查案件办理期限。

对不同意再审提审的案件，自高级人民法院收到批复之日起，恢复申请再审审查案件的办理期限计算。

四、完善提级管辖、再审提审的保障机制

第二十一条　上级人民法院应当健全完善特殊类型案件的发现、

监测、甄别机制，注重通过以下渠道，主动启动提级管辖或者再审提审程序：

（一）办理下级人民法院关于法律适用问题的请示；

（二）开展审务督察、司法巡查、案件评查；

（三）办理检察监督意见；

（四）办理人大代表、政协委员关注的事项或者问题；

（五）办理涉及具体案件的群众来信来访；

（六）处理当事人提出的提级管辖或者再审提审请求；

（七）开展案件舆情监测；

（八）办理有关国家机关、社会团体等移送的其他事项。

第二十二条　对于提级管辖、再审提审案件，相关人民法院应当加大监督管理力度，配套完善激励、考核机制，把提级管辖、再审提审案件的规则示范意义、对下指导效果、诉源治理成效、成果转化情况、社会各界反映等作为重要评价内容。

第二十三条　最高人民法院各审判庭应当强化对下监督指导，统筹做好本审判条线相关案件的提级管辖、再审提审工作，全面掌握案件情况，及时办理请示事项。各高级人民法院应当定期向最高人民法院报送提级管辖案件情况，加强辖区内人民法院各审判业务条线的沟通交流、问题反馈和业务指导，结合辖区审判工作实际，细化明确提级管辖、再审提审案件的范围、情形和程序。

第二十四条　最高人民法院、高级人民法院应当健全完善提级管辖、再审提审案件的裁判规则转化机制，将提级管辖案件的裁判统一纳入人民法院案例库，积极将具有法律适用指导意义的提级管辖、再审提审案件作为指导性案例、参考性案例培育，推动将具有规则确立意义、

示范引领作用的裁判转化为司法解释、司法指导性文件、司法建议、调解指引等。加大对提级管辖、再审提审案件的宣传力度，将宣传重点聚焦到增强人民群众获得感、促进提升司法公信力、有力破除“诉讼主客场”现象上来，积极通过庭审公开、文书说理、案例发布、新闻报道、座谈交流等方式，充分展示相关审判工作成效，促进公众和社会法治意识的养成，为有序推进相关工作营造良好氛围。

五、附则

第二十五条 本意见由最高人民法院解释。各高级人民法院可以

根据相关法律、司法解释和本意见，结合审判工作实际，制定或者修订本地区关于提级管辖、再审提审的实施细则，报最高人民法院备案。

第二十六条 本意见自 2023 年 8 月 1 日起施行。之前有关规定与本意见不一致的，按照本意见执行。

附件：1. 刑事请示（下级人民法院报请提级管辖用）
2. 民事请示（下级人民法院报请提级管辖用）
3. 行政请示（下级人民法院报请提级管辖用）
4. 刑事决定书（上级人民法院依报请同意提级管辖用）
5. 民事裁定书（上级人民法院依报请同意提级管辖用）
6. 行政决定书（上级人民法院依报请同意提级管辖用）
7. 刑事决定书（上级人民法院不同意提级管辖用）
8. 民事批复（上级人民法院不同意提级管辖用）
9. 行政决定书（上级人民法院不同意提级管辖用）
10. 刑事决定书（上级人民法院依职权提级管辖用）
11. 民事裁定书（上级人民法院依职权提级管辖用）
12. 行政裁定书（上级人民法院依职权提级管辖用）
13. 民事请示（高级人民法院将依申请再审的案件报请最高人民法院再审提审用）
14. 民事请示（高级人民法院将依职权再审的案件报请最高人民法院再审提审用）
15. 行政请示（高级人民法院将依申请再审的案件报请最高人民法院再审提审用）
16. 行政请示（高级人民法院将依职权再审的案件报请最高人民法院再审提审用）
17. 民事裁定书（最高人民法院依高级人民法院报请同意提审该院依申请再审的案件用）
18. 民事裁定书（最高人民法院依高级人民法院报请同意提审该院依职权再审的案件用）
19. 行政裁定书（最高人民法院依高级人民法院报请同意提审该院依申请再审的案件用）
20. 行政裁定书（最高人民法院依高级人民法院报请同意提审该院依职权再审的案件用）
21. 民事批复（最高人民法院不同意高级人民法院报请再审提审用）
22. 行政批复（最高人民法院不同意高级人民法院报请再审提审用）

附件 1

刑事请示（下级人民法院报请提级管辖用）

关于……（被告人姓名和案由）一案报请提级管辖的请示

（××××）……刑初……号

××××人民法院：

被告人……（写明其姓名和案由）一案，由××××人民检察院于××××年××月××日以××检××刑诉〔××××〕××号起诉书，向本院提起公诉（自诉案件改为“自诉人×××以被告人×××犯××罪一案，于××××年××月××日向本院提起控诉”）。

本院认为，……（写明报请提级管辖的事实和理由）。依照《中华人民共和国刑事诉讼法》第二十四条的规定，现报请你院提级管辖（××××）……刑初……号（写明被告人姓名和案由）一案。

以上请示，请复。

附件：案卷×宗

××××年××月××日

（院印）

附件 2

民事请示（下级人民法院报请提级管辖用）

关于……（写明当事人及案由）一案报请提级管辖的请示

（××××）……民初……号

××××人民法院：

原告×××与被告×××……（写明案由）一案，本院于××××年××月××日立案。（基本案情，写明原告诉称、被告辩称等案件基本情况、已经开展的工作、查明的事实等内容以及开庭次数、审理期限、有无延长审限等事项）

本院认为，……（写明报请提级管辖的事实和理由）。依照《中华人民共和国民事诉讼法》第三十九条第二款的规定，现报请你院提级管辖（××××）……民初……号（写明当事人及案由）一案。

以上请示，请复。

附件：案卷×宗

××××年××月××日

（院印）

附件 3

行政请示（下级人民法院报请提级管辖用）

关于……（写明当事人及案由）一案报请
提级管辖的请示

（××××）……行初……号

××××人民法院：

原告×××诉被告×××……（写明案由）一案，本院于××××年××月××日立案。（基本案情，写明原告诉称、被告辩称等案件基本情况、已经开展的工作、查明的事实等内容，以及开庭次数、审理期限、有无延长审限等事项）

本院认为，……（写明报请提级管辖的事实和理由）。

依照《中华人民共和国行政诉讼法》第二十四条第二款的规定，现报请你院提级管辖（××××）……行初……号（写明当事人及案由）一案。

以上请示，请复。

附件：案卷×宗

××××年××月××日

（院印）

附件 4

刑事决定书（上级人民法院依报请同意提级管辖用）

××××人民法院
同意移送管辖决定书

（××××）……刑辖……号

××××人民法院：

你院××××年××月××日关于……（写明被告人和案由）一案请求移送本院审判的请示收到。

本院经审查认为，……（写明提级管辖的理由和分析意见）。

依照《中华人民共和国刑事诉讼法》第二十四条的规定，同意将该案移送本院审判。你院收到此决定书后，即办理有关移送事项，并书面通知提起公诉的××××人民检察院。

××××年××月××日

（院印）

抄送：××××人民检察院

附件 5

民事裁定书（上级人民法院依报请同意提级管辖用）

××××人民法院
民事裁定书

（××××）……民辖……号

原告：×××，……。

……

被告：×××，……。

……

（以上写明当事人和其他诉讼参加人的姓名或者名称等基本信息）

原告×××与被告×××（写明案由）一案，××××人民法院于××××年××月××日立案。

×××诉称，……（概述原告的诉讼请求、事实和理由）。

××××人民法院经审查认为，……（写明报请提级管辖的理由）。

本院认为，……（写明提级管辖的理由和分析意见）。

依照《中华人民共和国民事诉讼法》第三十九条的规定，裁定如下：

本案由本院审理。

本裁定一经作出即生效。

审 判 长 ×××

审 判 员 ×××

审 判 员 ×××

××××年××月××日

（院印）

法官助理 ×××

书 记 员 ×××

附件 6

行政决定书（上级人民法院依报请同意提级管辖用）

××××人民法院
行政决定书

（××××）……行辖……号

××××人民法院：

你院××××年××月××日关于×××（写明起诉人或者原告）诉×××（写明行政主体或者被告）……（写明案由）一案报请提级管辖的请示收到。

本院经审查认为，……（写明提级管辖的理由和分析意见）。

依照《中华人民共和国行政诉讼法》第二十四条的规定，决定本案由本院审理。

××××年××月××日

（院印）

附件7

刑事决定书（上级人民法院不同意提级管辖用）

××××人民法院
不同意移送管辖决定书

（××××）……刑辖……号

××××人民法院：

你院××××年××月××日关于……（写明被告人和案由）一案请求移送本院审判的请示收悉。

本院经审查认为，……（不同意提级管辖的理由和分析意见）。

本院认为，该案不符合《中华人民共和国刑事诉讼法》第二十四条规定的移送条件，不应当移送本院审理，应由你院依法审判。

××××年××月××日

（院印）

附件8

民事批复（上级人民法院不同意提级管辖用）

关于对……（写明当事人及案由）一案报请提级管辖的批复

（××××）……民辖……号

××××人民法院：

你院《关于……一案报请提级管辖的请示》收悉。我院经审查认为，……（不同意提级管辖的理由和分析意见）。现批复如下：

不同意……一案由本院提级管辖。

此复。

××××年××月××日

（院印）

附件 9

行政决定书（上级人民法院不同意提级管辖用）

××××人民法院

行政决定书

（××××）……行辖……号

××××人民法院：

你院××××年××月××日关于×××（写明起诉人或者原告）诉×××（写明行政主体或者被告）……（写明案由）一案报请提级管辖的请示收悉。

本院经审查认为，……（不同意提级管辖的理由和分析意见）。

本院认为，该案不符合《中华人民共和国行政诉讼法》第二十四条规定的提级管辖条件，应由你院依法审判。

××××年××月××日

（院印）

附件 10

刑事决定书（上级人民法院依职权提级管辖用）

××××人民法院

改变管辖决定书

（××××）……刑辖……号

××××人民法院：

关于……（写明控辩双方名称、姓名和案由）一案，本院认为，……（决定依职权提级管辖的理由和分析意见）。

依照《中华人民共和国刑事诉讼法》第二十四条的规定，决定由本院依照第一审程序审理此案。你院收到此决定书后，即书面通知提起公诉的××××人民检察院。

××××年××月××日

（院印）

抄送：××××人民检察院

附件 11

民事裁定书（上级人民法院依职权提级管辖用）

××××人民法院
民事裁定书

（××××）……民辖……号

原告：×××，……。

……

被告：×××，……。

……

（以上写明当事人和其他诉讼参加人的姓名或者名称等基本信息）

原告×××与被告×××（写明案由）一案，××××人民法院于××××年××月××日立案。

×××诉称，……（概述原告的诉讼请求、事实和理由）。

本院认为，……（写明提级管辖的理由和分析意见）。

依照《中华人民共和国民事诉讼法》第三十九条第一款的规定，裁定如下：

本案由本院审理。

本裁定一经作出即生效。

审 判 长 ×××
审 判 员 ×××
审 判 员 ×××
××××年××月××日
（院印）
法官助理 ×××
书 记 员 ×××

附件 12

行政裁定书（上级人民法院依职权提级管辖用）

××××人民法院
行政裁定书

（××××）……行辖……号

原告×××诉被告×××（写明案由）一案，××××人民法院于××××年××月××日已经立案。

本院认为，……（写明提级管辖的理由和分析意见）。依照《中华人民共和国行政诉讼法》第二十四条第一款的规定，裁定如下：

本案由本院审理。

本裁定一经作出即生效。

审 判 长 ×××

审 判 员 ×××

审 判 员 ×××

××××年××月××日

（院印）

法官助理 ×××

书 记 员 ×××

附件 13

民事请示（高级人民法院将依申请再审的案件报请最高人民法院再审提审用）

关于……(写明再审申请人及案由）一案 报请再审提审的请示

（××××）……民申……号

最高人民法院：

再审申请人×××因与被申请人×××……（写明案由）一案，不服××××人民法院/本院（××××）……民×……号民事判决/民事裁定，向本院申请再审。本院依法组成合议庭进行了审查，并经审判委员会讨论，现已审查终结。

×××申请再审称，……（概述再审请求、事实和理由）。

本院经审查认为，……（写明本院再审申请审查情况）。×××的再审申请符合《中华人民共和国民事诉讼法》第二百零七条第×项规定的情形。同时，……（写明报请再审提审理由、合议庭评议意见、审判委员会讨论意见）。

依据《中华人民共和国民事诉讼法》第二百零五条第二款的规定，报请你院提审该案。

以上请示，请复。

附件：案卷×宗

××××年××月××日

（院印）

附件 14

民事请示（高级人民法院将依职权再审的案件报请最高人民法院再审提审用）

关于……（写明当事人及案由）一案
报请再审提审的请示

（××××）……民监……号

最高人民法院：

二审上诉人/原审原告×××与二审被上诉人/原审被告×××、原审第三人×××……（写明案由）一案，××××人民法院/本院于××××年××月××日作出（××××）……民×……号民事判决/民事裁定，已经发生法律效力。本院经审查认为，……（写明本院对案件的审查情况），该判决/裁定确有错误，应予再审，同时……（写明报请再审提审理由、合议庭评议意见、审判委员会讨论意见）。

依据《中华人民共和国民事诉讼法》第二百零五条第二款的规定，报请你院提审该案。

以上请示，请复。

附件：案卷×宗

××××年××月××日

（院印）

附件 15

行政请示（高级人民法院将依申请再审的案件报请最高人民法院再审提审用）

关于……（写明再审申请人及案由）一案
报请再审提审的请示

（××××）……行申……号

最高人民法院：

再审申请人×××因与被申请人×××……（写明案由）一案，不服××××人民法院/本院（××××）……行×……号行政判决/裁定，向本院申请再审。本院依法组成合议庭进行了审查，并经审判委员会讨论，现已审查终结。

×××申请再审称，……（概述再审请求、事实和理由）。

本院经审查认为，……（写明本院再审申请审查情况），×××的再审申请符合《中华人民共和国行政诉讼法》第九十一条第×项规定的情形。同时，……（写明报请再审提审理由、合议庭评议意见、审判委员会讨论意见）。

依照《中华人民共和国行政诉讼法》第九十二条的规定，现报请你院提审该案。

以上请示，请复。

附件：案卷×宗

××××年××月××日

（院印）

附件 16

行政请示（高级人民法院将依职权再审的案件报请最高人民法院再审提审用）

关于……（写明当事人及案由）一案
报请再审提审的请示

（××××）……行监……号

最高人民法院：

二审上诉人/原审原告×××与二审被上诉人/原审被告×××、原审第三人×××……（写明案由）一案，××××人民法院/本院于××××年××月××日作出（××××）……行×……号行政判决/行政裁定，已经发生法律效力。本院经审查认为，……（写明本院对案件的审查情况），该判决/裁定确有错误，应予再审，同时，……（写明报请再审提审理由、合议庭评议意见、审判委员会讨论意见）。

依据《中华人民共和国行政诉讼法》第九十二条的规定，报请你院提审该案。

以上请示，请复。

附件：案卷×宗

××××年××月××日

（院印）

附件 17

民事裁定书（最高人民法院依高级人民法院报请同意提审该院依申请再审的案件用）

中华人民共和国最高人民法院
民事裁定书

（××××）最高法民监……号

再审申请人（一、二审诉讼地位）：×××，……。

……

被申请人（一、二审诉讼地位）：×××，……。

……

二审上诉人/二审被上诉人/第三人（一审诉讼地位）：×××，……。

……

（以上写明当事人和其他诉讼参加人的姓名或者名称等基本信息）

再审申请人×××因与被申请人×××……（写明案由）一案，不服××××人民法院（××××）……民×……号民事判决/民事裁定，提起再审申请。

××××高级人民法院经审查认为，……（写明高级人民法院审查情况），×××的再审申请符合《中华人民共和国民事诉讼法》第二百零七条第×项的规定。同时，××××高级人民法院认为，……（写明报请再审提审的理由），向本院报请再审提审。本院依法组成合议庭进行了审查，现已审查终结。

本院认为，……（写明对高级人民法院报请再审提审的事实与理由的分析意见）。

依照《中华人民共和国民事诉讼法》第二百零五条第二款、第二百一十三条的规定，裁定如下：

一、本案由本院提审；

二、再审期间，中止原判决/裁定的执行。

本裁定一经作出即生效。

审 判 长 ×××
审 判 员 ×××
审 判 员 ×××
××××年××月××日
（院印）
法官助理 ×××
书 记 员 ×××

附件 18

民事裁定书（最高人民法院依高级人民法院报请同意提审该院依职权再审的案件用）

中华人民共和国最高人民法院
民事裁定书

（××××）最高法民监……号

二审上诉人（一审原告）/原审原告：×××，……。

……

二审被上诉人（一审被告）/原审被告：×××，……。

……

原审第三人：×××，……。

（以上写明当事人和其他诉讼参加人的姓名或者名称等基本信息）

二审上诉人/原审原告×××与二审被上诉人/原审被告×××、原审第三人×××……（写明案由）一案，××××人民法院于××××年××月××日作出（××××）……民×……号民事判决/民事裁定，已经发生法律效力，××××高级人民法院经审查认为，……（写明高级人民法院审查情况），该判决/裁定确有错误，应予再审。同时，××××高级人民法院认为，……（写明报请再审提审的理由），向本院报请再审提审。本院依法组成合议庭进行了审查，现已审查终结。

本院认为，……（写明对高级人民法院报请再审提审的事实与理由的分析意见）。

依照《中华人民共和国民事诉讼法》第二百零五条第二款、第二百一十三条的规定，裁定如下：

一、本案由本院提审；

二、再审期间，中止原判决 / 裁定的执行。

本裁定一经作出即生效。

审 判 长 ×××

审 判 员 ×××

审 判 员 ×××

××××年××月××日

（院印）

法官助理 ×××

书 记 员 ×××

附件 19

行政裁定书（最高人民法院依高级人民法院报请同意提审该院依申请再审的案件用）

中华人民共和国最高人民法院
行政裁定书

（××××）最高法行监……号

再审申请人（一、二审诉讼地位）：×××，……。

……

被申请人（一、二审诉讼地位）：×××，……。

……

二审上诉人 / 二审被上诉人 / 第三人（一审诉讼地位）：×××，……。

……

（以上写明当事人和其他诉讼参加人的姓名或者名称等基本信息）

再审申请人×××因与被申请人×××……（写明案由）一案，不服××××人民法院（××××）……行×……号行政判决 / 行政裁定，提起再审申请。

××××高级人民法院经审查认为，……（写明高级人民法院审查情况），×××的再审申请符合《中华人民共和国行政诉讼法》第九十一条第×项的规定。同时，××××高级人民法院认为，……（写明报请再审提审的理由），向本院报请再审提审。本院依法组成合议庭进行了审查，现已审查终结。

本院认为，……（写明对高级人民法院报请提审的事实与理由的分析意见）。

依照《中华人民共和国行政诉讼法》第九十二条第二款的规定，裁定如下：

一、本案由本院提审；

二、再审期间，中止原判决 / 裁定的执行。

本裁定一经作出即生效。

审 判 长 ×××
审 判 员 ×××
审 判 员 ×××
×××× 年 ×× 月 ×× 日
（院印）
法官助理 ×××
书 记 员 ×××

附件 20

行政裁定书（最高人民法院依高级人民法院报请同意提审该院依职权再审的案件用）

中华人民共和国最高人民法院
行政裁定书

（××××）最高法行监……号

二审上诉人（一审原告）/ 原审原告：×××，……。

……

二审被上诉人（一审被告）/ 原审被告：×××，……。

……

原审第三人：×××，……。

（以上写明当事人和其他诉讼参加人的姓名或者名称等基本信息）

二审上诉人 / 原审原告 ××× 与二审被上诉人 / 原审被告 ×××、原审第三人 ×××……（写明案由）一案，×××× 人民法院于 ×××× 年 ×× 月 ×× 日作出（××××）……行 ×……号行政判决 / 行政裁定，已经发生法律效力，×××× 高级人民法院经审查认为，……（写明高级人民法院审查情况），该判决 / 裁定确有错误，应予再审。同时，×××× 高级人民法院认为，……（写明报请再审提审的理由），向本院报请再审提审。本院依法组成合议庭进行了审查，现已审查终结。

本院认为，……（写明对高级人民法院报请再审提审的事实与理由的分析意见）。

依照《中华人民共和国行政诉讼法》第九十二条第二款的规定，裁定如下：

一、本案由本院提审；

二、再审期间，中止原判决 / 裁定的执行。

本裁定一经作出即生效。

审 判 长 ×××
审 判 员 ×××
审 判 员 ×××
××××年××月××日
（院印）
法官助理 ×××
书 记 员 ×××

附件 21

民事批复（最高人民法院不同意高级人民法院报请再审提审用）

关于对……（写明当事人及案由）一案报请再审提审的批复

（××××）最高法民监……号

××××高级人民法院：

你院《关于……一案报请再审提审的请示》收悉。我院经研究认为，……（不同意再审提审的理由和分析意见），现批复如下：

不同意……一案由我院提审。

此复。

××××年××月××日
（院印）

附件 22

行政批复（最高人民法院不同意高级人民法院报请再审提审用）

关于对……（写明当事人及案由）一案报请再审提审的批复

（××××）最高法行监……号

××××高级人民法院：

你院《关于……一案报请再审提审的请示》收悉。我院经研究认为，……（不同意再审提审的理由和分析意见），现批复如下：

不同意……一案由我院提审。

此复。

××××年××月××日
（院印）

最高人民法院　最高人民检察院　公安部
印发《关于依法惩治网络暴力违法犯罪的指导意见》的通知

法发〔2023〕14号

各省、自治区、直辖市高级人民法院、人民检察院、公安厅（局），解放军军事法院、军事检察院，新疆维吾尔自治区高级人民法院生产建设兵团分院、新疆生产建设兵团人民检察院、公安局：

现将《关于依法惩治网络暴力违法犯罪的指导意见》予以印发，请认真贯彻执行。执行中遇到的重大问题，请分别报告最高人民法院、最高人民检察院、公安部。

2023年9月20日

最高人民法院　最高人民检察院　公安部
关于依法惩治网络暴力违法犯罪的指导意见

为依法惩治网络暴力违法犯罪活动，有效维护公民人格权益和网络秩序，根据刑法、刑事诉讼法、民法典、民事诉讼法、个人信息保护法、治安管理处罚法及《最高人民法院、最高人民检察院关于办理利用信息网络实施诽谤等刑事案件适用法律若干问题的解释》等法律、司法解释规定，结合执法司法实践，制定本意见。

一、充分认识网络暴力的社会危害，依法维护公民权益和网络秩序

1. 在信息网络上针对个人肆意发布谩骂侮辱、造谣诽谤、侵犯隐私等信息的网络暴力行为，贬损他人人格，损害他人名誉，有的造成了他人“社会性死亡”甚至精神失常、自杀等严重后果；扰乱网络秩序，破坏网络生态，致使网络空间戾气横行，严重影响社会公众安全感。与传统违法犯罪不同，网络暴力往往针对素不相识的陌生人实施，受害人在确认侵害人、收集证据等方面存在现实困难，维权成本极高。人民法院、人民检察院、公安机关要充分认识网络暴力的社会危害，坚持严惩立场，依法能动履职，为受害人提供有效法律救济，维护公民合法权益，维护公众安全感，维护网络秩序。

二、准确适用法律，依法严惩网络暴力违法犯罪

2. 依法惩治网络诽谤行为。在信息网络上制造、散布谣言，贬损他人人格、损害他人名誉，情节严重，符合刑法第二百四十六条规定的，以诽谤罪定罪处罚。

3. 依法惩治网络侮辱行为。在信息网络上采取肆意谩骂、恶意诋毁、披露隐私等方式，公然侮辱他人，情节严重，符合刑法第二百四十六条规定的，以侮辱罪定罪处罚。

4. 依法惩治侵犯公民个人信息行为。组织“人肉搜索”，违法收集并向不特定多数人发布公民个人信息，情节严重，符合刑法第二百五十三条之一规定的，以侵犯公民个人信息罪定罪处罚；依照刑法和司法解释规定，同时构成其他犯罪的，依照处罚较重的规定定罪处罚。

5. 依法惩治借网络暴力事件实施的恶意营销炒作行为。基于蹭炒热度、推广引流等目的，利用互联网用户公众账号等推送、传播有关网络暴力违法犯罪的信息，符合刑法第二百八十七条之一规定的，以非法利用信息网络罪定罪处罚；依照刑法和司法解释规定，同时构成其他犯罪的，依照处罚较重的规定定罪处罚。

6. 依法惩治拒不履行信息网络安全管理义务行为。网络服务提供者对于所发现的有关网络暴力违法犯罪的信息不依法履行信息网络安全管理义务，经监管部门责令采取改正措施而拒不改正，致使违法信息大量传播或者有其他严重情节，符合刑法第二百八十六条之一规定的，以拒不履行信息网络安全管理义务罪定罪处罚；依照刑法和司法解释规定，同时构成其他犯罪的，依照处罚较重的规定定罪处罚。

7. 依法惩治网络暴力违法行为。实施网络侮辱、诽谤等网络暴力行为，尚不构成犯罪，符合治安管理处罚法等规定的，依法予以行政处罚。

8. 依法严惩网络暴力违法犯罪。对网络暴力违法犯罪，应当体现从严惩治精神，让人民群众充分感受到公平正义。坚持严格执法司法，对于网络暴力违法犯罪，依法严肃追究，切实矫正“法不责众”的错误倾向。要重点打击恶意发起者、组织者、恶意推波助澜者以及屡教不改者。实施网络暴力违法犯罪，具有下列情形之一的，依法从重处罚：

（1）针对未成年人、残疾人实施的；

（2）组织“水军”“打手”或者其他人员实施的；

（3）编造“涉性”话题侵害他人人格尊严的；

（4）利用“深度合成”等生成式人工智能技术发布违法信息的；

（5）网络服务提供者发起、组织的。

9. 依法支持民事维权。针对他人实施网络暴力行为，侵犯他人名誉权、隐私权等人格权，受害人请求行为人承担民事责任的，人民法院依法予以支持。

10. 准确把握违法犯罪行为的认定标准。通过信息网络检举、揭发他人犯罪或者违法违纪行为，只要不是故意捏造事实或者明知是捏造的事实而故意散布的，不应当认定为诽谤违法犯罪。针对他人言行发表评论、提出批评，即使观点有所偏颇、言论有些偏激，只要不是肆意谩骂、恶意诋毁的，不应当认定为侮辱违法犯罪。

三、畅通诉讼程序，及时提供有效法律救济

11. 落实公安机关协助取证的法律规定。根据刑法第二百四十六条第三款的规定，对于被害人就网络侮辱、诽谤提起自诉的案件，人民法院经审查认为被害人提供证据确有困难的，可以要求公安机关提供协助。公安机关应当根据人民法院要求和案件具体情况，及时查明行为主体，收集相关侮辱、诽谤信息传播扩散情况及造成的影响等证据材料。网络服务提供者应当依法为公安机关取证提供必要的技术支持和协助。经公安机关协助取证，达到自诉案件受理条件的，人民法院应当决定立案；无法收集相关证据材料的，公安机关应当书面向人民法院说明情况。

12. 准确把握侮辱罪、诽谤罪的公诉条件。根据刑法第二百四十六条第二款的规定，实施侮辱、诽谤犯罪，严重危害社会秩序和国家利益的，应当依法提起公诉。对于网络侮辱、诽谤是否严重危害社会秩序，应当综合侵害对象、动机目的、行为方式、信息传播范围、危害后果等因素作出判定。

实施网络侮辱、诽谤行为，具有下列情形之一的，应当认定为刑法第二百四十六条第二款规定的“严重危害社会秩序”：

（1）造成被害人或者其近亲属精神失常、自杀等严重后果，社会影响恶劣的；

（2）随意以普通公众为侵害对象，相关信息在网络上大范围传播，引发大量低俗、恶意评论，严重破坏网络秩序，社会影响恶劣的；

（3）侮辱、诽谤多人或者多次散布侮辱、诽谤信息，社会影响恶劣的；

（4）组织、指使人员在多个网络平台大量散布侮辱、诽谤信息，社会影响恶劣的；

（5）其他严重危害社会秩序的情形。

13. 依法适用侮辱、诽谤刑事案件的公诉程序。对于严重危害社会秩序的网络侮辱、诽谤行为，公安机关应当依法及时立案。被害人同时向人民法院提起自诉的，人民法院可以请自诉人撤回自诉或者裁定不予受理；已经受理的，应当裁定终止审理，并将相关材料移送公安机关，原自诉人可以作为被害人参与诉讼。对于网络侮辱、诽谤行为，被害人在公安机关立案前提起自诉，人民法院经审查认为有关行为严重危害社会秩序的，应当将案件移送公安机关。

对于网络侮辱、诽谤行为，被害人或者其近亲属向公安机关报案，公安机关经审查认为已构成犯罪但不符合公诉条件的，可以告知报案人向人民法院提起自诉。

14. 加强立案监督工作。人民检察院依照有关法律和司法解释的规定，对网络暴力犯罪案件加强立案监督工作。

上级公安机关应当加强对下级公安机关网络暴力案件立案工作的业务指导和内部监督。

15. 依法适用人格权侵害禁令制度。权利人有证据证明行为人正在实施或者即将实施侵害其人格权的违法行为，不及时制止将使其合法权益受到难以弥补的损害，依据民法典第九百九十七条向人民法院申请采取责令行为人停止有关行为的措施的，人民法院可以根据案件具体情况依法作出人格权侵害禁令。

16. 依法提起公益诉讼。网络暴力行为损害社会公共利益的，人民检察院可以依法向人民

法院提起公益诉讼。

网络服务提供者对于所发现的网络暴力信息不依法履行信息网络安全管理义务，致使违法信息大量传播或者有其他严重情节，损害社会公共利益的，人民检察院可以依法向人民法院提起公益诉讼。

人民检察院办理网络暴力治理领域公益诉讼案件，可以依法要求网络服务提供者提供必要的技术支持和协助。

四、落实工作要求，促进强化综合治理

17. 有效保障受害人权益。办理网络暴力案件，应当及时告知受害人及其法定代理人或者近亲属有权委托诉讼代理人，并告知其有权依法申请法律援助。针对相关网络暴力信息传播范围广、社会危害大、影响消除难的现实情况，要依法及时向社会发布案件进展信息，澄清事实真相，有效消除不良影响。依法适用认罪认罚从宽制度，促使被告人认罪认罚，真诚悔罪，通过媒体公开道歉等方式，实现对受害人人格权的有效保护。对于被判处刑罚的被告人，可以依法宣告职业禁止或者禁止令。

18. 强化衔接配合。人民法院、人民检察院、公安机关要加强沟通协调，统一执法司法理念，有序衔接自诉程序与公诉程序，确保案件顺利侦查、起诉、审判。对重大、敏感、复杂案件，公安机关听取人民检察院意见建议的，人民检察院应当及时提供，确保案件依法稳妥处理。完善行政执法和刑事司法衔接机制，加强协调配合，形成各单位各司其职、高效联动的常态化工作格局，依法有效惩治、治理网络暴力违法犯罪。

19. 做好法治宣传。要认真贯彻“谁执法谁普法”普法责任制，充分发挥执法办案的规则引领、价值导向和行为规范作用。发布涉网络暴力典型案例，明确传导“网络空间不是法外之地”，教育引导广大网民自觉守法，引领社会文明风尚。

20. 促进网络暴力综合治理。立足执法司法职能，在依法办理涉网络暴力相关案件的基础上，做实诉源治理，深入分析滋生助推网络暴力发生的根源，通过提出司法建议、检察建议、公安提示函等方式，促进对网络暴力的多元共治，夯实网络信息服务提供者的主体责任，不断健全长效治理机制，从根本上减少网络暴力的发生，营造清朗网络空间。

最高人民法院
关于为广州南沙深化面向世界的粤港澳
全面合作提供司法服务和保障的意见

法发〔2023〕16 号

为深入贯彻落实党的二十大精神，全面贯彻落实党中央关于推进粤港澳大湾区建设的战略部署，准确实施国务院《广州南沙深化面向世界的粤港澳全面合作总体方案》，充分发挥司法服务保障职能，促进广州南沙在粤港澳大湾区建设中发挥引领带动作用，结合人民法院工作实际，制定以下意见。

一、总体要求

1. 指导思想。坚持以习近平新时代中国特色社会主义思想为指导，贯彻落实党的二十大精神，深入践行习近平法治思想，按照党中央决策部署，坚持能动司法，完善司法政策和配套举措，统筹推进粤港澳司法领域深度合作，打造高水平对外开放门户，支持广州南沙在深化面向世界的粤港澳全面合作中探索创新、树立标杆，为支持香港、澳门更好融入国家发展大局提供有力司法保障。

2. 主要目标。坚持和加强党对司法工作的绝对领导，坚定不移贯彻“一国两制”方针，提高诉源治理和实质性化解矛盾纠纷能力，推动人民法院主动融入国家治理、社会治理，为科技创新和产业发展提供司法服务保障。持续深化与港澳司法规则衔接机制对接，提升与港澳司法交流合作水平，不断增强人民法院工作在粤港澳大湾区建设中的法治示范作用，为广州南沙进一步完善国际一流的市场化法治化国际化营商环境提供有力司法服务和保障。

二、服务保障科技创新产业合作基地建设

3. 加强科技创新与现代化产业体系司法保护。支持广州南沙高质量建设南沙科学城、中国科学院明珠科学园等重大科技创新平台，服务保障我国南方海洋科技创新中心建设。加大以高新技术产业为主体的现代化产业体系司法保护，加强对关键核心技术和产业变革领域司法保护，支持完善电子工程、计算机科学、海洋科学、人工智能和智慧城市等领域的司法保护规则。支持相关科研设备进口，妥善处理因进口设备买卖、租赁、融资租赁、抵押等产生的纠纷，鼓励和规范设备有效利用流转。妥善处理科技金融产品和服务创新领域各类纠纷，依法保护相关主体合法权益。

4. 强化数字经济发展司法保障。支持广州南沙推进数字产业化和产业数字化，促进数字经

济健康规范发展。加快推动完善数据产权司法保护制度，加强数据安全风险防控和个人信息安全保护。支持保障下一代互联网国家工程中心粤港澳大湾区创新中心、南沙（粤港澳）数据服务试验区建设，支持广州互联网法院深化互联网审判创新发展。

5. 加大知识产权司法保护力度。充分发挥知识产权审判对科技创新的激励和保障作用，加大对科技创新成果的知识产权保护力度，完善新技术新业态的知识产权司法保护规则。依法保护科技创新主体合法权益，支持开展赋予科研人员职务科技成果所有权或长期使用权试点。进一步探索明确知识产权侵权损害惩罚性赔偿适用标准，落实和完善以实现知识产权市场价值为指引，补偿为主、惩罚为辅的侵权损害赔偿制度。支持广州南沙建立健全知识产权行政执法与司法衔接机制，推动健全知识产权多元化纠纷解决机制，构建知识产权大保护工作格局。

6. 加强产权平等保护。坚持各类市场主体诉讼地位平等、法律适用平等、法律责任平等，依法平等保护各类市场主体合法权益，持续助力优化法治化营商环境。严格区分经济纠纷、行政违法与刑事犯罪，坚决防止将经济纠纷当作犯罪处理。严格规范涉案财产的处置，严格区分违法所得与合法财产、个人财产与企业财产、涉案人员个人财产和家庭成员财产，依法维护涉案企业、人员及其家庭成员的合法权益。完善涉企产权案件申诉、重审等机制，健全涉产权冤错案件有效防范纠正机制。

7. 打造国际知识产权争端解决优选地。依法公正审理涉外、涉港澳知识产权案件，加强涉外、涉港澳案例发布和规则研究，发挥指导性案例、典型案例示范指引作用。深化知识产权司法保护国际区际交流协作，着力打造具有较强辐射性和国际影响力的知识产权争端解决优选地。

三、推动建设高水平对外开放门户

8. 加强国际商事审判专业化建设。支持广州法院进一步优化国际商事审判资源配置，有序推进国际商事审判机制创新，加强国际商事纠纷审判组织建设，推动完善涉外民商事案件集中管辖布局，加强涉外审判人才的引进、培养和储备。支持符合条件的港澳台人士担任人民陪审员参与涉外、涉港澳台商事案件审理，构建完善公正、高效、便捷、低成本处理国际商事纠纷的体制机制。

9. 服务保障国际航运物流枢纽建设。深化海事审判改革，加强专业化海事审判机制建设。积极服务保障大湾区航运联合交易中心建设，促进粤港澳大湾区内航运服务资源跨境跨区域整合。妥善审理涉及航运物流、铁水联运、航运金融、邮轮游艇经营、海员权益保护、船舶管理等案件，促进运输往来自由便利。

10. 积极推动落实涉外涉港澳民商事案件管辖制度。结合广州南沙建设发展实际，完善涉外、涉港澳民商事纠纷管辖规则，探索细化当事人在涉外民事纠纷中协议选择管辖法院的具体规则，以及涉外民事纠纷与我国存在适当联系的认定标准。

11. 加大国际区际司法交流力度。积极推动简化跨境司法交流合作、人员往来审批程序，支持广州南沙开展国际区际法律研讨、司法论坛、模拟法庭等交流活动。积极邀请港澳法律专家担任研修学者、专家咨询委员会委员，支持港澳法律专业学生到人民法院实习，探索建立香港、澳门法律人才参与人民法院司法审判研究工作机制，支持建立吸纳港澳地区、海外知名专家学者、行业领军人才的司法智库，着力培养具有国际视野、通晓国际法律规则、熟悉域外法律的涉外法律专业人才。

四、支持促进规则衔接机制对接

12. 完善与港澳地区司法规则衔接。探索优化属实申述、委托当事人送达、证据开示、交叉询问、类案辩论、事实清理等诉讼规则衔接，借鉴不同法域的诉讼证据审查方式确认案件事实，鼓励开展裁判规则比较研究和交流互鉴。支持取得律师执业证书（粤港澳大湾区）的香港法律执业者和澳门执业律师在广州南沙执业。

13. 探索完善涉港澳诉讼程序机制。支持南沙法院简化涉港澳案件诉讼程序，完善港澳诉讼主体资格确认、授权委托见证、送达程序及诉讼证据审查认定程序。适时建立根据当事人申请作出简易裁判文书机制，加快推进简化域外证据公证认证，提高涉港澳民商事案件办理质量效率。支持广州法院健全完善适应涉外、涉港澳案件特点的在线诉讼服务机制和平台，加强授权见证等领域智慧法院建设成果推广应用。加强与港澳诉讼服务协同对接，为境内外当事人提供便捷、高效、优质的纠纷解决服务。加强中国特色区际司法协助体系建设，创新涉港澳民事诉讼程序特别机制，完善粤港澳司法协助执行机制。

14. 健全涉外涉港澳纠纷实质性化解机制。支持广州南沙加强矛盾纠纷实质性化解机制建设，建设优化诉讼、仲裁、调解等多元化纠纷解决方式衔接协作的一站式系统平台和工作机制，总结推广内地、境外调解员“双调解”模式，支持商事调解组织、行业性调解组织、仲裁等法律服务机构提供诉前、诉中解纷服务，实现解决纠纷的社会资源科学合理配置。支持建立高效便捷的仲裁裁决执行机制，支持具备条件的港澳法律服务机构、调解员、律师参与纠纷调解。推动建立调解员执业统一资格认证和调解员职业水平评价体系，鼓励外籍调解员和港澳调解员参与纠纷化解，充分发挥港澳调解员和专家咨询委员等协助解决跨境纠纷优势。

15. 完善域外法律查明机制。进一步完善人民法院审理涉外、涉港澳台案件法律适用规则和工作机制，支持和引导根据区域特点和需求，充分利用各类域外法律查明途径，最大程度准确查明域外法律。合理认定域外法律查明内容和查明不能情形，避免在人民法院有义务查明域外法律情形下，仅以当事人未在合理期限内提供域外法律，或者在当事人有义务提供域外法律的情形下，仅因遗漏查明事项或当事人对提供的域外法律存在争议，认定域外法律无法查明。支持探索创新域外法律适用规则机制，深入调研商事主体依法选择适用域外法律解决商事纠纷有关问题。加强域外法查明统一平台建设，支持广州法院完善域外法查明平台建设机制，深化全国涉外审判裁判文书资源共享，支持广州法院加强域外法律及案例资源库建设。拓展域外法律查明有效途径，建立健全与“一带一路”域外法查明（广州）中心等第三方机构常态化合作机制，支持港澳专家在南沙法院出庭提供法律查明协助。

五、助力打造高质量城市发展标杆

16. 促进青年创业就业平台建设。支持广州南沙优化各类面向粤港澳青年的孵化基地、众创空间等合作平台，支持大力发展国际化人力资源服务。加强对粤港澳青年创新创业过程中产生纠纷的分析研讨，妥善处理激励创新与维护合法权益之间的关系。加强高层次法治人才培养储备，为探索推动南沙事业单位、法定机构、国有企业引进符合条件的港澳青年人才提供司法服务。

17. 加强生态环境司法保护。坚持最严格制度最严密法治，依法严惩破坏生态保护红线、自然岸线、非法排污等违法犯罪行为，加大环境侵权禁止令、惩罚性赔偿等制度运用。全面准确适用民法典绿色原则和绿色条款，加强碳排放领域新业态、新权属法律问题研究，妥善处理碳排放权配额、核证自愿减排量交易、碳交易产品担保等涉碳纠纷，完善碳排放权交易司法保护规则体系。贯彻恢复性司法理念，探索创新补植复绿、增殖放流、劳务代偿、技改抵扣、认购碳汇等裁判执行方式。正确把握生态环境保护与经济社会发展的关系，加强乡土树种、古树名木等自然资源司法保护，支持科学有序的城市更新行动，助力广州南沙创建国家生态文明建设示范区。落实环境司法改革要求，深入推进环境资源审判专业化建设，助力生态环境全方位、立体化和系统性保护。

18. 强化民生权益司法保障。依法惩治刑事犯罪，加大电信网络、投资、贸易、金融等领域跨境犯罪打击力度，营造安全稳定的社会环境。加强教育、就业、医疗、住房、社保等民生领域司法保护，妥善处理引进人才、港澳居民因择业择居等产生的纠纷，依法维护港澳居民在内地就业创业、学习生活权益。依法审理跨境婚姻家事案件，注重保护未成年子女合法权益，有效化解矛盾纠纷，增进社会和谐。

19. 加强智慧法院建设。推动智慧法院和智慧城市深度融合融通，加强互联网、云计算、人工智能等技术在司法领域运用，加快推动智慧法院第五代移动通信（5G）全覆盖，提升智慧法院基础建设整体水平和服务能力。加强司法大数据运用，围绕行业产业发展、社会治理等重点领域开展分析研判，探索推动人民法院与相关部门数据信息共享，促进审判执行现代化，为能动司法服务保障区域经济社会发展提供参考依据。

六、完善组织保障机制

20. 加强调查研究。依托最高人民法院司法研究重大课题等平台，系统研究人民法院服务保障粤港澳大湾区法治建设的重点难点问题。定期研判、准确把握广州南沙建设所涉及各类诉讼案件的特点和规律，适时发布指导性案例、典型案例，制定司法解释、指导意见，统一法律适用，提供政策指引。及时总结推广支持和保障广州南沙深化面向世界的粤港澳全面合作的经验做法，持续提升广州南沙法治建设的软实力和影响力。

21. 完善工作机制。最高人民法院各有关部门加强条线指导，各级人民法院增强做好服务中央重大决策部署的主动性、自觉性和前瞻性。最高人民法院第一巡回法庭、第一国际商事法庭充分利用派驻广东的便利条件，立足司法职能，主动服务广州南沙深化粤港澳全面合作重大战略，持续推进改革进程。广东省高级人民法院和广州市中级人民法院要压实主体责任，强化督促问效、细化落实，积极争取当地党委和有关部门支持，凝聚服务保障合力，推动各项建设和改革任务落地见效。

2023 年 10 月 11 日

最高人民法院　最高人民检察院
印发《关于规范办理民事再审检察建议案件若干问题的意见》的通知

法发〔2023〕18号

各省、自治区、直辖市高级人民法院、人民检察院，解放军军事法院、军事检察院，新疆维吾尔自治区高级人民法院生产建设兵团分院、新疆生产建设兵团人民检察院：

为规范人民法院、人民检察院办理民事再审检察建议案件程序，推进落实《中共中央关于加强新时代检察机关法律监督工作的意见》，提升法律监督质效和司法公信力，促进司法公正，根据《中华人民共和国民事诉讼法》和相关法律规定，最高人民法院、最高人民检察院制定了《关于规范办理民事再审检察建议案件若干问题的意见》，现予印发，请结合实际贯彻执行。在执行中遇到的问题，请分别层报最高人民法院、最高人民检察院。

2023年11月24日

最高人民法院　最高人民检察院
关于规范办理民事再审检察建议案件若干问题的意见

为规范人民法院、人民检察院办理民事再审检察建议案件程序，推进落实《中共中央关于加强新时代检察机关法律监督工作的意见》，提升法律监督质效和司法公信力，促进司法公正，根据《中华人民共和国民事诉讼法》等法律规定，结合司法实践，制定本意见。

第一条　民事再审检察建议是人民检察院对生效民事判决、裁定、调解书实施法律监督的重要方式。人民法院、人民检察院应当严格按照《中华人民共和国民事诉讼法》有关再审检察建议的规定，依法规范履行审判和法律监督职责。人民检察院要坚持法定性与必要性相结合的监督标准，增强监督的及时性与实效性，规范适用再审检察建议；人民法院要坚持依法接受监督，增强接受监督的主动性与自觉性，及时办理民事再审检察建议案件，共同维护司法公正。

第二条　人民检察院发现同级人民法院生效民事判决、裁定有《中华人民共和国民事诉讼法》第二百零七条规定情形之一的，或者民事调解书有损害国家利益、社会公共利益情形的，可以向同级人民法院提出再审检察建议；地方各级人民检察院提出再审检察建议的，应报上级人民检察院备案。

人民检察院发现生效民事判决、裁定、调解书系民事诉讼当事人通过虚假诉讼获得的，依照《最高人民法院、最高人民检察院、公安部、司法部关于进一步加强虚假诉讼犯罪惩治工作的意见》第十八条规定办理。

第三条 人民检察院对同级人民法院再审或者审判委员会讨论后作出的生效民事判决、裁定、调解书，一般不适用提出再审检察建议的方式进行监督。

人民法院生效民事判决、裁定、调解书存在的笔误或者表述瑕疵不属于提出再审检察建议的情形，人民检察院可以提出改进工作建议。

第四条 人民检察院提出再审检察建议，一般应当经检察委员会讨论决定。存在特殊情形的，人民检察院可与同级人民法院会商解决。

第五条 人民检察院提出再审检察建议，应当将再审检察建议书连同检察案件材料一并移送同级人民法院。

再审检察建议书应当载明案件相关情况、监督意见并列明原判决、裁定、调解书存在《中华人民共和国民事诉讼法》第二百一十五条、第二百一十六条规定的情形。

人民检察院提出再审检察建议案件不符合前述规定的，人民法院依照《最高人民法院关于适用〈中华人民共和国民事诉讼法〉的解释》第四百一十四条规定处理。

第六条 人民法院应当自收到符合条件的再审检察建议书和相关检察案件材料之日起七日内编立案号，纳入案件流程管理，依法进行审查，并告知人民检察院。

本院或者上级人民法院已作出驳回再审申请裁定的，不影响人民法院受理同级人民检察院提出的再审检察建议。

人民检察院提出再审检察建议的案件已经同级人民法院裁定再审但尚未审结的，人民法院应当将再审检察建议并入再审案件一并审理，并函告人民检察院。案件已经上级人民法院裁定再审但尚未审结的，同级人民法院可以将再审检察建议书及检察案件材料报送上级人民法院并告知提出再审检察建议的人民检察院。

第七条 人民法院对民事再审检察建议案件，应当组成合议庭，在三个月内审查完毕。有特殊情况需要延长的，应当依照相关审批程序延长审查期限。

在原审判程序中参与过本案审判工作的审判人员，不得再参与该民事再审检察建议案件的办理。

第八条 人民法院对民事再审检察建议案件，一般采取审查人民检察院移交的案件材料、调阅原审案件卷宗等方式进行书面审查。经审查，案件可能启动再审或者存在其他确有必要情形的，应当询问当事人。

第九条 人民法院对民事再审检察建议案件经审查认为原判决、裁定、调解书确有错误，决定采纳检察建议启动再审的，再审裁定书应当载明监督机关及民事再审检察建议文号。裁定书应当送交同级人民检察院。

人民法院经审查决定不予再审的，应当书面回复人民检察院并述明理由。人民检察院可以适当方式将人民法院不予再审结果告知申请人。

第十条 人民法院采纳再审检察建议启动再审的民事案件，按照《最高人民法院关于适用〈中华人民共和国民事诉讼法〉的解释》第四百零二条第一款第三项、第四项规定的程序开庭审理。有下列情形之一的，人民检察院可以派员出席法庭：

（一）人民检察院认为原案的处理损害国家利益或者社会公共利益的；

（二）人民检察院认为原案存在虚假诉讼的；

（三）人民检察院调查核实的证据需要向法庭出示的；

（四）具有重大社会影响等其他确有出庭必要的。

人民检察院派员出席法庭的，可以参照《最高人民法院关于适用〈中华人民共和国民事诉讼法〉的解释》第四百零二条第一款第二项规定的程序开庭审理。

第十一条 人民法院采纳再审检察建议启动再审的民事案件，应当将再审后作出的判决书、裁定书送交同级人民检察院。调解结案的，书面告知同级人民检察院。

第十二条 人民法院、人民检察院应当建立民事再审检察建议案件共同调解机制，做好民事再审检察建议案件调解和矛盾化解工作。

第十三条 人民法院、人民检察院应当探索建立常态化工作联系机制。对涉及群体性纠纷或者引发社会广泛关注，可能影响社会稳定的案件，以及重大、疑难、复杂、敏感等案件，人民法院、人民检察院在办理过程中，应当加强相互沟通，依法妥善处理。

第十四条 人民法院、人民检察院应当定期开展再审检察建议工作综合分析和通报，推动审判监督和检察监督工作良性互动，提升再审检察建议案件办理质效。

地方各级人民法院、人民检察院在实践中遇到新情况、新问题可先行会商，并将相关问题及应对措施及时层报最高人民法院、最高人民检察院。

五、最高人民法院工作概况

党的建设

2023年，在中央和国家机关工委、最高人民法院党组和院党建工作领导小组的正确领导下，最高人民法院机关党建工作坚持以习近平新时代中国特色社会主义思想为指导，持续学习宣传贯彻党的二十大精神，深入学习贯彻习近平法治思想，认真落实习近平总书记关于党的建设的重要思想，以党的政治建设为统领，以扎实开展主题教育为抓手，以落实机关党建主体责任为牵引，聚焦“公正与效率”工作主题，坚持讲政治、抓党建、强业务，教育引导院机关各级党组织和广大党员干警深刻领悟“两个确立”的决定性意义，增强“四个意识”、坚定“四个自信”、做到“两个维护”，深入践行新时代公正司法理念，推动机关党建和司法审判工作深度融合，做深做实为大局服务、为人民司法，以高质量党建引领保障新时代新征程审判工作现代化建设。

一、深入开展学习贯彻习近平新时代中国特色社会主义思想主题教育，切实以党的创新理论指导做实新时代公正司法

扎实开展主题教育，坚持不懈用习近平新时代中国特色社会主义思想凝心铸魂，统筹推进主题教育和审判工作，做深做实“学思想、强党性、重实践、建新功”。坚持科学谋划部署，广泛思想发动，注重跟进督导，成立主题教育领导小组及其办公室，科学制定实施方案及工作台账，细化分解35项重点任务，实现挂图作战，成立整改整治督导组和巡回指导组，召开巡回指导电视电话会议，对机关各单位主题教育开展情况进行检查督导。全面加强理论武装，党组带头集中7天举办理论学习读书班，紧紧围绕落实全面从严治党主体责任等7个专题进行学习研讨，现场脱稿发言，突出问题导向，随时开展互动交流，院领导班子成员重点发言32人次，基层党组织书记发言12人次。举办多期“人民法院大讲堂”、法院领导干部学习贯彻习近平新时代中国特色社会主义思想和党的二十大精神培训班，张军同志围绕“司法审判工作中的党性自觉”为全国四级法院党员干警讲授主题教育专题党课，其他院领导分别为分管单位讲授党课。大兴调查研究，对标对表习近平法治思想和党的二十大部署，聚焦全面准确落实司法责任制等内容，确定57个调研课题，查找242个问题并提出对策，调研成果交流直奔主题，针对问题现场督导、点对点部署整改。抓实问题整治，列出问题清单，逐一压实责任，对11个突出问题进行专项整治，以问题真解决、效果真显现为标准，杜绝“纸面销号”“发文销号”。一体推进干部队伍教育整顿，开展理论学习和警示教育，靶向精准开展专项整治，刀刃向内深化自查自纠，运用监督执纪“四种形态”，坚持惩前毖后、治病救人。做好衔接工作，指导中级、基层人民法院开展好第二批主题教育，上下一体抓好问题整改。

二、强化党对司法工作的绝对领导，把旗帜鲜明讲政治贯穿司法审判工作全过程、各方面

始终把党的政治建设摆在首位，教育引导干警自觉把践行“两个维护”融入司法审判工作，做深做实“从政治上看、从法治上办”。认真学习贯彻中央和国家机关部门党组（党委）落实机关党建主体责任座谈交流会精神，修订印发党组落实全面从严治党主体责任清单、机关和直属单位基层党组织落实全面从严治党主体责任清单，推动党建责任落到实处。深化政治机关意识教育，教育引导党员干警深刻理解“人民法院是政治性很强的业务机关，也是业务性很强的政治机关”，推进审判理念现代化，努力实现司法审判政治效果、法律效果、社会效果有机统一，厚植党的执政根基。持续开展对党忠诚教育，充分发挥机关各级党组织主观能动作用，组织广大党员干警结合主题党日、基层联系点等活动，赴北大红楼、焦裕禄同志纪念馆、抗美援朝烈士陵园等红色教育基地参观学习，重温党的光辉伟业，凝聚奋进力量。积极创建模范机关，坚持以创促建、以创促改，聚焦让党中央放心、让人民群众满意的目标，组织开展2021–2023年度创建模范机关先进单位评选表彰和复查工作，持续强化典型示范引领。严格党员教育监督管理，举办2023年处级干部进修班，组织学员到红旗渠干部学院开展党性教育实践，实地调研东城、密云、雄安等地法院。

三、充分发挥党支部在推进审判工作现代化中的战斗堡垒作用，推动基层党组织全面进步、全面过硬

深入了解分析党建与业务融合存在的问题，制定印发《关于做实主题教育整改整治 进一步推动机关党建和司法审判工作深度融合的通知》，促进党建和司法审判工作一体推动、融合落实。修订完善机关党建工作“八项制度”实施细则，进一步提升机关党建工作制度化、规范化、科学化水平。认真开展“四强”党支部推荐和复查工作，6个党支部被评为中央和国家机关“四强”党支部，9个党支部保留称号。严肃党内政治生活，深入开展党章党规党纪教育，严格落实党内各项规章制度，严明党的政治纪律和政治规矩，切实防止和纠正政治偏差。强化政治监督，制定《关于加强机关纪委政治监督工作的若干意见》，深入部分业务庭室和巡回法庭以及6家直属单位基层党组织进行实地监督检查，推进政治监督具体化精准化常态化。严格落实党内关怀帮扶办法，利用“七一”、元旦、春节等时间节点，走访慰问生活困难党员、离退休干部党员。“七一”前夕举办“光荣在党50年”纪念章集体颁发仪式。

四、坚持严管就是厚爱，推进党风廉政建设和反腐败斗争向纵深发展

坚定不移贯彻全面从严治党战略部署，贯通做实审判管理、纪检监察、司法巡查、审务督察、内部巡视等工作，通过管住“案”来管好“人”、治好“院”，一体推进不敢腐、不能腐、不想腐，努力营造风清气正的良好政治生态。锲而不舍落实中央八项规定精神，在节假日等重要节点，印发廉洁纪律通知，通报违反中央八项规定精神典型案例，对值班值守、公车使用等情况进行突击检查、明察暗访，营造廉洁文明过节氛围。制定《最高人民法院工作人员出差

纪律提示》，明确干警出差期间具体纪律要求，切实正风肃纪。狠抓防止干预司法“三个规定”执行，靶向整治人情案、关系案、金钱案。完善人民法院干警违纪违法案件信息管理系统，通报利用审判执行权违纪违法典型案例，督促各单位有针对性地加强党风廉政建设工作。深入开展纪检干部教育整顿，严肃开展自查自纠，扎实推进问题整改，努力锻造忠诚干净担当的高素质纪检铁军。狠抓执纪问责，紧盯问题线索，严肃查处干警违纪违法案件，坚决清除害群之马。强化司法制约监督，印发《人民法院司法巡查工作规划（2023—2027 年）》，组织对海南省高级人民法院进行司法巡查，对 7 个高级人民法院及辖区法院开展实地审务督察，推动司法作风持续好转。督促各高级人民法院法官惩戒委员会设置全覆盖，推动法官惩戒制度实质运行。持续做实巡视整改，制定印发《最高人民法院党组巡视工作规划（2023—2027 年）》，组织开展中央巡视整改“回头看”，以主题教育总结评估深化中央巡视反馈问题整改，推动中央巡视整改任务全面落实落地。

五、更好发挥群团组织作用，激发广大干警投身审判工作现代化的激情动力

充分发挥群团工作优势，健全群团组织，完善制度机制，广泛开展群众性精神文明建设和丰富多彩的文体活动，进一步激发广大党员干警投身司法审判工作的积极性、主动性和创造性。组织召开机关工会第六届会员代表大会第一次全体会议，圆满完成机关工会换届选举。举办机关工会干部集中培训班，不断提高机关工会干部做好群众工作的能力水平。规范和加强工会经费收支管理，制定实施《最高人民法院机关工会经费收支管理办法》及其实施细则，依法依规组织各分工会和基层工会规范开展会费收缴工作。丰富干警文体生活，举办院机关第六届运动会，组织开展集体健步走活动，积极参加中央和国家机关第二届运动会。进一步做实关心关爱干警，加大帮扶慰问力度，开展困难职工情况登记工作，为困难职工“建档立卡”并发放慰问金，先后开设两期暑期托管班，惠及干警子女 207 人次，累计慰问生病住院、结婚生育、退休离岗、抚恤等人员 117 人次。深入实施青年理论学习提升工程，组织开展首届机关青年学习标兵评选活动，举办“青年学习标兵表彰暨青年学习故事分享会”，现场为 50 位青年学习标兵颁发证书。开展“关键小事”调研攻关活动，4 篇调研报告被工委评为优秀调研成果，最高人民法院荣获优秀组织奖。

立案信访

2023 年，最高人民法院立案庭认真贯彻落实党中央重大部署，全面贯彻党的二十大精神，充分发挥集前端与末端于一身的优势，全面贯彻落实立案登记制，进一步延伸诉调对接，全面推进信访法治化，严抓执法办案，加强对下指导，优化提升诉讼服务质效，以“如我在诉”的意识办理每一起案件，努力让人民群众在每一个司法案件中感受到公平正义。

一、践行实质性化解矛盾纠纷理念，做深做实信访工作法治化

一是以“就是头拱地也要把人民的事办好”的决心，全面推行“有信必复”。印发《人民法院办理群众来信工作规定》《最高人民法院办理群众来信工作规程》，升级涉诉信访信息管理系统，组织全国四级法院专项演练。有信必复工作开展以来，最高人民法院录入群众来信119636件，同比增长73.80%，期限内回复率95.84%；地方各级法院共录入群众来信14.77万件，增长140%，期限内回复率89.75%。二是有序开展院领导包案化解信访案件。贯彻落实中央信访联席办部署，推动各级法院院领导包案工作规范化、制度化，健全院领导接访下访长效机制。三是起草《人民法院办理申诉信访案件听证规则》，进一步完善信访案件听证制度。四是在中央政法委统筹下，牵头建设全国矛盾纠纷多元化解信息系统，推动建设实现各政法单位、信访部门以及相关单位各层级矛盾纠纷多元化解数据汇聚、互联互通和业务协同的全国性平台。

二、践行有案必立有诉必理理念，做深做实立案登记制

一是召开四级法院立案庭庭长视频会，下发坚决做好2023年年底立案工作的通知，要求严格执行新的考核指标体系要求，严禁人为“控制立案”。二是开展大数据调研分析，形成年底以撤代结、年初重新立案“变相”不立案调研报告、立案偏离度情况专项分析报告、月末“不立案”问题分析报告。三是依托立案偏离度预警系统、12368热线、满意度评价系统，督促解决压案不立、抬高门槛、超期审核等问题。2023年1月1日至12月31日，12368热线收到3455件“不立案”投诉，逐一办结。四是有序推进二审网上立案。自2023年1月1日起，在山东、河北、浙江第一批试点基础上，在天津、辽宁、吉林等13个地区开展民事、行政二审案件网上立案试点工作。截至2023年12月31日，16个试点地区二审网上立案周期31.31天，较试点前全国平均二审立案周期缩短超过2/3，最快可以实现当天申请、当天立案，试点工作取得阶段性成效。五是下发关于公正高效审查处理四级法院审级职能定位改革试点期间收取的民事、行政申请再审案件材料的通知，要求各高院对9月28日前已经受理的申请再审审查案件依法审查，切实保障当事人依法申请再审的权利。

三、践行公正司法理念，做深做实多元解纷机制

一是牵头起草《重点领域诉源治理工作指引（一）》，促推重点领域纠纷案件量稳步下降至合理区间。二是召开“坚持发展新时代‘枫桥经验’加强诉源治理和信访治理”座谈会，会同全国人大代表、专家学者和中基层法院干警代表，总结提炼人民法院坚持和发展新时代“枫桥经验”司法实践。三是进一步深化“三进”实践。向全国法院下发通知，明确“三五目标”，即2023年年底前实现人民法庭或基层人民法院对接辖区30%以上基层治理单位，2024年6月底前对接率达到50%以上，并实现实质性运行。2023年以来，“三进”工作成效逐步凸显，截至12月31日，就地化解调解纠纷达155.98万件，意味着150多万件纠纷没有进入法院，在村、社区、街道得到有效化解。四是巩固提升“总对总”在线诉调对接成果。建立与13家“总对总”合作单位季度会商机制，开展联合调研，及时分析发现各领域源头治理短板弱项，

推动多元化解机制进一步向前延伸。与住建部构建“法院 + 住建”矛盾纠纷诉源治理和多元化解机制，会同国家知识产权局联合发布 2021–2022 年知识产权纠纷多元调解典型经验做法和案例，巩固提升类型化纠纷多元化解成果。五是出台《关于诉前调解中委托鉴定工作规程（试行）》，推动诉前调解与诉讼程序有序衔接。六是开展第三季全国调解实务视频直播培训，分 10 期培训四级法院特邀调解组织、调解员以及“总对总”单位调解组织和调解员共 20.96 万人次，单次最多培训 3.19 万人次。2023 年 1 月 1 日至 12 月 31 日，诉前调解成功案件 1199.81 万件，同比增长 31.97%。

四、践行案结事了政通人和理念，做深做实执法办案对下指导

一是在办理河北袁某某申请再审案件中，落实“每个环节都要努力实质化解矛盾”要求，承办法官赴当地主持调解，促使政府主动纠错，以和解方式一揽子化解 8 件行政纠纷，在法律框架内寻求解决矛盾的“最优解”。二是制定《最高人民法院刑事申诉案件办理规程》，规范刑事申诉案件审查办理工作。三是起草《人民法院在线办理刑事指定管辖案件工作规范》，推动全流程在线办理刑事指定管辖案件。四是下发关于进一步规范民事案件移送管辖和指定管辖工作的通知，对各地移送管辖、协商管辖等提出具体要求，从源头减少管辖争议。五是出台《最高人民法院关于公司解散纠纷案件受理费收费标准的批复》，明确公司解散纠纷受理费收费标准。六是践行全过程人民民主，通过邀请代表委员参加专题调研、座谈交流、参与司法解释制定、规范性文件起草等，广泛凝聚共识，高质量办结全国两会代表委员建议提案 35 件、代表日常建议 165 件，得到代表委员充分认可。七是举办特约监督员联络活动，邀请 10 名特约监督员走进办公三区，听取意见建议，推动人民法院立案工作高质量发展。

五、践行如我在诉理念，做深做实服务群众服务审判

一是全面升级 12368 热线。最高人民法院 12368 热线开通联系法官功能，架起群众与法院之间的“连心桥”，解决群众“找法官难”问题。制定《人民法院 12368 诉讼服务热线工单交转办工作规程》《12368 热线考勤管理规范》，建立热线工单月通报督办机制，进一步提升热线服务规范化水平。2023 年 1 月 1 日至 12 月 31 日，12368 热线累计接听来电 2076.99 万件，日均接听群众来电 8.31 万件次，群众满意度 93.06%。二是推进跨域诉讼服务改革。起草《最高人民法院关于全面深化跨域诉讼服务改革的意见》，下发《关于开展全面深化跨域诉讼服务改革试点的通知》，组织在 13 个省（自治区、直辖市）率先试点跨域诉讼服务改革。试点地区三级法院经功能测试和操作演练，已正式向群众提供第一批 5 大类 26 项跨域诉讼服务，切实解决群众异地诉讼难问题。三是开展专项培训，持续提升群众司法获得感。联合国家邮政局开展司法专递电子面单改革试点工作，解决邮寄送达纸质面单流转周期长、成本高等问题，提升送达效率。组织满意度评价培训，开展常态化督办，提升群众诉讼服务满意度。四是做深做实调查研究，将调查研究作为改进工作的方式。联合司法部、中华全国律师协会开展在线调研，深入分析收到的 16 万条律师意见建议，提出解决举措。庭主要负责同志带队赴上海、浙江、山东等地调研，召开座谈会 13 场，听取 26 名律师代表意见建议，实地调研 9 家中基层法院及相

关单位，将群众关切和基层声音作为改进工作的着力点。五是加强法治宣传引导。指导拍摄全国首档法治节目《法官你好》，登录全网热搜8次，话题量超1亿。六是举办诉讼服务志愿专家、志愿律师聘请签约活动，聘请中国法学会推荐、中华全国律师协会选派的215名优秀学者、律师参与涉诉信访矛盾化解。

刑事审判

2023年，最高人民法院坚持以习近平新时代中国特色社会主义思想为指导，紧紧围绕“公正与效率”工作主题，做深做实为大局服务、为人民司法，充分发挥刑事审判职能作用，助推以新安全格局保障新发展格局，以更高水平的平安中国、法治中国支撑和服务中国式现代化。

一是坚决维护国家安全和社会稳定。依法严惩渗透颠覆破坏、暴力恐怖、民族分裂、宗教极端等犯罪，坚决捍卫国家政治安全和人民根本利益。始终保持对严重危害社会治安犯罪高压态势，依法审理洪某等故意杀人、盗窃案（“南京女大学生遇害案”）、劳某枝故意杀人、抢劫、绑架案等一批重大案件，有力维护社会治安持续稳定。召开全国法院常态化扫黑除恶斗争重点工作推进会，严格规范各项工作，持续推动常态化扫黑除恶斗争走深走实。深入开展禁毒斗争，召开全国法院毒品案件审判工作会议，印发会议纪要，进一步明确办案要求、法律标准和政策尺度。依法惩治危害公共安全犯罪，召开全国法院危害公共安全刑事案件审判座谈会，推动安全生产责任制有效落实。适应新形势新变化新要求，联合制定发布《关于办理醉酒危险驾驶刑事案件的意见》，统一执法司法标准，加强源头预防和综合治理。

二是切实保障人民群众安居乐业。强化妇女儿童权益刑事司法保护，联合出台《关于办理强奸、猥亵未成年人刑事案件适用法律若干问题的解释》《关于办理性侵害未成年人刑事案件的意见》，织密未成年人保护刑事法网。对线上聊天引诱、进而在线下性侵未成年人的罪犯倪某群、王某山、孙某昌依法核准死刑并作为典型案例发布，推动加强网络治理与监管。依法严惩危害食品药品安全犯罪，加强审判指导，完善行刑衔接，有效维护人民群众“舌尖上”“针尖上”安全。依法严惩非法行医犯罪，联合开展打击非法应用人类辅助生殖技术专项活动，维护正常医疗秩序。召开打击治理电信网络诈骗犯罪重点工作推进会，更加精准有力打击电信网络诈骗及其关联犯罪，组织“全民反诈在行动”宣传月活动，守好群众“钱袋子”安全。

三是服务保障经济社会高质量发展。清理全国非法集资存量案件，重点案件挂牌督办。依法严惩私募基金、操纵证券期货市场、内幕交易等犯罪，加强审判指导和证券期货犯罪审判基地建设，提高办案质效，更好维护金融市场秩序，服务保障化解重大风险。依法打击通过虚假诉讼逃废债、侵害民营企业和企业家合法权益犯罪，回应社会关切，弘扬诚信文化。依法严惩逃税、骗税、虚开增值税发票等犯罪，会同有关部门形成常态化打击机制。依法严惩涉土地、农资犯罪，加强农业知识产权保护，维护国家粮食安全。加强文物保护，联合印发《打击防范文物犯罪专项工作方案（2023—2025）》。

四是保持惩治腐败高压态势。推动反腐败工作向纵深推进，依法审理职务犯罪案件，审结原中管干部职务犯罪案件 29 件。加强国际追逃追赃工作，依法审结中国银行开平支行贪腐案主犯许某俊案，历经 20 年该案主犯全部追回并受到依法惩处。开展“行贿受贿一起查”专题调研，会同有关部门研究建立行贿人“黑名单”制度，制定全国行贿人信息库建设管理方案。

五是持续推进刑事司法改革。深入推进以审判为中心的刑事诉讼制度改革，落实庭审实质化要求，有效提升刑事案件二审开庭率。深化落实认罪认罚从宽制度，细化、明确办案标准，合力推进完善认罪认罚轻微刑事案件办理机制，促进轻罪治理现代化。完善量刑智能辅助系统试行工作，增加试点罪名，扩大试点法院，持续推进量刑规范化改革。加强死刑复核法律援助工作，依法保障被告人获得律师辩护的权利。

民事审判

2023 年，人民法院坚持以习近平新时代中国特色社会主义思想为指导，深入学习贯彻习近平法治思想，深刻领悟“两个确立”的决定性意义，增强“四个意识”、坚定“四个自信”、做到“两个维护”。坚持和发展新时代“枫桥经验”，贯彻新时代公正司法理念，立足民生司法职能，抓实审判管理，强化条线监督，做实调解指导，促推诉源治理，以审判工作现代化服务保障中国式现代化。

一、服务保障党和国家工作大局

一是推动乡村治理。配合立法机关做好《农村集体经济组织法》制定和《农业法》修改工作。起草贯彻落实 2023 年中央一号文件和全面推进乡村振兴重点任务进展报告报中央农办，起草推进法治乡村建设报告报中央依法治国办。加强对审理涉土地承包权和土地经营权流转、农村宅基地“三权分置”和农村集体经营性建设用地入市等纠纷案件，以及资源发包、物业出租、居间服务、资产参股等纠纷案件的调研指导。

二是做好涉军维权工作。继续做好涉军停偿“下半篇文章”。深入调研涉军维权工作重点难点问题，维护国防利益和军人合法权益。推动解决涉军地权益纠纷历史遗留问题，与中央军委军资办、空军参谋部、解放军法院等深入座谈获得部队认同、理解和支持，促进多元、实质解纷，构建畅通、有序、互动、高效的涉军维权工作格局。与涉军单位建立健全涉军案件信息通报、疑难案件会商、重大案件督办等机制，共同推动涉军矛盾纠纷妥善化解。参与全国人大《英雄烈士保护法》实施 5 周年立法宣传策划工作，发布涉英烈权益保护十大典型案例。

三是推进平安中国建设。起草《平安中国建设市域社会治理组 2021 年、2022 年工作情况报告》，承办中央政法委关于市域社会治理考核结果征求意见工作，就《关于开展“十四五”平安中国建设规划实施中期评估工作的通知》中市域社会治理组牵头的“关于重点任务和重要政策措施”部分13项任务逐一梳理，确认评估结论，为下一步工作奠定坚实基础。

二、大力弘扬社会主义核心价值观

一是发布第三批人民法院大力弘扬社会主义核心价值观典型民事案例。案例涉及英烈保护、文明出行、尊老爱幼、婚姻自由、关爱儿童、社会文明、劳动用工、职场友善等，弘扬友善、和谐、文明、法治等社会主义核心价值观。

二是举办“法安天下，德润人心——人民法院弘扬和践行社会主义核心价值观成就展”。全面展示党的十八大以来人民法院弘扬和践行社会主义核心价值观成果，通过线下展馆和线上VR展厅同时进行，推动在部分地方法院巡展，推动社会主义核心价值观进基层、进校园、进社区。展览入选国家文物局、中央文明办、中央网信办组织评选的2023年度“弘扬中华优秀传统文化、培育社会主义核心价值观”主题展览推介项目名单。

三是依法遏制高额彩礼树立婚俗新风。发布涉高额彩礼纠纷典型案例4个，制定《最高人民法院关于审理涉彩礼纠纷案件适用法律问题的规定》，贯彻落实中央一号文件精神，引导社会公众移“歪风”，易“低俗”，让婚礼始于“爱”，让彩礼归于“礼”。

四是强化老年人权益保护。发布第三批老年人权益保护典型案例8个。编选“江苏孤寡残疾老人遗产管理案”在《最高人民法院公报》发布，该案被评为“新时代推动法治进程2023年度十大案件”，该案丰富了民法典关于遗产管理中“利害关系人”的内涵，有力推动遗产管理人制度；也充分肯定不计回报照顾老人的善举，符合中华民族赡养老人、扶残救济的传统美德，有利于弘扬文明、和谐、诚信、友善的社会主义核心价值观。

三、加强民生司法保障

（一）促进和谐家庭建设

一是推进《最高人民法院关于适用〈中华人民共和国民法典〉婚姻家庭编的解释（二）》起草工作。重点解决“假离婚”、同居财产分割、父母为子女出资购房、抢夺藏匿未成年子女、离婚协议将财产给付子女、继父母子女关系认定等审判实践中的疑难问题，引领和规范民事行为。二是对家庭暴力“零容忍”。筹备、参与《消除对妇女一切形式歧视公约》第九次履约报告审议。会同国务院妇儿工委联合调研，做好全国人大常委会对《反家庭暴力法》审议准备。与联合国妇女署共同举办“涉家暴案件审判的司法理念与实践经验暨中国反家暴十大典型案例发布”国际研讨会。发布2批反对家庭暴力典型案例，落实人身安全保护令司法解释及贯彻实施意见。

（二）加强劳动者权益保障

一是起草《最高人民法院关于审理劳动争议案件适用法律问题的解释（二）》向社会公开征求意见，按程序适时发布。二是加强超龄劳动者劳动权益保障。起草、研究、发布《最高人民法院关于加强对未享受基本养老保险待遇的超龄劳动者劳动权益保护的司法建议书》；与人力资源社会保障部、全国总工会联合推进发布“涉欠薪纠纷典型案例”。三是加强新业态劳动者劳动权益保障。与人社部联合发布新就业形态劳动争议典型案例，对通过订立民事合作协议规避用人单位义务、“假外包真用工”、诱导劳动者注册个体工商户等违法用工行为予以纠正。配合人社部制定印发新就业形态劳动合同和书面协议示范文本，制定维护权益有关指引和指南意见，促进行业规范，促推诉源治理。

（三）保障人民群众生命财产安全

一是推动侵权责任纠纷法律适用统一。坚持政策导向、问题导向，制定《最高人民法院关于适用〈中华人民共和国民法典〉侵权责任编的解释（一）》，依法保障人民群众生命财产安全。二是促推健康中国建设。首次发布涉体育纠纷典型案例，在法治轨道上保障全民健身、促进竞技体育发展、繁荣体育产业。三是保障平安医院建设。支持卫健委召开 2023 年“全国平安医院建设工作会议”，负责民事审判部分工作指导。参加全国血友病感染艾滋病患者社会救助专项工作。

（四）保障人民群众居住权益

一是防范化解执行异议纠纷，保障住有所居。会同第六巡回法庭发出“一号司法建议”《关于加强商品房预售监管 协同推进矛盾纠纷源头治理的司法建议书》，住房和城乡建设部、自然资源部均来函反馈落实情况。贯彻落实党中央、国务院“保交楼、稳民生”决策部署，推进制定执行异议之诉司法解释。各地法院推进房地产纠纷诉源治理初见成效，例如，2023 年河南省法院全年受理的房屋买卖类一审案件同比下降 6.01%；审结涉保交楼纠纷 22768 件，调撤结案 8507 件，调撤率 37%。二是保障老旧小区改造，促进安居乐业。深入学习贯彻习近平总书记关于老旧小区改造的重要讲话精神，促进无障碍环境建设法有效实施，与住建部联合发布老旧小区加装电梯典型案例，明确行为规则，强化诉源治理，促进社区和谐。三是助力采暖供热工作，彰显司法温度。分析近年来全国法院一审审结的 35.2 万件采暖供热纠纷，实地走访北方 4 省部分政府部门、行业协会和供热企业及用热群众代表，形成报告报中央，从六方面提出防范化解措施，助力全国供热工作顺利开展，实现 2023 年全国供热合同纠纷一审收案量同比下降 13.11 个百分点。

（五）满足人民群众高品质生活需要

一是治理建设工程施工“乱象”。坚持问题导向，推进制定《最高人民法院关于审理建设工程施工合同纠纷案件适用法律问题的解释（二）》。指导专业调解、行业调解，加强诉调对接，深化建工领域诉源治理，服务保障建筑市场健康发展。二是开展民间借贷纠纷专题调研。围绕民间借贷司法保护上限标准等重点问题，先后赴 8 省市调研，形成专项报告上报中央供决策参考。三是加强消费者权益保障。发布网络消费典型案例，发布食品安全惩罚性赔偿典型案例，进一步统一“知假买假”裁判规则、保护食品安全、打击私藏夹带、敲诈勒索违法行为。推动制定预付式消费司法解释，充分发挥预付式消费降低经营者融资成本、促进投资和降低消费者消费成本、促进消费作用。

（六）强化网络空间治理

一是加强民营企业、民营企业家人格权保护。发布相关典型案例，营造有利于民营经济发展的舆论环境、关心尊重民营企业家的良好社会氛围，营造公平有序的营商环境。二是强化算法技术司法规制。以“数字经济背景下民生权益司法保护问题”为主题展开调研，明确涉数据权益民事案件的法律适用，完善支持和规范发展新就业形态的重点规则，加强对网络民事侵权的司法应对，并明确算法司法规制的基本规则。

四、坚持和发展新时代“枫桥经验”

一是联合召开全国调解工作会议。2023 年 10 月 8 日，最高人民法院与司法部联合召开全国调解工作会议，深入学习贯彻习近平法治思想特别是习近平总书记关于调解工作的重要指示精神，总结交流近年来调解工作取得的成效经验，表彰模范先进，研究部署推进新时代新征程调解工作的任务措施。中共中央政治局委员、中央政法委书记陈文清出席会议，为受表彰代表颁奖并讲话。最高人民法院党组书记、院长张军，司法部党组书记、部长贺荣出席会议并讲话。会上，联合印发《关于充分发挥人民调解基础性作用 推进诉源治理的意见》，推动做实新时代大调解工作格局。

二是推进“枫桥式人民法庭”创建示范项目。2023 年 9 月 16 日，党和国家功勋荣誉表彰工作委员会办公室函复同意设立“枫桥式人民法庭”创建示范项目。同年 11 月 16 日，召开全国法院“枫桥式人民法庭”创建示范项目动员部署会议，贯彻落实中央“枫桥经验”纪念大会和全国调解工作会议精神，促推诉源治理。会后，印发《“枫桥式人民法庭”创建示范活动方案》，推动创建工作。

三是发布建设案例，打造枫桥式人民法庭。发布《“打造枫桥式人民法庭 推动诉源治理”典型案例暨新时代人民法庭建设案例选编（五）》，集中展示人民法庭在推动源头治理、推进多元解纷、化解涉农纠纷、防止家事纠纷、优化营商环境等方面的探索与创新，引领全国人民法庭进一步推动诉源治理，推广落实“枫桥经验”，做实指导人民调解法定职责。

四是加强人民法庭理论研究和实践探索。与华东政法大学、西南政法大学、西北政法大学分别合作设立“枫桥式人民法庭”建设研究基地，落实中央《关于加强新时代法学教育和法学理论研究的意见》。

商事审判

2023 年，全国法院扎实有效开展学习贯彻习近平新时代中国特色社会主义思想主题教育，全面贯彻党的二十大、二十届二中全会以及中央政法工作会议、中央金融工作会议、中央经济工作会议精神，完整、准确、全面贯彻新发展理念，抓实“公正与效率”工作主题，做实新时代公正司法工作，有效贯彻实施民法典，积极配合公司法修改，依法平等保护民营企业和民营企业家合法权益，召开商事审判条线工作会议，研究制发司法建议，防范化解重大风险，推进营商环境优化，积极发挥商事审判职能作用，维护市场秩序，促进经济发展，为实现中国经济的回升向好作出积极贡献。

一是有效贯彻实施民法典。为有效满足司法实践需求，确保民法典统一正确实施，在清理原合同法相关司法解释的基础上，结合审判实践中遇到的疑难问题，研究制定《最高人民法院关于适用〈中华人民共和国民法典〉合同编通则若干问题的解释》，内容包括一般规定、合同的订立、合同的效力、合同的履行、合同的保全、合同的变更和转让、合同权利义务终止、违约责任和附则等九个部分，共 69 条，对于更好地贯彻实施民法典合同编通则部分有关规定，进一步统一相关案件裁判尺度，具有积极作用。在公布司法解释的同时，还配套发布了 10 个典型案例，既有助于更好地理解司法解释的具体规定，又与司法解释确定的裁判规则有效互补，形成了指导合同纠纷审判实践的“组合拳”。

二是积极配合做好公司法、破产法等重要法律修订工作。坚持问题导向，认真总结审判经验，为立法机关和金融管理部门修订公司法、破产法、商业银行法、银行业监督管理法、保险法等重要法律提供意见建议，积极推动部分司法解释内容上升为立法规定，为法律制度的完善贡献了法院智慧。

三是加强商事审判条线指导。组织召开人民法院历史上第一次融合金融刑事、民事、行政审判工作的全国法院金融审判工作会议，通报 2022 年全国法院金融审判优秀调研成果评选情况，安排部署全国法院金融审判工作，助力防范化解金融风险、服务深化金融体制改革，加快推进金融审判体系和审判能力现代化，坚定不移促进金融服务实体经济。组织召开全国法院破产审判工作座谈会，总结近年来全国法院破产审判工作取得的成绩，分析当前破产审判工作面临的形势，部署今后一个时期全国法院破产审判重点工作，并研究讨论有关管理人报酬、房地产企业债务风险防范化解、小微企业破产案件审理和全国破产法庭协作机制建立及运作等问题。组织召开中国法学会审判理论研究会商事审判理论专业委员会第三届商事法律论坛暨 2023 年年会，传达落实全国大法官研讨班精神，统一商事审判工作理念和司法裁判尺度，通过以“在民商事审判中如何将‘公正和效率’落到实处”为主题，围绕“‘从政治上看、从法治上办’的民商事审判实践”等八个专题展开经验交流，进一步明确了新时代新发展阶段商事审判工作的发展方向，深化了对商事审判工作现代化的认识，激发了商事审判队伍干事创业的新动力。

四是扎实防范化解重大风险。牢固树立“从政治上看、从法治上办”理念，助力防范化解房地产、金融等领域重大风险。研究制定《最高人民法院关于商品房消费者权利保护问题的批复》（法释〔2023〕1 号），切实依法保护刚需和改善型商品房购买人的合法权益，妥善化解房地产市场风险，厚植党的执政根基。就互联网贷后金融、金融风险防范化解、家族信托等开展专题调研形成调研报告。指导地方法院稳妥审慎开展忠旺集团、河南安徽村镇银行等重大金融风险化解相关工作，确保重大风险化解工作始终在法治化轨道上运行。

五是依法妥善审理破产案件。依法审理破产清算案件，推动一批没有经营前景的企业有序退出市场，释放、盘活市场要素资源，促进有效提升供给体系质效。按照市场化、法治化原则，依法拯救陷入财务困境但仍具有发展前景和挽救价值的企业，稳慎审理上市公司破产重整案件，引导管理人、上市公司有针对性地制定重整计划草案，实质性改善公司经营能力，推动上市公司重整逻辑从保壳套利向产业经营回归，切实提升资本市场资源配置效率，维护社会稳定和资本市场秩序。广东、浙江、江苏、山东等地自 2018 年以来，在现行法律框架下进行

"类个人破产"试点，以自然人债务集中清理的形式探索自然人破产制度，积累了宝贵经验，凝聚了积极舆论共识。

六是严厉打击资本市场欺诈活动。在与证监会等有关部门共同研究的基础上，指导上海金融法院依法办理泽达易盛代表人诉讼纠纷案件，坚持"惩治首恶""实质解纷""终局化解"理念，发行人、实际控制人、高管、负有责任的中介机构自愿共同赔偿 2.8 亿余元，7195 名投资者接受了赔偿方案，占全体适格原告的 99.6%，单个投资者人均获赔 3.89 万元，最高获赔 500 余万元，全部赔偿到位，社会各界给予高度评价。这是我国证券司法史上继康美药业案件后的第二起特别代表人诉讼案件，是落实党中央关于"完善代表人诉讼制度"要求的扎实工作举措。

七是研究制发司法建议。牢固树立"抓前端、治未病"理念，研究制发信用卡纠纷和保证保险纠纷司法建议。针对商事审判领域信用卡纠纷和保证保险纠纷案件占比较大且上升较快等情况，就两类案件的诉源治理问题深入开展专题调研，在与多地法院、社会治理中心、监管部门、行业组织、金融机构实地交流访谈、数据综合分析和商请有关职能部门协同的基础上，形成《关于信用卡纠纷诉源治理的调研报告》和《保证保险纠纷诉源治理专项调研报告》。在充分调研的基础上，及时制发《最高人民法院关于完善信用卡监管政策维护金融安全的司法建议书》（法建〔2023〕2 号）和《最高人民法院关于加强保证保险纠纷诉源治理的司法建议书》（法建〔2023〕4 号）。

八是依法平等保护民营企业和民营企业家合法权益。张军院长出席"第五届民营经济法治建设峰会"并作主旨讲话，介绍人民法院坚持依法平等保护、服务民营经济发展壮大的工作成效，以法治的确定性稳定市场预期、增强发展信心。征集和发布人民法院依法保护民营企业产权和企业家权益的 11 个典型案例，以法治助力民营企业稳预期、强信心、促发展。制定印发《最高人民法院关于优化法治环境 促进民营经济发展壮大的指导意见》（法发〔2023〕15 号），指导各级人民法院更好地找准法治保障民营经济发展壮大的结合点和着力点，运用法治方式促进民营经济做大做优做强。与发改委、工信部、全国工商联建立常态化工作联席机制，就民营经济发展中遇到的政策落实和个案办理等问题加强协调，狠抓落实，以具体案事件的妥善办理提振民营企业和民营企业家信心。通过以上有效举措，切实贯彻落实党中央关于促进民营经济发展壮大的重大决策部署，持续优化民营经济发展法治环境。

九是持续推进营商环境优化。认真贯彻落实党中央关于优化营商环境的重大决策部署，充分发挥人民法院在推进法治化营商环境建设中的职能作用，配合财政部做好世界银行新一轮营商环境评估中"解决商业纠纷"和"办理破产"等指标完善相关工作。研究世界银行营商环境成熟度报告方法论手册和评估概念书，梳理指标风险点，提出改革思路、改进方案、改革举措，研究制定《最高人民法院关于 2023—2024 年度对接世界银行营商环境成熟度评估的工作方案》，下发《最高人民法院关于对接世界银行营商环境成熟度评估做好"解决商业纠纷"指标企业调查相关工作的通知》（法〔2023〕192 号），指导全国法院依法稳慎审理和实质性化解商业纠纷案件，不断提升商业纠纷整体解决水平，助力加快营造市场化、法治化、国际化一流营商环境。

知识产权审判

2023年，人民法院坚持以习近平新时代中国特色社会主义思想为指导，深入贯彻习近平法治思想，坚持做实“公正与效率”，牢固树立保护知识产权就是保护创新的理念，坚持讲政治顾大局、促公正提效率、重自律强队伍，奋力书写加强知识产权司法保护、服务和支撑中国式现代化建设的华彩新篇章。

一、坚持公正司法、严格保护，做实提质增效

2023年，全国法院一审知识产权案件收案490094件，增长5.52%，上诉率下降1.66个百分点，裁定再审率下降8.13个百分点，审限内结案率提升2个百分点。知识产权司法审判坚持做实公正与效率，案件质效提升显著。审结“金银花”商标侵权案，阐明注册商标中含有的本商品主要原料，注册商标专用权人无权禁止他人正当使用，厘清了认定注册商标中商品原料名称正当使用的判断标准，保护诚信经营，规范市场竞争秩序。审结某硅胶公司诉某电子商务公司、某服饰公司侵害外观设计专利权纠纷管辖争议案，认定确定案件管辖的被诉侵权行为实施地应为具体地址，进一步完善了管辖认定规则，对类案确定管辖具有重要参考意义。成功调解一起发明专利侵权纠纷，主动融入和促进国家治理、社会治理，把人民立场与“和为贵”“无讼”等中华优秀传统文化相结合，让创新受到保护，促进纠纷实质化解，被赞为“能动保护知识产权 促进壮大民营经济”。在“无线吸尘器”发明专利侵权案中促成中外双方就所涉全球20余案达成“一揽子”和解，以“东方经验”实质化解跨国纠纷。做实严格保护，依法加大惩罚性赔偿适用力度，2023年适用案件的数量同比上升117%，判赔总额达11.55亿元，是2022年的3.54倍。在涉“蜜胺”专利及技术秘密案中平等保护内外资企业，高额判赔2.18亿元，该案入选“新时代推动法治进程2023年度十大案件”。在涉“橡胶防老剂”技术秘密侵权案中高额判赔2.02亿元并对拒不执行行为保全裁定的企业和个人均予顶格处罚。针对当前涉电影知识产权纠纷特点和成因，做深做实公正司法，发出《关于加强知识产权保护服务推动电影产业高质量发展的司法建议书》，推动在2023年金鸡百花电影节首次举办“电影知识产权保护论坛”，并由相关行业组织发布保护知识产权的倡议，有效促进涉电影知识产权纠纷的源头治理，推动电影产业高质量发展。

二、加强条线指导，统一法律适用和裁判标准

张军院长出席第五次全国法院知识产权审判工作会议并讲话，全面总结党的十八大以来知识产权审判工作情况，结合落实党的二十大、中央经济工作会议关于创新驱动发展的重要部署，系统谋划新时代新发展阶段知识产权审判工作。陶凯元副院长作总结讲话，明确贯彻落实会议精神的思路方法，指出当前知识产权审判工作协同发展的重点任务，并对知识产权审判实

践中一些重点难点问题提出了具体要求。此次会议紧扣时代主题、锚定方向目标、突出问题导向，有力引领、促进知识产权审判工作高质量发展。会同最高人民检察院起草《关于办理侵犯知识产权刑事案件适用法律若干问题的解释》，进一步明确知识产权罪入罪标准和法律适用问题。修改《最高人民法院关于知识产权法庭若干问题的规定》，适当优化微调法庭管辖案件范围。充分发挥案例指导示范和交流作用，发布8件知识产权保护指导性案例、2022年中国法院10大知识产权案件和50件典型知识产权案例、10件反垄断和反不正当竞争典型案例、8件人民法院电影知识产权保护典型案例、15件人民法院种业知识产权司法保护典型案例，组织开展“2022年全国法院技术类知识产权和垄断案件优秀裁判文书”评选。出版《知识产权审判指导丛书》，介绍知识产权审判工作经验，交流疑难问题解决思路，有效加强对下审判指导。

三、深化司法改革，健全专业化审判机制

推动深化国家层面知识产权案件上诉审理机制改革，完成“深化国家层面知识产权案件上诉审理机制改革及人财物保障问题研究”调研课题。开展“关于构建公正高效的知识产权司法保护体制”重点课题调研，从推动相关制度建设、增强审判能力等方面，明确促进知识产权审判工作水平提高的具体举措。研究指导天津、陕西、青海高院关于调整第一审知识产权刑事案件管辖的方案。加快推进《知识产权诉讼特别程序法》调研，完成征求意见稿初稿并在法院条线征求意见。开展专项调研，梳理“三合一”改革推进中的成效、困难和问题，加强与公安部、最高检的沟通，进一步推动“三合一”改革卡点瓶颈的打通，促进有关部门形成共识，完善顶层设计。持续完善多元化解，全国30个地区实现知识产权调解组织全覆盖，入驻调解组织、调解员持续增长，人民法院委派诉前调解纠纷9万余件，调解成功率超过80%。会同立案庭发布首批10个省（市）的10条典型经验做法和10个案例，引领带动知识产权纠纷有效化解。进一步健全与国家知识产权局的常态化交流会商机制，联合印发《最高人民法院、国家知识产权局关于强化知识产权协同保护的意见》，共同推动知识产权大保护工作格局。促进多元化技术事实查明机制建设，截至目前已有719名技术专家纳入“全国法院技术调查人才库”。在全国范围内全面铺开电子化上诉移送工作，最高人民法院知识产权法庭93.3%的上诉案件实现电子化上诉移送。

四、加强司法宣传和国际交流，提升知识产权审判影响力

组织“知识产权宣传周”新闻发布会，发布《中国法院知识产权司法保护状况（2022年）》《最高人民法院知识产权案件年度报告（2022）》，发布最高人民法院知识产权法庭年度报告、裁判要旨，全方位、多视角、深层次展示人民法院知识产权司法保护成果，加大法律宣传力度。在中国公平竞争政策宣传周期间，组织发布反垄断和反不正当竞争典型案例和典型案件开庭，释放强化反垄断反不正当竞争司法规制的信号。最高人民法院知识产权法庭案件庭审视频案均观看量近2.28万次，中英文网访问量近3亿人次。积极参与世界知识产权组织框架下的全球知识产权治理，张军院长会见世界知识产权组织邓鸿森总干事，最高人民法院与世界知识产权组织签署加强交流与合作谅解备忘录。参与编写世界知识产权组织“旗舰出版物”——

《法官专利案件管理国际指引》"中国专章"。参与编写世界知识产权组织《法官专利案件管理国际指南》，入选"中国法治国际传播2023年十大典型案例"。指导上海、福建、海南、广东四地法院与WIPO仲裁与调解中心建立合作关系、签订交流合作协议、开展诉调对接。

五、加强队伍建设，提高服务大局意识和能力

持续学习贯彻党的二十大精神，全面提升政治能力和司法能力，坚持和完善中国特色知识产权保护和发展之路。落实"三从三看"工作要求，以高站位、高标准、实措施、严要求，聚焦理论学习、调查研究、推动发展、检视整改、干部队伍教育整顿等工作重点，扎实开展主题教育，增强知识产权审判队伍服务大局意识和能力。在国家法官学院组织举办主要面向基层法院的两期全国法院知识产权培训班，来自全国法院的650名知识产权法官以及最高人民检察院、国家知识产权局代表参加培训，实现全国管辖知识产权案件基层法院的全覆盖。

涉外商事海事审判

2023年，人民法院坚持以习近平新时代中国特色社会主义思想为指导，深入学习贯彻习近平总书记关于加强涉外法治建设重要讲话精神，认真落实统筹推进国内法治和涉外法治要求，聚焦"公正与效率"工作主题，充分发挥涉外司法审判职能作用，深入实施精品战略，以高质量涉外商事海事审判服务保障经济社会高质量发展。

一、牢记"国之大者"，主动服务保障国家对外开放重大战略实施

一是大兴调查研究之风，找准找实服务保障切入点。结合学习贯彻习近平新时代中国特色社会主义思想主题教育，由院、庭领导牵头，调研"新形势下健全'一带一路'国际商事争端解决机制""关于新形势下推动仲裁健康发展""加强海洋法治 维护海洋权益 保障海洋安全""司法服务保障海南自由贸易港建设""海外利益司法保护法律制度"等多个课题，聚焦国家对外开放重大战略，找准涉外商事海事审判中的难点堵点问题，积极回应各领域各方面对涉外司法的新需求，有针对性地提出政策建议，主动融入国家治理，抓好促本治末。

二是服务保障自由贸易试验区、自由贸易港建设。认真研究落实习近平总书记关于加强海南自由贸易港建设的重要批示精神，院领导带队赴海南开展调研，深入了解人民法院服务保障海南自由贸易港建设的总体情况和司法需求，提出务实措施，促进自由贸易港建设在法治轨道上平稳安全有序开展。配合商务部制定《关于在有条件的自由贸易试验区和自由贸易港试点对接国际高标准推进制度型开放的若干措施》，指导有关试点地区法院认真实施相关举措。

二、完善涉外法律适用规则体系，夯实涉外法治基础

一是系统完善涉外民事诉讼程序。最高人民法院受全国人大常委会法工委委托，牵头起草

了以涉外编为主要内容的民事诉讼法修正草案，经十四届全国人大常委会第五次会议通过，已于 2024 年 1 月 1 日起正式实施，有效解决了涉外管辖、送达、调查取证、判决承认和执行等涉外民事诉讼程序规则供给不足的难题。

二是深度参与其他涉外重大立法。积极参与外国国家豁免法、对外关系法等重大涉外立法工作，提出的意见建议得到立法机关采纳。推动海事诉讼特别程序法修改工作纳入十四届全国人大常委会立法规划第二类项目并负责牵头起草。积极参与仲裁法修改，深度参与海商法、海洋环境保护法等修订工作，提出高质量修法建议。

三是促进涉外法律适用标准统一。发布《最高人民法院关于适用〈中华人民共和国涉外民事关系法律适用法〉若干问题的解释（二）》《最高人民法院关于审理涉外民商事案件适用国际条约和国际惯例若干问题的解释》，规范域外法查明路径，健全条约和惯例的适用规则。发布仲裁司法审查第 36 批指导性案例 6 件、典型案例 10 件，第四批涉“一带一路”建设典型案例 12 件，发布海事审判典型案例 10 件，与最高人民检察院联合发布海洋环境检察公益诉讼典型案例 9 件，充分发挥案例示范指引作用，统一裁判标准和尺度。

三、深化涉外审判机制改革，不断提升涉外司法效能和公信力

一是强化条线业务指导。召开第六次全国法院涉外商事海事审判工作会议，谋划涉外商事海事审判条线重点工作。针对涉外商事海事案件上诉率、发改率较高等问题，开展专项调研，查找原因、研究举措。

二是优化涉外民商事案件管辖机制。指导广东、江苏、浙江、广西、海南等地调整第一审涉外商事案件管辖，构建既符合当地涉外审判实际，又便利当事人参加诉讼，具有专业化、集约化、高效化特征的涉外民商事审判新格局。

三是完善涉外民商事诉讼便利化机制。指导各级法院认真理解《全国法院涉外商事海事审判工作座谈会会议纪要》相关规定，简化涉外诉讼主体资格证明手续，包括简化外国当事人委托公民代理、一次性授权、境外寄交管辖权异议申请等手续。指导基层法院对于事实清楚、权利义务关系明确、争议不大的简单涉外民商事案件，依法适用简易程序审理。

四是深化海事审判“三合一”改革。稳妥有序推进海事法院试点管辖海事刑事案件，指定厦门、南京海事法院试点受理涉嫌非法采矿罪案件，为进一步科学确定海事法院管辖范围，更好维护国家海洋权益积累实践经验。

四、深入推动国际商事纠纷解决机制建设，为共建“一带一路”高质量发展提供有力司法服务和保障

一是扩大国际商事法庭国际公信力。修改《最高人民法院关于设立国际商事法庭若干问题的规定》，扩大国际商事法庭案件管辖范围。创新开展“集中开庭月”活动，对 10 件国际商事纠纷案件集中开庭、听证，邀请全国人大代表、政协委员，国际商事专家委员、新闻媒体及高校师生等参加旁听，以公正高效、公开透明的审判赢得公信力、扩大影响力。国际商事法庭采用“一揽子”解决纠纷的方式，成功调解两起美国贝达药业公司与上海倍而达公司损害公司利

益纠纷案，案涉标的额 10 亿元，并促使当事人主动撤回境内外多起关联诉讼，实现“一案结、多案消”实质性化解纠纷的良好效果。

二是推动“一站式”机制顺畅运行。在西安举办“一站式”国际商事纠纷多元化解决平台建设暨“一带一路”国际商事法律服务示范区发展研讨会。发布《最高人民法院“一站式”国际商事纠纷多元化解决平台工作指引》，同时，对“一站式”平台进行升级改造，为国际商事纠纷当事人选择中立评估、调解、仲裁或者诉讼等多元化方式解决国际商事纠纷提供支持和便利。

三是充分发挥国际商事专家委员智库作用。完成第三批国际商事专家委员聘任工作，国际商事专家委员达到 61 名，来源覆盖 24 个国家和地区，国际影响力进一步扩大。多位专家委员应邀参加授课、调研、座谈，交流涉外法治领域前沿重点问题，提出具体建议，智库作用得到显著发挥。

四是推动形成各具特色、优势突出的国际商事审判格局。积极指导苏州、北京、成都、厦门、长春、泉州、无锡、南宁、杭州、宁波、南京、青岛 12 家地方国际商事法庭结合区域开放型经济发展需求，创新审判机制、提升审判效能，打造国际商事争端解决新高地。

五、加强涉外审判人才培养，打造高素质专业化涉外审判队伍

举办全国涉外商事审判、涉外新法新规、仲裁司法审查等专题培训班，培训人员 2000 余人次。打造“涉外审判讲坛”品牌，邀请多位国际商事专家委员做专题讲座，为全国涉外审判法官及时了解国际商事领域前沿法律资讯，拓宽国际视野，提升专业素养提供平台，着力培养一支政治立场坚定、专业素质过硬、通晓国际规则、精通涉外法律事务的涉外法治人才队伍。

六、深入开展国际司法交流合作，推动构建更加公正合理的国际秩序

一是积极参与国际规则制定。派员参加联合国贸法会、国际统一私法协会、海牙国际私法会议等国际组织关于“可转让多式联运单证”“管辖权项目”等国际规则的制定，提出“中国方案”，积极向国际社会阐释中国特色涉外法治理念和实践，宣传我国涉外法治建设取得的成就。

二是发出中国法治好声音。在最高人民法院的积极参与和推动下，由中国提出倡议的《北京船舶司法出售公约》于 2023 年 9 月 5 日在北京开放签署。这是联合国大会通过的首部以中国城市命名的国际海事公约，是以我国为主参与国际规则制定的成功典范，具有重要的里程碑意义。配合公约签署，最高人民法院与联合国贸法会首次联合举办国际研讨会，进一步展示了中国法院积极参与国际海事法治建设的重大成果。派员参加第二届中国 – 新加坡国际商事审判案例大讲坛，讲解国际商事法庭案例，进一步增进两国对彼此法律体系的了解与互信。

环境资源审判

2023年，全国法院坚持以习近平新时代中国特色社会主义思想为指导，深入贯彻习近平生态文明思想、习近平法治思想和习近平文化思想，全面贯彻落实党的二十大精神，牢固树立和践行“两山”理念，充分发挥环境资源审判职能作用，做深做实为大局服务、为人民司法，努力以深化新发展阶段环境司法理念变革引领环境资源审判工作高质量发展，坚持用最严格制度最严密法治保护生态环境，持续推动环境法治进程，各项工作取得新进展、新突破。

一、充分发挥环境资源审判职能

圆满完成张军院长向全国人大常委会作关于人民法院环境资源审判工作情况专项报告有关工作。全国人大常委会审议认为，专项报告分析问题实事求是，站位高、措施实、效果好，体现了人民法院忠诚担当、奋发有为的工作态势。专项报告全文对外发布，为推动解决环境资源审判中的突出问题、推进环境资源审判工作迈向新的高度，奠定了基础、指明了方向。一是严格公正司法服务大局。狠抓执法办案第一要务，围绕持续深入打好环境污染防治攻坚战、加快推动发展方式绿色低碳转型、着力提升生态系统多样性稳定性持续性、积极稳妥推进碳达峰碳中和、守牢美丽中国建设安全底线等五项重点任务，更加主动服务党和国家工作大局。2023年全年，各级法院共审结各类环境资源一审案件231830件，其中刑事案件28315件、民事案件154084件、行政案件49431件。二是加强条线重点案件指导。指导山东高院审结伽马刀放射性污染公益诉讼案、指导甘肃高院审结“弃风弃光”公益诉讼案、指导下级法院审理四川巴拉水电站、江苏“毒地”、河北商场吸烟室、云南“大象表演”等多起公益诉讼案件，以及山东锦华公司、江西展航公司等环评造假案，在法律规范的裁量空间内，努力寻找最佳处理方案，努力实现政治效果、法律效果、社会效果的有机统一，努力追求最佳生态效果。三是主动服务流域区域系统保护。积极开展黄河流域司法保护、青藏高原司法保护等专项调研。召开最高人民法院贯彻实施黄河保护法暨沿黄九省区法院黄河流域司法保护工作推进会，与会黄河流域九省区法院共同签署《司法服务黄河流域生态保护和高质量发展山西倡议》，深化黄河流域司法协作。推动长江保护法、黄河保护法、青藏高原生态保护法等法律贯彻实施，总结推广长江“十年禁渔”司法经验和相关案例，指导江苏高院筹办“长江大保护司法改革钟山论坛”、指导湖北高院筹办第二届“长江大保护司法论坛”，促进长江流域司法协作水平持续提升。

二、扎实推进环境资源审判专业化建设

一是健全专门化审判组织体系。截至2023年年底，已有30个高级法院及兵团分院成立环境资源审判庭，南京、兰州、昆明、郑州、长春、乌鲁木齐等中级法院专设环境资源法庭。包括基层法院在内，全国共有环境资源专门审判机构、组织2813个。二是深化环境资源审判

职能“三合一”改革。最高人民法院及地方各级法院环境资源审判机构积极探索涉环境资源刑事、民事、行政审判职能“三合一”，促进刑事追诉与民事赔偿、行政履职依法协同。截至2023年年底，全国共有1159家法院实行“三合一”、536家法院实行“二合一”、44家法院积极探索涵盖执行的“四合一”。三是优化案件集中管辖机制。指导各级法院聚焦山水林田湖草沙一体化保护和系统治理，坚持以流域、森林、湿地等生态系统及国家公园、自然保护区等生态功能区为单位的案件集中管辖机制，各高级法院及新疆生产建设兵团分院中有29家在本辖区内开展环境资源案件集中管辖。积极采取巡回审判、网上办案等便利诉讼措施，协调集中管辖法院与非集中管辖法院加强配合，充分发挥集中管辖的优势作用。加强法院与检察机关、公安机关等部门沟通协调，争取党委政法委统一部署，研究制定更精准更具操作性的集中管辖统一实施指引。四是健全专业化司法举措和辅助机制。指导各级法院聚焦“恢复性司法实践＋社会化综合治理”目标要求，创新用好补植复绿、增殖放流、劳务代偿等特色举措，探索适用技改抵扣、碳汇认购等适应“双碳”工作要求的司法举措，探索完善第三方代履行、替代履行与等价异位修复等司法举措，为生态环境保护、修复提供更多更优选项。发布《最高人民法院关于具有专门知识的人民陪审员参加环境资源案件审理的若干规定》，促推建好具有专门知识的人民陪审员队伍，提升涉案事实、证据、司法鉴定查明质效。同时，就生态环境损害相关资金管理和使用问题开展专项调研，邀请8家中央单位座谈，全面总结各地法院成功经验，鼓励依靠现有政策和条件先行先试，积极探索生态环境赔偿相关资金集约利用的规范方式和途径。

三、推动健全生态环境和资源保护法律适用规范

一是加强司法解释制定。发布《关于审理生态环境侵权责任纠纷案件适用法律若干问题的解释》《关于生态环境侵权民事诉讼证据的若干规定》等3部司法解释，指导各级法院全面准确适用法律。二是加强司法政策供给。发布《最高人民法院关于完整准确全面贯彻新发展理念为积极稳妥推进碳达峰碳中和提供司法服务的意见》，作为全国首部司法服务“双碳”规范性文件，发出“双碳”自主行动司法动员令。发布《最高人民法院关于贯彻实施〈中华人民共和国黄河保护法〉的意见》，指导各级法院助推黄河流域生态保护和高质量发展。与最高人民检察院、中国海警局联合发布《依法打击涉海砂违法犯罪座谈会纪要》，对盗采海砂案件中部分法律适用问题提出指导意见。三是加强案例指导工作。发布环境公益诉讼、长江保护专题指导性案例2批15个，确立、统一裁判规则。发布文物和文化遗产保护、司法服务“双碳”、青藏高原保护、湿地生态保护、国家公园保护等主题典型案例7批78个，充分发挥典型案例对下业务指导和面向社会教育、警示、引领作用。四是积极参与立法工作。加强生态环境法典和公益诉讼立法有关研究，与相关部门一起积极为立法提供审判实践经验。开展生态环境法典编纂相关准备工作，就法典责任编专家稿与全国人大环资委座谈并研提修改意见。

四、延伸职能促推生态环境协同治理

一是开展联合执法。会同生态环境部起草并联合公安部、最高人民检察院共同发布《第三方环保服务机构弄虚作假问题专项整治行动方案》，开展为期1年的专项整治行动；会同公

安部起草并联合其他6家中央部门共同发布《长江河道非法采砂专项打击整治行动方案》，开展为期6个月的专项打击整治行动。会同海关总署、最高人民检察院联合开展为期1年的打击非法引进外来入侵物种违法犯罪专项行动，会同水利部、最高人民检察院、公安部、司法部联合开展为期半年的河湖安全保护专项执法行动，会同公安部对东三省和内蒙古公安机关打击盗挖黑土犯罪情况开展书面调研。二是加大法治宣传。落实“谁执法谁普法”，持续打造“6·5”环境日、国家生态日普法宣传品牌，发布《中国环境资源审判（2022）》（白皮书），与最高人民检察院联合发布生态环境公益诉讼典型案例，总结展示环境资源审判实践与理论研究融合发展的最新成果，促进全社会法治意识和环保意识不断提升。配合“两会”宣传报道，协助新闻局完成央视《热线12》采访、“代表委员看法院·环资审判巡礼”融媒体报道等工作；会同新闻局、央视策划制作6集以案释法节目——《环境司法护佑绿水青山》，用群众喜闻乐见的方式生动阐释“小案件大道理”。会同央视策划制作4集以案释法节目——《依法治水 共护黄河》，献礼国庆。会同传媒总社进行“环资审判巡礼”宣传报道活动，全面展示2018年以来环境资源审判工作的积极进展。在《人民法院报》整版刊发青藏高原司法保护综述文章，展示人民法院司法守护青藏高原生态环境经验成效。突出公正司法导向，大力宣传南京环境资源审判法庭审结的全国首例非法投放外来物种民事公益诉讼案等案件，并被评为“新时代推动法治进程2023年度十大案件”。三是探索同堂培训。举办第二期全国法院环境资源审判专题培训班，与最高人民检察院第八检察厅合作，邀请100余名检察官同堂培训。举办第三期全国法院环境资源审判专题培训班，邀请生态环境部5名同志参加同堂培训，促进相互交流。两次派员为文物执法系统全国培训班授课。

五、深化环境司法国际交流合作

一是举办国际交流活动。筹办中德环境司法线上研讨会、2023年生态文明贵阳国际论坛“法治保障生态文明先行区建设”主题论坛，积极宣传中国环境司法经验。协同国际合作局筹办张军院长会见联合国副秘书长兼环境规划署执行主任英格·安德森，会见希腊最高行政法院法官西奥多拉·马克帕罗，会见欧洲环保协会等活动。派员为金砖国家司法培训班进行英文授课。二是参加国际交流活动。杨临萍副院长带队出访联合国环境规划署及肯尼亚、坦桑尼亚，派员出访美国参加“法官与环境：全球环境司法研究所纽约活动周”，出访印尼、新加坡参加亚洲地区法官“环境与气候法律和审判”培训，并授课两次，积极拓宽国际视野。派员参加2023年上海司法前沿论坛暨第七届崇明世界级生态岛司法研讨会、生态环境部—联合国环境规划署第十三次磋商会、法国驻华大使馆第十二期中法法律与司法交流周主题研讨会。三是推动案例资源共享。向联合国环境规划署推荐第四批中国环境司法案例及《中国环境资源审判（2022）》《中国生物多样性司法保护》报告，出版《中国具有影响力环境资源案件》第一辑、第二辑及《中国环境资源审判（2020）》等双语书刊，深度讲好中国环境司法故事，扩大中国环境司法的国际影响力和感召力。

行政审判

2023年，各级法院的行政审判工作切实践行新时代公正司法理念，着力做深做实为大局服务、为人民司法，把厚植党的执政根基与保护公民、法人和其他组织的合法权益落实到行政审判工作的全过程、各方面。最高人民法院在四级法院审级职能定位改革两年试点期满后，积极应对申请再审审查案件数量激增局面，充分发挥最高人民法院再审监督功能，更好促进全国范围内统一裁判标准，通过有效发挥行政审判应有职能，积极服务保障中国式现代化。

一是树立和践行新时代公正司法理念。进一步增强“四个意识”、坚定“四个自信”、做到“两个维护”，做实“从政治上看、从法治上办”，充分发挥党的领导的最大政治优势，在党委领导支持下积极推动解决仅仅依靠行政审判解决不了、解决不好的矛盾问题。坚持案结事了政通人和，落实“如我在诉”，加强换位思考，“把屁股端端地坐在老百姓的这一面”，更多实现行政争议实质化解。坚持“抓前端、治未病”，立足执法办案加强诉源治理，充分发挥司法建议作用，促进完善行政管理制度，更加积极主动融入、促进国家和社会治理。坚持双赢多赢共赢，把“监督就是支持、支持就是监督”贯穿始终，既监督和支持行政机关依法行政，维护行政机关的公信、权威，更注意维护人民群众切身利益、根本利益。

二是进一步推进行政争议实质化解。各级法院依法落实立案登记制，坚持“有案必立、有诉必理”，切实保障行政诉讼当事人的诉权，坚决杜绝以法外理由“一裁了之”。针对行政案件长期存在的上诉率高、申请再审率高、服判息诉率低的问题，积极开展专项调研和整治，有针对性采取应对措施，稳步推进问题解决。加大行政争议协调化解力度，依法将调解、和解贯穿行政案件办理全过程，其中最高人民法院行政审判庭以调解、准予撤诉方式结案23件，一批疑难复杂的历史积案得到实质化解，为地方法院做出表率。陕西法院依法妥善处理涉秦始皇帝陵博物馆保护征收补偿系列案，实现112件案件全部撤诉、实质化解，央视《焦点访谈》栏目作专门报道。最高人民法院行政审判庭遴选发布实质化解行政争议、行政公益诉讼典型案例，更好发挥案例的示范指引作用，促进实现“办理一案、规范一片”。依法接受检察机关法律监督，妥善办理各类抗诉案件、检察建议，共同推进争议实质化解。

三是进一步加强行政争议诉源治理。各级法院深入学习领会习近平总书记关于坚持和发展新时代“枫桥经验”的重要指示精神，贯彻落实最高人民法院党组关于“法官办案的本质是进行社会治理”的部署要求，立足执法办案加强行政争议诉源治理，更好融入、促进国家和社会治理。针对全国范围内行政机关负责人出庭应诉制度运行情况进行专题调研，进一步推动制度落地落实，促进提升“一把手”依法行政水平，从源头上减少行政争议发生数。积极参与行政机关重大行政决策咨询、重大事项处置论证等程序，充分发挥专业优势，促进提前构筑防火墙、堵塞风险点。进一步争取党委领导、政府支持，因地制宜广泛推动建立行政争议化解中心，其中江苏、浙江、山东等省份已经实现行政争议化解中心全覆盖，更多实现把矛盾纠纷化解在基层、化解在萌芽状态。注重分析研判行政类案高发多发原因，及时提出针对性司法建议、工作建议，服务党委、政府科学决策，努力实现将矛盾纠纷止于未发。辽宁省沈阳法院针对暂停摩托车上牌缺乏法律依据问题，向交管机关发送司法建议，实现每年近4000件行政案件的源头化解。

四是进一步加大对下指导力度。组织召开第六次全国行政审判工作会议，系统总结成效，研判形势任务，对做好新时代行政审判工作进行全面部署。加快研究制定国有土地上房屋征收与补偿、行政诉讼证据等司法解释、司法政策，更加重视发挥批复、答复统一裁判标准的作用，提升对下指导的灵活性。制发《行政诉讼简易程序文书样式（试行）》，规范行政诉讼简易程序文书制作，促进提高审判效率。全面评估行政案件相对集中管辖试点成效，推动优化顶层设计，进一步完善行政诉讼案件管辖制度。认真落实建设人民法院案例库工作要求，加快推进全国行政审判条线案例征集工作，积极审核、报送行政审判入库案例。

五是进一步构建府院良性互动格局。各级法院充分发挥党的领导的最大政治优势，以同堂培训、联合调研、座谈研讨、庭审观摩等多种方式，广泛开展府院联动，更多实现在行政执法、行政复议环节实质化解行政争议，努力凝聚法治政府建设合力。最高人民法院与司法部联合举办首届全国行政审判行政复议工作同堂培训，最高人民法院党组书记、院长张军，司法部党组书记、部长贺荣作专题辅导，带动全国范围内普遍开展此类同堂培训，进一步统一行政执法、行政复议、行政审判标准。针对行政争议多发频发的集体土地征收、城市房屋征收补偿、劳动和社会保障、市场监管、信息公开等行政管理领域，最高人民法院与最高人民检察院、司法部等探索构建“3+N”府院联动工作新机制，积极走访自然资源部、住房和城乡建设部、人力资源和社会保障部、国家市场监督管理总局等部委，进一步凝聚共识、统一标准，从源头上预防和化解相关行政争议。

国家赔偿和司法救助

2023年，最高人民法院牢固树立人民至上的司法理念，践行能动理念抓好执法办案，加强对下监督指导，扎实推进国家赔偿制度机制完善，落实“当赔则赔，应救尽救”“把好事办好”工作理念，充分发挥国家赔偿和司法救助职能，推进各项工作取得新进展、新成效。

一是坚持能动履职，推进国家赔偿审判工作现代化。2023年，全国法院审结国家赔偿（司法赔偿）案件7821件，对符合条件的赔偿请求人及时给予赔偿。依法妥善审理顾雏军案等一批国家赔偿案件，体现国家机关有错必纠、尊重和保障人权的法治思维。树牢“如我在诉”理念，将实质化解纠纷作为“赔源治理”重要抓手之一，成功调撤一批司法赔偿案件，实现了三个效果的有机统一，并从中精选发布5个“国家赔偿矛盾纠纷实质化解典型案例”，实现“办理一案、指导一片”的效果。

二是完善制度体系，推进裁判规范精细化建设。推动国家赔偿法纳入人大立法规划，由

“二类”升格为“一类”任务，高效完成最高人民法院、最高人民检察院修法建议报告的制定，积极建议将《国家赔偿法》修改纳入2024年度立法计划。出台《最高人民法院关于审理司法赔偿案件适用请求时效制度若干问题的解释》(法释〔2023〕2号)，对赔偿请求时效问题作出统一规范，充分体现强化权利救济理念，最大限度维护人民群众合法权益。发布《最高人民法院关于司法赔偿案件案由的规定》，为国家赔偿审判精细化发展以及案件精准统计提供制度保障。切实加强案例指导工作，编选5件指导性案例，发挥案例释法指引作用，确保裁判尺度统一。

三是抓实赔源治理，深入调查研究。积极创新工作方法，采取统筹部署、联动调研等形式，开展刑事赔偿、非刑事司法赔偿、涉监所赔偿等专项赔源治理调研，认真梳理和分析相关赔偿义务机关存在的普遍性和突出性问题，查找执法办案漏洞，深入剖析引发赔偿的原因，提出有针对性的意见建议。以司法审判数据为指引，对突出问题和异常情况进行分析并提出应对举措。协同部分高院联合开展赔源治理情况专项调研，深入分析原因与症结，形成相关调研报告。强化协同联动，最高人民法院赔偿办联合最高人民检察院第十检察厅、公安部法制局和监所管理局、司法部行政执法协调监督局和监狱管理局等成员单位召开联席会议，交流国家赔偿工作情况，就形成工作合力达成共识，为实现国家赔偿审判“抓前端、治未病”，进一步做实赔源治理工作奠定坚实基础。

四是优化工作机制，加强队伍建设。持续打造“国家赔偿审判暨司法救助工作培训课堂”线上精品培训平台，结合审判实务中的热点难点问题，举办3期线上培训活动，实现四级法院条线人员培训全覆盖。深化文书评查工作成果应用，印发《2022年全国法院上网国家赔偿文书评查通报》，推进国家赔偿审判规范化建设。开展全国法院国家赔偿和司法救助优秀调研成果评选活动，评定并发布29篇优秀调研成果，促进条线全面学习交流，着力破解实践难题，推动工作高质量发展。编写出版《最高人民法院涉执行司法赔偿司法解释理解与适用》《国家赔偿法实务与裁判观点集成》等业务指导书籍，夯实国家赔偿审判工作的理论基础，并为法律适用统一提供有效遵循。

五是强化权利保障，推动司法救助工作跨越发展。2023年，全国法院办理司法救助案件30467件，决定救助27483件，发放司法救助金8.36亿元，有效发挥司法救助工作职能。开展保护未成年人权益司法救助专项工作，“六一”前夕与全国妇联共同召开新闻发布会，首次专题发布保护未成年人权益司法救助典型案例，全面展现国家司法救助保障未成年人权益取得的成绩，四川、北京、甘肃等省、市亦发布司法救助典型案例，以扎实的工作彰显党和国家情系民生、扶危济困的人文关怀。加强司法救助信息化建设，有力提升工作质效。

审判监督

2023年，人民法院坚持以习近平新时代中国特色社会主义思想为指导，全面贯彻落实党的二十大精神，统筹“公正与效率”工作主题，坚持公正司法理念，充分运用新时代“枫桥经验”，强化诉源治理，充分发挥审判监督职能作用，守正创新，担当作为，依法纠错，紧紧围绕“努力让人民群众在每一个司法案件中感受到公平正义”目标，不断推进审判监督工作高质量发展。

一、扎实推进刑事审判监督工作，切实维护社会公平正义

一是建立全国法院重大刑事冤错案件审判监督台账及其进度情况表，加强跟踪督导。二是依法审理或督导河北、吉林、江西、四川、福建、内蒙古等地方法院对周某某抢劫案，黄某某“私自建桥案”，胡某某等人强奸、贪污案，李某抢劫案，李某某杀人案，周某某强奸、故意杀人案等一系列社会高度关注的重大、疑难、敏感案件启动再审和改判。三是开展刑事重大冤错案件再审纠错经验教训总结，整理汇编相关资料，作为改进工作的重要学习参考。

二、及时甄别纠正涉产权案件，为促进民营经济发展壮大营造良好司法环境

一是依法妥善审理涉产权冤错案件，再审提审上海市民营企业家金某某骗取贷款申诉案，依法指令广东高院、湖北高院对段某某职务侵占案、汤某某等 3 人非法采矿案等进行再审并宣告无罪，持续向全社会传递人民法院重视产权保护、实事求是、依法纠错的积极信号。二是发布涉民营企业产权和企业家权益保护再审典型案例，2023 年 10 月 10 日最高人民法院召开“涉产权保护再审典型案例新闻发布会”，发布刑事、民事、行政三类涉民营企业产权和企业家权益保护再审 12 个典型案例，诠释人民法院践行习近平法治思想，依法监督纠错，切实守好“最后一道防线”，保护民营企业和企业家合法权益的实际行动。新华社、《人民日报》、中央广播电视总台等主流媒体对此广泛报道，高度评价。三是组织编写涉产权刑事再审纠错案例选，对 2017 年至 2023 年间全国法院再审纠正的典型刑事冤错案件及重要政策文件进行汇编，有力提升了审判监督条线业务指导、深化诉源治理，努力营造让投资者放心投资的法治环境。

三、严格刑罚执行，进一步规范减刑、假释、暂予监外执行工作

一是认真贯彻党中央关于完善刑罚执行制度的部署要求，进一步严格规范假释、暂予监外执行制度实施。2023 年 3 月 3 日，最高人民法院、最高人民检察院、公安部、司法部联合印发《关于依法推进假释制度适用的指导意见》。同年 5 月 28 日，最高人民法院、最高人民检察院、公安部、国家安全部、司法部、国家卫生健康委联合印发《关于进一步规范暂予监外执行工作的意见》，确保依法准确适用暂予监外执行。二是依法妥善处理了货车司机韩某、贺某假释案，魏某、蒋某减刑等案件，全面准确贯彻宽严相济刑事政策和从旧兼从轻原则。做好因涉疫犯罪人员的减刑假释工作，做到维护裁判既判力和人民群众的合法权益相统一。严格把控减刑、暂予监外执行备案条件，完善工作机制。三是根据中央政法机关统一部署，最高人民法院、最高人民检察院、司法部等组成联合检查组，对规范减刑假释工作开展重点专项执法检查。

四、加强依法履职，做深做实再审案件的诉讼调解工作

一是调解化解多件涉民生重要案件，社会效果良好，实现了“三个效果”的统一。圆满调解江苏某建工集团与北京某建筑公司的建设工程施工合同纠纷再审案。依法化解广西博白信用社与中创公司、中谷公司、林某等保证合同纠纷案，该案迁延日久，矛盾积怨颇深，存在重大信访风险，践行新时代公正司法理念，坚持和发展新时代“枫桥经验”、充分发挥调解在矛盾纠纷多元化解机制中的基础性作用，下沉基层、上门释法说理，推动案件成功化解，实现了案件“三个效果”的有机统一，成为主动融入国家治理和社会治理的具体实践，2023 年 12 月 12 日《人民法院报》头版头条《十二年纠纷尘埃落定的背后》予以宣传报道。二是牢牢把握法检协同、法检联动理念，依法审理最高检抗诉案件。以“如我在诉”意识办好案件，切实维护人民群众合法权益，成功调解刘某与王某某房屋买卖合同纠纷，坚持程序公正和实体公正并重，多次和案件当事人进行沟通，耐心听取当事人的倾诉和抱怨，坚持公正司法，促使当事人权衡各自利益形成合理共赢的调解方案，实现案件事了。依法审理田某某与贵州省沿河县某村民组荒山承包合同纠纷案，联合检察机关共同前往贵州省沿河县开展就地调解，圆满促成和解撤诉。依法审理检察机关抗诉的李某某等 5 件劳动争议关联案件，依靠“府院联动”“法检协力”促成当事人达成了和解协议，既解决了当事人历时十多年的诉讼争议，也“一揽子”解决了企业拆迁后遗留的部分职工安置补偿问题。持续抓好法检联动涉诉纠纷化解机制成果转化运用，与最高人民检察院共同研究推进举措。

五、自觉接受法律监督，出台规范办理民事再审检察建议案件的意见

2023 年 11 月 24 日，最高人民法院、最高人民检察院联合发布《关于规范办理民事再审检察建议案件若干问题的意见》。这是贯彻中央依法治国办工作部署，推进落实《中共中央关于加强新时代检察机关法律监督工作的意见》的重要举措，填补了人民法院办理民事再审检察建议案件的制度空白，及时回应了各级法院办理民事再审检察建议案件的实践需要，对于促进检察机关精准开展民事再审检察监督工作，规范人民检察院、人民法院办理民事再审检察建议案件，统一法律适用，提升司法工作质效，共同维护司法公正，具有重要意义，在社会各界引起热烈反响。

六、坚持问题导向，大兴调查研究

坚决贯彻落实党中央关于调查研究工作部署，着眼新时代审判监督事业发展，围绕“涉产权保护案件再审纠错及民营企业、企业家司法保护问题”“审级职能定位改革背景下审判监督机制创新问题”“纠正冤错案件与人民群众要求、社会需求存在差距问题”等课题，科学制定调研方案，成立专项课题组，深入江苏、沈阳、黑龙江、广东、广西、山东等地调查研究，倾听基层意见，形成《关于涉产权保护案件再审纠错工作及民营企业、企业家司法保护问题的调研报告》《关于审级职能定位改革背景下民事审判监督机制创新问题的调研报告》《关于进一步规范指令再审工作机制的报告》《关于纠正冤错案件的调研报告》等多项调研成果，解决真问

题、真解决问题，促进调研成果转化为司法决策和治理成效。

执　行

2023年，全国各级法院执行部门始终坚持以习近平新时代中国特色社会主义思想为指导，认真学习贯彻党的二十大精神，紧紧围绕“公正与效率”永恒工作主题，坚持“抓前端、治未病”，做深做实执源治理和公正司法，执行工作迈出了新步伐，展现了新作为，彰显了新担当。

一、以“数字革命”驱动提质增效，全国法院执行案件呈现“两增一降”

面对受理案件增长10%的压力，充分运用信息化手段，加强调度，迎难而上，全年共执结976万件。执行完毕率同比增长3.27个百分点，更多案件案结事了；首次执行案件结案平均用时同比减少6.89天，执行效率显著提高；执行到位金额2.26万亿元，同比增长12%。

二、以“执源治理”促进案结事了，“一案结而多案生”情况有效遏制

在立、审部门支持下，强化执行工作向前端延伸，全国法院新收保全案件349.38万件，同比增长36.32%；结案同比增长34.95%。执行条线“案－件比”为1 ∶ 1.25，同比下降1.5个百分点，案件质效进一步提升。

三、以“交叉执行”践行公正司法，执行工作内生动力充分激发

自2023年10月试点以来，全国绝大部分省份均已推行异地交叉执行工作，以创新执行模式化解执行积案，杜绝消极执行。全国法院已指定执行、提级执行8782件，取得实质进展或化解2652件，执行到位193.89亿元。

四、以“执行联动”推进综合治理，执行“工具箱”持续充实完善

拓展5种查找失信被执行人手段、丰富4种财产查控途径、落地20项联合惩戒措施、弥补3种共享信息空白，有力保护当事人权益，助推社会信用体系建设。

五、深化主题教育，全面激发执行条线凝聚力、战斗力、执行力

一是以学铸魂，深入学习领会习近平新时代中国特色社会主义思想，围绕如何实现“2035年切实解决执行难”目标、如何以执行工作高质量发展服务保障经济社会高质量发展、如何以执行工作现代化服务保障中国式现代化等思考、谋划执行工作。二是以学增智，联合国家法官学院围绕“促公正、提效率、强队伍”“能动执行、服务大局”等主题举办三期全国法院执行局长专题培训班。三是以学正风，大兴调查研究之风，聚焦“执源治理”、能动执行、有信必复、赃物处置等问题开展调研。牵头召开“营造法治化营商环境 促进民营经济发展壮大”重

点督办建议专题座谈会，重点督办建议所涉关于完善失信、限消制度的建议。四是以学促干，召开全国法院上半年执行工作会、第三季度工作调度会和“百日执行攻坚”工作调度会，全面部署开展八大执行专项工作。起草“切实解决执行难”工作纲要，推进构建“切实解决执行难”指标体系，进一步明确目标任务，为新时代执行工作擘画发展蓝图。

六、坚持为民执行，以“如我在诉”解决阻滞问题，补强短板弱项

一是开展“有信必复”专项行动。以“干就干好”的决心和气力，强化实质化解。完善“局领导牵头办理重大疑难复杂案件，全局干警负责信访办理和核销”机制，实现执行信访案件即来即办、动态清零。二是开展网络司法拍卖评查和整治专项行动。重点评查评估拍卖等六类21项问题40余万案件，对发现的利用网拍平台售卖假冒伪劣产品行为，及时发布工作提示督促各地法院严格把关。全国法院网络司法拍卖标的物数量、成交数、成交额、成交率实现“四增”。拍卖标的物145.4万件，同比增长46.56%；成交43.68万件，同比增长30.95%；成交额4115.08亿元，同比增长8.65%；成交率67.28%，同比上升8.99个百分点。三是开展打击被执行人违反限高令乘机专项整治行动。专项行动期间，全国法院累计罚款、拘留4612人次，追究拒执罪176人；推动执行到位10.43亿元，形成打击失信被执行人、弘扬诚信的良好氛围。四是开展执行案款管理风险排查与整治专项行动。全国法院已发放案款9784.88亿元，有效遏制无法定事由超期未发放案款问题。五是开展不规范执行行为专项整治行动。切实整改带财终本、虚假终结、违规销案行为。六是开展“规范执行行为 加强监督管理”专项调研督导。针对践行英模精神、强化执行管理、加强执行监督等六方面问题，对19个省（区、市）进行督导，动真碰硬发现问题，解决问题。七是年底开展“百日执行攻坚”专项行动。聚焦推进交叉执行、整肃案款管理、治理重复信访、开展清欠专项行动等4项重点工作，“啃硬骨头”真抓实干推动执行各项工作。八是开展执行领域突出问题专项审务督察。联合督察局对北京、四川、宁夏、海南等地进行专项督察，发现违纪违法线索即时启动“一案双查”，严肃追责。

七、践行公正司法，“抓前端、治未病”促推执行工作效能和效果

一是强力推进交叉执行工作试点运行。一方面，在江苏、山东、安徽等省推进交叉执行（指定执行、提级执行）试点基础上，全条线有序稳步推进交叉执行全覆盖；另一方面，既做好相关个案的监督、指导和协同工作，推动案件取得实质进展，更注重深化审执分离改革导向，为完善和落实交叉执行工作制度夯实基础。二是驰而不息落实国家稳经济、护民企、保就业举措。深入开展清理拖欠企业账款专项活动，各类欠款执行到位232.84亿元，切实维护中小企业合法权益，避免相关纠纷进入审判执行程序。三是切实落实国家根治欠薪专项活动要求。开展涉农民工工资和其他涉民生案件专项执行活动，执行到位606.41亿元，兜牢民生底线。四是开展非法集资执行专项工作。重点案件执行到位945.79亿元，有力维护金融领域安全。五是开展追回违规领取失业保险待遇专项活动。联合人社部开展专项行动，落实习近平总书记关于维护失业保险基金安全的重要指示精神。六是开展执行涉税问题专项调研。联合国家税务总局财产行为税司调研解决不动产拍卖过程涉及增值税、印花税、契税等5个税种的执行

争议问题，避免因税款争议产生新的执行异议复议案件。七是开展涉消费者“预付卡”执行问题专项调研。联合商务部建设司探索建立消费者“预付卡”账户涉执纠纷解决机制，减少此类纠纷进入执行程序，执结“小标的”，服务“大民生”。

八、推进条线管理，强化“三统一”理念，实现全国执行“一盘棋”

一是全力推进执行联动工作再上新台阶。实现“五个首创”：首次将执行办案系统接入国家移民局“边控系统”，以在线“边控”助推实现“完债离境”；首次实现系统自动限制失信被执行人赴港澳台旅游和边境旅游；首次将执行查控系统接入中国人民银行全量（超百亿）账户核查系统，实现对境内开户被执行人的实时精准查询；首次将执行查控系统接入自然资源部全国不动产登记系统，实现异地不动产的网络执行，大大提高查控效率；首次与民航公安局达成信息共享机制，实现对失信被执行人在“值机”端的拦截。二是持续深化执行条线“一竿子插到底”监管。加强执行指挥中心调度协调、服务保障、督办管理作用，全年督办下级法院 4.25 万次，解决请求事项 1400 项；恢复执行案件、执行到位金额等数据存在异常情况的 351 家中基层法院进行集中调度约谈，强化数据动态监管。三是全面加强对执行一线办案的服务保障。联合信息中心上线终本案件动态管理、执行款物管理系统，升级“总对总”网络查控系统，并在河北、辽宁、江苏等地三级法院上线试运行，取得良好成效，下一步将逐步在全国推广。四是强化异地执行协同机制。全国法院事项委托发起、办结数大幅增长，办理效率持续提升。共发起执行事项委托 309.34 万件，同比增长 21.04%；期限内办结 308.03 万件，办结率 99.58%；平均办理周期 3.87 天。减少大量执行外勤，有效降低司法成本。

九、抓实素质提升，建强忠诚干净担当的执行队伍

一是弘扬和践行英模精神。积极开展全国法院执行系统“三践行三提升”活动，深入学习鲍卫忠同志先进事迹，通过挖掘和选树身边的先进典型，生动展示新时代执行干警担当作为、拼搏奋进的昂扬姿态和精神面貌。全国法院执行系统推选出一批“鲍卫忠式”干警，获得良好社会反响。二是切实推动执行理论与实务研究。联合召开中德民事强制执行研讨会，举办“第十一届中国执行论坛”等，组织开展全国法院优秀执行成果评选活动，为起草“民事强制执行法”提供有益借鉴。

审判管理

2023 年，全国各级法院坚持以习近平新时代中国特色社会主义思想为指导，深入学习贯彻党的二十大精神和习近平总书记重要讲话精神，深刻领悟“两个确立”的决定性意义，增强“四个意识”、坚定“四个自信”、做到“两个维护”，紧紧围绕“公正与效率”工作主题，坚持公正司法，不断转变和提升审判管理理念，健全审判管理体系，完善审判管理机制，切实发挥

审判工作中枢职能作用，努力以审判管理现代化支撑和服务审判工作现代化。

一、全国各级法院全力推进执法办案

截至 2023 年 12 月，最高人民法院各类案件收案 16888 件，增长 68.01%；结案 13554 件，增长 32.16%。全国法院各类审判执行案件收案 33575560 件，增长 10.72%；结案 33269903 件，增长 7.95%。审结案件中，刑事一审案件 1243255 件，民商事一审案件 17477181 件，行政一审案件 308019 件，首次执行案件 9238378 件。

二、进一步构建符合司法规律的审判管理

（一）建立人民法院审判质量管理指标体系

为进一步促进审判工作、强化审判管理、优化资源配置、提升办案质效，做深做实以司法审判工作高质量发展服务经济社会高质量发展，最高人民法院党组决定研究制定科学合理的审判质量管理指标体系。审判质量管理指标体系分为质量、效率、效果三大类指标，充分体现以人民为中心，突出“公正与效率”主题，尊重司法规律，立足于引导全国法院做实“从政治上看、从法治上办”，在全面提升审判质效上狠下功夫。

最高人民法院党组始终强调，审判质量管理指标体系要尊重司法规律，在功能定位上，明确是对某一辖区整体审判质效水平的综合评估，是全面的“体检表”，而非简单的“成绩单”，便于各级法院党组及时发现司法审判工作中的突出问题，加强监督指导，提升整体工作质效，避免片面追求单一指标数据。通过科学设定指标内容，引导全国法院尊重司法规律，让一线法官专注于执法办案。指标体系中设置“案 - 访比”指标，引导法官案结事了，实现“三个效果”的有机统一；设置“诉前调解成功分流率”指标，引导各级法院努力做深做实新时代“枫桥经验”，更加主动融入诉源治理、社会治理；设置“上诉案件移送时间”“平均结案时间”指标，引导各级法院在保障案件质量的基础上提升案件办理效率。

（二）建立健全司法审判数据分析会商机制

2023 年 4 月以来，最高人民法院每季度组织开展司法审判数据分析会商，向社会发布 2023 年上半年、前三季度司法审判工作主要数据，展现审判工作运行态势，为人民群众加强监督提供平台，为各级法院科学决策提供参考，审判执行工作质量、效率、效果明显提升。通过高质量司法审判数据分析会商，进一步强化对下监督指导，带动全国法院践行习近平法治思想，做实“为大局服务、为人民司法”，认真把握司法审判第一要务，针对自身审判执行工作不到位的情况，抓紧研究改进、完善工作措施，确保圆满完成审判工作任务。对于数据反映的地方法院审判工作“欠账”问题，持续督促指导补齐短板，做实有针对性的提质增效，促进国家治理、社会治理，厚植党的执政根基。

（三）推动全国法院“一张网”建设

针对“审判管理信息化建设跟不上、不适应审判管理现代化的要求”这一现状，最高人民法院着力推动建设集审判、管理、信息为一体的“一张网”。全面调研有关中央单位和地方法院信息化建设情况，借鉴相关项目建设经验，深入研究建设范围和核心功能，形成方案建议，

确保实现业务和数据的统一，兼顾各地法院的特色功能和差异化需求。组织建立跨部门联席会商机制，对重点问题进行集中研究和协调解决。建设中坚持“以法官为中心”理念，收集汇总各审判业务条线的建设需求；研究“案件码”编码规则，方便群众诉讼、方便审判管理、提升办案质效。“一张网”建设有序推进，取得阶段性成果。

（四）持续清理长期未结案件

最高人民法院高度重视积案清理问题，持续加大积案清理力度，将“一些案件长期未结久押不决”纳入主题教育专项整治，对全国积案清理情况逐月通报。专函致各高院，对各地法院长期未结、久押不决案件进行逐案督办，同时强调案件质量，要求各级法院在保证审理质量的前提下做好清积工作。编发清积典型案例，推广各地加强组织领导、强化督导责任的有益经验。发挥审判质量管理指标体系的“指挥棒”作用，对审限内结案率、延长审限率等指标进行科学设置。截至 2023 年年底，各地法院 3 年以上长期未结和久押不决案件较 2022 年年底分别下降 72.15%、61.7%。

三、进一步发挥审判委员会职能作用

2023 年，最高人民法院审判委员会忠实履行宪法和法律赋予的职责，紧紧围绕“公正与效率”工作主题，总结审判经验、狠抓执法办案，充分发挥统一法律适用、强化监督指导等职能作用。审判委员会全年共召开 81 次会议，其中全体会 32 次、刑专会 31 次、民专会 18 次；共讨论审议各类议题 213 项，其中案件 139 件，司法解释 20 件，规范性文件 15 件，司法建议 5 份，指导性案例 19 件，典型案例 8 件，其他类议题 7 件。审议通过《最高人民法院关于适用〈中华人民共和国民法典〉合同编通则若干问题的解释》，确保正确审理合同纠纷案件以及非因合同产生的债权债务关系纠纷案件，依法保护当事人合法权益。审议通过《最高人民法院关于审理涉彩礼纠纷案件适用法律若干问题的规定》，旗帜鲜明反对借婚姻索取财物，推动文明乡风建设。审议通过《最高人民法院关于综合治理类司法建议工作若干问题的规定》，进一步指导全国法院更好开展司法建议工作，做实为大局服务、为人民司法。审议通过《最高人民法院关于审理生态环境侵权责任纠纷案件适用法律若干问题的解释》和《最高人民法院关于生态环境侵权民事诉讼证据的若干规定》，不断夯实守护绿水青山和增进民生福祉的法治防线。研究讨论“劳某枝故意杀人、绑架、抢劫死刑复核案”等重大敏感、社会反响强烈的案件，以“零容忍”的态度坚决打击违法犯罪，确保政治效果、法律效果和社会效果有机统一。

四、组织开展第六届全国法院“双百”评选活动

开展“百篇优秀裁判文书”“百场优秀庭审”评选，进一步发挥优秀裁判文书、优秀庭审的引领示范作用，不断提升全国法院裁判文书和庭审水平，推动全面构建文书、庭审质量控制体系，积极展现人民法院司法改革成效。初评阶段由全国各级人民法院推荐，共汇聚 575 篇优秀候选裁判文书和 309 场优秀候选庭审参与评选；复评阶段，来自全国四级法院的资深法官代表、人大代表、政协委员、知名学者、特邀监督员、咨询员、律师等 1573 位专家组成评审团进行评审；在总评阶段，29 位在各专业领域有深入研究的全国人大代表、政协委员、知名法

学专家学者对参评文书进行了细致点评，确保评选质量。

五、持续加强审判管理理论研究

（一）指导召开审判管理理论专业委员会 2023 年年会

指导召开中国法学会审判理论研究会审判管理理论专业委员会 2023 年年会，最高人民法院党组副书记、主持日常工作的副院长邓修明出席会议并讲话。12 家高、中、基层法院和部分全国政协委员、专家学者围绕审判管理现代化进行主题交流发言。此次会议进一步深化了对审判管理现代化的认识，明确了当前和今后一个时期审判管理理论研究的方向。

（二）推进审判管理重大研究课题评审和主题征文工作

参与审判管理理论专业委员会组织的全国法院、院校聚焦审判管理热点难点问题实证分析研究，由最高人民法院及部分高校的审判管理专家、学者组成评审小组，对 25 家课题中标单位的《结题报告》进行验收评审，决定将《统一法律适用的典型案例库制度研究》等 9 个课题确定为优秀课题，将《司法裁判中的类案识别机制研究》等 16 个课题确定为合格课题。组织全国法院、相关院校以“推进人民法院审判管理现代化”为主题开展征文，围绕审判管理理念现代化、体系现代化、机制现代化、能力现代化等方面进行理论和实证研究。

（三）组织开展全国法院司法统计分析重点课题研究

为充分发挥各级法院司法统计调查研究职能作用，组织各高级法院申报 2023 年度司法统计分析重点课题选题 157 项，其中审判、执行类 76 项，综合审判、司法管理类 49 项，确定《关于金融案件风险防控问题的实证分析》等 45 项课题作为全国法院司法统计分析重点课题。要求有关法院在研究时要注重实证分析，坚持问题导向和目标导向，加强对数据、案例等资料的深度分析、加工，充分挖掘数据内在价值。注重加强理论创新，从司法实践中总结解决新问题的新思路、新方法，通过研究提出切实可行的加强和改进工作的意见和建议，推动成果转化。

司法解释和案例指导

2023 年，在以习近平同志为核心的党中央坚强领导下，人民法院坚持以习近平新时代中国特色社会主义思想为指导，全面贯彻党的二十大精神，深入学习贯彻习近平法治思想，紧紧围绕“公正与效率”工作主题，做实为大局服务、为人民司法，以司法解释和案例指导工作为抓手，切实提质增效，加快推进审判工作现代化。

一是加大司法解释发布管理工作，有效统一法律适用。持续做好司法解释统筹协调管理工作，5 月发布《最高人民法院 2023 年度司法解释立项计划》，9 月修订《最高人民法院司法解释审核工作实施细则》。切实做好司法解释发布工作，全年共发布司法解释 15 件。发布《最高人民法院关于适用〈中华人民共和国民法典〉合同编通则若干问题的解释》，指导各级法院正确审理合同纠纷案件以及非因合同产生的债权债务关系纠纷案件。发布《最高人民法院关于审理破坏森林资源刑事案件适用法律若干问题的解释》，深入贯彻习近平生态文明思想，有效回应破坏森林资源犯罪的新情况、新问题。发布《最高人民法院关于审理生态环境侵权责任纠纷案件适用法律若干问题的解释》，落实用最严格制度最严密法治保护生态环境的要求，进一步完善生态环境侵权实体裁判规则，依法及时有效维护被侵权人合法权益。发布《最高人民法院关于综合治理类司法建议工作若干问题的规定》，践行公正司法理念，进一步加强和规范综合治理类司法建议工作，更好发挥审判机关在国家和社会治理中的重要作用。

二是扎实推进人民法院案例库建设，切实发挥案例作用。最高人民法院坚持问题导向、立足审判实际，于7月26日决定建设人民法院案例库。人民法院案例库是针对需求侧创新提供的新型"司法供给"和"法治产品"，收录经最高人民法院审核认为对类案具有参考示范价值的权威案例。案例库建成后将覆盖各类罪名、案由，在同一罪名、同一案由下的不同法律适用问题也将有相应权威案例，方便法官参照裁判，促进统一法律适用，同时也方便社会公众把握行为边界、预知诉讼结果，从而促进诉源治理。截至2023年12月31日，人民法院案例库共收录案例3459件，其中民事案例1671件，占比48.3%；刑事案例1383件，占比39.9%；行政案例271件，占比7.8%；执行案例113件，占比3.2%；国家赔偿案例21件，占比0.6%。出现新类型案件，法律、司法解释修改导致入库案例过时，或者针对同一法律适用问题发现更具理念、规则、方法引领价值的案例时，人民法院案例库将及时补充、更新案例。

三是积极推进指导性案例、典型案例发布工作。紧紧围绕人民法院审判执行中心工作，积极推进指导性案例、典型案例发布工作。发布第38、39批共13件指导性案例。10月，为有力指导各级人民法院准确实施《中华人民共和国长江保护法》，促进流域司法保护有益经验的规则转化，统一环境资源审判理念和裁判规则，最高人民法院发布5件长江保护专题指导性案例。12月，为深入学习贯彻习近平总书记关于知识产权工作的重要指示精神，积极探索符合知识产权案件规律的裁判规则、裁判方式，最高人民法院发布8件知识产权保护专题指导性案例。坚持为大局服务，发布多批次相关领域典型案例。8月，最高人民法院举行新闻发布会，发布15件抓实公正与效率践行社会主义核心价值观典型案例。8月、10月，最高人民法院分两批发布8件人民法院妥善化解灾后矛盾纠纷典型案例，集中体现人民法院为灾后恢复重建工作提供有力司法服务保障。11月，最高人民法院发布4件食品安全惩罚性赔偿典型案例，统一"知假买假"案件的法律适用，保护群众"舌尖上的安全"。

涉港澳工作

2023年，人民法院坚持以习近平新时代中国特色社会主义思想为指导，始终把全面准确贯彻落实习近平总书记关于港澳工作的重要论述作为做好新时代港澳司法工作的根本遵循和行动指南，坚持运用党的创新理论研究新问题、解决新问题，全力推进人民法院涉港澳司法工作开创新局面。

一是巩固内地与港澳司法高层年度互访机制，凝聚共识成效显著。应最高人民法院院长张军邀请，香港特别行政区终审法院首席法官张举能、澳门特别行政区终审法院院长岑浩辉先后率团访问北京。张军院长分别会见张举能、岑浩辉，重点向代表团宣介党的二十大精神和习近平法治思想，引导港澳特别行政区法官积极履行司法职能，服务保障“一国两制”行稳致远。3 月 20 日到 22 日，张举能率团访问广东，此行系张举能就任香港特别行政区终审法院首席法官后第一次到北京以外的内地城市参访。最高人民法院副院长杨万明与张举能一行就维护国家安全、共同促进大湾区发展建设等座谈交流。9 月 20 日至 27 日，最高人民法院审判委员会专职委员刘贵祥率团访问香港、澳门特别行政区，出席国家法官学院与香港城市大学法律学院、澳门大学法学院法官培训合作项目开学典礼，并分别在港澳特别行政区举办专题讲座宣介国家司法制度和民商事审判制度。

二是持续释放高层论坛“品牌效应”，增进互信认同促进人心回归。9 月 20 日至 23 日，张军院长率团赴澳门特别行政区参加第七届海峡两岸暨香港澳门司法高层论坛，来自两岸和港澳特别行政区代表围绕“公正与效率”主题进行深入交流研讨。9 月 22 日，张军院长参访澳门大学并为最高人民法院与澳门大学合建的“中国—葡语国家司法法律研究中心”揭牌，助力澳门特别行政区发挥增进中国和葡语国家司法法律合作的桥梁纽带作用。

三是深化司法交流合作，提升司法协助质效。最高人民法院与香港特别行政区司法机构签署《关于进一步加强司法合作的会谈纪要》，取得突破性成果，具有里程碑意义。9 月 11 日至 12 月 15 日，首批内地 3 名法官到香港特别行政区司法机构开展交流。10 月 30 日至 11 月 5 日，首期香港特别行政区法官及司法人员交流参访活动在国家法官学院成功举办。代表团由香港特别行政区高等法院首席法官潘兆初带队，香港特别行政区终审法院常任法官林文瀚、高等法院上诉法庭副庭长关淑馨等共 17 位香港法官及 9 位司法人员参加，涵盖终审法院、高等法院、区域法院、裁判法院等各层级法院法官和裁判官。张军院长以“中国特色社会主义司法制度的优越性”为题与代表团交流座谈，详细阐述中国特色社会主义司法制度的特色和优越性，积极引导香港特别行政区法官正确认识宪法、基本法和香港特别行政区国安法，在司法领域全面落实“爱国者治港”原则。

四是搭建多维度交流平台，畅通互联互通互融渠道。建立大湾区法院与香港区域法院对接联络新模式。5 月 11 日至 13 日，香港区域法院首席法官高劲修率香港区域法院婚姻家事审判专题代表团赴广州、深圳参访。此系最高人民法院指导地方法院独立承办接待香港特别行政区司法机构代表团参访，创设了粤港法院直接交流对接的新模式，两地法官围绕婚姻家事审判制度和司法实务等进行了深入座谈交流。继最高人民法院对澳门特别行政区法院所有现职法官实现全员培训后，按照最高人民法院与澳门特别行政区终审法院培训共识，开启对澳门特别行政区法院、检察院司法辅助人员培训机制。2023 年 6 月和 7 月，分别在内蒙古举办第六届澳门特别行政区司法官实习员培训班、在广东举办首期澳门特别行政区司法辅助人员培训班，不断巩固澳门特别行政区司法法律界政治生态。

五是持续完善中国特色区际司法协助体系，推进规则深度衔接。10 月 17 日，最高人民法院与香港特别行政区政府律政司在"2023香港仲裁周"期间共同主办"两地保全安排四周年：回顾与展望"专题论坛。此次活动是两地仲裁保全安排签署4周年来，两地司法法律界首次共同就执行中的实务经验展开讨论和宣介，支持香港特别行政区建设亚太区国际法律及争议解决服务中心。

六是服务保障粤港澳大湾区建设，高起点打造司法研究平台。为深入贯彻习近平总书记关于粤港澳大湾区建设的重要指示精神和党中央决策部署，最高人民法院成立"最高人民法院大湾区司法研究中心"。经有关部门批准，深圳市中级人民法院与前海管理局共同成立大湾区司法研究院，共建大湾区司法研究平台。2月9日，最高人民法院大湾区司法研究中心、大湾区司法研究院揭牌运行。

七是聚焦大湾区法治发展新情况新问题，加强粤港澳司法法律需求调研。6月，最高人民法院分别在横琴粤澳深度合作区、前海法院举办两场司法服务和保障粤港澳大湾区建设发展专题调研活动，深入了解港澳特别行政区法律人士、港资澳资企业及港澳特别行政区居民在粤港澳大湾区司法需求，听取对粤港澳大湾区法治建设意见，形成多份调研报告，切实找准工作结合点。

涉台工作

2023年，人民法院坚持以习近平新时代中国特色社会主义思想为指导，紧紧围绕贯彻落实新时代党解决台湾问题的总体方略和党中央对台工作决策部署，充分发挥司法职能，依法公正审理各类涉台案件，狠抓涉台纠纷诉源治理，凝聚涉台司法工作合力，积极稳慎开展涉台司法交流等，全心全意为台湾同胞办实事、做好事、解难事，为深化两岸融合发展提供优质司法服务和有力司法支撑。

一、积极服务涉台审判工作

一是根据法律、司法解释修改情况及当前涉台司法审判实践需求，编辑再版《人民法院涉台司法实务手册》，为人民法院办理涉台案件提供便利。二是为及时回应司法实践需求，更好解决2015年最高人民法院出台的《关于认可和执行台湾地区法院民事判决的规定》的适用及完善问题，确保其与民事诉讼法等相关法律修改保持一致，启动对该司法解释的修改工作。三是指导地方法院提升涉台司法审判水平。例如，浙江省嘉善县作为省级台商投资区，打造"在嘉如家"涉台审判服务品牌，积极回应台胞司法需求；辽宁省大连市发布《涉外涉港澳台商事审判白皮书》，努力为两岸融合发展提供优质司法服务。

二、积极投身涉台纠纷多元解决

一是向前延伸，提供服务指引。最高人民法院编纂《人民法院涉台司法服务手册》，向台湾同胞提供人民法院立案、审理、执行全流程指引和诉源治理相关引导，同时，进一步宣介中央对台方针政策和大陆法治建设成就。二是编发案例，引导诉讼预期。为充分发挥典型案例在规范引导涉台纠纷化解、及时回应台胞台企司法关切方面的作用，在2021年发布典型案例基础上，遴选确定第二批“人民法院台胞权益保障典型案（事）例”。三是扩大参与，提升调解效果。推动拓宽台胞参与司法渠道，发挥其在诉源治理方面的积极作用。指导江苏、浙江、福建多地聘请台胞作为涉台审判工作调解员，并可按规定程序选任为人民法院陪审员，建立“台胞权益保障法官工作室”，充分发挥台胞在处理涉台纠纷方面人头熟、语言通、背景清的优势，有效提升调解解纷效果。四是创新机制，深挖治理潜力。指导涉台纠纷较多地区法院，结合实际，强化创新，深度挖潜，做实涉台领域诉源治理。江苏淮安经开区法院出台《台商台企诉求对接工作指引》，建立“风险可视化、流程可视化、成本可视化”涉台纠纷化解新模式和“一企业一法官”工作机制，实现经营风险、解纷成本降低和解纷效率提高的“两降一升”，台商台企司法诉求办结回复率和满意度达100%。

三、注重凝聚涉台司法工作合力

一是做好代表、委员工作。认真服务保障全国“两会”，编制《最高人民法院涉台司法工作五年报告》送台湾省人大代表和政协委员参阅。加强代表委员日常联络工作，邀请第十四届全国人大台湾省代表团于视察福建期间，到平潭综合实验区人民法院开展专项视察；邀请台湾省代表委员到江苏、贵州法院调研涉台司法工作，举办共建工作会议。二是进一步落实与全国台联《关于建立联络沟通机制的会议纪要》。开展联合调研，广泛听取台胞台企意见建议；围绕涉台司法问题，联合组织开展台联系统干部暨优秀中青年台胞培训班；共同开展台湾省法学生暑期赴北京法院实习活动；支持台联系统探索建设台胞法律服务站；积极参与全国台联主办的第六届台胞社团论坛，展示人民法院贯彻落实习近平法治思想成效，宣介人民司法在两岸融合发展中的作用。三是强化与其他涉台工作部门联动。持续加强与台盟中央、全国台企联等其他涉台职能部门的沟通联络，通过面对面座谈探索在更广领域、更深层次建立健全交流合作机制；指导辽宁、江苏、浙江等地法院积极加强与当地台办、工商联、台企联等涉台职能部门的沟通合作，通过签署工作备忘录、建立协调联络机制等多种方式，型塑涉台司法工作巨大合力。

四、有力推动两岸司法交流

一是开展两岸司法法律界面对面交流。中国法官协会邀请台湾中华法学会代表团来访，顺利促成疫情防控转段后两岸司法法律界面对面交流；邀请台湾中华法学会代表团参加在澳门特别行政区举办的第七届海峡两岸暨香港澳门司法高层论坛，持续推动两岸司法法律界交流交往走深走实。二是强化两岸专业对口交流。指导福建法官协会在莆田成功举办第十五届海峡两岸司法实务研讨会，吸引了100余位两岸司法实务界学界人士参与，有效拉近彼此间的距离；指导北京互联网法院与台湾省法曹协会一行开展交流活动，取得良好效果。三是做好台湾省青年来人民法院实习参访工作。接待中国政法大学、中国人民大学组织的台湾岛内青年暑期交流团到最高人民法院参访；指导北京、福建、湖北等地人民法院继续接收岛内和在大陆高校就读的台湾省法学生到院实习，不断推进两岸法学青年交流交往。

未成年人司法保护

人民法院高度重视未成年人审判工作，坚持依法能动履职，注重抓前端、治未病，积极推动未成年人审判机制改革，依法严厉打击各种侵害未成年人权益的违法犯罪行为，全面维护未成年人合法权益。

一是推动未成年人审判机制改革落实落地。2023 年 6 月，最高人民法院党组决定，将少年法庭工作办公室调整到民一庭建立专门的、相对独立的少年审判工作机制，集中、统一负责全国少年审判工作监督指导，进一步强化少年审判的专业化建设。6 月 1 日，张军院长出席最高人民法院召开加强新时代未成年人审判工作座谈会，邀请人大代表、政协委员、专家学者、师生共商未成年人司法保护。注重抓前端、治未病，加强依法能动履职、开展诉源治理，进一步推动未成年人审判工作现代化。

二是健全未成年人司法保护法律法规体系。2023 年 5 月，最高人民法院联合最高检、公安部出台了《关于办理强奸、猥亵未成年人刑事案件适用法律若干问题的解释》；与最高检、公安部、司法部共同发布《关于办理性侵害未成年人刑事案件的意见》，进一步指导下级司法机关办理性侵未成年人案件。5 月，会同全国妇联发布《关于开展家庭教育指导工作的意见》，促进未成年人的父母或者其他监护人依法履行家庭教育职责，保障未成年人健康成长。为更好贯彻落实民法典，统一法律适用，针对司法审判实践中遇到的堵点难点痛点问题，研究起草《最高人民法院关于适用〈中华人民共和国民法典〉侵权责任编的解释（一）》，其中对监护人责任制度予以完善。指导下级法院贯彻落实反家庭暴力法和《最高人民法院关于办理人身安全保护令案件适用法律若干问题的规定》，依法签发人身安全保护令。参加国务院妇儿工委反家庭暴力法实施情况调研，保障反家庭暴力法审议工作开展。强化对下业务指导，提高婚姻家庭案件审判工作质效。11 月，最高人民法院与团中央等 15 部门会签《关于开展“权益岗在行动：向电信网络诈骗说不”专项活动的通知》。积极参与未成年人网络保护条例、专门学校和专门教育、留守儿童和困境儿童、流动儿童保障等法规和规范性文件制定工作。为准确适用法律，统一裁判标准，提升司法能力，最高人民法院人民法院案例库将少年审判案例单独编号。

三是发布三批未成年人司法保护典型案例。2023 年 5 月，最高人民法院单独发布 3 起强奸未成年人被判死刑等刑事案例，充分彰显了人民法院依法严厉打击性侵害未成年人的坚决态度和决心，取得了良好的法律效果和社会效果。最高人民法院联合全国妇联发布保护未成年人权益十大司法救助典型案例，这 10 个典型案例涉及跨省刑事被害人救助、追索抚养费救助等，有效缓解了未成年被救助人面临的急迫生活困难，帮助他们暂渡难关，让他们体会到司法的温度和国家的温暖，取得了良好的社会效果。11 月，为宣传人民法院反家暴工作，提高人民群众反家暴意识，在国家反家暴日发布两批反家庭暴力典型案例，其中第二批系未成年人专题，特别突出对未成年人合法权益的保护。

四是开展形式多样的法治宣传教育系列活动。2023 年 5 月，组织全国法院开展“法治护航 伴你成长”主题宣传教育月活动；6 月 1 日，张军院长出席最高人民法院举办“六一”公众开放日活动，并召开加强新时代未成年人审判工作座谈会，邀请人大代表、政协委员、专家学者、师生共商未成年人司法保护。向全国法院发出通知，加强各地法治副校长建设。9 月 5 日，张军院长续聘担任北京市第二中学法治副校长，并为北京二中师生和家长们讲授题为“提高自我保护能力 强化家庭学校协同 共同守护青春扬帆远航”的 2023 年秋季学期开学法治第一课。北京市全程进行直播，学生、教师、家长进行实地听课，授课取得良好的社会效果。在张军院长示范引领下，全国法院共有 37100 余名法治副校长走进课堂播下法治的种子，融司法保护于家庭、学校、社会、网络和政府保护。出版《开心漫漫看——网络安全篇》《妇女儿童保护司法工作手册》等法治宣传教育图书。联合媒体推出《重返庭审现场·少年法庭》未成年人保护纪实普法动漫节目，讲好案例故事，发挥法治微电影微视频的教育、感化和警示作用。12 月 4 日，组织开展加强未成年人网络安全预防电信网络诈骗法治宣传教育专项活动。最高人民法院专门下发通知，组织全国法院开展为期一周的全国法院预防未成年人涉电信网络诈骗法治宣传教育专项活动。切实提升了未成年人安全防范意识，有效预防未成年人参与电信网络诈骗和遭受电信网络诈骗侵害。

五是加强未成年人司法保护调查研究工作。对近年来未成年人犯罪情况进行分析调研，形成报告报送中央办公厅。对预防青少年违法犯罪、拐骗儿童、组织未成年人有偿陪侍、实施迷奸犯罪等社会广泛关注的民生热点、难点问题，积极会同最高检、公安部、国务院妇儿工委等部门开展专项调研，加强业务指导。加强对抢夺、藏匿未成年人子女问题的研究，形成报告报送全国政协。加强未成年人民事、行政权益保护问题研究和未成年人司法立法问题研究。对全国法院未成年人审判机制建设情况进行调研。编发《中国少年司法》4 期、《少年法庭工作动态》22 期，推广全国各地法院先进经验和做法。

六是创新未成年人探望权执行工作机制。鉴于近年来涉未成年人探望权纠纷增多、“案－件比”上升，以及探望权执行难问题，为加强离异家庭未成年人权益保护，加强与全国妇联联合协作，推广广东佛山法院做法，鼓励全国法院在妇联、法院、社区等场所建立“探视家园”，家园内设游乐场、图书馆等设施，让家长得以在公共空间陪伴未成年子女，既使得未成年子女得到父母双方的关心关爱，又尽量降低抢夺、藏匿未成年子女等行为的发生，同时，有条件的地方还可以同时配备心理咨询员，为父母双方以及亲子关系进行心理疏导和家庭教育指导。

七是组织开展全国优秀裁判文书评选活动。为充分发挥优秀裁判文书的引领示范作用，全面准确落实司法责任制，促进涉未成年人案件法律适用标准统一，提升全国法院未成年人裁判文书制作水平和未成年人审判工作能力，2023 年，组织开展全国法院未成年人司法保护优秀裁判文书评选活动。

八是积极参加涉未妇女儿童保护专项工作。筹备、参与《消除对妇女一切形式歧视公约》第九次履约报告审议工作，充分介绍我国在保护妇女儿童权益方面所做的工作，提高国际影响力。参加国务院妇儿工委组织的反家暴专项座谈会及“涉家暴案件审判的司法理念与实践经验暨中国反家暴十大典型案例发布”国际研讨会，就有关工作发表意见。

九是举办性侵害未成年人案件办理同堂培训班。2023年5月，最高人民法院联合最高检、公安部出台了加强办理性侵害未成年人案件司法解释和指导意见两份文件，取得良好的社会效果。为加强司法解释和意见的贯彻落实，进一步指导下级司法机关办理性侵未成年人案件，12月，联合最高检、公安部共同举办“性侵害未成年人案件办理”同堂实务培训班。

十是编写未成年人审判实务教材和案例入库。多次研究讨论未成年人审判教材编写事宜，坚持问题意识，高度关注涉及未成年人审判工作的热点、难点、堵点问题，认真列出问题清单，及时征求全国基层法院法官和专家学者的意见。为统一法律适用，充分发挥案例指导作用和统筹案例管理工作，对全国报送推选的案例筛选、审核、编写未成年人案例入人民法院案例库，在案例库中单设涉少案例专栏，将典型的、有指导意义的案例及时编入人民法院案例库。例如，将“学生在学校被其他学生抽凳子玩闹受伤，学校应否担责”案例编入案例库，厘清监护人和学校的责任，强调校园安全家校共同守护，为全国法院加强未成年人案件审判指导提供了范本。

十一是加强中美少年司法交流合作研讨。2023年4月，最高人民法院与美国对话基金会联合举办“中美少年司法视频研讨会”。这是美国对话基金会与最高人民法院在少年司法领域的第九次合作，来自中美两国的少年审判专家和实务工作者围绕未成年人网络保护、家庭教育、社会支持体系、青少年违法犯罪记录封存、儿童集中照看制度、青少年检察官的作用等相关问题进行了深入研讨交流。

十二是积极参与社会综合治理工作。2023年12月，参与中央政法委2023年度中国平安建设考评工作，研究制定涉及人民法院未成年人审判工作情况和预防青少年违法犯罪工作考评指标，完成国务院妇儿工委、共青团中央各项考评工作。两次参加中央政法委加强青少年违法犯罪预防工作会议并作发言，参与完成共青团中央2023-2024年度全国维护青少年权益岗创建评选工作，人民法院64家单位被评为“全国维护青少年权益岗”。

国际司法交流合作

2023年是我国全面贯彻党的二十大精神的开局之年，是全面建设社会主义现代化国家新征程的起步之年。最高人民法院坚持以习近平新时代中国特色社会主义思想为指引，立足人民法院职能定位，扎实推进人民法院国际交流合作工作，突出重点、主动谋划，开展一系列多双边司法交流工作和司法协助工作，圆满完成全年各项工作任务。

一、积极开展主场多边外交，推动共建“一带一路”高质量发展

10月，海上丝绸之路（泉州）司法合作国际论坛（2023）在福建泉州成功举办。来自中

国、埃塞俄比亚、希腊、洪都拉斯、印度尼西亚、吉尔吉斯斯坦、巴布亚新几内亚、卡塔尔、萨摩亚、泰国、委内瑞拉等11个国家的法律和司法界人士及驻华使节等出席论坛，其中，中国、洪都拉斯、印度尼西亚、吉尔吉斯斯坦、巴布亚新几内亚、萨摩亚、委内瑞拉等7个国家的最高法院院长或首席大法官出席论坛。张军院长分别与参会国家首席大法官或院长进行双边会见。萨摩亚、洪都拉斯、吉尔吉斯斯坦、委内瑞拉和巴布亚新几内亚首席大法官或院长于会前或会后率团顺访了北京、上海、西安、广州、深圳等城市。与会各方围绕“共建海上丝绸之路 推动高质量司法合作”主题，就“最高法院在维护公正与提升效率方面的作用”“国际商事争端解决机制的创新发展”“数字经济、丝路电商与在线纠纷解决”“跨境犯罪取证问题”4个专题开展研讨。论坛取得圆满成功，受到中外有关方面的高度肯定和普遍称赞。为展示本次论坛取得的成果、达成的共识，推动共建“一带一路”高质量发展，最高人民法院会后整理形成了论坛综述，翻译成英、俄、法、西、阿5个语种，会同外交部发送给我国驻共建“一带一路”100余个国家外交部和最高法院，进一步扩大论坛影响。论坛进一步凝聚了共建“海上丝绸之路”国家和平合作发展共识，被列入第三届“一带一路”国际合作高峰论坛多边合作成果文件清单。

二、密切国际司法高层双边交流，助推对外关系发展

一是巩固深化与传统友好周边国家间的传统友谊和合作空间。2月，以视频方式举办中新两国首席大法官工作会谈及第六届中新法律和司法圆桌会议。4月，新加坡李显龙总理访华期间，在两国总理见证下，最高人民法院陶凯元副院长和新加坡最高法院洪素燕大法官签署《通过诉中调解框架管理“一带一路”倡议背景下国际商事争议的合作谅解备忘录》。5月，老挝最高人民法院院长万通·西潘敦应邀率代表团访华。中老双方围绕法官管理、知识产权保护、破产案件审理、法院信息化建设及深化合作交流等双方共同感兴趣的话题开展了交流。6月，越南最高人民法院院长阮和平率越南7个省份法院的院长访华并参加在广西南宁举办的中越边界省份法院研讨会。在两国最高法院院长见证下，广西高院与越南谅山省人民法院、广宁省人民法院签署合作备忘录。11月，新加坡最高法院首席大法官梅达顺率团访华并参加第七届中新法律和司法圆桌会议。张军院长与梅达顺首席大法官举行工作会谈。中央政法委陈文清书记、最高人民检察院应勇检察长、全国政协周强副主席和司法部贺荣部长会见梅达顺一行。中新法律和司法圆桌会议已成为两国法律和司法合作的重要平台，被纳入中新双边合作联委会框架，服务两国关系全新定位。

二是推进拓展与拉美、南太岛国间的司法交流合作。5、6月，张军院长先后与萨摩亚最高法院首席大法官萨蒂乌·西马蒂瓦·佩雷斯和尼加拉瓜最高法院院长阿尔瓦·卢斯·拉莫斯·巴内加斯举行视频会议，积极宣介了中国法治建设和司法改革取得的成就，增进有关国家对我国司法体系的了解和认同，取得积极成效。9月，萨尔瓦多最高法院院长兼宪法法庭庭长奥斯卡·洛佩斯来华访问，张军院长与洛佩斯院长举行工作会谈并共同签署了两国最高法院间的司法交流与合作谅解备忘录，进一步巩固我国与新建交国家双边关系。11月，古巴最高人民法院院长雷米希奥来华访问，张军院长同雷米希奥院长举行工作会谈。司法部部长贺荣会见

了雷米希奥院长一行。

三是进一步拓展与其他友好国家司法机构交流与合作。6月，张军院长和匈牙利最高法院院长沃尔高·安德拉什举行视频工作会谈，进一步增进与中东欧友好国家间的相互理解与互信，为下一步交流合作奠定良好基础。沈亮副院长率团赴塞浦路斯执行专项任务，实现最高人民法院对塞浦路斯法院的首次交流，有效宣介了我国法治建设和人权保障取得的重大成就，加深了两国司法交流合作的基础。11月，杨临萍副院长应邀访问坦桑尼亚和肯尼亚，实现了最高人民法院与肯尼亚双边交往和与东非法院开展高层交流“零的突破”。

三、借助多边外交机制平台，努力扩大我国司法国际影响力

一是深化上海合作组织框架内司法合作。3月，高憬宏副院长率团赴印度出席第18次上合组织成员国最高法院院长会议。参会期间，高憬宏副院长重点介绍了中国法院进行全方位司法改革的情况，得到了与会最高法院院长们的广泛认同。9月，中国—上合组织国家地方法院大法官论坛（2023）在山东青岛举办。最高人民法院院长张军出席论坛并致辞，俄罗斯联邦最高法院院长列别杰夫、吉尔吉斯共和国最高法院院长巴扎尔别科夫、巴基斯坦伊斯兰共和国最高法院首席大法官卡齐·法兹·伊萨视频致辞。论坛推动上合组织各成员国地方法院的交流合作迈上了新台阶，为中国—上海合作组织地方经贸合作示范区建设注入了新的更大活力。

二是积极参与有影响力的国际多边机制。安排院领导出席第十二届亚太地区国际法律论坛、“一带一路”高峰论坛、2023全球滨海论坛会议生态司法专题研讨会、全球工商法治大会、亚太区域仲裁组织大会等重要国际会议，并以发言、致辞等方式与与会各国开展专题交流，有力加强最高人民法院对外司法交流与合作，不断拓展交流领域，丰富交流形式。选派法官参加世界知识产权组织知识产权法官论坛及法官顾问委员会会议、世界知识产权组织—伯克利国际专利案件管理司法峰会、“法官与环境：全球环境司法研究所纽约活动周”等会议和活动，通过各方面资源、渠道和平台，加强沟通、增进共识、凝心聚力、共谋发展，讲好客观、真实、全面的中国法治故事。

四、巩固深化与国际组织和国家地区专业交流与合作，服务法院中心工作

一是与国际组织开展务实有效合作。与世界知识产权组织深入合作。4月，张军院长会见世界知识产权组织总干事邓鸿森并签署谅解备忘录，有力宣传习近平法治思想和我国加强知识产权法治保障的决心和成就，进一步奠定了双方深化交流合作的坚实基础。推荐法官担任世界知识产权组织顾问委员会委员。派员参与世界知识产权组织《法官专利案件管理国际指南》“中国章”撰写和翻译工作，为专利诉讼的各个阶段提供广泛且具有操作性的指引。海南高院、广东高院分别与世界知识产权组织仲裁与调解中心签订交流与合作协议。与联合国环境规划署开展高层对话交流。8月，张军院长会见联合国副秘书长、联合国环境规划署执行主任安德森，分享环境司法有益经验，培养更多专业化人才，共同推进全球生态环境治理。11月，杨临萍副院长率团赴联合国环境署总部，实现最高人民法院对联合国环境署总部首次访问。同期，第四批15件中国环境资源司法案例和《中国环境资源审判（2022）》《中国生物多样性司

法保护》两份环境司法报告刊载于联合国环境规划署环境法数据库及相关门户网站，对贡献中国环境司法智慧、推动完善全球环境法治规则具有积极意义。与联合国妇女署在反家庭暴力领域开展合作。6月，与联合国妇女署合作举办“涉家暴案件审判的司法理念与实践经验暨中国反家暴十大典型案例发布”国际研讨会，会上发布了中国反家暴十大典型案例（2023）。此外，最高人民法院持续推动与最高行政审判机构国际协会、国际法院、联合国儿基会、联合国人权高专办、世界银行、国际商标协会、国际保护知识产权协会等国际组织和非政府组织间的交流与合作，坚持开放包容、互学互鉴。

二是与相关国家和地区机构开展项目合作。采取多种方式开展与欧盟知识产权项目的合作。9月，与欧盟知识产权项目在苏州共同举办“中欧知识产权司法论坛”，邀请欧洲统一专利法院院长等知识产权领域法官参会。派员参加“2023中欧知识产权刑事保护论坛”，宣介我国知识产权刑事保护的成果与经验。积极开展与德国国际合作机构的合作。结合审判执行工作中的热点问题，与德国国际合作机构合作举办“数字时代的数据法律保护”线上研讨会、中德环境司法研讨会、中德刑事审判量刑研讨会和中德民事强制执行研讨会等4场专题研讨会。与英中协会合作举办刑事证据项目评估分享会，总结“推动提升刑事诉讼证据标准”项目四年来的成绩和经验。与美国对话基金会联合举办“中美少年司法视频研讨会”，围绕未成年人网络保护、家庭教育等相关问题进行了深入研讨交流。

三是积极开展对外援助。我国援助贝宁最高法院的视频会议播放系统历经三年于10月成功建成启用。贝宁最高法院院长给张军院长发来感谢信，评价该系统“是贝中最高法院之间卓有成效的伙伴关系的象征”。举办上合组织国家法官研修班、发展中国家法官研修班、金砖国家法官研修班等10期援外法官研修班，共有来自28个国家的201名司法官员来华或线上参加研修。通过推动涉外法官研修班工作，促进各国法治互信不断增强。

五、稳步推进司法协助工作，积极参与国际规则制定与涉外法治工作

一是积极稳妥开展国际司法协助工作。归纳总结多年来各类司法协助案件审查和办理经验，印发《人民法院国际司法协助工作指引》，着重解决国际司法协助工作中的难点和痛点，进一步完善国际司法协助工作体制。依约依法办理各类国际司法协助案件。全年共审查、办理民商事司法文书送达、民商事调查取证及法律查明、民商事判决的承认与执行、刑事司法文书送达和调查取证等司法协助案件3000余件。

二是积极配合做好条约工作。参加《联合国反腐败公约》相关工作组会议、《联合国打击网络犯罪公约》特委会谈判、联合国预防犯罪和刑事司法委员会会议、联合国毒罪办反腐败测评会议等，积极向各国宣介我国司法机关履行相关条约成就。派员参加中国与越南、以色列、乌拉圭、蒙古等国司法协助条约谈判、磋商。参与复核我国和尼泊尔、塞内加尔、毛里求斯刑事司法协助条约以及和毛里求斯、塞内加尔、博茨瓦纳、希腊引渡条约等7项双边司法协助条约，为国际司法协助提供更广泛的法律基础。印发《关于人民法院做好〈取消外国公文书认证要求的公约〉对我国生效后相关工作的通知》，方便各级法院了解和准确适用公约。

三是积极服务我国涉外法治人才建设。全力保障最高人民法院在国际组织、其他国家任

职人员顺利出国履职。认真配合做好最高人民法院有关人员赴联合国上诉法庭、联合国争端法庭、国际劳工组织行政法庭履职工作。配合院有关部门选派优秀年轻干部赴国际组织任职。选派退休法官到新加坡国际商事法庭、卡塔尔国际法院任职，填补了中国法官任职其他主权国家法官的空白。

司法政务工作

2023 年，最高人民法院办公厅坚持以习近平新时代中国特色社会主义思想为指导，全面贯彻党的二十大精神，深入贯彻习近平法治思想、习近平总书记对新时代办公厅工作的重要指示及全国党委和政府秘书长会议精神，深刻领悟“两个确立”的决定性意义，增强“四个意识”、坚定“四个自信”、做到“两个维护”，紧扣“公正与效率”工作主题，融合推进主题教育和司法政务业务及管理工作，努力跟上、适应最高人民法院党组对审判工作现代化和司法政务工作现代化的新要求，牢固树立一体履职、双赢多赢共赢、以“我管”促“都管”、“抓前端、治未病”、推进诉源治理等能动履职理念，切实履行统筹协调、参谋助手、督促检查、服务保障等职能，讲政治、强业务、敢担当，不断提升新时代新发展阶段“三服务”工作能力水平。

一、全面加强党建工作，认真落实全面从严治党要求

坚持不懈强化理论武装，强化政治机关建设，筑牢政治忠诚。青年理论武装成效显著，深入实施“青年理论学习提升工程”，举办“法院青年说”沙龙。办公厅党总支第四党支部调研报告荣获中央和国家机关工委“关键小事”调研攻关活动三等奖。2 名青年干警获评首届最高人民法院青年学习标兵。秘书一处被共青团中央授予“第 21 届一星级全国青年文明号”荣誉称号。深入开展主题教育，取得扎实成效。按照“学思想、强党性、重实践、建新功”总要求，办公厅党总支、厅主题教育领导小组强化组织领导，有效统筹主题教育开展和司法政务工作发展；着力学深悟透，张军院长、邓修明常务副院长分别以普通党员身份参加所在党支部的学习研讨交流；深入调查研究；做实检视整改；狠抓队伍教育整顿。抓好习近平总书记重要指示及全国党委和政府秘书长会议精神贯彻落实，研究制定 23 条具体措施，开展为期 3 个月的“对标总书记重要指示找差距再出发”主题活动。进一步强化党组织建设，提升标准化规范化水平。完成厅党总支及各党支部换届选举，打造精品党建工程。坚持以党建带队建，持续提升司法政务工作成效。积极组织参加最高人民法院机关第六届运动会，勇夺团体总分亚军。

二、有效发挥统筹协调职能作用

积极服务保障全国两会工作。加强谋划部署，建立办公厅《2023 年全国两会工作台账》。认真研究起草最高人民法院工作报告，坚持深入调研，完善起草工作机制，向部分全国人大代

表、政协委员征求意见建议。扎实做好两会联络和意见建议办理工作，印发《关于做好 2023 年全国两会前代表工作的通知》。召开法院系统代表委员和列席人大会议高院院长视频会议等。协调最高人民法院有关院领导和部分高院院长列席旁听人大会议，组织人员听取人大代表审议和政协委员讨论。全面梳理代表审议内容，向代表反馈感谢信 1466 封。严格做好两会期间关注案件的风险排除和及时处置，开通“全国两会代表委员服务热线”。切实抓好两会精神贯彻落实，组织召开全国法院学习贯彻全国两会精神电视电话会议，张军院长出席会议。加强对院内会议、文件、论坛、调研等统筹管理，持续巩固为基层减负成效。精心办理各类会议活动 80 余次。规范高效做好公文审核印发和收文办理，制定《文件核发工作管理办法》；开展书面调研，进一步提高公文运转效率；审核印发党组文件、院发文件等公文 2800 余件，编发《机关昨日要情》250 期，办理院外来文 4900 余件，核发院领导批示抄清 88 件。持续整治形式主义突出问题，建立重要会议、文件提前统筹机制，统筹院领导和各单位班子成员调研、出差安排。扎实推进论坛活动专项清理整治。对全院督查检查考核工作实行计划管理，控制全国性督查检查考核总量和频次。统筹推进代表委员联络和意见建议办理工作。认真研究落实张军院长提出的“精、细、常、实、新”要求和邓修明常务副院长强调的“坚持一体履职、用心用情、日常经常”具体要求。院党组专题听取《关于进一步创新机制举措 全面加强接受人民监督工作的报告》。创新建立代表委员精准联络与普遍联系工作机制、代表委员广泛参与法院工作机制等。制定《关于更加深入具体做好代表工作的措施》。全年共组织开展集中视察、专题调研等专项联络活动 18 次，服务院领导开展或参与联络活动 62 次，协调保障最高人民法院 32 个单位开展联络活动 142 次，督促指导各地法院开展联络沟通 3770 次。全国法院共联络全国人大代表 2214 人、5270 人次，全国政协委员 182 人、272 人次，收集转办代表委员日常意见建议 1285 条。完成第四届特约监督员选聘。编发 23 期《监督联络工作》。全国两会后迅速组织召开最高人民法院承办代表建议、政协提案交办会，张军院长出席会议。共承办全国两会建议 335 件、政协提案 153 件。抓实日常建议办理，梳理 1448 名代表的 2778 条两会审议意见，年底集中书面答复各位代表。编印代表监督支持法院工作小词典，以代表关注点为切入点，以点带面提炼 76 个词条，通过代表的关注关切汇报法院支撑和服务中国式现代化的工作实效。细致梳理代表委员意见建议详细落实情况作为最高人民法院工作报告附件。扎实推进院机关行政、司辅部门全国法院“一张网”建设以及办公厅内“一张网”建设的统筹协调工作。协调有关部门开展最高人民法院官网、中国法院网“院长信箱”“给大法官留言”栏目统筹优化工作。

三、有效发挥参谋助手职能作用

围绕以文辅政履职尽责，严把文稿政治关、内容关、文字关，以高度的责任感起草、核改各类讲话、报告等文件 500 余份，为推动党中央决策部署在人民法院落实落地提供服务保障。圆满完成院主题教育材料信息组工作，认真起草各类文件材料，编发主题教育工作简报 22 期 67 篇。坚持重要文稿调研先行，分赴湖北、陕西、甘肃、青海等地法院开展调研，深入调研了解地方法院推进诉源治理、审判管理、队伍建设等重点工作情况，突出问题导向，形成高质量调研报告，服务党组决策。围绕大局做好信息报送工作。张军院长先后 7 次就加强信息报送工作作出批示指示。开展信息工作“百日攻坚”，取得明显成效，全年共编发各类信息简报541期。主动融入国家和社会治理，服务党中央决策。向中办报送信息176期，77期获得采用，同比上升79.1%。其中，涉民营企业腐败、青少年滥用药物、非法占用农用地、社区禁毒场所涉毒、打击贩卖人口犯罪等获中央领导批示。组织策划采编的3篇年度调研信息均获中办采用。如期保质完成2023年公报的编辑刊发并汇编出版。按照院党组会议精神，积极调整相关工作机制，2024年以“指导性案例”栏目面向读者，更好地为审判工作服务。

四、有效发挥督促检查职能作用

认真贯彻落实全国党委督查系统专题研讨班精神，深入领会院领导关于发挥“督查”利剑作用、突出重点难点、创新方式方法的工作要求，坚持问题导向，久久为功增强督查实效。始终把确保习近平总书记重要讲话和重要指示批示精神贯彻落实作为督查工作首要任务，将习近平总书记重要讲话和重要指示批示列入党组会议议题，就46项批示落实情况形成专门台账呈报中办。对2022年度、2023年上半年贯彻落实习近平总书记重要批示精神、有关中央领导同志批示要求开展“回头看”，相关工作报告获中央肯定。坚持“全覆盖、严闭环、实问效”，确保党中央重大决策部署贯彻落实。形成并持续完善督办任务“一本账”、反馈提醒“一条链”、进度结果“一张表”工作模式。梳理汇总中央政法委等中央和国家机关来文中涉及最高人民法院的工作任务622项，形成《最高人民法院机关2023年分工任务分解表》及各部门分表。在机关内网公示全院38个部门278项工作任务进展，其中102项工作任务转为2024年工作持续挂网督办。做好院党组会议服务保障和决议部署贯彻落实，对2022年涉及党组会决议落实的361项具体工作开展“回头看”，对2023年前三季度199项党组会决议事项开展督查督办。不折不扣督办落实院领导批示指示涉及办公厅的相关工作任务252项。

五、有效发挥服务保障职能作用

从严加强秘书工作人员管理监督，深刻汲取沈德咏三任秘书违纪违法案件教训，不断提升服务保障水平。持续提升机要文电保障政令畅通的能力和质效。制定《2023年人民法院机要密码工作要点》。圆满完成中央文件专管、密码设备管理使用、文电流转办理、党组文件审核印制、机要文件通信递送等工作任务。全年共收办、传递各类文件21万余件。优化明传电报办理流程，编发机要文电工作参鉴。完成2023年中央和国家机关部委普通密码使用管理试点协作交流活动，认真履行副组长单位职责，形成的相关工作经验材料在中办《机要工作》刊发。接受中央密码办对最高人民法院机要密码工作督查，获充分肯定。最高人民法院二级密码管理系统被中办确定为首批接入中央一级节点单位。完成网络密码机、电话/传真密码机换装。切实加强新形势下保密管理工作。开展“十四五”保密事业规划中期督导等专项工作。促进保密“三大管理”规范化科学化，开展全院微信工作群专项治理，较2022年压减77.9%。加强会议活动场所手机保密管理。规范涉密人员管理及脱密期管理台账，协助组织人事部门重新确定全院涉密岗位和涉密人员。加大保密宣传教育力度。做好保密监督检查，开展涉密网络运维管理突出问题专项整治。加强对全国法院保密工作的指导，开展全国法院网络安全与保密专项检查工作，协助做好国家级网络攻防演习。创新和加强人民法院档案工作。严格贯彻落实张军院长对档案工作7次批示精神及党组会部署要求，认真落实邓修明常务副院长提出的具体要求。推进档案工作信息化，完成最高人民法院数字档案室建设试点工作，获得国家档案局及专家组充分肯定，获评“全国示范数字档案室”，系全国法院首家，为法院系统作出引导示范。加强档案工作规范化，推进已结案件逾期未归档专项清理，顺利完成清理归档2000年以来一般案件已结案逾期未归档13477件、刑事案件2728件，清理比100%。推进档案馆大楼建设，助推人民法院档案工作现代化。完整保存法院历史，全年共归档5.3万卷8.62万册，为2022年度的2.2倍，其中诉讼档案4.76万卷8.04万册，文书档案5325卷5701册。服务保障审判执行工作，对内调阅卷服务15228卷次，同比增长63%，互联网阅卷审核978卷次；完成档案整理及数字化处理2.58万卷4.7万册计366万页，著录目录32万条。最高人民法院图书馆认真举办世界读书日精品图书展，开展读书活动，营造“开卷有益”良好氛围；协调中国知网与最高人民法院信息中心达成在内网建设数据库平台的协议，向中国知网争取到部分漫游账号。升级图书馆App和内网网站，助力主题教育活动。中国法院博物馆全年共接待游客42664人，其中团体参观298个。圆满完成中央领导同志来馆调研接待工作。联合民一庭、传媒总社举办《法安天下，德润人心——人民法院弘扬和践行社会主义核心价值观成就展》，成功入选“弘扬中华优秀传统文化、培育社会主义核心价值观”主题展览全国百家推介项目。出版《中国法院博物馆》第五集。扎实做好人民法院安保维稳工作，协调做好院机关社会事务管理工作，组织开展平安单位创建活动，最高人民法院荣获2022年中央国家机关平安建设目标管理考核优秀单位。牵头平安中国建设工作，积极做好院国家安全人民防线办公室相关工作。升级访客系统和驻院武警执勤设施，确保技术防范到位。积极开展夏季暴雨、冬季低温雨雪冰冻灾害防范应对工作。认真做好消防安全工作，对三个办公区、中国法院博物馆等地的雷电防护装置、灭火器材进行检测。督促、指导各部门开展安全教育和提示，组织安全自查和集中抽查。认真做好政务值班工作，印发《最高人民法院关于优化机关政务值班工作机制的通知》(法〔2023〕225号)，初步建立科学化、可持续发展的值班机制。加强印章管理，强化电子签章服务审判工作的力度。加强咨询委办公室建设，制定《咨询委办公室工作职责》，认真做好咨询委员会重要会议、活动、调研的服务保障工作。

六、加强办公厅自身建设，坚决做到忠诚干净担当

深入贯彻落实张军院长强调的“办公室不是清水衙门”和严管就是厚爱要求。制定《办公厅工作人员五条要求》等，推动全厅形成上下级规规矩矩、同事间清清爽爽、各处室协同配合的良好局面。着力优化考核工作机制。专题研究制定“两项具体措施”，抓实“三个规定”在全厅的落实。

队伍建设

2023年，最高人民法院坚持以习近平新时代中国特色社会主义思想为指导，深入学习贯彻习近平法治思想，紧紧围绕“公正与效率”工作主题，认真践行“讲政治、顾大局，促公正、提效率，重自律、强队伍”工作要求，努力打造忠诚干净担当的过硬法院队伍，为新时代人民法院工作高质量发展提供坚强的政治保证、思想保证、组织保证。

一、全面加强党的政治建设

一是系统谋划部署政治工作。认真贯彻中央政法工作会议、全国组织部长会议、第二十二次全国法院工作会议、全国高级法院院长会议、全国法院党风廉政建设和反腐败工作会议精神，制定印发《2023年全国法院政治工作要点》，要求全国法院坚持以习近平新时代中国特色社会主义思想为指导，全面贯彻落实党的二十大精神，深入贯彻习近平法治思想，深刻领悟“两个确立”的决定性意义，坚持讲政治，顾大局；促公正，提效率；重自律，强队伍。以加强新时代党的政治建设为统领，持续深化司法体制综合配套改革，着力加强司法能力建设，扎实做好人才工作，推进全面从严管党治警，打造过硬法院铁军，为推进新时代新征程人民法院工作高质量发展提供坚强政治保障、思想保障和组织保障。

二是全力做好主题教育各项工作。院主题教育领导小组办公室高标准履行统筹协调、督促指导职能，高质量推进全院理论学习、调查研究、推动发展、检视整改、教育整顿各项工作顺利开展。研究制定主题教育分工方案和领导小组工作规则，健全工作机制、建立工作台账。对接中央指导组，处理交办事项131条，报送文件124份，梳理报送周工作进展和重点工作安排，动态更新各项工作进展。保障院主题教育领导小组负责同志参加中央主教办工作推进会、中央第二十二指导组指导单位联席会议等，以过硬作风做好下沉调研、谈心谈话、列席研讨等服务保障。全面指导地方法院扎实开展主题教育。对照中央政法委有关通知要求，对各地主题教育落实情况进行调研，制定印发《关于认真贯彻落实党中央部署要求 扎实开展学习贯彻习近平新时代中国特色社会主义思想主题教育的通知》，指导地方各级法院对标对表党中央部署要求，一体推进主题教育各项工作。印发《在学习贯彻习近平新时代中国特色社会主义思想主题教育中进一步加强法院队伍管理监督的通知》，组织开展全国法院聘用制司法辅助人员队伍风险排查整顿，着力解决相关突出问题，确保招聘录用、教育培训、考核奖惩、职业保障等方面工作落实到位。

三是做实人民法院系统党建工作指导。组织开展人民法院党建工作先进集体和先进个人评选工作，共评选出60个先进集体和100名先进个人，在《人民法院报》、中国法院网等媒介刊发事迹材料。依托全国法院基层党组织书记培训班，组织100位基层党组织书记开展集中培训，突出研究解决如何学习贯彻习近平法治思想、如何有效破解党建业务“两张皮”等重点问题，围绕基层党组织制度规范化落实、干警思想动态分析等科目进行模拟演练，有效增强开展基层党建工作的能力水平和责任意识。拓展人民法院党性教育平台，将福建龙岩闽西苏区法治史展览馆命名为全国法院革命传统教育基地，为江西瑞金中华苏维埃共和国法制建设纪念馆增加命名。完成全国法院系统基层组织建设数据统计，全面摸清基层党组织建设底数，准确掌握法院基层党组织、党务干部、党员队伍的数质量情况。

二、扎实做好干部人事工作

一是统筹开展干部选任调配工作。坚持党管干部原则，始终把政治标准放在首位，综合运用多种方式考察干部政治素质，持续推动政治与业务相融合。认真贯彻落实院党组从严选任和常态化选任要求，定期分析研判岗位空缺情况，确保人员及时配备到位，择优选升高级法官，分批次有序开展局处级领导干部调整选任工作，为直属单位配齐配强领导班子。加强干部资源调配，持续探索与司法人员分类管理改革要求相适应的人才资源配置机制，不断拓宽引进人才渠道，进一步激发干部队伍干事创业的积极性主动性。针对立案庭、刑事审判庭、知识产权法庭等部门“案多人少”实际困难，用足用好各项创新政策，在编制限额内多渠道、多方式补充调配人员力量。组织完成2023年公务员招录、遴选选调和军转干部接收安置等工作，将补员与青年干部储备、人才队伍建设相统筹，持续强化干部队伍优化配置。

二是不断拓宽干部交流锻炼平台。围绕国家重大战略部署组织开展干部挂职选派，切实在服务国家发展大局中培养锻炼干部，激励干部忠诚履职尽责，帮助干部在艰苦一线锻炼成长。择优选派干部到北京市重点部门挂职锻炼，开展第十一批援疆干部选派。完成部分援藏援疆援青干部、海南自贸区挂职干部、西部博士服务团干部和首批青年法官（雄安新区）实践基地挂职干部期满考核工作。根据中组部调训计划和中央国家机关工委专题研修计划，推荐院领导、局级干部参加调训研修88人次。

三是做深做实干部绩效考核。研究制定《加强和改进我院干警个人考核工作实施方案》，建立健全全员、全面、全时考核机制，统筹指导全院各单位分级分类细化考核方案，从质量、效率、效果三个维度精准构建考核评价指标，实现对干警政治素质和工作业绩的常态化评价。建立“一月一分析、一季一会商、半年一评估、年度总考核”动态管理机制，定期对考核结果进行分析、对考核指标进行调整，院党组每季度听取考核工作开展情况报告。全面加强考用结合，将干警日常考核结果与公务员职级晋升相挂钩，作为绩效奖金分配、评优评先、交流培养、教育培训等工作的重要参考，推动形成能者上、优者奖、庸者下、劣者汰的良好氛围。制定《法院人员考核工作指引》，科学设置考核指标和方法，优化考核组织实施，强化考核结果运用。组织召开全国法院人员考核工作部署会议，对做好法院人员考核工作进行全面部署。中央政法委简报《政法动态》第15期专刊登载最高人民法院经验交流材料。

四是不断壮大涉外法治人才队伍。建立国际化涉外审判人才培养机制，举办2023年涉外商事海事审判工作专题培训班，进一步提升专业人才运用国内国际法律规则办理涉外商事海事案件的能力水平。持续推进应邀提名选派干部担任其他国家国际商事法院（庭）法官，推进相关保障事宜规范化、机制化，张勇健同志先后就任新加坡国际商事法庭国际法官、卡塔尔国际法院和争端解决中心国际法官。高晓力法官成功当选联合国上诉法庭庭长，成功推荐朱理同志为世界知识产权组织（WIPO）法官顾问委员会委员。邹仪威、张怡闻同志分赴联合国环境规划署、国际劳工组织工作。推荐6名同志参加中组部牵头组织的涉外法治人才专题培训。

五是持续加强社会主义法治人才培养。深化人民法院与法学院校双向交流，接收3名法学专家学者、7名实践锻炼青年学者来院挂职。会同河北高院召开15名河北法院系统在院锻炼人员座谈会，不断优化工作机制、提高培养质效。开展第十二、十三批法律实习生接收工作，接收130名优秀法学院校学生来院实习，组织召开法律实习生工作座谈会。创新法律实习生到立案庭等窗口单位轮岗交流实习机制，参与司法一线“有信必复”等工作，切实引导法律实习生在司法实务中锻炼本领、提升素质、厚植情怀。

三、持续深化司法体制综合配套改革

一是深入开展司法体制综合配套改革。总结知识产权法庭试点工作经验，结合第三方评估结果和全国人大审议意见，持续推动完善国家层面知识产权案件上诉审理机制。组织召开最高人民法院巡回法庭工作会议，全面总结巡回法庭设立以来的工作成效，组织开展第六批人员选派工作。健全完善聘用制书记员保障机制建设，与六部委联合印发《最高人民法院、最高人民检察院聘用制书记员管理办法》，统一核定聘用制书记员用人规模和薪酬标准，长效化、机制化解决聘用制书记员经费保障问题。持续加强国际商事法庭运行机制建设，新聘任14名国际商事专家委员会委员，进一步增强专家委员会的代表性和影响力。

二是加强机构编制资源管理使用。做好最高人民法院机关内设机构改革和规范调整，不再保留司法改革领导小组办公室，将司法改革职能整体划转研究室。集中整合刑一庭、民一庭、研究室少年审判工作力量，探索最高人民法院少年审判工作办公室运行机制。进一步规范院巡视办机构设置和职能定位，为督察局正式加挂“巡视工作领导小组办公室”牌子。持续加强研究平台类机构管理，系统梳理已建研究平台运行情况，组织开展专项集中整治。研究拟定政法专项编制调整测算模型和调编意见，推进政法专项编制跨地域统筹使用、动态调整，提高政法专项编制使用效率。做好机构编制日常管理，及时做好法院撤设、更名和印章刻制工作。根据国务院行政区划调整及相关高级法院请示，批复设立衢州智造新城法院、白杨市法院。

三是强化相对薄弱基层法院建设。制定《推进全国审判机关相对薄弱基层法院建设管理工作方案》，就加强相对薄弱基层法院的帮扶建设和动态管理进行谋划安排。印发《关于在全国法院部署开展加强相对薄弱基层法院建设工作的通知》，组织各地法院报送第一批全国相对薄弱基层法院名单。研究起草《关于加强全国相对薄弱基层法院建设的实施办法》，完善工作举措，健全工作机制，推动提升基层审判工作现代化水平。

四是加强专门法院和专业审判机构建设。会同中央政法委对专门法院设置的标准程序、规划布局、管辖范围等问题进行研究。立足服务保障地方发展大局，审核报批设立金融、国际商事、互联网等专业审判机构9个。对2017年以来经最高人民法院同意设立的专业审判机构情况进行全面梳理，形成《关于加强地方法院专业审判机构建设情况的报告》。印发《关于规范中级人民法院专业审判机构申请设立工作的通知》，明确专业审判机构设立标准和程序，进一步规范专业审判机构设置。

五是充分履行干部协管职能。全年共审核报批解放军军事法院院长及地方高级法院领导班子成员任免职 82 人次。对各高级法院领导班子配备情况进行全面梳理，优化调整高级法院领导班子结构。就地方法院年轻干部和党外干部配备情况进行分析，推进加强地方法院领导班子年轻干部、党外干部培养选拔。加强地方法院领导班子监督，深入开展专题调研，充分了解高院班子整体职能发挥、成员履职尽责等情况。扎实开展政治督察，建立高级法院党组民主生活会会后报送会议材料工作机制，重点了解领导班子存在的主要问题及整改措施、班子成员开展批评和自我批评等情况。

六是推进完善法官逐级遴选制度。会同中央有关部门赴地方三级法院开展实地调研，组织召开工作片会。经五轮专题会商，形成《关于调整优化逐级遴选制度的建议方案》。会同最高人民检察院政治部研究起草并向中央政法委、中央组织部报送《关于完善法官检察官逐级遴选制度的调研报告》，积极推动调整逐级遴选政策。以“两高”名义向中央组织部呈报《关于完善逐级遴选制度的建议方案》。

七是健全司法人员分类管理制度。印发《关于进一步加强地方人民法院院庭长办案考核通报工作的通知》，健全院庭长办案考核通报制度，压紧压实院庭长办案责任。制定出台《关于进一步加强人民法院法官助理管理工作的意见》，完善法官助理招录管理机制，探索建立符合审判特点和人才成长规律的法官助理分层培养机制。印发《关于在学习贯彻习近平新时代中国特色社会主义思想主题教育中进一步加强法院队伍管理监督的通知》，组织开展全国法院聘用制司法辅助人员队伍风险排查整顿，不断强化管理监督。

八是稳步推进人民陪审员工作。印发《关于进一步加强人民陪审员队伍管理的通知》，开展专项清理自查工作，切实加强对地方法院人民陪审员工作的监督指导。推进人民陪审员工作信息化建设，提升人民陪审员管理工作效能。加强人民陪审员制度宣传，《人民法院报》累计刊发专栏稿件 47 篇，指导地方法院开展人民陪审员法颁布实施 5 周年集中宣传，进一步扩大人民陪审员制度的社会影响力。

九是深入开展司法改革政策宣传解读。制定出台《司法人事制度改革宣传解读口径（六）》，围绕法官员额制、单独职务序列、聘用制书记员管理等方面强化司法改革政策宣传解读。在《人民法院报》刊发《关于进一步加强人民法院法官助理管理工作的意见》解读文章。

四、做深做实严管与厚爱

一是加强干部管理监督。持续深入做好领导干部报告个人有关事项工作，认真学习贯彻新修订出台的《领导干部报告个人有关事项规定》，深化政策宣传引导，强化查核结果运用。在主题教育中同步开展干部队伍教育整顿工作，推进教育整顿有力有效开展。扎实推进政商“旋转门”“逃逸式辞职”问题整治，修订起草《最高人民法院机关工作人员考勤规定》。加强在职干部因私出国（境）管理，严格审批流程，落实出国（境）人员行前谈话、返回报告备案制度和安全教育工作，建立新入院人员因私出国（境）事项承诺书机制，对未落实因私证照集中保管的干部进行认定处理，开展直属单位人员出入境管理专项工作。规范落实廉洁从政承诺书、禁业清单告知书、回避事项报告书填报机制，持续跟进了解各单位贯彻落实情况，按时完成2022、2023年度新提任干部“三书”填报工作。加强干部社会兼职审批和业外活动备案监管，分类建立台账、强化动态管理。

二是强化法官履职保障。会同中国法官协会就法官权益保障开展调研。完成因公牺牲法官“两金”申报审核工作，为614名因公牺牲法官家属申请发放特别慰问金，为12名因公牺牲法官家属申请发放特别补助金。加强法官履职保护舆论宣传引导，连续5年在《人民法院报》专栏刊登法官权益保障典型案例。

三是落实干警待遇保障。严格执行国家工资政策，对照职务职级变动及时调整工资待遇，认真做好援派干部补贴、司法警察警衔津贴、执勤岗位津贴、一次性年终奖金等发放工作，加强对直属单位工资收入分配制度的统筹指导。做好福利待遇保障，及时办理卫健委医疗蓝卡和北京医院内部医疗蓝卡，逐人核算养老保险和职业年金2023年缴费工资基数。会同司法部、最高人民检察院相关部门就退休人员养老保险相关政策适用问题与人社部进行沟通，推动完善离职人员从业管理制度。及时组织走访慰问，完成700余名帮扶干部、因公去世干部家属、离退休干部等人员走访慰问工作，探索建立对外派干部的走访慰问机制和干部家访机制。强化从优待警，组织开展全国法院执行死刑司法警察疗养活动。邀请知名专家学者就执行特殊勤务心理疏导、常见心脑血管及消化系统疾病预防等主题进行授课辅导。

五、扎实做好法院宣传文化工作

一是大力弘扬新时代法院英模精神。强力推进重大典型鲍卫忠同志表彰宣传工作，联合云南省委召开表彰大会，面向全国法院全体干警举行先进事迹报告会，协调中央宣传部追授“时代楷模”称号，褒扬他是“矢志推进民族团结进步的人民好法官”，研究制定9项具体举措有序推进学习宣传工作走深走实，全国各大主流媒体在全社会掀起学习“时代楷模”鲍卫忠的强大声势。聚焦服务审判执行做实评先表彰工作，规范开展12项省部级表彰推荐工作，评选表彰全国法院先进集体200个、先进个人200名，报请中组部对审理重大案件表现突出的3名个人记功奖励，推荐江西贵溪法院周淑琴、安徽利辛法院刁志岭分别当选CCTV“2023年度法治人物”和“2023年度致敬英雄”，积极推介、宣传法院系统第21届“全国青年文明号”先进事迹，指导民一庭部署开展“枫桥式人民法庭”创建示范活动，对全国法院知产审判、督查工作等条线表现突出的332个集体和450名个人给予通报表扬，对院机关年度工作业绩突出的114个集体和568名个人予以表彰。制定《人民法院奖励规定》，认真做好“荣誉天平纪念章”颁发工作，编辑出版《人民法院英模事迹选编（第2卷）》，持续深化人民法院英模精神学习教育。

二是积极推进法院文化建设。组织开展“新时代人民法院文化建设主题征文及理论研讨活动”，围绕9个专题征集论文近700篇，有力推动形成“围绕审判抓文化”氛围。扎实推进理论研究，指导福建高院、北京三中院深入开展新时代法院文化建设理论研究，对重大理论研究课题实施全流程督导，推动形成高质量研究成果。深化落实院党组与驻院纪检监察组专题会商会工作要求，牵头组织修订《法官行为规范》，着力加强法院文化制度机制建设。立足中华优秀传统文化传承和创新发展，命名福建泉州“法映刺桐”宋元法律文化展馆为“全国法院法治文化教育基地”，指导建成龙泉司法档案数字博物馆，精心打造法院文化创新品牌。扎实推进精品文艺创作，组织创作电视剧《法官荣誉》和话剧《鼓楼那些事儿》，指导开展“讴歌新时代 奋进新征程”热烈庆祝党的二十大胜利召开书法美术摄影歌曲作品专辑网上展播和系列“法院文艺下基层”活动，协助筹办电视剧《底线》研讨会和“繁荣发展新时代人民法院文艺”专题座谈会，《鼓楼那些事儿》入选文旅部“新时代现实题材创作工程”项目。指导法官文联建立健全内部机制，完善社团法人管理结构，顺利完成首次社团年审，指导召开第一届理事会第三次会议暨会员代表大会，有效提升法官文联运作规范化水平。组织开展第二个“女法官国际日”纪念活动，增强女法官职业尊荣感。

六、持续抓好司法警务工作

一是持续推进司法警察便捷招录机制改革。会同中组部、司法部、人社部印发《2024年度人民法院和司法行政机关面向中央司法警官学院有关专业毕业生考试录用公务员工作实施方案》，有效解决人民法院司法警察专业人才短缺的历史问题。

二是组织举办高级警官培训班。举办第18期全国法院司法警察高级警官培训班。参训人员包括全国法院拟授予、晋升三级警监以上警衔的36名司法警察，并首次调训各高院司法警察总队32名总队长。培训设置政治理论、业务工作、法律法规、队伍建设、管理科学和纪律作风6大模块，为推动司法警察工作高质量发展凝聚思想力量。

教育培训

2023年，最高人民法院坚持以习近平新时代中国特色社会主义思想为指导，深入贯彻习近平法治思想，全面贯彻落实党的二十大精神，及时跟进学习全国干部教育培训工作会议精神，落实《干部教育培训工作条例》《全国干部教育培训规划（2023—2027年）》等文件部署，紧紧围绕“公正与效率”工作主题，进一步更新理念、拓展思路、完善机制、改进方法，一体融合抓实建强政治素质、业务素质、职业道德素质，努力为促进审判理念和审判工作现代化提供人才保障和智力支撑。

一、以学习贯彻习近平新时代中国特色社会主义思想为主线，持续开展全覆盖式政治培训

结合学习贯彻习近平新时代中国特色社会主义思想主题教育，将深入学习贯彻习近平新时代中国特色社会主义思想贯穿法院教育培训工作全过程各方面，全面推进习近平法治思想进教材、进课堂、进头脑，各级各类培训班次把习近平法治思想课程作为第一课、贯穿所有课。重点培训班次中党的理论教育、党性教育课程不低于总课时的20%。积极运用网络、视频教学等

手段，在中国法官培训网、最高人民法院“云课堂”等开设主题教育学习专区，不断丰富优质学习资源。

全年共计举办 4 期“人民法院大讲堂”，邀请党的二十大精神宣讲团成员和最高人民法院领导围绕学习贯彻党的创新理论为全国法院干警作专题辅导，累计参训干警超过 40 万人次。最高人民法院党组书记、院长张军以“司法审判工作中的党性自觉”“深入践行习近平法治思想 奋力推进审判管理现代化”为主题两次授课，实现了“高层声音”直达最基层的良好效果。举办 6 期“法院领导干部学习贯彻习近平新时代中国特色社会主义思想和党的二十大精神培训班”，对 1190 名新任高中级法院班子成员、中级和基层法院院长进行政治轮训。举办 3 期全国法院执行局长学习贯彻党的二十大精神专题培训班，人民法庭庭长培训班及地方法院新任领导班子综合能力提升培训班各 1 期。为推动落实党的二十大精神和习近平法治思想在基层法院领导班子中走深走实，举办“内蒙古法院学习贯彻党的二十大精神暨全区法院领导干部读书班”“地方法院政治部主任培训班”各 1 期。

二、以促进审判理念现代化为重点，广泛开展常态化业务培训

坚持围绕审判理念现代化，围绕审判执行工作重点难点问题，围绕有关领域专业人才短缺问题，开展有针对性的培训，教育引导广大法官不断深化对公正司法理念、“抓前端、治未病”理念、双赢多赢共赢理念、案结事了政通人和理念的理解和运用，不断提升教育培训工作的实效性。举办“人民法院大讲堂——审判业务培训课堂”专题讲座 21 讲，邀请最高人民法院业务部门领导、骨干法官围绕新法律法规、司法解释以及审判执行工作热点难点问题，采取远程视频授课形式覆盖全国四级法院各业务条线干警，累计培训法院干警 38 万余人次，因其较高的及时性、权威性、便利性受到一线法官干警广泛欢迎。印发《2023 年度法官培训计划》，在国家法官学院组织举办晋升高级法官培训班、法官职前培训示范班、中青年法官培训班、民族地区法官培训班等重点班次 17 期，根据不同层级、不同类别法官需求，开展各具特色的培训，确保其具备依法能动履职必备的业务能力。会同国家知识产权局、最高人民检察院等有关单位，围绕专利侵权纠纷行政裁决、性侵害未成年人案件办理等专题举办同堂培训班。

深挖司法实践需求，加强司法业务能力条线类培训。国家法官学院和机关各业务庭室联合举办多期条线类培训班。与刑二庭举办 1 期全国法院涉外刑事审判工作培训班、1 期人民法院追逃追赃和跨境腐败案件审判工作培训班；与刑三庭举办 2 期全国法院审理电信网络诈骗犯罪案件工作培训班、1 期全国法院打击网络政治谣言专项培训班；以全国高中级法院刑事审判业务骨干为对象，与刑五庭举办 3 期毒品案件审判业务培训班；与民二庭举办 1 期全国法院商事审判专题培训班；与民三庭举办 2 期全国法院知识产权培训班；与民四庭举办 2 期全国法院涉外商事（海事）审判培训班；与环资庭举办 3 期全国法院环境资源审判专题培训班；与行政庭举办 1 期行政审判法官、行政复议工作人员同堂培训班；与行装局举办 1 期全国法院法医工作培训班。

三、以夯实人才队伍基础为导向，创新开展“法考”培训

着眼于丰富人才储备、夯实人才基础，首次开展国家统一法律资格考试培训，为参加“法考”的法院干警提供帮助、支持。开设“人民法院大讲堂——法考培训课堂”，邀请司法部有关单位负责同志为法院干警宣讲“法考”政策、解读考试主要内容，并对干警备考提出意见建议。在“中国法官培训网”开设“法考培训专区”，发布视频课件 290 余个、复习资料 50 余份，点击量超过 17 万次。协调有关机构选准配强高水平师资，利用周末时间举办直播讲座 9 次，并持续免费开展课后答疑、模拟考试、专题解析等多种形式的日常备考服务。“法考”培训工作为干警创造了更加有利的学习环境和条件，为干警备考提供了有针对性的帮助和指导，取得积极成效。数据显示，2023 年度法院干警参加“法考”呈现出报名人数、客观题通过率、主观题通过率全面提升的良好态势。

四、以师资支援和政策倾斜为重点，持续加强对西部地区、民族地区法院教育培训帮扶

9 月下旬，组织最高人民法院讲师团开展第十次赴西部地区法院巡回授课活动。讲师团启程前，在国家法官学院举办行前座谈会，张军院长、邓修明常务副院长亲切接见全体成员。讲师团在西部 5 个省、自治区法院和新疆生产建设兵团分院累计举办讲座 60 余场，培训干警 4.5 万余人次，调研走访中级、基层法院 33 个，召开交流答疑座谈会 58 次，受到当地法院干警热烈欢迎和高度赞誉。组织举办民族地区法官培训班、“两援”地区法院领导干部培训班，并在各类培训班中对西部地区、民族地区法院给予名额倾斜。

五、以加强制度建设为牵引，进一步提升教育培训规范化水平

落实党中央要求，制定印发《人民法院领导干部应知应会党内法规和国家法律清单》，并将其纳入教育培训内容体系，促进各级法院领导干部牢固树立党章意识，切实增强法治观念。进一步健全完善职前培训机制，研究制定《法官职前培训实施细则》。对标对表全国干部教育培训工作会议精神和修订后的《干部教育培训工作条例》《全国干部教育培训规划（2023—2027 年）》部署，研究修订《法官教育培训工作条例》研究制定新一轮全国法院教育培训规划。

六、创新思路，稳中求进，实现网络办学新突破

紧跟政策导向，扎实做好网络培训各项工作。一是贯彻落实主题教育部署要求，依托中国法官培训网，及时推出“主题教育”学习专区；持续优化“学习贯彻党的二十大精神”专区，增设“学员说”专栏；不断完善“党史学习教育”专区。更新视频、上传课件，系统化建立资料库，为全国法院干警提供坚实的理论学习阵地，实现法官教育培训常态化、长效化。二是与线下培训并举，完成 9 期全国法院晋升高级法官线上培训 1502 人，按期完成培训 1459 人，培训完成率约为 97.14%。贯彻落实中组部、最高人民法院、最高人民检察院、司法部《关于建

立法律职业人员统一职前培训制度的指导意见》，组织开展两期人民法院法官职前线上培训。三是首次尝试合作办学模式，建设中国法官培训网分平台，接受国家法官学院贵州分院委托，组织开展 1 期“贵州法院 2022 年高级法官线上培训”，参训学员 229 人，培训完成率 100%。

离退休干部工作

2023 年，最高人民法院离退休干部工作坚持以习近平新时代中国特色社会主义思想为指导，以学习贯彻党的二十大精神为主线，以深入开展学习贯彻习近平新时代中国特色社会主义思想主题教育为抓手，全面落实全国老干部局长会议要求，扎实推进离退休干部“三项建设”，认真落实“两项待遇”，引导发挥“三大优势”，各项工作取得新成效、实现新发展。

一、深入开展主题教育，把“学思想、强党性、重实践、建新功”总要求落到实处

一是及时做好动员部署。对标对表党中央、院党组关于深入开展主题教育的部署要求，认真贯彻中组部组通字〔2023〕15 号文件精神，坚持离退休干部和在职干部党员主题教育开展同研究同部署同推进，及时印发《关于在离退休干部党员中深入开展学习贯彻习近平新时代中国特色社会主义思想主题教育的通知》，明确全院离退休干部党员参加主题教育的内容、方式和要求。认真组织离退休干部党员代表参加最高人民法院学习贯彻习近平新时代中国特色社会主义思想主题教育动员部署会，指导各离退休干部党支部结合实际做好再动员再部署。二是强化理论学习效果。“七一”前夕，最高人民法院党组书记、院长张军为党员干部讲授主题教育专题党课，离退休干部局组织老党员代表参会听讲，并通过各党支部微信群转发专题党课主要精神，引导离退休干部党员认真学习领会。及时为离退休干部党员购买发放主题教育学习书籍 590 余套，结合“每日一学”制度向各党组织微信群推送主题教育学习辅导文章，为离退休干部全面系统学习贯彻党的创新理论提供有力保障。指导离退休干部党支部围绕主题教育目标任务，组织到革命教育基地开展主题党日活动，加强党性修养，深化学习理解。三是扎实开展调查研究。围绕“离退休干部在医疗、养老等方面的需求和问题”，研究制定调研提纲，由局领导分工带队，深入老同志之中了解有关需求和困难，并重点梳理出 3 个方面 5 项具体难点问题，提出 6 项对策措施和建议。通过建章立制、明确责任，有序有效推动调研成果转化，如研究制定、督促落实《定期联络关怀特殊情况离退休干部制度》，在“老法官”微信公众号推送“北京养老服务网”有关内容，编印《北京城六区社会养老机构信息名册》，让广大离退休干部看得见、感受得到调研成果转化运用的实效。四是抓好问题检视整改。对照中央关于在主题教育中解决六个方面问题的部署精神，聚焦“让党放心、让老干部满意”的工作目标，自查梳理确定“老干部服务工作精细化精准化不够”等 3 项问题作为本部门领导牵头负责整改的问题，细化举措、分类施策，深入整改、及时销号。整改落实中坚持把老同志急难愁盼问题放

在心上，针对就医、养老、房产等方面问题，积极与相关部门沟通协调，推动问题解决取得进展。五是严肃开展干部队伍教育整顿。聚焦院机关实施方案明确的10个方面问题，深入开展警示教育和对照自查。着眼锻造政治坚定、作风优良、业务精通的过硬老干部工作队伍，开展“提升政治素质、业务素质和职业道德素质，做好老干部工作”等学习交流。认真制定、严格执行《离退休干部局工作人员考核实施方案（试行）》《离退休干部局工作人员考核评定标准（试行）》，以规范化考核机制激励担当作为、高效干事，以“如我在诉”精神及时、用心回应离退休干部服务需求。院主题教育工作简报、中组部“离退休干部工作”微信公众号、《中国老年报》对离退休干部局推动主题教育在离退休干部党员中扎实开展的有关经验做法，分别予以采编和报道。离退休干部局被《中国老年报》评为“2023年度离退休干部宣传工作优秀单位”。

二、强化政治引领，推动离退休干部党的建设工作高质量发展

一是扎实推进离退休干部党建工作规范化建设。认真学习贯彻中共中央办公厅《关于加强新时代离退休干部党的建设工作的意见》和院党组实施意见。召开中共最高人民法院离退休干部局第二次代表大会，全面总结过去5年工作，选举产生新一届局党委班子。及时召开局党委会议和党委扩大会议，研究部署年度和阶段重点党建工作。围绕“加强新时代离退休干部党的建设工作”主题举办离退休干部党组织书记委员培训班，进一步提升书记、委员做好党建工作的能力素质。认真落实在职党员干部与离退休干部党支部结对联络工作制度，服务保障各党支部落实组织生活制度，鼓励开展线上、线下学习交流；为离退休干部活动站布置党建宣传展板、更新悬挂党旗，加强党建阵地建设。二是教育引导离退休干部树牢政治意识、强化对党忠诚。举办离退休干部学习宣传贯彻党的二十大精神专题培训班，引导从政治上学、从政治上悟。开展学习宣传贯彻党的二十大精神知识竞赛答题活动，500余名离退休干部线上线下提交答卷。组织收看中组部举办的5场离退休干部网上专题辅导报告会，学习宣传全国“两会”精神，在各党组织微信群和“老法官”微信公众号推送学习资料近2000篇，为离退休干部订阅《人民法院报》等报刊杂志，推动理论学习经常化、长效化。通过上门送学、电话访学、结对互学、微信联学、参观见学、座谈交流、撰写征文等灵活有效方式，引导离退休干部坚持用习近平新时代中国特色社会主义思想凝心铸魂。三是加强日常教育管理和监督提醒。及时召开“以案为鉴、严守规矩，做遵纪守法的离退休干部”专题警示教育会，教育引导离退休干部吸取教训、引以为戒。组织开展继续从业行为、因私出国（境）证照管理、落实“三个规定”等有关情况的集中摸排，做好退休报到、出国（境）谈话提醒等工作，运用“四种形态”加强对个别退休干部的批评教育和监督提醒，教育引导离退休干部严守法纪、永葆本色。四是坚持党建工作和老干部业务工作融合互促。组织各项老干部活动均赋予鲜明的政治主题，努力做到以党的建设引领老干部工作高质量发展。围绕“发挥党建引领作用，满足老同志多样化养老需求”主题，组织在职干部党员到河北燕郊燕达养护中心开展党建和养老工作调研交流，实现深度融合、提升质量效果。离退休干部局在职干部党支部被中央和国家机关工委评为“四强”党支部。

三、向大局聚力，引导离退休干部为党和国家事业发展凝聚正能量

一是搭建平台，引导离退休干部为民族复兴、强国建设贡献智慧力量。突出政治引领和法院特色，在离退休干部中广泛开展“话传统、谈复兴、聚力量”专题调研活动，引导260余名离退休干部积极参加主题座谈、漫谈、访谈、参观等活动，撰写征文136篇，提出意见建议63条，以实际言行为新时代新征程党的使命任务凝聚共识、汇聚力量。二是拓展形式，引导离退休干部为人民法院工作和法治中国建设建言献策、增光添彩。召开最高人民法院离退休干部座谈会，参会老领导、老同志在加强人民法院政治建设、业务建设、审判管理及队伍建设等方面提出意见建议。指导右安门党支部深化与驻地永乐社区的法治共建工作，组织老法官面向群众宣传习近平法治思想，开展义务法律咨询活动，积极为法治中国建设作贡献。

四、增强宗旨意识，用心用情精细精准做好离退休干部服务保障工作

一是坚持党内关怀帮扶贴心暖心、关怀备至，不断增强老同志的尊荣感。落实离休干部“一人一策”关怀机制，坚持落实重大节日、家中出现重大变故、80岁以上老同志生日、生病住院、病故去世“五必访”制度，不断完善困难帮扶机制。“七一”前，举行2023年“光荣在党50年”纪念章颁发活动，最高人民法院党组书记、院长张军亲自为10位老党员代表颁发纪念章；对符合条件、未能参加集体颁发活动的6名老党员，由院领导和局领导带队，登门“一对一”颁发。结合元旦、春节和“七一”前走访慰问，为45名离退休干部发放困难补助9万元。到医院、家中探望或电话慰问生病老同志180余人次。为130余位80岁以上老同志过生日，及时送上组织的祝福和问候。做好“三八”节、中秋国庆重阳三节慰问工作，相关工作得到院领导的肯定。二是坚持医疗健康服务保障精准及时、呵护周到，不断增强老同志的获得感。优化项目、精心筹备、严密组织，完成414名离退休干部的年度健康体检服务保障工作。聚焦离退休干部普遍关注的健康问题，举办“老年肠道疾病的预防和治疗”健康讲座，讲座视频通过微信公众号进行“云共享”。建立离休干部和特殊情况退休人员动态台账，以及医疗照顾人员就医医院动态台账，完善重病、高龄、失能、失独、空巢、独居等特殊群体服务档案，落实就医指导、电话巡访、调整医院、健康解答、提示咨询等机制，积极帮助解决老同志在看病、住院、照料、护理、医药费报销等方面的实际难题。全年电话巡访离休和80岁以上老同志498人次。为离退休干部办理及调整就近医院85人次，为26人办理异地医疗。认真细致做好离退休干部工资、福利、抚恤金核对发放工作，采取多种方式为老同志报销医药费提供方便。三是坚持文化养老形式丰富、多姿多彩，不断增强老同志幸福感。持续加大老干部活动站建设的投入和管理，改善活动条件。精心组织书画、摄影、歌舞等兴趣教学活动，采取线上“云课堂”与线下面授相结合的形式，开展兴趣班教学共计480多课时，4000余人次参加，编辑发布“一书一画一摄影”成果展48期。组织离退休干部2023年迎新春“云团拜”活动，2181人次观看；选送节目参加中央和国家机关离退休干部艺术舞蹈云展演，分别荣获一、二等奖。组织退休干部参加中央和国家机关工委举办的第二届“平安杯”象棋比赛，荣获优秀组织奖。组织近200名离退休干部开展“体验金秋丰收喜悦”主题参观见学活动，感受新时代生

态文明建设和京郊乡村振兴成果。四是坚持信息化平台管理服务可感可及、紧贴实际，不断增强服务工作的便捷度和老同志的认可度。积极落实全国法院“一张网”建设要求，持续优化老干部工作信息平台功能，为老同志提供更优质便捷的信息化服务保障。

法院信息化建设

2023年，最高人民法院坚持以习近平新时代中国特色社会主义思想为指导，深入学习贯彻党的二十大精神，紧扣新时代人民群众和法院干警多元需求，牢牢把握新时代人民法院信息化建设特点和规律，紧紧围绕“公正和效率”工作主题，始终坚持“从政治上看、从法治上办”，着力推动现代科技与司法审判深度融合，持续深化人民法院信息化建设，不断满足人民群众日益增长的司法需求，以审判工作现代化服务保障中国式现代化。

一、建立全国审判质效管理指标体系，实现审执工作科学化管理

一是建立全国审判质效管理指标体系。依托司法大数据，根据审判执行业务需要，建立质量、效率、效果三个维度的审判质量管理模型，上线人民法院审判质量管理指标体系可视化工作桌面，组织全国法院进行多轮指标数据核对工作，形成人民法院审判质量管理指标体系，支持审判质量管理指标体系全国法院应用，为指标体系完善奠定基础，进一步科学量化评估全国法院审判质量态势，及时发现人民法院当前审执工作存在的短板，辅助现代化科学管理。二是支持常态化开展审判数据会商，以服务审判管理为核心，建立一体化审判工作管理平台，新增10个业务专窗分析服务；上线可视化自定义数据统计分析工具，支持形成司法审判数据分析报告，支持院领导、业务部门按月度、季度建立司法审判数据常态化分析会商机制，根据数据了解审判动态、指导工作。

二、推进一站式诉讼服务系统建设，持续提升司法为民服务水平

一是拓展人民法院调解平台应用范围。扩大“总对总”调解资源，新增退役军人保障部、住建部调解组织和人员入驻人民法院调解平台，“总对总”在线诉调对接的部委机构达到13家，超过12万个调解组织、41万名调解员已入驻调解平台，当前平均每分钟就有95件纠纷成功在诉前在线化解，初步形成各类调解资源优势互补、有机衔接、协调联动的工作格局。二是优化完善以人民法院在线服务为总入口的一站式诉讼服务能力。推进互联网端应用系统升级改造，拓展在线服务跨域诉讼服务功能，建设最高人民法院“一站式”国际商事纠纷多元化解决平台，实现国际商事纠纷调解、仲裁、诉讼、中立评估等业务“一站式”办理，以案件码为抓手，以数据融合为核心，全面整合调解、保全、鉴定、送达、破产等互联网应用，努力实现人民群众在司法活动中的一次登录、一网通办、一网通查，大幅提升人民法院在线服务的一站式诉讼服务水平。三是以数字化、智能化推动新时代涉诉信访工作模式创新和高质量发展。为

及时回应人民群众诉求，组织制定“有信必复”总体技术方案，建设完善“有信必复”应用系统，实现信访业务横向全面覆盖，实现四级法院纵向全面贯通，实现涉诉、涉执信访业务一体化、全流程在线办理。

三、持续推进办公办案业务系统优化完善，增强信息化应用效能

一是实现机关办公平台上下级协同和移动端拓展。以最高人民法院网上办公系统为中心，联通四级法院办公系统，具备与31家高院和兵团分院行政公文在线流转能力，解决了以往纸质文件报送时效长、经费高的问题，为建设节约、低碳环保型机关提供有力支持。二是集中攻关原审卷宗调阅工作。优化调阅功能，升级上线新版原审卷宗调阅页面，提供原审卷宗阅卷、智能命名、OCR识别、文本模式、阅卷笔记、卷宗收藏、记忆阅览、护眼模式、卷宗下载、操作指引等10项功能，法官调阅卷成功率稳定在90%以上，提升办案平台原审电子卷宗调阅能力。三是推进执行办案智能化升级。组织各高级人民法院推动以人民法院执行案件流程管理系统智能化升级为主线，围绕执行办案的自动化、集约化、智能化的建设需求，实现执行案件电子卷宗随案同步生成和深度应用，切实提升执行办案系统智能服务和辅助决策能力，解决了信息孤岛、案件要素利用率不高、执行办案事务性工作量大等问题，有效减少执行法官的事务性工作，提升办案效率。四是建设上线法答网、案例库，累计咨询量超25万，答疑量20余万，有效促进全国法院法律统一适用和专业知识积累共享。

四、全面深化大数据建设和管理工作，切实提升全流程智能化、协同化辅助办案能力

一是推进司法数据中台实体化建设。提升数据智能推荐能力，初步形成智能化服务规模化应用局面，为全国法院提供各项智能服务，智能化服务总调用量已超2467万次。二是推进数字法院大脑建设。形成面向庭审音视频、卷宗图像、文书文本等于一体的司法人工智能综合引擎，上线立案智能辅助、类案智能推荐等61项智能化服务，累计为全国法院一体化提供79亿次服务。三是保障人民法院司法审判数据会商工作。累计提供数据结果约460万项，有效支撑审判部门进行数据分析，开展全国法院条线指导。四是深化司法大数据专题研究。面向社会治理的司法指数体系，提供司法指数报告2800余份，高质量服务司法管理和社会治理。

五、推进国家重点研发计划任务实施和项目研究，规范科技创新管理工作

一是全面实现智慧司法技术总师工作机制实质化运行。以政法协同为重点，协同最高人民检察院、司法部编制完成十四五“社会治理与智慧社会”专项司法板块2023年指南及指南说明以及实施方案、项目概算等配套材料，配合科技部完成“社会治理与智慧社会科技支撑”重点专项智慧司法板块2023年任务论证。二是高质量完成“司法区块链关键技术及典型应用示范研究”项目综合绩效评价验收。组织完成跨网系异构数据核验、高并发异构数据验证等关键技术攻关，引入链下可信计算服务层和隐私计算，确保跨网数据一致性和安全性，并从交易防重、数据分级、横向扩容和异步上链；以94.2分的优异成绩顺利通过项目综合绩效评价，圆

满完成结项验收。三是完成中央网信办“区块链＋审判”特色领域试点工作。组织全国各级人民法院积极参加区块链创新应用案例征集，人民法院统一司法区块链平台的建设与应用（人民法院信息技术服务中心）入选全国10个优秀案例，江苏法院减刑假释跨链融合区块链管理系统（江苏省高级人民法院）入选全国56个典型案例；作为国家区块链创新应用“区块链＋审判”特色领域试点，人民法院信息技术服务中心、辽宁省高级人民法院、山东省高级人民法院共3家单位入选国家区块链创新应用优秀试点，积极推动区块链在司法审判工作中的应用。

六、强化网络安全和数据安全技术防护体系，提升整体安全防护能力

一是加强信息系统安全防护工作。完成安全隔离交换监管调度平台建设，实现法院专网和互联网、外部专网隔离交换设备的统一调度和安全监管；建成全国法院统一身份认证平台，提升全国法院业务统一认证的安全性；开展以微隔离、应用级防火墙及虚机检测和响应为核心的云内安全系统集建设，强化云安全监测防御和溯源处置手段；建成运维安全4A管理平台，实现双因子认证和运维管理一体化及运维操作高风险识别阻断，建成法院专网边界防火墙统一分析管理平台，自动分析边界策略。二是筑牢网络安全和数据安全防线。开展全国法院网络安全和保密专项检查，在专网边界防护、重要信息系统数据安全防护等方面重点开展自查与互查工作；开展以数据安全审计、脱敏和加密为核心的数据安全系统集建设，为数据集中类的核心业务系统提供数据安全支撑，建成综合安全监管中枢，为安全监管进行全网态势感知为核心的安全能力和安全状态评估提供依据。

七、优化完善可视化质效型运维管理平台，增强全国法院统建应用系统运维能力

一是以质效数据为核心驱动“三位一体”质效运维管理体系全面科学化运转。完成可视化质效型运维管理平台主体框架建设，重构开发平台数据采集程序，初步实现“标准化”“模块化”“配置化”“版本化”，拓展数据采集能力及范围，强化平台监控能力，全面提升数据完整性、及时性、准确性；每月开展涵盖五大网系的基础设施、应用系统、数据资源、信息安全、运维保障等方面质效分析工作，聚焦重点问题逐步提升运行质效分析能力。二是以用户需求为导向推动建立全国法院运维上下联动工作模式。建立全国法院统建应用系统运维中心，为全国法院干警提供统建运维技术支持服务，2023年全年共受理工单2.1万余件，办结率98%。

新闻宣传

2023年，最高人民法院坚持以习近平新时代中国特色社会主义思想为指导，深入学习贯彻习近平法治思想、习近平文化思想，深刻领悟“两个确立”的决定性意义，增强“四个意识”、坚定“四个自信”、做到“两个维护”，突出学习宣传贯彻党的二十大精神工作主线，紧

紧围绕抓实“公正与效率”主题，聚焦做实为大局服务、为人民司法，坚持“本在业务工作，效在新闻宣传”的工作理念，推动人民法院新闻舆论各项工作取得新进展。

一、主题宣传报道亮点纷呈

《人民法院报》、《人民司法》、《中国审判》、最高人民法院微信公众号等开设“学习贯彻落实党的二十大精神”“贯彻党的二十大精神 · 奋斗者风采”等专栏，充分报道全国法院贯彻党的二十大精神的生动实践。开设“学习贯彻习近平新时代中国特色社会主义思想主题教育”“学思想 强党性 重实践 建新功”等专栏，刊发各级法院主题教育开展情况。策划开设“法官手记——主题教育进行时”“影像记忆——主题教育进行时”等品牌专栏，发挥对外宣传展示、对内教育指引的作用，17 篇微信公众号新闻稿阅读量达 10 万 +。

二、聚焦公正司法，围绕法院中心工作开展宣传报道

全方位、多角度、立体化做好全国两会宣传工作，推出精美互动 H5《公正画卷中国风》、AI 主播播报、数字人解读报告等数十个新媒体产品，中央主流媒体和地方媒体刊发报道及转载 6 万余篇，登上各平台热搜 50 余次，组织召开 6 场全媒体直播访谈活动，总观看量近 5000 万。围绕“公正与效率”工作主题，深入宣传院党组关于做实公正司法、推进审判工作现代化等重要会议和工作部署，十余篇报道文章在最高人民法院微信公众号阅读量达 10 万 +。开展纪念毛泽东同志批示学习推广“枫桥经验”60 周年暨习近平总书记指示坚持和发展“枫桥经验”20 周年特别主题报道，组织中央媒体赴浙江、福建等地开展调研采访活动；《人民法院报》推出“绍兴三变”“诉源治理浙江模式”等系列报道，生动呈现各级人民法院以审判工作现代化服务保障中国式现代化的积极举措。协调《人民日报》、新华社围绕诉源治理、信用卡纠纷、健全企业海外利益法律保护等，采写多篇深度报道，助力相关问题协调推进解决。聚焦人民群众急难愁盼问题和社会关注热点，精心策划召开或参加 28 场现场新闻发布会，线上发布 66 次，发布涉“一带一路”建设、涉民营企业人格权保护、反家庭暴力、网络消费、依法惩治网络暴力等典型案例 607 个。推出《民主 · 监督周刊》、开设“代表委员履职风采”“监督就是动力”专栏等，深入报道代表委员助推法治建设的履职情况。

三、持续讲好英模事迹故事

深入挖掘“时代楷模”鲍卫忠同志精神实质，在宣传内容上求新求深，宣传方式上创新融合，统筹开设专栏、发布消息、通讯、评论、反响报道，短视频、SVG 互动图、MV、傣族剪纸作品、有声海报等爆款新媒体产品，引发广泛社会反响，追授鲍卫忠同志“时代楷模”称号的信息在一周内超 24000 条，全网阅读量累计超 2.6 亿次，讨论量超 12 万。策划刊发“全国法院办案标兵”“全国优秀法官”等先进集体、先进人物事迹报道，展现法院干警恪尽职守、砥砺奋进、攻坚克难、甘于奉献、勇于担当、矢志创新的精神风貌和青春风采。

四、持续加大普法工作力度

认真贯彻落实“八五”普法规划，按要求做好“八五”普法规划中期评估。组织全国法院通过新闻发布会、典型案例、新媒体产品等形式，广泛开展知识产权宣传周、全民国家安全教育日等主题普法宣传活动。精心组织“六一”国际儿童节系列法治宣传，以司法解释、司法政策、典型案例、大案要案、调研座谈、互动交流的全形态、全方位宣传报道，有力彰显人民法院全面保护未成年人合法权益的积极作为。在宪法宣传周开展宪法宣誓、公众开放日、“新时代推动法治进程2023年度十大案件”宣传启动活动、上线普法动漫和普法短剧等一系列主题鲜明、特色突出的宪法法律宣传教育活动，营造普及宪法知识、弘扬宪法精神、培育宪法信仰的浓厚氛围。策划出版《中小学道德与法治案例手册》，出版《小案件大道理——弘扬社会主义核心价值观普法绘本》，在《人民日报》《法治日报》等开设专栏，与中央广播电视总台央视《焦点访谈》《新闻1+1》《法治在线》《今日说法》《现场》《法治深壹度》《乡理乡亲》《热线12》等栏目策划专题节目，出品法治节目《法官你好》等，持续弘扬中国特色社会主义法治精神。

五、持续提升对外宣传工作传播力影响力

积极做好中越边界省份法院研讨会、中国－上合组织国家地方法院大法官论坛、海上丝绸之路（泉州）司法合作国际论坛等外事会议报道，组织中央各大媒体参会报道，全面反映中国法院推动国际间司法合作、推动世界和平稳定、服务保障世界经济发展的重要作用和积极进展，得到国际社会的广泛关注和积极肯定。邀请日本共同社记者参加海上丝绸之路（泉州）司法合作国际论坛，多家国外媒体及新闻网站刊发、转载论坛报道。中央外宣媒体就中外双方当事人知产诉讼达成和解方案进行大力宣传，就案件背后的司法担当和司法智慧进行阐释，向世界展示人民法院平等保护中外权利人合法权益、维护公平竞争市场秩序，助力营造市场化、法治化、国际化一流营商环境。积极发挥最高人民法院英文官方网站的国际传播作用，年度浏览量近150万次。

六、持续推动媒体融合和平台阵地建设

召开全国法院媒体深度融合发展工作推进会、全国法院媒体深度融合发展工作座谈会等，持续推动全国法院媒体深度融合。自有平台天平阳光App注册用户48万人，累计下载量210万次。最高人民法院微信公众号粉丝数量达560万人，人民法院报微信公众号粉丝数量达119万人，10万+文章72篇；最高人民法院新浪微博粉丝数量为1844万人，《人民法院报》新浪微博粉丝数量381万人；最高人民法院人民号、《人民法院报》百家号、中国法院网强国号等各平台客户端粉丝总数量已达3685.8万人。最高人民法院微博获“2022年度全国二十大中央机构微博”“2022年度全国十大法院微博”和“2022年度创新应用与传播优秀微博”称号。中国法院网快手号、抖音号发布短视频2429条，播放总量超6.5亿。持续加强政务网站群建设，2023年以来新建法院网站62个，会员网站达2092个。由最高人民法院主管、人民法院出版社主办的面向海内外公开发行的全国性数字法治领域的学术期刊《数字法治》创刊，逢双月

出版。

七、打造法院文化品牌和文艺精品力作

推出话剧《鼓楼那些事儿》、电影《最后一次审判》、电视剧《宣判》、普法短剧《法官助理谢至》。系列普法短剧《民法君“典”案例》总播放量达7.8亿，普法动漫《重返庭审现场·少年法庭》观看总量超过2亿，专栏《中国法院“二十四节气”》总播放量达1.4亿。开展“天平杯随手拍大赛”，相关微博话题阅读量达3.2亿次，开展“这里‘枫’景正好”系列融合报道和全民拍专题，累计阅读量超过3000万次。

巡回法庭工作

2023年，各巡回法庭坚持以习近平新时代中国特色社会主义思想为指导，深入学习贯彻习近平法治思想，紧紧围绕“推动审判机关重心下移、就地解决纠纷、方便当事人诉讼”，聚焦“公正与效率”主题，守正创新、担当作为，努力为大局服务、为人民司法，以审判工作现代化有力支撑和服务巡回区经济社会高质量发展。

一、坚持以政治建设为统领，筑牢政治忠诚

各巡回法庭牢牢坚持党对司法工作的绝对领导，坚持以政治建设为统领，深刻领悟“两个确立”的决定性意义，坚决做到“两个维护”，确保巡回法庭在审判事业现代化和巡回法庭机制改革中正确方向。

一是扎实开展主题教育。各巡回法庭注重科学筹划，严密组织，学习贯彻习近平新时代中国特色社会主义思想主题教育取得明显成效。注重融合提升干警的政治素质、业务素质、职业道德素质，推动习近平新时代中国特色社会主义思想入脑入心。一巡、三巡结合工作实际创新学习形式，创办“我来讲大家谈”、“一带一路”法治大讲堂等特色学习品牌，促进政治素质、业务素质和职业道德素质融合提升。调查研究注重问题导向，结合区位特点，扎实开展粤港澳规则衔接机制对接、东三省民商事发改指提案件情况、西北巡回区特色司法经验、红色资源的司法能动保护与利用等具有巡回区特色的调研。重视检视整改，通过召开内部征求意见会和外部走访调研，对巡回法庭自身建设和巡回区法院裁判标准不统一、诉源治理不到位、司法服务大局不够主动能动等问题深化问题检视整改。

二是加强巡回法庭党组织建设。对照“四强”党支部建设要求提升支部政治功能和组织功能，注重将党建融入法庭日常工作，丰富方式方法增强教育实效，形成各具特色的党建品牌。充分利用巡回区红色资源，组织开展主题党日活动，在身体力行中强化干警党性修养和思想道德素质。

三是坚持全面从严治党治庭。深入学习贯彻习近平总书记关于加强作风建设的重要论述，

教育引导党员干部牢记“三个务必”，坚决贯彻中央八项规定及其实施细则精神。以党章、党内政治生活准则、防止干预司法“三个规定”、新时代政法干警“十个严禁”等为重点，强化经常性纪律教育，树牢纪律红线不能触碰、制度底线不可逾越的观念。常态化开展警示教育，及时通报反面典型案例，组织党员干部集中观看警示教育片，引导法庭干警端正思想认识。开展常态化廉政风险点梳理分析，抓紧抓实防止干预司法“三个规定”，填报数量均有明显增长，形成了有问必录的良好氛围。

二、围绕公正与效率主题，推动巡回审判工作发展完善

巡回法庭始终自觉把习近平法治思想作为“纲”和“魂”融入审判工作，围绕“公正与效率”主题，充分发挥审判职能作用，依法公正审理了一大批涉及人民群众切身利益、社会影响力大、疑难复杂的案件，同时加强对下指导、司法建议等工作，配合相关部门有序开展巡回法庭改革试点，不断推动巡回审判工作发展完善。

一是公正高效办理案件。各巡回法庭狠抓执法办案第一要务，妥善处理重大敏感案件，加大对长期未结案件和代表关注案件办理力度，总体结案率相较去年同比有所上升，审判运行态势良好稳定。一巡办理的“兴宁市某公司诉广东省兴宁市自然资源局土地行政处罚再审案”，在监督行政机关依法行政方面发挥了示范作用。二巡依法审理辽宁省建行本溪分行执行异议之诉系列案、邮储银行系列案、滨海银行系列案等重点案件，有效防范化解金融风险。五巡全年共清理一年以上长期未结案 36 件，《人民法院报》进行专题报道。

二是强化对下指导职能。通过召开刑事、民商事审判工作、涉诉信访工作会议，印发典型案例、重点访情，梳理通报典型质量瑕疵和问题情况等工作，强化指导提升审判质效职能，促进巡回区法律适用统一，有力推动巡回区法院审判理念和审判能力现代化。

三是做实司法建议工作。将司法建议作为以诉源治理服务社会治理的重要抓手，推动从源头上完善制度规范、防范化解重大风险隐患。三巡向最高人民检察院发出司法建议函，建议检察机关依法行使法律监督职权，督促公安机关搜集、固定证据。六巡向住房和城乡建设部、自然资源部发出《关于加强商品房预售监管 协同推进矛盾纠纷源头治理的司法建议书》，促进房地产和建设工程领域纠纷诉源治理。该工作得到习近平总书记圈阅和李强总理、何立峰副总理的批示。

四是推进巡回法庭改革试点。立足强化“推动审判机关重心下移、就地解决纠纷、方便群众诉讼”职能定位，有序推进巡回法庭改革试点，推动“驻点审判”转为“巡回审判”。第一、第四巡回法庭作为试点单位，贯彻落实院党组决策部署，在就地实质解纷、诉源信源治理、巡回审判保障、条线工作承接、法庭综合保障等方面取得明显成效，基于改革研究形成立案、信访、服务保障巡回审判、法庭运行管理等系列规范性文件，为优化巡回法庭工作机制提供了可复制可推广的有益经验。

三、践行司法为民，促进矛盾纠纷就地实质化解

巡回法庭坚持以人民为中心，充分发挥贴近基层、贴近一线的优势，通过不断优化提升

诉讼服务水平，大力加强实质解纷和诉源治理工作，着力满足群众司法需求，真正做好老百姓“家门口的最高人民法院”。

一是优化提升诉讼服水平。以“如我在诉”的意识，不断优化升级服务水平和硬件设施。注重打造“助导式”诉讼服务，研发“群众来信流转办理平台”，形成立案工作指引、接访工作指引、访情处置等工作规程。借助短信平台一键回复，细化 143 个“回复术语”，实现来信“秒回”、复信精准，信访群众满意度大幅提升。

二是攻坚克难做好实质化解。大力开展涉诉信访矛盾化解专项行动，通过加强立案审查、多方协调、庭领导带队调解等方式，做足服判息诉功课，力求“三个效果”统一。在张军院长包案指导下，实质性化解一起 14 年“停尸不化”的信访积案；四巡围绕抗美援朝烈士家属刘某某长期涉诉信访案，邀请省市县三级法院及县委县政府召开协调会，最终达到“一案结、六案了”的良好效果。

三是深化诉源治理水平。注重与巡回区法院建立信访联络工机制，与地方党政机关建立沟通协调工作机制，召开巡回区涉诉信访工作会议，加强典型案例发送、信访案件规律研究和信访量较多法院、法官通报等工作，助力巡回区法院提升一、二审案件质量。

四、强化依法履职，支撑服务经济社会高质量发展

巡回法庭立足巡回区经济社会高质量发展，大力强化能动履职，在司法政策供给、代表委员联络和少年审判工作中持续发力，主动融入社会治理，推动做实司法服务保障大局。

一是加强司法政策供给和调查研究。牵头制定印发《最高人民法院关于为广州南沙深化面向世界的粤港澳全面合作提供司法服务和保障的意见》《最高人民法院关于为新时代东北全面振兴提供司法服务和保障的意见》，协同地方高院研究出台《关于服务保障川藏铁路建设运营的工作意见举措》等司法文件，为国家重大战略落实见效提供司法政策支持。举办 2023 长白法治论坛、长三角一体化发展司法论坛，开展优化营商环境的法治保障调研、巡回区特色司法工作调研，深入研究促进巡回区经济社会高质量发展的务实有效举措。

二是强化代表委员联络工作。巡回法庭高度重视代表委员联络工作，利用贴近地方优势，建立常态化联络机制，积极主动接受监督指导。各巡回法庭全年联络人大代表、政协委员、特约监督员共计百余人次，开展走访调研、到庭指导、召开座谈会议等多种形式的联络活动。针对代表委员关注的重点案件，庭领导带队到代表所在地走访调查、释法化解，妥善办结多起关注案件，受到广泛表扬感谢。

三是发挥少年审判点职能。各巡回法庭通过组织送法进校园、举办主题开放日、模拟法庭等活动，加强未成年人普法宣传教育，并邀请代表委员、党政机关和新闻媒体参与活动，扩大巡回法庭和普法活动影响力。重视少年审判前端治理，与地方教育部门就未成年人犯罪和保护工作共商共建衔接协调机制，组织召开巡回区少年审判工作经验交流会，邀请巡回区法院法官代表分享经验做法，提高少年审判社会关注度，有力维护青少年合法权益。

司法行政装备和后勤保障

2023年，最高人民法院司法行政装备和后勤保障工作坚持以习近平新时代中国特色社会主义思想为指导，全面学习贯彻党的二十大精神，认真贯彻落实党中央决策部署，坚持从司法审判事业发展需要出发，突出保障重点，增强保障实效，着力提升司法保障水平和服务能力，切实履行保障、服务、管理等职能，各项工作取得新成效，保障了人民法院事业的全面发展。

一、全力保障审判执行中心工作经费需求

根据人民法院深入贯彻落实党中央关于全面依法治国、深化法治领域改革等部署安排，加强工作预判，精心测算经费需求，加大工作协调力度，积极争取财政部门理解支持，全力保障推进诉源治理、申诉案件办理、积案化解、"诉调对接""有信必复"和"一张网"建设等重点工作经费需求。着眼健全完善人民法院经费保障工作机制，积极推动建立办案业务经费正常增长机制，开展人民法院经费保障体制改革情况调研，深入了解全国省以下法院财物统管改革推进落实总体情况、面临的困难和问题，提出对策建议，为全面做好人民法院经费保障工作奠定基础。紧盯司法办案的实际需要，加强对全国法院经费收支情况的全面统计分析和结果运用，强化对地方法院经费保障的监督指导，积极推进人民法院财务工作规范化体系化建设。

二、持续推进物质装备、基础设施建设提档升级

持续推动人民法院物质装备保障能力提升。以需求为导向，采取线上线下相结合，开展实地调研，凝聚共识，协同推进基层人民法院基本业务装备配备指导标准修订工作，努力提升人民法院业务装备服务保障效能。通过搭建宣传推介平台、融入专题调研、结合日常业务指导，及时推介5G"车载便民法庭"，促进全国法院业务装备配备提升。以发展为导向，全力加快基础设施建设步伐，按时完成诉讼档案、信息技术业务用房项目建设工作。项目新建建筑面积3.95万平方米，集诉讼档案业务用房、公众查询档案用房、档案库房、信息技术业务用房、集控中心、数据机房、智慧法院实验室、展陈展厅等功能用房于一体，为加强智慧法院建设、提升审判档案现代化管理水平奠定坚实基础。2023年8月，该项目获评北京市建设工程质量最高荣誉奖"北京市结构长城杯工程金奖"。经过努力工作，最高人民法院第六巡回法庭、第二国际商事法庭业务用房购置项目正式获得国家发改委立项批复。

三、充分发挥司法技术职能作用

围绕"公正与效率"工作主题，聚焦保障审判执行工作质效，深入开展完善司法技术保障审判执行工作机制专题调研，加强对人民法院司法技术工作基础性、全局性问题的思考和研究，着力解决影响司法鉴定质量和效率的突出问题。加强与有关部门协作，完善司法鉴定管理

与使用衔接机制，积极推进和参与司法鉴定管理制度和法庭科学技术标准制定工作，进一步规范司法鉴定行为，提升司法鉴定公信力，全年共参与制定司法鉴定规范性文件近20件。举办全国法院法医培训班，开展全国法院司法技术优秀业务成果评选活动，推动人民法院法医队伍专业水平和工作能力进一步提高。切实发挥司法技术职能作用，各级法院办理对外委托、技术咨询和技术审核案件、暂予监外执行组织诊断、协助调解、调查取证等案件约120万件，为保障全国法院审判执行工作作出积极贡献。认真履行人民法院诉讼资产网管理职责，人民法院诉讼资产网累计发布拍卖公告760.39万条，挂牌金额26324.9亿元。累计发布工作公示37.35万条。审核通过专业机构19227家，3494家法院在该网发布拍卖公告，开展网上摇号137177次，累计访问量36910.7万人次。根据破产案件审理工作需要，做好2654个机构破产管理人管理工作，指定破产管理人办理案件22568件。

四、着力提升规范化管理效能

全面加强预算管理，严格预算编制，突出保障审判执行中心工作和院党组部署重点工作，规范审批程序，严格预算执行管理，稳步推进预算绩效管理，将绩效理念和管理方法融入预算编制、执行和监督全过程，有效提高财政资金使用效益。院机关落实“过紧日子”要求情况，被财政部总体评估为“A”。整合保障资源，优化保障服务流程，促进国有资产、办公用房、公务用车等管理更加规范、精细、高效。加强固定资产全生命周期动态管理，科学统筹资金及办公办案设备需求，合理配置，建立健全部门间资产调剂、处置联动工作机制，实现闲置资产整合利用，依托资产管理信息系统，定期核对，确保账卡物相符，物尽其用，财尽其力。根据《财政部关于加快做好行政事业单位长期已使用在建工程转固工作的通知》等要求，推进院机关基本建设项目在建工程转固工作，推动国有资产管理提质增效。发挥审计监督“内部体检”作用，不断完善经济风险防范机制，制定《最高人民法院机关2023年审计计划》，认真组织开展巡回法庭和知识产权法庭内部审计工作，对6个巡回法庭、知识产权法庭进行就地审计，实现审计全覆盖。

五、全面提升机关事务服务工作水平

坚决落实中央关于厉行节约、反对浪费的要求，坚决制止餐饮浪费行为，严格落实公务接待、食材采购、做餐配餐用餐等各方面节约措施，持续深化“光盘行动”，杜绝“舌尖上的浪费”，院机关连续多年荣获“节约型机关”先进称号和“节水型单位”称号。坚定不移贯彻总体国家安全观，树立底线思维，强化风险意识，提高风险防范能力，积极推进机关办公院区绿化及环境整治。实施老旧基础设施升级改造，进一步改善安全办公条件；全面排查灾害风险隐患，毫不松懈地抓好水电气等各项安全工作，始终把安全生产作为底线抓牢抓实，推进绿色办公、倡导绿色出行；重点紧盯招投标、工程建设、政府采购、服务保障等领域的政治风险、决策风险、安全风险和廉政风险，及时有效防范化解各类风险。注重人民法院机关保障服务协作交流，充分发挥后勤服务协作组平台作用，建立四级法院后勤服务保障协同发展机制，在云南召开全国法院机关后勤服务协作组（西南分组）交流研讨会，首次在京举办全国法院后勤服务协作研讨交流会。加强机关事务理论研究，调研成果荣获全国机关事务管理研究会2023年度理论研究优秀成果二等奖。

六、高站位做好人民法院“两援”工作

深入贯彻落实习近平总书记关于西藏工作新疆工作的重要讲话和重要指示批示精神，扎实推进人民法院援藏援疆各项工作，组织召开两次援藏工作和三次援疆工作座谈会，根据受援法院实际需要，加强工作统筹，积极推动帮助解决困难和问题，全国法院援助西藏、新疆资金总额达6729.5万元，共组织协调各援助法院选派103名政治过硬、业务精湛的援藏援疆挂职干部，开展线上线下授课培训150余次，参训干警达1万余人次；组织协调各受援法院审判执行一线骨干前往援助法院跟班学习、定向培训860人次；组织协调各援助法院赴受援法院调研交流158批1170人次，受援法院前往援助法院调研学习93批546人次。

七、用心用情用力推动定点帮扶工作取得实效

认真学习贯彻习近平总书记关于乡村振兴工作重要指示，按照党中央关于巩固拓展脱贫攻坚成果全面推进乡村振兴的部署要求，深入推进巩固拓展脱贫攻坚成果同乡村振兴有效衔接，一体统筹推进产业振兴、扎实提升人才振兴、积极组织文化振兴、深入巩固生态振兴、接续优化组织振兴、切实打造乡村振兴示范点。全年，最高人民法院向宁陵、睢县两定点帮扶县投入直接帮扶资金600万元，购买农产品200.05万元；帮助两县引进帮扶资金2630万元，帮助销售农产品8.77亿元，打造乡村振兴示范村12个；联合中国法官文联开展“法治文艺助力乡村振兴”活动，圆满完成全年定点帮扶任务。最高人民法院定点帮扶工作成效考核连续5年获最高等级“好”。积极开展革命老区帮扶工作，组织召开中央国家机关及有关单位对口支援三明工作座谈会，健全完善对口支援三明工作机制，着力在审判业务指导、党建联创共建、干部双向交流、“沙县小吃”知识产权保护、助力特色产业发展五方面，合力助推三明革命老区实现经济社会高质量发展。

党风廉政建设

2023年，最高人民法院督察工作坚持以习近平新时代中国特色社会主义思想为指导，全面贯彻落实党的二十大精神，深入贯彻习近平法治思想和习近平总书记关于全面从严治党重要论述，按照最高人民法院党组部署要求，紧紧围绕“公正与效率”工作主题，充分发挥督察监督职能作用，坚持“抓前端、治未病”监督理念，积极参与学习贯彻习近平新时代中国特色社会主义思想主题教育整改整治督导工作，狠抓防止干预司法“三个规定”落实，加强党风廉政建设指导督促，认真开展审务督察、司法巡查，做深做实经常性监督，为推进审判工作现代化提供有力纪律作风保障。

一、扎实做好主题教育整改整治督导工作

全程参加全院主题教育整改整治督导工作，制定《最高人民法院主题教育整改整治督导工作方案》《最高人民法院在主题教育中开展干部队伍教育整顿实施方案》，在院机关组织开展整改整治和干部队伍教育整顿。制定《最高人民法院突出问题专项整治方案》《最高人民法院领导班子成员牵头负责整改整治的问题清单》《最高人民法院部门领导牵头负责整改的问题清单》，确定11个专项整治突出问题，28个问题由院领导牵头负责整改整治，124个问题由部门领导牵头负责整改。对整改整治问题清单进行动态管理，先后开展7批次问题增补和对账销号工作，对账销号152个问题，实现列入清单的问题“清仓见底”。认真做好中央指导组交办的41件信访件的移送督办工作，协调督促全院各相关单位，顺利完成中央指导组转来全国人大代表、政协委员座谈会和企业界、律师界代表座谈会涉及法院工作57条意见建议的答复工作。制定印发《最高人民法院主题教育整改落实“回头看”工作方案》，组织全院各单位认真做好整改落实“回头看”工作，向中央主题教育领导小组办公室报送《最高人民法院主题教育整改落实“回头看”自查情况报告》。最高人民法院因整改整治工作成效显著，受到中央主题教育领导小组办公室和中央指导组高度肯定，在中央主题教育整改整治推进会上作经验交流发言，整改整治案例《破解“重复访”“越级访”高发问题》入选中央主题教育领导小组办公室编写的《主题教育整改整治案例选编》。

二、狠抓防止干预司法“三个规定”贯彻落实

由张军院长牵头开展贯彻落实“三个规定”专题调研，总结发现好的做法，找准找实突出问题，研究提出改进措施，以最高人民法院办公厅名义下发《关于狠抓“三个规定”贯彻落实 把“有问必录、应报尽报”要求落到实处的通知》。把“防止干预司法‘三个规定’落实不到位问题”作为主题教育中需要重点整治的突出问题，纳入问题清单、制定整治方案、开展专项整治。在全国法院开展“三个规定”贯彻落实情况大督查，对5省29家法院进行实地督查。定期汇总分析最高人民法院机关、地方各级法院落实“三个规定”情况，先后印发情况通报18期。坚持“抓两头、带中间”，定期在大法官群通报辖区法院记录报告信息排名靠前和靠后的高院，对主要负责人持续“零报告”的地方法院进行点对点督导整改。积极开展以案倒查，及时发现和严肃查处违反“三个规定”、不如实填报等问题。全年各级法院通报违反“三个规定”典型案例1313件次1366人次，追责问责2551人次，形成“问责一个、警醒一片”的震慑效应。建立考核机制督促制度落实，将“三个规定”落实情况纳入平安中国建设、党风廉政建设责任制和干部绩效考核体系，组织开展考评工作。2023年，全国法院有记录报告信息193.85万条，比去年同期增长11.8倍；最高人民法院机关有记录报告信息3512条，比去年同期增长4.42倍。

三、加强党风廉政建设指导督促

2月，召开年度全国法院党风廉政建设和反腐败工作会议，9月，召开全国法院党风廉政

建设会议，深入分析人民法院党风廉政建设形势，对全面从严管党治院作出部署、促进落实，制定贯彻落实会议精神分工方案，推进会议部署落到实处。制定印发《2023 年人民法院督察工作要点》，明确年度督察工作的总体要求和工作重点。印发《关于利用审判执行权违纪违法典型案例的通报》，通报 16 个近年来查处的法院干警利用审判执行权违纪违法案例；筛选法院干警违反中央八项规定精神典型案例，配合做好重要节假日廉政建设警示教育。积极稳妥推进法官惩戒工作，推动设立最高人民法院法官惩戒委员会，督促各地法院推进法官惩戒制度实质化运行，努力实现调查核实、提请审议、惩戒处理“三清零”。2023 年，全国 11 个省份通过法官惩戒程序提请审议违法审判责任案件 93 件，74 名法官受到惩戒。认真办理群众投诉举报，全年收到各类投诉举报 85564 件，同比增长 148%，甄别发现 300 件违纪违法类、司法作风类投诉举报，按照干部管理权限及时移送有关部门调查核实。采取结果备案、挂牌督办、随机抽查、通报批评等措施，对下级法院办理情况严督实查。认真落实“两高一部”涉律师工作“两个意见”，推动全国法院系统离任人员信息库与法院离任人员在律所从业信息库建设以及与司法部律师执业信息系统对接。会同有关部门督办核查云南红河中院原聘用人员侵吞执行案款、广西来宾中院阻止律师出庭等问题，指导地方法院做好舆情应对、抓好问题整改。组织评选全国法院督察工作先进集体和先进个人，通报表扬先进集体 60 个、先进个人 100 名。以“认真学习贯彻党的二十大精神，大力加强新时代人民法院督察工作”为主题开展调研征文活动，评选优秀调研成果 100 篇。

四、认真开展巡视整改和司法巡查、审务督察工作

持续推进中央巡视整改任务落实，梳理汇总十八届、十九届中央巡视时要求整改的问题，对结项销号任务进行评估，督促最高人民法院各单位结合主题教育深化中央巡视反馈问题整改。认真贯彻落实 2023 年中央巡视工作要求，制定印发《最高人民法院党组巡视工作规划（2023—2027 年）》，部署对 6 个直属单位开展巡视“回头看”。制定《人民法院司法巡查工作规划（2023—2027 年）》，对今后 5 年人民法院司法巡查工作作出部署安排。对海南高院开展司法巡查，发现政治建设、推进审判工作现代化、履行立案审判执行职责、全面从严管党治院等 4 方面 32 个问题，及时反馈巡查情况，督促抓好问题整改。组织审务督察组赴北京、河北、安徽、江西、四川、甘肃、宁夏等地，先后对 51 家地方法院开展实地审务督察，发现落实防止干预司法“三个规定”、履行立案审判执行工作职责、审判监督管理、司法作风、法院建设管理等 5 方面 654 个具体问题，向相关高院反馈督察情况，督促抓好督察整改。两次印发《关于审务督察发现问题情况的通报》，向全国各高院通报发现的典型问题。开展智能督察规范庭审、诉讼服务行为，全年共对 2659 家法院的 3.1 万个庭审开展了督察，发现不规范问题 2107 个；对 3310 家法院的 2.2 万个诉讼服务窗口进行了督察，发现窗口不规范问题 1180 个，下发 8 期《最高人民法院智能审务督察情况通报》，传导压力督促各地法院认真整改。

六、地方法院和解放军军事法院工作情况

中国法院年鉴

THE YEARBOOK OF CHINA COURTS

2023

北京法院工作

北京市十六届人大一次会议以来，在北京市委坚强领导、北京市人大及其常委会有力监督和最高人民法院正确指导下，全市法院深入学习贯彻习近平法治思想，深刻领悟“两个确立”的决定性意义，增强“四个意识”、坚定“四个自信”、做到“两个维护”，紧紧围绕新时代首都发展，牢牢把握公正与效率主题，坚持为大局服务、为人民司法，按照“一马当先、走在前列”的要求奋力推进法院工作现代化，努力让人民群众在每一个司法案件中感受到公平正义，全力为首都率先基本实现社会主义现代化提供支撑和服务。全年新收案件 878247 件，比去年上升 9.2%，其中刑事案件 19200 件，民商事案件 489642 件，知识产权案件 60929 件，行政案件 28008 件，执行案件 260167 件，其他案件 2030 件；审结案件 899420 件，上升 9.7%；未结案件 184194 件，下降 10.3%，全市法院各项工作取得新的进步和发展。

一、牢牢坚持为大局服务，以高度政治责任感全力服务保障新时代首都发展

一是依法严惩危害国家安全犯罪，依法严惩杀人、抢劫、重伤害等严重暴力犯罪，审结此类案件 650 件，常态化开展扫黑除恶斗争，审结涉黑恶犯罪一审案件 19 件，坚决守护群众生命财产安全。依法惩治侵犯个人信息、网络暴力等违法犯罪，审结相关案件 305 件。依法严惩贪污贿赂犯罪，审结职务犯罪案件 402 件，行贿犯罪案件 71 件。

二是秉持“法治是最好的营商环境”理念，全市法院优化营商法治环境 35 项举措全部落地，法院负责的北京市优化营商环境 6.0 版改革方案中的 10 项任务全面完成。坚持平等保护原则，加强民营企业产权和企业家合法权益保护，审结相关案件 9288 件，坚决防止超标的查封、扣押、冻结企业财产，通过信用修复证明帮助 1296 家企业重返市场、回血再生。大力加强北京国际商事法庭、国际商事纠纷一站式多元解纷中心建设，审结涉外民商事案件 2314 件，涉外知识产权案件 7433 件，涉外仲裁司法审查案件 79 件。

三是紧扣数字经济发展新需求，依法审理相关案件 15794 件，审结全国首例 AI 生成图片著作权案，在新领域新业态中明确行为标准、树立市场规则。紧扣科创企业司法需求，新设“中关村科学城知识产权巡回审判庭”，实现“三城一区”巡回审判全覆盖。

四是紧扣“疏整促”专项行动等重点工作，持续落实“四提前”机制，深入群众开展矛盾化解，助力重点项目涉诉比例保持在较低水平，征收腾退类案件下降 22.8%，中轴线申遗保护相关纠纷全部在诉前得到化解。在 8 家法院设立环境资源审判庭，审结环资案件 340 件，与津冀高院会签框架协议，实时实质实效落实 26 项司法协同举措，三地法院跨域立案、委托执行 40185 次。

二、牢牢坚持为人民司法，以“如我在诉”的意识维护司法公正、保障民生福祉

一是聚焦群众反映强烈的非法集资、电信网络诈骗等犯罪，审结此类案件1099件，挽回经济损失约20亿元。审结劳动争议案件41526件，依法保障快递小哥等新就业形态劳动者权益，针对网络时代“隐形加班”现象，将下班后利用微信付出实质性劳动依法认定为加班，保障劳动者“离线休息权”。审结房屋买卖案件10133件，推动涉案房屋及时交付。持续打击养老诈骗，追回养老钱2000余万元，涉老赡养案件平均审理时间不到30天，以审判“加速度”守护最美“夕阳红”。审结涉未成年人案件6344件，发出家庭教育责任告知书747份，选派539名法官担任法治副校长，判后回访等做法被“未成年人司法工作服务”国家标准采纳。向残疾当事人敞开诉讼绿色通道，为受家暴威胁的妇女儿童签发人身安全保护令198份，向超大社区职住分离的上班族开放夜间法庭500余次，对401名身处困境的当事人提供司法救助金，深入学习“浦江经验”，全市法院院庭长常态化值班接访10846次，让司法为民带着温度落地。

二是用心用力破解群众反映突出的执行难题。千方百计查找被执行财产，全面建设财产线索接转中心，接收财产线索13895件，成功查控财产5346件。将短视频平台财产性权益等新类型财产纳入执行范围。千方百计解决被执行财产处置难问题。

三是用心用力解决群众反映的审判质效问题。着力强化对审判权行使的监督制约，全面准确落实司法责任制，严格执行审委会、合议制、法官会议等制度，各法院召开审委会395次，法官会议3796次，确保审判权依法公正规范行使。着力促进裁判尺度统一，完善提级管辖机制，对43件重大疑难案件依法提级审理；强化院庭长办案示范作用，院庭长结案347721件，占结案总数的38.7%。着力提升审判质量效率，强化审判质效管理，开展积案清理。

三、牢牢坚持改革创新，以新时代社会主义司法理念推动全市法院审判工作现代化

一是牢固树立“抓前端、治未病”理念，深化落实“一号响应”诉源治理机制，对街道乡镇提出的司法需求，由市高级法院统一派单，提供精准化司法服务，全年响应诉源治理需求14853个，实现343个街乡镇全覆盖，预防化解潜在纠纷4.5万件。全面拓展法院参与社会治理渠道，发送司法建议667件，发布审判白皮书81份，推送典型案例1025个；建立司法建议与“每月一题”专项治理协同机制，3项司法建议被“每月一题”采纳。

二是对进入法院的矛盾纠纷，在立案阶段就通过“多元调解+速裁”机制，调顺民心民意，解开法结心结，全年在立案阶段调解纠纷165724件，增长74.4%。在审判阶段调解结案79929件，增长20.3%。在行政审判中，在8家法院设立依法行政培训基地，经矛盾化解行政相对人主动撤诉3160件，增长34.8%。

三是围绕便利群众诉讼，向当事人提供网上立案、电子送达、在线开庭、区块链存证等网络化诉讼服务408.1万次，12368平台接听群众来电203.2万件，持续做到联系法官到位率100%。

四、牢牢坚持全面从严治党战略方针，持续锻造忠诚干净担当的首都法院铁军

一是坚持以党的政治建设为统领。举办“在习近平法治思想的指引下——以案析理”系列活动，教育引导全体法官干警坚定捍卫“两个确立”、坚决做到“两个维护”。各法院全部建成党建实训阵地，全市法院 88 个集体、219 名个人获得省部级以上表彰奖励。

二是在 11 家法院建成相关审判领域人才聚集高地，组织法官到高地跟班培训，在学术论文、实务案例、调研课题等评选中保持全国法院领先。着眼全面提升业务素质，举办线上线下各类培训 1773 期，培训 14.8 万人次，与 9 所高校开展高层次审判人才联合培养。

三是坚持深化党风廉政建设和反腐败斗争。持续落实党建工作领导小组听取各法院党组全面从严治党工作报告、全面从严治党全员考核等制度。进一步筑牢廉政风险防火墙，实施审判执行违规行为预警记分制度，严格执行防止干预司法“三个规定”，对 3 家法院进行司法巡查，开展审务督察 902 次。

天津法院工作

2023 年，天津全市法院坚持以习近平新时代中国特色社会主义思想为指导，深入贯彻习近平法治思想，深刻领悟“两个确立”的决定性意义，认真落实最高人民法院和天津市委工作要求，忠实履行法定职责，为天津高质量发展提供有力司法服务和保障。全市法院新收案件 58.28 万件，审执结 60.49 万件，诉讼标的额 2477.75 亿元。市高院新收案件 8425 件，结案 8533 件。

一、全力护航“十项行动”，服务保障高质量发展

一是服务保障京津冀协同发展。与京冀法院会签协议 19 个，审结涉北京非首都功能疏解等案件 29839 件。新设国际商事法庭、天津港法官工作室，与贸促会等 3 家单位建立涉外商事纠纷多元化解机制。铁路运营噪声污染等 6 起案件入选全国法院典型案例。二是服务保障优化营商环境。制定降低诉讼成本等 26 项措施，审结合同、担保等案件 144985 件。审结破产案件 405 件，完成 36 家企业重整，化解不良债务 316.86 亿元，安置职工 5935 名。与工商联新设 6 家商会法官工作室，维护各类市场主体合法权益。三是服务保障创新驱动发展。审结知识产权案件 6949 件，判决侵权赔偿总额 3.91 亿元。“玛依拉”著作权、“卡地亚”商标权、字节公司信息网络传播权等 5 起案件分别入选全国法院知识产权保护、网络文学版权保护典型案例。四是服务保障防范化解风险。审理涉金融借款、融资租赁等案件 74247 件。依法妥善处理楼盘查封、抵押等问题，运用司法手段推动荣泰广场等项目续建。审理涉债务化解案件 3139 件，诉讼标的额 22.93 亿元。五是服务保障绿色低碳发展。与 18 家省市法院签署加强环渤海生态环

境等协议，审结环境资源案件 4118 件。某重工公司海上污染、某航运公司沉船打捞、非法炼铅污染环境 3 起案件分别入选联合国环境规划署司法案例库、全国法院海洋环境保护典型案例、全国法院环境公益诉讼优秀成果。六是服务保障全面推进乡村振兴。制定服务保障乡村振兴全面推进行动实施意见，妥善审理涉农村土地承包流转、农产品加工等案件。全市法院选派 40 名干警驻村帮扶，编写的《乡村振兴实用法律手册》入选国家新闻出版署重点出版物目录。

二、依法惩治各类犯罪，服务保障高水平安全

一是严惩危害安全稳定的犯罪。严厉打击间谍、邪教、为境外非法提供国家秘密、传播网络政治谣言和有害信息等犯罪。从严惩处黑恶犯罪，判处罪犯 36 人，清缴黑财 8026 万元。审结“破坏输油管道”“楼顶私装黑广播”等相关案件 4504 件。二是依法惩治腐败犯罪。依法审理最高人民法院指定管辖的重大职务犯罪案件。判处贪污贿赂、渎职等罪犯 299 人，其中原县处级以上 32 人。三是坚决维护人民群众生命财产安全。依法严惩严重暴力犯罪。对电信网络诈骗等经济犯罪严惩不贷，判处罪犯 10995 人，挽回损失 2.93 亿元。四是是强化人权司法保障。依法宣告 31 名被告人无罪。对 16040 名罪行较轻的被告人适用认罪认罚从宽。为 5407 名被告人指派援助律师。办理减刑假释、国家赔偿、司法救助等案件 1054 件，“小浩司法救助案”入选全国法院保护未成年人权益司法救助十大典型案例。

三、认真践行司法为民，服务保障高品质生活

一是强化民生司法保障。审结涉民生案件 119699 件。发出人身安全保护令、家庭教育令 153 份。审结涉直播带货、预付式消费等案件 3736 件。审结涉劳动报酬、社会保险和新业态劳动争议等案件 15681 件。审结涉军案件 208 件。二是提升诉讼服务水平。持续增强“一站通办、在线能办、少跑快办”。三是提高诉讼服务实效。天津法院被确定为全国法院跨域诉讼服务试点单位。津南法院“院庭长直通车”做法入选全国法院十大最具创新一站式建设成果和市为人民服务暖心项目。四是推进切实解决执行难。开展涉民生等专项执行，执结案件 168517 件，执行到位金额 687.58 亿元，追回拖欠农民工工资 461.16 万元。限制高消费、限制出境措施 117506 人次，罚款、拘留、追究刑事责任 577 人。强化网络司法拍卖，成交金额 67.7 亿元，为当事人节省佣金 2.02 亿元。五是推进涉诉信访法治化。坚持有信必复，7 日内程序性回复率 100%。化解重点信访案件 127 件。

四、着力拓展审判职能，服务保障高效能治理

一是服务法治政府建设。审结行政案件 4332 件。行政机关负责人出庭应诉率达 99.8%。加强诉前多元解纷。诉前化解纠纷 120948 件，同比上升 44.05%。全市 74 个人民法庭结案 125350 件，占有法庭编制的基层法院结案总数的 53.72%。7 家单位入选全市“枫桥式工作法”先进典型。二是积极参与诉源治理。针对社会治理突出问题，发出司法建议 844 份，反馈率达 96.82%。发布知产、金融、行政等审判白皮书，联合教委选任法治副校长 394 名，与电视台合办《今日开庭》栏目 312 期，天津法院陈列馆接待社会各界参观 3400 余人次。5 家法院普法

宣传工作入选全国法院“十佳百优”和全市普法责任制十大优秀案例。

五、坚持促公正提效率，持续推进高质效司法

一是强化监督制约。全市法院院庭长审结案件占结案总数的36.7%。全市法院院长主持审委会559次，研究重大案件和规范性文件1560件。二是强化审判管理。加强案件质量管理，出台业务指导文件27个。全市法院法官年人均结案296件，同比上升15.87%，高于全国法官平均结案数34件。申请再审率、审限内结案率、执行到位率等主要指标优于全国平均水平。三是强化诉讼制度改革。推进民事案件繁简分流，适用小额、速裁、要素式等审判方式审结案件29.6万件，同比上升27.5%。四是强化科技赋能。推进数字法院建设，实现全市法院信息数据互联共享。市高院在全市首家通过电子卷宗归档改革国家级试点验收。静海、武清等法院推进无书记员记录庭审模式，入选全国政法智能化建设数字法院创新案例。

六、全面从严治院治警，努力建设高素质队伍

一是大力加强法院党的政治建设。把主题教育作为重大政治任务，推动习近平法治思想走深走实。坚持党对法院工作的绝对领导，向市委、市委政法委请示报告55次。高院党组理论学习经验被中央和国家机关工委旗帜网站刊发，“津法党员之声”宣讲队被中宣部评为全国基层理论宣讲先进集体。二是大力加强纪律作风能力建设。对6家法院开展政治督察、司法巡查，全市法院查处违法违纪干警20人。建立审判专业人才库，培训干警2.28万人次。选派23名干警到基层锻炼，全市基层法院遴选法官、招录司法辅助人员287名。三是自觉接受人大及各方监督。认真办理代表建议、政协提案，限时反馈，办复率、满意率达100%。研究制定《维护新就业形态劳动者权益实施意见》等15个文件。邀请代表委员视察法院、参加座谈、旁听庭审、见证执行等836人次，新聘127名特约监督员。办理检察建议和抗诉案件1035件。召开新闻发布会47次，人民陪审员参审案件1.5万件。

河北法院工作

2023年，在河北省委有力领导和最高人民法院监督指导下，河北全省法院坚持以习近平新时代中国特色社会主义思想为指导，深入学习贯彻习近平法治思想，全面贯彻落实党的二十大精神和习近平总书记视察河北重要讲话精神，认真落实省委十届历次全会精神，扎实开展主题教育，紧紧围绕“公正与效率”工作主题，深入推进诉源、案源、访源“三源共治”，解放思想、奋发进取，做深做实为大局服务、为人民司法，各项工作取得新进展。全省法院新收案件160.22万件，审执结158.72万件；其中，河北高院新收案件2.23万件，审执结2.07万件。

一、坚定不移加强党的政治建设，始终把握正确政治方向

一是深切感悟总书记对河北的深情厚望。把学习贯彻习近平总书记两次视察河北重要讲话精神作为当前和今后一个时期的首要政治任务和头等大事，纳入党组理论学习中心组学习议题和教育培训必修课程，教育引导全省法院牢记嘱托、感恩奋进。二是始终坚持党对司法工作的绝对领导。召开党组会议 53 次、党组理论学习中心组学习会 10 次，向省委和省委政法委请示报告工作 34 次，忠诚捍卫“两个确立”、坚决做到“两个维护”。三是严格落实意识形态工作责任制。加强对司法审判领域风险隐患研判，防范化解重大舆情风险。认真贯彻落实习近平文化思想，弘扬法院英模精神，创作以冯国生法官为原型的评剧微电影《情满柳泉》，荣获全国法院第十届“金法槌奖”评委会特别奖。

二、坚定不移落实总书记重要指示，坚决扛牢肩负的使命任务

一是服务高标准高质量建设雄安新区。紧盯“并重”“并举”司法需求，制定系列服务保障举措，创新行政争议化解机制，被最高人民法院评为“最具品质一站式建设优秀改革创新成果”。发挥最高人民法院青年法官实践基地作用，智力支持雄安新区建设。二是服务京津冀协同发展战略。与京津法院签署框架协议，不断提升协作水平。指导秦皇岛、唐山、沧州法院与天津法院共同建立环渤海司法协作机制，助力港口城市发展。圆满举办第二届冰雪运动法治保障学术交流会，更好服务依法治体和后冬奥经济发展。三是保障抗洪抢险救灾和灾后恢复重建。法院干警 1.8 万余人次向险前行，排查化解矛盾纠纷 1483 件，助力 322 家企业复工复产，4 个案例被最高人民法院评为妥善化解灾后矛盾纠纷典型案例。

三、坚定不移贯彻总体国家安全观，切实维护社会大局稳定

一是坚决维护国家安全和社会安定。依法严惩渗透破坏、颠覆分裂等犯罪，坚决维护国家政治安全。持续推进常态化扫黑除恶斗争，审结涉黑案件 23 件、涉恶案件 132 件，追缴“黑财”20.91 亿元。二是牢牢守住民生安全底线。审结电信网络诈骗及其关联犯罪 9088 件，依法全链条打击，坚决遏制多发高发态势。审结非法吸收公众存款等涉众型经济犯罪案件 821 件，悉心守护群众“钱袋子”。三是持续高压惩治腐败犯罪。审结职务犯罪案件 428 件 577 人，其中原省部级干部 2 人、原厅局级干部 17 人。加大对行贿行为的惩处力度，审结行贿犯罪案件 40 件，推动反腐关口前移。

四、坚定不移贯彻新发展理念，司法护航高质量发展

一是大力营造法治化营商环境。出台推进法治化营商环境建设 30 条措施，法院系统牵头和配合的各项任务指标持续提升。优化诉讼流程和资源配置，平均结案时间、上诉案件移送时间同比下降 8.37%、6.40%。健全破产审判机制，审结清算与破产案件 628 件，化解企业债务 1117.93 亿元，盘活资产 790 余亿元。二是着力服务民营经济发展。健全与工商联沟通联络机制，做实对各类经营主体依法平等保护。三是有效服务创新驱动发展。审结知识产权案件 1.26

万件，为科技创新、高质量发展营造良好法治环境。司法服务自贸试验区建设，四片区全部设立专业化人民法庭。四是积极服务法治政府建设。审结行政案件 1.29 万件，行政机关负责人出庭应诉率 90.92%，同比提升 4.99 个百分点。发布十大优秀行政诉讼司法建议，监督支持依法行政。深化府院联动机制，举办法治政府建设与行政审判联席会议，促进执法司法理念和标准统一。五是有力服务美丽河北建设。召开环太行山四省（市）生态环境保护司法协作联席会议，设立塞罕坝、燕山生态环境司法保护基地，完善衡水湖、大运河等保护机制，筑牢生态司法保护屏障。

五、坚定不移推进审判工作现代化，不断丰富新时代公正司法实践

一是扎实推进“三源共治”。积极融入党委领导下的诉源治理大格局，诉前调解 80.10 万件，调解成功 60.91 万件。与省司法厅联合召开全省调解工作会议，推动做深做实支持和指导调解工作职能。张家口阳原法院“三端共治”工作法获评全国新时代“枫桥经验”先进典型。配合法治日报开展新时代“枫桥经验”网络主题宣传活动河北法院行，17 家中央和省级媒体进行深度采访，集中展现全省法院参与社会治理创新实践。二是切实抓好审判管理。高质量完成全国法院审判质量管理指标体系试点工作，健全完善数据会商工作机制。加强数字法院建设，稳步推动全流程网上办案，以科技赋能提升审判管理水平。三是服务增进民生福祉。用心用情办好百姓身边案，依法审结各类民生案件。呵护未成年人健康成长，实现全省高中两级法院少年审判机构、三级法院少年审判工作机制全覆盖。受理首次执行案件 45.36 万件，执结 42.18 万件，执行到位金额 884.19 亿元，有力维护胜诉人权益。

六、坚定不移加强法院队伍建设，持续激发干事创业精气神

一是扎实开展主题教育。升级“河北法院大讲堂”，扎实开展中基层法院政治轮训，进一步筑牢思想根基。精准调查研究，河北高院领导班子专题调研 101 人次，针对发现的问题制定 65 项具体措施。二是抓实建强政治素质。深化“一支一项”品牌创建活动，以高水平党建引领高质量审判。组织开展中基层法院领导班子换届“回头看”活动，推进轮岗交流，198 名“80 后”“90 后”年轻干部走上领导岗位。三是抓实建强业务素质。大力实施“人才强院”战略，举办各类培训 63 期，参训干警 8.10 万人次，成立河北省法学会审判理论研究会，2 名干警荣获“河北省优秀中青年法学家”荣誉称号，178 篇学术成果荣获全国性奖项。四是抓实建强职业道德素质。积极开展政治督察、司法巡查、审务督察，狠抓防止干预司法“三个规定”落实，着力营造风清气正的政治生态。坚持刀刃向内，9 人被移送司法机关，以“零容忍”态度严惩司法腐败。

山西法院工作

2023年，山西全省法院坚持以习近平新时代中国特色社会主义思想为指导，全面贯彻落实党的二十大和二十届二中全会精神，深入学习贯彻习近平法治思想和习近平总书记对山西工作的重要讲话重要指示精神，扎实开展学习贯彻习近平新时代中国特色社会主义思想主题教育，全力履行维护国家政治安全、确保社会大局稳定、促进社会公平正义、保障人民安居乐业的职责使命，全年受理案件77.44万件，审执结74.97万件，审判执行质量、效率和效果持续向好，全省法院高质量发展和现代化建设的良好基础更趋稳固、更为坚实。

一、全面加强政治建设，始终以绝对政治忠诚坚持党对法院工作的绝对领导

牢记人民法院既是业务机关又是政治机关的定位，牢牢把握法院工作正确政治方向。一是旗帜鲜明讲政治。始终恪守坚持党的绝对领导、坚持以人民为中心、坚持中国特色社会主义法治道路，认真贯彻落实《中国共产党政法工作条例》，山西高院向省委及省委政法委请示报告重大事项199次，自觉把司法审判工作和政治建设融为一体，不断强化"从政治上看、从法治上办"的理念和能力，确保中央、省委决策部署在全省法院得到不折不扣贯彻执行。二是扎实抓好主题教育。自觉把深入开展主题教育作为坚定捍卫"两个确立"、坚决做到"两个维护"的直接检验，一体推进理论学习、调查研究、推动发展、检视整改，坚持以学铸魂、以学增智、以学正风、以学促干，全省法院累计开展专题研讨交流620次，办理民生实事397项，整改问题864个。积极转化运用调研成果，办好办实诉讼费自动退费、执行案款按时发放两大司法为民实事，办理诉讼费退费7.03亿元，发放执行案款208.26亿元。担当作为建新功，诉源治理、多元解纷、诉服质效考核指标保持全国法院前列，山西高院打造的一站式多元解纷和诉讼服务"山西模式"被最高人民法院评为"十大最具创新一站式建设改革创新成果"。决战积案清理攻坚，全省法院清理一年以上未结诉讼案件3021件，清理率达86.84%。

二、牢记"国之大者"，始终以公正司法理念做深做实为大局服务

始终推进中国式现代化，切实以依法能动履职不断巩固厚植党长期执政的政治根基。一是维护国家安全和社会稳定大局。全省法院全年受理刑事一审案件28971件，审结27639件。始终保持对严重暴力犯罪的高压态势，审结一审故意杀人、故意伤害、强奸、抢劫等犯罪案件2940件。二是防范化解经济金融风险。一体落实最高人民法院1号、2号司法建议，协同推进房地产、建筑施工、金融等领域矛盾纠纷源头治理工作，发布金融商事审判白皮书，设立全省首家金融法庭，深化应用"诉前调解＋司法确认"模式，有力服务"保交楼、保民生、保稳定"。三是创优法治化营商环境。山西高院与山西省政府共同召开全省企业破产处置府院联动推进会，积极构建企业破产处置新格局，对920家企业暂缓适用强制措施，为企业释放资金

24.23 亿元、土地 926.84 亩、帮扶 302 家企业正常生产经营，服务保障创新驱动发展战略，着力打造知识产权司法保护新高地，审理各类知识产权案件 4882 件。四是强化生态司法保护。最高人民法院贯彻实施黄河保护法工作推进会在吕梁召开，沿黄九省区法院联合签署黄河保护“山西倡议”，积极服务“两山七河五湖”生态保护修复，先后设立运城盐湖、五台山、平遥古城等生态环境司法保护基地和专业法庭，全省法院审理环境资源各类案件 4640 件。

三、深入践行为民宗旨，始终以“如我在诉”意识落实落细为人民司法

深刻认识公平正义的感受主体是人民群众，努力让人民群众感受到公平正义就在身边。一是办好民生“小案”。妥善审理涉及劳动就业、教育、医疗、住房等各类民生案件 39107 件，织密织牢未成年人司法保护网，审结未成年人犯罪案件 431 件 637 人，发出家庭教育指导令 114 份，山西高院设立“少年审判工作办公室”，全省 910 名法官受聘担任中小学校法治副校长。二是兑现胜诉合法权益。纵深推进“三晋执行利剑”集中攻坚行动，全省法院新收执行案件 28.75 万件，执结 28.51 万件，同比分别增长 40.01%、35.95%，执行到位金额 649.88 亿元，执行到位率 49.61%，高于全国平均水平 3.3 个百分点。三是优化升级诉讼服务。打造诉讼便民品牌，出台《案件受理费收取退付实施细则》，大力加强“智慧执行”App 推广应用，打通诉讼服务“最后一公里”，努力把司法服务送到群众“家门口”，全省法院网上立案 19.16 万件，电子送达 84.88 万次，12368 诉服热线提供 24 小时在线服务 33.92 万次。

四、围绕“公正与效率”，始终以守正创新精神推进审判工作现代化

紧紧围绕“公正与效率”，全力推动全省法院审判执行工作提质增效。一是抓实诉源治理。坚持“抓前端、治未病”，召开全省法院“枫桥式人民法庭”建设推进会，在街办、社区、乡村等建立法官工作室 1572 个，全省法院诉前调解案件 27.14 万件，调解成功 17.39 万件，同比分别上升 55.22%、32.43%，综改示范区法院成功调解新能源汽车充电桩安装纠纷并制发司法建议一案入选最高人民法院“新时代推动法治进程 2023 年度十大案件”。二是抓细审判管理。全面准确落实司法责任制，有序推行院庭长“阅核制”，压实法律规定的院庭长监督管理职责，调整优化审判质量管理指标体系，严把“审限管理、发回重审”两大关口，全省法院审限内结案率 92.65%，高于全国平均水平 0.84 个百分点；一审裁判被改判发回重审率 4.41%，同比下降 0.72 个百分点。三是实质化解涉诉信访。认真落实“有信必复”工作要求，办理来信 10012 件次，期限内答复率达 99.89%。

五、坚持从严治党管院，始终以严管厚爱结合淬炼锻造过硬法院队伍

全面落实新时代党的建设总要求，一体推进政治素质、业务素质、职业道德素质建设。一是强化党建引领。出台《关于全面加强全省法院党的建设的实施意见》，召开全省法院党建工作经验交流暨高质量发展推进会，部署开展党建工作高质量发展十大行动。不断提升基层党组织政治功能和组织功能。二是加强能力建设。完善干警培训长效机制，加大教育培训力度，举办“晋法大讲堂”，持续推进法答网、案例库建设应用，加强司法理论和案例研究，全年组织

举办各类培训 64 期 8.27 万人次。三是落实严管厚爱。坚持以严的基调强化正风肃纪，山西高院党组首次与市级政法委联动，对四家中院党组联合开展政治督察与司法巡查，狠抓中央八项规定和防止干预司法“三个规定”落实，查纠各类司法作风突出问题 422 件次，从严查处违纪违法干警 158 人，同比下降 24.04%。

内蒙古法院工作

2023 年，全区法院坚持以习近平新时代中国特色社会主义思想为指导，深入贯彻习近平总书记对内蒙古工作重要指示精神，坚定拥护“两个确立”、坚决做到“两个维护”，坚持以铸牢中华民族共同体意识为各项工作的主线，聚焦办好两件大事，深入开展主题教育，认真贯彻落实张军院长到内蒙古法院调研讲话精神，做实为大局服务、为人民司法，推动各项工作取得新成效。全区法院受理各类案件 98.9 万件，办结 92.4 万件。

一、坚持公正司法，服务保障自治区高质量发展

一是保障筑牢生态安全屏障。审结环资案件 1.3 万件，全面推开环资案件集中管辖改革，举办全国强化环境资源司法保护研讨会，提升环资审判专业化水平。保障煤炭资源领域常态化整治，累计追损挽损 271.82 亿元。二是筑牢祖国北疆安全稳定屏障。扎实开展筑牢祖国北疆安全稳定屏障百日攻坚专项行动，审结一审刑事案件 2.6 万件，判处罪犯 3.5 万人，保障民族团结边疆稳定。常态化推进扫黑除恶，审结涉黑恶案件 47 件 572 人，“黑财”执行到位 25.1 亿元。三是持续优化法治化营商环境。妥善审理能源领域、涉农及涉外案件，服务保障“两个基地”“一个桥头堡”建设。依法服务创新驱动发展，审结知识产权案件 1940 件，“河套”系列商标侵权案入选全国 50 件保护知识产权典型案例。出台《做实“公正与效率”优化民营经济发展环境稳预期司法机制》，审结一审商事案件 15.3 万件，其中涉金融案件 10 万件、破产案件 596 件。出台《依法保护产权和企业家合法权益的实施意见》，依法判决企业家无罪案件 9 件 12 人。四是助力法治政府建设。与自治区党委依法治区办、司法厅联合建立实质化解行政争议机制，审结一审行政案件 5612 件。向自治区政府发送规范行政征收司法建议，推动出台 5 项具体举措，促进依法行政能力提升。开展涉府执行专项行动，新收案件实现审限内“动态清零”，涉府案件执行步入良性循环。在党政干部培训中开设行政应诉培训课程，全区行政机关负责人平均出庭应诉率达 99.7%。

二、坚持人民至上，用心用情提升人民群众司法获得感

一是强化民生权益保障。全面贯彻实施民法典，审结一审民商事案件 42.6 万件，其中，商品房买卖合同等案件 3.02 万件。加强劳动者权益保护，依法审结劳动争议案件 1.3 万件，开展预防整治拖欠农牧民工工资专项行动，帮助农牧民工追回“血汗钱”7644.5 万元。妥善处理

婚姻家庭纠纷，审结婚姻、继承、抚养、赡养等案件 4.5 万件。加强老弱病残等特殊群体权益保护，设立“未成年人保护工作室”“家庭教育指导站”206 个，发出人身安全保护令、家庭教育指导令 350 件，开展法治宣传 932 场次。加强涉军维权工作，普法进军营，审理涉军案件 108 件，依法保障军人军属合法权益。二是着力解决群众“急难愁盼”。久久为功解决执行难，与政法各单位联合出台意见，推动公安机关协助法院开展执行工作，推广“执前督促机制”、草原“执行 110”等经验做法，全年执结案件 32.2 万件，执行到位金额 1180.2 亿元。助力社会诚信体系建设，动真碰硬惩治失信被执行人，司法拘留 4777 人次，判决拒执犯罪 21 人。开展涉诉信访源头治理，压实原审法官初访责任，得到最高人民法院肯定并推广。深化“有信必复”，大力推行涉诉信访代办制，重复访化解稳定率超过 95%，自治区高院获评“全国治理重复信访、化解信访积案专项工作优秀集体”。三是做深做实诉源治理。履行指导调解的法定职责，超过 40% 的纠纷在诉前得到实质性化解，诉前调解成功 28.6 万件。联合自治区人大、政协探索建立“代表、委员 + 法院”民商事纠纷化解机制，获评“全区十大法治事件”。出台《关于打造“北疆枫桥”进一步推进诉源治理的实施意见》，推广通辽市法院“和合无讼”、鄂尔多斯市中院“三端五防线”等诉源治理模式，打造“北疆枫桥”诉源治理品牌。

三、坚持“公正与效率”，全面推进审判工作现代化

一是坚持质量第一。常态化开展案件评查、类案检索、数据质检，发挥院庭长阅核监管、专业法官会议研判、审判委员会指导等审判组织优势作用，加强对案件质量监管，全区法院近九成案件经过第一次审理就服判息诉。推动院庭长办理重大、疑难、复杂案件常态化，全区法院院庭长办案 52.2 万件，占结案总数的 56.5%。用好“法答网”，强化对下业务指导，促进法律适用统一。二是压缩办案周期。强化案件审理期限监管，开展“集中清积攻坚”专项行动，切实减存量、控增量。深化繁简分流，加强小额诉讼程序适用工作，平均办案周期 25.6 天。深化政法大数据平台应用，实现刑事案件单轨制网上运行。强化数字赋能，自主研发“内蒙古法院融合数字化智能服务系统”，为法官减负、让正义提速，荣获 2023 年度人民法院科技成果奖。深化送达平台系统应用，84.7% 的民事、行政案件实现“秒送”。三是提升审判效果。强化实质解纷，教育引导法官将释法说理、答疑解惑贯穿诉讼全过程，努力让当事人“胜败皆明”。整治“程序空转”，努力减少“一案结而多案生”。优化裁判文书公开机制，以好案例、好文书引领社会主义核心价值观，通过审理“小案件”捍卫公正，护航民生。

四、坚持严管和厚爱，打造忠诚干净担当的法院铁军

一是坚持将政治建设摆在首位。坚持党对法院工作的绝对领导，落实《中国共产党政法工作条例》，全年共向自治区党委、党委政法委请示报告重大案事件 234 次。坚决贯彻党中央、自治区党委决策部署，围绕两件大事出台服务保障措施 28 项。深入学习宣传贯彻党的二十大精神，全区法院组织宣讲 260 余场，参训干警 3.5 万人次。扎实开展主题教育，全区法院举办读书班 738 期、开展研讨交流 353 次、讲授专题党课 622 次，自治区高院厅级以上领导形成 11 篇调研报告，固化形成 17 项制度成果，自治区高院在全区第一批主题教育总结大会上作

典型发言。二是坚定不移推进全面从严治党。发挥司法监督作用，通过监督贯通协调平台推动27个问题得到有效解决。积极配合自治区党委政法委开展政治督察，针对督察反馈问题立行立改、全面整改。组织政法队伍教育整顿“回头看”和执法司法规范化建设专项行动，持续深化顽瘴痼疾整治，整改庭审不规范等问题90项。狠抓“三个规定”如实填报，“有问必录、应报尽报”成为常态。三是抓实班子和队伍建设。选优配强各级法院领导班子，调整中院班子成员32人次、基层法院院长及班子成员244人次。开展2批次员额法官遴选工作，共遴选入额及递补入额法官760人。为27个基层法院调增编制266个，选派65名业务骨干到17家基层法院对口支援，推动人力资源向“人案矛盾”突出的基层一线倾斜。常态化开展“天平之星”法官大讲堂、优秀裁判文书评选等活动，分层分类培养各级审判业务带头人。组建专家咨询库、审判业务人才库，与中国政法大学签署战略合作协议，助力研判重大疑难复杂案件。大力弘扬司法主旋律，内蒙古法院6部微电影、微视频作品获评第十届全国法院金法槌奖多个奖项，内蒙古高院“天平阳光”账号连续3年被评为全国十佳天平号。

辽宁法院工作

2023年，辽宁省高级人民法院坚持以习近平新时代中国特色社会主义思想为指导，全面贯彻党的二十大和二十届二中全会精神，深入贯彻习近平法治思想，在辽宁省委的坚强领导和最高人民法院的正确指导下，坚持为大局服务、为人民司法，做实“公正与效率”主题，忠诚能动履职，为辽宁全面振兴新突破三年行动首战告捷提供有力司法服务和保障。全省法院受理案件139.81万件，审执结124.28万件，同比上升16.4%和15.35%。

一、以政治建设为统领，确保法院工作正确政治方向

一是高质量开展主题教育。坚持用习近平新时代中国特色社会主义思想凝心铸魂。贯通整治问题51个，建章立制30项，转化运用成果88项。二是坚持党的绝对领导。坚定拥护“两个确立”、坚决做到“两个维护”，做到绝对忠诚。自觉接受政治体检，全面落实省委巡视反馈意见。三是营造良好政治生态。坚决扛牢全面从严管党治院政治责任，严格执行民主集中制和“三重一大”制度，认真落实意识形态工作责任制，坚持正确选人用人导向。

二、贯彻总体国家安全观，坚决维护社会稳定

一是依法打击刑事犯罪。严惩渗透颠覆破坏、暴力恐怖等犯罪，坚决维护国家政治安全。纵深推进扫黑除恶常态化，审结涉黑涉恶案件83件672人。审结杀人、抢劫、绑架等犯罪案件1300件，审结毒品犯罪案件1048件。重拳打击电信网络诈骗犯罪，审结案件4004件。严惩偷逃成品油消费税等涉税犯罪。二是保持反腐败高压态势。审结贪污贿赂等职务犯罪案件730件907人。落实受贿行贿一起查。三是强化人权司法保障。贯彻宽严相济刑事政策，适用

认罪认罚从宽3.65万人。依法审理国家赔偿案件。加强被告人辩护权和律师执业权利保障。四是防范化解重大风险。开展立审执全流程访情评估，加强访源治理。推进“有信必复”，涉诉初访量逐月下降。审结逃废金融债务等破坏金融秩序犯罪案件2688件，审结金融纠纷16.65万件。高标准建设沈阳、大连金融法庭。审结房地产纠纷4.23万件，助力兜牢“保交楼、保民生、保稳定”底线。

三、坚持公正司法，聚力护航全面振兴新突破

一是持续优化法治化营商环境。坚持“两个毫不动摇”，升级开展“1+7”专项活动。整改不规范终结本次执行、超标的超范围“查冻扣”266件，清理长期未结案件858件。审结侵犯经营主体人身财产安全等犯罪案件183件。深入开展进企业、进园区帮企惠企活动。对47.4万件涉企案件实行生产经营影响评估，盘活资产947.17亿元，及时修复企业信用4.03万件。二是依法服务高质量发展。出台服务辽宁全面振兴新突破三年行动“30条司法措施”。服务现代化产业体系。审结破产案件461件，盘活资产441.19亿元。妥善审理涉人工智能、新能源、数字产业等案件和涉文化创意、冰雪温泉、体育运动等案件。服务创新驱动。加强对“卡脖子”关键核心技术等知识产权司法保护，审结知识产权案件1.13万件。拓展“司法区块链+”技术应用，上链存证数据223.27万条。服务高水平对外开放。审结涉外商事海事案件2260件。成立东北首个国际商事多元解纷中心，化解纠纷459件。服务生态文明建设。审结环境资源案件3156件。开展司法保护黑土地、生态环境保护等系列专项行动。助推法治辽宁建设。审结一审行政案件1.53万件。协同辽宁省司法厅建立行政案件异常增长预警机制。

四、践行人民至上，积极回应人民群众期盼

一是保障民生福祉。审结教育、就业、医疗、住房等涉民生案件30.6万件。依法惩治抢夺方向盘、高空抛物、“毒减肥药”“甲醛白菜”等犯罪。帮助农民工追讨“血汗钱”2071万元，化解家事纠纷6.97万件。严惩养老诈骗犯罪，追回“养老钱”7424.16万元。二是守护未成年人成长。探索少年审判刑事、民事、行政“三合一”改革，审结案件1.13万件。对侵害未成年人犯罪“零容忍”，严惩“隔空猥亵”等新型犯罪。开展“辽法护蕾”行动。三是破解执行难题。推进执行难综合治理、源头治理。健全网络执行查控系统，对16类财产一键查控。加强网络司法拍卖，成交97.14亿元。开展打击拒执罪专项行动，司法拘留1244人，移送追诉173人，执行到位率同比提升11.74个百分点。四是做优诉讼服务。推进线上服务“不打烊”，线下服务“全覆盖”。22个诉讼服务中心入选首批“清风辽宁政务窗口”。五是减轻群众诉累。坚持和发展新时代“枫桥经验”。坚持“请进来”，聘请特邀调解员进驻法院、入驻在线调解平台，与12家单位建立诉调对接机制。主动“走出去”，与辽宁省司法厅在全国率先建立协同推进矛盾化解工作机制，探索将9类纠纷引导至人民调解。立足“抓前端、治未病”，聚焦房地产、信用卡纠纷等高发类案，发出司法建议212份。

五、聚焦提质增效，努力维护公平正义

一是优化审判管理。坚持“一体化、精细化、闭环”管理。优化大数据分析研判机制，各级法院组织大数据分析研判466场。优化审判质效面对面评议机制，上下级法院开展面对面评议265场。优化审判质效管理激励机制，完善审判质量管理指标体系，升级审判质效管理激励平台，全省法院主要审判质效指标连续八个季度同比向好。二是深化司法改革。全面准确落实司法责任制，构建权责一致、权责明晰的司法权力运行机制。推进民事、行政诉讼繁简分流，适用简易程序、小额诉讼程序等速裁快审47.36万件。规范提级管辖和再审提审工作，促进法律正确统一适用。三是夯实基层基础。持续推进“强基工程”。加强对质效薄弱法院的业务指导，常态化开展案件评查，发布类案指引，用好“法答网”，基层法院初始案件质效稳步提升。加强人财物保障，坚持力量下沉、资源下投。建强人民法庭，2/3的法庭建成“五化”法庭、三分之一成为示范法庭。

六、抓实严管厚爱，持续锻造新时代法院铁军

一是提升专业能力。加强领军型人才全周期培育，推动“审学研”一体化机制向中基层法院延伸，形成以“一枝独秀”引领“满园春色”的人才培养新气象。以“评推树”为抓手开展大规模学练赛活动，培育出全国审判业务专家5人、省级审判业务专家43人。二是强化人才队伍建设。推进青年干部成长工程，健全选育管用全链条机制，一批优秀年轻干部走上领导岗位。三是严格正风肃纪。严格落实中央八项规定及其实施细则。贯通“管案”与“考人”，探索全员全面全时考核。严格执行防止干预司法“三个规定”等铁规禁令，一体融合推进政治素质、业务素质和职业道德素质建设。

吉林法院工作

2023年，吉林法院牢牢把握以审判工作现代化支撑和服务中国式现代化，紧扣“公正与效率”工作主题，在最高人民法院正确指导、省委坚强领导下，继续坚持“5511”工作总体思路和“1313”工作总体布局，做深做实为大局服务、为人民司法、为法治担当，全面高质量发展取得新成效。全省法院共受理案件537539件，审执结528365件，同比分别增长11.3%和13.1%，审限内结案率94.8%，审判执行质效总体稳居全国前列。

一、围绕“强信心、增活力”，助力经济回升向好

围绕助力提振市场信心、激发经营主体活力，确立年度27项重点任务，持续深入推进法治化营商环境建设提升行动。

一是做实纾困惠企措施。组织召开全省法院服务经营主体大会，与一汽集团联合设立“服

务经营主体司法研究基地”，出台《服务经营主体提振市场信心十项措施》，以审慎善意文明司法助企纾困、暖企安商。对生产经营陷入困境的1393件涉企案件准予缓交诉讼费用3637万元。通过灵活采取“活封活扣”柔性措施，有效释放5600余件案件所涉查封保全财产的使用价值和融资功能。完善分调裁审、简案快审工作机制，涉企案件诉前化解率32.9%，适用简易程序速审速裁占比70.8%。对信用良好但经营困难的企业暂缓适用惩戒措施，及时修复企业信用2245件次。通过破产重整帮助20家有前景有价值的企业走出困境，盘活资产224亿元，4万余名员工稳住就业。推动30户“僵尸企业”快速出清，长春长生、森工集团等重大破产案件圆满审结。

二是服务民营经济发展。对7件涉产权刑事案件再审改判，依法惩处民营企业工作人员职务侵占、挪用资金、商业贿赂犯罪案件261件284人。以包容的司法态度支持中小微企业根据自身财产特点设定融资担保措施，依法规制“砍头息”“高息转本”等乱象，审结融资租赁、权利质押、民间借贷案件39898件。组织开展党政机关、国有企业拖欠民营中小企业账款专项清理，执结案件244件，执行到位金额6.85亿元。

三是保障重大战略实施。服务创新驱动发展，建立东北三省一区知识产权司法协同保护机制，加大对“吉林智造”关键核心技术司法保护力度，审结知识产权案件2636件，其中涉及吉林省特色优势产业的技术类案件232件，同比增长3.3倍。服务生态强省建设，深化环境资源案件“1+10”集中管辖改革，审结生态资源、环境保护案件11012件，1件案件入选联合国环境规划署中国环境资源司法案例。服务乡村振兴战略，审结涉农案件6422件，审结非法占用、盗挖黑土等刑事犯罪案件264件，农村土地承包纠纷案件4228件。服务“一带一路”建设，推动延边东北亚区域国际商事争端解决中心建设取得实质进展，推进长春智慧法务区专业法庭高效能运转。吉林省法院5个案例入选“人民法院服务新时代东北全面振兴十大典型案例”。

二、强化“抓前端、治未病”，提升社会治理效能

坚持执法办案与诉源治理并重，主动融入社会治理格局，提升社会治理效能。

一是依法惩治刑事犯罪。审结一审刑事案件25848件，判处罪犯36741人。常态化开展扫黑除恶斗争，审结涉黑恶案件18件113人，“黑财”执行到位5.56亿元。审结电信网络诈骗犯罪775件1444人，追赃挽损2.54亿元。严厉打击非法集资、金融诈骗等涉众型经济犯罪，审结424件1122人，“吉林文投”等一些重大案件得到妥善处理。坚定不移惩治贪腐，审结贪污贿赂犯罪374件429人。

二是深入推进诉源治理。确立732个“无讼”培育对象，65家基层法院诉调中心全部入驻当地综治中心，引入589家社会调解组织3768名调解员，设立调解工作室374个，22.9万起矛盾纠纷实现诉前化解，诉前调解成功分流率44.2%。发出综合治理类司法建议165份，推动相关单位及时堵塞漏洞。磐石法院诉源治理“联动融合”工作法入选全国新时代“枫桥经验”先进典型，受到中央政法委表彰。

三是做深做实府院联动。吉林全省行政争议协调化解中心成功化解案件1702件，化解

率 86.5%，同比提高 7 个百分点。与省政府、省检察院联合组织开展降低行政机关败诉率专项行动，行政机关负责人出庭率连续两年超过 100%，推动行政机关自我纠错 342 件，行政机关败诉率从 2022 年的 23.6% 降至 12%，低于全国均值 6.8 个百分点。府院联动获评吉林省首届“十大法治事件”。

三、做实“惠民生、解民忧”，践行司法为民宗旨

进一步创新完善民生民权司法保障机制，以“如我在诉”意识践行人民至上理念。

一是依法保障民生福祉。用心用情办好民生“小案”，审结涉及住房、就业、教育、医疗、社保、养老等案件 38422 件。贯彻落实就业优先战略，审结劳动争议案件 15750 件，其中 52.3% 的案件通过调解解决。创新运用家事调查、家事调解制度，审结婚姻家庭案件 42463 件，和解解决比例 69.2%。长春绿园法院审理的判令物业配合业主安装新能源电动汽车充电桩案，入围“新时代推动法治进程 2023 年度十大案件”候选案例。

二是加强特殊群体保护。构建未成年人权益保护多维格局，审结涉未成年人刑事案件 842 件、民事案件 4887 件，选派 2079 名法官干警担任 2655 所中小学“法治副校长”，讲好“开学第一课”。对 16 名恶意欠薪人员依法定罪处刑，速审速执农民工讨薪维权案件 1682 件，帮助 2235 名农民工追回“血汗钱”3432 万元。依托“司法救助 + 慈善基金”模式，对 221 名困难群众实施救助 902 万元。

三是完善诉讼服务体系。开展跨域诉讼服务改革，推动实现 48 项主要诉讼事项全程网办、异地可办、全国通办。完善领导包案、带案下访、公开听证制度，化解涉诉信访积案 1093 件，化解率 96.6%，对 374 件重大信访案件由院领导直接听证化解；从 2023 年 9 月 1 日起全面推行“有信必复”，全省法院共处理群众来信 1802 件，回复率 99.7%。

四、聚焦“稳效率、提效益”，提升司法公正水平

深入践行“公正与效率”工作主题，把审判效益摆在更加突出位置，推动审判执行工作由“效率型”向“效益型”转型。

一是规范司法权力运行。抓实审判执行质效“135+N”常态化监管机制，建立审判数据分析研判会商制度，坚持“一月一分析、一月一通报”，及时发现和解决案件质效问题。建立判后释明制度，将被动“答疑”变为主动“释疑”，推动实现从“结案了事”向“案结事了”转变，全省法院一审案件服判息诉率 91.6%，同比提高 0.4 个百分点。出台司法赔偿责任追究办法，移送追究责任案件线索 34 件，已完成责任追究 4 件 11 人。

二是深化诉讼制度改革。制定常见犯罪量刑指导意见实施细则，对 26 种量刑情节和 23 种常见犯罪明确量刑标准。深化繁简分流、简案快审机制建设，一审案件简易程序适用率 91.9%，诉讼案件平均审理周期 28.5 天。执行工作管理体制改革实施意见经省委深改委审议通过并全面启动，普遍推行执行通知程序前置改革，拓点扩面推进人民法庭直接执行工作，组织开展有财产超期未结案件专项攻坚行动，共执结案件 143792 件，执行到位金额 397.6 亿元，执行质效有 14 项指标位居全国前五。

三是强化科技赋能增效。以建设全域数字法院为目标，“智能移动办案”等6个项目入选2023全国政法智能化建设创新案例。新建律师资质验证等3个业务场景，形成17个司法应用场景跨链协同。组织开展审判辅助事务集约化改革，审判辅助人力成本节省30%，辅助事项办理周期压缩30%，电子送达成功率超过80%。审结数据权属、网上购物、网络侵权等涉互联网纠纷案件1580件，推动实现更高水平的数字正义。

五、坚持“讲政治、强素质”，全面从严管党治警

坚持政治统领、党建引领，把严的基调贯穿始终，一体融合推进法院队伍政治素质、业务素质、职业道德素质建设。

一是扎实开展主题教育。突出问题导向，紧盯人民群众急难愁盼、制约司法事业发展的16个方面重点问题，省高院领导班子和各支部形成调研报告46份，调研发现问题166个，提出解决措施297项，转化运用成果273项。建立“一台账、两清单、双责任”工作机制，围绕30个重点问题制定125项整改措施，对司法程序空转等5个突出问题组织开展专项整治，将损害营商环境等8个共性问题纳入第二批主题教育整改整治重点任务，并确立了15个“为群众办实事”项目，组织全省法院上下联动、一体推进，整改整治措施全部落实到位。

二是加强素质能力建设。选派123名优秀年轻法官在上下级法院互派锻炼，补充选任员额法官243人，选调招录法官助理等184人，推动人才队伍建设由满足近期需要向重视长远发展转变。制定提升法官干警学习研究能力“两个意见”，强化“精品工程”成果运用，与法官遴选、晋职晋级挂钩，建设“学习型法院”，打造“研究型队伍”，评选全省审判业务专家和青年审判业务专家46名。

三是狠抓党风廉政建设。构建全省法院“两横四纵一支点”监督体系，狠抓党风廉政建设“5+N”内部责任体系落实。制定党组巡察工作五年规划，配合地方党委对2个地区法院开展巡察，组织对1个直属中院开展常规巡察。深入推进“标准化建设年”，完成117项标准化建设项目。激励担当作为，组织开展“十佳青年法官”“最美基层法官”评选活动，全省法院14个集体和24名个人受到省部级以上表彰，孙海鑫同志荣膺吉林省首届“十大法治人物”。

黑龙江法院工作

2023年，在黑龙江省委坚强领导和最高人民法院有力指导下，全省法院坚持以习近平新时代中国特色社会主义思想为指导，全面贯彻党的二十大精神，扎实开展主题教育，学深悟透做实习近平法治思想，深入贯彻习近平总书记视察黑龙江省时的重要讲话重要指示精神，牢记嘱托、感恩奋进，忠诚履职、公正司法，全力推进诉源治理，各项工作取得新成效。全年总收案90.78万件，同比下降24.1%。

一、始终把政治建设摆在首位，引领高站位司法

一是坚持党的绝对领导。坚定拥护“两个确立”、坚决做到“两个维护”，筑牢“身在最北方、心向党中央”的政治忠诚。全面落实意识形态工作责任制，坚决维护司法领域意识形态安全。二是强化创新理论武装。扎实开展主题教育，全省法院解决问题 1010 个，建立制度机制 730 项，高质量完成服务振兴发展“六大攻坚破难行动”。把习近平法治思想作为审判工作的“纲”和“魂”，推动树立以“公正司法”为核心的现代化审判理念。严格落实“第一议题”等制度，以理论上的清醒保持政治上的坚定。三是突出政治建设统领。推动政治建设与业务建设深度融合，制发《“五牢记、五融合”实施意见》，打造“党旗红、法徽红”党建品牌，引领干警“从政治上看、从法治上办”，以更高政治站位推进审判工作。

二、坚决维护国家安全和社会稳定，以公正司法助推高效能治理

一是治罪与治理并重维护安全稳定。贯彻总体国家安全观，审结一审刑事案件 2.28 万件。严厉打击渗透破坏犯罪 139 件 194 人，严惩黑恶势力及“保护伞”犯罪 71 件 553 人，从严惩处严重暴力犯罪 2904 件 3586 人，坚决维护国家安全、社会安定、人民安宁。审理职务犯罪 718 件 825 人，助力反腐败斗争深入开展。减刑、假释案件开庭审理走在全国法院前列。加强对醉驾犯罪预防治理，醉驾案件同比下降 16.29%。二是监督与支持并重助力法治政府建设。深化行政案件集中管辖改革，推动行政争议实质化解，争议调撤率同比上升 3.57 个百分点。哈尔滨铁路运输中级法院审理的“某菜馆诉市场监督管理局行政处罚”案，入选“新时代推动中国法治进程 2023 年度十大案件”。三是预防与化解并重防范重大风险。认真落实最高人民法院 1 号、2 号司法建议，助力防范房地产、金融等重点领域风险。四是诉与非诉并重推进诉源治理。坚持和发展新时代“枫桥经验”，创新构建“四化四解四到位”诉源治理新格局。黑河爱辉区法院示范审理 1 件物业纠纷，带动 2800 余件同类纠纷非诉解决，取得了“办理一案、治理一片”的良好效果。

三、紧紧围绕中心大局，以公正司法服务高质量发展

一是保障好产业安全。围绕构建“4567”现代化产业体系精准发力。哈尔滨中院审理的“奥瑞德公司破产重整案”，让这家拥有 85 项发明专利的企业浴火重生。二是守护好“中国饭碗”。锚定当好国家粮食安全“压舱石”首要政治担当，守护“大国粮仓”。惩处盗采泥炭黑土等犯罪 790 件 996 人，坚决保护耕地中的“大熊猫”。构建“全周期、全要素、全链条、全领域”司法服务体系，护航农业“航母”，助力“二十连丰”。三是保护好“金山银山”。积极践行“两山”理念，筑牢北方生态安全法治屏障。积极推行恢复性司法，齐齐哈尔、林区、伊春、大兴安岭等法院新建司法生态修复基地 30 个。加强著名景区旅游法庭建设，服务“冷资源”转化为“热经济”。四是服务好营商环境。建立涉企案件影响评估机制，对 6 万余家企业“活封活扣”“放水养鱼”，对 4812 家企业予以信用修复，严防“办理一个案子，垮掉一个企业”。增强对外开放前沿意识，健全自贸区“诉调仲”一体化解纷机制，服务向北开放新高地。

四、坚定站稳人民立场，以公正司法守护高品质生活

一是用心用情保障民生福祉。高度重视民生诉求，妥善审理住房、就业、养老等民事案件10.3万件。依法为欠薪维权群众追回血汗钱1.82亿元，让劳动者不忧“酬”。加大对妇女儿童司法保护力度，发出人身安全保护令42份，建立17个家庭教育指导站，2981名法官担任法治副校长，校园普法覆盖77万人次。二是德法共治引领社会风尚。兼顾天理国法人情，明辨是非，定分止争，弘扬社会主义核心价值观。发布具有典型意义的司法案例298个。黑龙江全省法院举办“公众开放日”3799期，41.3万人次走进法院，12个新媒体、5部“双微”作品斩获大奖，讲活龙江法院好故事，传播龙江法治好声音。三是“如我在诉”优化司法服务。积极构建“龙法和”云法庭矩阵，让法律服务“触手可及”，“码”上就办。认真对待人民群众诉求，即接即办12368热线来电33.16万次，群众涉诉信访“有信必复”实现100%，司法救助175人次507.72万元，为困难群众减缓免诉讼费2412万元，以更有温度的司法解决人民群众急难愁盼。四是攻坚克难兑现胜诉权益。持续开展“雷霆”行动，加大对民生等重点领域执行攻坚，努力让群众胜诉权益变成“真金白银”，执行完毕率全国第一。

五、全面从严管党治院，锻造高素质法院铁军

一是强化审判监督管理。围绕“公正与效率”优化评价指标，突出质量、效率、效果相统一，通过管住“案”来管住“人”、治好“院”。强化院庭长案件“阅核”职责，完善审判监督权责清单161项，院庭长监管率同比提高11%。建成数字法院数据中心，定期开展大数据会商研判，实现“数助决策”“数促公正”新跨越。依托“法答网”强化对下指导，促进法律统一适用。二是深化能力作风建设。聚焦转作风，开展“千案大评查”“作风大整治”行动，整治“低粗差”问题11类263个，推动16家薄弱基层法院“脱薄”。聚焦抓落实，以“龙法面对面”督导机制深化落实“四个体系”，发挥上级法院“统”的优势，压实下级法院“落”的责任，以过硬能力作风推进高质量司法。三是净化司法政治生态。召开党风廉政建设和警示教育大会，做到警钟长鸣。与派驻纪检监察组建立常态化会商机制，严格执行“一把手”述责述廉等制度，从严落实“关键少数”主体责任、监督责任和“一岗双责”，严格执行中央八项规定及其实施细则精神、政法干警“十个严禁”等铁规禁令，抓实落细防止干预司法“三个规定”，报告信息9.29万条，以“三个规定”“小切口”强化全面从严治院“大生态”。刀刃向内查处违纪违法205人次，移送司法机关5人，着力锻造过硬队伍、打造勤廉法院。

上海法院工作

2023年，上海法院在最高人民法院指导下，坚持以习近平新时代中国特色社会主义思想为指导，按照“政治建设引领、司法质效为本、数字改革赋能”工作主线，推动法院工作实现

新突破。上海全市法院共受理各类案件97.1万件，同比上升25.2%。审结各类案件95.4万件，同比上升23.1%，审判质效核心指标位于全国法院前列。

一、坚决落实总体国家安全观，推进更高水平的平安上海和法治上海建设

把维护社会和谐稳定、防范化解重大风险作为职责使命，筑牢超大城市安全防线，助力上海成为全球最安全的城市之一。一是维护社会安全稳定。审结故意杀人、故意伤害、抢劫、强奸等犯罪案件720件。常态化开展扫黑除恶斗争，严惩涉恶势力团伙强迫交易案等，共判处罪犯122人。在全国率先研发涉众型刑事案款核验发放平台，提升受害人获赔效率。审结电信网络诈骗及关联犯罪案件4865件、危害食品药品安全犯罪案件159件，保障人民安居乐业。二是加强人权司法保障。积极适应轻罪治理的社会需求，深入开展以审判为中心的刑事诉讼制度改革，对1.5万名轻微犯罪被告人判处缓刑等非监禁刑，做到该宽则宽、当严则严。三是推动法治政府建设。坚持“双赢多赢共赢”理念，加大行政争议实质化解力度，督促行政机关依法行政，行政争议协调和解率37.9%，行政案件上诉率下降14个百分点。持续深化旧改征收司法执行机制，该机制获评“上海市法治建设十大优秀案例”。

二、坚持服务大局，依法履职服务经济社会高质量发展

完整、准确、全面贯彻新发展理念，紧扣高质量发展主题，聚焦上海“五个中心”建设，努力做到党中央、市委决策部署到哪里，司法服务保障就跟进到哪里。一是服务保障国际经济中心建设。接续第6年制定实施法治化营商环境建设专项行动方案，会同市发改委等17家单位联合推出提升办理破产便利度的35项措施，助力上海营商环境在全球城市中持续进位。二是服务保障国际金融中心建设。审结全国首例涉科创板证券集体诉讼案等一审金融案件18.1万件，严厉打击内幕交易等破坏金融管理秩序犯罪，9件案例入选“中国证监会投资者保护十大案件”等全国典型案例。建立全国首个以金融司法大数据为核心的“金融纠纷风险预警平台”，动态防范化解金融风险。三是服务保障国际贸易中心建设。全面打造“调解、仲裁、诉讼”相衔接的国际商事纠纷一站式解纷平台。推进仲裁财产保全电子立案等服务升级，助力打造面向全球的亚太仲裁中心。与市场监管等部门组成服务团队，全力保障第六届中国国际进口博览会。四是服务保障国际航运中心建设。出台服务保障航运经济高质量发展的实施意见，强化涉外海事海商领域反制裁、反干涉、反长臂管辖司法应对能力，为“走出去”企业提供司法保障。推广“境外诉讼主体概括性授权委托”等机制，上海海事司法公正、高效的优势进一步显现。五是服务保障国际科技创新中心建设。审结涉集成电路等战略新兴产业案件5318件，有力促进“卡脖子”技术攻关突破。发布服务保障数字经济发展十大典型案例，加大对恶意侵权的惩治力度，判赔惩罚性赔偿总额同比上升45.2%。

三、践行人民城市理念，努力让人民群众切实感受到公平正义就在身边

始终站稳人民立场，树牢“如我在诉”工作理念，聚焦人民群众关切的堵点难点问题，不断优化司法为民举措。一是加强民生司法保障。聚力“保交楼、保民生、保稳定”，依法优先

保障刚需购房人合法权益。建立健全夫妻共同财产申报、指定居委会等第三方担任孤寡老人的监护人等机制，为妇女、儿童、老人筑起法治护盾。二是推动纠纷实质化解。践行和发展新时代“枫桥经验”，探索符合超大城市特点的诉源治理模式，32% 的纠纷在诉前通过调解得到化解。在全国率先制定专项治理“程序空转”工作方案，“案－件比”指标位居全国第一。三是依法保障当事人胜诉权益。加强执行联动，完善联合信用惩戒机制，研发“规范透明执行办案系统”，深化执行难综合治理。坚持善意文明执行，完善信用修复机制，为自动履行义务的被执行人发放《自动履行证明书》等。四是大力弘扬社会主义核心价值观。开设“小案大道理”栏目，发布典型案例，向全社会亮明司法保障安居宜居、彰显公义良知、维护公序良俗的鲜明态度，引导形成良好社会风尚。

四、全力打造上海数字法院，推动审判工作重塑性改革

落实上海城市数字化转型要求，在全国率先提出并实质推进数字法院建设。该工作被列入上海城市数字化转型发展规划和重点工作安排。一是构建司法数据大平台。对上海全市 300 多万份裁判文书和电子卷宗进行数据化解构，唤醒海量“沉睡”数据。主动对接上海市大数据中心，实现外部数据的共享共用。二是以数字监督提升司法质效。构建“发现问题—数字建模—数据碰撞—实时反馈”的路径，实现对海量案件滚动式监督评查和办案风险点的预警提示，形成全方位、全周期的案件“质检”流水线，有效促进适法统一、防止程序空转等。三是以数字赋能助力社会治理。建立大数据分析报告机制，共生成分析司法数据背后社会治理问题的报告 16 份，有效推动了相关问题的解决。建立大数据共享推送机制，将案件中发现的涉诉主体偷逃税等 65 项司法公共数据，推送相关部门，助力社会治理。

五、以党的政治建设为统领，打造新时代法院铁军

以主题教育开展为契机，以党建带队建促审判，加强高素质法院队伍建设，为新时代法院工作现代化建设夯实根基。一是扎实推进主题教育。坚持以习近平新时代中国特色社会主义思想凝心铸魂，深入开展“政治大学习”“理论大培训”“认识大讨论”。大兴调查研究之风，着力解决难点痛点问题。评选十大文化品牌，精心培育一批体现上海特色的创新工作成果。二是打造队伍建设现代化体系。在全国率先构建新时代法院队伍建设现代化“1+6+X”工作体系，大力培养“专家型”领军人才和“实务型”业务人才，形成多渠道、梯队化人才培养体系。深化法官员额动态管理机制，建立紧缺审判领域法官遴选快速通道，优化审判人才配置。三是深化拓展院校合作。与全国 24 家高校和科研机构签署战略合作协议，在 10 个方面开展深度合作。设立教授工作站和审判专家工作室，开展“实习法官助理实训”，推动共育高素质法治人才。四是加强党风廉政建设。制定全面从严管理监督实施方案，开展大数据廉洁监督，加强对干部全方位管理和经常性监督。出台严格落实“三个规定”的意见，有问必录、应报尽报，上海法院填报率升至全国法院前列。

江苏法院工作

2023年是全面贯彻党的二十大精神的开局之年，也是江苏全省法院牢记嘱托、感恩奋进，以审判工作现代化支撑和服务中国式现代化江苏新实践的重要一年。江苏全省法院认真贯彻中央、省委和最高人民法院工作部署，以主题教育为契机强化走在前、做示范的使命担当，以“公正与效率”为主题狠抓执法办案第一要务，以新时代公正司法为牵引做实为大局服务、为人民司法，把“人民群众感受到公平正义”作为检验办案质效的首要标准，在“强富美高”新江苏现代化建设中展现司法新作为。江苏全省法院受理案件239.3万件，审执结214.7万件，分别上升14.7%、15.2%；法官人均结案306.2件，增加37.7件；一审服判息诉率90.8%，二审后达98.3%，办案质效居全国前列；1个案件入选年度人民法院十大案件；2个案件入选新时代推动法治进程年度十大案件；40项工作在全国性会议上作经验交流。

一、牢牢坚持党对法院工作的绝对领导

按照党中央、最高人民法院和江苏省委部署，把学习贯彻党的二十大精神、习近平总书记重要讲话重要指示精神和开展主题教育“三件大事”紧密结合，坚持学思想、强党性、重实践、建新功，落实“第一议题”制度，抓实全员政治轮训，开展政治忠诚剖析，始终坚定拥护“两个确立”、坚决做到“两个维护”，把习近平法治思想作为“纲”和“魂”，全面融入审判工作，着力推进审判工作现代化。聚焦“四个走在前”“四个新”重大任务，制定5个司法行动方案，切实把总书记重要指示精神转化为全省法院为大局服务、为人民司法的生动实践。

二、扎实推进更高水平平安江苏建设

严惩危害国家安全犯罪，判处美国“功勋”间谍梁成运无期徒刑。常态化推进扫黑除恶，严厉打击网络暴力、电信诈骗等群众反映强烈的犯罪。严惩腐败犯罪，审结原中管、省管干部职务犯罪大要案26件。维护金融安全和金融秩序，一审审结金融案件20余万件，标的额1840余亿元，严厉打击洗钱、内幕交易、欺诈发行股票债券等行为，审结案件765件。妥善化解大型企业债务和房地产领域风险隐患，助推160家“问题楼盘”续建交房。

三、服务一流法治化营商环境建设

制定办理侵犯商业秘密刑事案件指引、服务自贸试验区提升、服务民营经济发展壮大等司法文件。率先建立上市公司重整、打击破产逃废债两项新的省级协作机制，审结破产案件8513件，化解债务4800余亿元，312家企业重获新生。制定10项安商惠企司法措施，为4000多家企业提供法治体检，开展专项执行行动，为民企兑现债权568亿余元，广泛适用“活封活扣”措施，最大限度减少对企业生产经营的影响。加大拖欠企业债务清理力度，执行

到位 568.9 亿元；督促、帮助 5633 家失信企业履行义务、修复信用，江苏省严重失信企业占比两年下降至第 31 位。审结德国德禄公司案，该公司负责人盛赞中国司法环境，在江苏追加投资 2 亿美元。新设大运河环资法庭，设立全国首个珍稀植物司法保护基地，5 个案例入选联合国环境规划署年度典型案例。

四、着力增强人民群众司法获得感

妥善审理涉民生案件，强化妇女、儿童、老年人权益保护，加强应届毕业生、农民工、超龄劳动者、新就业形态从业者权益保障。制定全省法院办理群众来信工作规程，扎实推进“有信必复”。联合设立省行政争议调处中心和 45 个调处平台，有力推动行政争议实质化解。升级“854”执行模式，实现执行事务一站式办理，组织打击拒执犯罪专项行动，9.7 万人迫于压力主动履行义务；开展“小标的大民生”执行行动，执行到位 32.6 亿元。扎实推进审判质量管理指标体系试点，开展长期未结案件、执行案款突出问题等专项整治，审限内结案率 94.7%，居全国前列。实施数字法院提升工程，推广“优 +”诉讼服务标准，着力提升群众司法获得感和满意度。

五、狠抓多元解纷推进新时代“枫桥经验”江苏新实践

贯彻党中央、最高人民法院、江苏省委部署要求，狠抓诉源治理，推动“抓前端、治未病”贯穿审判执行全过程。主动对接矛盾纠纷多元化解“一站式”平台，参与基层解纷 97 万起。健全类型化解纷机制，诉前成功调解 120.7 万件，上升 90.1%，首次超过民事一审新收案件数。发出司法建议 1678 份，向各级党委、政府报送司法大数据研究报告 126 份，推动堵塞漏洞，促进社会治理。

六、锻造忠诚干净担当法院铁军

制定深入落实全面从严治党责任实施办法，出台深入贯彻中央八项规定实施细则精神具体办法，狠抓“三个规定”落实，开展执法司法突出问题专项检查，扎实整治整改相关问题。探索适用容错纠错机制，为受到不实举报的 33 名法官澄清正名。突出实战实用实效导向，培训干警 16 万余人次，8 篇裁判文书、5 场庭审获全国“百优”，14 个案例入选最高人民法院指导性案例和公报案例，1 个最高人民法院司法研究重大课题研究报告获评优秀，4 篇论文获评全国法院学术讨论会一等奖。涌现出徐刘根、陆超、边晓斌等一批优秀典范，134 个集体、295 名个人受到党中央、最高人民法院和江苏省有关部门表彰。

浙江法院工作

2023 年，浙江法院新收各类案件 121.8 万件、办结 123.4 万件，办案质量、效率、效果主

要指标继续位居全国前列。

一、讲政治、顾大局，以公正司法服务创新深化、改革攻坚、开放提升

一是依法惩治刑事犯罪。贯彻总体国家安全观，审结一审刑事案件7万件，判处罪犯9.9万人。常态化推进扫黑除恶，审结黑恶犯罪案件137件。依法严惩严重暴力犯罪，审结杀人、抢劫、绑架等犯罪案件9066件。重拳打击网络犯罪，审结电信网络诈骗犯罪案件2482件5138人。保持惩治腐败高压态势，审结职务犯罪案件767件896人，其中省部级2人、厅局级12人、县处级50人。扎实做好杭州亚运会除险保安工作，以法治护航精彩亚运。二是服务民营经济高质量发展。落实“两个毫不动摇”，积极回应经营主体对公平正义的期盼，审结涉企案件31.5万件，涉案金额4933.7亿元。深化“企业破产一件事”改革，审结破产案件5239件，化解金融不良资产1395亿元，盘活土地6.2万亩、房屋898万平方米。加大民营企业内部贪腐问题刑事打击力度，审结涉民营企业内部人员职务侵占等犯罪案件630件。三是助推打造高水平创新型省份。发挥知识产权“三合一”审判机制优势，审结各类知识产权案件3万件，保障以科技创新推动产业创新。上线“法护知产”多跨协同应用，入选国务院知识产权强国建设第二批典型案例。着力解决知识产权诉讼“举证难、周期长、赔偿低、成本高”问题，判决侵权人赔偿损失总额20亿元，同比上升48.7%。加强数字成果和数据权益保护，审结涉数字经济案件1.5万件。四是助力高水平对外开放。深化涉外商事海事审判精品战略，审结涉外涉港澳台商事海事案件6220件，70多个国家和地区的外国当事人主动选择到浙江法院诉讼。建设“中国涉外商事审判网”，上线“域外法查明”应用，为中外当事人提供普惠均等、便捷高效、智能精准的司法服务。建强国际海事司法基地，服务一流强港建设，促进海洋经济发展。五是服务法治政府建设。坚持监督依法行政和维护群众合法权益并重，审结一审行政案件1.3万件。依托行政争议调解中心前端指导纠纷化解，全省行政争议协调撤诉率38.8%，保持全国领先。落实“抓前端、治未病”理念，全省法院发送司法建议2978件，得到反馈采纳2107件。六是保障生态文明建设先行示范。践行“绿水青山就是金山银山”理念，审结各类环境资源案件1.2万件。落实环境损害赔偿、责任追究和生态修复制度，守护好浙江经济社会发展的“绿色”底色。

二、促公正、提效率，努力让人民群众切实感受到公平正义就在身边

一是优化便民诉讼服务。增强司法领域增值服务，落细落实“一站式”“多选择”诉讼服务，方便当事人通过有线无线、线上线下方式参与诉讼活动，在线开庭11.5万次、在线交换证据375.9万次。贯彻落实立案登记制，开展立案不规范专项整治行动，畅通不立案投诉渠道，坚决保障当事人诉权。二是依法保障民生权益。认真办好与老百姓生活息息相关的每一个案件，审结一审民事案件63.4万件。审结商品房纠纷案件5202件，有力服务“保交楼、保民生、保稳定”工作。坚持保护劳资双方合法权益，持续开展根治欠薪专项行动，审结劳动争议案件1.5万件。审结婚姻、继承、抚养、赡养等案件5.7万件，坚决维护妇女、儿童、老年人权益。加大未成年人权益保护力度，审结涉未成年人案件1.5万件。发挥司法救助“托底”功

能，依法救助 2270 人 5500 万元。审结涉军案件 201 件，坚决维护国防利益和军人军属合法权益。三是大力弘扬新时代文明风尚。以法治自信厚植文化自信，以公正裁判树立行为规则、引领社会风尚。通过一个个典型案例明辨是非、激浊扬清，推动社会主义核心价值观深入人心。连续 5 年开展打击虚假诉讼专项行动，查处虚假诉讼 5872 件，营造良好法治环境和诚实守信社会风气。四是攻坚“切实解决执行难”。在浙江省委坚强领导下，综合治理执行难大格局得到了明显巩固发展，浙江全省 58 个县（市、区）党委召开执行“一件事”改革部署会。开展助企纾困专项集中执行行动，助力中小微企业回笼资金 49 亿元，1624 家中小微企业重回正常经营轨道，4982 家企业恢复信用。深化“自动履行为主、强制执行为辅”的执行工作长效机制，执结案件 32.7 万件，执行到位金额 1053 亿元，全部民商事案件实际履行率 79%。

三、勇创新、夯基础，加快推进新时代浙江法院现代化建设

一是坚持和发展新时代“枫桥经验”，深化诉源治理改革。巩固发展党委政府领导的大治理格局，持续深化在省、县、乡、村四级总结推广的“浙江解纷码”、舟山“普陀模式”、永康“龙山经验”和临安“共享法庭”，助推县级社会治理中心建设，加强“枫桥式人民法庭”建设，全面深化共享法庭建设，浙江全省法院收案数连续 6 年稳步下降，从 2017 年的全国第 2 位降至去年的第 11 位，浙江“诉讼大省”的状况明显改观。二是深化司法领域当事人“一件事”集成改革。以“浙江全域数字法院”改革为牵引，巩固提升杭州互联网法院、移动微法院等创新成果，加快建设全生命周期司法平台、全时空在线司法服务、全流域智能司法模式、全方位变革司法制度的现代化法院。“浙江全域数字法院”改革为全国法院“一张网”建设提供经验，浙江智慧法院建设综合评价连续 4 年全国第一。三是深化司法体制综合配套改革。全面准确落实司法责任制，强化院庭长监督管理，有效提升办案质量和效率。全省法院一审服判息诉率 91.8%，同比上升 0.7 个百分点，平均结案时间 61.4 天，同比下降 4.2 天。深化以审判为中心的刑事诉讼制度改革，贯彻罪刑法定、疑罪从无、证据裁判原则，有效惩罚犯罪、保障人权。

四、强素质、优作风，努力打造适应现代化建设的法院队伍

一是强化思想政治建设。扎实开展主题教育，擦亮“院长论坛”“法官论坛”品牌，通过“循迹溯源”引导教育干警从思想深处强化政治认同，坚定拥护“两个确立”、坚决做到“两个维护”。充分发挥浙江省高级人民法院党组领导作用，加强对全省法院政治建设、班子建设和队伍建设的协管力度，确保中央和上级部署在全省法院落地落实。二是强化业务能力建设。完善法官培训长效机制，培训干警 3.5 万人次。强化上级法院对下级法院的监督指导，连续 6 年开展司法质量监督大检查，2023 年检查重点案件 18725 件，进一步规范办案行为、提升办案质量。三是强化纪律作风建设。坚持全面从严治党治院，深入推进勤廉法院建设。大兴调查研究，深入开展“大走访大调研大服务大解题”活动，三级法院院领导走访企业 6700 余家，帮助解决实际困难和问题 1 万余个。持续深入开展司法巡查、审务督察，浙江全省法院共查处违纪违法案件 124 件 136 人次，持续保持正风肃纪反腐高压态势。

安徽法院工作

2023年，安徽省高级人民法院坚持以习近平新时代中国特色社会主义思想为指导，全面贯彻党的二十大和二十届二中全会精神，深入学习贯彻习近平法治思想，在最高人民法院有力指导和安徽省委坚强领导下，讲政治顾大局、促公正提效率、重自律强队伍，推动全省法院各项工作取得新进展。2023年，诉至全省法院案件总数约2294589件，其中在立案前调解成功646082件、正在调解71032件；进入诉讼程序的案件1577475件，审限内结案率97.1%。

一、坚持政治引领，扎实开展学习贯彻习近平新时代中国特色社会主义思想主题教育

牢牢把握"学思想、强党性、重实践、建新功"总要求，推动在以学铸魂、以学增智、以学正风、以学促干方面取得实效。强化理论武装，举办主题教育读书班、法院院长研讨班，全面系统、深入学习习近平新时代中国特色社会主义思想、习近平法治思想，坚定拥护"两个确立"、坚决做到"两个维护"。践行"四下基层"优良传统，安徽省高级人民法院班子成员围绕化解涉诉信访、营造法治化营商环境等7个方面重点在全省法院大兴调查研究。刀刃向内整治具体问题，对全省法院少数案件长期未结、久押不决等9个重点问题，三级法院上下联动、一体整改。坚持"当下改"与"长久立"相结合，安徽省高级人民法院建章立制32项。

二、贯彻总体国家安全观，推进更高水平的平安安徽建设

宽严相济惩治犯罪，审结刑事案件63144件，判处罪犯84340人。坚决维护国家安全和社会稳定，审结故意杀人、抢劫等严重暴力犯罪2897件，审结毒品犯罪案件601件。常态化推进扫黑除恶斗争，审结涉黑涉恶案件274件，执行"黑财"6.1亿元。加大对涉众型经济犯罪打击力度，参与地方金融风险处置攻坚，维护金融安全。依法严惩危害食品药品安全、电信网络诈骗等犯罪，常态化打击养老诈骗，切实维护群众生命健康和财产安全。积极参与反腐败斗争，审结贪污贿赂、渎职等犯罪案件676件758人，其中原省部级、厅级干部19人。

三、强化公正司法，积极营造一流法治化营商环境

坚持"人人都是营商环境、案案都是营商环境"，扎实开展护航企业高质量发展专项行动，制定平等保护民营企业产权和企业家权益的司法意见，建立企业司法需求快速响应、涉企案件经济影响评估、涉案企业信用及时修复、院长约见接待企业家及与企业家座谈等工作机制，积极回应、解决企业多元司法需求。安徽全省法院审结涉企案件427197件，对8670家企业暂缓查封、冻结、扣押，为17372家失信企业修复信用。支持战略性新兴产业发展，制定服务打造汽车"首位产业"14项举措，妥善审理涉新能源汽车、先进光伏等案件。加强长三角司法协

作，优化跨域立案服务，审结、执结涉沪苏浙企业案件43940件，委托沪苏浙法院执行事项22723件，服务徽商皖企发展。部署开展“惠民暖企”执行行动，执结案件409029件，执结到位金额712.1亿元。积极推进安徽（合肥）创新法务区建设，助力打造一流法律服务高地。安徽省高级人民法院荣获“全省优化营商环境工作优秀单位”。

四、认真践行司法为民，用心解决群众急难愁盼

落实“民声呼应”机制，加强民生司法保障，审结教育、医疗、社保、消费等民生案件135702件。加大对老妇幼、农民工、新业态从业者、高校毕业生等群体的司法保护力度，审结家事纠纷106851件。积极回应群众诉求，上线运行诉讼费电子票据系统、执行案款智能监控系统，办好为民实事。人民群众诉讼服务业务满意率、现代化诉讼服务体系建设质效均位居全国法院前列。加大对困难群众司法救助力度，发放救助金5450万元。扎实开展涉诉信访化解攻坚行动，制定并落实群众来信必复、领导包案办理首信初访、公开听证等8项制度，全力做好送上门的群众工作，安徽全省法院存量信访化解率98.4%、增量信访化解率98.6%，涉诉信访同比下降14.6%。安徽省高级人民法院涉诉信访化解工作获中央信联办、国家信访局表扬。

五、突出抓前端、治未病，积极融入社会治理

坚持和发展新时代“枫桥经验”，制定人民法庭参与基层社会治理指导意见，会同司法行政机关加强对人民调解委员会的指导，司法确认人民调解协议49055件，同比增长26.1%。发挥行业调解优势，与省人社厅、省工商联、省中小企业协会等单位完善“总对总”诉调对接机制，推动矛盾纠纷多元化解，滁州中院“法院+商会”多元调解做法在全国调解工作会议上作经验交流。深化府院联动，省“一府两院”首次召开专题会议，“一竿子插到底”就协同化解行政争议、推进社会治理等作出部署。全省行政机关负责人出庭应诉率保持100%，实质化解行政争议3493件，同比上升18.3%。与省司法厅就推进安徽省调解工作开展工作交流会商，与省地方金融监管局、省住建厅等单位协同抓好最高人民法院1号、2号司法建议一体落实，推动矛盾纠纷源头预防化解。全省法院共发出综合治理类司法建议374份，采纳率100%。安庆桐城法院“六尺巷六步走”调解工作法入选全国新时代“枫桥经验”先进典型。

六、深入推进公正司法，着力提升审判执行质效

制定法官在办案中进一步落实司法责任20条意见，把依法解决当事人诉求、定分止争、案结事了纳入司法责任体系，引导法官在第一环节就把化解矛盾的功课做足。因人因案落实案件阅核工作责任，压紧压实院庭长监管职责。加强审判监督指导，规范登记立案和诉前调解工作，开展长期未结案件专项清理，发布第十一批参考性案例，运用法答网答疑各类业务咨询6977个，70篇案例入选人民法院案例库。改进办案质效考核评价，抓好案访比、案－件比质效分析管理，将“评案”与“考人”贯通起来，促进提升前端办案质效，减少案生案、案生访。全省法院案访比2.95‰，案－件比由2022年的1：1.64降至1：1.5，减少了诉讼程序

中的上诉、申诉、执行等案件 11.9 万件。

七、全面从严管党治院，锻造忠诚干净担当的过硬法院队伍

坚持严管就是最大的厚爱，严格落实全面从严管党治院主体责任，压紧压实院领导、支部书记“一岗双责”，一体推进政治素质、业务素质、职业道德素质建设，努力做到“忠专实”“勤正廉”。严格执行中央八项规定及其实施细则精神，制定进一步整治形式主义为基层减负 8 项工作举措，常态化开展审务督察，专项整治司法作风突出问题，大力培树“严新细实”优良新风。严格落实防止干预司法“三个规定”，推进“逢问必录”，全省法院干警人均记录填报信息 9.6 条。深入贯彻监察法及其实施条例，安徽省高级人民法院与驻院纪检监察组建立工作交流会商机制。以“零容忍”态度严惩司法腐败，切实维护司法廉洁。

福建法院工作

2023 年，福建法院坚持以习近平新时代中国特色社会主义思想为指导，深入贯彻习近平法治思想，全面贯彻党的二十大和二十届二中全会精神，忠实履行为大局服务、为人民司法的职责使命，全省法院受理各类案件 104 万件、办结 95.36 万件，其中省法院受理 2.15 万件、办结 1.7 万件。

一、坚持公正司法，积极服务保障新福建建设

一是全力维护国家安全和社会稳定。依法惩治各类犯罪，一审审结刑事案件 4.64 万件，判处罪犯 6.4 万人。常态化开展扫黑除恶斗争，审结涉黑恶案件 246 件 1446 人。依法审理吴谢某弑母案，入选 2023 年度全国法院十大案件。严惩涉众型经济犯罪 383 件，做好保交楼、保民生、保稳定工作，助力防范经济金融风险。二是服务新时代民营经济强省战略实施。平等保护各类经营主体合法权益，一审审结商事案件 19.18 万件，推出服务民营经济高质量发展 34 条措施，持续开展“千名执行干警进千企”，营造惠企安商“暖环境”。三是持续发挥特色审判优势。连续 15 年举办海峡两岸司法实务研讨会，促进两岸融合发展示范区建设。发起成立国家公园司法保护协作联盟，入选 2023 年度福建省“十大法治事件”。健全与世界知识产权组织仲裁与调解中心合作机制，成功调解一批涉外知识产权纠纷。承办海上丝绸之路（泉州）司法合作国际论坛，7 国首席大法官和 11 国百余名代表线下参会，最高人民法院和中外有关方面予以充分肯定。

二、坚持和发展新时代“枫桥经验”，提升矛盾纠纷预防化解法治化水平

一是积极融入社会治理格局。出台深度参与基层社会治理实施意见，万人起诉率、诉前调解成功分流率纳入平安建设考评。深化与 31 家部门、行业的诉调对接机制，福建全省法院

诉前调解成功25.76万件。二是充分发挥调解优势和作用。诉讼调解结案9.91万件，同比增加9.48%。各地法院探索形成“擂茶调解”“司法夜调”等调解模式，为群众解开法结、心结。明溪法院、霞浦法院积极参与的“侨乡枫桥”“海上枫桥”解纷法入选104个全国新时代“枫桥式工作法”。三是促进行政争议实质化解。一审审结行政诉讼案件7499件，办结行政非诉执行案件5414件，“行政争议调解中心”实现全省县（市、区）覆盖，促进行政争议不发生、少发生、发生后就地解决。连续13年发布行政审判白皮书，针对市场监管、治安管理等案例开展以庭代训，行政机关负责人出庭应诉率98%。四是以司法建议实现办理一案、治理一片。落实最高人民法院1号、2号司法建议，省高院与金融、住建等行业主管部门协同联动，推动商品房预售合同纠纷、信用卡纠纷一审收案数分别下降17.01%、24.05%。聚焦行政管理、民生安全等领域，发出司法建议1049份，89.42%被采纳落实，推动社会治理谋在前、预在先。

三、践行司法为民，增强人民群众获得感幸福感安全感

一是严厉打击危害群众切身利益犯罪。一审审结盗窃、抢劫等侵财犯罪案件8194件，危害食品药品安全犯罪案件287件，保护人民群众生命财产安全。严惩“4·09”涉缅北特大跨境电信网络诈骗案，将116名犯罪分子绳之以法。一审审结电信网络诈骗及关联犯罪案件7510件，帮助群众挽回损失1.53亿元。审结江某莲诉林某侮辱、诽谤案，判处网暴者有期徒刑，惩治网络暴力，净化网络生态。二是扎牢民生权益司法保障网。一审审结婚姻家庭、教育、医疗等民事案件27.7万件。联合省妇联出台预防化解家事纠纷工作意见，发出人身安全保护令、家庭教育令等585份，维护家庭和谐幸福。依托覆盖全省的少年法庭，加强未成年人司法保护，965名法官担任中小学法治副校长，以法守护“未”来。三是努力兑现胜诉权益。执结案件29.82万件，执行到位金额875.88亿元，实际结案率、结案平均用时等8项重点指标位居全国前列。全省94家中基层法院全部设立执行服务中心，共办理反馈群众涉执诉求1.34万条，努力让服务中心走进群众心中。四是优化诉讼服务。持续优化“厅网线巡”立体化诉讼服务体系建设，线上便捷立案27.43万件。坚持“有诉必理”，规范落实立案登记制，充分保障群众诉权。落实“有信必复”，用心用情化解217件信访老案。

四、深化改革驱动，持续提升执法办案质效

一是推动司法责任制全面准确落实。完善审判委员会工作机制，压实院庭长监督管理职责，纳入“四类案件”监管3.34万件。院庭长办案39.96万件，其中疑难复杂案件占比42%。进一步规范合议庭运行，员额法官年人均办案233.18件。二是以审判管理促提质增效。开展审判质量管理指标体系试点，创新运用58项指标，增设“案－件比”，引导办案更加注重一次性实质化解群众烦心事。聚焦“骨头案”“钉子案”，持续开展专项清理，长期未结、久押不决案件同比分别下降75.96%、86.14%。三是强化数智赋能。积极参与省级政法跨部门大数据办案平台建设和应用，启动智能法庭升级改造，建成“诉讼档案数字化中心”，加强数助治理。数字法院建设成效位居全国法院第一方阵，6项成果亮相第六届数字中国建设峰会。

五、坚持全面从严，锻造忠诚干净担当的法院铁军

一是扎实开展学习贯彻习近平新时代中国特色社会主义思想主题教育。运用习近平法治思想学习宣传馆等“四馆”特色载体开展溯源学习，共和国法治摇篮展览馆、“法映刺桐”宋元法律文化展馆分别被命名为全国法院革命传统教育基地、法治文化教育基地。落实意识形态工作责任制，建立健全贯彻落实上级重大决策部署“知、督、促”机制。推广运用“四下基层”，大兴调查研究，落实47条整改措施，通过主题教育解决问题、推动工作。二是着力提升能力素质。办好“闽法讲堂”“闽法课堂”，用好“法答网”“闽法同判”平台，统一裁判尺度。加强岗位练兵，与省总工会联合举办全省法院书记员技能竞赛。推出加强年轻干部培养的10条措施，筑好后备力量“蓄水池”。三是持之以恒正风肃纪反腐。制定进一步贯彻落实中央八项规定精神实施办法，持续纠治“四风”。运用廉政风险防控“清风”系统，加强对92个廉政风险点的智能监管。狠抓防止干预司法“三个规定”落实，全省法院干警记录报告有关信息47904条，“有问必录、应报尽报”逐渐成为自觉。

六、自觉接受监督，切实加强和改进工作

自觉接受人大监督，向福建省人大常委会报告知识产权审判工作，落实好审议意见，出台加强知识产权保护27条措施，办复代表建议193件。自觉接受政协民主监督，办复委员提案121件。自觉接受监察监督、检察监督，广泛接受社会监督、舆论监督，深化与律师良性互动，及时回应关切。

江西法院工作

2023年在江西省委正确领导和最高人民法院精心指导下，江西全省法院坚持以习近平新时代中国特色社会主义思想为指导，全面落实党的二十大和二十届二中全会精神，深入贯彻习近平法治思想和习近平总书记考察江西重要讲话精神，聚焦“走在前、勇争先、善作为”的目标要求，忠实履行宪法法律赋予的职责，各项工作取得新进展。2023年，全省法院受理各类案件885671件，结案860262件，诉前调解纠纷676864件。其中，江西高院受理10856件，结案9195件。在7月最高人民法院召开的全国大法官研讨班上，江西高院作为6家高院代表之一作重点发言，介绍了“压紧压实院庭长监管职责、抓实抓好‘公正与效率’”主题的经验做法。

一、把牢正确政治方向，始终坚持党对法院工作的绝对领导

一是铸牢绝对忠诚之魂。严格落实“第一议题”制度，坚持把学习贯彻习近平总书记考察江西重要讲话精神作为首要政治任务，制定18条学习贯彻意见，确保在全省法院落地见效。

二是扎实开展主题教育。抓好司法救助等7个民生项目的实施，推动胜诉权益兑现不够等8个问题的整改整治。确定审判权力制约监督等42个调研选题，形成调研成果62项。三是传承红色司法基因。深入挖掘本土丰富的红色司法资源，编纂出版《江西红色司法的实践与传承研究》专著，联合召开安源路矿工人俱乐部裁判委员会成立100周年学术研讨会，制作上映首部苏区司法题材电影《红色裁判》。

二、深入贯彻总体国家安全观，助推建设更高水平的平安江西

一是坚决维护国家安全和社会稳定。审结刑事案件50829件。深入推进常态化扫黑除恶斗争，审结涉黑涉恶案件144件。依法惩处严重影响人民群众安全感犯罪，审结杀人、抢劫、绑架等严重暴力犯罪2509件，劳某枝犯故意杀人、抢劫、绑架罪，被依法判决并执行死刑。保持严打高压，审结毒品犯罪944件。二是依法惩治群众反映强烈的犯罪。审结制售毒牛肉、毒豆芽、毒保健品等犯罪182件235人。依法严惩组织未成年人有偿陪侍犯罪，坚决惩治针对妇女儿童的暴力、虐待、拐卖和性侵害犯罪，审结1347件。审结电信网络诈骗及关联犯罪6375件9633人，涉案金额18亿余元。三是依法惩治腐败犯罪。审结职务犯罪448件503人，其中原厅局级以上18人、县处级75人。加大职务犯罪赃款赃物追缴力度，实际追缴到位339亿余元。

三、围绕中心服务大局，护航全省经济社会高质量发展

一是服务创新驱动发展。围绕制造业重点产业链现代化建设“1269”行动计划，设立巡回审判、服务联系点72个，审结知识产权案件8932件，同比增长43.95%。二是服务营商环境优化升级。出台以高质量司法护航全省高质量发展意见。审结破产案件932件，破产案件审理周期缩短12.3天，案均费用降低4.7万元，化解债务1122亿余元，帮助35家企业涅槃重生。三是服务美丽江西建设。审结各类环境资源案件3168件，其中环境资源刑事案件1288件，判处罪犯2192人。推动“僵尸企业”萍乡焦化有限责任公司成功“绿色退市”，有效处置废水2480吨、废渣4180吨。四是服务推进乡村全面振兴。审结各类涉农纠纷670件。依法惩治非法占用农用地犯罪，审结案件41件。妥善审理涉农电商、乡村文旅等案件299件。严惩恶意欠薪犯罪，为12021名农民工追讨欠薪3.5亿余元。五是服务法治政府建设。审结行政案件13300件。深入推进行政争议多元化解，实现市域行政争议多元调处中心全覆盖，调处行政争议3275件，实质性化解1629件。强化行政争议诉源治理，与省司法厅等共建诉源治理办公室（工作站）30个。

四、秉持“如我在诉”情怀，让人民群众切实感受到公平正义就在身边

一是强化民生司法保障。审结涉教育、就业、医疗、养老、社保、消费等民事案件40550件。审结各类劳动争议案件9663件。办理司法救助案件3035件，发放司法救助金7016.1万元，同比增长46.39%。加强涉军维权工作，审结涉军案件133件，依托全省首家拥军法庭维护军人军属合法权益。二是维护家庭和谐幸福。审结婚姻家庭案件61265件。推动“彩礼限

高”，妥善审理涉彩礼纠纷1702件。建立家暴案件快速受理“绿色通道”，发出人身安全保护令684份。推行离婚证明书线上线下同步办理，发出家庭教育指导令2030份。常态化开展打击整治养老诈骗工作，审结相关案件79件170人。三是呵护未成年人健康成长。审结侵害未成年人犯罪案件774件。与江西师范大学共建“三叶草”未成年人心理关爱实践基地。选派1669名法院院长、法官担任中小学法治副校长，覆盖学校2225所。四是健全便民利民机制。运用赣法民意中心等平台，解决群众诉求149万余个。有序推进“有信必复”，对收到的14131件群众信访按时答复、及时办理。五是加大执行工作力度。受理执行案件28.82万件，执结28.29万件，执行到位金额664.06亿元。部署开展“赣鄱利剑”系列专项行动，执结涉民生案件1.29万件，执行到位11.4亿元；执结涉金融案件5.7万件，执行到位187.9亿元；推动执结涉党政机关案件275件，执行到位2.2亿元。

五、坚持和发展新时代“枫桥经验”，做深做实“抓前端、治未病”

一是积极参与社会综合治理。与省司法厅联合召开全省调解工作会议，协同12家单位开展人民调解“六进”活动。全省法院入驻基层治理单位5486个，组建特邀调解团队6906人。二是源头预防减少矛盾纠纷。针对保健食品行业、物业服务等案件多发现象，制发综合治理类司法建议63件、其他类司法建议765件，促进堵塞管理漏洞、消除安全隐患，努力实现“办理一案、治理一片”。三是推进新时代人民法庭建设。先后召开基层建设工作会、坚持和发展新时代“枫桥经验”现场会，推出32条加强基层建设举措，鲜活新时代“枫桥经验”的江西法院实践，3个案例入选全国“枫桥式人民法庭”创建案例。

六、完善审判权力制约监督机制，全力推动审判工作提质增效

一是深化改革提质效。遴选增补员额法官371名，将45个省级统筹员额指标用于加强人民法庭力量。加强法官履职保障，对暴力阻碍执行的2名被告人依法追究刑事责任。二是强化管理提质效。出台审判管理“1+N”系列制度，建立数据会商机制，加强审判执行态势分析研判。一审服判息诉率91.94%，一审裁判被改判、发回重审率2.05%。三是数字赋能提质效。“e系列”江西数字法院品牌第七次入选《法治蓝皮书》。加快无纸化办案进程，全省法院无纸化案件覆盖率97.93%，省高院成功建成“全国示范数字档案室”。

七、驰而不息推进全面从严管党治警，锻造忠诚干净担当的法院铁军

一是狠抓政治素质提升。对3家中院开展政治督察暨司法巡查，针对存在的问题提出12个方面整改意见并转发全省各中院。二是强化业务素质培育。省高院组织各类培训5791人次，共建省法检“两院”工作交流会商机制，举办“两院”刑事司法同堂培训班，共同破解难点堵点问题。三是压紧压实全面从严治党主体责任。查处干警违反“三个规定”案件28件33人，对典型案例在全省法院点名通报曝光。江西全省法院共处理违纪违法干警111人，其中11人被移送司法机关。

山东法院工作

2023年，山东全省法院坚持以习近平新时代中国特色社会主义思想为指导，全面贯彻党的二十大和二十届二中全会精神，深入落实习近平总书记对山东工作的重要指示要求，在山东省委坚强领导和最高人民法院精心指导下，锚定“走在前、开新局”，忠实履行宪法法律赋予的职责，做实为大局服务、为人民司法，各项工作取得新发展。全省法院收案229.7万件，结案225.1万件，其中山东高院收结案均为2.6万件，审判执行质效持续走在全国法院第一方阵。

一、着力提高政治站位，坚定拥护“两个确立”、坚决做到“两个维护”

一是坚持“学思用贯通、知信行统一”。始终把深入开展学习贯彻习近平新时代中国特色社会主义思想主题教育作为重大政治任务，制订全员学习、政治轮训计划，推动理论学习往深里走、往实里走、往心里走。二是坚持“从政治上看、从法治上办”。更加注重服务省委科学决策，深入分析多领域类案发生的深层次原因，形成10份专项报告。建立健全府院联动机制，在多元解纷、环境资源、知识产权等8个领域共商共建共联，将政治优势和制度优势转化为司法效能。三是坚持“小案事不小、小案不小办”。开展“小案事不小、小案不小办‘六个一’”专项活动，树牢以“抓前端、治未病”“双赢多赢共赢”“案结事了政通人和”为主要内容的新时代公正司法理念，以审判理念现代化统领审判工作现代化。

二、着力统筹发展和安全，坚定不移维护国家安全和社会稳定

一是依法惩治各类刑事犯罪。审结一审刑事案件8.1万件，占一审结案总数的6%。常态化开展扫黑除恶斗争，审结一审涉黑恶案件178件1000人，追缴涉黑财产9.7亿元，形成有效震慑，净化社会风气。依法惩治腐败犯罪，审结一审贪污贿赂、渎职等犯罪案件699件784人、行贿案件27件37人，始终保持“打虎”“拍蝇”高压态势。二是依法坚持治罪与治理并重。认真落实认罪认罚从宽制度，对2.3万名罪行较轻的被告人，判处缓刑、管制或免予刑事处罚。设立校园安全先议办公室，参与“防治校园欺凌”等专项行动，对犯罪未成年人回访帮教，共同呵护未成年人成长。三是依法助力预防化解风险。健全金融专业化审判机制，审结一审金融案件20.6万件，有效维护金融安全。认真落实“保交楼、保民生、保稳定”要求，妥善审结房地产纠纷案件8.8万件。助力解决办证难项目478个。四是依法推进法治山东建设，推动行政机关负责人出庭应诉常态化，出庭应诉率达99.7%。出台服务城中村、城市更新改造的15条意见，依法保障重点项目、重点工程顺利推进。

三、着力做实公正司法，坚定不移以高质量司法服务绿色低碳高质量发展

一是服务保障优化营商环境。审结一审商事案件65.7万件，占一审结案总数的48.8%。出

台办理破产、解决商业纠纷等12项改革措施，助力深化营商环境创新提升行动。加强破产审判工作，审结各类破产案件1917件，有力促进腾笼换鸟、转型升级。二是服务保障高水平科技自立自强。坚持最严格保护原则，加大对关键核心技术和新兴产业、重点领域等保护力度，审结一审知识产权案件3.1万件。出台加强农业领域知识产权司法保护、保障农业强省建设和粮食安全的意见，守护“农业芯片”，为齐鲁粮仓拧紧“安全阀”。三是服务保障美丽山东建设。深入践行“两山”理念，落实黄河重大国家战略，审结各类环境资源案件1.7万件，让天更蓝、山更绿、水更清、生态更优美。四是服务保障打造对外开放新高地。深入实施涉外审判精品战略，建立涉外商事海事审判领军人才库，审结一审涉外商事案件567件。深化国际司法交流合作，连续三年举办中国－上合组织国家地方法院大法官论坛，展现我国司法良好形象。

四、着力保障民生福祉，坚定不移答好司法工作人民满意的时代问卷

一是切实推进诉源治理。推动人民法院调解平台进乡村、进社区、进网格，诉前成功化解各类纠纷67.7万件。在省级层面与25家行业部门建立在线诉调对接机制，实现为群众解忧、让正义提速。向有关部门发出司法建议3427份，以类案办理促推行业标本兼治。二是切实保障民生权益。妥善审结涉“三农”案件8239件，服务打造乡村振兴齐鲁样板。妥善审结婚姻家庭案件15.6万件，守“小家”和谐，护“大家”安宁。审结国家赔偿和司法救助案件2195件，决定赔偿2241.9万元，发放救助金5625.9万元，传递司法的公正和温暖。三是切实破解司法难题。严格落实立案登记制，加强诉前调解规范化建设，更好地保障群众诉权。全面推进“有信必复”工作，深度应用信访回溯系统，回复率居全国法院第1位。健全综合治理执行难大格局，执结60.4万件，执行到位1706亿元。四是切实加强审判管理。全面准确落实司法责任制，强化对审判权运行的监督制约。进一步落实院庭长办案责任，院庭长办结案件119.7万件。健全发改案件沟通反馈机制，抓实抓好法答网应用，精准对下指导。完善审判态势季度分析研判机制，充分发挥科学考评的“指挥棒”作用。全面深化数字法院建设应用，让公平正义更加可见可感。

五、着力坚持从严从实，坚定不移锻造忠诚干净担当的法院铁军

一是进一步抓牢政治机关建设。扎实推进党建与业务深度融合，让法徽在党旗下闪耀。深入实施党支部标准化规范化提升工程，不断增强基层党组织政治功能和组织功能。全面推行“两张清单”制度，让知责明责、履责尽责成为每一名干警的自觉行动。出台加强山东全省法院文化建设的21条意见，引导广大干警坚定法治信仰、忠诚司法事业，全省法院689个集体和1417名个人受到表彰表扬。二是进一步抓牢司法能力建设。坚持实战实用导向，举办各类培训班2975期。注重加强典型案例和审判理论研究。组织开展“四项创建”示范活动。切实加大优秀年轻干部选、育、管、用，加强专家型领军人才和实务型业务人才培养。三是进一步抓牢职业道德建设。压实全面从严治党主体责任和监督责任，确保公正廉洁司法。开展“司法作风提升”专项活动。健全日常监督机制，通报违纪违法典型案例。抓好防止干预司法“三个规定”落实。认真落实职业保障举措，为担当者担当、为负责者负责。

河南法院工作

2023年，河南法院共受理案件2790291件，审执结2570066件，同比上升13.56%、9.66%。省法院受理30106件，审执结27462件，分别上升5.47%、3.39%。员额法官人均结案357件，90个集体、159名个人受到省级以上表彰，17项工作在全国性会议上作经验交流。

一、充分发挥刑事审判职能

审结一审刑事案件96679件，判处罪犯133100人。常态化开展扫黑除恶斗争，审结一审涉黑恶案件261件2041人，执行到位涉黑恶财产21.49亿元。审结醉驾等危险驾驶犯罪案件21418件、危害食品药品安全犯罪案件1064件。审结电信网络诈骗犯罪案件5218件9778人。从严惩治涉众型经济犯罪案件600件1029人，非法集资犯罪连续3年下降，养老诈骗犯罪同比下降89.71%。严惩侵害未成年人犯罪3427件4489人，对38.6%的被告人依法适用非监禁刑或免予刑事处罚。组织95992名学生旁听庭审，2321名法官担任法治副校长，上好“开学法治第一课”。坚定不移惩治腐败，审结职务犯罪案件720件779人，判决并追缴到位赃款5.45亿元；严惩严重行贿犯罪，对50名行贿人科以刑罚。强化人权司法保障，依法宣告37名被告人无罪，改判3人无罪。贯彻宽严相济刑事政策，对41309名罪行较轻者适用非监禁刑，对227人免予刑事处罚。严格规范“减假暂”，裁定减刑18816人、假释111人、暂予监外执行985人。审结国家赔偿案件1226件，决定赔偿7725万元，出台《国家赔偿案件经济追偿与责任追究办法》，让错误执法司法责任人受到追究。坚定不移维护军人军属合法权益。弘扬涉军维权“信阳模式”“汤阴经验”，高效审结各类涉军案件301件。

二、主动服务中心大局

一是服务提升法治化营商环境，加大民营企业产权和企业家合法权益保护力度，对147人变更强制措施，宣告6人无罪。审结民间借贷案件20.15万件，标的913.25亿元，助力缓解中小微企业融资贵问题。执结涉企案件10.99万件，帮助企业追回账款436.87亿元，推动18.49万家涉案企业达成和解。二是着力防范化解重大风险，审结金融犯罪案件1711件，审结金融借款、信用卡纠纷等案件18.82万件，清收不良资产156.84亿元。出台“保交楼”项目案件办理指引，审结涉“保交楼”案件22768件，标的387.01亿元，推动208个楼盘续建交房，防止房地产风险向金融领域扩散。三是有效推动市场资源优化配置，审结破产案件1208件，释放沉淀资产411亿元，盘活土地、房产1921万平方米，安置职工4.13万人，1059家企业通过清算有序退出。对14件以破产之名行逃债之实的破产申请依法驳回，向公安机关移送涉嫌虚假破产犯罪线索19件。四是积极服务创新发展，审结知识产权案件23400件。出台服务保障“中原农谷”建设的司法意见，开展中医药知识产权保护专项活动，打造河南特色知识产权保护机制。五是全力护航美丽河南建设。在全国法院率先出台贯彻实施黄河保护法工作指引，聘请720名环境专家协助查明技术事实，审结各类环资案件11244件，邵某某等破坏黄河矿产资源案入选年度十大案件。

三、助推实现社会治理现代化

助力法治政府建设，审结一审行政案件17442件，39.48%促成和解，党政机关自动履行25.39亿元，行政机关负责人出庭应诉率同比上升10.24个百分点，败诉率下降7.03个百分点，征迁、规划等领域涉诉纠纷减少13.93%。加大服务基层治理力度，指导、培训人民调解员36207人次，60.92万起纠纷实现立案前调解。信阳董家河茶乡法庭诉前实质化解率超90%，焦作祥云法庭辖区27个村连续两年零诉讼。注重发挥案例作用，发布典型案例3476个，上网具有示范价值的裁判文书12.74万份，阅读量达1137万次。审理的“铁马冰河”案，入选推动法治进程十大案件和年度十大案件。

四、着力提升人民群众司法获得感

一是加强民生权益保障。审结一审民事案件1281578件、家事案件178140件，同比分别上升12.81%、18.89%，离婚案件和解比例61.82%。审结劳动争议案件36749件，同比上升13.81%，缓减免诉讼费3078.82万元、发放司法救助金2395.88万元，退回诉讼费13.34亿元，推广电子送达，为当事人节省邮寄费用3.1亿元。二是常态化开展执行攻坚。全年共执结案件87.37万件，执行到位1204.46亿元，同比分别上升8.95%、19.24%。签发律师调查令53978份，充分调动社会力量参与执行；打造“豫剑执行”品牌，开展专项执行活动2500余次，查控房产27.6万套，扣押车辆38.5万台，冻结资金488.7亿元。精准适用惩戒措施，“限消”“纳失”85万人次，判处拒执罪362人，屏蔽失信信息12.07万人次。邀请申请人全程参与、监督终本案件，“终本”率同比下降12.32个百分点，“终本”后恢复执行到位453.71亿元。三是畅通诉求表达渠道。狠抓立案登记制落实，立案满意率98.53%。诉讼服务网使用人次超440万，网上立案185.2万件。审结申诉、申请再审案件32678件，依法改判4449件，对86起信访有理案件依法纠正，对诉求无理并严重扰乱秩序的111人依法处理。

五、持续提升案件质效

一是强化院庭长职能。院庭长带头办案111.37万件、监管“四类案件”63570件，生效裁判服判息诉率98.94%。整治超审限顽疾，案均结案时间37.08天，上诉移转时间22.02天，远低于全国均值。二是着力提升案件效果。一审服判息诉率91.01%，高于全国1.85个百分点，二审开庭率80.19%，再审审查听证率79.48%，远高于全国均值。推广郑州法院判后“告知书”等做法，加强裁判文书释法说理。做实诉中调解，63.3万起案件以调解、撤诉方式结案。三是注重体现民生关切。邀请人民陪审员参审案件84677件。审结国内首例“试管婴儿索赔抚养费案”，多家国家级媒体宣传报道。审结一批文物保护案件，守护文化大省历史根脉。

六、持续提升队伍素质

一是坚持政治统领。旗帜鲜明把党的政治建设摆在首位，组织全员政治轮训。主动向省委、省委政法委请示报告重点工作、重大案件155次。二是注重能力提升。组织培训23959人次，基层干警占86%以上，181篇调研成果和136个案例成果实现国家层面转化。三是注重基础建设。确定17个薄弱基层法院、20个法庭作为省法院领导“责任田”，解决案件质效、队伍管理等问题75个。四是注重作风建设。纠治司法作风问题543个，“三个规定”填报数量达2022年的4.8倍。主动移交、支持纪委监委从严查处462人，因司法不廉被查处114人。

七、积极主动接受监督

办理代表委员建议、提案51件，45项已及时转化并初见成效。公正办理代表委员关注案件383件，邀请视察工作、旁听庭审、见证执行6745人次，举行座谈、走访企业3439人次。连续3年与省检察院召开联席会议，邀请检察长列席审委会861人次，办结检察建议3263件，审结抗诉案件994件，改判或发回重审718件。常态化邀请18.79万名群众旁听庭审，召开媒体座谈会209次，及时回应社会关切。

湖北法院工作

2023年，湖北法院受理案件1371061件，结案1279139件，同比分别上升12.34%、14.77%，深化长江司法保护、推动矛盾纠纷实质性化解等经验做法得到最高人民法院、湖北省委肯定，85个集体和109名个人获省部级以上表彰和通报表扬。

一是坚决维护社会大局稳定，推动更高水平的平安湖北建设。依法惩治刑事犯罪，常态化开展扫黑除恶斗争，始终保持对严重暴力、涉枪涉爆、黄赌毒、盗抢骗等犯罪的高压态势，审结一审刑事案件48247件68171人，努力让城乡更安宁、群众更安乐。坚决惩治腐败犯罪，审结贪污、贿赂、渎职等职务犯罪案件1791件2005人。防范化解重点领域风险，推动司法审判与金融监管协同合作，促进纠纷联调、风险联防，审结金融纠纷案件236336件。加大对非法集资、金融诈骗等涉众型经济犯罪的惩治力度，并持续做好涉案财产处置和追赃挽损工作，着力化解稳定风险。依法妥善审理房地产、建设工程等纠纷案件55805件，让“保交楼、安民心”在司法领域落到实处。加快推进“有信必复”，实行“交、转、研、督、办”闭环管理，依法妥善化解信访案件，帮助群众解开“法结”“心结”。

二是主动服务先行区建设，全力护航经济社会高质量发展。开展“降本增效突破年”专项活动，深化涉企案件经济影响评估，努力降低企业诉讼成本，涉企案件平均审理时长同比减少5.65天。建立守信激励和失信被执行人信用修复机制，将履行裁判义务的企业及时移出失信名单，切实为企业发展排忧助力。加强对发明专利、关键技术、新兴产业的司法保护，审结知识产权案件16624件，打造知识产权争端解决“优选地”，“京山桥米”地理标志保护案入选全国法院50件典型知识产权案例。全面提升涉外司法质效，审结涉外民商事案件3750件，加强诉讼与仲裁有机衔接，与湖北省侨联构建涉侨纠纷多元化解机制，完善自贸区司法协作机制，助力高水平对外开放。

三是充分发挥审判职能作用，推动长江大保护和流域综合治理。全面落实长江保护法，推进实施流域综合治理和统筹发展规划，坚持用最严格制度最严密法治保护生态环境，审结环境资源案件5493件、环境公益诉讼案件139件，与自然保护区、湿地公园共建81个生态环境保护修复基地，护航长江生态环境可持续发展。构建流域协同共治大格局，搭建长江流域跨省环境司法协作平台，完善省内汉江、清江流域审判协作机制，深化与行政执法部门协调联动，助力“一江清水东流、一库净水北送”。高质量办好第二届长江大保护司法论坛，组织编纂《长江保护法理解与适用》，进一步凝聚保护长江的法治共识。开展司法服务保障碳达峰碳中和前瞻性研究，主办国内首次双碳法治高峰论坛，为实现“双碳”目标贡献湖北法院力量。

四是积极融入基层治理大格局，争当“共同缔造”生力军。践行新时代“枫桥经验”，主动融入党委领导下的社会治理体系，推动将“万人成讼率”纳入法治建设、平安建设考评，做实做强“法院+N”多元解纷机制，调解纠纷50.45万件，调解成功率64.15%，武汉市武昌区法院“诉调对接化解劳动争议工作法”被中央政法委评为全国新时代“枫桥式工作法”先进典型。推动行政争议实质性化解，联合湖北省司法厅建立行政“一把手”出庭应诉长效机制，审结行政案件22784件，助力法治政府建设。持续推进人民法庭规范化建设，进一步强化功能布局，新建、改扩建、修缮人民法庭130个，设立巡回审判点、法官工作室、诉讼服务站1156个，全面构建“庭、室、站、点”四位一体司法服务网络，提升群众“见法率”。充分发挥司法外溢效应，推动将司法建议办理回复情况纳入平安建设考核，向相关单位发送司法建议1465件，采纳率96.65%，帮助防范风险隐患、修补制度缺失。

五是牢记司法为民宗旨，切实把公平正义送到人民群众手上。全面贯彻实施民法典，妥善审理涉教育、就业、医疗、养老、消费、社会保障等案件67163件。深化家事审判方式改革，审结婚姻家庭案件96521件，发出人身安全保护令、家庭教育令596件，助力“平安家庭”建设。用心用情回应群众期盼，帮助农民工追回“血汗钱”8.46亿元，依法缓减免诉讼费2799.49万元，送去人民司法的温暖关怀。继续从农村脱贫户子女中招录培养雇员制书记员83名，巩固脱贫攻坚成果。全面运行“厅网线巡”立体化诉讼服务体系，优化“云庭审+线上调解”解纷模式，网上立案50.23万件，在线调解20.95万件，电子送达700.6万次，切实减轻群众诉累。大力推进“荆楚雷霆2023”执行行动，全省法院首次执行案件执行到位金额723.35亿元，执行结案平均用时同比减少23.77天。

六是全面准确落实司法责任制，不断提升审判质量、效率和司法公信力。修订《司法责任制工作指引》，完善独任审判、合议庭、专业法官会议和审判委员会运行及衔接机制，压实院庭长监督管理职责。主动接受法律监督，邀请各级检察院检察长列席审判委员会461次，健全律师辩护代理意见审查保障机制，借助外部监督促进司法公正。完善审判质量管理指标体系，加强审判流程节点管控，强化条线业务指导，构建上下贯通、规范高效的法律适用问题解决体系，促进裁判标准统一。深化人员分类管理，联合湖北省委政法委等部门出台《雇员制司法辅助人员等级和薪酬管理办法》，加强司法人员履职保障机制建设。扎实开展“智慧法院深化应用推进年”活动，实现电子卷宗随案同步生成、类案智能推送、文书智能辅助等功能，努力为法官减负、让正义提速。

七是坚持全面从严管党治警，着力锻造过硬法院队伍。坚持抓党建带队建促审判，一体融合推进政治素质、业务素质和职业道德素质建设，大力实施组织力提升工程，把支部建在庭上、党小组建在办案团队，严格落实“三会一课”、民主生活会制度，开展政治轮训、主题党日、宪法宣誓等活动，让“融入式”党建成为推动审判工作的源头活水。深化清廉法院建设，常态化开展司法巡查、审务督察，坚决整治违规吃喝，严格落实“三个规定”“十个严禁”，推进“一案双查”，坚持“零容忍”惩治司法腐败。加快推进年轻干部成长工程，完善青年人才选育管用全链条机制，举办优秀青年干警训练营，建立后备人才库、审判专家库，确保司法事业薪火相传。锚定“出一批精品案件、出一批亮点经验、出一批研究成果、出一批优秀人才”工作目标，深入推进“审学研”一体化机制建设，切实提升干部队伍职业素能。加强法院文化建设，成立全国首家省级法官文联，持续打造“一院一品”书香法院，讲好荆楚审判故事。

湖南法院工作

2023 年，湖南法院坚持以习近平新时代中国特色社会主义思想为指导，全面贯彻党的二十大精神，深入践行习近平法治思想，认真落实党中央决策部署和省委、最高人民法院工作要求，围绕“讲政治、顾大局、精主业、强队伍”总体要求和“聚焦中心大局、聚焦主责主业、两者有机结合”的“两聚焦一结合”工作思路，奋力推进各项工作高质量发展。全省法院收案 123.4 万件、结案 119.3 万件，其中湖南高院收案 1.7 万件、结案 1.6 万件；15 项工作在全国作经验交流，54 个集体、121 名个人获省部级以上表彰奖励。

一、旗帜鲜明讲政治，牢牢把握法院工作正确方向

一是坚持用习近平新时代中国特色社会主义思想凝心铸魂。扎实开展学习贯彻习近平新时代中国特色社会主义思想主题教育，组织全员政治轮训，创办“中国式现代化湖南法院大讲堂”，举办专题读书班、演讲会等。弘扬“四下基层”传统，开展“走找想促”活动，湖南高院查找整改问题 108 个，建章立制 30 项。湖南省委主题教育办、最高人民法院 9 次推介湖南高院经验做法。

二是坚持把党的绝对领导贯穿法院工作全过程各方面。主动向湖南省委、最高人民法院等请示报告 124 次。坚决贯彻党中央决策部署和湖南省委、最高人民法院工作要求，出台以公正司法护航高质量发展的意见等 10 余个文件。运用月调度、季分析、半年小结、年度述职“四步工作法”，以钉钉子精神狠抓落实。全面落实意识形态工作责任制，制定网络行为负面清单，

不断提升干警政治判断力、政治领悟力、政治执行力。

三是坚持“从政治上看、从法治上办”。践行公正司法，提出“八个有机统一”的现代化司法理念。把公正严明司法和善意文明司法结合起来，用心办好涉房地产、金融等案件，努力实现案件办理“三个效果”统一，更好服务“保交楼、保民生、保稳定”等政策落实。

二、担当作为顾大局，服务保障社会主义现代化新湖南建设

一是助力建设更高水平的平安湖南。深入开展打击危害国家安全犯罪专项行动，常态化推进扫黑除恶斗争，持续开展“利剑护蕾”和打击电信网络诈骗、毒品犯罪等活动，审结涉黑恶犯罪案件 198 件 1289 人、性侵未成年人犯罪案件 2985 件 4002 人、电信网络诈骗及其关联犯罪案件 1.3 万件 2 万人、毒品犯罪案件 3927 件 6306 人。稳妥审结非法集资等群体性案件 1.4 万件，积极防范化解重大风险。审结贪污贿赂犯罪案件 497 件 625 人。

二是全力护航经济高质量发展。精心开展优化法治化营商环境专项行动，加大民营经济司法保护力度。深化破产审判府院联动，审结破产案件 841 件。服务创新驱动发展和对外开放战略，审结知识产权案件 1.3 万件、涉外案件 487 件、涉港澳台案件 431 件，4 项改革举措入选自贸区制度创新成果。审结各类金融案件 8.5 万件，依法推动金融高质量发展；妥善审理涉农案件，助力农业强省建设，全面护航乡村振兴。

三是持续加强生态环境司法保护。开展环境资源审判“飓风行动”，审结环资案件 5475 件，2 件案例入选联合国环境规划署交流案例。坚持恢复性司法理念，积极适用“补种复绿”“增殖放流”等修复责任。推动建立湘鄂赣长江中游、湘西“锰三角”跨区域环境资源司法保护协作机制。

四是精心保障民生司法权益。开展“情暖三湘”民生司法保障行动，持续开展为农民工讨薪活动，追回农民工工资 5.8 亿元。深化家事审判改革，发出人身安全保护令、家庭教育令等 292 份。建立未成年子女“社会观护机制”“事实孤儿”救助机制，共同关爱未成年人。审结食品药品犯罪案件 397 件 635 人，保障人民群众“舌尖上的安全”。创新司法救助联动机制，发放司法救助金 2681.3 万元。

五是推动健全社会治理体系。会同 24 家省直单位完善诉调对接机制，湖南全省法院诉前调解纠纷 40.1 万起，万人起诉率连续 3 年保持全国低位。积极推进“有信必复”，涉诉到省进京访同比下降 3%。发出司法建议 1774 件，当好党委政府法治参谋。持续开展普法活动，湖南高院连续 5 年获评普法工作优秀单位。

三、依法履职精主业，切实抓好“公正与效率”永恒主题

一是做精刑事审判。刑事案件生效判决 6.1 万件 8.8 万人，一审服判息诉率 88%。认真贯彻宽严相济刑事政策，做到量刑适度、罚当其罪。严格落实证据裁判规则，依法宣告无罪 31 人。扎实推进减刑假释实质化审理，有效防止“纸面服刑”“提钱出狱”等问题。深化刑事案件律师辩护全覆盖试点，依法保障当事人合法权益。

二是做强民商事审判。一审审结民商事案件 56.5 万件，服判息诉率 89.5%。强化小额诉讼

等简易程序适用，简易程序适用率达 85.7%，速裁快审案件平均审理时间大幅缩短。坚持调解优先、调判结合，民商事案件调撤率 36.9%。

三是做实行政审判。一审审结行政诉讼案件 9447 件、行政非诉执行案件 5993 件。出台协同推进行政争议实质性化解实施办法，行政诉讼案件调撤率达 20.5%。深化司法与行政良性互动，发布行政审判白皮书 16 份，联合有关部门建立行政争议化解中心 26 个，全省行政机关负责人出庭应诉率 98.4%。

四是做优立案执行。认真执行立案登记制，查处“年底不立案”行为。加强一站式诉讼服务建设，办理网上立案 51.8 万件，全省法院诉讼服务质效得分居全国前列。与 11 个部门开展执行联动，深入推进“湘执利剑”专项行动，执结案件 39.3 万件，到位金额 1124.2 亿元，执行到位率居全国第 1 位。

五是做细改革创新。细化审判组织运行规则。充分发挥审级监督功能，湖南高院再审案件提审率上升 7 个百分点。精简优化考核指标，建立更符合司法规律的审判质量管理体系。加强业务指导，应用“法答网”解难答疑 3700 余次，有效促进裁判尺度统一。全力推进信息化建设，以“智慧引擎”促公正提速。

四、全面从严强队伍，着力锻造忠诚干净担当的湖南法院铁军

一是加强组织建设。强化党组班子建设，加强对下级法院“一把手”和领导班子监督，全覆盖列席指导 14 个中院党组民主生活会。开展“四做四强”党支部建设，全省法院创建党员先锋岗 705 个、先进基层党组织 148 个。大力选拔任用优秀干部特别是优秀年轻干部。优化审判资源配置，率先建立员额“周转池”制度。

二是提升业务素能。举办全省法院院长培训班，线上线下培训干警 6 万余人次。强化实战练兵，组织办案能手、优秀文书和优秀庭审评选，联合省人社厅等单位举办刑事、执行业务技能竞赛。促进审判实务与理论研究深度融合，湖南高院连续 15 年获评全国法院学术讨论会先进单位。

三是持续正风肃纪。“零容忍”惩治司法腐败，严格执行防止干预司法“三个规定”，拍摄警示教育片《迷途》并组织干警、家属同堂观看，着力营造风清气正、干事创业的良好政治生态。湖南高院被评为清廉湖南建设考核优秀等次。

四是夯实基层基础。积极争取支持，缓解艰苦边远地区法院“招人难”，为中基层法院购置执法用车 159 台。优化人民法庭布局，调整设立 6 个人民法庭，推进 24 个人民法庭项目建设。

广东法院工作

2023 年，广东法院坚持以习近平新时代中国特色社会主义思想为指导，认真学习贯彻

党的二十大和二十届二中全会精神，加快落实习近平总书记赋予广东的使命任务，围绕省委“1310”具体部署，做深做实为大局服务、为人民司法。全省法院新收各类案件 272.1 万件，同比下降 1.4%；审执结案件 282.4 万件，同比上升 1.9%，居全国首位。

一、深入贯彻习近平总书记视察广东重要讲话精神

一是扎实开展主题教育。开展学习贯彻习近平新时代中国特色社会主义思想主题教育，制定“1+1+4”工作路线图，一体推进理论学习、调查研究、推动发展、检视整改。召开全省法院大兴调查研究工作会议，确定 14 项党组重点调研课题，提出 134 项具体司法措施，推动 35 项民生实事项目落地。二是服务粤港澳大湾区建设。深刻把握大湾区“一点两地”全新定位，出台第二个审理涉港澳商事纠纷司法规则衔接指引，审结涉外涉港澳民商事一审案件 1.9 万件，举办广东涉外审判工作高质量发展论坛。三是服务高水平科技自立自强。审结知识产权一审案件 8.4 万件，专利等技术类侵权案件平均判赔数额同比上升 36.2%，涉“蜜胺”专利侵权案判赔数额创国内化工行业最高纪录。出台全国首个数据类知识产权司法保护政策性文件，与世界知识产权组织仲裁与调解中心签署替代性争议解决交流合作协议。四是服务现代化产业体系建设。牢固树立制造业当家司法导向，设立产业、园区定向服务专班 184 个。持续推进涉企错案甄别纠正，对吴某军合同诈骗案等依法改判无罪。发挥破产审判“及时出清”和“重整救治”功能，办结破产、重整案件 6273 件。

二、推进更高水平平安广东建设

一是坚持以政治安全为根本。严厉打击渗透破坏、颠覆分裂、暴力恐怖、宗教极端等犯罪，严惩张某明为境外刺探、非法提供国家秘密案等，筑牢国家安全人民防线。保持惩治腐败高压态势，审结全国首例对外国公职人员行贿案。二是坚持以人民安全为宗旨。将保障人民生命安全放在首位，对报复社会、滥杀无辜的“1·11 宝马撞人案”等恶性案件的被告人依法判处死刑。守护老百姓“餐桌上”“药瓶里”的安全，对吴某悦等制售医美假药系列案依法判处刑罚并顶格适用惩罚性赔偿。持续开展电信网络诈骗专项治理，审结涉电诈及关联犯罪案件 7497 件，追赃挽损 1.2 亿元。三是坚持以经济安全为基础。落实“保交楼、保民生、保稳定”要求，稳妥处置房地产金融领域重大债务纠纷，坚决守住不发生系统性金融风险底线。审结非法集资等涉众型金融犯罪案件 616 件，对“小牛资本案”主犯彭某依法判处无期徒刑，入选“2023 年度人民法院十大案件”。四是坚持以社会安全为保障。部署开展以打击农村家族宗族黑恶势力犯罪为重点的“犁庭 2023”专项行动，审结涉黑恶案件 351 件，累计执行涉黑恶财产 184.3 亿元。

三、依法守护人民对美好生活的向往

一是持续增进民生福祉。紧盯就业这个最基本的民生，审结劳动争议案件 5.8 万件，为务工人员追回欠薪 22.3 亿元。牢牢抓住安居这个基点，审结涉房产物业纠纷案件 10.8 万件，为 4.3 万户业主实现安居梦。发出全国首份《指定临时监护人告知书》，审结涉军维权案件 225

件，坚决维护军人军属合法权益。二是及时兑现胜诉权益。开展压减执行存案攻坚战，执结案件93.4万件，执行到位3586.6亿元，发布失信名单38.1万人次，限制高消费81.5万人次。强化“执源治理”，建立执前督促履行、执行宽限期、预处罚等机制，促使18.8万被执行人主动履行义务。三是严格保护生态环境。审结环境资源一审案件1.2万件、环境公益诉讼案件237件，判决生态环境修复费用8.4亿元。牵头与福建等5省（区）建立东江、韩江、西江、北江流域及云开山等跨区域、跨部门环境资源司法保护协作机制。四是积极推动良法善治。支持和监督行政机关依法行政，审结行政一审案件2.6万件，行政机关负责人出庭应诉率提高至97%。会同省司法厅制定府院联动工作意见，与广东省检察院等部门共建行政争议实质化解协同调处机制，支持行政复议更好发挥化解行政争议的主渠道作用。

四、持续攻坚审判质效激活高质量发展引擎

一是压茬清案攻坚“减存量”。把“降存清积”作为破局关键，小额案件小额诉讼程序适用率同比提高12.6个百分点，案件结收比达到103.8%，为近十年最高；存案降幅优于全国平均35.2个百分点，存案数降至近七年最低；一年以上未结诉讼案件同比下降54.4%，三年以上未结诉讼案件基本清零。二是加强审判管理“提质量”。围绕质量、效率、效果三个维度，重构审判质量监督管理和目标考核体系，全省法院案访比1 ∶ 0.0008、二审服判息诉率86.9%，居全国前列。发挥院庭长办案示范作用，院庭长直接办理案件99.5万件，占全部办结案件的35.3%，广东省高级人民法院、广东省检察院“两长”首次同庭履职，以“头雁效应”激发“群雁活力”。建立健全优秀案例培育体系，发布各类专题案例35批281个，累计12个案例入选最高人民法院指导性案例。三是深化前端治理“遏增量”。坚持“抓前端、治未病”，依托法院调解平台在线对接调解组织3077家，诉前成功调解案件93.8万件，同比上升16.5%。针对行业监管漏洞和社会治理薄弱环节，发出司法建议2946份，形成小切口服务大治理的集群效应。

五、全面锻造忠诚干净担当法院铁军

一是全面加强政治建设。全覆盖开展党的二十大精神学习培训，认真执行政法工作条例，坚持和加强党对法院工作的绝对领导，制定《全省法院党的建设工作高质量发展意见》，开展“四强五好”党支部创建，举行全省法院英模先进事迹报告会，以政治过硬带动全面过硬。二是着力提升司法能力。开展全省法院干部队伍建设深调研，举办法官及其他工作人员职业培训53期，增强推动高质量发展本领、服务群众本领、防范化解风险本领。组织全省青年法官业务技能竞赛、劳动争议多元化解业务技能竞赛等岗位练兵活动，85篇案例、8篇文书分获全国法院优秀案例和“百优文书”，获奖数居全国第一。三是注重夯实基层基础。成立广东省法官遴选委员会，选任法官471名，建强配好审判团队。部署开展“枫桥式人民法庭”创建示范活动，加快推进梅州、清远等地法院12个基础设施项目建设，苏区、老区、民族地区法院经费保障水平持续提升。四是持之以恒正风肃纪。自觉接受省委巡视“回头看”、省委政法委政治督察和纪律作风督查巡查，成立广东省法官惩戒委员会，常态化、全覆盖开展审务督察。把严

格执行"三个规定"作为推进全面从严治党的重要抓手，落实"有问必录、应报尽报"，填报率跃升至全国法院前列。

广西法院工作

2023年，广西法院坚持以习近平新时代中国特色社会主义思想为指导，全面贯彻落实党的二十大、二十届二中全会精神，深入贯彻落实习近平法治思想和习近平总书记对广西重要指示精神，坚定拥护"两个确立"、坚决做到"两个维护"，紧紧围绕全面推进新时代壮美广西建设履行法定职责，以主题教育为动力，自觉为大局服务、为人民司法，全区法院工作取得新进展。全区法院受理案件1139053件，审结、执结1021453件，同比分别上升6.77%和5.24%；员额法官人均办结案件239件，审判执行质效总体稳中有升。

一是贯彻总体国家安全观，助推更高水平的平安广西建设。坚持以铸牢中华民族共同体意识为主线，审结各类刑事案件46337件、判处罪犯62818人。坚决维护国家安全和边疆安靖，对走私偷逃税款2.6亿余元的杨某生等人、"金福"跨境网络赌博系列案罪犯依法重判。常态化开展扫黑除恶，审结涉黑恶罪案101件555人，追缴涉黑财产4.1亿余元。依法惩治腐败犯罪，审结贪污贿赂、渎职等职务犯罪案件421件452人，审结行贿犯罪案件46件、判处48人，追缴到位3.45亿元。坚持和发展新时代"枫桥经验"，积极参与基层社会治理。根据司法数据反映的社会治理问题，发出司法建议624份。

二是围绕中心服务大局，以高质量司法服务广西经济社会高质量发展。依法保护企业产权和企业家合法权益，审结涉企民商事案件345968件、破坏市场经济秩序犯罪案件1593件。建立信用修复激励机制，对已履行裁判义务的34596人屏蔽（撤销）失信信息，对25403名被执行人采用失信预警等措施。开展"企业清淤"专项执行行动，为企业执行回款264亿元，帮助企业纾困解难，与广西壮族自治区工商联联合设立服务民营企业工站。广西壮族自治区高级人民法院提级再审蒋某智骗取票据承兑案，依法宣告其无罪，入选最高人民法院保护民营企业产权和企业家合法权益典型案例。加强对核心技术、新兴产业、地理标志产品等司法保护，审结知识产权案件6175件，同比增长7.19%。积极防范化解金融风险，审结金融案件85358件，助力地方金融机构清缴不良资产，清收回款107亿余元。参与化解大型房企风险，服务"保交楼、保民生、保稳定"。北海市中级人民法院推动7个问题楼盘复工复产，盘活资产33.14亿元，让2325户购房者实现"安居梦"。加强破产审判工作，审结破产案件808件，盘活资产2408.67亿元。制定加强生态环境司法保护的意见，推行刑事、民事、行政"三合一"审判，审结环境资源案件10701件。防城港市港口区人民法院依法审理许某等非法占用红树林林地刑事附带民事公益诉讼案，保护红树林湿地，入选最高人民法院、最高人民检察院联合发布的典型案例。助力乡村产业发展，落实最严格的耕地保护制度，审结非法占用农用地犯罪案件73件99人。服务扩大对内对外开放，组织平陆运河沿线法院共研司法保障举措，推出服务保障平陆运河建设 12 条措施。公正高效审结涉外、涉港澳台民商事及海事海商案件 1317 件，办理涉外司法协助、涉港澳台司法互助事务 603 件。成功承办中越边界省份法院研讨会，与越南谅山省、广宁省法院签署合作备忘录。服务法治政府建设，依法审结行政案件 20633 件。推动各级政府设立行政争议调解中心 73 家，深化府院联动，推广市长、院长、检察长法治政府建设会商机制，推动行政机关负责人出庭应诉常态化，出庭应诉率为 98.84%。

三是依法解决人民群众急难愁盼问题，以高质量司法保障民生福祉。审结涉教育、就业、医疗、养老、消费、社保等案件 99911 件。推动建立“法院 + 工会 + 人社 +N”机制，建立新就业形态劳动争议联合调处机制，维护新零工经济从业人员权益。开展涉农民工工资专项执行行动，2023 年为农民工追回欠薪 1.94 亿元。持续推进解决执行难工作，执结案件 324896 件，同比上升 6.92%，执行到位金额 475.74 亿元，同比增加 37.2 亿元。贵港市法院执行立案时向当事人发出“一督促六预告”，促成 1664 名被执行人自动履行 6617.4 万元。维护特殊群体合法权益。2023 年审结婚姻家庭、继承纠纷案件 65824 件，发出人身安全保护令 238 份，审结整治养老诈骗相关案件 51 件 145 人，涉案金额 1.36 亿元，审结性侵、虐待、拐卖儿童等侵害未成年人犯罪案件 2367 件，发出家庭教育指导令 3089 份，督促“甩手家长”依法履行家庭教育责任。完善“法院 +”多元化解格局，推动人民调解平台进乡村、进社区、进网格，全区法院诉前调解纠纷 43.48 万件，持续开展广西示范人民法庭和“枫桥式人民法庭”创建工作。推进信访工作法治化，信访案件回复率 99.33%，排全国法院第三。践行“浦江经验”，推动广西各级法院院庭领导接访下访、办理疑难复杂信访案件，包案化解涉诉信访 465 件。构建法院与律师良性互动关系，推广 9840 名律师运用人民法院律师服务平台，为律师提供在线立案、网上阅卷、开庭排期等服务，全区 484 名律师入驻人民法院参与调解案件 19524 件。坚持“应救尽救”“把好事办好”，发放司法救助金 5761 万元，依法减免缓交诉讼费 9735.3 万元。

四是聚焦“公正与效率”，提升审判质效。全面准确落实司法责任制，压实院庭长对“四类案件”的监管责任，推行院庭长“阅核制”，完善统一法律适用标准工作机制，开发类案检索系统，发布典型案例、参考性案例 99 个，推动裁判尺度统一。完善“广西电子法院”“人民法院在线服务（广西）”功能，建设远程提讯、互联网庭审、数字签名等智慧庭审系统，推进诉讼服务电子化、在线化和“一网通办”，全区法院网上立案 269970 件，网上开庭 18046 次，电子送达 2653449 次。

五是以主题教育为引领，锻造过硬法院铁军。把握主题教育总要求，用党的创新理论凝心铸魂。打造学习型法院，举办线上线下培训班 39 期，参训人员 19206 人次，最高人民法院讲师团广西巡回授课培训干警 12430 人次。优化审判资源配置，将员额法官比例从 37.5% 提高到 38.5%，遴选员额法官 358 名，向案件多的基层法院倾斜，缓解案多人少矛盾。严惩司法腐败，69 人因利用审判执行权违纪违法被查处，其中 10 人被追究刑事责任，推动全员绩效考核，将评案与考人贯通起来。依法接受人大监督，邀请人大代表、政协委员和社会各界视察法院、出席会议、旁听庭审、见证执行等 39412 人次，办理自治区人大代表建议 9 件。自觉接受检察机关法律监督，依法审结刑事、行政、民事抗诉案件 330 件。广泛接受社会监督，广西壮族自治区高级人民法院聘任第三届特约监督员 50 名，认真听取意见建议。坚持庭审直播、裁判文书上网，召开新闻发布会41场次，通过微博、微信、抖音等新媒体平台发布信息76537条，公开工作情况。

海南法院工作

2023年，海南全省法院受理各类案件53.16万件，审执结46.06万件，法官人均结案420件。全省法院50个集体、80名个人荣获最高人民法院和省直以上机关表彰表扬。

一、强化政治引领，把握正确政治方向

一是扎实开展主题教育。围绕“学思想、强党性、重实践、建新功”总要求，制定“1+5”实施方案，在以学铸魂、以学增智、以学正风、以学促干上取得明显成效。二是始终坚持党的绝对领导。自觉把海南法院工作置于中国式现代化和自贸港建设大局中谋划，出台《关于服务保障自由贸易港建设 助推海南高质量发展的若干措施》。主动向海南省委和最高人民法院请示报告工作190次。三是牢固树立社会主义法治理念。把公正司法、“抓前端、治未病”等现代化审判理念贯穿审执工作。践行“从政治上看、从法治上办”，强化“如我在诉”理念，落实“惠民有感”要求，努力让人民群众感受到公平正义。四是全面推进法院机关党的建设。坚持抓党建带队建促审判，制定《法院党的建设与审判执行工作绩效评估办法》。海南高院荣获省直机关“椰树杯”党建创新案例一等奖。

二、强化安全保障，推进更高水平平安海南建设

一是捍卫国家政治安全。审结间谍、窃密等犯罪案件16件19人，对梁某景煽动分裂国家犯罪依法惩处。二是维护社会安全稳定。审结严重暴力犯罪案件640件916人。审结黑恶势力犯罪案件49件，处置黑财8.57亿元。审结涉毒案件195件366人，实现“六连降”。审结电诈案件650件815人，追赃挽损708.15万元。三是防范化解重大风险。开展打击治理“套代购”走私“靖海”专项行动，审结案件133件。妥善审执涉恒大等“爆雷”房企案件208件。妥善化解乐东龙沐湾无偿收地案，依法审理凤凰智信非法集资等涉众型金融案。四是助力清廉自贸港建设。审结贪污、贿赂等职务犯罪案件290件367人。从严惩处公共工程领域违法犯罪案件42件43人，依法审结金融、医疗、教育系统职务犯罪案件19件19人。

三、强化司法担当，服务保障海南自贸港建设

一是服务优化营商环境。对标国际宜商环境评价新体系，制定司法助力营商环境改善若干措施。向251家规上企业发放征求意见函，向市场主体发放《法律风险防范提示建议书》，促进平等保护，稳定市场预期。二是服务高水平对外开放。审结涉外、涉港澳台民商事案件1258件。制定协议管辖示范条款，加快推进自贸港国际商事纠纷解决中心建设。三是服务国

家重大战略服务保障区建设。强化海洋司法维权，审结海事海商案件 314 件。依法审理并执行国内首例公共科考码头租赁案，设立全国首家船员劳动争议联合调解中心。维护国防利益和军人军属合法权益，审结涉军案件 169 件。四是服务生态文明建设。深入践行“两山”理念，审结环资案件 319 件。强化海洋环保力度，在潭门港、东寨港、清澜自然保护区设立海洋生态司法工作站点。成功调解首例以购买林业碳汇替代赔偿的民事公益诉讼案件。五是服务创新驱动发展。聚焦知识产权强省建设，审结知识产权案件 4240 件。建立知识产权类案快审机制，与世界知识产权组织签署合作协议。靠前服务三亚南繁、海口药谷等重点产业，“都蜜 5 号”植物新品种使用费纠纷案入选中国法院十大知识产权案件。六是服务供给侧结构性改革。坚持司法助力危困企业重生、“僵尸企业”出清，审结破产和强制清算案件 375 件，清理债务 113.16 亿元，盘活资产 72.6 亿元。推动成立全省破产管理人协会。七是服务法治政府建设。坚持监督与支持并重，实质性化解行政争议 1470 件。推动行政机关负责人出庭应诉率达到 99.47%。

四、强化为民情怀，做实“公正司法”“惠民有感”

一是提升诉讼服务效能。完善“一中心十平台”诉讼服务，推广电子卷宗随案同步生成和电子送达，开展二审案件网上立案试点。全省法院网上立案 21.67 万件，电子送达 127.4 万人次，受理 12368 诉服热线 6.11 万人次。二是开展“护苗”专项行动。审结侵害未成年人刑事案件 335 件 388 人。审结性侵未成年人刑事案件 224 件 238 人。审结未成年人犯罪案件 342 件 476 人。开展“四访五帮”工作，成功帮教 250 名不良行为未成年人重回正轨。联合海南省教育厅揭牌成立青少年法治教育实践基地 85 个。三是加强民生权益保障。深化家事审判改革，审结家事纠纷案件 1.08 万件。开辟农民工维权“绿色通道”，追回欠薪 2.86 亿元。妥善审理教育、就业、医疗、社会保障等民生领域案件 9229 件。四是破解执行工作难题。执结案件 9.5 万件，执行到位金额 179.58 亿元。上线执行案款监管平台，发放案款 71.61 亿元，受到最高人民法院通报表扬。

五、强化改革创新，推动审判工作现代化

一是优化审判布局。调整优化涉外民商事、知识产权、破产清算、海事海商、环境资源、行政审判布局，构建与自贸港建设相适应的司法服务保障体系。其中，海事审判“三合一”改革和知识产权“五合一”改革入选海南自贸港制度集成创新案例。二是强化审判管理。制定审判管理职责清单、机制清单，推动审判权规范化、制度化运行。深入开展“审判执行质效提升年”专项行动，海南全省法院 3 年以上长期未结诉讼案件降至 11 件，比清理前下降 91.13%，上诉案件移送时间同比缩短 39 天。三是实化诉源治理。坚持和发展新时代“枫桥经验”，协助海南省委政法委建立万人起诉率季度通报机制。加强司法建议工作，全年发出司法建议 181 件。推行法官定点包片指导机制，法院调解平台“三进”工作实质化运行，诉前委派调解 30.8 万件，调解成功率 72.21%。文昌法院房地产巡回审判机制，乐东县法院“一镇一法治服务中心”机制、海口市美兰区法院灵山法庭“一体、多元、专业化解纷”机制均获评国家级先进典型。

六、强化从严治院，锻造过硬法院队伍

一是建强政治素质。严格落实“首题必政治”，常态化运行党组学习“第一议题”机制。集中开展肃清流毒影响专项工作，营造风清气正的政治生态。针对部分中基层法院领导班子年龄老化、结构断层等问题，完成领导班子调整配备31人。二是建强业务素质。全年分级分类精准施训160期8918人次，开展实务技能“3+3+3”大比武活动。全年有15项工作在全国作经验交流，30个案例入选全国法院典型案例。聚焦自贸港建设与华东政法大学联合举办国际化审判团队实务培训。三是建强职业道德素质。开展司法作风专项整治，约谈法院“一把手”12人次，责成11家法院党组作出书面检查。严格执行防止干预司法“三个规定”，强化监督执纪问责，给予党纪政务处分22人，追究刑事责任4人。

重庆法院工作

2023年，重庆法院坚持以习近平新时代中国特色社会主义思想为指导，深入开展主题教育，紧扣“公正与效率”工作主题，坚持为大局服务、在大局中奋进，为人民司法、在大事上作为，受理案件102.3万件，其中新收93.7万件、审执结93.9万件，奋力交出了新重庆建设起步之年的法院精彩答卷。坚持凝心铸魂、党建统领，现代化建设体系初步绘就。深化法院工作“从政治上看、从法治上办”意识，兑现“总书记有号令、党中央有部署，重庆见行动，法院必担当”的政治承诺。形成重庆法院工作现代化“理念、目标、机制、任务、政策、能力、评价、保障”8大体系，迭代升级“党建＋审执”两张表融合评价机制，成为推进法院工作现代化的总抓手、“牛鼻子”。坚持围绕中心、深化改革，服务大局平台更加聚能。聚焦服务国家重大战略落实落地，按照全国标杆性法院目标建设成渝金融法院，推动出台规划并挂牌成立西部金融中央法务区，联合设立成渝金融司法协同中心，完成两江新区（自贸区）法院与重庆铁路运输法院合并改革，加强重庆知识产权法庭、破产法庭建设，设立重庆环境资源法庭。坚持守正创新、善作善成，标志成果产出越发丰富。巴南法院作为全国9家法院之一获评“全国新时代‘枫桥经验’先进典型”，单位代表受到习近平总书记亲切会见；5G“车载便民法庭”作为人民法院重大科技创新成果唯一特等奖，按照最高人民法院要求向全国推广，成为永久教具保存在国家法官学院；全面设立“人民法院老马工作室”，获评全国“十大最具特色一站式建设改革创新成果”。坚持争先进位、走在前列，核心业务指标保持领先。在最高人民法院26项审判质量、能力、水平指标中，进入全国前五的有10项，数量位居全国第一，审判质效稳居全国第一方阵且走在前列。“百场优秀庭审”“百篇优秀裁判文书”评比分别入选7场、6篇，总成绩全国第一。37个案例入选最高人民法院公报案例、典型案例、优秀案例，优秀案例分析获奖成绩全国第四。产出全国层面优秀成果76项，26项工作在全国交流经验。

一、做深做实政治建设，坚定拥护“两个确立”、坚决做到“两个维护”

坚持党的绝对领导。制定“管长远”的落实党的二十大精神意见60条和“当下干”的年度工作要点40条，层层放大462项具体任务，年末盘点完成率99.1%。制定实施15条具体措施，全面提高全市法院党的领导力组织力。细化重大事项请示报告清单。认真接受重庆市委政法委政治督察。深入开展主题教育。坚持从体系上学、学出体系来，形成“1+N”体系化学习成果。“一张施工图”“一套体系图”等特色做法，受到重庆市委、最高人民法院肯定推介。加强政治机关建设。实施“政治三力”提升行动，全覆盖政治轮训5.4万人次。出台方案打造新时代“红岩先锋”改革型组织。

二、做深做实除险清患，坚决维护安全稳定

惩治危害国家安全和社会稳定犯罪。审结一审刑事案件2.5万件，判处罪犯3.6万人。审结毒品犯罪案件4328件5545人。审结职务犯罪案件278件329人。严厉打击信息网络犯罪。审结电信网络诈骗等犯罪案件3468件，挽回群众损失6.3亿元。有效制裁网络黑灰产业链犯罪，判处帮助犯罪人员3384人。防范化解重大风险。制定优化金融法治环境等41项措施，审结金融案件15.3万件、标的额432.8亿元。审结涉房地产领域案件1.2万件，促推15.7万套房屋顺利交付。发出司法建议746份，助力全面依法治市。审结一审行政案件8158件，促成31个区县设立行政争议化解中心。

三、做深做实稳进增效，全力护航高质量发展

服务保障成渝地区双城经济圈建设。成渝金融法院审结案件9371件，标的额96.4亿元。实施裁判尺度“同城标准”工程，联合四川法院构建金融审判等合作机制。服务保障西部陆海新通道建设。审结涉外、涉港澳台案件688件，推动国际商事一站式多元解纷中心实质化运行，构建跨法域国际商事争端解决工作机制，参与推动铁路运输单证金融服务试点工作。服务保障长江经济带高质量发展。制定加强和创新环境资源审判意见，审结环境资源案件1413件，追究刑事责任879人。4个环境资源审判案例载入联合国环境规划署环境法数据库。服务保障西部创新高地建设。完善新技术新业态新模式的知识产权保护规则，审结一审知识产权案件1.5万件。“创新知识产权小额诉讼审判模式”入选国务院知识产权强国建设典型案例。服务保障打造市场化法治化国际化一流营商环境。连续5年出台优化营商环境工作方案，审结与经济发展密切相关的一审民商事案件41.8万件、标的额1229.8亿元。审结破产、强制清算类案件1877件，推动313家企业快速出清，帮助一批陷入困境企业焕发新生。隆鑫系17家公司重整案入选全国法院十大商事案件。服务保障全面推进乡村振兴。审结涉“三农”案件2559件，建立乡村振兴法治工作站96个，助力农业农村现代化。

四、做深做实惠民有感，提升公平正义感受度

强化民生福祉司法保障。审结涉民生案件12.2万件，为困难当事人缓减免交诉讼费9305

万元。审结劳动争议案件 2.5 万件，帮助追回劳动报酬 10.7 亿元。坚持和发展新时代“枫桥经验”。推动“万人起诉率”纳入平安报表。作为建议和起草单位推动《重庆市促进矛盾纠纷多元化解条例》从立项进入重庆市人大常委会一审。诉前调解案件 61.9 万件，调解成功 47.4 万件，同比分别上升 57.8%、48.6%。守护未成年人健康成长。审结侵害未成年人犯罪相关案件 894 件，发出从业禁止令 39 份。保障群众胜诉权益。执结案件 26.7 万件、执行到位 657.8 亿元，建成全国首个覆盖省域范围的不动产远程查控系统。弘扬社会主义核心价值观。发布典型案例 194 批 1414 个，以鲜活的案件凝聚向上向善力量。

五、做深做实改革求变，推动审判工作现代化

深化司法体制综合配套改革。强化审级监督和对下业务指导，经验做法在全国交流。深化民事诉讼制度改革，适用小额诉讼程序审理案件 19.8 万件。制定法官单独职务序列管理实施办法。全面准确落实司法责任制。构建三级法院贯通、业务条块结合的审判执行工作指标评估体系，经验做法受到最高人民法院肯定。院庭长带头办理六成以上重大疑难复杂典型案件。三年以上长期未结审判案件全部动态清零，全国最优。推行“一件事一次办”改革。推行诉讼服务大厅全岗通“一站通办”、服务事项“一窗通办”、全渝数智“一网通办”、12368 热线“一号通办”、科技赋能“一车通办”。深化“全渝数智法院”建设。修订完善重庆法院信息化建设与实施五年规划，5 年总任务已完成 69.2%。推行全流程网上办案改革试点，“渝诉快执”纳入全市重大应用“一本账”，“渝诉智审”“渝诉快达”纳入数字化应用谋划推进项目。

六、做深做实从严治院，持续锻造法院铁军

抓实建强队伍业务素能。制定实施重庆法院队伍建设五年规划。开展业务培训 843 期、业务技能竞赛 174 场。制定“1+2+N”干警考核制度，建成数智考核系统平台，受到最高人民法院肯定推介。中标 3 项最高人民法院司法研究重大课题，“法院绩效管理体系研究”获评优秀重大课题。全国法院学术讨论会获奖成绩保持全国前十。加强干部人才培养使用。推行优秀年轻干部递进培养等计划，建立审判业务专家后备库。探索完善干部选拔任用“三全”选任和“三张路条”运用机制。持续深化法院文化建设。制定 20 条实施意见构建新时代重庆法院文化体系。坚定不移正风肃纪反腐。坚持以抓实“三个规定”小切口带动全面从严管党治院大生态。贯通开展全市法院专项整治，扎实开展清廉法院建设。

四川法院工作

2023 年，在最高人民法院有力指导下，四川法院坚持以习近平新时代中国特色社会主义思想为指导，严格落实党的二十大精神，紧紧围绕“公正与效率”工作主题，按照“实质化运行、优质化提升”工作思路，做实做优为大局服务、为人民司法，各项工作取得新成效。2023

年四川全省法院受理案件 189.48 万件，审执结 173.32 万件。

一、坚持党的绝对领导，打造高素质法院铁军

加强党的政治建设，持续培养“三高六质”法官，促进法院队伍革命化、正规化、专业化、职业化。一是思想政治建设入脑入心。扎实开展学习贯彻习近平新时代中国特色社会主义思想主题教育，建立个人自学、集中研学等“七学”联动机制，广泛开展专题党课、交流研讨、现场教学等 1.09 万次。大兴调查研究，深入基层一线调研走访 5715 次，形成重点成果 466 项。一体推进查改治建，三年以上长期未结、久押不决案件存量清零。二是队伍精神风貌向上向好。选优配强领导班子，全省法院班子成员中“80 后”占 35.10%，大学本科及以上学历人员占比提升至 97.90%，年龄、知识结构进一步优化。强化人才外引内培，深化青苗、青蓝、领军“三大工程”，青蓝相继的人才梯队逐渐形成。推进编制跨域动态调整，均衡分布的人才格局基本构建。纵深推进全面从严管党治院，制订司法巡查五年规划，严格执行“三个规定”随案前置填报，风清气正的司法作风持续巩固。三是法院文化建设有声有色。实质运行“文化四室”，建成法治会客厅、法院文化博物馆，成立“浅草”文学社、菁研社，学术调研成果排名升至全国第二。积极培育文化品牌，举办首届四川法院文化季，传承红色法治基因。大力开展庭审进万家、百名法官进百企，大法官开庭审理跨越 20 年的重大刑事案件，被央视在国家宪法日重磅推出。

二、忠诚履职尽责，建设高水平法治四川

全面贯彻总体国家安全观，坚持治罪与治理并重、源头与末端兼顾，以良法善治推进四川之治。一是坚决守卫国家安全。严厉打击煽动分裂国家、邪教等犯罪，坚决维护国家政权安全、制度安全、意识形态安全。审理涉黑恶及“保护伞”犯罪案件 93 件 1083 人，追缴“黑财”8.39 亿元。审理毒品犯罪案件 2561 件 3727 人，联合凉山州委、州政府深化“打防帮教”，禁毒经验被最高人民法院向全国推广。二是全力维护社会稳定。严厉打击杀人、抢劫等暴力犯罪，重刑率 36.58%。从严打击电信网络诈骗等犯罪，审理案件 6479 件 1.47 万人。依法惩治腐败，审理贪污贿赂、渎职等案件 910 件 1075 人。三是助推法治政府建设。开展专题调研。建立行政争议调解中心 74 个，促进 3078 件行政争议实质化解。深化府院联动，开展庭审观摩、联席会议、同堂培训“三巡回”活动，助力提升政府治理效能。四是主动参与社会治理。践行新时代“枫桥经验”，共建诉源治理中心 414 个，诉前解纷 58.06 万件。推进“枫桥式人民法庭”创建，分类培优人民法庭，丹棱县法院统筹辖区法庭推进“五调融合”，获评全国“枫桥式工作法”单位。综合运用司法建议、示范诉讼，化解同类型、群体性纠纷。

三、服务中心大局，助推高质量发展

深耕服务大局优质化，在法治轨道上保障市场有序、产业振兴、城乡融合、绿色发展，助力四川由经济大省向现代化经济强省全面跃升。一是保障重大项目建设。推进成渝地区双城经济圈建设，川渝通办量同比增长 31.05%。两地自贸区法院优化法律查明与适用机制，协同化

解中欧班列、西部陆海新通道涉外商事纠纷。加快推进天府中央法务区提能升级，举办法治协同发展论坛，获批设立成都环境资源法庭，形成“一点六院七庭”新格局。川藏两地法院结对开展司法协作，保障川藏铁路世纪工程建设。二是优化法治化营商环境。稳妥办理涉企案件56.38万件，平等保护市场主体合法权益。加大核心技术、新兴领域司法保护力度，优化知识产权快审机制，35.09%的案件在30天内审结。开展“破产案件审判攻坚年”行动，推动698家“僵尸企业”有序退出，盘活资产190亿元，充分释放市场动能。三是服务现代化产业体系。紧跟省委优势产业提质倍增行动，出台名优白酒保障意见，助力打造世界级优质白酒产业集群。聚焦新兴产业发展需求，贴近产业园区设立人民法庭，助力打造航空航天、动力电池等世界级“地标”产业。围绕文旅产业融合发展，设立旅游环保法庭27个、司法保护站16个，为历史文脉赓续注入司法力量。着眼现代乡村产业振兴，设立“天府粮仓”司法保护示范基地，让川粮出川、川果飘香、川茶沁人。四是筑牢生态安全屏障。出台29条措施保障美丽四川建设，严惩盗伐林木、盗猎动物等犯罪案件574件1006人。审理非法占用、严重污染耕地等犯罪71件，切实保护四川这片产粮宝地。深化省内外司法协作，与周边7省（市）区共建生态环境跨域保护机制，全省推广“纽扣法庭”，守护长江、黄河干支流长久安澜。

四、践行司法为民，护航高品质生活

坚持人民至上，以信息化建设和司法改革为牵引，积极回应司法需求，让人民群众切实感受到公平正义就在身边。一是有力保障民生权益。出台意见规范涉房地产案件司法处置，保障复工续建270万平方米，交房2.56万套。多元化解劳动人事争议，建立9部门协商调解机制，31.29%的纠纷在诉前化解。加强未成年人权益保护，严惩性侵未成年人犯罪，选任1861名法官担任法治副校长。常态化打击养老诈骗犯罪，审理案件112件443人，全力为5.38万名被害人追赃挽损。审理婚姻家庭纠纷13.85万件，发出人身安全保护令，设立反家暴中心，营造家庭温馨港湾。二是加速兑现胜诉权益。执结案件48.50万件，执行到位1644.10亿元，居全国第三。保持打击拒执高压态势，判决拒执犯罪344人，督促被执行人履行案款109.21亿元。运行案款可视化管理系统，案款发放平均用时不超过4天。深化善意文明执行，审慎适用查封、扣押、冻结措施，最大限度降低对被执行人生产生活的影响。三是全面提升司法体验。四川高院统一接听全省12368热线，集约办理诉讼指引、进度查询等8项事务，96.61%的简单问题3分钟解决。深化科技应用，网上立案56.64万件、在线庭审4.23万场、电子送达164.61万件。推进“有信必复”，完善识别分类、跟踪督办机制，及时回应群众关切。全省铺开“案件—纠纷”双向考评改革，严控审限延长、压减流转时间，从递交诉状到兑现真金白银用时缩短238天。

贵州法院工作

2023年，贵州法院坚持以习近平新时代中国特色社会主义思想为指导，深入贯彻习近平法治思想，全面贯彻党的二十大精神，按照“政治引领、固本强基、担当作为、争先创优”工作思路，高质量服务大局、司法为民、公正司法，各项工作取得新进展。全省法院新收案件91.73万件（另有上年旧存12.74万件），审执结94.46万件，结案标的额2630.79亿元，同比分别上升4.34%、5.96%和14.8%，存案10.01万件，同比下降21.45%。

一、筑牢政治忠诚，始终坚定法院工作正确方向

一是坚持党的绝对领导。严格落实《中国共产党政法工作条例》，向贵州省委、省委政法委请示报告重大事项139次。完成全省法院1.69万人次政治轮训，将党的二十大重大战略部署和党中央、贵州省委及最高人民法院要求细化为103项重点任务。

二是高质量开展主题教育。明确66项具体任务，通过“四学联动”等方式，深入学习贯彻习近平新时代中国特色社会主义思想。解决制约高质量发展问题595个，聚焦5个方面重点领域开展突出问题专项整治，建立完善规章制度516条。

三是推动政治与业务深度融合。打造“黔进先锋·法贵必行”党建品牌，探索“党务+业务”同议、共评模式。坚持“从政治上看、从法治上办”，扎实开展案件讲评活动，获中央第十三巡回指导组充分肯定。

二、维护安全稳定，深入推进平安贵州法治贵州建设

一是坚决捍卫国家政治安全。认真贯彻总体国家安全观，部署开展刑事审判结案攻坚硬仗等工作，审结一审刑事案件3.66万件。严厉打击渗透破坏、颠覆分裂等犯罪，审结相关犯罪案件4件。保持惩治腐败高压态势，审结职务犯罪案件588件。

二是有力维护社会大局稳定。扎实开展社会治安重点工作，审结一审社会治安重点案件1.49万件。常态化推进扫黑除恶，审结涉黑恶犯罪及“保护伞”案件111件。坚决守好人民群众“钱袋子”，审结盗窃、电信网络诈骗犯罪案件1.32万件。巩固提升禁毒“大扫除”成效，审结涉毒品犯罪案件872件，与重庆、四川、云南高院签订加强禁毒工作司法协作协议，被最高人民法院评为“省际法院间深化禁毒司法协作的首创之举”。

三是坚持和发展新时代“枫桥经验”。在全国率先一体化推进诉源治理执源治理，推动出台《贵州省一体化推进诉源治理执源治理工作的实施意见》，向省人大常委会报告强化案件诉源治理工作情况，为制定《贵州省矛盾纠纷多元化解条例》提供司法智慧。深化诉调对接，诉前调解成功案件33.32万件。9个集体获评全省新时代“枫桥经验”先进典型。

四是积极助推法治政府建设。注重实质性化解行政争议，全省建立行政争议协调化解中心

98个，审结一审行政案件8058件。建立“贵州省府院联动机制”，推动开展重点领域行政执法专项整治。推动将司法建议反馈情况纳入法治贵州建设关键性结果性指标，司法建议反馈率100%。

三、做实公正司法，全力护航中国式现代化“贵州实践”

一是服务高质量发展首要任务。围绕贵安新区高质量发展、贵州航空产业城建设等出台意见，聚焦服务保障稳增长、稳就业、稳物价工作出台20条措施并跟踪问效。开展涉法涉诉煤矿企业系统治理攻坚行动，推动32处煤矿复建复产，释放产能1600万吨/年。加大服务“保交楼、保民生、保稳定”力度，审结房屋买卖合同、金融借款纠纷等案件7.43万件。加强东西部协作，与广东高院签订协作框架协议。

二是优化法治化营商环境。实施“暖企”行动，出台20条举措助力中小微企业发展，审结涉民营企业民商事案件20.25万件。出台中小微企业快速重整工作办法，审结破产案件430件。保护创新创造，审结知识产权案件4725件。推广商事纠纷替代性解决机制，“商人治商”引领诉前多元解纷体系构建，被评为全国“十大最受欢迎一站式建设改革创新成果”。

三是加大乡村振兴保障力度。出台深化人民法庭服务保障全面推进乡村振兴的实施意见，召开现场观摩会，发布服务“三农”工作典型案例，成立全国首个司法碳汇跨省协作助力乡村振兴实践基地。建立司法助力“村超”“村BA”“123”模式，以司法温度呵护乡村活力。推动乡风文明建设，发布弘扬社会主义核心价值观等典型案例140件。子女不支付再婚母亲赡养费案入选“人民法院弘扬和践行社会主义核心价值观成就展”。

四是构筑生态文明司法高地。建立乌江流域、珠江流域（西江）环境资源司法保护协作机制，审结环境资源案件4006件。推行在环境资源案件中认购林业碳汇开展替代性修复，采取全流程网上办案方式审理贵州省首例跨省煤炭产能指标交易案。4个案例入选最高人民法院和“两高”环资审判典型案例，1个案例被联合国环境法数据库收录。严惩损害2600年“古楠木王”的犯罪分子，发出全国首份古树救治令，入选新时代推动法治进程2023年度十大案件。

四、践行司法为民，持续提升人民群众司法获得感

一是提升诉讼服务效能。深化一站式多元解纷和诉讼服务体系建设，诉讼服务质效得分优于全国平均水平。完善诉讼费退费机制，清退费用2.38亿元。制定办理群众来信及网上申诉信访操作规程，坚决做到“有信必复”。

二是强化民生司法保障。坚持“如我在诉”理念，审结涉教育、就业、医疗等民生领域案件6.7万件。深化家事审判改革，审结涉婚姻家庭纠纷等案件9.46万件。加强“舌尖上的安全”和个人信息保护，审结相关犯罪案件367件，付某德生产、销售有毒、有害食品案入选最高人民法院、最高人民检察院危害食品安全犯罪典型案例。

三是及时兑现胜诉权益。制定30项举措坚定不移推进切实解决执行难，开展“严格管理·规范执行·提升质量”活动，执结案件30.41万件，执行到位701.53亿元，实际执行到位率居全国第一方阵。开展“贵在执行”专项行动，执结涉民生案件3.88万件，执行到位17.02

亿元。

五、围绕公正效率，加快推进审判工作现代化

一是开展案件质量提升三年行动。按照“一年强根基、两年重深化、三年大提升”整体规划，狠抓“促公正、提效率”。贵州法院被纳入全国审判质量管理指标体系首批试点，18 个方向性指标同比全部向好。下大力气清理积案，12 个月以上未结案件同比下降 92.97%，久押不决案件基本清零。

二是全面准确落实司法责任制。压实院庭长法定职责，依法对 5921 件“四类案件”进行监督。首次发布贵州省人身损害赔偿计算标准和 8 个参考性案例，推进人民法院案例库、法答网建设。完善法官惩戒制度，首次开展法官惩戒事项听证和审议。

三是数字赋能高质量司法。打造全流程网上办案办公体系，开展电子卷宗“单套制”归档改革，推进卷宗档案管理信息化。深入推进规范量刑智能辅助系统试点，开展庭审记录方式改革，上线运行案件合议系统。贵州法院信息化建设在全国政法智能化建设成果展中获创新案例奖。

六、从严管党治院，着力锻造过硬法院队伍

一是持之以恒凝心铸魂。制定文化建设五年规划，大力培育和弘扬新时代贵州法院文化。开展革命传统和理想信念教育，提升干警党性自觉。全省法院 162 个集体、364 名个人获省级以上单位表彰奖励。

二是抓实建强业务能力。与省内外 3 家高校签订合作协议，打造审判业务人才梯次培养体系。完善法官审判实务与理论研究机制，全省法院 46 篇论文、案例在全国评选中获奖。推动成立贵州省法学会案例法学研究会，成功举办贵法实务论坛。

三是持续强化党风廉政建设。锲而不舍落实中央“八项规定”及其实施细则精神，与省委巡视办联合建立协作机制，会同地方党委政法委对 3 家中院开展政治督察、司法巡查，对 7 个市州法院开展审务督察。记录报告“三个规定”信息 2.89 万条，通报违纪违法典型案例 34 个，坚定不移正风肃纪反腐。

云南法院工作

2023 年，云南全省法院受理各类案件 987922 件，审执结 953692 件。云南高院受理各类案件 21844 件，审执结 18599 件。

一、依法打击刑事犯罪，维护边疆稳定社会安宁

一是坚决捍卫政治安全。依法严厉打击颠覆分裂、间谍窃密、宗教极端等犯罪，审结涉国

家安全犯罪案件 95 件。常态化开展扫黑除恶斗争，审结涉黑恶案件 48 件，全国扫黑办挂牌督办的一批重大案件审理取得良好效果。坚决摧毁黑恶势力经济基础，追缴没收犯罪所得、执行财产刑 85 亿元，执行到位率 94.85%。

二是全力维护社会稳定。审结故意杀人、抢劫等暴力犯罪案件 6460 件，审结黄赌毒、盗抢骗、食药环等案件 10474 件，审结拐卖妇女儿童、虐待、遗弃等犯罪案件 1849 件。审结毒品犯罪案件 1967 件，重刑率 53.25%，成功承办全国法院毒品案件审判工作会议。与四川、重庆、贵州高院签署加强禁毒司法协作协议。

三是严厉打击跨境犯罪和电信网络诈骗犯罪。切实扛牢强边固防重大政治责任，审结走私、诈骗、偷越国（边）境等跨境犯罪案件 5529 件。严厉打击涉缅北电信网络诈骗及其上下游关联衍生犯罪，对帮信、掩隐等网络犯罪坚决“亮剑”，审结案件 3963 件，成功办理全国首例域名黑产犯罪案件。

四是依法惩治腐败犯罪和破坏经济秩序犯罪。审结贪污贿赂、渎职等犯罪案件 979 件，28 名原厅级干部被追究刑事责任，审结行贿犯罪案件 167 件。依法打击破坏社会主义市场经济秩序犯罪，审结案件 1663 件。突出打击涉众型经济犯罪，审结集资诈骗、非法吸收公众存款等案件 113 件。

五是切实加强人权司法保障。对 47 名公诉和自诉案件被告人依法宣告无罪，依照审判监督程序再审改判刑事案件 89 件，对符合法定情节的 30236 名被告人依法适用非监禁刑。牵头制定减刑、假释案件办理实施细则，审结减刑、假释案件 28256 件。

二、全力服务保障大局，护航经济社会高质量发展

一是服务一流营商环境建设。优化涉企司法服务，与中国中小企业协会联发诉调对接合作备忘录，联合举办首届云南省民营经济法治建设大会，平等保护各类所有制产权和企业家合法权益，妥善化解涉企纠纷 23755 件。防范化解金融风险，审结金融借款、民间借贷纠纷 69286 件。服务供给侧结构性改革，审结企业重整、破产案件 525 件。积极服务烂尾楼清理整治，助力全省 307 个房地产项目解困重生，291 个项目已交楼，惠及 15.91 万个家庭。

二是服务创新型云南建设。联合省知识产权局出台行政调解协议司法确认工作指引，创新组建技术调查官库，审结涉知识产权案件 4917 件。严厉惩戒恶意侵权行为，判处侵犯“云南白药牙膏”“云南沱茶”知名商品包装装潢权益的侵权人承担顶格法定赔偿金 500 万元。

三是服务绿美云南建设。完善“1+1+38”环境资源集中审判机制，加强长江、珠江、赤水河等流域省际司法协作，设立 30 余个生态法律服务站点，审结环境资源案件 6128 件，追究刑事责任 2599 人。在环境民事公益诉讼领域首次适用法人人格否认制度，追究实控人环境侵权连带赔偿责任。

四是服务辐射中心建设。与云南大学共建涉外法治人才协同培养创新基地，制定服务保障面向南亚东南亚辐射中心建设措施，加快落实昆明、临沧中央法务区涉法院工作事项，高标准建设磨憨人民法庭，发挥自贸区诉服中心、国际商事调解中心和口岸法庭、国门诉讼服务站职能，审结涉外案件 955 件。

五是服务法治政府建设。审结行政案件 5802 件，审查行政非诉执行案件 3021 件。发布行政审判白皮书，向行政机关发出司法建议 163 份，行政机关负责人出庭应诉率 85.52%。加强行政诉讼与行政复议衔接，健全实质化解工作机制，促进行政机关积极化解行政争议。

三、深入践行人民至上，提升群众司法获得感满意度

一是依法保障民生诉求。准确实施民法典，依法妥善审理与群众生活息息相关的案件 42685 件。强化人身权司法保护，审结人身损害赔偿案件 5487 件。依法维护人格尊严，审结侵犯公民名誉、荣誉、肖像和隐私权案件 586 件。为经济困难当事人缓减免诉讼费 7885 万余元，为涉诉困难群众发放司法救助金 2747 万余元。依法参与欠薪问题治理，审结涉农民工追讨工资等劳动争议案件 8589 件。化解涉军纠纷 99 件，促进军民团结。

二是妥善化解家事纠纷。依法审结婚姻家庭案件 83878 件，其中调撤 61876 件。深化家事审判改革，选任家事调解员和家事调查员，健全妇女儿童权益保护工作机制，合力推动家事纠纷实质化解。强化婚恋家庭纠纷风险防范，发出防止家暴人身安全保护令 201 份。依法审结赡养、扶养、继承等案件 6420 件。全方位呵护少年儿童健康成长，审结未成年人犯罪案件 1251 件。严惩侵害未成年人犯罪，审结案件 2535 件。

三是全面优化诉讼服务。严格落实立案登记制，为群众提供“一站通办”和“一网通办”服务，推广设立“办不成事”反映窗口，不断提高普惠均等、集约便捷的现代化诉讼服务水平。

四是努力兑现群众胜诉权益。开展涉民生案件集中执行专项行动，执结案件 311251 件，执行到位金额 565 亿余元。加大对失信行为惩戒震慑力度，98985 人被纳入失信被执行人名单，2794 人被司法拘留，90 人因拒执被追究刑事责任。

四、不断延伸司法职能，主动服务社会治理

一是深入推进普法强基。选派 6000 余名干警定期下沉开展普法宣传。召开新闻发布会 55 场发布典型案例 617 个。276 个人民法庭扎根基层定分止争，建成 97 个专业化、特色化法庭，设立旅游巡回法庭及站点 159 个，巡回审判达标率 99.47%。

二是着力推进源头治理。健全矛盾纠纷预防化解机制，提升社会治理精细化水平，全省“万人成讼”案件 159.73 件。深化执源治理，引导 73778 件案件当事人自动履行生效法律文书确定的义务。试点推进信访工作法治化，落实“有信必复”和三级法院院领导、执行局长每月接访制度。

三是全面强化多元解纷。大力加强调解工作，通过诉前委派和诉中委托调解纠纷 52.56 万件。5079 个基层治理单位和 6264 名调解员入驻法院调解平台，在线调解纠纷 16.95 万件；引进律师、公证机构、行业组织等力量参与调解案件 17.92 万件。

五、持续深化“两个革命”，推进审判工作现代化

一是全力提升办案质效。组织开展“提质增效创一流”活动，对标全国一流找差距、补短

板、抓落实，28 项审判质量管理指标中有 20 项同比趋优，审限内结案率、平均结案时间、诉前调解成功分流率、诉中调解率等指标跻身全国前十位。

二是深入落实司法责任制。统筹推进司法责任制综合配套改革，强化独任庭、合议庭、审判委员会办案责任，完善司法制约监督体系。对全省 17 个中院 110 名入额院领导开展审判业绩综合考评。健全法官惩戒程序规则，动态调整全省法院政法专项编制，组织开展法官逐级遴选，完善法官助理、聘用制书记员分层培养和管理机制。

三是全面深化信息技术应用。全省法院网上立案 9.8 万件，电子送达 42.39 万件。大力推进区块链存证和无纸化办案等技术与审判工作融合。充分发掘司法大数据资源，定期进行分析评估，为社会治理和司法审判提供服务。

六、始终坚持严管厚爱，努力锻造法院铁军

一是扎实开展主题教育。常态化开展政治轮训，把旗帜鲜明讲政治贯彻到审判执行全过程各方面。深入开展调查研究，云南高院重点研究 58 个课题，形成转化运用成果 77 项。抓实检视整改，以实际成效确保主题教育走深走实。

二是大力弘扬鲍卫忠精神。高标准做好学习宣传工作，在全省法院广泛开展“对标‘时代楷模’，争做鲍卫忠式好干警”学习活动，激励和引导全体干警汲取榜样力量。全省法院 64 个集体、108 名个人受到省级以上表彰。

三是着力提升司法能力。出台实名制推荐干部办法，制定培养选拔优秀年轻干部措施。举办专项培训和专题培训提升干警专业素养。组织开展优秀案例、优秀裁判文书、优秀庭审等评选和全省法院书记员庭审技能大赛，依托“法答网”广泛开展业务交流，以干警素能提升促进工作提档升级。

四是持续推进正风肃纪。坚持全面从严管党治院，组织开展政治、审务督察和司法巡查。研究出台严格执行防止干预司法“三个规定”工作指引。深入落实八小时外管理措施，以“零容忍”态度惩治司法腐败。

西藏法院工作

2023 年，西藏法院坚持以习近平新时代中国特色社会主义思想为指导，在西藏自治区区党委领导和最高人民法院指导下，共受理案件 84944 件，同比增长 27.65%，审限内结案率 94.77%，一审服判息诉率 90.18%，法官人均结案 82.38 件，诉前调解案件 7019 件。

一、拧紧思想“总开关”，坚定不移增强做好新时代人民法院工作的政治自觉、法治自觉

一是坚持党的绝对领导。西藏全区法院党组向西藏自治区党委、党委政法委请示报告工作

900 余次。西藏高院研究制定《全区法院进一步锚定"四件大事"服务保障"四个创建"的实施意见》等制度机制 37 项，向西藏自治区党委、区党委政法委呈报专题报告 18 个。二是持续强化理论武装。严格落实"第一议题"制度，西藏高院召开党组会、党组专题会、党组理论中心组学习会 63 次，开展专题辅导交流 12 次。三是维护意识形态安全。坚持中国特色社会主义法治道路，定期研究意识形态工作，落实"三同步"原则，发布信息 1.71 万条，举办全区法院服务保障"四个创建""四个走在前列"司法举措新闻发布会等 3 次。

二、筑牢稳定"压舱石"，坚定不移服务保障全国民族团结进步模范区创建

一是维护国家政治安全。审结刑事案件 2619 件，同比增长 15.61%。审结"九类"案件 59 件 152 人。举办全区依法惩罚犯罪助推平安西藏建设同堂培训班，下发《危害国家安全犯罪审判参考案例》1 批 10 件。二是促进社会和谐稳定。严惩故意杀人、故意伤害、强奸、抢劫、毒品等严重暴力犯罪 433 件 559 人。严惩帮信罪等电信诈骗犯罪 111 件。审结职务犯罪案件 104 件 110 人。开展涉诉信访案件"清仓见底"专项行动，办结信访案件 175 件，办结率 90.67%。首次启动西藏全区三级涉诉信访国家司法救助程序，发放救助金 39 万元。开展法治宣传 2465 场次、受众达 78.37 万人次。三是深入推进诉源治理。办结司法确认案件 3651 件，出具调解书 3235 份，设立诉调对接中心 49 个、律师调解室 48 个，推动 989 家基层治理单位和 1406 名调解员入驻法院调解平台。发出司法建议 236 份。四是提升权利保障水平。指定辩护 617 人次，刑事重大案件律师辩护率达 100%。依法慎重适用刑罚，判处有期徒刑三年以下刑罚的占 73.69%，免予刑事处罚 32 人、宣告无罪 3 人。依法适用暂予监外执行，办理案件 904 件。

三、当好发展"助推器"，坚定不移服务保障高原经济高质量发展先行区创建

一是服务创新驱动发展。审结民商事案件 47031 件，同比增长 35.59%。审结行政案件 288 件，同比增长 41.18%。新收执行案件 31841 件，执结 31265 件，执行到位金额 35.07 亿元。牵头与 8 家区（中）直单位联动调解知识产权纠纷，审理知识产权案件 356 件。审结破产案件 48 件。二是助力优化营商环境。采取庭前联络等方式，推动行政机关负责人出庭应诉率达 90.3%，同比增长 27.1%。联合西藏自治区司法厅举办首届行政诉讼"府院同堂"专题培训班。在人民法院诉讼资产网增补本地委托鉴定评估机构 42 家。与人社、住建等部门分别建立执行联动机制，与西藏自治区公安厅挂牌成立"执行联动办公室"。清理长期未结、未执案件 590 件。秉持善意文明执行理念，结案标的额 2494.31 万元。首次与西藏自治区市场监督管理局等部门联合举办"3·15"国际消费者权益日新闻发布会。三是维护群众合法权益。依法审理涉教育、医疗、养老、住房、就业、社会保障等民生领域案件 12137 件。依法打击恶意欠薪，审结案件 729 件，追回薪酬 3568.2 万元。审结婚姻家庭、赡养抚养等案件 3539 件，制发人身安全保护令 27 份，向家暴行为说"不"。办结国家赔偿案件 8 件、司法救助案件 257 件，发放司法救助金 594.37 万元。减免诉讼费 128.02 万元。坚持让群众"少跑腿"，网上立案 7658 件、调解 19274 件，12368 诉讼服务热线接听、答复、处理问题 6.9 万余人次。

四、共当生态安全“守护者”，坚定不移服务保障国家生态文明高地创建

一是推动源头综合治理。依法高效审结涉环资类案件183件。西藏自治区高级人民法院与青海等10家高院签署《国家公园司法保护协作框架协议》。三级法院院长担任“林长”“河湖长”，开展巡林巡河湖220余次。二是加强司法保护力度。组建环境资源刑事、民事、行政“三合一”审判团队，依法审理陈某泄漏33吨柴机油、齿轮油等致650平方米土地污染案，判处承担事故现场、污染物处理费用11.79万元。向西藏自治区人大常委会及专委会报告环资审判工作情况。西藏高院成立服务保障拉萨南北山绿化工程领导小组，指导拉萨两级法院审结涉南北山绿化工程纠纷案件110件，执行到位款项2020万元。提升生态环保意识。认真组织开展环境保护法等法律宣传活动180场次，受教育群众4.8万余人次，发布环境资源典型案例2批15件。

五、打好强边“组合拳”，坚定不移服务保障国家固边兴边富民行动示范区创建

一是加强基层基础建设。21个边境县法院办结各类案件8291件。坚持钱往边境投、人往边境走、政策往边境倾斜，投入资金7193万元，大力加强33个边境法庭基础设施、人员配备和信息化建设。二是主动服务边境治理。在边贸互市点及吉隆、陈塘和日屋等口岸设立巡回审判点，开辟涉农、涉边贸易纠纷立审执“绿色通道”，妥善处理各类矛盾纠纷897件。三是服务国防和军队现代化建设。加强新时代涉军维权工作，审结涉军维权案件27件。积极融入军地基层党组织“五共五固”结对共建，39个基层法院、人民法庭与驻地部队同频共振、同向发力。

六、争当队伍建设“排头兵”，坚定不移锻造忠诚干净担当法院铁军

一是提升能力素质。举办法院大讲堂、青年论坛、业务培训班等343期，组织参加调训、培训65期3700余人次。组织开展首届全区法院“两书一审”评选，评定优秀裁判文书15篇、司法建议书4篇、庭审5场。全区法院25个集体、29名个人受到省部级表彰。二是深化改革创新。推进智慧法院二期、诉讼服务中心、人民法庭改扩建等项目建设，积极推动“法答网”、案例库建设。压实院庭长审判监督责任，院庭长办案29118件，人均办案90.51件，同比增长26.37%。对口支援法院18批次来藏调研，中、基层法院到位援助资金2589万元。选派184人次驻村、76人次担任“第一书记”。三是加强作风建设。深入贯彻中央八项规定及其实施细则精神。对拉萨、日喀则两级法院开展司法巡查、审务督察，填报“三个规定”信息4.3万余条，新收问题线索49条，处理违纪违法干警41人。四是细化监督联络。邀请代表委员视察法院1400人次，旁听庭审2600人次。制定《特约监督员工作办法》，聘任监督员36名。西藏高院召开代表委员建议提案交办会，对66条意见建议逐一交办落实。向派驻纪检监察组主动报告工作45次。全区法院邀请检察长列席会议119场次。

陕西法院工作

2023年，陕西法院坚持以习近平新时代中国特色社会主义思想为指导，全面学习贯彻习近平法治思想和习近平总书记来陕考察重要讲话重要指示、对政法工作的重要指示精神，深入贯彻党的二十大精神，认真落实最高人民法院工作部署和陕西省委工作要求，立足全局定位司法、谋划司法、推进司法，全面完成全年工作计划。全省法院共受理案件101.15万件，同比下降12.36%，审执结93.66万件。其中陕西高院受理案件1.49万件，审执结1.31万件。

一、坚定不移贯彻总体国家安全观，用高质量司法守护高水平的三秦稳定平安

审结一审刑事案件2.38万件，判处罪犯3.02万人。出台《关于加强政治安全体系和能力建设的意见》，依法惩处涉政危安犯罪，坚决捍卫国家安全；依法惩处涉黑涉恶犯罪，审结相关案件38件405人，发布《全省涉“村霸”黑恶犯罪警示教育典型案例选编》，切实维护社会安定。依法惩处职务犯罪，审结一审贪污贿赂、渎职侵权犯罪案件293件375人，高质量完成重大职务犯罪案件审判任务。

二、坚定不移贯彻新发展理念，用高质量司法全力护航高质量发展

出台为“三个年”活动提供有力司法服务与保障的21条司法措施。强化知识产权司法保护，审结一审知识产权案件7731件，设立秦创原知识产权巡回审判庭，助推创新驱动发展。加强重大项目司法供给，会同省发展改革委出台《关于进一步加强协作配合为高质量项目推进提供有力司法服务保障的意见》，依法妥善审理重点项目相关案件2465件。优化营商环境，审结一审商事案件27.23万件，新疆雪山果园食品有限公司诉讼案入选全国法院涉民营企业、民营企业家人格权保护典型案例。设立国际商事巡回审判庭，办结我国首例适用塔吉克斯坦共和国法律的涉外案件，促进高水平对外开放。加强涉农审判，会同省农业农村厅等9个部门出台《农村集体经济合同清理规范专项行动实施方案》，审结涉农村土地“三权分置”案件1280件。

三、坚定不移贯彻稳中求进，用高质量司法主动防范化解重大风险

依法化解房地产风险，审结涉房地产案件3.13万件，出台《关于进一步加强涉房地产矛盾纠纷防范化解工作的意见》，“保交楼”项目带封处置工作经验受到省政府肯定。依法化解金融风险，审结金融类纠纷15.17万件，总标的额230.21亿元，促进金融业行稳致远。依法化解破产风险，审结企业破产、强制清算案件782件，协调安置职工5931人，化解不良债务88.10亿元，促使陕西宝氮化工集团有限公司等19家企业重获新生，有效盘活资产29.96亿元、引入投资12.59亿元，帮助1611名企业职工稳住了就业。

四、坚定不移贯彻为人民司法，用高质量司法全面守护群众获得感幸福感安全感

保障人民安居乐业，审结严重暴力犯罪案件 2563 件，危害公共安全犯罪案件 6826 件，电信网络诈骗、传销犯罪案件 1287 件；为 1.49 万名被告人指定了援助律师，依法对 56 名被告人宣告无罪。保障人民民生福祉，审结教育、医疗、社会保障等领域纠纷 7.27 万件，劳动争议、追薪维权纠纷 3.26 万件，帮助农民工追回薪资 10.16 亿元；审结婚姻家庭案件 7.01 万件，出台并发出“四令一书”等 6100 余份；向特困当事人发放司法救助金 2665 人 5074.53 万元，缓减免诉讼费 2368 案 4850.24 万元。加大执行工作力度，签发律师调查令 1765 份，发布悬赏执行通告 3677 件，推进“执转破”50 案，移送追究拒执罪 202 人。突出攻坚民生案件，兑现执行款 934.09 亿元，同比上升 33.02%。优化诉讼服务体系，网上、跨域立案 9.60 万件，在线调解或开庭 22.80 万件，同比分别上升 103.63% 和 187.88%。办复群众来信来访 6788 件次。

五、坚定不移贯彻“两山”理念，用高质量司法全方位护卫“国之大者”

坚持整体性保护，陕西全省环境资源审判职能机构由 113 个增加到 203 个，倡导 7 省市高院签署《秦岭生态环境司法保护协作框架协议》，会同 9 省区高院签署《黄河流域生态环境司法保护协作框架协议》，会同 4 省市高院签署《汉江流域生态环境司法保护协作框架协议》。强化效能最大化，审结各类一审环境资源案件 5410 件，审理检察机关公益诉讼案件 103 件，某镇政府未履行环境保护和污染防治法定职责诉讼案入选第二辑《中国具有影响力环境资源案件》。落实恢复性司法，判令 124 名生态环境损害者支付修复金 1.78 亿元，补植复绿 2016 亩，增殖放流 3.23 万尾；开展环资案件执行“回头看”，全面梳理分析 2021 年以来审结的环资案件执行情况，推动执行到位 74.24%。

六、坚定不移推动多元解纷，用高质量司法系统推动解决诉源难题

坚持依靠党的领导形成治理合力，研究制定并报请省委平安陕西建设领导小组印发《关于加强诉源治理推动矛盾纠纷源头预防化解的实施意见》，推动诉源治理形成共识。突出重点领域，会同 25 个相关省级职能部门、行业协会、社会团体出台 27 份文件规定，协调省总工会等 13 家单位完善诉调对接机制，形成矛盾纠纷化解体系。加快推进人民法院调解平台“三进”，吸纳 1126 个调解组织、6590 名调解员入驻人民法院调解平台，诉前调解成功 26.99 万件，同比增长 104.83%；陕西全省法院新收民事案件同比下降 8.61%、行政案件同比下降 10.48%、执行案件同比下降 21.89%，全省万人起诉率低于全国平均值 18.72 个百分点，9 个市诉讼案件数量呈负增长。

七、坚定不移贯彻全面依法治国，用高质量司法能动推动法治建设

坚定维护宪法原则，专题向陕西省人大常委会报告环境资源审判工作情况，围绕 6 部法律、13 个司法解释、5 项地方性法规的制定和修改开展调研，办结代表建议 15 件、政协提案

16件，按期回复率和代表满意率均为100%。全面加强府院联动，审结一审行政案件7074件，依法撤销、变更、确认行政行为违法或无效1344件，同比减少511件；全省行政机关负责人出庭应诉率达94.81%，同比提高15.74个百分点；制发司法建议书141份，服务法治政府建设。积极参与社会治理，深入基层巡回审判、宣讲法治4370场次，发布140件典型案例，推出短视频普法栏目《法官说法》16期，会同团省委、省教育厅等创立“红领巾法学院”系列模拟法庭教育品牌，入围2023年全国十大普法创新案例。强化协作配合监督，与省纪委监委、省检察院沟通协调形成会议纪要，实现纪法贯通；审结检察机关抗诉案件133件。

八、坚定不移贯彻司法改革，高质量深化司法体制综合配套改革

加强审判监督管理，制定《关于规范合议庭运行机制的实施细则》，出台《案件质量评查办法（试行）》，一审裁判被改判率下降0.16个百分点，平均结案时间缩短1.73天，长期未结诉讼案件和久押不决案件数量下降72.34%，刑事二审案件开庭率提升47.93个百分点。深化刑事司法衔接，出台《常见犯罪量刑指导意见实施细则》，印发《刑事案件证据收集与审查工作的指引意见》《陕西省减刑、假释案件实质化审理办案指引（试行）》。推进法院信息化建设，制定《审判法庭信息化建设指导意见》，开通运行陕西法院“法答网”。优化司法人员结构，制定《陕西法院法官员额和政法专编动态调整实施方案》，遴选员额法官296名、递补人选21名。

九、坚定不移从严管党治院，用高质量标准努力锻造一支党和人民信得过、靠得住、能放心的法院铁军

坚持党对法院工作的绝对领导，制定《关于推进法院工作现代化的实施方案（2023年）》，提出60条落实措施；认真贯彻《中国共产党政法工作条例》，出台政治督察实施办法，开展首轮政治督察暨新一轮司法巡查。扎实开展主题教育，开展39项专题调研，研提79条措施，推动解决41个难点堵点问题，形成53项制度成果。开展实战大练兵，举办各类培训班91期5074人次，52篇论文在全国法院学术和审判理论研讨中获奖。强化正风肃纪，对44个中基层法院开展审务督察。全省法院38个集体、39名个人获得省部级以上表彰，人民群众对法院队伍满意率达到98.10%，同比上升0.51个百分点。

甘肃法院工作

2023年，甘肃法院坚持以习近平新时代中国特色社会主义思想为指导，全面贯彻党的二十大和二十届二中全会精神，深入贯彻习近平法治思想和习近平总书记对甘肃重要讲话重要指示批示精神，谋思路、强抓手、求实效、建新功，推动甘肃全省法院工作高位起势、创新发展。全省法院受理案件（含旧存）64.35万件，其中新收同比上升15.42%，审（执）结60.1

万件，同比上升 20.58%。甘肃高院及铁路、林区、矿区 3 个直属法院受理案件（含旧存）1.6 万件，审（执）结 1.48 万件。

一、坚持政治引领，以“思路创新”推动法院工作跨越式提升

坚持用党的创新理论凝心铸魂、推动发展，在深学细悟习近平新时代中国特色社会主义思想中把握行进之向、谋事之道、解难之策。一是大力推进政治建院。部署开展“万名干警问卷大调研”“我为法院建一言”等活动，研究提出“七院建设”“四强要求”“三大目标”总体工作思路。二是深入开展主题教育。推出学习教育“三个创新载体”、服务发展“17 项举措”，开展“三为三实”等活动，努力从党的创新理论中悟规律、明方向、学方法、增智慧。三是扎实推动“三抓三促”。推出政治理论大学习、纪律作风大转变等 10 大举措，开展“三要一该”大讨论，推动整体工作创一流、重点工作求突破、特色工作创品牌。全省法院有 40 项审判执行指标位居全国前十，其中 22 项指标位居全国第一。

二、坚持公正司法，以“服务创优”保障经济社会高质量发展

围绕厚植党长期执政的政治根基，做实为大局服务、为人民司法，以高质量司法服务保障高质量发展。一是全力服务营商环境优化。开展“万名干警联万企”行动，制定优化营商环境“10 个坚决落实”“20 条措施”、服务保障民营经济发展壮大“9 项举措”，建成全国法院首家营商环境信息平台。甘肃高院服务经济发展综合评价指标省直部门排名中名列前茅。二是全力服务创新驱动发展。审结知识产权、不正当竞争、垄断等纠纷案件 2838 件。全面服务种业振兴，联合设立知识产权保护示范基地、种业纠纷调解站，发布知识产权司法保护白皮书。三是全力服务金融风险防范化解。推动建立金融司法协同机制，促进金融纠纷案件多元化解和专业化、集约化高效处理。四是全力服务美丽甘肃建设。审结案件 6818 件，有 4 个案例入选最高人民法院环境资源审判典型案例。在张掖召开祁连山国家公园司法协作联席会议暨法治论坛，加强跨地域、跨部门、多领域联合保护。五是全力服务“一带一路”倡议。承担巴基斯坦援外培训和专题交流任务，积极参与中国 - 上合组织框架下地方法院司法交流合作。

三、坚持依法履职，以“主动创稳”促进平安甘肃法治甘肃建设

坚决落实省委主动创稳行动总体部署，助力构建服务、防范、治理、打击、塑造一体化的主动创安、主动创稳工作格局。一是严厉惩治刑事犯罪守平安、护稳定。审结刑事案件 2.94 万件。常态化开展扫黑除恶，审结涉黑恶案件 41 件 567 人。始终保持惩治腐败高压态势，审结职务犯罪案件 364 件。加强人权司法保障，对 31 名被告人依法宣告无罪。二是妥善化解民事纠纷保民生、促和谐。审结民事纠纷案件 23.67 万件。审结婚姻家庭、继承纠纷案件 6.09 万件，发出人身安全保护令 124 份，家庭教育令 51 份。加强民生司法保障，为农民工追回劳动报酬 2491.21 万元，为困难当事人发放救助金 2874.74 万元，减缓免诉讼费 2533.6 万元，让司法温暖直抵民心。三是依法审理商事案件明规则、稳预期。充分发挥司法裁判对市场规则的评价规范引导作用，审结商事纠纷案件 12.07 万件。加大破产案件审判力度，推动成立省级破

产管理人协会，部署开展“破产案件清积行动”，47 家“僵尸企业”有序退出市场，破产案件结案率上升至全国第 6 位。四是深化府院联动强协作、促共赢。审结行政案件 8587 件，行政机关负责人出庭应诉率达 100%。会同甘肃省政府出台《关于建立健全府院联动机制的意见》，推动府院联动向体系化、规范化、制度化迈进。五是积极参与社会治理抓前端、治未病。坚持“办理一案、治理一片”，制发要情专报、发送司法建议、开展“法律八进”、推动中小学法治副校长全覆盖，以司法建议、普法宣传赋能社会治理。深入开展“结对帮扶·爱心甘肃”活动，积极投身积石山抗震救灾，坚决扛起助力乡村振兴的政治责任。

四、坚持司法为民，以“质效创先”回应人民群众司法关切

聚焦审判执行主责主业，聚焦公正效率主题主线，紧盯人民群众反映的突出问题，坚持“如我在诉”“如我在访”，让公平正义可感可触可及。一是以“积案清理”为抓手清积案、提质效。部署开展“半年清积”攻坚集中行动，全省法院审（执）结旧存案件 7.1 万件，清积进度达到 97.14%，其中一年以上积案 8043 件，三年以上长期未结和久押不决案件清理进度位居全国法院前列。二是以“陇原风暴”执行行动为抓手攻难关、破难题。部署开展“陇原风暴”执行行动，全省法院执结案件 24.87 万件，执结率 95.69%，执行“3+1”核心指标全面提升。“陇原风暴”执行行动已成为极具司法威慑力和强大影响力的甘肃司法名片。三是以“院长接访月”活动为抓手减存量、遏增量。部署开展“院长接访月”活动，制定《甘肃法院信访工作指南》，构建“一律登记、归口管理、统一督办、跟踪问效、析因追责”信访工作新机制，重信重访率同比下降 35 个百分点，“案访比”正向排名全国法院第五。四是以“深化司法改革”为抓手建机制、促公信。在甘肃高院组建“N + 1”新型审判团队，在中基层法院推行简案快审团队建设，推动多办案、快办案、办好案。

五、坚持“四化”标准，以“一体创治”提升法院治理水平

探索法院“一体化治理”新路径，积极推动党建一体化部署、质效一体化监管、人才一体化培养、数据一体化应用、制度一体化遵循，推进全省法院工作正规化、规范化、专业化、现代化。一是一体推进业务能力建设。出台《审判执行工作操作规程》，理顺内部机构职能，创办《甘肃审判》，创设“陇法讲堂”，推进审判与监督指导一体化。二是一体推进考评体系建设。制定《全省法院“一体治理”大提升行动实施方案》，建立审判执行工作指标库，打造符合司法规律、科学合理的质量管理和绩效考评指标体系。在甘肃高院推行全员“工作写实”制度，做到管有抓手、评有依据。三是一体推进基层基础建设。新建审判法庭 12 个，修缮改造“两庭”55 个，定向聘用书记员 251 名，制约基层发展的相关问题得到初步缓解。四是一体推进过硬队伍建设。开展“铸忠诚警魂”活动，全省法院有 97 个集体、132 名个人受到省级及以上表彰，6 个集体、5 名个人荣获全国法院先进集体、先进个人称号。出台甘肃全省法院干警纪律作风“十个不得”，全面完成中央执法司法突出问题专项检查整改任务。坚持“四必原则”，加大违纪违法线索查处力度，给予党纪政务重处分 5 人，移送司法机关 3 人。

2023 年，甘肃全省法院工作实现了突破性进展、跨越式提升、历史性变革、系统性重塑，

优化营商环境、积案清理、执行攻坚、府院联动、信访案件化解等10余项工作被《人民日报》《法治日报》《人民法院报》等媒体刊发，并在全国和省级会议上交流经验。

青海法院工作

2023年，青海法院共受理案件195811件，审结180798件。全省法院46个集体、32名个人受到省部级以上表彰。

一、依法惩治犯罪

依法审结一审、二审、再审刑事案件7408件。审结电信网络诈骗及关联犯罪案件163件；审结危险驾驶、交通肇事、重大责任事故、高空抛物等案件2040件。依法审结涉黑涉恶案件13件。海南藏族自治州中院执行到位“日月山埋尸案”涉案“黑财”4735万元，全省法院执行到位1.8亿余元。依法妥善审理全国扫黑办挂牌督办的案件。依法宣告41名被告人无罪。适用认罪认罚从宽制度案件4817件，适用缓刑1704人，对32名被告人免予刑事处罚。按照审判监督程序再审改判刑事案件18件。依法严格规范办理减刑、假释、暂予监外执行案件1622件，对22名不再符合暂予监外执行的人员决定收监执行。

二、依法服务大局

审结各类商事案件34172件，审结破产案件16件。西宁中院妥善审理“西钢”重整案。落实最高人民法院1号司法建议，审结建筑工程和房地产类纠纷案件8057件，与省住建厅签署《关于推进房地产及建设工程领域诉源治理工作合作框架协议》；落实最高人民法院2号司法建议，审结金融类纠纷案件3624件，制定印发《关于进一步加强金融审判工作的通知》。

审结知识产权案件482件。明确8个基层法院集中管辖知识产权一审刑事案件。审结各类环境资源案件1827件。坚持把“从政治上看、从法治上办”贯穿涉木里矿区非法采矿系列案审理的始终。

构建“案件审理+司法宣传+生态修复+综合治理”的环境司法保护体系。华鑫公司破产重整案获评国家公园司法保护典型案例。与央视《今日说法》等栏目共同推出《司法呵护生物多样性》等节目。

审结各类行政案件1992件，国家赔偿案件217件，行政审判一审服判息诉率居全国首位。行政机关负责人出庭应诉率83.97%。连续15年发布行政审判白皮书。常态化召开联席会议。青海省法院与当地党委、政府协同发力，成功化解了5件历时12年的土地征收补偿案件。发出司法建议书173份，收到反馈161份，青海高院向青海省依法治省办、青海省自然资源厅发出弥补治理漏洞的司法建议；向青海省政府提出《进一步推进法治政府建设的建议》。

三、坚持司法为民

审结各类民事案件 75928 件。审结婚姻家庭、继承、相邻纠纷等案件 16690 件，发出人身安全保护令 74 份。审结劳动争议纠纷案件 1436 件，劳务合同纠纷案件 8174 件。审理涉军案件，坚决维护国防利益和军人军属合法权益。缓减免诉讼费 2452 万元，发放救助金 473 万元。开展巡回审判 2962 次。玉树、果洛等地法院在虫草采挖季加强巡回审判和矛盾化解；中央电视台“二十大时光”栏目对化隆县法院“拉面法庭”通过“拉面经济云端诉讼服务点”开展巡回审判，进行了专题报道。青海高院组织编译的《汉藏双语法律词典》出版发行。执结各类执行案件 58880 件，执行到位 128.18 亿元。开展涉民生案件执行专项行动，执结涉民生案件 12106 件，执行到位 9.9 亿元。组织开展“清积案、提质效”三年专项行动，执结一年以上长期未结案件 875 件。组织召开青海全省 21 家单位参加的执行工作联席会。与青海省政府联合制定《关于做好涉党政机关为被执行人案件债务化解工作的实施意见》。强化联合信用惩戒机制，公布失信被执行人名单 17331 人次，发布限消令 24316 人次，追究拒执刑事责任 4 人次。对超期未发放案款的 107 件案件启动“一案双查”。

四、推动多元解纷

青海全省法院设立诉调对接中心 54 个，值班律师工作站 38 个，聘请特邀调解组织 366 个、特邀调解员 720 名，诉前调处各类矛盾纠纷 35809 件。黄南中院化解了涉案标的金额 5 亿元、关联标的金额 87 亿元的“同赛高速”EPC 合同纠纷。海北中院诉前协力化解拖欠农民工工资纠纷 400 余件，工资清欠率 100%。湟源县法院茶汉素人民法庭“四调”阶梯解纷机制，入选最高人民法院新时代人民法庭建设案例。全省法院向全省 53 家“五合一”社会治理综合服务中心派驻工作人员指导调解；与银保监局、银行等单位共同设立金融纠纷调解中心，成功调解案件 698 件。循化县法院聘请全国人大代表、循化县“和美调解室”负责人担任白庄镇人民法庭特邀调解员，调解室先后接待群众 2500 余人次，调解各类纠纷 85 件，调解成功 76 件。省法院“一把手”带头加强对联点县乡矛盾纠纷预防的指导。坚持“有信必复”工作机制，院领导接访涉诉信访案件 19 件 63 人次。集中交办的 66 件信访案件已化解 56 件，13 件重复信访“倒流”案件已全部化解报结。全省法院调解、撤诉民商事案件 64922 件，调解率和撤诉率均居全国前列。

五、持续深化改革

在青海全省法院开展为期 3 年的“质效双优”竞赛活动。强化“三评查一审核”机制，定期召开办案质效讲评分析会。5 项考核指标在全国法院名列前茅。海北中院开展“程序空转”专项治理；果洛中院推进“审前调解 + 简案快审”模式。制定印发院庭长监督管理权责清单等阅核案件的配套制度。探索符合青海法院实际的审判管理考核指标。修订三类人员绩效考核办法。

强化信息化便民举措，网上立案 9 万余件、互联网开庭 8000 余次、发起电子送达 68 万余次。青海高院自主研发电子签名系统，完成电子签名2万余次，荣获最高人民法院重大科技创新成果二等奖。

六、加强队伍建设

组织中心组学习29次，理论研讨10次，带头调查研究37次，解决具体问题17个，制定制度规定4项。完成28个党建调研课题，组织召开中级法院党组书记抓党建工作会。甘德县法院被最高人民法院评为人民法院党建工作先进集体。培训全省法院干警8841人次。完成最高人民法院司法研究重大课题1项，18篇案例入选最高人民法院案例库。与青海省委政法委、青海省委组织部等单位和部门联合印发《关于进一步提升法官检察官入额遴选转任周期的通知》，首次实行跨域遴选、跨域递补，遴选法官224名。治多县法院“行走在长江源头的马背法庭”被新华社刊载，阅读量超百万人次。认真汲取青海省6名领导干部严重违反中央八项规定精神的深刻教训；开展全省法院作风突出问题专项整治。制定《干警“八小时外”“三不得”“八倡导”》。认真填报防止干预司法“三个规定”。

宁夏法院工作

宁夏回族自治区高级人民法院坚持以习近平新时代中国特色社会主义思想为指导，深入学习贯彻党的二十大精神和习近平法治思想，紧紧围绕最高人民法院和宁夏回族自治区党委工作要求，聚焦“公正与效率”主题，坚持为大局服务、为人民司法，全面实施政治素养、司法业务、法治保障、群众服务、改革创新、科技应用“六项能力水平提升工程”，推动宁夏全区法院工作高质量发展，为全面建设社会主义现代化美丽新宁夏提供了有力司法服务和保障。2023年全区法院共受理各类案件31.93万件，同比上升10.55%，结案30.01万件，同比上升11.97%，结案率93.98%，同比上升1.19%，法官人均受案288.95件，人均结案271.56件。

一、筑牢政治忠诚

认真落实“第一议题”制度和“双随机”学习交流机制，对标总书记“怎么说”任务清单建立高院“怎么做”工作台账，动态跟进抓好任务落实，切实把“两个维护”见诸行动。扎实开展主题教育，聚焦“学思想、强党性”要求，坚持把党的创新理论作为党组理论学习中心组、全区法院领导干部研讨班的必修课，作为支部“三会一课”、干警政治轮训的常修课，确保入脑入心、见行见效。聚焦“重实践、建新功”要求，提出“661”工作思路，推动主题教育任务落实落细。坚持以调查研究破解改革发展难题，院领导和部门负责人领题调研，形成调研报告29篇，针对存在的问题逐项列出清单，对账整改销号，推动解决实际问题。坚持把建章立制贯穿主题教育始终，围绕服务保障大局和推动法院工作高质量发展出台相关制度16项，做好两批次主题教育的统筹衔接，相关工作得到自治区第二巡回指导组的充分肯定，并在区直机关主题教育工作交流推进会上交流发言。

二、落实政治责任

坚持党对法院工作的绝对领导，严格执行《中国共产党重大事项请示报告条例》《中国共产党政法工作条例》。出台《关于加强党组自身建设的意见》《贯彻落实中央八项规定精神及其实施细则的实施办法》，着力增强领导班子整体功能，带头改进纪律作风。扛牢维护安全稳定政治责任，对标自治区党委四次全会精神和“1+37+8”文件要求，先后9次召开党组会、党组理论学习中心组学习会，深入学习习近平总书记关于总体国家安全观的重要论述并研究落实意见，及时召开全区法院维护国家安全工作会议、安全隐患排查整治会议，出台宁夏高院机关安全网格化管理制度措施，牢牢守住“三个不发生”的底线。坚持马克思主义在意识形态领域指导地位的根本制度，强化意识形态阵地管理，旗帜鲜明抵制西方错误思潮侵蚀，坚定不移走中国特色社会主义法治道路。

三、做优主责主业

坚持以法治思维和法治方式谋划部署推进工作，着力提升审判执行工作质效，确保执法办案“三个效果”有机统一。充分发挥刑事审判职能，依法审结严重危害社会治安犯罪案件1453件，多发性财产犯罪案件1414件，切实维护群众生命财产安全。全面准确贯彻民法典，审结涉民生案件10.96万件；开展保护中小投资者联合法律宣讲活动，发布破产审判白皮书及典型案例，依法审理金融借贷、企业破产等商事案件1.3万件。加强知识产权保护，两个案例分别入选2022年度宁夏知识产权保护典型案例和2022年中国法院50件典型知识产权案例。完善府院联席会议制度和行政案件跨区域集中管辖，召开行政争议协调化解中心实质化运行现场观摩会，发布行政审判白皮书，审结各类行政案件3918件，推动行政争议实质性化解。强化执行攻坚，开展全区法院执行案件清积提质行动，执结案件10.57万件，执行到位金额241.09亿元。

四、服务保障大局

聚焦先行区建设目标，认真学习贯彻习近平生态文明思想，严格落实自治区党委五次全会精神和“1+4”系列文件要求，专题向自治区人大常委会汇报环资审判工作，完善生态环境损害赔偿制度，建立与检察机关、公安机关和环境资源保护行政执法机关间的工作协调机制，统筹推进生态保护修复和环境治理，全年共审理一审环境资源案件2420件，判处生态环境修复资金1773.83万元，建成启用4个生态环境法治宣传教育及修复示范点。优化法治化营商环境，出台《关于服务保障优化营商环境推动民营经济高质量发展的实施意见》，依法保障市场在资源配置中的决定性作用，尊重和保护经营主体的意思自治，营造公平、透明、可预期的营商环境。建立企业司法“点对点”服务机制，开辟涉企案件“绿色通道”，对涉及民营企业的重点项目、重点工程的案件，做到快立快审快结，确保民营企业合法权益得到及时救济，审结宁夏首例“预重整 + 重整”案例，实现宁夏安能生物质热电有限公司的困境重生。

五、践行司法为民

聚焦人民群众的急难愁盼强化司法供给，开展一年以上长期未结诉讼案件专项整治，对全区法院602件长期未结案件进行逐案研判，实时跟进清积进度，多举措提升清积效率，截至目前已清理589件，清积率97.8%。开展涉法涉诉领域信访突出问题专项整治，出台群众信访“件件有回复”操作规程，建立全区法院涉法涉诉信访案件清单，完善院庭长接访制度，全面梳理排查2022年以来涉法涉诉信访案件457件，目前已全部依法办结。深入开展网上立案、跨域立案、在线庭审、在线调解，“总对总”在线诉调对接工作模式基本形成，分类构建“法院＋行业”“法院＋行政”“法院＋公证”等解纷模式，联合相关单位建立11项在线诉调对接机制，与全国中小企业调解中心、自治区中小企业协会签订备忘录，多元解纷渠道得到实质性拓展。全年累计诉前调解案件10.7万件，调解成功案件7.31万件，成功率68.28%。

六、从严管党治警

严格履行全面从严治党主体责任，“零容忍”惩治司法腐败，驰而不息纠治“四风”，制定全面从严治党“三个清单”，扎实开展形式主义官僚主义问题专项整治，纵深推进执行“三个规定”存在问题专项整治，严肃处理违反“三个规定”干部，加强反面典型案例警示教育，筑牢干警拒腐防变思想防线。坚持抓党建带队建促审判，推进党支部标准化规范化建设，深化执纪监督“四种形态”运用，全面加强干警日常教育管理，对苗头性倾向性问题及时监督、随时提醒，对错误言行及时批评、随时纠正，促进党员干部防身治病、健康成长。全面准确落实司法责任制，细化审判权责清单、明确司法权力边界，严格落实院庭长对“四类案件”的监督指导职责，探索实施“阅核”制度，构建权力运行制度“闭环”。严格贯彻新时代党的组织路线和好干部标准，大力培养选拔优秀年轻干部，强化领导干部交流轮岗，推动形成干事创业、争先创优的良好氛围。

新疆法院工作

2023年，新疆维吾尔自治区法院坚持以习近平新时代中国特色社会主义思想为指导，深入学习贯彻习近平法治思想，全面贯彻落实党的二十大精神，认真学习贯彻习近平总书记在听取自治区和兵团工作汇报时的重要讲话精神，完整准确全面贯彻新时代党的治疆方略，贯彻落实自治区党委十届历次全会精神和最高人民法院部署要求，为大局服务、为人民司法，共受理案件72.31万件，审结66.61万件，结案率90%，执行到位316.55亿元。

一是加强党的政治建设，坚定捍卫“两个确立”、忠诚践行“两个维护”。深入学习贯彻习近平新时代中国特色社会主义思想，切实把握“六个必须坚持”的世界观、方法论，先后召开党组会议31次、组织中心组学习19次，围绕15个重点课题开展调研，形成服务改革发展稳定的制度机制 17 个，主题教育测评满意率 99%；严格落实“第一议题”、常设议题制度，把学习贯彻习近平总书记重要讲话重要指示批示精神作为最重要的政治纪律和政治规矩，深入学习研讨习近平法治思想 8 次，专题学习总书记重要讲话 89 篇次，建立闭环落实措施，确保总书记号令和党中央决策部署不折不扣落实到位；严格执行民主集中制和重大事项请示报告制度，修订党组工作规则，集体研究审议“三重一大”事项 130 个，开展政治轮训 18 期 2764 人次，向新疆维吾尔自治区党委及政法委、最高人民法院党组请示报告 261 次，切实筑牢政治忠诚、提高政治能力、把牢政治方向。

二是坚定不移依法治疆，维护社会大局持续稳定长期稳定。始终把维护社会稳定摆在首位，进一步统一司法认识和办案标准，稳步推进减刑假释工作，组织公检法司同堂培训；研提防范和应对涉疆滥诉的意见建议，用法律武器维护国家主权、安全和发展利益；强化刑事司法与监察执法、行政执法的衔接配合，严厉打击毒品、危害食品药品安全、电信诈骗、养老诈骗等违法犯罪活动，指导审理一批重大非法集资案件，挽回经济损失 4.22 亿元；常态化开展扫黑除恶斗争，依法严惩欺行霸市、敲诈勒索、强迫交易等违法犯罪活动，切实保障人民群众生命财产安全。

三是围绕中心服务大局，以高质量司法助力经济高质量发展。制定优化法治化营商环境 29 条措施，部署开展“三清一促”专项行动，清理涉企积案 1.65 万件；强化府院联动机制建设，常态化开展示范庭审观摩活动 59 场次，向金融、教育、市场监管等行业领域发出司法建议 1205 份；深化国际司法交流合作，高标准建成“两基地一中心”二期项目，接待 6 个国家法院院长及法官 7 个团组 36 人次来疆参访考察，共同推进“一带一路”司法协作；建立西北首家外国法查明中心，实质化运行霍尔果斯“中哈联合纠纷化解平台”，完善口岸特色涉外法律服务体系，助力丝绸之路经济带核心区建设；建立行政保护与司法保护衔接、侵权惩罚性赔偿等制度机制，审结知识产权案件 1334 件；实地召开塔河流域生态环境保护司法协作推进会，牵头建立兵地铁协同联动机制，依法审理执行环资案件 8160 件，用严格制度保护生态环境、用严密法治服务绿色发展。

四是坚持以人民为中心，让各族群众切实感受到公平正义就在身边。坚持和发展新时代“枫桥经验”“浦江经验”，与 10 家单位建立“总对总”诉调对接机制，诉前调解成功率 89.85%，全区新增、创建“无讼村（社区）”335 个，8 个法庭入选最高人民法院“新时代人民法庭建设案例”，经验做法被《中国日报》《法治日报》等媒体刊发；深入实施民法典，依法审理民生案件 8.39 万件，清理长期未结案件 4701 件，清积率达 99.65%，审执结涉农民工工资案件 1121 件，执行到位 2221.48 万元；首次通过抖音 VR 直播模拟庭审，观看量达 18.1 万人次；扎实推进“有信必复”工作，规范办理规程，回复率由 75% 提升至 100%，累计为困难群众缓减免诉讼费 1094.56 万元、发放司法救助金 1271.25 万元；推动建立律师、公证机关协助执行机制，查找被执行人 1.3 万名，将 4.8 万名失信被执行人纳入“黑名单”；集中开展涉民生专项行动 301 次，执结各类案件 2.98 万件，执行到位金额 14.86 亿元，积极促成 5.5 万余件案件执行和解，及时解除限制高消费措施 2.7 万人，修复信用 1.9 万人。

五是做深做实公正司法，以审判理念引领推进审判工作现代化。牢牢把握“公正与效率”

主题，强化“从政治上看、从法治上办”意识，坚持用“三个导向”推工作、抓落实，处理好“五对关系”转理念、转作风，引导全区法院树立新时代公正司法理念；全面准确落实司法责任制，以“阅核制”为抓手，压紧压实院庭长监督管理责任；建立各审判条线人才库 350 人，不断充实专业法官会议力量；建立健全常态化审判数据分析、“有信必复”等 15 项制度，每 2 个月召开 1 次司法审判数据分析会，召开 4 次审判执行工作调度会，全面评估工作运行态势，规范审判执行重点工作；探索帮助指导与绩效考核“双引擎”模式，健全“评案”和“考人”贯通的考核评价体系并抓好落实，建立领导干部联系点制度，累计赴两级法院帮助指导 42 次，解决困难问题 95 个；理清条线指导关系，科学调整职能，强化审级监督力度；就 7 个方面 12 个事项与检察院交流会商，建立分工负责、互相配合、互相制约的良性互动工作机制。在全区法院共同努力下，虽然收案数同比上升 26.58%，但结案数同比上升 30.92%，未结案件数同比下降 17.84%，调解率、案访比等 8 项审判质量管理指标位居全国前列，审判质效呈稳中有进的良好态势。

六是全面从严管党治院，努力锻造忠诚干净担当的法院铁军。以“四个走在前列”模范机关创建为统领，持续推进“精准党建”，创建“五个好”党支部 23 个，评选学习标兵、服务标兵、工作标兵 384 人次；坚持力量下沉、直达基层，为“人案矛盾”突出的基层法院调增员额 45 个、选任员额法官 282 人，选派 162 名优秀党员干警担任驻村工作队队长；开展全区法院队伍建设专题调研，统筹谋划领导班子和干部队伍配备培养、梯次建设，分层分级建立优秀年轻干部人才库，全年提拔重用 7 人、职级等级晋升 94 人、轮岗交流 51 人，举办各类培训班 67 期 5953 人次；多方争取人才智力援疆和“两基地一中心”建设支持，促成 38 家法院来疆对接工作、传经送宝，争取 67 名干部来疆挂职，选派 320 名业务骨干赴援疆省市法院跟案学习，柔性援疆机制初步形成；专题安排部署党风廉政建设和反腐败工作，与派驻纪检监察组召开 3 次联席会议，分 4 轮对 15 家分中院、55 家基层法院开展政治督察、司法巡查、审务督察，全区法院召开警示教育大会 143 场次，通报违纪违法典型案例 135 期，“三个规定”填报率同比大幅提升，教育引导广大党员干警知敬畏、存戒惧、守底线。

解放军军事法院工作

略。

兵团法院工作

2023 年，新疆生产建设兵团各级法院共受理各类案件 92264 件，其中新收 86576 件，同比上升 47.37%，结案 88034 件，同比上升 45.10%。其中，兵团分院共受理各类案件 1990 件，同比上升 115.37%，结案 1767 件，同比上升 96.33%。

一、举旗帜、明方向，以高质量政治建设捍卫党的绝对领导

深入学习贯彻习近平法治思想，严格贯彻落实政法工作条例和重大事项请示报告制度，不断提高政治判断力、政治领悟力、政治执行力，坚持执法办案“从政治上看、从法治上办”，切实把党的领导贯彻落实到法院工作全过程各方面，不断厚植党的执政根基。深入开展学习贯彻习近平新时代中国特色社会主义思想主题教育，全面加强理论武装，动真碰硬检视整改，共集中学习 867 次，集中研讨 643 次，开展调研 137 项，查找问题 359 个，落实整改措施 644 项，开展专项整治 11 项，把主题教育激发出的政治自觉转化为做好司法审判工作的强大动力。坚持党建引领，充实优化党支部设置，开展“党旗映天山”系列主题党日活动，积极创建各具特色的党建品牌，注重选树身边典型，大力弘扬鲍卫忠等法院系统英模精神，广大干警在学思践悟中进一步铸牢政治忠诚，“两个维护”的政治自觉、思想自觉和行动自觉显著增强。

二、讲政治、顾大局，以高质量司法服务兵团高质量发展

（一）推动建设更高水平的平安兵团

依法严惩各种渗透颠覆破坏、暴力恐怖、民族分裂、宗教极端、邪教等犯罪，坚决维护国家政治安全、制度安全、意识形态安全。常态化开展扫黑除恶，巩固提升“黑财”处置到位率。严惩“八类严重暴力”犯罪，开展“全民反诈在行动”宣传，依法打击电信网络诈骗、非法集资等损害群众利益的犯罪，妥善审理重大刑事案件，切实维护金融管理秩序和金融安全稳定。依法惩治腐败犯罪，审结职务犯罪案件 45 件，追赃挽损 2.62 亿元，形成依法反腐的强大震慑，一体推进“三不腐”。持续规范“减假暂”工作，提高减刑案件开庭率，提高司法公信力。

（二）服务保障兵团高质量发展

召开“服务保障兵团工作大局，推进兵团法院高质量发展”座谈会，开展招商引资企业涉诉案件清结活动，制定“执转破”直通程序若干问题规定，举办首届涉外审判业务培训班，全力打造法治化营商环境。推进知识产权审判方式创新，依法严惩制售假冒伪劣品种、种子“套牌”等违法行为，开展知识产权保护宣传普法活动，推动构建知识产权大保护工作格局。建立“林长＋法院院长”工作机制，推动兵地法院开展塔里木河、额尔齐斯河生态环境资源司法保护协作，共同保障美丽新疆建设。设置 224 个法官工作室，线上线下实行一网通办、一站通办，开展“枫桥式人民法庭”创建活动，27 家法院成功创建“职工群众满意的诉讼服务中心”。建立五地六方法院执行联动机制，开展“三践行、三提升”“百日执行攻坚”和拖欠农民工工资执行专项活动，执行到位 26.2 亿元。落实司法联动救助机制，开展信访问题源头治理三年攻坚行动，强化民生司法保障，厚植党的执政根基。

（三）助推法治兵团建设

印发行政审判质效情况通报，制定提升行政审判质效 10 条措施，制发行政诉讼案件繁简

分流实施办法，加强条线监督指导，提升行政审判质效。落实行政机关负责人出庭应诉制度，建立“双月通报”制度，行政机关负责人出庭应诉率从15%上升到96%，有效解决“告官不见官”问题，促进行政争议实质性解决。加强兵团行政规范性文件法律咨询评估工作，从制度和决策源头预防行政争议发生。延伸审判职能，加强司法建议和兵团行政规范性文件法律咨询评估工作。

三、促公正、提效率，以高质量改革创新推进法院工作现代化

强化公正司法理念，关注思考类案背后成因，发出204份司法建议，建立法检交流会商机制，做强诉调对接，做优诉前调解，做好矛盾纠纷实质性化解，努力做实“抓前端、治未病”、双赢多赢共赢、案结事了政通人和理念。紧盯核心指标，坚持周研判、旬通报、月调度，法官人均结案178件，同比增加58件，旧存案件同比下降25.65%，收结案实现良性循环。紧盯发改不当问题，强化“双评双促”工作要求，落实发改案件“九条”刚性措施，强化对下监督指导。开展“长期未结案件清零”活动，清积率达99.19%，10个师法院长期未结案件全部清零。经过广大干警不懈努力，28项指标体系中有22项同比趋优，效率指标大幅提升，质量指标明显改善，效果指标稳步向好。全力推进法答网建设，制定《法答网使用管理实施细则》，构建二级答疑和部门首席答疑专家直达模式。建设集约化编目中心和送达中心，实行全流程网上办公办案，以大数据、智能化助力审判工作提质增效。

四、重自律、强队伍，以高质量队伍建设保证高质量司法

聚焦纪律作风问题，扎实开展“三整顿、三提升”专项活动，查摆问题826个，落实整改措施768项，制定完善制度405项，开展作风整顿148次。聚焦党风廉政问题，充实健全机关纪委，切实扛起党风廉政主体责任，开展廉政教育专题辅导，编印违纪违法案例选编，强化监督执纪问责，查处违纪违法干警30人；严格落实“三个规定”，强力推进如实填报，查处违反“三个规定”人员7人，把抓早抓小就是真爱厚爱落到实处。聚焦业务素质短板，扎实开展“大学习、大练兵、大提升”活动，举办政治轮训464场，开展练兵比武161场，实施青年干警“筑基工程”，与西北政法大学、石河子大学开展合作交流，启动司法精品创建工程，22篇案例入选“中国法院年度案例”。聚焦队伍建设短板，优化干部选育管用工作，选任法官40名，任免法律职务242人次，晋升等级职级33人；大力发挥先进示范引领作用，开展“双优双先一标兵”评选，表彰各类先进150人，8个集体、12名个人受到国家、省级以上表彰，广大干警团结奋斗、敬业奉献的凝聚力战斗力显著增强。

七、案例选载

2023 年最高人民法院发布的指导性案例

指导性案例 212 号

刘某桂非法采矿刑事附带民事公益诉讼案

（最高人民法院审判委员会讨论通过 2023 年 10 月 20 日发布）

关键词

刑事 / 刑事附带民事公益诉讼 / 非法采矿 / 非法采砂 / 跨行政区划集中管辖 / 生态环境损害赔偿

裁判要点

1. 跨行政区划的非法采砂刑事案件，可以由非法开采行为实施地、矿产品运输始发地、途经地、目的地等与犯罪行为相关的人民法院管辖。

2. 对于采售一体的非法采砂共同犯罪，应当按照有利于查明犯罪事实、便于生态环境修复的原则，确定管辖法院。该共同犯罪中一人犯罪或一环节犯罪属于管辖法院审理的，则该采售一体非法采砂刑事案件均可由该法院审理。

3. 非法采砂造成流域生态环境损害，检察机关在刑事案件中提起附带民事公益诉讼，请求被告人承担生态环境修复责任、赔偿损失和有关费用的，人民法院依法予以支持。

基本案情

2021 年 9 月 5 日，被告人刘某桂（住湖北省武穴市）将其所有的鄂银河 ××× 号运力船租赁给另案被告人刘某（已判刑，住江西省九江市浔阳区），后二人商定共同在长江盗采江砂。采砂前，刘某与另案被告人何某东（已判刑，住江西省九江市柴桑区）事前通谋，由何某东低价收购刘某盗采的江砂。

2021 年 9 月 10 日至 9 月 26 日期间，被告人刘某桂三次伙同另案被告人刘某、熊某、杨某（均已判刑）在位于湖北省的长江黄梅段横河口水域盗采江砂约 4500 吨，后运至江西省九江市柴桑区某码头出售给何某东，后何某东在江砂中掺杂机制砂后对外出售。采砂期间，熊某明知上述情况，仍为刘某提供驾驶车辆等帮助，一起参与盗采江砂活动，并从中获取非法利益约 15000 元。杨某受刘某雇请在鄂银河 ××× 号运力船上负责监督卸砂，获取非法利益约 3000 余元。

2021 年 9 月 30 日 0 时许，长江航运公安局水上分局九江派出所接群众举报后，在长江黄梅段横河口水域将正在进行盗采作业的鄂银河 ××× 号运力船查获。经过磅称重，鄂银河 ××× 号运力船装有盗采江砂 1443.09 吨。根据《湖北省人民政府关于加强河道采砂管理的通告》规定，湖北省长江中游干流段禁采期定为 6 月 1 日至 9 月 30 日以及相应河段河道水位超警戒水位时。本案非法采砂的作案地点长江黄梅段横河口水域位于长江中游干流湖北省新州水域。

经江西省九江市发展和改革委员会认定，盗采的江砂市场交易价为 80 元 / 吨。被告人刘某桂与刘某、熊某、何某东、杨某非法采砂 5943.09 吨，价值 475447.2 元。经鉴定，刘某桂、刘某等人非法盗采长江江砂行为对非法采砂区域的生态环境造成的影响分为水环境质量受损、河床结构受损、水源涵养受损和水生生物资源受损。其中，造成的长江生态服务功能损失 35 823.41 元，长江生态环境损害所需修复费用 26767.48 元，共计 62590.89 元。

另查明，刘某、熊某、何某东、杨某因非法采矿罪已被江西省瑞昌市人民法院先行判决。被告人刘某桂于 2022 年 6 月 8 日被抓获归案。

九江市中级人民法院指定江西省瑞昌市人民法院审理本案。经江西省瑞昌市人民检察院依法公告，公告期满未有法律规定的机关和有关组织提起民事公益诉讼。瑞昌市人民检察院遂依法向瑞昌市人民法院提起刑事附带民事公益诉讼。

裁判结果

江西省瑞昌市人民法院于 2022 年 12 月 22 日以（2022）赣 0481 刑初 304 号刑事附带民事判决，认定被告人刘某桂犯非法采矿罪，判处有期徒刑三年，并处罚金人民币 110000 元；责令被告人刘某桂在判决生效 10 日内与刘某、熊某、何某东等人共同退赔国家矿产资源损失 135000 元（已扣除其他被告人赔偿的金额）；被告人刘某桂已退赔的国家矿产资源损失 50000 元上缴国库；附带民事公益诉讼被告刘某桂在判决生效后 10 日内与刘某、熊某、杨某、何某东连带赔偿因非法采砂造成的长江生态服务功能损失 35823.41 元、长江生态环境损害修复费用 26767.48 元，共计 62590.89 元；附带民事公益诉讼被告刘某桂在判决生效后 10 日内在九江市市级新闻媒体上刊登公告，向社会公众赔礼道歉。宣判后，没有上诉、抗诉，判决已发生法律效力。

裁判理由

法院生效裁判认为：被告人刘某桂与刘某等人违反矿产资源法规定，未取得采矿许可证，经事先通谋，共同在长江河道禁采期内非法盗采江砂，价值 475447.2 元，情节特别严重，应当以非法采矿罪追究其刑事责任，且属共同犯罪。公诉机关指控的罪名成立。

关于管辖权问题，经查，被告人刘某桂犯罪行为实施地及其居住地均不在江西省九江市，但共同犯罪中同案犯的行为发生在九江市辖区范围内，且同案犯已先行被江西省瑞昌市人民法院判决。共同犯罪中一人犯罪行为或一环节犯罪属于管辖法院审理的，则该构成共同犯罪的采售一体采砂刑事案件均可由该法院审理。考虑到实践中非法采砂行为的系统破坏性，基于有利于查明犯罪事实、便于生态环境修复的原则，九江市中级人民法院指定本案由瑞昌市人民法院审理，符合法律规定。

被告人刘某桂直接安排实施采砂行为，在共同犯罪中起主要作用。刘某桂在庭审中如实供述了其犯罪事实，具有坦白情节，依法可以从轻处罚。但其曾因非法采矿受过刑事处罚，现又犯非法采矿罪，酌情从重处罚。刘某桂部分退赔国家矿产资源损失，酌情从轻处罚。刘某桂等人在长江非法盗采江砂的犯罪行为，造成国家矿产资源损失，应共同予以退赔。除去同案犯已退赔金额及刘某桂已退赔金额，刘某桂还需退赔矿产资源损失 135000 元。

同时，非法采矿行为还破坏了长江水域生态环境，损害了社会公共利益，应承担相应的民事侵权责任。绿水青山就是金山银山，长江流域经济社会发展，应当坚持生态优先、绿色发展，共抓大保护、不搞大开发的原则。附带民事公益诉讼被告刘某桂应与另案被告人刘某、熊某、何某东、杨某等人共同承担非法采矿造成的生态功能损失、生态修复费用，并负连带赔偿责任。附带民事公益诉讼起诉人要求上述被告赔偿相关长江生态服务功能损失、生态修复费用的诉请，符合法律规定，予以支持。关于附带民事公益诉讼起诉人要求上述被告在九江市级新闻媒体上向社会公开赔礼道歉的诉请，符合法律规定，予以支持。

相关法条

1.《中华人民共和国长江保护法》第 28 条、第 93 条

2.《中华人民共和国刑事诉讼法》第 25 条

3.《最高人民法院关于适用〈中华人民共和国刑事诉讼法〉的解释》第 2 条

指导性案例 213 号

黄某辉、陈某等 8 人非法捕捞水产品刑事附带民事公益诉讼案

（最高人民法院审判委员会讨论通过　2023 年 10 月 20 日发布）

关键词

刑事 / 刑事附带民事公益诉讼 / 非法捕捞水产品 / 生态环境修复 / 从轻处罚 / 增殖放流

裁判要点

1. 破坏环境资源刑事案件中，附带民事公益诉讼被告具有认罪认罚、主动修复受损生态环境等情节的，可以依法从轻处罚。

2. 人民法院判决生态环境侵权人采取增殖放流方式恢复水生生物资源、修复水域生态环境的，应当遵循自然规律，遵守水生生物增殖放流管理规定，根据专业修复意见合理确定放流水域、物种、规格、种群结构、时间、方式等，并可以由渔业行政主管部门协助监督执行。

基本案情

2020 年 9 月，被告人黄某辉、陈某共谋后决定在长江流域重点水域禁捕区湖南省岳阳市东洞庭湖江豚自然保护区实验区和东洞庭湖鲤、鲫、黄颡国家级水产种质资源保护区捕鱼。二人先后邀请被告人李某忠、唐某崇、艾某云、丁某德、吴某峰（另案处理）、谢某兵以及丁某勇，在湖南省岳阳县东洞庭湖壕坝水域使用丝网、自制电网等工具捕鱼，其中黄某辉负责在岸上安排人员运送捕获的渔获物并予以销售，陈某、李某忠、唐某崇、艾某云、丁某德负责驾船下湖捕鱼，吴某峰、谢某兵、丁某勇负责使用三轮车运送捕获的渔获物。自 2020 年 10 月底至 2021 年 4 月 13 日，八被告人先后参与非法捕捞三四十次，捕获渔获物一万余斤，非法获利 10 万元。

2021 年 8 月 20 日，岳阳县人民检察院委托鉴定机构对八被告人非法捕捞水产品行为造成渔业生态资源、渔业资源造成的损害进行评估。鉴定机构于 2021 年 10 月 21 日作出《关于黄某辉等人在禁渔期非法捕捞导致的生态损失评估报告》，评估意见为涉案非法捕捞行为中 2000 公斤为电捕渔获，3000 公斤为网捕渔获。电捕造成鱼类损失约 8000 公斤，结合网捕共计 11000 公斤，间接减少 500 万尾鱼种的补充；建议通过以补偿性鱼类放流的方式对破坏的鱼类资源进行生态修复。岳阳县价格认证中心认定，本案渔类资源损失价值为 211000 元，建议向东洞庭湖水域放流草、鲤鱼等鱼苗的方式对渔业资源和水域生态环境进行修复。

岳阳县人民检察院于 2021 年 7 月 30 日依法履行公告程序，公告期内无法律规定的机关和有关组织反馈情况或提起诉讼，该院遂以被告人黄某辉、陈某、唐某崇、艾某云、丁某德、李某忠、谢某兵、丁某勇八人涉嫌犯非法捕捞水产品罪向岳阳县人民法院提起公诉，并以其行为破坏长江流域渔业生态资源，影响自然保护区内各类水生动物的种群繁衍，损害社会公共利益为由，向岳阳县人民法院提起刑事附带民事公益诉讼，请求判令上述八被告在市级新闻媒体上赔礼道歉；判令上述八被告按照生态损失评估报告提出的生态修复建议确定的放流种类、规格和数量，以及物价鉴定意见，在各自参与非法捕捞渔获物范围内共同购置相应价值的成鱼和苗种，在洞庭湖水域进行放流，修复渔业资源与环境。被告逾期不履行生态修复义务时，应按照放流种类和数量对应的鱼类市场价格连带承担相应渔业资源和生态修复费用 211000 元；判令上述被告连带承担本案的生态评估费用 3000 元。

被告人黄某辉、陈某、唐某崇、艾某云、丁某德、李某忠、谢某兵、丁某勇对公诉机关指控的罪名及犯罪事实均无异议，自愿认罪；同时对刑事附带民事公益诉讼起诉人提出的诉讼请求和事实理由予以认可，并对向东洞庭湖投放规定品种内价值 211000 元成鱼或鱼苗的方式对渔业资源和水域生态环境进行修复的建议亦无异议，表示愿意承担修复生态环境责任。

裁判结果

案件审理过程中，岳阳县人民法院组织附带民事公益诉讼起诉人和附带民事公益诉讼被告人黄某辉、陈某、唐某崇、艾某云、丁某德、李某忠、谢某兵、丁某勇调解，双方自愿达成如下协议：1. 由被告人黄某辉、陈某、唐某崇、艾某云、丁某德、李某忠、谢某兵、丁某勇按照生态损失评估报告提出的生态修复建议确定的放流种类、规格和数量以及物价鉴定意见，在各自参与非法捕捞渔获物范围内共同购置符合增殖放流规定的成鱼或鱼苗（具体鱼种以渔政管理部门要求的标准为准），在洞庭湖水域进行放流，修复渔业资源与环境；2. 由八被告人共同承担本案的生态评估费用 3000 元，直接缴纳给湖南省岳阳县人民检察院；3. 八被告人在市级新闻媒体上赔礼道歉。

调解达成后，湖南省岳阳县人民法院将调解协议内容依法公告，社会公众未提出异议，30 日公告期满后，湖南省岳阳县人民法院经审查认为调解协议的内容不违反社会公共利益，出具了（2021）湘 0621 刑初 244 号刑事附带民事调解书，将调解书送达给八被告人及岳阳县人民检察院，并向社会公开。2021 年 12 月 21 日，在岳阳县东洞庭湖渔政监察执法局监督执行下，根据专业评估意见，被告人李某忠、谢某兵、丁某勇及其他被告人家属在东洞庭湖鹿角码头投放 3–5 厘米鱼苗 446 万尾，其中鲢鱼 150 万尾、鳙鱼 150 万尾、草鱼 100 万尾、青鱼 46 万尾，符合增殖放流的规定。

刑事附带民事调解书执行完毕后，岳阳县人民法院于 2022 年 1 月 13 日以（2021）湘 0621 刑初 244 号刑事附带民事判决，认定被告人黄某辉犯非法捕捞水产品罪，判处有期徒刑一年一个月；被告人陈某犯非法捕捞水产品罪，判处有期徒刑一年一个月；被告人唐某崇犯非法捕捞水产品罪，判处有期徒刑一年；被告人艾某云犯非法捕捞水产品罪，判处有期徒刑十一个月；被告人丁某德犯非法捕捞水产品罪，判处有期徒刑九个月；被告人李某忠犯非法捕捞水产品罪，判处拘役三个月，缓刑四个月；被告人谢某兵犯非法捕捞水产品罪，判处拘役三个月，缓刑四个月；被告人丁某勇犯非法捕捞水产品罪，判处拘役三个月，缓刑四个月；对被告人黄某辉、陈某、唐某崇、艾某云、丁某德、李某忠、谢某兵、丁某勇的非法获利 10 万元予以追缴，上缴国库，等等。

裁判理由

法院生效刑事附带民事调解书认为：被告人黄某辉、陈某、唐某崇、艾某云、丁某德、李某忠、谢某兵、丁某勇非法捕捞水产品的行为破坏了生态环境，损害了社会公共利益，应当承担赔偿责任。附带民事公益诉讼起诉人和附带民事公益诉讼被告人黄某辉、陈某、唐某崇、艾某云、丁某德、李某忠、谢某兵、丁某勇达成的调解协议不违反社会公共利益，人民法院予以确认并出具调解书。

法院生效刑事附带民事判决认为：被告人黄某辉、陈某、唐某崇、艾某云、丁某德、李某忠、谢某兵、丁某勇为谋取非法利益，在禁捕期，使用禁用工具、方法捕捞水产品，情节严重，触犯了《中华人民共和国刑法》第 340 条之规定，犯罪事实清楚，证据确实、充分，应当分别以非法捕捞水产品罪追究其刑事责任。

在非法捕捞水产品罪的共同犯罪中，被告人黄某辉、陈某、唐某崇、艾某云、丁某德、李某忠起主要作用，系主犯，谢某兵、丁某勇起次要作用，系从犯，应当从轻处罚。八被告人如实供述犯罪事实，属于坦白，可从轻处罚；八被告人自愿认罪认罚，依法从宽处理；八被告人按照法院生效调解书内容积极主动购置成鱼或鱼苗在洞庭湖水域放流，主动履行修复渔业资源和生态的责任，可酌情从轻处罚。被告人李某忠、谢某兵、丁某勇犯罪情节较轻，且有悔罪表现，结合司法行政部门社区矫正调查评估报告意见，被告人李某忠、谢某兵、丁某勇没有再犯罪的危险，判处缓刑对居住的社区没有重大不良影响，依法可以宣告缓刑。公诉机关针对八被告人参与网捕、电捕和运输的次数，结合捕捞数量及参与度，分别提出的量刑建议恰当，法院依法予以采信。八被告人的非法捕捞行为破坏生态环境，损害社会公共利益，应当承担相应的民事责任，刑事附带民事公益诉讼起诉人的诉讼请求，符合法律规定，依法予以支持，对在诉讼过程中就刑事附带民事达成调解已依法予以确认。

相关法条

1.《中华人民共和国长江保护法》第 53 条、第 93 条

2.《中华人民共和国刑法》第 340 条

3.《中华人民共和国民法典》第 1234 条

4.《最高人民法院、最高人民检察院关于检察公益诉讼案件适用法律若干问题的解释》第 20 条

指导性案例 214 号

上海某某港实业有限公司破产清算转破产重整案

（最高人民法院审判委员会讨论通过　2023 年 10 月 20 日发布）

关键词

民事 / 申请破产清算 / 申请破产重整 / 污染治理 / 共益债务

裁判要点

1. 人民法院审理涉流域港口码头经营企业破产重整案件，应当将环境污染治理作为实现重整价值的重要考量因素，及时消除影响码头经营许可资质存续的环境污染状态。

2. 港口码头经营企业对相关基础设施建设、维护缺失造成环境污染，不及时治理将影响其破产重整价值的，应当由管理人依法进行治理。管理人请求将相关环境治理费用作为共益债务

由债务人财产随时清偿的，人民法院依法应予支持。

基本案情

上海某某港实业有限公司（以下简称上海某港公司）于1993年9月设立，主营业务为码头租赁及仓储、装卸服务等。所处位置毗邻长江口，东与上海市外高桥港区、保税区相接，西临黄浦江。2019年11月，经债权人申请，上海市第三中级人民法院裁定受理上海某港公司破产清算案。经管理人调查发现，码头承租方经营管理混乱、设施设备陈旧老化，存在重大环境污染隐患。审理期间，环保、交管部门联合下达整改通知，要求对码头污水及扬尘处理设施进行限期整改，否则上海某港公司名下营运许可资质将被吊销。

上海某港公司名下拥有岸线使用许可证、港口经营许可证等无形资产，并拥有150米岸线长度，码头前沿控制线为2米≤水深＜5米，年货物吞吐量约200万吨，为保住上海某港公司营运价值，维护全体债权人利益，法院依申请裁定转入重整程序。

在法院指导下，管理人一方面与环保、交管部门紧急沟通协调，了解具体环保整改要求；另一方面迅速委托第三方进行施工整改，对污水沉砂池、水沟、地坪等设施设备进行施工扩建，确保地面雨水、喷洒水等统一汇集至污水沉砂池，经沉降处理后循环用于港内喷洒，大幅提高港口污水回用率，有效避免污水直排入江。另外加装围墙、增加砂石料围挡遮盖及装车喷水装置，有效管控码头扬尘，防止周边区域大气污染物超标。在接管财产难以支付相关施工、审价费用情况下，由管理人协调第三方先行垫付587068元，待重整资金到位后依据《最高人民法院关于适用〈中华人民共和国企业破产法〉若干问题的规定（三）》第2条的规定，按共益债务予以清偿，部分费用以租金抵扣方式协调租户随时整治并支付。

同时，依据《最高人民法院关于适用〈中华人民共和国企业破产法〉若干问题的规定（三）》第15条第1款的规定，在债权人会议中以专项议案方式充分披露码头经营中的环境问题，说明修复整治费用及其处理方式，并经债权人会议表决同意。以有效地解决环保整改费用不足问题，提高了环境整治效率，确保码头绿色环保运营。在招募投资人过程中，除关注投资人本身资金实力与企业背景外，还关注投资人在码头绿色经营上的意愿和能力。经两轮市场化公开招募，引入投资人投入资金8700余万元，并着重将码头后续环保经营方案纳入重整计划草案。重整后企业将从设施设备改造升级、码头规范智能管理及环保绿色经营三个维度提升码头经营能力，做好外高桥保税区、港区配套服务。经债权人会议表决，出资人组在穷尽送达方式并公告后仍逾期未表决，担保债权组、税务债权组及普通债权组均表决通过了重整计划草案。管理人请求法院裁定批准上海某港公司重整计划草案。

裁判结果

上海市第三中级人民法院于2022年8月10日作出（2019）沪03破320号之六民事裁定：一、批准修订后的《上海某港公司重整计划（草案）》；二、终止上海某港公司重整程序。重整计划执行过程中，在法院、管理人协助下，企业顺利解决营业执照到期及港口经营许可证超期问题。

裁判理由

法院生效裁判认为：对重整计划草案的审查批准，要尊重债权人会议意思自治和坚持合法性审查原则，同时也要考虑其能否在利益平衡基础上实现社会价值最大化。本案中，普通债权组清偿率较模拟清算下零清偿有了提高，在上海某港公司已严重资不抵债情况下，重整计划对出资人组权益调整为零的方案公平合理，草案中的经营方案具有可行性，可有效地延续上海某港公司的经营价值，有助于恢复上海某港公司的经营能力。破产管理人的申请，符合法律规定，并有利于实现企业可持续发展和生态环境保护的双重效果，应予准许。人民法院应充分发挥破产审判职能，将绿色发展理念融入重整司法全过程，从环境问题的修复治理、费用安排、重整计划的制定及执行等方面探索建立灵活高效的工作机制，使重整成为助推困境企业绿色低碳转型的有效路径。具体如下：

一、关于重整企业环境污染治理责任及费用性质

依据《中华人民共和国环境保护法》《中华人民共和国港口法》等相关法律规定，以及“谁污染，谁治理”的原则，企业的环境污染治理责任应延续至其破产受理后。港口码头重整企业对相关基础设施的建设、维护缺失造成环境污染的，应由其作为环境治理责任主体进行整治。管理人作为破产事务的执行者，应负责实施具体的整治行为。该行为使得债务人企业经营资质得以保留，经营价值得以维系，提升了全体债权人的清偿利益。因整治所产生的费用，系为全体债权人利益而产生的费用，管理人请求按照《最高人民法院关于适用〈中华人民共和国企业破产法〉若干问题的规定（三）》第 2 条的规定认定为共益债务的，人民法院应予支持。

二、关于重整期间环境污染治理路径

本案所涉码头污染主要集中于水体、大气污染两方面，在法院指导下，管理人依法协同推进环境污染治理与重整程序：一是府院协调。由法院、管理人走访属地街镇、环境监管部门，充分了解所涉码头岸线环保责任要求及后续规划前景。经沟通协调后，相关部门延长整改期限，为环境污染整治争取了时间。二是先行治理。整改通知下达时，管理人未能接管到应收租金及其他资金。为在短时间内完成各项环境污染治理措施，保住企业经营资质，由管理人沟通码头承租企业先行委托第三方专业机构对标整改。通过对污水沉砂池及附属设施的扩建完善，解决雨水及场地污水未经处理渗漏进入环境水体现象，并提高污水回用率；通过加装降尘降噪设备，降低大气粉尘污染，确保空气质量达标，提升长江口岸流域生态环境质量。三是费用落实。主要费用由承租企业先行垫付，待重整资金到位后以共益债务清偿，解决整治资金难问题。四是信息披露。充分尊重债权人知情权、参与权、监督权，依据《最高人民法院关于适用〈中华人民共和国企业破产法〉若干问题的规定（三）》第 15 条第 1 款规定，将环境污染整治事项作为重大财产处分行为进行专项表决，并在重整计划草案中披露环境污染治理经过及费用承担，争取债权人支持配合重整工作。

三、关于环境污染治理与重整价值维护的关系

本案环境污染治理与企业重整价值密切相关，是决定企业能否实现其重整价值的关键因素。一旦企业违反相关环境污染防治法律法规，面临被剥夺行政许可资质的处罚时，将导致其

重整价值丧失，故在港口码头企业破产重整案件审理过程中，应注重将环境污染治理和企业重整价值维护有机结合，及时消除影响码头经营许可资质存续的环境污染状态，将环境污染治理作为实现重整价值的重要考量因素。

四、关于重整计划的制定、批准及执行

制定重整计划时，应体现绿色发展原则，引导投资人将环保经营方案和环保承诺事项写入计划，注重企业未来能否践行环境责任并促进经济、社会和环境协调发展。对重整计划草案进行审查批准时，应综合考虑企业清算价值、程序合法性等法律因素，以及企业可持续发展、生态环境保护等社会因素。重整计划执行中，应协调解决企业继续经营障碍。通过探索破产审判与生态环境司法保护协同推进的新机制，实现长江流域减污降碳源头治理和企业绿色低碳转型，促进生态环境保护、企业重生、债权人利益最大化的有机统一。

相关法条

1.《中华人民共和国长江保护法》第73条

2.《中华人民共和国企业破产法》第42条、第43条

指导性案例215号

昆明闽某纸业有限责任公司等污染环境刑事附带民事公益诉讼案

（最高人民法院审判委员会讨论通过　2023年10月20日发布）

关键词

刑事/刑事附带民事公益诉讼/环境污染/单位犯罪/环境侵权债务/公司法人人格否认/股东连带责任

裁判要点

公司股东滥用公司法人独立地位、股东有限责任，导致公司不能履行其应当承担的生态环境损害修复、赔偿义务，国家规定的机关或者法律规定的组织请求股东对此依照《中华人民共和国公司法》第20条的规定承担连带责任的，人民法院依法应当予以支持。

基本案情

被告单位昆明闽某纸业有限公司（以下简称闽某公司）于2005年11月16日成立，公司

注册资本100万元。黄某海持股80%，黄某芬持股10%，黄某龙持股10%。李某城系闽某公司后勤厂长。闽某公司自成立起即在长江流域金沙江支流螳螂川河道一侧埋设暗管，接至公司生产车间的排污管道，用于排放生产废水。经鉴定，闽某公司偷排废水期间，螳螂川河道内水质指标超基线水平13.0–239.1倍，上述行为对螳螂川地表水环境造成污染，共计减少废水污染治理设施运行支出3009662元，以虚拟治理成本法计算，造成环境污染损害数额为10815021元，并对螳螂川河道下游金沙江生态流域功能造成一定影响。

闽某公司生产经营活动造成生态环境损害的同时，其股东黄某海、黄某芬、黄某龙还存在如下行为：1. 股东个人银行卡收公司应收资金共计124642613.1元，不作财务记载。2. 将属于公司财产的9套房产（市值8920611元）记载于股东及股东配偶名下，由股东无偿占有。3. 公司账簿与股东账簿不分，公司财产与股东财产、股东自身收益与公司盈利难以区分。闽某公司自案发后已全面停产，对公账户可用余额仅为18261.05元。

云南省昆明市西山区人民检察院于2021年4月12日公告了本案相关情况，公告期内未有法律规定的机关和有关组织提起民事公益诉讼。昆明市西山区人民检察院遂就上述行为对闽某公司、黄某海、李某城等提起公诉，并对该公司及其股东黄某海、黄某芬、黄某龙等人提起刑事附带民事公益诉讼，请求否认闽某公司独立地位，由股东黄某海、黄某芬、黄某龙对闽某公司生态环境损害赔偿承担连带责任。

裁判结果

云南省昆明市西山区人民法院于2022年6月30日以（2021）云0112刑初752号刑事附带民事公益诉讼判决，认定被告单位闽某公司犯污染环境罪，判处罚金人民币200万元；被告人黄某海犯污染环境罪，判处有期徒刑三年六个月，并处罚金人民币50万元；被告人李某城犯污染环境罪，判处有期徒刑三年六个月，并处罚金人民币50万元；被告单位闽某公司在判决生效后10日内承担生态环境损害赔偿人民币10815021元，以上费用付至昆明市环境公益诉讼救济专项资金账户用于生态环境修复；附带民事公益诉讼被告闽某公司在判决生效后10日内支付昆明市西山区人民检察院鉴定检测费用合计人民币129500元。附带民事公益诉讼被告人黄某海、黄某芬、黄某龙对被告闽某公司负担的生态环境损害赔偿和鉴定检测费用承担连带责任。

宣判后，没有上诉、抗诉，一审判决已发生法律效力。案件进入执行程序，目前可供执行财产价值已覆盖执行标的。

裁判理由

法院生效裁判认为：企业在生产经营过程中，应当承担合理利用资源、采取措施防治污染、履行保护环境的社会责任。被告单位闽某公司无视企业环境保护社会责任，违反国家法律规定，在无排污许可的前提下，未对生产废水进行有效处理并通过暗管直接排放，严重污染环境，符合《中华人民共和国刑法》第338条之规定，构成污染环境罪。被告人黄某海、李某城作为被告单位闽某公司直接负责的主管人员和直接责任人员，在单位犯罪中作用相当，亦应以污染环境罪追究其刑事责任。闽某公司擅自通过暗管将生产废水直接排入河道，造成高达10815021元的生态环境损害，并对下游金沙江生态流域功能也造成一定影响，其行为构成对环境公共利益的严重损害，不仅需要依法承担刑事责任，还应承担生态环境损害赔偿民事责任。

附带民事公益诉讼被告闽某公司在追求经济效益的同时，漠视对环境保护的义务，致使公司生产经营活动对环境公共利益造成严重损害后果，闽某公司承担的赔偿损失和鉴定检测费用属于公司环境侵权债务。

由于闽某公司自成立伊始即与股东黄某海、黄某芬、黄某龙之间存在大量、频繁的资金往来，且三人均有对公司财产的无偿占有，与闽某公司已构成人格高度混同，可以认定属《中华人民共和国公司法》第20条第3款规定的股东滥用公司法人独立地位和股东有限责任的行为。现闽某公司所应负担的环境侵权债务合计10944521元，远高于闽某公司注册资本100万元，且闽某公司自案发后已全面停产，对公账户可用余额仅为18261.05元。上述事实表明黄某海、黄某芬、黄某龙与闽某公司的高度人格混同已使闽某公司失去清偿其环境侵权债务的能力，闽某公司难以履行其应当承担的生态环境损害赔偿义务，符合《中华人民共和国公司法》第20条第3款规定的股东承担连带责任之要件，黄某海、黄某芬、黄某龙应对闽某公司的环境侵权债务承担连带责任。

相关法条

1.《中华人民共和国长江保护法》第93条
2.《中华人民共和国民法典》第83条、第1235条
3.《中华人民共和国公司法》第20条

指导性案例216号
睢宁县人民检察院诉睢宁县环境保护局不履行环境保护监管职责案

（最高人民法院审判委员会讨论通过　2023年10月20日发布）

关键词

行政/行政公益诉讼/环境保护监管职责/不履责/代处置

裁判要点

危险废物污染环境且污染者不能处置的，危险废物所在地的生态环境主管部门应履行组织代为处置的法定职责，处置费用依法由污染者承担。生态环境主管部门以危险废物的来源或产生单位不在其辖区范围内为由进行不履责抗辩的，人民法院不予支持。

基本案情

2017年9、10月份，冯某康等人将从浙江省舟山市嘉某清舱有限公司等处非法收购的危险废物船舶清舱油泥委托他人运至江苏省睢宁县岚山镇陈集村一砖瓦厂内非法倾倒。案发后，睢宁县环境保护局将清理出的油泥及油泥污染物130余吨转运至一停车场内。2018年7月，徐州铁路运输检察院就被告人冯某康等人犯污染环境罪一案向徐州铁路运输法院提起公诉，并于同年11月提起刑事附带民事公益诉讼。徐州铁路运输法院发现涉案油泥被长期不规范贮存，为避免二次污染，要求睢宁县环境保护局及时对涉案油泥组织代为处置。因睢宁县环境保护局迟迟未对涉案油泥进行代处置，且已有部分油泥渗漏对周边环境造成二次污染，睢宁县人民检察院于2019年5月27日向睢宁县环境保护局发出检察建议，要求其依法履行环境保护监管职责，对涉案油泥进行依法规范贮存并及时移交有危废处置资质单位依法进行处置。睢宁县环境保护局于2019年7月2日作出回复，认为涉案油泥的产生单位非在其辖区，其没有代为处置的法定职责，涉案油泥应由产废单位所在地环境保护主管部门进行代处置。

睢宁县人民检察院于2019年7月19日以睢宁县环境保护局不履行环境保护监管职责为由提起行政公益诉讼，请求确认睢宁县环境保护局对涉案危险废物的贮存不履行监管职责的行为违法，并责令其将涉案危险废物尽快移交有危废处置资质单位依法处置。案件审理期间，睢宁县环境保护局于2019年10月将涉案油泥及其污染物交由有资质单位进行依法处置。睢宁县人民检察院经审查认为睢宁县环境保护局已经履行涉案危废代处置职责，遂申请将原诉讼请求变更为确认睢宁县环境保护局对涉案危险废物的贮存不履行监管职责的行为违法。

裁判结果

徐州铁路运输法院于2019年11月15日作出（2019）苏8601行初1207号行政判决：确认睢宁县环境保护局对涉案危险废物的贮存未全面及时履行环境保护行政监管职责的行为违法。宣判后，双方当事人均未提起上诉，判决已发生法律效力。

裁判理由

法院生效判决认为：

一、睢宁县环境保护局对涉案危险废物的贮存、处置具有法定监督管理职责

《中华人民共和国环境保护法》第10条第1款规定，县级以上地方人民政府环境保护主管部门，对本行政区域环境保护工作实施统一监督管理。《中华人民共和国固体废物污染环境防治法》（2016年修正）第10条第2款规定，县级以上人民政府环境保护主管部门对本行政区域

内固体废物污染环境的防治工作实施统一监督管理；该法第 17 条第 1 款、第 52 条、第 55 条均对环境保护主管部门对危险废物贮存和处置所负有的监管职责进行了具体规定。

涉案危险废物在睢宁县环境保护局行政辖区范围内，故其对该危险废物负有依法贮存和及时代为处置的法定职责。危险废物一般具有腐蚀性、毒性、感染性等危害特性，对生态环境和人民群众生命财产安全具有极大威胁，贮存和处置不当将造成不可估量的危害后果。《中华人民共和国固体废物污染环境防治法》（2016 年修正）第 55 条之所以规定产生危险废物的单位逾期不处置危险废物或者处置危险废物不符合国家有关规定的，由环境保护行政主管部门指定单位按照国家有关规定代为处置，目的在于及时消除危险废物污染风险，预防因污染扩散造成新的损害，从而有效保护生态环境和人民群众生命健康安全。本案中，冯某康等人因涉嫌刑事犯罪被公安机关采取强制措施，客观上不具备处置涉案危险废物的实际条件，危险废物所在地生态环境主管部门理应履行属地环境保护监管职责，及时组织对涉案危险废物进行代处置，该监管职责并不应因危险废物的来源和产生单位不在其行政辖区而免除。

二、睢宁县环境保护局未依法履行涉案环境保护监管职责

第一，睢宁县环境保护局在明知涉案油泥系具有毒性、易燃性危险废物需依法规范贮存并及时处置的情况下，对涉案油泥未依法寻找符合规定的场所进行规范贮存；涉案油泥贮存过程中未采取任何防流失、防渗漏等污染防治措施；涉案油泥的包装物及存放场所亦未依法设置相关危废识别、警示标志；涉案油泥贮存期间未进行有效的日常管护，在存放容器出现破损以致油泥出现流淌、渗漏已造成二次污染的情况下，亦未及时采取污染防治应急处理措施，上述情形均违反《中华人民共和国环境保护法》《中华人民共和国固体废物污染环境防治法》的相关规定，明显存在行政监管缺失。第二，睢宁县环境保护局作为环境保护行政主管机关，明知涉案危险废物的特性及二次污染的危害，应当对涉案危险废物及时妥善处置，做好污染风险管控，使社会公共利益免受侵害。但其未依法积极履职作为，在涉案油泥存在滴落、流淌、渗漏已造成新的环境污染后果，且经审判机关多次风险提示、检察机关发出检察建议后，仍未对涉案油泥进行规范贮存并及时组织代处置，放任污染后果持续扩大，导致社会公共利益长期处于受侵害状态，应确认其不履行法定职责行为违法。诉讼期间，睢宁县环境保护局履行了对涉案油泥的代处置职责，睢宁县人民检察院申请撤回涉及危险废物处置的有关诉求，人民法院依法对睢宁县环境保护局之前的不履职行为确认违法。

相关法条

1.《中华人民共和国环境保护法》第 10 条

2.《中华人民共和国固体废物污染环境防治法》（2016 年修正）第 10 条、第 55 条

3.《中华人民共和国固体废物污染环境防治法》（2020 年修正）第 9 条第 2 款、第 113 条

指导性案例 217 号

慈溪市博某塑料制品有限公司诉永康市联某工贸有限公司、浙江天某网络有限公司等侵害实用新型专利权纠纷案

（最高人民法院审判委员会讨论通过　2023 年 12 月 15 日发布）

关键词

民事诉讼 / 侵害实用新型专利权 / 反向行为保全 / 担保数额 / 固定担保金 / 动态担保金

裁判要点

1. 涉电子商务平台的知识产权侵权纠纷案件中，被诉侵权人向人民法院申请行为保全，请求责令电子商务平台经营者恢复链接或者服务的，人民法院应当予以审查。

2. 被诉侵权人因涉嫌侵害专利权被采取断开链接或者暂停服务等措施后，涉案专利权被宣告无效但相关专利确权行政诉讼尚未终结期间，被诉侵权人申请采取行为保全措施以恢复链接或者服务，其初步证明或者合理说明，不予恢复将导致其遭受市场竞争优势、商业机会严重丧失等无法弥补的损害，采取恢复链接或者服务的行为保全措施对权利人可能造成的损害不会超过不采取行为保全措施对被诉侵权人造成的损害，且不损害社会公共利益的，人民法院可以裁定准许。

3. 人民法院采取前述行为保全措施，可以责令被诉侵权人在本案判决生效前不得提取其通过电子商务平台销售被诉侵权产品的收款账户中一定数额款项作为担保。提供担保的数额应当综合考虑权利人的赔偿请求额、采取保全措施错误可能给权利人造成的损失、采取保全措施后被诉侵权人的可得利益等情况合理确定。担保金可以采取固定担保金加动态担保金的方式。

基本案情

慈溪市博某塑料制品有限公司（以下简称博某公司）系“具有新型桶体结构的平板拖把清洁工具”实用新型专利（以下简称涉案专利）及“一种用于平板拖把挤水和清洗的拖把桶”实用新型专利（以下简称 180.2 号专利）的专利权人。博某公司认为永康市联某工贸有限公司（以下简称联某公司）在浙江天某网络有限公司（以下简称天某公司）经营的“天某网”上销售的拖把神器构成对上述两专利权的侵犯，故向浙江省宁波市中级人民法院（以下简称宁波中院）提起本案及另案案号为（2019）浙 02 知民初 368 号（以下简称 368 号案）两起诉讼。宁

波中院依博某公司的财产保全申请两案各冻结联某公司支付宝账户余额316万元。因博某公司向天某公司发起投诉，联某公司向天某公司申诉，并出具《知识产权保证金承诺函》，同意缴存100万元保证金于其支付宝账户内，并同意支付宝公司及天某公司冻结其网店自2019年11月10日22时起的全店所有销售收入。

宁波中院一审认定本案侵权成立，判令联某公司等停止侵权、连带赔偿损失，天某公司立即删除、断开被诉侵权产品的销售链接。同日，博某公司再次就被诉侵权产品向天某公司发起投诉。随后，天某公司删除了被诉侵权产品在"天某网"上的销售链接。

联某公司等向最高人民法院提起上诉。二审中，涉案专利权被国家知识产权局宣告全部无效，博某公司表示将就此提起行政诉讼。2020年11月5日，联某公司向最高人民法院提出反向行为保全申请，请求法院责令天某公司立即恢复申请人在"天某网"上的产品销售链接。并称被诉侵权产品系其"爆款产品"，"双十一"即将来临，不恢复链接将使其遭受难以弥补的损失。截至行为保全申请提出之日，368号案尚在一审审理中，其所涉180.2号专利仍处于有效状态；联某公司支付宝账户余额共被冻结1560万元，其中828万元为联某公司同意冻结的其网店自2019年11月10日22时起的全店所有销售收入。

裁判结果

最高人民法院于2020年11月6日作出（2020）最高法知民终993号民事裁定：一、天某公司立即恢复联某公司在"天某网"购物平台上的被诉侵权产品销售链接；二、冻结联某公司名下的支付宝账户余额632万元，期限至本案判决生效之日；三、自恢复被诉侵权产品销售链接之日起至本案判决生效之日止，如联某公司恢复链接后被诉侵权产品的销售总额的50%超过632万元，则应将超出部分的销售额的50%留存在其支付宝账户内，不得提取。

裁判理由

最高人民法院认为：

一、关于联某公司作为被诉侵权人是否具有提起行为保全申请的主体资格

电子商务平台经营者在收到知识产权权利人含有侵权初步证据的通知时，具有采取删除、屏蔽、断开链接、终止交易和服务等必要措施的法定义务。而对于电子商务平台经营者在何种情况下可以应平台内经营者的申请采取恢复链接等措施，我国法律没有相关规定。《民事诉讼法》第100条所规定的行为保全措施的申请人并不限于原告。在涉电子商务平台知识产权侵权纠纷中，允许被诉侵权的平台内经营者在符合《民事诉讼法》第100条规定的条件下申请行为保全，要求电子商务平台经营者采取恢复链接等行为保全措施，对于合理平衡知识产权权利人、电子商务平台经营者和平台内经营者的合法利益，促进电子商务市场健康发展具有重要意义。

由于专利权等通过行政授权取得权利的知识产权在民事侵权诉讼过程中，可能因被宣告无效、提起行政诉讼等程序而使权利处于不确定状态，且平台内经营者的经营状况等在诉讼过程中也可能发生重大变化。此时，平台内经营者因情况紧急，不恢复链接将会使其合法利益受到

难以弥补的损害，向人民法院申请行为保全，要求电子商务平台经营者采取恢复链接等行为保全措施的，人民法院应当予以受理，并依据《民事诉讼法》第100条及相关司法解释的规定进行审查。本案中，涉案专利在二审中被国家知识产权局宣告无效，其有效性因权利人即将提起行政诉讼而处于不确定状态。作为被删除产品链接的联某公司具有提起恢复链接行为保全申请的主体资格。

二、关于本案应否采取恢复链接行为保全措施

在确定是否依被诉侵权人的申请采取恢复链接行为保全措施时应主要考虑以下因素：申请人的请求是否具有事实基础和法律依据；不恢复链接是否会对申请人造成难以弥补的损害；恢复链接对专利权人可能造成的损害是否会超过不恢复链接对被诉侵权人造成的损害；恢复链接是否会损害社会公共利益；是否存在不宜恢复链接的其他情形。具体到本案：

（一）联某公司的请求是否具有事实基础和法律依据

本案为侵害实用新型专利权纠纷。我国实用新型专利的授权并不经过实质审查，其权利稳定性较弱。为了平衡专利权人的利益及同业竞争者、社会公众利益，维护正常、有序的网络运营环境，专利权人要求电子商务平台经营者删除涉嫌侵害实用新型专利权的产品销售链接时，应当提交由专利行政部门作出的专利权评价报告。专利权人无正当理由不提交的，电子商务平台经营者可以拒绝删除链接，但法院经审理后认定侵权的除外。本案中，天某公司在原审法院认定侵权成立后及时删除了被诉侵权产品的销售链接，但二审中涉案专利权已被国家知识产权局因缺乏新颖性而宣告全部无效，博某公司即将提起行政诉讼，专利有效性处于不确定状态。联某公司因本案诉讼及368号案，截至2020年11月5日支付宝账户余额共被冻结1560万元，正常生产经营受到严重影响。在此情况下，联某公司要求天某公司恢复产品链接具有事实与法律依据。

（二）不恢复链接是否会对申请人造成难以弥补的损害

在涉电子商务平台知识产权侵权纠纷中，删除、屏蔽、断开商品销售链接不仅将使该商品无法在电子商务平台上销售，而且还将影响该商品之前累积的访问量、搜索权重及账户评级，进而降低平台内经营者的市场竞争优势。因此，确定“难以弥补的损害”应考量是否存在以下情形之一：1. 不采取行为保全措施是否会使申请人的商誉等人身性质的权利受到无法挽回的损害；2. 不采取行为保全措施是否会导致申请人市场竞争优势或商业机会严重丧失，导致即使因错误删除链接等情况可以请求金钱赔偿，但损失非常大或者非常复杂以至于无法准确计算其数额。

本案中，被诉侵权产品主要通过联某公司在“天某网”上的涉案网店进行销售，且根据原审查明的事实，2019年11月13日被诉侵权产品累计销量为283693件；2019年12月4日，原审法院组织各方当事人进行证据交换时的累计销量为352996件；2020年1月13日，原审庭审时的累计销量为594347件。这一方面说明被诉侵权产品的销量大，另一方面也说明其累计的访问量及搜索权重较大，断开销售链接对其网络销售利益影响较大。特别是在“双十一”等特定销售时机，是否恢复链接将对被诉侵权人的商业利益产生巨大影响。在涉案专利权效力处于不确定状态的情况下，通过恢复链接行为保全措施使平台内经营者能够在“双十一”等特

定销售时机正常上线经营，能够避免其利益受到不可弥补的损害。

（三）恢复链接对专利权人可能造成的损害是否会超过不恢复链接对被诉侵权人造成的损害

被诉侵权产品与涉案专利产品虽为同类产品，但市场上类似产品众多，并不会导致博某公司的专利产品因恢复链接而被完全替代。而且，法院已经考虑到因恢复链接可能给博某公司带来的损失，并将冻结联某公司支付宝账户相应金额及恢复链接后继续销售的部分可得利益，联某公司也明确表示同意。在此情况下，相较于不恢复链接对联某公司正常经营的影响，恢复链接对博某公司可能造成的损害较小。

（四）恢复链接是否会损害社会公共利益

在专利侵权纠纷中，社会公共利益一般考量的是公众健康、环保以及其他重大社会利益。本案被诉侵权产品系用于家庭日常生活的拖把桶，恢复链接时考量的重要因素为是否会对公众健康、环保造成影响，特别需要考虑是否会对消费者的人身财产造成不应有的损害，而本案无证据表明被诉侵权产品存在上述可能损害公共利益的情形。

（五）是否存在不宜恢复链接的其他情形

本案被诉侵权产品除涉嫌侵害涉案专利权外，还在 368 号案中涉嫌侵害博某公司 180.2 号专利，且 180.2 号专利目前仍处于有效状态。但首先，368 号案尚在一审审理中，被诉侵权产品是否侵权、现有技术抗辩是否成立尚不确定。其次，368 号案中博某公司赔偿损失的诉讼请求已经通过冻结联某公司支付宝账户余额 316 万元的财产保全措施予以保障。再次，在确定本案行为保全担保金额时，已考虑 368 号案的情况酌情提高了联某公司的担保金额并将冻结联某公司恢复链接后继续销售的部分可得利益。因本行为保全措施系针对本案诉讼，担保金额冻结至本案判决生效之日，届时，如果 368 号案仍在审理中，博某公司可以在该案中通过申请行为保全等措施维护自身合法权益，由法院根据该案情况决定是否采取行为保全措施。因此，不存在博某公司就 180.2 号专利所享有的权利难以得到保障的情况。被诉侵权产品还因涉嫌侵害 180.2 号专利权而涉诉的事实不影响本案行为保全措施的采取。

三、关于担保金额的确定

行为保全担保金额的确定既要合理又要有效。既要考虑行为保全措施实施后对被申请人可能造成的损害，也要防止过高的担保金额对申请人的生产经营造成不合理影响。在涉电子商务平台专利侵权纠纷中，恢复链接行为保全措施担保金额的确定，一方面应考虑恢复链接后可能给权利人造成的损害，确保权利人就该损害另行主张赔偿的权利得到充分保障；另一方面也应合理确定申请人恢复链接后的可得利益，避免因冻结过多的销售收入不合理影响其资金回笼和后续经营。本案中，博某公司在本案及 368 号案中均要求被诉侵权人赔偿经济损失 316 万元，原审法院均已采取财产保全措施。但考虑到被诉侵权产品在删除链接前销售数额较大、恢复链接将可能导致博某公司的损失扩大等因素，为最大限度保护专利权人的利益，将综合博某公司在两案中的赔偿主张、恢复链接后联某公司的可得利益等因素酌定担保金额。鉴于联某公司的可得利益将随产品销售而不断增加，除固定担保金外，本案将增加动态担保金。由于联某公司的销售收入中还含有成本、管理费用等，为防止过高的担保金额对联某公司的生产经营造成不合理影响，在考虑本案及 368 号案所涉专利贡献率的情况下，酌情将动态担保金确定为联某公司销售额的 50%。

相关法条

《中华人民共和国民事诉讼法》（2023 年修正）第 103 条（本案适用的是 2017 年修正的《中华人民共和国民事诉讼法》第 100 条）

指导性案例 218 号

苏州赛某电子科技有限公司诉深圳裕某科技有限公司等侵害集成电路布图设计专有权纠纷案

（最高人民法院审判委员会讨论通过　2023 年 12 月 15 日发布）

关键词

民事 / 侵害集成电路布图设计专有权 / 登记 / 保护对象 / 保护范围 / 独创性

裁判要点

1. 集成电路布图设计登记的目的在于确定保护对象，而非公开设计内容。公开布图设计内容并非取得集成电路布图设计专有权的条件。

2. 集成电路布图设计专有权的保护范围，一般可以根据申请登记时提交的布图设计复制件或者图样确定。对于无法从复制件或者图样识别的布图设计内容，可以依据与复制件或者图样具有一致性的样品确定。

3. 取得集成电路布图设计登记，并不当然意味着登记的布图设计内容具有独创性，权利人仍应当对其主张权利的布图设计的独创性作出合理解释或者说明。被诉侵权人不能提供充分反证推翻该解释或者说明的，可以认定有关布图设计具备独创性。

基本案情

苏州赛某电子科技有限公司（以下简称赛某公司）于 2012 年 4 月 22 日申请登记了名称为“集成控制器与开关管的单芯片负极保护的锂电池保护芯片”的集成电路布图设计，并于 2012 年 6 月 8 日公告，该集成电路布图设计专有权至今处于有效状态。深圳准某电子有限公司（以下简称准某公司，已注销）未经许可，复制、销售的芯片与涉案集成电路布图设计实质相同。深圳裕某科技有限公司（以下简称裕某公司）为准某公司的销售行为代开发票。被诉侵权行为发生时，户某欢为准某公司的唯一股东，持有裕某公司51%的股权，并同时担任两公司的法定代表人。户某欢后将准某公司股权转让给黄某东、黄某亮。在一审诉讼期间，黄某东、黄某亮注销了准某公司。

赛某公司认为，准某公司、裕某公司共同侵害了涉案集成电路布图设计专有权，户某欢、黄某东、黄某亮应对准某公司承担连带责任。故诉至法院请求判令停止侵权，裕某公司、户某欢、黄某东、黄某亮连带赔偿经济损失。

裁判结果

广东省深圳市中级人民法院于2019年6月19日作出（2015）深中法知民初字第1106号民事判决：一、裕某公司在判决生效之日起10日内赔偿赛某公司经济损失50万元；二、户某欢、黄某东、黄某亮对上述赔偿金额承担连带责任；三、驳回赛某公司其余诉讼请求。宣判后，裕某公司、户某欢、黄某东、黄某亮向最高人民法院提起上诉。最高人民法院于2020年10月16日作出（2019）最高法知民终490号民事判决：驳回上诉，维持原判。

裁判理由

最高人民法院认为：

一、关于能否以样品剖片确定涉案布图设计的保护范围

1. 复制件或图样的纸件、样品能否用以确定布图设计的保护范围。在布图设计登记时，向登记部门提交的材料中包含布图设计内容的有：复制件或者图样的纸件、复制件或者图样的电子版本、样品。其中，复制件或者图样的纸件是必须提交的；样品在布图设计已经投入商业利用的情况下提交；复制件或者图样的电子版本是基于自愿提交的，还特别要求电子文档应当包含该布图设计的全部信息，并注明文件的数据格式。可见，复制件或图样的纸件是获得登记必须提交的文件。在确定布图设计的保护范围时，一般应根据复制件或图样的纸件进行。随着半导体行业的发展，布图设计能在更小的半导体基片上完成更为复杂的布图集成，其集成度大幅提高。即使按照《集成电路布图设计保护条例实施细则》第14条规定"复制件或者图样的纸件至少放大到该布图设计生产的集成电路的20倍以上"，仍然存在复制件或者图样的纸件放大倍数尚不足以完整、清晰地反映布图设计内容的情况。此时，在样品与复制件或图样的纸件具有一致性的前提下，可以采用样品剖片，通过技术手段精确还原出芯片样品包含的布图设计的详细信息，提取其中的三维配置信息，确定纸件中无法识别的布图设计细节，用以确定布图设计的内容。

2. 是否只能以登记时已经公开的内容确定保护范围。不同于专利法对发明创造采取公开换保护的制度设计，《集成电路布图设计保护条例》对布图设计的保护并不以权利人公开布图设计为条件。国家知识产权局在布图设计的登记审查时，对纸件的要求是至少放大到20倍以上，对电子版本的要求是包含布图设计的全部信息。登记公告后，公众可以请求查阅的是纸件，对于已经投入商业利用的布图设计纸件中涉及的保密信息，除侵权诉讼或行政处理程序的需要，不得查阅或复制；对于电子版本，同样除侵权诉讼或行政处理程序需要外，任何人不得查阅或

复制。从上述规定内容可以看出，无论在登记过程中还是登记公告后，对含有布图设计全部信息的电子版本和已投入商业利用的布图设计纸件中的保密信息均没有对公众无条件全部公开的要求。

《集成电路布图设计保护条例》在布图设计的保护上采取的是专门法模式。布图设计的保护没有采用类似对发明创造的专利保护规则，即并非通过登记公开布图设计内容以换取专用权。同时，条例对布图设计的保护也与著作权法对作品的保护不完全相同。布图设计的登记是确定保护对象的过程，是获得布图设计专有权的条件，而不是公开布图设计内容的过程，也不是以公开布图设计为对价而获得专有权保护。

二、关于涉案布图设计是否具有独创性

关于布图设计的独创性。首先，集成电路布图设计专有权保护的是集成电路中元件和三维配置，不延及思想等。在体现布图设计的功能层次上由于不含有元件和线路的三维配置，不给予保护。在这个层次之下，独创性的体现逐步增强，对元件分配、布置，各元部件间的互联，信息流向关系，组合效果等可以给予保护。其次，受保护的独创性部分应能够相对独立地执行某种电子功能。受保护的布图设计的独创性，可以体现在布图设计任何具有独创性的部分中，也可以体现在布图设计整体中。布图设计中任何具有独创性的部分均受法律保护，而不论其在整体设计中是否占据主要部分，能否实现整体设计的核心性能。如果一项布图设计是由公认的常规设计组合而成，则其组合作为整体应具有独创性。同时，如果权利人提出的是具有独创性的部分，则该部分应当能够相对独立地执行某种电子功能。最后，独创性是布图设计受保护的前提条件。布图设计的独创性包含两层含义：自己设计完成；不属于创作时公认的常规设计。在侵权诉讼中，当被诉侵权人对布图设计的独创性提出异议时，人民法院应当根据双方的主张、提交的证据对布图设计的独创性进行认定。对于专有权人选择布图设计中具有独创性的部分，围绕权利人提出的部分进行独创性判断时，应从两个层面逐次进行：一是受保护的布图设计属于为执行某种电子功能而对元件、线路所作的三维配置，否则不能受布图设计专有权保护。二是上述部分含有的三维配置在其创作时不是公认的常规设计。

权利人在提出独创性部分的同时，可以对独创性部分进行说明，权利人的独创性说明可能是从不同角度对独创性部分的概括或者抽象，而不一定包括对三维配置内容的描述，但在对上述权利人指明的部分进行独创性判断时，应根据权利人的独创性说明，将权利人指明部分中含有的元件和线路的具体三维配置作为判断对象。

对权利人提出的独创性部分进行证明的过程中，不能以经过登记备案而当然认为布图设计的整体或任何部分具有独创性。但对于独创性的证明，不能过分加重权利人的举证责任，要求其穷尽一切手段证明布图设计的独创性。相对而言，被诉侵权人只要能够提供一份已经公开的常规布图设计就能推翻权利人主张的独创性部分。因此，对独创性的举证责任分配应充分考虑集成电路布图设计的特点、目前我国集成电路布图设计的登记现状、双方的举证能力等因素，以权利人提出的独创性部分为依据，首先要求权利人对其主张的独创性部分进行充分说明或初步证明，然后由被诉侵权人就不具有独创性提出相反证据，在综合考虑上述事实、证据的基础上进行判断。

相关法条

《集成电路布图设计保护条例》第 4 条第 1 款、第 8 条

指导性案例 219 号

广州天某高新材料股份有限公司、九江天某高新材料有限公司诉安徽纽某精细化工有限公司等侵害技术秘密纠纷案

（最高人民法院审判委员会讨论通过　2023 年 12 月 15 日发布）

关键词

民事 / 侵害技术秘密 / 以侵害知识产权为业 / 惩罚性赔偿 / 损害赔偿数额

裁判要点

1. 判断侵害知识产权行为是否构成情节严重并适用惩罚性赔偿时，可以综合考量被诉侵权人是否以侵害知识产权为业、是否受到刑事或者行政处罚、是否构成重复侵权、诉讼中是否存在举证妨碍行为，以及侵权行为造成的损失或者侵权获利数额、侵权规模、侵权持续时间等因素。

2. 行为人明知其行为构成侵权，已实际实施侵权行为且构成其主营业务的，可以认定为以侵害知识产权为业。对于以侵害知识产权为业，长期、大规模实施侵权行为的，可以依法从高乃至顶格适用惩罚性赔偿倍数确定损害赔偿数额。

基本案情

2000 年 6 月 6 日，广州天某高新材料股份有限公司（以下简称广州天某公司）登记成立。2007 年 10 月 30 日，九江天某高新材料有限公司（以下简称九江天某公司）登记成立，独资股东是广州天某公司。二天某公司为证明二者之间存在卡波技术的许可使用关系，提交了两份授权书。第一份授权书于 2008 年 9 月 30 日出具，记载：现将广州天某公司自主研发的卡波姆产品生产技术及知识产权授予九江天某公司无偿使用，授权期限为 10 年，从 2008 年 10 月 1 日至 2018 年 9 月 30 日止。在授权期间内，九江天某公司拥有该项技术的使用权，其权利包括但不限于利用该技术生产、制造、销售产品，利用该技术改善其目前的产业流程，对该技术成

果进行后续改进形成新的技术成果等。未经双方书面同意与确认，广州天某公司和九江天某公司不得将该项技术授予其他任何单位或个人使用。授权期满后，授予的使用权将归还广州天某公司所有。第二份授权书于 2018 年 9 月 15 日出具，授权期限自 2018 年 10 月 1 日至 2028 年 9 月 30 日，授权内容同第一份授权书。本案涉案产品即为卡波，也称卡波姆（Carbomer），中文别名聚丙烯酸、羧基乙烯共聚物，中和后的卡波是优秀的凝胶基质，广泛应用于乳液、膏霜、凝胶中。

2011 年 8 月 29 日，安徽纽某精细化工有限公司（以下简称安徽纽某公司）登记成立，成立时法定代表人是刘某，刘某出资比例为 70%，后法定代表人变更为吴某成。

华某于 2004 年 3 月 30 日入职广州天某公司，2013 年 11 月 8 日离职。2007 年 12 月 30 日至其离职，华某先后与广州天某公司签订《劳动合同》及《商业保密、竞业限制协议》《员工手册》《专项培训协议》等文件，就商业秘密的保密义务、竞业限制等方面进行了约定。朱某良、胡某春曾就职于广州天某公司，在职期间均与广州天某公司签订了《劳动合同》《商业保密、竞业限制协议》《商业技术保密协议》等。2012 年至 2013 年期间，华某利用其卡波产品研发负责人身份，以撰写论文为由向九江天某公司的生产车间主任李某某索取了卡波生产工艺技术的反应釜和干燥机设备图纸，还违反广州天某公司管理制度，多次从其在广州天某公司的办公电脑里将卡波生产项目工艺设备的资料拷贝到外部存储介质中。华某非法获取二天某公司卡波生产技术中的生产工艺资料后，先后通过 U 盘拷贝或电子邮件发送的方式将二天某公司的卡波生产工艺原版图纸、文件发送给刘某、朱某良、胡某春等人，并且华某、刘某、朱某良、胡某春对二天某公司卡波生产工艺技术的原版图纸进行了使用探讨。在此过程中，胡某春与朱某良均提出是否会侵犯九江天某公司的相关权利，华某则要求胡某春根据二天某公司卡波生产工艺技术的原版图设计安徽纽某公司的生产工艺，并交代胡某春设计时不要与二天某公司做得一模一样等。于是胡某春按照华某的要求对广州天某公司卡波工艺设计图进行修改，最后将修改后的图纸委托山东某工程设计有限公司合肥分院作出设计，委托江苏某机械有限公司制造反应釜，并向与二天某公司有合作关系的上海某粉体机械制造公司订购与二天某公司一样的粉碎机械设备，再委托江苏无锡某搅拌设备有限公司根据江苏某机械有限公司的技术方案设计总装图，进而按照总装图生产搅拌器。

至迟自 2014 年起，安徽纽某公司利用华某从二天某公司非法获取的卡波生产工艺、设备技术生产卡波产品，并向国内外公司销售，销售范围多达二十余个国家和地区。生产卡波产品为安徽纽某公司的主要经营业务，无证据证明其还生产其他产品。2018 年 1 月，安徽纽某公司原法定代表人刘某等因侵犯商业秘密罪被追究刑事责任，在相关刑事判决已经认定华某、刘某等实施了侵犯权利人技术秘密行为的情况下，安徽纽某公司仍未停止侵权。依据相关证据，安徽纽某公司自 2014 年起，直至 2019 年 8 月，始终持续销售卡波产品。

广州天某公司、九江天某公司于 2017 年以安徽纽某公司、华某、刘某、胡某春、朱某良等侵害其卡波技术秘密为由诉至法院，请求判令各被告停止侵权、赔偿损失、赔礼道歉。

裁判结果

广州知识产权法院于2019年7月19日作出（2017）粤73民初2163号民事判决：一、华某、刘某、胡某春、朱某良、安徽纽某公司于本判决生效之日起立即停止侵害广州天某公司、九江天某公司涉案技术秘密，并销毁记载涉案技术秘密的工艺资料。二、安徽纽某公司于本判决生效之日起10日内赔偿广州天某公司、九江天某公司经济损失3000万元及合理开支40万元，华某、刘某、胡某春、朱某良对前述赔偿数额分别在500万元、500万元、100万元、100万元范围内承担连带责任。三、驳回广州天某公司、九江天某公司其他诉讼请求。一审宣判后，广州天某公司、九江天某公司、安徽纽某公司、华某、刘某向最高人民法院提起上诉。

最高人民法院于2020年11月24日作出（2019）最高法知民终562号民事判决：一、维持广州知识产权法院（2017）粤73民初2163号民事判决第一项、第三项。二、变更广州知识产权法院（2017）粤73民初2163号民事判决第二项为安徽纽某公司于本判决生效之日起10日内赔偿广州天某公司、九江天某公司经济损失3000万元及合理开支40万元，华某、刘某、胡某春、朱某良对前述赔偿数额分别在500万元、3000万元、100万元、100万元范围内承担连带责任。三、驳回广州天某公司、九江天某公司的其他上诉请求。四、驳回华某、刘某、安徽纽某公司的上诉请求。二审宣判后，安徽纽某公司、华某、刘某向最高人民法院提起再审申请。

最高人民法院于2021年10月12日作出（2021）最高法民申4025号民事裁定：驳回华某、刘某、安徽纽某公司的再审申请。

裁判理由

最高人民法院认为：《中华人民共和国反不正当竞争法》（以下简称《反不正当竞争法》）第17条第3款规定，因不正当竞争行为受到损害的经营者的赔偿数额，按照其因被侵权所受到的实际损失确定；实际损失难以计算的，按照侵权人因侵权所获得的利益确定。经营者恶意实施侵犯商业秘密行为，情节严重的，可以在按照上述方法确定数额的一倍以上五倍以下确定赔偿数额。赔偿数额还应当包括经营者为制止侵权行为所支付的合理开支。

本案中，二天某公司的实际损失无法查清，故根据已查明的安徽纽某公司的部分销售情况进行计算得出其侵权获利。安徽纽某公司生产的卡波产品，其工艺、流程和部分设备侵害了二天某公司的涉案技术秘密，但其卡波配方并未被认定侵害二天某公司的技术秘密。原审法院在确定侵权获利时未考虑涉案技术秘密在卡波生产中的作用，同时也未充分考虑除涉案技术秘密信息之外的其他生产要素在卡波产品生产过程中的作用，以安徽纽某公司自认的3700余万元销售额乘以精细化工行业毛利率32.26%，得到安徽纽某公司可以查实的部分侵权获利近1200万元。现综合考虑涉案被侵害技术秘密在卡波产品生产过程中所起的作用，酌情确定涉案技术秘密的贡献程度为50%，因此对于安徽纽某公司的侵权获利相应酌减取整数确定为600万元。关于利润率的选择，由于安徽纽某公司未根据法院要求提供原始会计凭证、账册、利润表，也未举证证明其卡波产品的利润率，应承担举证不利的法律后果，故按照广州天某公司年报公布的精细化工行业毛利率确定其产品利润率。

安徽纽某公司虽在二审阶段向法院提交营业执照等证据佐证其经营范围不止卡波产品的生产。但根据已查明的事实，安徽纽某公司除卡波产品外，并没有生产其他产品，安徽纽某公司也未进一步举证证明其除卡波产品以外生产其他产品的事实。本案中，华某被诉披露技术秘密的侵权行为发生于 2012 年至 2013 年期间，安徽纽某公司利用华某从二天某公司非法获取的卡波生产工艺、设备技术生产卡波产品，并向国内外销售。此外，安徽纽某公司明确陈述其所生产的卡波产品均为相同设备所产。界定行为人是否以侵权为业，可从主客观两方面进行判断。就客观方面而言，行为人已实际实施侵害行为，并且系其公司的主营业务、构成主要利润来源；从主观方面看，行为人包括公司实际控制人及管理层等，明知其行为构成侵权而仍予以实施。本案中安徽纽某公司以及刘某等人的行为，即属此类情形。

《反不正当竞争法》第 17 条第 3 款规定了判处惩罚性赔偿的条件以及惩罚性赔偿的倍数范围。可见，若经营者存在恶意侵害他人商业秘密的行为且情节严重的，权利人可请求侵权人承担赔偿金额相应倍数的惩罚性赔偿。因此，本案应在判断安徽纽某公司是否存在恶意侵权、情节是否严重的基础上确定是否适用惩罚性赔偿。根据本案业已查明的事实，安徽纽某公司自成立以来，便以生产卡波产品为经营业务，其虽辩称也生产其他产品，但并未提交证据加以佐证，且其所生产的卡波产品名称虽有差别，但均由同一套设备加工完成。此外，当其前法定代表人刘某因侵犯商业秘密罪被追究刑事责任，被认定实施了侵犯权利人技术秘密行为后，安徽纽某公司仍未停止生产，销售范围多至二十余个国家和地区，同时在本案原审阶段无正当理由拒不提供相关会计账册和原始凭证，构成举证妨碍，足见其侵权主观故意之深重、侵权情节之严重。鉴于本案被诉侵权行为跨越《反不正当竞争法》修改施行的 2019 年 4 月 23 日前后，安徽纽某公司拒绝提供财务账册等资料构成举证妨碍，所认定的侵权获利系基于安徽纽某公司自认的销售额确定，仅系其部分侵权获利；侵权人在本案中并未提交证据证明其法律修改前后的具体获利情况，导致无法以 2019 年 4 月 23 日为界进行分段计算；现有证据显示安徽纽某公司在一审判决之后并未停止侵权行为，其行为具有连续性，其侵权规模巨大、持续时间长。鉴于此，导致依据在案证据客观上难以分段计算赔偿数额。《反不正当竞争法》设立惩罚性赔偿制度的初衷在于强化法律威慑力，打击恶意严重侵权行为，威慑、阻吓未来或潜在侵权人，有效保护创新活动，对长期恶意从事侵权活动应从重处理，故本案可以依据所认定的安徽纽某公司侵权获利从高确定本案损害赔偿数额。

相关法条

《中华人民共和国反不正当竞争法》（2019 年 4 月 23 日修正）第 17 条第 3 款

指导性案例 220 号

嘉兴市中某化工有限责任公司、上海欣某新技术有限公司诉王某集团有限公司、宁波王某科技股份有限公司等侵害技术秘密纠纷案

（最高人民法院审判委员会讨论通过　2023 年 12 月 15 日发布）

关键词

民事 / 侵害技术秘密 / 使用全部技术秘密 / 故意侵害技术秘密 / 损害赔偿数额

裁判要点

1. 权利人举证证明被诉侵权人非法获取了完整的产品工艺流程、成套生产设备资料等技术秘密且已实际生产出相同产品的，人民法院可以认定被诉侵权人使用了全部技术秘密，但被诉侵权人提供相反证据足以推翻的除外。

2. 被诉侵权人构成故意侵害技术秘密的，人民法院可以被诉侵权人相关产品销售利润为基础，计算损害赔偿数额；销售利润难以确定的，可以依据权利人相关产品销售价格及销售利润率乘以被诉侵权人相关产品销售数量为基础，计算损害赔偿数额。

基本案情

嘉兴市中某化工有限责任公司（以下简称嘉兴中某化工公司）系全球主要的香兰素制造商，具有较强的技术优势。上海欣某新技术有限公司（以下简称上海欣某公司）成立于 1999 年 11 月 5 日，经营范围为生物、化工专业领域内的技术服务、技术咨询、技术开发、技术转让及新产品的研制。2002 年开始嘉兴中某化工公司与上海欣某公司共同研发了乙醛酸法制备香兰素的新工艺，包括缩合、中和、氧化、脱羧等反应过程，还包括愈创木酚、甲苯、氧化铜和乙醇的循环利用过程。嘉兴中某化工公司与上海欣某公司主张的技术秘密包括 6 个秘密点，上述技术秘密载体为涉及 58 个非标设备的设备图 287 张（包括主图及部件图）、工艺管道及仪表流程图（第三版）25 张。嘉兴中某化工公司与上海欣某公司之间签订的《技术开发合同》《技术转让合同》《关于企业长期合作的特别合同》均有保密条款的约定。

傅某根自 1991 年进入嘉兴中某化工公司工作，2008 年起担任香兰素车间副主任，主要负责香兰素生产设备维修维护工作。自 2003 年起，嘉兴中某化工公司先后制定了文件控制程序、记录控制程序、食品安全、质量和环境管理手册、设备 / 设施管理程序等文件。嘉兴中某化工

公司就其内部管理规定对员工进行了培训，傅某根于2007年参加了管理体系培训、环境管理体系培训、宣传教育培训、贯标培训。2010年3月25日，嘉兴中某化工公司制定《档案与信息化管理安全保密制度》。2010年4月起，嘉兴中某化工公司与员工陆续签订保密协议，对商业秘密的范围和员工的保密义务作了约定，傅某根以打算辞职为由拒绝签订保密协议。

王某集团有限公司（以下简称王某集团公司）成立于1995年6月8日，经营范围为食品添加剂山梨酸钾的研发、生产，化工产品（除危险化学品）的制造、销售等，王某军任监事。宁波王某科技股份有限公司（以下简称王某科技公司）成立于2009年10月21日，由王某军与王某集团公司共同出资成立，王某军任法定代表人。宁波王某香精香料有限公司成立于2015年11月20日，由王某科技公司以实物方式出资8000万元成立，经营范围为食用香精香料（食品添加剂）的研发、生产等，主要产品为香兰素，王某军任法定代表人。2017年宁波王某香精香料有限公司企业名称变更为某孚狮王某香料（宁波）有限公司（以下简称某孚狮王某公司）。

2010年春节前后，冯某义与傅某根、费某良开始商议并寻求香兰素生产技术的交易机会。同年4月12日，三人前往王某集团公司与王某军洽谈香兰素生产技术合作事宜，以嘉兴市智某工程技术咨询有限公司（以下简称嘉兴智某公司）作为甲方，王某集团公司香兰素分厂作为乙方，签订《香兰素技术合作协议》。同日，王某集团公司向嘉兴智某公司开具100万元银行汇票，冯某义通过背书转让后支取100万元现金支票，从中支付给傅某根40万元、费某良24万元。随后，傅某根交给冯某义一个U盘，其中存有香兰素生产设备图200张、工艺管道及仪表流程图14张、主要设备清单等技术资料，冯某义转交给了王某军。同年4月15日，傅某根向嘉兴中某化工公司提交辞职报告，同年5月傅某根从嘉兴中某化工公司离职，随即与冯某义、费某良进入王某科技公司香兰素车间工作。2011年3月15日，浙江省宁波市环境保护局批复同意王某科技公司生产香兰素等建设项目环境影响报告书，批准香兰素年产量为5000吨。同年6月，王某科技公司开始生产香兰素。某孚狮王某公司自成立时起持续使用王某科技公司作为股权出资的香兰素生产设备生产香兰素。

2018年嘉兴中某化工公司、上海欣某公司向浙江省高级人民法院起诉，认为王某集团公司、王某科技公司、某孚狮王某公司、傅某根、王某军侵害其享有的香兰素技术秘密。

裁判结果

浙江省高级人民法院于2020年4月24日作出（2018）浙民初25号民事判决：一、王某集团公司、王某科技公司、某孚狮王某公司、傅某根立即停止侵害涉案技术秘密的行为，即停止以不正当手段获取、披露、使用、允许他人使用涉案设备图和工艺管道及仪表流程图记载的技术秘密；该停止侵害的时间持续到涉案技术秘密已为公众所知悉时止。二、王某集团公司、王某科技公司、傅某根自本判决生效之日起10日内连带赔偿嘉兴中某化工公司、上海欣某公司经济损失300万元、合理维权费用50万元，共计350万元；某孚狮王某公司对其中7%即24.5万元承担连带赔偿责任。三、驳回嘉兴中某化工公司、上海欣某公司的其他诉讼请求。除王某军外，本案各方当事人均不服一审判决，向最高人民法院提出上诉。

最高人民法院于 2021 年 2 月 19 日作出（2020）最高法知民终 1667 号民事判决：一、撤销浙江省高级人民法院（2018）浙民初 25 号民事判决。二、王某集团公司、王某科技公司、某孚狮王某公司、傅某根、王某军立即停止侵害嘉兴中某化工公司、上海欣某公司技术秘密的行为，即停止以不正当手段获取、披露、使用、允许他人使用涉案设备图和工艺管道及仪表流程图记载的技术秘密，该停止侵害的时间持续到涉案技术秘密为公众所知悉时止。三、王某集团公司、王某科技公司、傅某根、王某军自本判决生效之日起 10 日内连带赔偿嘉兴中某化工公司、上海欣某公司经济损失 155829455.20 元，合理维权费用 3492216 元，共计 159321671.20 元，某孚狮王某公司对其中 7% 即 11152516.98 元承担连带赔偿责任。四、驳回嘉兴中某化工公司、上海欣某公司的其他诉讼请求。五、驳回王某集团公司、王某科技公司、某孚狮王某公司、傅某根的上诉请求。二审宣判后，王某集团公司、王某科技公司、某孚狮王某公司、傅某根、王某军不服，向最高人民法院申请再审。

最高人民法院于 2021 年 10 月 19 日作出（2021）最高法民申 3890 号民事裁定：驳回王某集团公司、王某科技公司、某孚狮王某公司、傅某根、王某军的再审申请。

裁判理由

最高人民法院认为：王某集团公司等被诉侵权人已经实际制造了香兰素产品，故其必然具备制造香兰素产品的完整工艺流程和相应装置设备。嘉兴中某化工公司与上海欣某公司主张的技术秘密包括 6 个秘密点，涉及 58 个非标设备的设备图 287 张和工艺管道及仪表流程图 25 张。被诉侵权技术信息载体为王某集团公司等被诉侵权人获取的 200 张设备图和 14 张工艺流程图，经比对其中有 184 张设备图与涉案技术秘密中设备图的结构型式、大小尺寸、设计参数、制造要求均相同，设备名称和编号、图纸编号、制图单位等也相同，共涉及 40 个非标设备；有 14 张工艺流程图与嘉兴中某化工公司的工艺管道及仪表流程图的设备位置和连接关系、物料和介质连接关系、控制内容和参数等均相同，其中部分图纸标注的图纸名称、项目名称、设计单位也相同。同时，王某科技公司提供给浙江杭某容器有限公司（以下简称杭某公司）的脱甲苯冷凝器设备图、王某科技公司环境影响报告书附 15 氧化单元氧化工艺流程图虽然未包含在冯某义提交的图纸之内，但均属于涉案技术秘密的范围。鉴于王某科技公司已在设备加工和环评申报中加以使用，可以确定王某科技公司获取了该两份图纸。本案中，涉案技术秘密的载体为 287 张设备图和 25 张工艺管道及仪表流程图，王某集团公司等被诉侵权人非法获取了其中的 185 张设备图和 15 张工艺流程图。考虑到王某集团公司等被诉侵权人获取涉案技术秘密图纸后完全可以做一些针对性的修改，故虽有 4 项与涉案技术秘密中的对应技术信息存在些许差异，但根据本案具体侵权情况，完全可以认定这些差异是因王某集团公司等被诉侵权人在获取涉案技术秘密后进行规避性或者适应性修改所导致，故可以认定这 4 项依然使用了涉案技术秘密。在此基础上，可以进一步认定王某集团公司等被诉侵权人实际使用了其已经获取的全部 185 张设备图和 15 张工艺流程图。具体理由是：第一，香兰素生产设备和工艺流程通常具有配套性，其生产工艺及相关装置相对明确固定，王某集团公司等被诉侵权人已经实际建成香兰素项目生产线并进行规模化生产，故其必然具备制造香兰素产品的完整工艺流程和相应装置设备。第二，王某集团公司等被诉侵权人拒不提供有效证据证明其对香兰素产品的完整工艺流程和相应装置设备进行了研发和试验，且其在极短时间内上马香兰素项目生产线并实际投产，王某科技公司的香兰素生产线从启动到量产仅用了一年左右的时间。与之相比，嘉兴中某化工公司涉案技术秘密从研发到建成生产线至少用了长达四年多的时间。第三，王某集团公司等被诉侵权人未提交有效证据证明其对被诉技术方案及相关设备进行过小试和中试，且其又非法获取了涉案技术图纸，同时王某科技公司的环境影响报告书及其在向杭某公司购买设备的过程中均已使用了其非法获取的设备图和工艺流程图。综合考虑技术秘密案件的特点及本案实际情况，同时结合王某集团公司等被诉侵权人未提交有效相反证据的情况，可以认定王某集团公司等被诉侵权人使用了其非法获取的全部技术秘密。第四，虽然王某集团公司、王某科技公司的香兰素生产工艺流程和相应装置设备与涉案技术秘密在个别地方略有不同，但其未提交证据证明这种不同是基于其自身的技术研发或通过其他正当途径获得的技术成果所致。同时现有证据表明，王某集团公司等被诉侵权人是在获取了涉案技术秘密后才开始组建工厂生产香兰素产品，即其完全可能在获得涉案技术秘密后对照该技术秘密对某些生产工艺或个别配件装置做规避性或者适应性修改。这种修改本身也是实际使用涉案技术秘密的方式之一。综上，认定王某集团公司等被诉侵权人从嘉兴中某化工公司处非法获取的涉案技术秘密，即 185 张设备图和 15 张工艺流程图均已被实际使用。

傅某根长期在嘉兴中某化工公司工作，负责香兰素车间设备维修，能够接触到涉案技术秘密。2010 年 4 月 12 日，冯某义、傅某根等三人前往王某集团公司与王某军洽谈香兰素生产技术合作事宜，迅速达成《香兰素技术合作协议》，约定由冯某义、傅某根等人以香兰素新工艺技术入股王某集团公司香兰素分厂。傅某根根据该协议获得 40 万元的对价，随后将含有涉案技术秘密的 U 盘经冯某义转交给王某军。傅某根从嘉兴中某化工公司辞职后即加入王某科技公司，负责香兰素生产线建设，王某科技公司在很短时间内完成香兰素生产线建设并进行工业化生产，全面使用了嘉兴中某化工公司和上海欣某公司的设备图和工艺流程图。以上事实足以证明傅某根实施了获取及披露涉案技术秘密给王某集团公司、王某科技公司并允许其使用涉案技术秘密的行为。王某集团公司、王某科技公司均系从事香兰素生产销售的企业，与嘉兴中某化工公司具有直接竞争关系，应当知悉傅某根作为嘉兴中某化工公司员工对该公司香兰素生产设备图和工艺流程图并不享有合法权利。但是，王某集团公司仍然通过签订《香兰素技术合作协议》，向傅某根、冯某义等支付报酬的方式，直接获取嘉兴中某化工公司的涉案技术秘密，并披露给王某科技公司使用。王某科技公司雇佣傅某根并使用其非法获取的技术秘密进行生产，之后又通过设备出资方式将涉案技术秘密披露并允许某孚狮王某公司继续使用，以上行为均侵害了嘉兴中某化工公司与上海欣某公司的技术秘密。某孚狮王某公司自成立起持续使用王某科技公司作为技术出资的香兰素生产线，构成侵害涉案技术秘密。

王某集团公司等被诉侵权人非法获取并持续、大量使用商业价值较高的涉案技术秘密，手段恶劣，具有侵权恶意，其行为冲击香兰素全球市场，且王某集团公司等被诉侵权人存在举证妨碍、不诚信诉讼等情节，王某集团公司、王某科技公司、某孚狮王某公司、傅某根拒不执行原审法院的生效行为保全裁定，法院根据上述事实依法决定按照销售利润计算本案侵权损害赔偿数额。由于王某集团公司、王某科技公司及某孚狮王某公司在本案中拒不提交与侵权行为有关的账簿和资料，法院无法直接依据其实际销售数据计算销售利润。考虑到嘉兴中某化工公司香兰素产品的销售价格及销售利润率可以作为确定王某集团公司、王某科技公司及某孚狮王某公司相关销售价格和销售利润率的参考，为严厉惩处恶意侵害技术秘密的行为，充分保护技术秘密权利人的合法利益，人民法院决定以嘉兴中某化工公司香兰素产品 2011 年至 2017 年期间的销售利润率来计算本案损害赔偿数额，即以 2011 年至 2017 年期间王某集团公司、王某科技公司及某孚狮王某公司生产和销售的香兰素产量乘以嘉兴中某化工公司香兰素产品的销售价格及销售利润率计算赔偿数额。

相关法条

1.《中华人民共和国民法典》第 1168 条（本案适用的是自 2010 年 7 月 1 日起施行的《中华人民共和国侵权责任法》第 8 条）

2.《中华人民共和国反不正当竞争法》（2019 年修正）第 9 条、第 17 条（本案适用的是 2017 年修订的《中华人民共和国反不正当竞争法》第 9 条、第 17 条）

指导性案例 221 号

张某勋诉宜宾恒某投资集团有限公司、四川省宜宾市吴某建材工业有限责任公司等垄断纠纷案

（最高人民法院审判委员会讨论通过　2023 年 12 月 15 日发布）

关键词

民事 / 垄断 / 横向垄断协议 / 垄断行为实施者 / 赔偿损失

裁判要点

任何人均不能因其违法行为而获益。横向垄断协议明显属于违法行为，参与横向垄断协议的经营者以参与该协议的其他经营者为被告，依据《中华人民共和国反垄断法》有关民事责任的规定请求赔偿其参与和履行协议期间的损失的，人民法院不予支持。

基本案情

2010 年 3 月，四川省宜宾市民政局经审核批准成立宜宾市某协会（以下简称某协会），属行业性社会团体。曹某均为会长、阮某成为副会长、陈某钦为秘书长。发起人及发起单位分别

为曹某均及宜宾市恒某集团有限责任公司、李某高及四川省宜宾市吴某建材工业有限责任公司（以下简称吴某公司）、阮某成及宜宾县四某建材有限责任公司（以下简称四某公司）。某协会会员单位最初共50余家，其中包括张某勋名下的宜宾市某店机制砖厂（以下简称某砖厂）。

2009年7月，“宜宾市制砖行业工作会”召开，《会议纪要》载明：标题栏为“供过于求、物多则贱……供求平衡、物稀为贵……”；具体方案为成立砖协理事会、砖协协调办。该活动范围包括宜宾市翠屏区及30公里内砖厂、柏溪及其方圆15公里内砖厂。协调配合宜宾市仁某贸易有限责任公司（以下简称仁某公司）在周边县区开展成立属地砖协，防止外围产品进入本区域。关停方案为拟停产50%产量的砖厂，由生产砖厂补助停产砖厂。仁某公司出面会同砖协协调办与停产厂签订租赁承包合同及与生产厂签订合作协议。停产厂家在仁某公司每月领取租赁承包费（即生产方交的管理费用的一部分），生产厂家向仁某公司支付市场管理及技术指导费。另，还规定：“砖厂关停调整须经砖协议定，任何厂方不得擅自调整，调整厂定为违约，违约金一次惩20万元现金，由协调办和仁某公司负责诉收。”“停产砖厂停火后不得销售库存砖，无条件进行一刀切……私销者定为违约，违约处罚按售一罚十的原则。”同期，某协会的前身某分会制定《宜宾市建材行业协会某分会暂行管理办法》（以下简称《暂行管理办法》），明确提出“外防产品进入、内控砖瓦产量”的具体安排，将本地砖瓦企业划分为生产企业和停产企业。2009年7月，某分会与某砖厂等砖瓦厂家签订了《停产整改合同》《技术服务合同》等协议。根据《宜宾市砖厂（生产厂家）核定产量明细表》的记载，生产厂家共19家。根据《宜宾市砖厂（停产厂家）核定产量明细表》的记载，停产厂家共31家，其中包括某砖厂。

2011年3月31日，四川省宜宾市经济和信息化委员会（以下简称宜宾市经济和信息化委员会）作出《关于责令宜宾市某协会暂停活动的通知》，其上载明：“我委最近接到群众反映，你会在开展活动时，没有严格按照协会章程操作，有超越协会章程规定范围的行为。根据行业协会管理工作的要求，现责令你会立即暂时停止协会的一切活动，进行全面整顿，并将整顿情况以书面形式报告我委。”2011年4月18日，某协会向宜宾市经济和信息化委员会出具《关于清理整顿工作的汇报及要求恢复某协会正常活动的请示》，其上载明：“由于协会主要领导履职不充分……导致个别砖厂虚高报价并制造虚假的紧张供求信息……我们认为导致这样的结果砖协有不可推卸的责任，必须迅速予以纠正……”“明确了目标：一是必须无条件满足市场需求……二是必须在符合市场合理价格的情况下供货（经有关部门核准确认目前指导价格为：出厂价不超过0.33元/块标砖），不允许会员单位高于协会指导价供货；三是必须确保质量……”2011年9月，某协会停止发放停产扶持经费。

2013年3月6日，四川省工商行政管理局针对某协会作出《行政处罚决定书》，认为某协会组织具有竞争关系的会员单位达成的《暂行管理办法》，约定部分企业停产，从而控制宜宾砖瓦市场砖的生产数量，控制停产会员单位直接退出宜宾市砖瓦市场的竞争，严重限制了市场竞争，属于限制商品生产数量的垄断协议。当事人组织会员单位达成并实施垄断协议的行为，破坏了宜宾砖瓦市场公平、有序的竞争秩序。

后张某勋诉至人民法院，称其根据《停产整改合同》停止生产，且仅在2011年9月前获得了少量的停产扶持费。上述行为实质上起到了排除张某勋参与竞争的效果，构成垄断行为，侵害了张某勋的合法权益，主张判令吴某公司、四某公司、宜宾恒某投资集团有限公司、某协会、曹某均等连带赔偿其经济损失 33.6 万元及合理开支 80000 元。

裁判结果

四川省成都市中级人民法院于 2019 年 12 月 24 日作出（2018）川 01 民初 855 号民事判决：一、自判决生效之日起 15 日内，吴某公司、四某公司、曹某均、某协会向张某勋连带赔偿经济损失 336000 元、合理开支 5000 元。二、驳回张某勋的其他诉讼请求。宣判后，吴某公司、曹某均、某协会不服，向最高人民法院提起上诉。最高人民法院于 2020 年 11 月 6 日作出（2020）最高法知民终 1382 号民事判决：一、撤销四川省成都市中级人民法院（2018）川 01 民初 855 号民事判决。二、驳回张某勋的全部诉讼请求。

裁判理由

最高人民法院认为：张某勋作为本案横向垄断协议的实施者之一，对其是否有权要求该垄断协议的其他实施者赔偿其所谓经济损失，应结合《中华人民共和国反垄断法》（以下简称《反垄断法》）第 50 条的立法目的、被诉垄断行为的特点、损害赔偿的法律效果等因素予以考量。

首先，《反垄断法》第 50 条的立法目的。《反垄断法》第 50 条规定，经营者实施垄断行为，给他人造成损失的，依法承担民事责任。该条的立法目的在于，为制止和打击垄断行为提供民事司法渠道，对因垄断行为而受到损害的主体提供民事救济。如果原告并非反垄断法所规制的垄断行为的受害者，而是该垄断行为的实施者，其主张损害赔偿，实质上是要求瓜分垄断利益，因而其并非反垄断法所意图救济的对象。本案中，张某勋系其所指控的本案横向垄断协议参与者和实施者之一，且因参与和实施本案被诉垄断行为在一定期间内获得了垄断利益的分享，其非反垄断法所意图救济的垄断行为受害者。其次，请求损害赔偿救济者，其行为必须正当合法。自身参与和实施违法行为的主体，即便因参与和实施该违法行为而受到损失，该损失亦因该主体自身行为的不正当性而不应获得救济。张某勋在《停产整改合同》中自愿接受停产整改，参与并实施本案横向垄断协议，其行为自身具有违法性，其因此所受损害不应获得救济。最后，给予垄断行为实施者以损害赔偿会产生鼓励和支持相关垄断行为的消极法律效果。本案中，张某勋所主张的因垄断行为所受损失，实质上是要求强制执行本案横向垄断协议，根据该垄断协议关于垄断利益分配的约定瓜分群体垄断所得。如果支持张某勋的诉讼主张，则无异于维持和鼓励该违法行为。

综上，横向垄断协议的实施者无权依据《反垄断法》要求该垄断协议的其他实施者赔偿其所谓经济损失。张某勋作为涉案横向垄断协议的实施者，其无权因自身的违法行为获得利益，人民法院对其关于赔偿损失的诉讼请求不予支持。

相关法条

《中华人民共和国反垄断法》（2022 年修正）第 60 条第 1 款（本案适用的是 2008 年施行的《中华人民共和国反垄断法》第 50 条）

指导性案例 222 号
广州德某水产设备科技有限公司诉广州宇某水产科技有限公司、南某水产研究所财产损害赔偿纠纷案

（最高人民法院审判委员会讨论通过　2023 年 12 月 15 日发布）

关键词

民事诉讼 / 财产损害赔偿 / 未缴纳专利年费 / 专利权终止 / 赔偿损失

裁判要点

登记的专利权人在专利权权属争议期间负有善意维护专利权效力的义务，因其过错致使专利权终止、无效或者丧失，损害真正权利人合法权益的，构成对真正权利人财产权的侵害，应当承担赔偿损失的民事责任。

基本案情

专利号为 ZL2009101927××.×、名称为“一种多功能循环水处理设备”发明专利（以下简称涉案专利）的专利权人为南某水产研究所、广州宇某水产科技有限公司（以下简称宇某公司），发明人为姜某平、李某厚、颉某勇。涉案专利申请日为 2009 年 9 月 28 日，授权日为 2012 年 5 月 30 日，因未及时缴费，涉案专利的专利权于 2012 年 9 月 28 日被终止。

广州德某水产设备科技有限公司（以下简称德某公司）认为，姜某平曾是德某公司员工，其离职后成了宇某公司的股东，李某厚、颉某勇是南某水产研究所的员工。涉案专利是姜某平的职务发明，专利的申请权应该属于德某公司。德某公司曾分别于 2010 年、2011 年就涉案专利申请权纠纷起诉南某水产研究所、宇某公司等，请求判令涉案专利申请权归德某公司所有。涉案专利权因未缴费而终止失效时，相关权属纠纷正在审理中。故德某公司以宇某公司和南某水产研究所故意未缴纳该专利年费，致使该专利权终止失效，给德某公司造成了无法挽回的损失为由诉至法院，请求判令各被告赔偿经济损失及维权合理开支共计 150 万元。

裁判结果

广州知识产权法院于 2019 年 7 月 12 日作出（2016）粤 73 民初 803 号民事判决：一、宇某公司、南某水产研究所应于本判决发生法律效力之日起 10 日内赔偿德某公司经济损失及合

理维权费用共 50 万元；二、驳回德某公司的其他诉讼请求。宣判后，宇某公司、南某水产研究所向最高人民法院提起上诉。最高人民法院于 2020 年 4 月 1 日作出（2019）最高法知民终 424 号民事判决：在变更本案案由的基础上，驳回上诉，维持原判。

裁判理由

最高人民法院认为：

一、关于本案案由的确定

《中华人民共和国专利法》第 11 条第 1 款规定，发明和实用新型专利权被授予后，除本法另有规定的以外，任何单位或者个人未经专利权人许可，都不得实施其专利，即不得为生产经营目的制造、使用、许诺销售、销售、进口其专利产品，或者使用其专利方法以及使用、许诺销售、销售、进口依照该专利方法直接获得的产品。根据该规定，侵害发明专利权的行为仅限于以生产经营为目的的制造、使用、许诺销售、销售、进口专利产品的行为和使用专利方法以及使用、许诺销售、销售、进口依照该专利方法直接获得的产品的行为。也即，专利法实行专利侵权行为法定原则，除法律明确规定为侵害专利权的行为外，其他行为即使与专利权有关，也不属于侵害专利权的行为。在登记的专利权人不是专利技术所有人的情况下，如登记的专利权人故意不缴纳专利年费导致专利权终止失效而给专利技术所有人造成经济损失，那么该损失实际上是与该专利技术有关的财产损失。故意不缴纳专利年费导致专利权终止失效的行为应当属于一般侵权行为，该种案件案由可以确定为财产损害赔偿纠纷。本案中，根据德某公司的主张，其认为南某水产研究所、宇某公司将归其所有的职务发明申请专利，之后却故意不缴纳专利年费导致专利权终止失效，致使该技术进入公有领域，失去了专利权的保护，损害了其本应基于涉案专利获得的市场独占利益，因此德某公司主张的侵权行为不是侵害专利权的行为，其主张的经济损失实际上是与该专利技术有关的财产损失，故本案应当属于财产损害赔偿纠纷，而非侵害发明专利权纠纷。原审判决将本案案由确定为侵害发明专利权纠纷，显属不当，应予纠正。

二、南某水产研究所、宇某公司是否应当对涉案专利权终止失效承担赔偿责任，应否赔偿德某公司 50 万元的经济损失与合理费用

诚实信用原则是民法的基本原则，它要求民事主体在民事活动中恪守诺言，诚实不欺，在不损害他人利益和社会利益的前提下追求自己的利益，从而在当事人之间的利益关系和当事人与社会之间的利益关系中实现平衡，并维持市场道德秩序。专利权是经国家行政审查后授予的有期限的知识产权，其在权利保护期内有效存续需要专利权人持续缴纳专利年费、不主动放弃等。当事人无论基于何种原因对专利申请权、专利权权属发生争议时，基于诚实信用原则，登记的专利权人通常应当负有使已经获得授权的专利权维持有效的善良管理责任，包括持续缴纳专利年费等，因为专利权一旦终止失效，专利技术通常情况下即会进入公有领域，从而使专利技术所有人丧失市场独占利益，损害专利技术所有人的合法权益。登记的专利权人未尽到该善良管理责任，给专利技术所有人造成损失的，应当负有赔偿责任。本案中，在 2010 年、2011 年德某公司已经两次以专利申请权权属纠纷为由起诉南某水产研究所、宇某公司，尤其是德某公司主张涉案发明是职务发明的第二次诉讼正在进行的情况下，作为登记的专利权人，南某水

产研究所、宇某公司应当负有在涉案专利授权以后维持其持续有效的善良管理责任，包括持续缴纳专利年费，以避免可能给德某公司造成损害。但南某水产研究所、宇某公司却未缴纳专利年费，导致涉案专利权于 2012 年 9 月 28 日被终止失效，侵害了德某公司的合法权益，其显然未尽到善良管理责任，违背了诚实信用原则，应当赔偿因此给德某公司造成的损失。对于赔偿损失的具体数额，本案应当根据涉案专利权终止失效时的市场价格确定具体赔偿数额。鉴于双方均未提供证据证明涉案专利权在终止失效时的市场价格，综合考虑涉案专利为发明专利、涉案专利权在授权公告当年即被终止失效、南某水产研究所和宇某公司过错严重、德某公司历时较长的维权情况等，即便考虑德某公司也存在一定过失，原审判决确定的经济损失及合理费用共计 50 万元的赔偿也并无不妥。

相关法条

《中华人民共和国民法典》第 1165 条、第 1173 条（本案适用的是 2010 年 7 月 1 日施行的《中华人民共和国侵权责任法》第 6 条、第 26 条）

指导性案例 223 号

张某龙诉北京某蝶文化传播有限公司、程某、马某侵害作品信息网络传播权纠纷案

（最高人民法院审判委员会讨论通过　2023 年 12 月 15 日发布）

关键词

民事诉讼 / 侵害作品信息网络传播权 / 管辖 / 侵权行为地

裁判要点

侵害作品信息网络传播权的侵权结果发生地具有不确定性，不应作为确定管辖的依据。在确定侵害作品信息网络传播权民事纠纷案件的管辖时，应当适用《最高人民法院关于审理侵害信息网络传播权民事纠纷案件适用法律若干问题的规定》第 15 条的规定，即由侵权行为地或者被告住所地人民法院管辖。

基本案情

原告张某龙以被告北京某蝶文化传播有限公司、程某、马某擅自在相关网站上发布、使用其享有著作权的写真艺术作品，侵害其作品信息网络传播权为由，向其住所地的河北省秦皇岛

市中级人民法院提起诉讼。被告马某以本案应当适用《最高人民法院关于审理侵害信息网络传播权民事纠纷案件适用法律若干问题的规定》(以下简称《信息网络传播权规定》)第15条的规定确定管辖，秦皇岛市为原告住所地，不是侵权行为地或被告住所地为由，对本案管辖权提出异议，请求将本案移送侵权行为地和被告住所地的北京互联网法院审理。

裁判结果

河北省秦皇岛市中级人民法院于2021年6月2日作出(2021)冀03知民初27号民事裁定，驳回马某提出的管辖权异议。马某不服一审裁定，提起上诉。河北省高级人民法院于2021年8月24日作出(2021)冀民辖终66号民事裁定，撤销一审裁定，将本案移送北京互联网法院审理。北京互联网法院、北京市高级人民法院经审查认为，河北省高级人民法院将本案移送北京互联网法院审理不当，遂报请最高人民法院指定管辖。最高人民法院于2022年8月22日作出(2022)最高法民辖42号民事裁定，确定本案由北京互联网法院审理。

裁判理由

最高人民法院认为:《最高人民法院关于适用〈中华人民共和国民事诉讼法〉的解释》第25条规定:“信息网络侵权行为实施地包括实施被诉侵权行为的计算机等信息设备所在地，侵权结果发生地包括被侵权人住所地。”该规定中的“信息网络侵权行为”针对的是通过信息网络对一般民事权利实施的侵权行为。但“信息网络传播权”，是《中华人民共和国著作权法》第10条第1款规定的著作权人享有的法定权利，即以有线或者无线方式向公众提供，使公众可以在其选定的时间和地点获得作品的权利。基于信息网络传播权的性质和特点，侵害信息网络传播权的行为一旦发生，随之导致公众可以在其选定的时间和地点获得作品，其侵权行为涉及的地域范围具有不确定性。故《信息网络传播权规定》第15条规定:“侵害信息网络传播权民事纠纷案件由侵权行为地或者被告住所地人民法院管辖。侵权行为地包括实施被诉侵权行为的网络服务器、计算机终端等设备所在地。侵权行为地和被告住所地均难以确定或者在境外的，原告发现侵权内容的计算机终端等设备所在地可以视为侵权行为地。”因此,《信息网络传播权规定》第15条是针对信息网络传播权这一特定类型的民事权利，对侵害信息网络传播权纠纷民事案件的管辖作出的特别规定。在确定侵害信息网络传播权民事纠纷案件的管辖时，应当以《信息网络传播权规定》第15条为依据。

本案中，秦皇岛市为原告住所地，不属于《信息网络传播权规定》第15条规定的侵权行为地或被告住所地。本案也不存在《信息网络传播权规定》第15条规定的“侵权行为地和被告住所地均难以确定或者在境外”的例外情形。因此，河北省秦皇岛市中级人民法院对于本案没有管辖权，河北省高级人民法院将本案移送北京互联网法院并无不当。

相关法条

1.《中华人民共和国民事诉讼法》第29条

2.《最高人民法院关于适用〈中华人民共和国民事诉讼法〉的解释》第24条、第25条

3.《最高人民法院关于审理侵害信息网络传播权民事纠纷案件适用法律若干问题的规定》第 15 条

指导性案例 224 号

某美（天津）图像技术有限公司诉河南某庐蜂业有限公司侵害作品信息网络传播权纠纷案

（最高人民法院审判委员会讨论通过　2023 年 12 月 15 日发布）

关键词

民事诉讼 / 侵害作品信息网络传播权 / 权属 / 举证责任

裁判要点

在著作权权属有争议的情况下，不能仅凭水印或权利声明认定作品著作权权属，主张著作权的当事人应进一步举证证明，否则应当承担不利的法律后果。

基本案情

案外人 G* 公司授权某美（天津）图像技术有限公司（以下简称某美图像公司）在中国境内展示、销售和许可他人使用该公司的“getty Images”品牌图片，且某美图像公司有权以自己的名义对侵权行为提起诉讼。某美图像公司发现，河南某庐蜂业有限公司（以下简称某庐蜂业公司）未经许可使用了 4 张上述品牌图片。某美图像公司遂以侵害著作权为由提起诉讼，请求判令某庐蜂业公司赔偿经济损失及维权合理开支。为支持其诉请，某美图像公司提交了 G* 公司出具的授权确认书、网站权利声明等证据，涉案图片上有“getty Images®”内容的水印。某庐蜂业公司抗辩认为，涉案图片水印右上角为商标注册标记“®”，不是表明创作者身份的作者署名，水印下方另有摄影师署名和其他品牌名称，显示图片著作权属于作者而不是某美图像公司或 G* 公司。某庐蜂业公司还就涉案图片权属问题通过电子邮件询问 G* 公司，得到的答复是，涉案图片由摄影师投稿，该公司以自己的名义对外销售后向摄影师支付版税，但摄影师保留图片的著作权。某庐蜂业公司据此认为，因投稿人保留著作权，G* 公司、某美图像公司均不享有涉案图片的著作权，某美图像公司的诉讼请求应予驳回。

裁判结果

天津市第三中级人民法院于 2019 年 9 月 17 日作出（2019）津 03 知民初 73 号民事判决，

判令某庐蜂业公司赔偿某美图像公司经济损失及合理开支共计 8000 元；驳回某美图像公司的其他诉讼请求。某庐蜂业公司不服一审判决，提起上诉。天津市高级人民法院于 2020 年 7 月 16 日作出（2020）津民终 311 号民事判决：驳回上诉，维持原判。某庐蜂业公司不服，向最高人民法院申请再审。最高人民法院裁定提审本案，并于 2021 年 12 月 20 日作出（2021）最高法民再 355 号民事判决，撤销一审、二审判决，驳回某美图像公司的全部诉讼请求。

裁判理由

最高人民法院认为：涉案图片除标注“getty Images®”水印外，还分别标注有摄影师署名和其他品牌名称，而且“getty Images”之后紧接商标注册标记“®”，因此，仅以此水印不能认定涉案图片的著作权属于 G* 公司。此外，某美图像公司还提交了 G* 公司出具的授权确认书、网站权利声明，但授权确认书只能证明 G* 公司向某美图像公司进行授权的事实，并非 G* 公司对涉案图片享有著作权的证据。权利声明属于单方陈述，在缺乏其他证据印证的情况下，仅以权利声明不能确定著作权归属。在此情况下，某美图像公司应进一步承担 G* 公司享有涉案图片著作权的举证证明责任，但其未能举证证明。相反，根据某庐蜂业公司提交的 G* 公司回复邮件等反驳证据，G* 公司确认投稿的摄影师仍然保留涉案图片的著作权。故某美图像公司关于 G* 公司拥有涉案图片著作权的主张不能成立，其在本案中提出的相关诉讼请求不应予以支持。

相关法条

1.《中华人民共和国著作权法》（2020 年修正）第 12 条（本案适用的是 2010 年修正的《中华人民共和国著作权法》第 11 条）

2.《最高人民法院关于审理著作权民事纠纷案件适用法律若干问题的解释》（2020 年修正）第 7 条

3.《最高人民法院关于适用〈中华人民共和国民事诉讼法〉的解释》（2022 年修正）第 90 条（本案适用的是 2020 年修正的《最高人民法院关于适用〈中华人民共和国民事诉讼法〉的解释》第 90 条）

八、人民法院大事记

中国法院年鉴
THE YEARBOOK OF CHINA COURTS

2023

2023年1月

1月6日 最高人民法院召开第二十二次全国法院工作会议，深入学习贯彻党的二十大精神，总结新时代十年人民法院工作，研究部署新时代新征程工作。

1月7日 最高人民法院、最高人民检察院、公安部、司法部、海关总署联合印发《关于适应新阶段疫情防控政策调整依法妥善办理相关刑事案件的通知》。

1月12日 最高人民法院发布第二批人民法院贯彻实施民法典典型案例，并通报人民法院贯彻实施民法典工作情况。

2023年2月

2月3日 全国法院2023年党风廉政建设和反腐败工作会议以视频方式召开。

2月7日 第六届中新法律和司法圆桌会议召开。

2月16日 最高人民法院发布《关于完整准确全面贯彻新发展理念 为积极稳妥推进碳达峰碳中和提供司法服务的意见》及配套典型案例。

2月20日 最高人民法院发布《中国法院的司法改革（2013—2022）》。

2023年3月

3月1日 最高人民法院发布第三批人民法院大力弘扬社会主义核心价值观典型民事案例。

3月4日 最高人民法院发布《关于为新时代东北全面振兴提供司法服务和保障的意见》。

3月7日 十四届全国人大一次会议在北京人民大会堂举行第二次全体会议，时任最高人民法院院长周强作最高人民法院工作报告。

3月11日 张军当选为最高人民法院院长。

同日 最高人民法院院长张军进行宪法宣誓。

3月16日 最高人民法院党组召开扩大会议，传达学习贯彻习近平总书记在全国两会期间系列重要讲话精神和全国两会精神，学习贯彻中央政法委第七次全体会议精神。最高人民法院党组书记、院长张军主持会议，强调为大局服务、为人民司法，促进厚植党执政的政治根基是人民法院的职责使命，要紧紧围绕“公正和效率”主题，抓住审判工作这个“实处”，着力在促公正、提效率、强队伍上下功夫。

3月21日 最高人民法院召开党组会，传达学习贯彻习近平总书记关于大兴调查研究的重要指示精神，就贯彻落实提出具体要求。

3月23日 全国法院学习贯彻全国两会精神电视电话会议召开。最高人民法院党组书记、院长张军出席会议并讲话，强调要做深做实为大局服务、为人民司法，做到讲政治、顾大局，促公正、提效率，重自律、强队伍。

3月27日 最高人民法院召开离退休干部座谈会问计老干部老同志，最高人民法院党组书记、院长张军主持会议。

3月28日 最高人民法院贯彻实施黄河保护法暨沿黄九省区法院黄河流域司法保护工作推进会在山西吕梁召开。最高人民法院党组成员、副院长杨临萍出席会议并讲话。

3月30日 最高人民法院知识产权法庭发布年度报告、典型案例和裁判要旨摘要。

2023年4月

4月1日 中华人民共和国二级大法官、最高人民法院副院长陶凯元与新加坡共和国最高法院上诉庭大法官洪素燕签署两国最高法院《通过诉中调解框架管理“一带一路”倡议背景下国际商事争议的合作谅解备忘录》。

同日 最高人民法院发布第三批人民法院种业知识产权司法保护典型案例。

4月4日 最高人民法院召开党组会，对最高人民法院院机关抓实抓好主题教育作出部署，强调突出问题导向、突出实干效果、突出领导责任。

4月7日 江苏省徐州市中级人民法院对“丰县生育八孩女子”事件相关案件一审宣判，认定董某民犯虐待罪，判处有期徒刑六年六个月，犯非法拘禁罪，判处有期徒刑三年，数罪并罚，决定执行有期徒刑九年；认定被告人时某忠、桑某妞、谭某庆、霍某渠、霍某得犯拐卖妇女罪，分别判处有期徒刑十一年、十年、十三年、八年六个月和八年，并处罚金。

4月10日 最高人民法院党组书记、院长张军在国家法官学院2023年春季开学典礼上，向新任中级法院、基层法院院长讲授第一课，强调要坚持公正司法，抓实政治建设、能力提升、科学管理、机制建设。

4月12日 最高人民法院召开学习贯彻习近平新时代中国特色社会主义思想主题教育动员部署会。

4月18日 最高人民法院召开党组扩大会，传达学习中央政法委第八次全体会议精神，对2023年第一季度司法审判数据展开分析研判会商，研究部署下一步工作。最高人民法院党组书记、院长张军主持会议，强调要加强诉源治理，加大对下指导力度，进一步强化审判数据分析，助力把最高人民法院监督指导全国法院审判工作的顶层设计做得更深更实。

4月19日 最高人民法院党组书记、院长张军在十四届全国人大第一期代表学习班第4场集中学习时，向全国人大代表作专题报告。

同日 最高人民法院召开承办代表建议、政协提案交办会，强调要提高政治站位，主动担当作为；坚持质量优先，突出问题导向；加强沟通联系，广泛凝聚共识。

4月20日 最高人民法院发布《中国法院知识产权司法保护状况（2022年）》以及2022年中国法院十大知识产权案件和50件典型知识产权案例。

4月23日 最高人民法院咨询委员会第三十七次会议在江苏南京召开。

4月25日 中华人民共和国首席大法官、最高人民法院院长张军在最高人民法院会见世界知识产权组织总干事邓鸿森一行。双方签署了《中华人民共和国最高人民法院和世界知识产权组织加强交流与合作谅解备忘录》。

同日 最高人民法院召开党组会，研究落实“有信必复”工作，强调“就是头拱地也要把人民的事办好”。

4月26日 最高人民法院党组理论学习读书班开展集体读书交流。最高人民法院党组书记、院长张军主持学习。

同日 最高人民法院赔偿委员会对顾雏军申请广东省高级人民法院再审改判部分无罪赔偿一案作出决定，维持广东省高级人民法院此前作出的国家赔偿决定。

4月27日　最高人民法院办公厅第一党支部举办党员大会暨第一季度工作分析交流会。最高人民法院党组书记、院长张军以普通党员身份参加，强调要把党建和业务融合抓，切实提升最高人民法院司法政务工作水平。

同日　最高人民法院举行新闻发布会，发布人民法院老年人权益保护第三批典型案例。

2023年5月

5月1日　最高人民法院发布人民法院涉农民工工资案件执行典型案例。

5月4日　最高人民法院举办首届青年学习标兵表彰暨机关青年学习故事分享会，最高人民法院党组书记、院长张军出席会议并对法院青年提出希望，强调理想是方向、担当是责任、吃苦是精神、奋斗是足迹。

5月5日　最高人民法院发布十件青藏高原生态保护典型案例。

5月8日　最高人民法院党组书记、院长张军为政法领导干部学习贯彻习近平新时代中国特色社会主义思想锻造政法铁军专题研讨班学员作辅导报告。

5月11日　浙江省宁波市中级人民法院一审公开开庭审理了第十三届全国政协原常委、社会和法制委员会原主任沈德咏受贿一案。

同日　重庆市高级人民法院对张某、叶某尘故意杀人上诉一案（重庆姐弟坠楼案）进行二审公开宣判，裁定驳回上诉，维持原判。

5月18日　最高人民法院邀请第二十届中央委员、中央党史和文献研究院院长曲青山为党组和全体干警作辅导报告。

同日　浙江省杭州市拱墅区人民法院对被告人吴某芳过失致人死亡一案进行公开宣判，以过失致人死亡罪判处被告人吴某芳有期徒刑一年，缓刑二年。

5月22日　最高人民法院举行人民法院高质量服务保障长三角一体化发展典型案例新闻发布会。

5月23日　最高人民法院第六巡回法庭巡回区房地产及建工领域纠纷诉源治理经验交流及工作推进会在陕西西安召开，最高人民法院副院长杨临萍出席会议并讲话。

5月24日　最高人民法院发布《最高人民法院、最高人民检察院关于办理强奸、猥亵未成年人刑事案件适用法律若干问题的解释》。

同日　《最高人民法院、最高人民检察院、公安部、司法部关于办理性侵害未成年人刑事案件的意见》。

5月25日 最高人民法院举行学习贯彻习近平新时代中国特色社会主义思想主题教育工作交流推进会。

5月26日 最高人民法院印发《最高人民法院关于法律适用问题请示答复的规定》。

5月29日 最高人民法院与中华全国妇女联合会联合发布《关于开展家庭教育指导工作的意见》、保护未成年人权益司法救助典型案例。

5月30日 最高人民法院与中共云南省委在昆明联合召开追授鲍卫忠同志荣誉称号表彰大会。最高人民法院党组书记、院长张军，云南省委书记王宁出席会议并讲话。

5月31日 全国法院危害公共安全刑事案件审判工作座谈会在江苏省苏州市召开。

2023年6月

6月1日 最高人民法院举办"六一"公众开放日活动。最高人民法院党组书记、院长张军同来自北京市第二中学、北京景山学校的百余名师生共庆"六一"儿童节。张军强调，要把习近平总书记考察北京育英学校时的重要讲话精神落实好，树立保护性司法、能动性司法、联动性司法的意识，在推动具体落实上久久为功，创造性地抓好业务条线的落实。

6月5日 最高人民法院发布《中国环境资源审判（2022）》及典型案例、《中国环境司法发展报告（2022）》。

6月6日 最高人民法院、最高人民检察院、中国海警局联合发布《依法打击涉海砂违法犯罪座谈会纪要》。

6月12日 最高人民法院、最高人民检察院在最高人民法院召开"两院"工作交流会商会第一次会议。最高人民法院党组书记、院长张军出席会议并讲话，强调要抓好会商成果落实；要持之以恒，久久为功；要更加积极主动接受检察机关监督。

6月15日 最高人民法院举办全国模范法官鲍卫忠同志先进事迹报告会。

同日 中华人民共和国最高人民法院与联合国妇女署共同举办"涉家暴案例审判的司法理念与实践经验暨中国反家暴十大典型案例发布"国际研讨会。中华人民共和国二级大法官、最高人民法院审判委员会专职委员、第三巡回法庭庭长王淑梅，联合国妇女署中国办公室代表安思齐出席开幕式并致辞。

6月16日 最高人民法院召开主题教育巡回指导电视电话会议。

6月20日 最高人民法院党组召开会议，部署审判质量管理指标体系试点工作。

6月21日 最高人民法院首次发布体育纠纷民事典型案例。

6月26日 最高人民法院发布依法严惩毒品犯罪和涉毒次生犯罪典型案例。

6月27日 最高人民法院党组书记、院长张军以“司法审判工作中的党性自觉”为题，为全国四级法院党员干部讲授主题教育专题党课。

同日 最高人民法院发布《最高人民法院关于贯彻实施〈中华人民共和国黄河保护法〉的意见》。

6月29日 最高人民法院在浙江诸暨召开全国部分法院人民法庭工作调研座谈会。最高人民法院党组成员、副院长贺小荣出席会议并讲话。

6月30日 中越边界省份法院研讨会在广西南宁举行。中华人民共和国首席大法官、最高人民法院院长张军，越共中央政治局委员、书记处书记、最高人民法院院长阮和平，中共广西壮族自治区党委书记刘宁出席开幕式并致辞。

2023年7月

7月1日 法答网在全国法院正式上线。法答网是最高人民法院为全国法院干警深入学习贯彻习近平新时代中国特色社会主义思想，提供法律政策运用、审判业务咨询答疑和学习交流服务的内网信息共享平台。

7月4日 最高人民法院举行院领导调研成果交流暨党组理论学习中心组（扩大）集体学习研讨会，最高人民法院党组书记、院长张军主持会议，强调要不断增强调查研究的思想自觉、政治自觉、行动自觉，通过做实调查研究答好人民之问、时代之问、司法之问，做深、做实、做细调研“后半篇文章”。

7月10日 审判质量管理指标体系试点工作动员部署会以视频形式召开。最高人民法院党组成员、副院长杨万明出席。

7月12日 最高人民法院召开主题教育调研成果交流会，最高人民法院咨询委各调研组介绍调研情况、发现的问题并提出工作建议。最高人民法院全体院领导、各单位主要负责同志参加并开展交流。

7月13日 全国大法官研讨班开幕式在国家法官学院举行。最高人民法院党组书记、院长张军出席并讲话，强调要找准司法审判在全面依法治国这场国家治理的深刻革命中的职责定位，努力以审判工作现代化服务保障中国式现代化，从审判理念、审判机制、审判体系、审判管理等方面整体推进、系统落实。

7月14日 最高人民法院举行第十一批援疆干部行前欢送座谈会。

7月20日 2023长白法治论坛在吉林省白山市举办。最高人民法院党组成员、副院长李勇出席。

7月24日 最高人民法院召开机关干部考核工作推进会。最高人民法院党组书记、院长张军出席会议并讲话。

7月26日 最高人民法院党组研究部署案例统筹管理和人民法院案例库建设工作。

同日 最高人民法院召开会议，对上半年司法审判数据进行分析研判会商。最高人民法院党组书记、院长张军主持会议，强调要重视监督指导，强化顶层设计，坚持数据思维。

7月28日 最高人民法院组织第三场主题教育调研成果交流，重点交流院机关各部门和直属单位牵头的调研成果。

7月31日 第五届民营经济法治建设峰会在京召开。最高人民法院党组书记、院长张军作主旨讲话。

同日 最高人民法院举行新闻发布会，发布人民法院依法保护民营企业产权和企业家权益典型案例。

2023年8月

8月2日 最高人民法院举行新闻发布会，发布人民法院抓实公正与效率践行社会主义核心价值观典型案例。

8月7日 最高人民法院发布2023年上半年人民法院司法审判工作主要数据，介绍诉前调解及立案工作，案件审判、执行工作的相关情况。

8月9日 最高人民法院党组副书记邓修明到北京市门头沟区人民法院看望慰问投身防汛救灾一线的法院干警，并就服务保障防汛救灾和灾后恢复重建工作开展调研。

8月14日 最高人民法院发布《关于审理破坏森林资源刑事案件适用法律若干问题的解释》及典型案例。

8月15日 最高人民法院召开新闻发布会，发布《关于审理生态环境侵权责任纠纷案件适用法律若干问题的解释》和《关于生态环境侵权民事诉讼证据的若干规定》。

8月17日 最高人民法院召开主题教育评估工作听取意见座谈会，听取党代表、全国人大代表、全国政协委员等对最高人民法院主题教育开展情况的意见建议。

8月21日 最高人民法院党组理论学习中心组举行集体学习研讨。最高人民法院党组书记、院长张军主持，指出要把坚持党的绝对领导落到实处、把坚持以人民为中心落到实处、把坚持中国特色社会主义法治道路落到实处。

8月22日 最高人民法院、司法部召开工作交流会商会第一次会议，探索建立交流会商机制，服务保障更高水平的法治中国建设。最高人民法院党组书记、院长张军，司法部党组书记、部长贺荣出席会议并讲话。

8月24日 最高人民法院党组召开主题教育专题民主生活会。

8月25日 最高人民法院在国家法官学院举行第四届特约监督员聘任活动，最高人民法院党组书记、院长张军为新一届特约监督员颁发聘书并讲话。

8月30日 最高人民法院发布妥善化解涉汛矛盾纠纷典型案例。

2023年9月

9月5日 最高人民法院党组书记、院长张军作为北京市第二中学法治副校长，为北京二中师生和家长们讲授题为“提高自我保护能力 强化家庭学校协同 共同守护青春扬帆远航”的法治第一课。

同日 由最高人民法院和联合国国际贸易法委员会共同主办，中国海商法协会、大连海事大学协办的《北京船舶司法出售公约》国际研讨会在北京国家会议中心举行。

9月6日 最高人民法院召开主题教育总结大会。最高人民法院党组书记、院长、院主题教育领导小组组长张军出席会议并讲话，强调要以永远在路上的定力和韧劲，持续巩固深化主题教育成效，把主题教育激发出来的精神力量转化为推动司法审判工作发展的强劲动能。

同日 中央政法委秘书长闻柏赴最高人民法院立案庭开展调研，实地了解人民法院推进信访工作法治化进展情况。最高人民法院党组书记、院长张军参加调研活动。

9月8日 最高人民法院党组书记、院长张军以“深入践行习近平法治思想 奋力推进审判管理现代化”为题，在国家法官学院秋季开学典礼暨“人民法院大讲堂”授课，阐明审判管理的内涵，分析审判管理中存在的堵点痛点难点，并提出要求。

同日 最高人民法院党组书记、院长张军看望慰问国家法官学院教职员工代表和最高人民法院讲师团成员，并开展座谈。

9 月 13 日 最高人民法院召开全国法院推进刑事案件二审开庭专项工作视频会议。最高人民法院党组成员、副院长高憬宏出席会议并讲话。

9 月 19 日 中国 – 上合组织国家地方法院大法官论坛（2023）开幕式在山东青岛举行。

9 月 21 日至 22 日 以“公正与效率”为主题的第七届海峡两岸暨香港澳门司法高层论坛在澳门召开。中国法官协会名誉会长张军出席并致辞。

9 月 25 日 最高人民法院召开人民法院打击治理电信网络诈骗犯罪重点工作推进会。最高人民法院党组成员、副院长高憬宏出席会议并讲话。

同日 最高人民法院、最高人民检察院、公安部联合发布《关于依法惩治网络暴力违法犯罪的指导意见》暨典型案例。

9 月 26 日 第五届京津冀司法论坛在天津举行。最高人民法院党组书记、院长张军出席开幕式并讲话。

9 月 27 日 全国法院党风廉政建设会议召开。

同日 全国法院媒体深度融合发展工作推进会在最高人民法院举行。最高人民法院党组副书记、分管日常工作的副院长邓修明出席会议并讲话。

同日 最高人民法院发布第四批涉“一带一路”建设典型案例。

9 月 28 日 人民法院常态化扫黑除恶斗争重点工作推进会以视频形式在北京召开。最高人民法院党组成员、副院长李勇，审判委员会副部级专职委员刘贵祥出席会议并讲话。

2023 年 10 月

10 月 8 日 最高人民法院、司法部在北京联合召开全国调解工作会议。中共中央政治局委员、中央政法委书记陈文清出席会议，为受表彰代表颁奖并讲话。最高人民法院党组书记、院长张军，司法部党组书记、部长贺荣出席会议并讲话。

同日 最高人民法院发布 5 个人民法院妥善化解灾后矛盾纠纷典型案例。

10 月 9 日 最高人民法院发布人民法院服务保障京津冀协同发展典型案例。

10 月 10 日 最高人民法院党组书记、院长张军主持召开党组会，对全国法院深入学习习近平文化思想和全国宣传思想文化工作会议精神，结合司法审判工作实际抓实抓好贯彻落实作出部署。

同日 最高人民法院发布《关于优化法治环境 促进民营经济发展壮大的指导意见》、人民法院涉民营企业产权和企业家合法权益保护再审典型案例。

10月11日 最高人民法院发布10个人民法院服务新时代东北全面振兴典型案例。

10月12日 中央党校（国家行政学院）举行形势与任务报告会，最高人民法院党组书记、院长张军围绕“深入学习贯彻习近平法治思想 以公正高效权威司法促进全面依法治国”作专题报告。

10月13日 最高人民法院在国家法官学院举办第六届运动会。

10月17日 最高人民法院党组书记、院长张军主持召开会议，就2023年前三季度司法审判数据开展分析研判会商。

10月21日 最高人民法院党组书记、院长张军在第十四届全国人民代表大会常务委员会第六次会议上作最高人民法院关于人民法院环境资源审判工作情况的报告。

10月25日 最高人民法院举行诉讼服务志愿专家、志愿律师聘请签约活动。最高人民法院党组成员、副院长高憬宏为诉讼服务志愿专家、律师代表颁发聘书并讲话。

10月26日 海上丝绸之路（泉州）司法合作国际论坛（2023）在福建泉州举办。

10月30日 国家首席大法官、最高人民法院院长张军围绕“中国特色社会主义司法制度的优越性”主题，在国家法官学院与香港特别行政区法官及司法人员内地交流访问团座谈交流。

2023年11月

11月3日 金鸡百花电影节首届知识产权保护论坛在厦门召开，主题为“加强知识产权保护 推动电影产业高质量发展”。最高人民法院副院长陶凯元出席论坛并致辞。

11月7日 最高人民法院和司法部联合举办首届全国行政审判行政复议工作同堂培训，最高人民法院党组书记、院长张军为法院行政审判部门和司法行政机关行政复议部门领导干部授课。

11月8日 最高人民法院与住房城乡建设部联合发布老旧小区既有住宅加装电梯典型案例。

11月16日 最高人民法院召开“枫桥式人民法庭”创建示范项目动员部署会。

11月21日 “坚持和发展新时代‘枫桥经验’提升矛盾纠纷预防化解法治化水平”理论研讨会在北京召开。最高人民法院党组成员、副院长贺小荣出席会议并讲话。

11月24日 最高人民法院、最高人民检察院印发《关于规范办理民事再审检察建议案件若干问题的意见》的通知。

11月28日 最高人民法院举办第七届中新法律和司法圆桌会议。中华人民共和国首席大法官、最高人民法院院长张军与新加坡最高法院首席大法官梅达顺出席会议。

2023年12月

12月4日 最高人民法院举行“新时代推动法治进程2023年度十大案件”宣传启动活动。

12月8日 最高人民法院党组书记、院长张军主持党组理论学习中心组（扩大）集体学习研讨，强调要牢牢坚持党的领导，始终坚定文化自信，“把屁股端端地坐在老百姓的这一面”。

同日 最高人民法院召开全国法院人员考核工作部署视频会议。最高人民法院党组副书记、分管日常工作的副院长邓修明出席会议并讲话。

12月11日 最高人民法院、民政部、全国妇联联合举行“推进移风易俗 治理高额彩礼”新闻发布会，发布4个涉彩礼纠纷典型案例。

12月13日 最高人民法院召开党组会传达学习习近平总书记在中央经济工作会议上的重要讲话和中央经济工作会议精神，研究人民法院深化落实的举措。

同日 最高人民法院、最高人民检察院联合举行新闻发布会，发布8个行政公益诉讼典型案例。

12月14日 最高人民法院举行特约监督员联络活动，召开北京互联网法院参观调研座谈会。最高人民法院党组成员、副院长沈亮出席座谈会并讲话。

12月15日 第五次全国法院知识产权审判工作会议在广东深圳召开。

12月16日 最高人民法院举办“以深化实践法学研究助推审判工作现代化暨《法律适用》创刊500期”座谈会。

12月18日 最高人民法院、最高人民检察院、公安部、司法部联合发布《关于办理醉酒危险驾驶刑事案件的意见》。

12月21日 最高人民法院召开部分全国人大代表、全国政协委员座谈会，面对面听取对《最高人民法院工作报告（征求意见稿）》和司法审判工作的意见建议。

同日 最高人民法院召开全国法院系统2023年度优秀案例分析评选活动总结会。最高人民法院党组成员、副院长杨万明出席会议并讲话。

12月26日 最高人民法院、最高人民检察院联合发布依法从严打击私募基金犯罪典型案例。

12月28日 最高人民法院发布《关于审理涉外民商事案件适用国际条约和国际惯例若干问题的解释》。

同日 最高人民法院发布人民法院服务保障全国统一大市场建设行政诉讼典型案例。

12月29日 最高人民法院召开全国法院审判质量管理指标体系施行工作推进会。最高人民法院党组副书记、分管日常工作的副院长邓修明出席会议并讲话。

九、统计资料

2023 年人民法院各项案件情况分类统计表

（单位：件）

各类案件情况

	收案	结案	未结
总计	45573652	45267995	3145364

注：1. 包括诉前调解成功案件。

2. 收案是指当期新收案件，结案中包括上期旧存案件。

各类审判执行案件情况

	收案	结案	未结
总计	33575560	33269903	3145364

管辖案件情况

	收案	结案	未结
合计	161070	160578	3707

刑事案件情况

	收案	结案	未结
合计	1749823	1763199	106845
刑事一审	1229811	1243255	82720
刑事二审	128043	127863	12058
刑事依职权再审审查	2294	2358	211

续表

	收案	结案	未结
刑事申诉再审审查	31979	31942	3389
刑事抗诉再审审查	1758	1749	117
刑事再审	3854	4154	886
申请没收违法所得	29	34	30
法定刑以下判处刑罚复核	28	23	13
申请强制医疗审查	1240	1255	43
解除强制医疗审查	839	841	76
强制医疗复议	61	62	
强制医疗监督			
刑罚与执行变更审查	319098	318800	6072
刑罚与执行变更监督	490	482	173
刑罚与执行变更备案	1362	1340	188
其他刑事案件	28937	29041	869

民事案件情况

	收案	结案	未结
合计	20047964	19976951	1994216
民事一审	17530542	17477181	1708468
民事二审	1720536	1709805	193409
民事依职权再审审查	18785	18581	1301
民事申请再审审查	321076	315861	57908
民事抗诉再审审查	4199	4160	94
民事再审	52576	54164	12080
第三人撤销之诉	4461	4263	1343
选民资格	55	56	9
宣告失踪、宣告死亡	8763	7965	4891

续表

	收案	结案	未结
财产代管人申请变更代管	48	42	8
行为能力认定	38074	38310	3317
监护关系变更	8419	8346	435
认定财产无主	143	149	81
实现担保物权	9769	9740	151
调解协议司法确认	116354	116222	707
设立海事赔偿责任限制基金	20	19	9
海事债权登记与受偿	923	916	26
撤销仲裁裁决	33440	33737	2237
申请确认仲裁协议效力	4142	3800	1155
民事特别程序监督	931	901	116
指定遗产管理人	309	237	156
船舶优先权催告	1		3
公示催告	1676	1702	281
申请支付令审查	151721	150065	5116
支付令监督	65	51	25
人格权保护禁令申请审查	7373	7361	58
人格权保护禁令变更	97	97	
其他民事	13466	13220	832

行政案件情况

	收案	结案	未结
合计	676710	669415	87779
行政一审	298711	295965	56999
行政二审	146994	144179	16018
行政依职权再审审查	1027	995	110

续表

	收案	结案	未结
行政申请再审审查	53466	51904	11993
行政抗诉再审审查	173	173	9
行政再审	2428	2373	444
非诉行政行为申请执行审查	171042	171063	1973
非诉行政行为申请执行审查复议	1351	1260	127
其他行政	1518	1503	106

注：不包含行政赔偿案件。

国家赔偿与司法救助案件情况

	收案	结案	未结
合计	66368	66288	7818
行政赔偿一审	11715	12054	3197
行政赔偿二审	9817	9886	1152
行政赔偿依职权再审审查	35	33	3
行政赔偿申请再审审查	6247	5796	1482
行政赔偿抗诉再审审查	3	3	
行政赔偿再审	170	152	127
其他行政赔偿	29	29	
法院作为赔偿义务机关自赔	2864	2872	147
赔偿委员会审理赔偿	3156	3240	452
司法赔偿监督审查	1554	1525	233
赔偿确认申诉审查			1
司法赔偿监督上级法院赔偿委员会重审	38	40	11
司法赔偿监督本院赔偿委员会重审	70	75	19
其他赔偿	115	116	3
司法救助	30555	30467	991

区际司法协助案件情况

	收案	结案	未结
合计	14931	13637	12064
认可与执行申请审查	167	175	65
送达文书	14004	12894	10596
调查取证	760	568	1397
其他			6

国际司法协助案件情况

	收案	结案	未结
合计	5080	5057	8696
承认与执行申请审查	416	372	142
送达文书	4580	4621	8458
调查取证	84	64	96
其他			

司法制裁案件情况

	收案	结案	未结
合计	36194	34940	1713
司法制裁审查	34007	32746	1676
司法制裁复议	2187	2194	37

非诉保全案件情况

	收案	结案	未结
合计	726810	725717	6579
非诉财产保全审查	725087	723997	6551

续表

	收案	结案	未结
非诉行为保全审查	796	798	2
非诉行为保全复议	33	33	2
非诉证据保全审查	894	889	24

执行案件情况

	收案	结案	未结
合计	9994464	9759979	884017
首次执行	9471238	9238378	857876
执行异议	406326	405136	18758
执行复议	56639	56629	3261
执行监督	24713	24352	2216
执行协调	4014	4007	75
其他执行	31534	31477	1831

强制清算与破产案件情况

	收案	结案	未结
合计	99797	97952	32159
强制清算申请审查	18365	17067	2027
强制清算	15212	12705	6009
破产申请审查	37905	38169	2886
破产	26662	28554	20775
强制清算与破产上诉	1577	1372	451
强制清算与破产监督	76	85	11

刑事一审案件情况

	收案	结案	未结
合计	1229811	1243255	82720
危害公共安全罪	395664	397184	7579
破坏社会主义市场经济秩序罪	61634	62518	13252
侵犯公民人身权利民主权利罪	128228	131990	13562
侵犯财产罪	249224	251267	18074
妨害社会管理秩序罪	378904	383773	25199
危害国防利益罪	273	285	20
贪污贿赂罪	14000	14238	4335
渎职罪	1564	1647	550
其他	320	353	149

民事一审案件情况

	收案	结案	结案方式						未结
			判决	不予受理	驳回起诉	撤诉	调解	其他	
合计	17530542	17477181	8271078	45398	352538	4370071	4233922	204174	1708468
人格权纠纷	192977	191590	101263	447	3053	45098	40593	1136	26234
婚姻家庭、继承纠纷	2174936	2170042	722572	1928	17408	376995	1033392	17747	110136
物权纠纷	349681	350600	159782	2645	24669	106766	53413	3325	57092
合同、准合同纠纷	11936754	11869516	5802094	34584	252736	3102208	2565458	112436	1126880
知识产权与竞争纠纷	462176	460306	127911	558	3589	270109	50753	7386	65721
劳动争议、人事争议	608529	594894	319497	1979	18852	95230	134711	24625	91267
海事海商纠纷	16117	16238	6340	95	175	4799	3665	1164	2577

续表

	收案	结案	结案方式						未结
			判决	不予受理	驳回起诉	撤诉	调解	其他	
与公司、证券、保险、票据等有关的民事纠纷	599395	632177	360597	1603	13862	134788	90276	31051	77685
侵权责任纠纷	1091165	1097538	607116	1267	12668	212665	259318	4504	122834
其他	98812	94280	63906	292	5526	21413	2343	800	28042

婚姻家庭、继承一审案件情况

	收案	结案	结案方式						未结
			判决	不予受理	驳回起诉	撤诉	调解	其他	
合计	2174936	2170042	722572	1928	17408	376995	1033392	17747	110136
婚姻家庭纠纷小计	2034502	2032771	681705	1727	14456	353211	965266	16406	88838
离婚纠纷	1713177	1713663	560022	1096	9782	282659	848663	11441	64798
抚养纠纷	138219	136993	49845	158	1502	27976	55962	1550	7310
扶养纠纷	3310	3255	1296	4	45	866	989	55	241
赡养纠纷	23738	23666	9014	23	286	5823	7985	535	1410
收养关系纠纷	1663	1639	619	5	40	288	669	18	100
监护权纠纷	708	707	216	9	35	283	150	14	60
探望权纠纷	7404	7345	2762	14	96	1589	2727	157	460
其他婚姻家庭纠纷	146283	145503	57931	418	2670	33727	48121	2636	14459
继承纠纷小计	138372	134892	40165	197	2921	23340	66949	1320	21121
法定继承纠纷	54234	52781	10229	54	711	7934	33515	338	7572
遗嘱继承纠纷	9012	8610	3461	5	152	1581	3325	86	2135
其他继承纠纷	75126	73501	26475	138	2058	13825	30109	896	11414

续表

	收案	结案	结案方式						未结
			判决	不予受理	驳回起诉	撤诉	调解	其他	
其他婚姻家庭、继承纠纷	2062	2379	702	4	31	444	1177	21	177

行政一审案件情况

	收案	结案	结案方式						未结
			判决	不予立案	驳回起诉	撤诉	调解	其他	
合计	298711	295965	145081	13647	52728	71963	3556	8990	56999
公安	35541	34494	16745	1741	4580	10706	69	653	5253
资源	38754	38403	16611	1981	9391	8518	451	1451	6507
城建	49172	48633	20760	2193	11731	10894	910	2145	9181
计划生育	91	85	31	6	18	29	1		12
工商	6326	6215	2095	348	1381	2160	86	145	1174
商标	18557	20089	18945	30	69	967	4	74	9341
质量监督	1551	1541	546	35	280	625	27	28	217
卫生	1546	1529	561	108	438	367	27	28	300
食品、药品	1501	1441	538	36	202	602	44	19	235
农业	625	599	264	31	115	137	12	40	101
物价	70	94	30	4	42	18			18
环保	1655	1824	1003	38	174	496	50	63	294
交通	1632	1636	624	80	208	677	24	23	205
信息、电讯	375	340	158	13	83	80		6	70
邮政	76	77	30	10	25	11		1	18
专利	1986	2207	1939	8	13	240	1	6	1656
集成电路布图设计	1	1	1						

续表

	收案	结案	结案方式						未结
			判决	不予立案	驳回起诉	撤诉	调解	其他	
反垄断	12	10	4	3		2		1	5
新闻、出版	11	17	6	1	9		1		
税务	1253	1222	443	98	283	352	6	40	247
金融	971	905	379	34	273	197	1	21	240
外汇	10	11	7			4			1
海关	51	47	19	1	8	19			18
财政	626	573	329	12	106	106		20	112
劳动、社会保障	28882	28004	17949	504	1928	7196	79	348	4260
审计	59	59	23	5	19	11		1	10
内贸、外贸	13	16	8	1	5	2			3
水利	581	616	284	35	127	137	9	24	81
旅游	59	58	29	4	9	14	1	1	11
烟草专卖	157	148	61	7	28	49	1	2	19
司法行政	1432	1377	637	129	314	259	4	34	253
民政	2078	2120	411	212	449	1016	6	26	138
教育	822	821	210	126	269	200	3	13	121
文化	112	107	41	15	18	24	1	8	20
广电	32	31	6	2	17	6			2
统计	11	10	2	1	3	4			1
电力	76	77	18	34	15	6	1	3	7
国资	145	156	39	12	82	21	1	1	11
外资管理									
盐业	8	10	6	1	1	1		1	
体育	21	20	7	1	7	4		1	6
监察	466	443	214	23	60	118	18	10	51

续表

	收案	结案	结案方式						未结
			判决	不予立案	驳回起诉	撤诉	调解	其他	
乡政府	21640	21917	9991	1012	4805	4679	298	1132	3958
其他	79724	77982	33077	4712	15143	21009	1420	2621	12842

注：不包含行政赔偿案件。

各类二审案件情况

	收案	结案	结案方式						未结
			维持	改判	发回重审	撤诉	调解	其他	
合计	2005390	1991733	1280577	216718	60456	256211	135434	42337	222637
刑事	128043	127863	90117	13919	6340	16290	170	1027	12058
民事	1720536	1709805	1061254	195062	52036	231447	134652	35354	193409
行政	146994	144179	121481	6912	1654	8079	507	5546	16018
行政赔偿	9817	9886	7725	825	426	395	105	410	1152

各类再审案件情况

	收案	结案	结案方式							未结
			维持	改判	发回重审	撤诉	调解	驳回再审申请	其他	
合计	59028	60843	11189	23002	6204	2743	4199	818	12688	13537
刑事	3854	4154	878	2424	310	51	3		488	886
民事	52576	54164	9940	19339	5715	2582	4136	812	11640	12080
行政	2428	2373	354	1191	131	107	48	5	537	444
行政赔偿	170	152	17	48	48	3	12	1	23	127

首次执行案件情况

	收案	结案	结案方式						未结
			不予执行	驳回申请	执行完毕	终结执行	终结本次执行程序	其他	
合计	9471238	9238378	3957	40750	3347648	2397301	3357380	91342	857876
刑事财产刑或附带民事赔偿生效判决、裁定、调解书	753661	739336	136	1102	420257	77466	236785	3590	46324
具有执行内容民事案件生效判决书、裁定书、调解书、支付令	7853728	7648671	1337	22507	2573760	2138337	2882397	30333	740896
具有执行内容行政案件生效判决书、裁定书、调解书	60999	61704	28	614	33700	10984	16200	178	3619
具有执行内容行政赔偿案件生效判决书、裁定书、调解书	6079	6016	5	59	3040	1180	1695	37	485
经人民法院裁定认可的香港特别行政区法院裁判	2865	3144	1	11	679	841	1590	22	166
经人民法院裁定认可的澳门特别行政区法院裁判	24	26			9	4	13		2
经人民法院裁定认可的台湾地区法院裁判	17	13			1	3	7	2	5
香港特别行政区仲裁裁决	76	81		2	28	16	30	5	7

续表

	收案	结案	结案方式						未结
			不予执行	驳回申请	执行完毕	终结执行	终结本次执行程序	其他	
经人民法院裁定认可的澳门特别行政区仲裁裁决	13	9	1		3	2	3		4
经人民法院裁定认可的台湾地区仲裁裁决	13	14			5	3	4	2	2
经人民法院裁定承认的外国法院裁判	45	43			17	10	16		6
经人民法院裁定承认的国外仲裁裁决	14272	14165		6	7351	6623	164	21	141
国内仲裁裁决	576038	563495	2145	15035	212763	115205	162476	55871	48931
具有强制执行力的公证债权文书	37424	36537	223	435	6800	15570	12839	670	6141
经人民法院裁定准予强制执行的非诉行政行为	49016	47994	18	600	24055	6776	16407	138	2798
先予执行裁定	5487	5456	3	11	2228	1509	1666	39	348
司法罚款决定	9883	9754	3	8	9061	327	339	16	246
其他	101598	101920	57	360	53891	22445	24749	418	7755

刑事案件被告人判决生效情况①

	生效判决人数	宣告无罪	宣告不负刑事责任	免予刑事处罚	五年以上重刑	超过三年不满五年有期徒刑	一年以上三年以下有期徒刑	不满一年有期徒刑	拘役	缓刑	管制	单处附加刑		
												罚金	剥夺政治权利	驱逐出境
合计	1660251	804	51	4331	134142	89608	348148	264440	250658	556422	2221	9277	138	11
危害公共安全罪	397081	25	6	1185	11518	5072	19884	7346	176592	174904	292	252	3	2
破坏社会主义市场经济秩序罪	124987	113	4	444	17227	10351	28870	9011	5343	53001	11	609	2	1
侵犯公民人身权利民主权利罪	147828	282	25	633	29888	16412	43762	17858	2451	36052	250	110	105	
侵犯财产罪	332925	219	6	585	34175	26464	85824	84947	21009	75790	350	3547	9	
妨害社会管理秩序罪	638979	148	9	1129	35033	27986	165790	144675	45154	212978	1316	4737	16	8
危害国防利益罪	429			3	14	16	135	71	25	156	2	6	1	
贪污贿赂罪	14914	6	1	84	5579	3034	2994	358	53	2790		15		
渎职罪	2045	11		267	241	213	620	145	26	521		1		
其他	1063			1	467	60	269	29	5	230			2	

罪犯情况

	罪犯人数	作案时年龄				作案时年龄	
		不满18岁	18岁以上不满25岁	25岁以上不满60岁	60岁以上	不满18岁	18岁以上不满25岁
合计	1659396	36037	248521	1319010	55828	2845	20541
危害公共安全罪	397050	1118	24990	354759	16183	26	979

① 个别文字略有修改。

续表

	罪犯人数	作案时年龄				作案时年龄	
		不满18岁	18岁以上不满25岁	25岁以上不满60岁	60岁以上	不满18岁	18岁以上不满25岁
破坏社会主义市场经济秩序罪	124870	219	8315	111808	4528	46	1815
侵犯公民人身权利民主权利罪	147521	10430	23589	103326	10176	804	1163
侵犯财产罪	332700	14237	60818	247327	10318	877	6443
妨害社会管理秩序罪	638822	10025	130382	484748	13667	1091	10101
危害国防利益罪	429		55	359	15		
贪污贿赂罪	14907	2	142	13931	832		23
渎职罪	2034		66	1892	76		1
其他	1063	6	164	860	33	1	16

2022 年人民法院各项案件情况分类统计表

（单位：件）

各类案件情况

	收案	结案	未结
总计	30314250	30809860	2893648

注：收案是指当期新收案件，结案中包括上期旧存案件。

管辖案件情况

	收案	结案	未结
合计	146677	145925	3962

刑事案件情况

	收案	结案	未结
合计	1512075	1513890	127776
刑事一审	1039612	1038523	96594
刑事二审	119676	122335	11873
刑事依职权再审审查	2343	2429	276
刑事申诉再审审查	27153	27288	3388
刑事抗诉再审审查	1260	1252	119
刑事再审	3526	3583	1184
申请没收违法所得	65	62	35
法定刑以下判处刑罚复核	77	108	10
申请强制医疗审查	1131	1152	52

续表

	收案	结案	未结
解除强制医疗审查	633	636	74
强制医疗复议	42	43	1
强制医疗监督	1	2	
刑罚与执行变更审查	282843	282775	12350
刑罚与执行变更监督	506	510	200
刑罚与执行变更备案	1787	1721	575
其他刑事案件	31420	31471	1045

民事案件情况

	收案	结案	未结
合计	18129692	18425332	1953122
民事一审	15827199	16113798	1680360
民事二审	1596368	1598951	184920
民事依职权再审审查	20077	20670	1144
民事申请再审审查	273905	272607	53962
民事抗诉再审审查	4392	4423	62
民事再审	52015	54135	13681
第三人撤销之诉	3965	4089	1145
选民资格	22	22	11
宣告失踪、宣告死亡	7195	8258	4015
财产代管人申请变更代管	25	23	4
行为能力认定	28816	29160	3596
监护关系变更	6270	6370	363
认定财产无主	255	334	88
实现担保物权	7411	7408	133
调解协议司法确认	89206	93736	833

续表

	收案	结案	未结
设立海事赔偿责任限制基金	29	31	8
海事债权登记与受偿	885	909	19
撤销仲裁裁决	30336	30299	2586
申请确认仲裁协议效力	3392	3157	777
民事特别程序监督	745	746	138
指定遗产管理人	155	101	85
船舶优先权催告	1	3	2
公示催告	1817	2052	309
申请支付令审查	159679	158615	3990
支付令监督	54	38	61
人格权保护禁令申请审查	5216	5209	73
人格权保护禁令变更	45	45	
其他民事	10217	10143	757

行政案件情况

	收案	结案	未结
合计	664486	673433	80929
行政一审	278304	283532	54873
行政二审	146363	150779	12881
行政依职权再审审查	1105	1149	54
行政申请再审审查	44815	44133	10408
行政抗诉再审审查	191	191	4
行政再审	1765	1751	364
非诉行政行为申请执行审查	188761	188741	2201
非诉行政行为申请执行审查复议	1188	1192	40
其他行政	1994	1965	104

国家赔偿与司法救助案件情况

	收案	结案	未结
合计	63705	64487	8276
行政赔偿一审	13490	13897	3559
行政赔偿二审	10630	10770	1269
行政赔偿依职权再审审查	10	10	1
行政赔偿申请再审审查	5171	5216	1075
行政赔偿抗诉再审审查	4	4	
行政赔偿再审	236	241	90
其他行政赔偿	24	23	1
法院作为赔偿义务机关自赔	2204	2173	340
赔偿委员会审理赔偿	2278	2257	450
司法赔偿监督审查	1027	1050	198
赔偿确认申诉审查			
司法赔偿监督上级法院赔偿委员会重审	23	19	12
司法赔偿监督本院赔偿委员会重审	67	60	20
其他赔偿	66	66	
司法救助	28475	28701	1261

区际司法协助案件情况

	收案	结案	未结
合计	13827	14204	10806
认可与执行申请审查	103	95	72
送达文书	12784	13033	9463
调查取证	940	1076	1267
其他			4

国际司法协助案件情况

	收案	结案	未结
合计	4939	4603	8031
承认与执行申请审查	170	165	101
送达文书	4705	4378	7856
调查取证	64	60	74
其他			

司法制裁案件情况

	收案	结案	未结
合计	19373	19862	603
司法制裁审查	17771	18266	542
司法制裁复议	1602	1596	61

非诉保全案件情况

	收案	结案	未结
合计	705315	705335	6661
非诉财产保全审查	704475	704484	6626
非诉行为保全审查	190	202	7
非诉行为保全复议	84	84	4
非诉证据保全审查	566	565	24

执行案件情况

	收案	结案	未结
合计	8977437	9175054	651834
首次执行	8511188	8706091	626670

续表

	收案	结案	未结
执行异议	359693	362118	18052
执行复议	54110	54616	3398
执行监督	23327	23121	1834
执行协调	2784	2746	94
其他执行	26335	26362	1786

强制清算与破产案件情况

	收案	结案	未结
合计	76724	67735	41648
强制清算申请审查	15306	14234	1757
强制清算	13185	9292	7134
破产申请审查	27132	26426	4883
破产	20119	16915	27491
强制清算与破产上诉	973	855	379
强制清算与破产监督	9	13	4

刑事一审案件情况

	收案	结案	未结
合计	1039612	1038523	96594
危害公共安全罪	349753	350290	9081
破坏社会主义市场经济秩序罪	51807	53902	14183
侵犯公民人身权利民主权利罪	117364	115982	17380
侵犯财产罪	205494	205573	20275
妨害社会管理秩序罪	300622	298803	30221
危害国防利益罪	285	290	33

续表

	收案	结案	未结
贪污贿赂罪	12460	11858	4584
渎职罪	1567	1607	631
其他	260	218	206

民事一审案件情况

	收案	结案	结案方式						未结
			判决	不予受理	驳回起诉	撤诉	调解	其他	
合计	15827199	16113798	7657032	43125	401041	4261618	3547192	203790	1680360
人格权纠纷	165278	169370	90074	505	3380	39272	35095	1044	25368
婚姻家庭、继承纠纷	1791301	1816025	667002	1818	19223	335466	776502	16014	106879
物权纠纷	320131	331164	152819	2742	26614	100070	45398	3521	58378
合同、准合同纠纷	10909728	11120124	5358544	32376	291084	3117351	2212434	108335	1081287
知识产权与竞争纠纷	438480	457805	148117	499	5421	243934	44155	15679	64167
劳动争议、人事争议	506858	508852	269312	2315	18076	86063	115090	17996	77759
海事海商纠纷	15577	15426	6020	21	294	4796	3434	861	2778
与公司、证券、保险、票据等有关的民事纠纷	624795	610433	340548	1384	16701	130077	86843	34880	110690
侵权责任纠纷	974044	1002322	567393	1128	14800	188332	226584	4085	129490
其他	81007	82277	57203	337	5448	16257	1657	1375	23564

婚姻家庭、继承一审案件情况

	收案	结案	结案方式						未结
			判决	不予受理	驳回起诉	撤诉	调解	其他	
合计	1791301	1816025	667002	1818	19223	335466	776502	16014	106879
婚姻家庭纠纷小计	1689844	1711949	632701	1661	16208	316433	729923	15023	88710
离婚纠纷	1415385	1431282	521116	1049	11218	251983	635322	10594	66808
抚养纠纷	115929	118377	45059	151	1616	24976	45058	1517	6182
扶养纠纷	3003	3111	1335	6	48	786	896	40	200
赡养纠纷	19753	20112	8201	19	311	5324	5786	471	1351
收养关系纠纷	1392	1435	536	8	38	310	528	15	76
监护权纠纷	614	626	212	3	20	270	115	6	62
探望权纠纷	6660	6842	2681	22	92	1494	2441	112	395
其他婚姻家庭纠纷	127108	130164	53561	403	2865	31290	39777	2268	13636
继承纠纷小计	99604	101953	33615	148	2978	18574	45679	959	17999
法定继承纠纷	38860	39354	8709	37	759	6317	23272	260	6330
遗嘱继承纠纷	6426	6594	2952	2	180	1261	2138	61	1839
其他继承纠纷	54318	56005	21954	109	2039	10996	20269	638	9830
其他婚姻家庭、继承纠纷	1853	2123	686	9	37	459	900	32	170

行政一审案件情况

	收案	结案	结案方式						未结
			判决	不予立案	驳回起诉	撤诉	调解	其他	
合计	278304	283532	139373	13998	56614	62537	1965	9045	54873
公安	28216	28475	14064	1575	4092	8175	52	517	4256

续表

	收案	结案	结案方式						未结
			判决	不予立案	驳回起诉	撤诉	调解	其他	
资源	38070	39569	17098	2393	10786	7308	340	1644	6034
城建	49887	53506	23999	2691	13678	10066	505	2567	8635
计划生育	63	70	22	9	23	15		1	7
工商	5841	6387	2411	507	1391	1887	56	135	1118
商标	18738	15932	14969	33	79	799	3	49	10897
质量监督	1157	1142	464	39	184	391	32	32	213
卫生	1238	1215	578	100	293	223	9	12	291
食品、药品	1315	1361	696	34	189	390	30	22	197
农业	578	616	278	38	163	109	2	26	68
物价	108	74	36	4	11	19	1	3	41
环保	2454	2627	1702	36	257	496	49	87	464
交通	1670	1802	680	95	338	652	12	25	189
信息、电讯	218	213	99	18	45	45	1	5	34
邮政	92	84	30	7	26	16		5	20
专利	1876	1688	1497	7	9	167		8	1851
集成电路布图设计									
反垄断	5	2		1		1			3
新闻、出版	12	6	1		3	1		1	6
税务	990	1018	419	59	293	219	1	27	221
金融	684	661	285	76	184	103	1	12	170
外汇	10	10	5	2		2		1	2
海关	44	43	18	1	8	13	1	2	13
财政	460	495	238	18	113	118	3	5	58
劳动、社会保障	24975	25314	16478	506	1985	6025	64	256	3497

续表

	收案	结案	结案方式						未结
			判决	不予立案	驳回起诉	撤诉	调解	其他	
审计	69	75	25	7	29	9		5	10
内贸、外贸	19	22	6		9	6		1	4
水利	539	571	232	20	194	98	6	21	118
旅游	52	59	29	2	5	16	2	5	11
烟草专卖	102	106	44	3	21	36		2	10
司法行政	1347	1369	523	95	318	404	2	27	190
民政	1999	2107	579	188	527	782	5	26	175
教育	779	805	216	119	335	118	2	15	120
文化	83	102	41	12	20	25		4	14
广电	13	16	5	1	9	1			1
统计	9	13	4		1	8			
电力	96	122	22	3	63	32		2	7
国资	109	129	36	9	66	15	1	2	23
外资管理	10	10	2			8			
盐业	10	8				7	1		2
体育	27	29	6	4	10	9			5
监察	230	226	53	22	115	26		10	26
乡政府	20635	21627	10077	1161	4806	4284	228	1071	4237
其他	73475	73826	31406	4103	15936	19413	556	2412	11635

各类二审案件情况

	收案	结案	结案方式						未结
			维持	改判	发回重审	撤诉	调解	其他	
合计	1873037	1882835	1217448	209279	73242	223603	113151	46112	210943

续表

	收案	结案	结案方式						未结
			维持	改判	发回重审	撤诉	调解	其他	
刑事	119676	122335	88470	11553	7070	14031	128	1083	11873
民事	1596368	1598951	993204	189178	63374	202468	112641	38086	184920
行政	146363	150779	127609	7508	2212	6613	311	6526	12881
行政赔偿	10630	10770	8165	1040	586	491	71	417	1269

各类再审案件情况

	收案	结案	结案方式							未结
			维持	改判	发回重审	撤诉	调解	驳回再审申请	其他	
合计	57542	59710	10663	20602	7126	2466	3575	442	14836	15319
刑事	3526	3583	737	1996	317	42	5		486	1184
民事	52015	54135	9629	17953	6611	2201	3548	439	13754	13681
行政	1765	1751	284	607	171	85	19	3	582	364
行政赔偿	236	241	13	46	27	138	3		14	90

首次执行案件情况

	收案	结案	结案方式						未结
			不予执行	驳回申请	执行完毕	终结执行	终结本次执行程序	其他	
合计	8511188	8706091	4428	37094	2798891	2179731	3598169	87778	626670
刑事财产刑或附带民事赔偿生效判决、裁定、调解书	806023	823393	177	1303	438778	89257	289506	4372	31929

续表

	收案	结案	结案方式						未结
			不予执行	驳回申请	执行完毕	终结执行	终结本次执行程序	其他	
具有执行内容民事案件生效判决书、裁定书、调解书、支付令	7008703	7172310	1244	22667	2099126	1937829	3075055	36389	539960
具有执行内容行政案件生效判决书、裁定书、调解书	91036	97827	32	1077	43300	17388	35656	374	4379
具有执行内容行政赔偿案件生效判决书、裁定书、调解书	9413	10865	2	118	4405	2283	4015	42	427
经人民法院裁定认可的香港特别行政区法院裁判	4558	4165		7	1229	1000	1894	35	448
经人民法院裁定认可的澳门特别行政区法院裁判	48	68	1	1	12	31	23		4
经人民法院裁定认可的台湾地区法院裁判	33	69			12	8	38	11	1
香港特别行政区仲裁裁决	124	181	1	1	57	40	79	3	12
经人民法院裁定认可的澳门特别行政区仲裁裁决	4	4		1	2	1			

续表

	收案	结案	结案方式						未结
			不予执行	驳回申请	执行完毕	终结执行	终结本次执行程序	其他	
经人民法院裁定认可的台湾地区仲裁裁决	13	13			5	2	5	1	3
经人民法院裁定承认的外国法院裁判	97	101			14	41	45	1	4
经人民法院裁定承认的国外仲裁裁决	7456	7465		11	2132	4772	532	18	35
国内仲裁裁决	447263	452508	2128	10558	153905	93583	146824	45510	36926
具有强制执行力的公证债权文书	30703	31529	403	412	5435	13164	11541	574	5419
经人民法院裁定准予强制执行的非诉行政行为	30520	30065	348	495	15402	4894	8875	51	1741
先予执行裁定	6246	6148		29	3522	1272	1265	60	341
司法罚款决定	8697	8708	3	4	7629	557	503	12	116
其他	60251	60672	89	410	23926	13609	22313	325	4925

刑事案件被告人判决生效情况①

	生效判决人数	宣告无罪	宣告不负刑事责任	免予刑事处罚	五年以上重刑	超过三年不满五年	一年以上三年以下	不满一年	拘役	缓刑	管制	单处附加刑		
												罚金	剥夺政治权利	驱逐出境
合计	1431585	631	89	4096	118036	83078	339833	247587	229301	399042	2441	7383	33	35

① 个别文字略有修改。

续表

	生效判决人数	宣告无罪	宣告不负刑事责任	免予刑事处罚	五年以上重刑	超过三年不满五年	一年以上三年以下	不满一年	拘役	缓刑	管制	单处附加刑		
												罚金	剥夺政治权利	驱逐出境
危害公共安全罪	367302	21	4	923	6989	4256	21951	8240	173742	150764	287	123	1	1
破坏社会主义市场经济秩序罪	101504	50	14	549	15273	9587	32019	8534	1477	33562	12	427		
侵犯公民人身权利民主权利罪	134872	269	18	594	24823	14476	42763	18347	2580	30506	274	200	22	
侵犯财产罪	277212	174	14	465	31069	23317	77405	71988	16573	52456	379	3370	1	1
妨害社会管理秩序罪	535273	109	38	1148	35456	28868	161289	139828	34823	128929	1489	3254	9	33
危害国防利益罪	522			4	18	21	190	91	31	167				
贪污贿赂罪	12511	3	1	120	3930	2343	3385	395	58	2267		9		
渎职罪	1939	5		290	254	191	662	137	16	384				
其他	450			3	224	19	169	27	1	7				

罪犯情况

	罪犯人数	作案时年龄				作案时年龄	
		不满18岁	18岁以上不满25岁	25岁以上不满60岁	60岁以上	不满18岁	18岁以上不满25岁
合计	1430865	27757	220028	1135788	47292	2063	19114
危害公共安全罪	367277	789	23118	329778	13592	25	887
破坏社会主义市场经济秩序罪	101440	233	7762	89935	3510	43	1874

续表

	罪犯人数	作案时年龄				作案时年龄	
		不满18岁	18岁以上不满25岁	25岁以上不满60岁	60岁以上	不满18岁	18岁以上不满25岁
侵犯公民人身权利民主权利罪	134585	8560	21893	95703	8429	564	1147
侵犯财产罪	277024	9834	49866	208516	8808	635	5839
妨害社会管理秩序罪	535126	8327	117059	397503	12237	796	9338
危害国防利益罪	522	8	64	434	16		3
贪污贿赂罪	12507	1	100	11784	622		18
渎职罪	1934		60	1809	65		3
其他	450	5	106	326	13		5

十、附录

中国法院年鉴

THE YEARBOOK OF CHINA COURTS

2023

最高人民法院机构设置、院领导和审判委员会委员名单

机构设置

共设置31个机构：办公厅（新闻局）、政治部、立案庭、刑事审判第一庭、刑事审判第二庭、刑事审判第三庭、刑事审判第四庭、刑事审判第五庭、民事审判第一庭、民事审判第二庭、民事审判第三庭、民事审判第四庭、环境资源审判庭、行政审判庭、审判监督庭、赔偿委员会办公室、执行局（执行指挥办公室）、研究室、审判管理办公室、督察局（巡视工作领导小组办公室）、国际合作局、司法行政装备管理局、机关党委、离退休干部局、第一巡回法庭（第一国际商事法庭）、第二巡回法庭、第三巡回法庭、第四巡回法庭、第五巡回法庭、第六巡回法庭（第二国际商事法庭）、知识产权法庭。

共设置6个直属单位：国家法官学院（最高人民法院法官国际交流中心、最高人民法院司法案例研究院）、中国应用法学研究所、人民法院新闻传媒总社、人民法院出版社、最高人民法院机关服务中心、人民法院信息技术服务中心。

最高人民法院院领导名单

最高人民法院党组书记、院长	张　军
最高人民法院党组副书记、分管日常工作的副院长	邓修明
最高人民法院副院长	陶凯元
中央纪委国家监委驻最高人民法院纪检监察组组长、最高人民法院党组成员	张荣顺
最高人民法院党组成员、副院长、第一巡回法庭分党组书记、庭长	杨万明
最高人民法院党组成员、副院长、第六巡回法庭分党组书记、庭长	杨临萍
最高人民法院党组成员、副院长、第四巡回法庭分党组书记、庭长	贺小荣
最高人民法院党组成员、副院长、第五巡回法庭分党组书记、庭长	沈　亮
最高人民法院党组成员、副院长、第二巡回法庭分党组书记、庭长	李　勇
最高人民法院审判委员会副部级专职委员	刘贵祥
最高人民法院审判委员会副部级专职委员、第三巡回法庭分党组书记、庭长	王淑梅

最高人民法院审判委员会委员名单

张　军	邓修明	陶凯元	杨万明
杨临萍	贺小荣	沈　亮	李　勇
刘贵祥	王淑梅	钱晓晨	何　莉
马　岩	滕　伟		

2023 年各高级人民法院和新疆生产建设兵团分院班子成员名单

北京市

北京市高级人民法院党组书记、院长 寇 昉

北京市高级人民法院党组副书记、副院长 安凤德

北京市高级人民法院党组成员、副院长 孙玲玲

北京市高级人民法院党组成员、政治部主任 李旭辉

北京市高级人民法院党组成员、副院长 李艳红

北京市高级人民法院党组成员、市纪委监委驻市高院纪检监察组组长 郗 琳

北京市高级人民法院副院长 任雪峰

天津市

天津市高级人民法院党组书记、院长 李 静

天津市高级人民法院党组副书记、副院长 蔡志萍

天津市高级人民法院党组成员、执行局局长 蒋亚辉

天津市高级人民法院党组成员、副院长 丁学君

天津市高级人民法院党组成员、副院长 翟 红

天津市高级人民法院党组成员、政治部主任 黄国华

天津市高级人民法院副院长 李 颖（截至 2023.12）

天津市纪委监委驻市高院纪检监察组组长、市高院党组成员 王 荣

天津市高级人民法院副院长 孙长华

河北省

河北省高级人民法院党组书记、院长 黄明耀

河北省高级人民法院党组副书记、常务副院长 高树勇

河北省高级人民法院党组成员、副院长 徐茂明

河北省高级人民法院党组成员、副院长 刘光辉

河北省高级人民法院党组成员、副院长 胡华军

河北省高级人民法院党组成员、省纪委监委驻省高院纪检监察组组长 刘国庆

河北省高级人民法院副院长 王利军

河北省高级人民法院党组成员、执行局局长 刘洪波

河北省高级人民法院党组成员、政治部主任 闫 杰

河北省高级人民法院审判委员会专职委员 贾建平

河北省高级人民法院审判委员会专职委员 葛庆龙

河北省高级人民法院审判委员会专职委员 曹洪涛

山西省

山西省高级人民法院党组书记、院长 冯 军

山西省高级人民法院党组副书记、副院长 管应时

山西省高级人民法院党组副书记、副院长 李喜春

山西省纪委监委驻省高院纪检监察组组长、省高院党组成员 梁 荣

山西省高级人民法院党组成员、副院长 翟瑞卿

山西省高级人民法院党组成员、副院长 杨 宏

山西省高级人民法院党组成员、政治部主任 杨 霄

山西省高级人民法院党组成员、副院长 张建康

山西省高级人民法院党组成员、执行局局长 丁 毅

山西省高级人民法院审判委员会专职委员 白永旺

山西省高级人民法院审判委员会专职委员 邓一峰

内蒙古自治区

内蒙古自治区高级人民法院党组书记、院长 杨宗仁

内蒙古自治区高级人民法院党组副书记、副院长 王旭军

内蒙古自治区高级人民法院党组成员、副院长 蒲伟刚

内蒙古自治区高级人民法院党组成员、政治部主任 杨文忠

内蒙古自治区高级人民法院党组成员、副院长 李建平

内蒙古自治区高级人民法院副院长 刘英杰

内蒙古自治区高级人民法院党组成员、副院长 那 澜

内蒙古自治区高级人民法院党组成员、自治区纪委监委驻自治区高院纪检监察组组长 张秀丽

内蒙古自治区高级人民法院审判委员会专职委员 郝 力

内蒙古自治区高级人民法院审判委员会专职委员 王彦凯

内蒙古自治区高级人民法院执行局局长 黄建华

辽宁省

辽宁省高级人民法院党组书记、院长 郑 青

辽宁省高级人民法院党组副书记、分管日常工作的副院长 牛克乾

辽宁省纪委监委驻省高院纪检监察组组长、省高院党组成员 那家强

辽宁省高级人民法院党组成员、副院长 谭家戎

辽宁省高级人民法院党组成员、副院长 王志文

辽宁省高级人民法院副院长 贾 娜

辽宁省高级人民法院党组成员、政治部主任 蒋 涛

辽宁省高级人民法院审判委员会专职委员 杨 悦

辽宁省高级人民法院审判委员会专职委员 赵英伟

辽宁省高级人民法院审判委员会专职委员 徐 娴

吉林省

吉林省高级人民法院党组书记、院长 徐家新

吉林省高级人民法院党组副书记、常务副院长 许柏峰

吉林省高级人民法院党组成员、副院长 赵东巍

吉林省高级人民法院党组成员、副院长 张君洪

吉林省高级人民法院党组成员、副院长 周文君

吉林省纪委监委驻省高院纪检监察组组长、省高院党组成员 付印红

吉林省高级人民法院副院长 宫 斌

吉林省高级人民法院党组成员、政治部主任 吕 全

吉林省高级人民法院执行局局长 李永秋

吉林省高级人民法院审判委员会专职委员 刘洪宇

吉林省高级人民法院审判委员会专职委员 郑万和

黑龙江省

黑龙江省高级人民法院党组书记、院长 党广锁

黑龙江省高级人民法院党组副书记、常务副院长 王春福

黑龙江省高级人民法院党组成员、副院长 罗振宇

黑龙江省高级人民法院党组成员、副院长 靳 岩

黑龙江省高级人民法院党组成员、副院长 王启胜

黑龙江省高级人民法院党组成员、政治部主任 罗继广

黑龙江省高级人民法院党组成员、副院长 马 国

黑龙江省纪委监委驻省高院纪检监察组组长、省高院党组成员 马 宁

黑龙江省高级人民法院党组成员、执行局局长 程显波

黑龙江省高级人民法院审判委员会专职委员 毕同春

黑龙江省高级人民法院审判委员会专职委员 郑颖辉

黑龙江省高级人民法院审判委员会委员 朱晓天

黑龙江省高级人民法院一级巡视员 王克贵

黑龙江省高级人民法院专职二级高级法官 陈永刚

上海市

上海市高级人民法院党组书记、院长 贾 宇

上海市高级人民法院党组副书记、副院长 陆卫民

上海市高级人民法院党组成员，上海金融法院党组书记、院长 赵 红

上海市高级人民法院党组成员，市二中院党组书记、院长 郭伟清

上海市高级人民法院党组成员、副院长 黄祥青

上海市高级人民法院党组成员、上海海事法院党组书记、院长 汪 彤

上海市高级人民法院副院长 王光贤

上海市高级人民法院党组成员、市三中院（上海知识产权法院、上海铁路运输中级法院）党组书记、院长 席建林

上海市高级人民法院党组成员、市一中院党组书记、院长 吴金水

上海市高级人民法院党组成员、市纪委监委驻市高院纪检监察组组长 戴 杰

上海市高级人民法院党组成员、政治部主任 谭 滨

上海市高级人民法院党组成员、副院长 曹 杰

上海市高级人民法院党组成员、副院长 林晓镍

上海市高级人民法院审判委员会专职委员 米振荣

江苏省

江苏省高级人民法院党组书记、院长 夏道虎

江苏省高级人民法院党组副书记、副院长 郑立新

江苏省高级人民法院副院长 李玉生

江苏省高级人民法院党组成员、副院长 韦瑞瑾

江苏省高级人民法院党组成员、政治部主任 孙效增

江苏省高级人民法院党组成员、副院长 章 润

江苏省高级人民法院党组成员 孙 辙

江苏省纪委监委驻省院纪检监察组组长、省高院党组成员 王连权（截至 2023.11）

浙江省

浙江省高级人民法院党组书记、院长 李占国

浙江省高级人民法院党组副书记、常务副院长 张宏伟

浙江省高级人民法院副院长 徐建新

浙江省高级人民法院副院长 朱新力

浙江省高级人民法院党组成员、政治部主任 何 震

浙江省高级人民法院党组成员、副院长 许惠春

浙江省高级人民法院副院长 徐亚农

浙江省高级人民法院党组成员、副院长 程建乐

浙江省高级人民法院党组成员、省纪委监委驻省高院纪检监察组组长 陈继胜

浙江省高级人民法院党组成员、执行局局长 危辉星

浙江省高级人民法院审委会专职委员 张 敏

浙江省高级人民法院审委会专职委员 薛海华

安徽省

安徽省高级人民法院党组书记、院长 田云鹏

安徽省高级人民法院党组副书记、副院长 王章来

安徽省高级人民法院党组成员、副院长 徐致平

安徽省高级人民法院党组成员、审判委员会专职委员 袁 春

安徽省高级人民法院党组成员、副院长 陈 斌

安徽省高级人民法院党组成员 朱兆法

安徽省纪委监委驻省高院纪检监察组组长、省高院党组成员 刘 保

安徽省高级人民法院党组成员、政治部主任 李亚东

安徽省高级人民法院党组成员、副院长 庞 梅

安徽省高级人民法院副院长 汪绍平

福建省

福建省高级人民法院党组书记、院长 金银墙

福建省高级人民法院党组副书记、分管日常工作的副院长 欧岩峰

福建省高级人民法院党组成员、省纪委监委驻省高院纪检监察组组长 黄清波

福建省高级人民法院党组成员、副院长 董明亮

福建省高级人民法院党组成员、副院长 姚丽青

福建省高级人民法院党组成员、副院长 王孔坚

福建省高级人民法院党组成员、副院长 李永军

福建省高级人民法院审委会专职委员 王 珩

福建省高级人民法院审委会专职委员 董碧仙

福建省高级人民法院党组成员、副院长 吴元祥

福建省高级人民法院副院长 吴丽雪

江西省

江西省高级人民法院党组书记、院长 傅信平

江西省高级人民法院党组副书记、副院长（正厅级） 居国屏

江西省高级人民法院党组成员、副院长 柯 军

江西省高级人民法院党组成员、副院长 喻德红

江西省高级人民法院党组成员、政治部主任 盛 茵

江西省高级人民法院党组成员、省纪委监委驻省高院纪检监察组组长 桂云黔

江西省高级人民法院党组成员、执行局局长 黄建文

江西省高级人民法院审判委员会副厅级专职委员 邹宇平

山东省

山东省高级人民法院党组书记、院长 霍 敏

山东省高级人民法院党组副书记、副院长 王 闯

山东省高级人民法院党组副书记、副院长 傅国庆

山东省高级人民法院党组成员、副院长 江敦斌

山东省高级人民法院党组成员、省纪委监委驻省高院纪检监察组组长 裴志刚

山东省高级人民法院党组成员、副院长 孙 英

山东省高级人民法院党组成员、政治部主任 苏爱军

山东省高级人民法院审委会专职审判委员 姜树政

山东省高级人民法院审委会专职审判委员 高益民

山东省高级人民法院一级巡视员 尹佐海

山东省高级人民法院一级高级法官 王继青

山东省高级人民法院二级巡视员 朱云三

河南省

河南省高级人民法院党组书记、院长 胡道才

河南省高级人民法院党组副书记、常务副院长 郭保振

河南省高级人民法院党组成员、副院长 庞景玉

河南省高级人民法院党组成员、副院长 李志增

河南省高级人民法院党组成员、政治部主任 陈兆法

河南省高级人民法院党组成员、副院长 刘冠华

河南省高级人民法院副院长 尚志东

河南省纪委监委驻省高院纪检监察组组长、省高院党组成员 李 辉

河南省高级人民法院审判委员会专职委员 荆 伟

河南省高级人民法院审判委员会专职委员 张云龙

湖北省

湖北省高级人民法院党组书记、院长 游劝荣

湖北省高级人民法院党组副书记、常务副院长 覃文萍

湖北省纪委监委驻省高院纪检监察组组长、省高院党组成员 李文涛

湖北省高级人民法院副院长 周佳念

湖北省高级人民法院党组成员、副院长 李群星

湖北省高级人民法院党组成员、副院长 王秋隆

湖北省高级人民法院党组成员、副院长 肖 笛

湖北省高级人民法院党组成员、副院长 陈 旗

湖北省高级人民法院党组成员、政治部主任 赵文革

湖南省

湖南省高级人民法院党组书记、院长 朱 玉

湖南省高级人民法院党组副书记、副院长 邬文生

湖南省高级人民法院党组成员、副院长 郭正怀

湖南省纪委监委驻省高院纪检监察组组长、省高院党组成员 粟志远

湖南省高级人民法院党组成员、副院长 董 岚

湖南省高级人民法院党组成员、副院长 彭卫兵

湖南省高级人民法院党组成员、政治部主任 李知文

湖南省高级人民法院审判委员会专职委员 尹小立

湖南省高级人民法院审判委员会专职委员 简红星

广东省

广东省高级人民法院党组书记、院长　张海波

广东省高级人民法院党组副书记、常务副院长　钟健平

广东省高级人民法院党组成员（正厅级）、副院长　万国营

广东省高级人民法院党组成员（正厅级）、副院长　王海清

广东省高级人民法院副院长　林碧艳

广东省高级人民法院党组成员、副院长　陈友强

广东省高级人民法院党组成员、副院长　张春和

广东省高级人民法院党组成员、省纪委监委驻省高院纪检监察组组长　崔　怡

广东省高级人民法院党组成员、政治部主任　李克俭

广西壮族自治区

广西壮族自治区高级人民法院党组书记、院长　黄海龙

广西壮族自治区高级人民法院党组副书记、副院长　赵志军

广西壮族自治区高级人民法院党组成员、副院长　卢上需

广西壮族自治区高级人民法院党组成员、副院长　陈　敏

广西壮族自治区高级人民法院副院长　义　芳

广西壮族自治区纪委监委驻自治区高院纪检监察组组长、党组成员　零海康

广西壮族自治区高级人民法院党组成员、副院长　梁月奎

广西壮族自治区高级人民法院党组成员、政治部主任　司　勇

广西壮族自治区高级人民法院审判委员会专职委员　梁炳扬

广西壮族自治区高级人民法院审判委员会专职委员　刘拥建

广西壮族自治区高级人民法院审判委员会专职委员　韦威助

海南省

海南省高级人民法院党组书记、院长　戴　军

海南省高级人民法院党组副书记、副院长　陈文平

海南省高级人民法院党组成员、副院长　皮修雁

海南省高级人民法院党组成员、副院长　王　萍（截至2023.7）

海南省高级人民法院副院长　张玉萍

海南省高级人民法院党组成员、省纪委监委驻省高院纪检监察组组长　张德昌

海南省高级人民法院党组成员、副院长　于　泓（截至2023.10）

海南省高级人民法院党组成员、政治部主任　符铁虎

海南省高级人民法院党组成员、副院长　夏君丽

海南省高级人民法院党组成员，省一中院党组书记、院长　汪海鹏

海南省高级人民法院审判委员会专职委员　李　庆

海南省高级人民法院审判委员会专职委员　邱　隽（截至2023.12）

海南省高级人民法院审判委员会专职委员　黄胜春

海南省高级人民法院一级巡视员　蔡建新（截至 2023.9）

海南省高级人民法院二级巡视员　严献文（截至 2023.2）

重庆市

重庆市高级人民法院党组书记、院长　李永利

重庆市高级人民法院党组副书记、副院长　王中伟

重庆市高级人民法院党组副书记，成渝金融法院党组书记、院长　何东宁

重庆市高级人民法院党组成员、副院长　孙海龙

重庆市高级人民法院党组成员、执行局局长　李　亮

重庆市高级人民法院副院长　李生龙

重庆市高级人民法院党组成员、政治部主任　莫绍勇

重庆市高级人民法院党组成员、市纪委监委驻市高院纪检监察组组长　傅绍芬

四川省

四川省高级人民法院党组书记、院长　王树江

四川省高级人民法院党组副书记、常务副院长　秦　海

四川省高级人民法院党组成员、副院长　刘学锋

四川省高级人民法院党组成员、副院长　张　能

四川省高级人民法院副院长　吴　涛

四川省高级人民法院党组成员、副院长　袁彩君

四川省纪委监委驻省高院纪检监察组组长、省高院党组成员　唐　刚

四川省高级人民法院党组成员、执行局局长　周　磊

四川省高级人民法院党组成员、政治部主任　谢　慧

贵州省

贵州省高级人民法院党组书记、院长　茆荣华

贵州省高级人民法院党组副书记、常务副院长　张洪武

贵州省高级人民法院党组成员、副院长　邓德禄

贵州省高级人民法院副院长　王　霞

贵州省高级人民法院党组成员、副院长　刘　力

贵州省高级人民法院党组成员、政治部主任　李江波

贵州省高级人民法院党组成员、副院长　蒋　浩

贵州省高级人民法院党组成员、省纪委监委驻省高院纪检监察组组长　赵　松

贵州省高级人民法院党组成员、副院长　雷　勇

云南省

云南省高级人民法院党组书记、院长　张应杰

云南省高级人民法院党组副书记、分管日常工作的副院长　向　凯

云南省纪委监委驻省高院纪检监察组组长、省高院党组成员　李寿志

云南省高级人民法院党组成员，昆明铁路运输中级法院党组书记、院长　王泽祥

云南省高级人民法院党组成员、副院长　吕　俊

云南省高级人民法院党组成员、政治部主任　郑　平

云南省高级人民法院党组成员、执行局局长　袁学红

云南省高级人民法院党组成员、副院长　吉　军

云南省高级人民法院党组成员、副院长　张　祥

西藏自治区

西藏高级人民法院党组书记、院长　次　登

西藏高级人民法院党组副书记、常务副院长　赵宇彦

西藏高级人民法院党组成员、副院长　余克冰

西藏高级人民法院党组成员、副院长　袁英鹰

西藏高级人民法院党组成员、政治部主任　郭建海

西藏高级人民法院党组成员、副院长　索娜吉

西藏高级人民法院党组成员、副院长　普琼扎西

西藏高级人民法院党组成员、副院长　王　飞

陕西省

陕西省高级人民法院党组书记、院长　韩德洋

陕西省高级人民法院党组副书记、副院长　范思泓

陕西省高级人民法院副院长　巩富文

陕西省高级人民法院党组成员、副院长　康天军

陕西省纪委监委驻省高院纪检监察组组长、省高院党组成员　成应斌

陕西省高级人民法院党组成员、副院长　焦玉珍

陕西省高级人民法院党组成员、副院长　姜　敏

陕西省高级人民法院党组成员、副院长　赵合理

甘肃省

甘肃省高级人民法院党组书记、院长　王中明

甘肃省高级人民法院党组副书记、副院长　马剑勇

甘肃省高级人民法院党组成员、副院长　唐　斌

甘肃省高级人民法院副院长　陈天雄

甘肃省高级人民法院党组成员、副院长　杨险峰

甘肃省高级人民法院党组成员、副院长　孙　伟

甘肃省纪委监委驻省高院纪检监察组组长、省高院党组成员　贾永宏

甘肃省高级人民法院党组成员、副院长　亢生伟

甘肃省高级人民法院副院长　席小鸿

甘肃省高级人民法院党组成员、政治部主任　孙治强

甘肃省高级人民法院党组成员　张　瑗

青海省

青海省高级人民法院党组书记、院长　张泽军

青海省高级人民法院党组副书记、副院长　魏文超

青海省高级人民法院党组成员、副院长　星　月

青海省高级人民法院党组成员、副院长　才旦卓玛

青海省高级人民法院党组成员、政治部主任　毕正华

青海省高级人民法院党组成员、副院长　宋忠义

青海省高级人民法院党组成员、副院长　李广海（援青）

青海省纪委监委驻省高院纪检监察组组长、省高院党组成员　杨本加

宁夏回族自治区

宁夏回族自治区高级人民法院党组书记、院长　安长海

宁夏回族自治区高级人民法院党组副书记、副院长　李　帆

宁夏回族自治区高级人民法院党组成员、自治区纪委监委驻自治区高院纪检监察组长　王劲松

宁夏回族自治区高级人民法院副院长　贺　耀

宁夏回族自治区高级人民法院党组成员、副院长　杨晓红

宁夏回族自治区高级人民法院党组成员、政治部主任　周丽萍

宁夏回族自治区高级人民法院审判委员会专职委员　张晓霞

宁夏回族自治区高级人民法院审判委员会专职委员　吴　艳

宁夏回族自治区高级人民法院一级巡视员　田　斌

新疆维吾尔自治区

新疆维吾尔自治区高级人民法院院长、党组副书记　迪里夏提·沙依木

新疆维吾尔自治区高级人民法院党组书记　都红岩

新疆维吾尔自治区高级人民法院党组副书记、副院长　周志豪

新疆维吾尔自治区高级人民法院党组成员、副院长　张永江（兼）

新疆维吾尔自治区高级人民法院党组成员、副院长　刘　霞

新疆维吾尔自治区纪委监委驻自治区高院纪检监察组组长、自治区高院党组成员　阮德焰

新疆维吾尔自治区高级人民法院党组成员、副院长　张疆华

新疆维吾尔自治区高级人民法院党组成员、政治部主任　韩万军

新疆维吾尔自治区高级人民法院党组成员、副院长　周　川（援疆）

新疆维吾尔自治区高级人民法院党组成员、执行局局长　魏　锋

新疆生产建设兵团

新疆维吾尔自治区高级人民法院生产建设兵团分院党组书记、院长　张永江

新疆维吾尔自治区高级人民法院生产建设兵团分院党组成员、政治部主任　王建新

新疆生产建设兵团纪委监委驻兵团法院纪检监察组组长、兵团分院党组成员　方佟曙

新疆维吾尔自治区高级人民法院生产建设兵团分院党组成员、副院长　张　凡

新疆维吾尔自治区高级人民法院生产建设兵团分院党组成员、副院长　牛明智

新疆维吾尔自治区高级人民法院生产建设兵团分院党组成员、副院长　仇晓敏（援疆）

新疆维吾尔自治区高级人民法院生产建设兵团分院党组成员、副院长　王启全

新疆维吾尔自治区高级人民法院生产建设兵团分院审判委员会专职委员　杨　青

表彰名录

最高人民法院2023年度先进集体和个人名单

一、年度考核奖励

1. 记三等功部门

政治部、赔偿委员会办公室、审判管理办公室

2. 记三等功处室

民事审判第一庭综合办公室、第四巡回法庭诉讼服务中心、第六巡回法庭诉讼服务中心、第六巡回法庭综合办公室

3. 嘉奖部门

刑事审判第一庭、刑事审判第四庭、环境资源审判庭、执行局、研究室、督察局、机关党委、新闻局、第五巡回法庭、知识产权法庭、国家法官学院、人民法院出版社、机关服务中心

4. 嘉奖处室

办公厅秘书一处、办公厅院长办公室、办公厅机要处、立案庭登记四室、立案庭诉讼服务中心建设指导办公室、立案庭督导审判团队、刑事审判第二庭第七合议庭、刑事审判第二庭第四合议庭、刑事审判第三庭第二合议庭、刑事审判第三庭第五合议庭、刑事审判第五庭第七合议庭、刑事审判第五庭第二合议庭、民事审判第一庭张艳审判团队、民事审判第二庭综合办公室、民事审判第二庭第十合议庭、民事审判第三庭第一组、民事审判第三庭第七组、民事审判第四庭第五审判团队、行政审判庭综合办公室、行政审判庭王晓滨审判团队、审判监督庭综合办公室、审判监督庭刑事重案组、国际合作局司法协助处、司法行政装备管理局办公室、司法行政装备管理局机关财务处、离退休干部局综合办公室（党务工作办公室）、第一巡回法庭诉讼服务中心、第二巡回法庭综合办公室、第二巡回法庭诉讼服务中心、第三巡回法庭综合办公室、第三巡回法庭诉讼服务中心、中国应用法学研究所民商事审判研究部、人民法院新闻传媒总社办公室、人民法院新闻传媒总社总编室、人民法院新闻传媒总社新闻部、人民法院信息技术服务中心系统研发处、人民法院信息技术服务中心数据管理处

5. 记三等功个人（按姓氏笔画排序）

丁一、王邹鹏、王纳漪、王珂、王敏、王筱青、牛延佳、尹志超、艾尼瓦尔·司马义、叶苑蕾、叶欣、冯哲元、宁晟、朱静雯、任能能、刘山煸、刘芳泉、刘濛泽、祁志超、李红伟、李志芳、李钊、李英凯、李朋超、李娜、李莹莹、李晶、杨莹、何媛、张宇、张明、张建、张海鹰、张赫、陈晓、范怡倩、周睿隽、胡岩、姜远亮、袁岸乔、贾玉慧、徐小玉、

徐世超、高园、唐宁、崔英进、章文英、章政、彭云强、董斌、游美玲、翟鹏、潘洁

6. 嘉奖个人（按姓氏笔画排序）

于蒙、万挺、马成波、马光祥、马晓宇、马渊杰、王丹、王玉华、王兆伟、王庆刚、王宇锋、王兵、王妍、王卓杨、王泽江、王洋、王倩、王琪璟、王喜凤、王蒙蒙、王楠楠、王嵩、王魁、王鹏、王慧若、王璇、毛安艺、毛洁、仇彦军、方元京姝、左玉慧、石建虎、石鑫、白志晖、冯文生、巩永杰、成怡昕、毕雪、师晓东、曲晶晶、吕昕、乔希木、任杰、向海峡、向婉、刘方、刘旭、刘园园、刘明霄、刘忠伟、刘佳、刘泽、刘洁、刘哲、刘烨烨、刘琨、刘雯谦、刘然、刘新建、闫硕、闫燕、江继海、许立、许昱、许常海、孙帅琪、孙兰英、孙自中、孙阳、孙冠华、孙烨、纪凡凯、纪保义、严捷、苏国梁、苏蓓、杜圣杰、杜军燕、李小勤、李天骄、李冬、李伟、李秀丽、李亨、李林、李易忱、李知博、李佳航、李欣、李征、李朋、李玲玉、李思、李浩、李海雁、李晨、李隆达、李然、李静、李赛敏、李慧、李德慧、杨云潇、杨华、杨清惠、杨鸿、杨辉辉、肖云飞、肖丹、肖凤、肖林玲、肖辉、吴鹏、邱江、邱建辉、何君、余希、余茂玉、邹宗波、汪自洁、沈芳洲、宋晓雯、张一宸、张小洁、张东晓、张立国、张百慧、张华、张利、张妍、张若瑶、张昊权、张国锋、张佳宁、张音、张娜、张海婷、张雪明、张琼、张博、张锐（立案庭）、张锐（刑事审判第五庭）、张裕扬、张颖、张新明、张新锋、张锴、陆阳、陈中原、陈宇、陈克佳、陈君珂、陈泽宇、陈诗琦、陈晓光、陈晓欢、陈海霞、陈琨、邵成龙、苟振伟、林丽婷、林林、林法纲、欧海燕、易伟才、罗灿、罗素云、金晓、周昂、周海明、周魏巍、庞洋、郑晓飞、郑薇、单立、孟亭君、孟然、赵一佳、赵云、赵振屏、郝珊、胡世仪、柳迎春、段妍妍、段翠英、姜劭琮、姜博、费宇、姚俊萍、骆芳菲、秦帅帅、袁晓贞、袁晓峰、耿彪、栗鹏、贾传喜、夏根辉、原晓爽、徐超、徐智超、徐德芳、高利、高雨、高雪、高斌斌、郭怀希、郭凯、郭艳地、郭敬娜、唐斯斯、宾岳成、诸方卉、黄丽娟、黄哲雅、黄鹏、曹吴清、曹佳音、曹倩、盛强、常琦、崔祥莲、鹿伟玲、鹿素勋、章扬、章晓瑜、梁代杰、梁欣、梁瀚丹、琚丽娟、董昂、蒋汶静、蒋蔚、韩亚龙、韩家旻、覃子轩、景景、程韫、舒畅、谢勇、谢颖、强光明、靳毅、雷辉、雷蕾、蔡天健、蔡先禄、踪训峰、滕腾、潘允辉、潘勇锋、潘堃、薛圣海、薛美琴、薛彬睿、薛晗、魏丹

二、办案先进集体、办案标兵奖励

1. 办案先进部门

立案庭、刑事审判第五庭、民事审判第二庭、民事审判第三庭、第一巡回法庭、第六巡回法庭

2. 办案先进合议庭（审判团队）

立案庭第一合议庭、立案庭第三合议庭、立案庭第六合议庭、刑事审判第一庭第四合议庭、刑事审判第一庭第六合议庭、刑事审判第一庭第七合议庭、刑事审判第二庭第三合议庭、刑事审判第二庭第六合议庭、刑事审判第三庭第三合议庭、刑事审判第三庭第四合议庭、刑

事审判第三庭第一合议庭、刑事审判第四庭第六合议庭、刑事审判第四庭第七合议庭、刑事审判第四庭第十合议庭、刑事审判第五庭第十合议庭、刑事审判第五庭第八合议庭、刑事审判第五庭第一合议庭、民事审判第一庭汪治平审判团队、民事审判第一庭高燕竹审判团队、民事审判第一庭汪军审判团队、民事审判第二庭第十一合议庭、民事审判第二庭第二合议庭、民事审判第二庭第八合议庭、民事审判第三庭第四组、民事审判第四庭第一审判团队（马东旭团队）、环境资源审判庭第四审判团队、行政审判庭杨科雄审判团队、审判监督庭抗诉监督组、审判监督庭减刑假释组、审判监督庭民事重案组、赔偿委员会办公室第三调研指导组、执行局刘丽芳办案团队、执行局李宗诚办案团队、第二巡回法庭刘银春审判团队、第二巡回法庭马晓旭审判团队、第三巡回法庭李希审判团队、第三巡回法庭李晓云审判团队、第三巡回法庭谢爱梅审判团队、第五巡回法庭杨春审判团队、第五巡回法庭江建中审判团队、第五巡回法庭徐春鹏审判团队、第六巡回法庭第四审判团队（龚斌团队）、第六巡回法庭第五审判团队（孙茜团队）、第六巡回法庭第六审判团队（吴笛团队）、知识产权法庭第一合议庭、知识产权法庭第六合议庭、知识产权法庭第十二合议庭

3. 办案标兵（按姓氏笔画排序）

丁俊峰、马岚、马晓旭、王灯、王朝辉、孔立明、邓克珠、邓俊杰、田娟、朱宏伟、朱婧、庄慧娟、刘清启、刘颖、闫宏波、孙茜、李丽、李丽芳、李秀元、杨志华、杨卓、杨蕾、吴红权、何隽、汪雷、张志刚、张丽洁、张玲玲、张剑、陈娅、金悦、周刚、钟彦君、贾伟、徐静、徐燕、郭载宇、黄明刚、梅芳、曹刚、龚斌、崔慧、梁清、梁爽、韩锦霞、傅蕾、谢爱梅、颜峰

三、岗位能手奖励（按姓氏笔画排序）

丁烨、乞雨宁、卫倩男、马骁、马蓓蓓、王凤银、王田、王好飞、王怡、王茜、王雪梅、王曼、王猛、王紫伊、王瑞雪、王颖博、王新田、王瑶、卞志媛、左芳娇、石楚楚、冉平禁、白一然、白明娟、白爱爱、包硕、冯丽烁、邢丽娟、邢磊、朱小玲、朱晓琳、刘一霖、刘丹、刘文科、刘旭、刘宇、刘红儒、刘均部、刘芳、刘晨川、许冬冬、许锋、孙得证、孙雅婷、孙静仪、芦菲、杜继宇、杜梦、李大何、李伟凡、李伊、李芳、李沐轩、李祎童、李承运、李星、李思倩、李洁、李爱伦、李雪薇、李琦聪、李想、李赛北、杨柳新、杨艳明、杨悦、杨磊、吴君媛、何汀、佟锡尧、余艺苑、余石静、谷元元、邹涛、宋娜、张立、张帆、张伟、张军见、张国坤、张政亮、张涛、张慧鹏、张履正、陈洁、陈莹、陈致鸣、陈嘉雯、邵凯琦、邵海强、苗志超、苑子满、罗敏、岳琳、周洁、周逸、周颖佳、郑义、郑晨、房军、赵芊、赵欣瑜、赵娟、赵雪杉、郝晋琪、胡玥、胡颖、柳珊、柳凝、段玉蕤、段晓珊、修俊妍、娄益苏、钱力、倪娜、徐姝玮、徐晓敏、徐晴、黄闯、黄春福、黄家星、黄蕾、曹凯悦、曹美施、商敏、梁晓蕊、彭凯、程天健、温志红、谢蓉、增斌、潘枝峰

全国法院先进集体名单

北京市

门头沟区人民法院王平村人民法庭

密云区人民法院溪翁庄人民法庭（环境资源法庭）

北京金融法院审判第三庭

天津市

高级人民法院民事审判第二庭

第一中级人民法院刑事审判第一庭

滨海新区人民法院大沽法庭（少年法庭）

河北省

高级人民法院刑事审判第三庭

石家庄市桥西区人民法院石家庄金融法庭

唐山市丰南区人民法院刑事审判庭

大名县人民法院执行局

邢台市中级人民法院立案一庭

安新县人民法院白洋淀人民法庭

安国市人民法院执行局

张家口市中级人民法院环境保护审判庭

承德市中级人民法院政治部

廊坊市中级人民法院刑事审判第一庭

山西省

高级人民法院新闻宣传处

太原市晋源区人民法院晋阳人民法庭

平定县人民法院刑事审判庭

泽州县人民法院执行局

晋中市中级人民法院信息处

运城市中级人民法院政治部

临汾市中级人民法院家事审判庭

岚县人民法院执行局

内蒙古自治区

呼和浩特市中级人民法院未成年人案件综合审判庭

包头市九原区人民法院行政审判庭

通辽市中级人民法院审判管理办公室

鄂尔多斯市中级人民法院政治部

呼伦贝尔市中级人民法院刑事审判第一庭

乌兰察布市中级人民法院司法警察支队

兴安盟中级人民法院民事审判第四庭

辽宁省

大连市中级人民法院立案一庭

抚顺市新抚区人民法院刑事审判庭

锦州市古塔区人民法院行政（综合）审判庭

盖州市人民法院东城人民法庭

西丰县人民法院政治部

大连海事法院立案庭

辽河人民法院曙光人民法庭

吉林省

长春市中级人民法院刑事审判第二庭

四平市中级人民法院民事审判第四庭

通化市东昌区人民法院立案庭（诉讼服务中心）

长白朝鲜族自治县人民法院八道沟人民法庭

图们市人民法院政治部

黑龙江省

高级人民法院研究室

宾县人民法院宾西人民法庭

齐齐哈尔市建华区人民法院政治部

鸡东县人民法院鸡林人民法庭

鹤岗市中级人民法院执行局

佳木斯市中级人民法院刑事审判第一庭

牡丹江市中级人民法院刑事审判第二庭

海伦市人民法院立案庭

漠河市人民法院北极人民法庭

上海市

徐汇区人民法院立案庭（诉讼服务中心、诉调对接中心）

浦东新区人民法院自由贸易区法庭（自由贸易区知识产权法庭）

上海金融法院综合审判一庭

江苏省

南京市中级人民法院南京环境资源法庭

常州市武进区人民法院嘉泽人民法庭

苏州市中级人民法院未成年人案件综合审判庭

如东县人民法院洋口港人民法庭

扬州市中级人民法院执行局

句容市人民法院少年案件审判庭

南京海事法院执行局

浙江省

杭州市上城区人民法院基金小镇人民法庭

宁波市奉化区人民法院行政审判庭（综合审判庭）

温州市中级人民法院民事审判第一庭

绍兴市中级人民法院金融审判庭

台州市黄岩区人民法院立案庭（诉讼服务中心）

缙云县人民法院壶镇人民法庭

安徽省

高级人民法院研究室

合肥市包河区人民法院未成年人案件审判庭

淮北市中级人民法院政治部

安庆市中级人民法院立案庭

六安市中级人民法院刑事审判第一庭

亳州市中级人民法院民事审判第一庭

郎溪县人民法院十字铺人民法庭

福建省

高级人民法院宣传处

厦门市中级人民法院宣传教育处

三明市三元区人民法院莘口人民法庭

石狮市人民法院湖滨人民法庭

漳州市中级人民法院生态环境审判庭

江西省

高级人民法院环境资源审判庭

景德镇市珠山区人民法院竟成人民法庭

萍乡市安源区人民法院五陂人民法庭

新余市中级人民法院民事审判第二庭

鹰潭市中级人民法院立案庭

赣州市中级人民法院政治部

吉安市中级人民法院研究室

山东省

高级人民法院督察室

济南市中级人民法院行政审判庭

青岛市中级人民法院环境资源审判庭

淄博市中级人民法院刑事审判第一庭

枣庄市市中区人民法院综合办公室

潍坊市中级人民法院审判监督庭

日照市中级人民法院少年法庭

日照市岚山区人民法院巨峰人民法庭

聊城市中级人民法院再审立案庭（信访处）

菏泽市中级人民法院研究室

河南省

登封市人民法院执行局

洛阳市中级人民法院知识产权审判庭

平顶山市中级人民法院少年刑事审判庭

鹤壁市山城区人民法院立案庭（诉讼服务中心）

新乡市中级人民法院审判管理办公室

濮阳市中级人民法院民事审判第一庭

许昌市中级人民法院执行局

淅川县人民法院荆关人民法庭

永城市人民法院高庄人民法庭

信阳市中级人民法院民事审判第三庭

湖北省

十堰市中级人民法院研究室

秭归县人民法院政治部

鄂州市华容区人民法院综合办公室

沙洋人民法院综合办公室

红安县人民法院刑事审判庭

崇阳县人民法院白霓人民法庭

仙桃市人民法院龙华山人民法庭

湖南省

高级人民法院办公室

长沙市开福区人民法院湘江环境资源法庭（金霞中心法庭）

株洲市中级人民法院行政审判庭

衡东县人民法院民事审判庭

新宁县人民法院政治部

岳阳市中级人民法院司法技术室

常德市中级人民法院立案庭

郴州市中级人民法院刑事审判第一庭

广东省

韶关市武江区人民法院刑事审判庭

佛山市南海区人民法院立案庭（诉讼服务中心）

江门市中级人民法院政治处

廉江市人民法院安铺人民法庭

惠州市中级人民法院研究室

兴宁市人民法院行政审判庭

东莞市第一人民法院执行局

广州铁路运输中级法院立案庭

广州海事法院海事审判庭

广西壮族自治区

高级人民法院民事审判第一庭

柳州市中级人民法院行政审判庭

桂林市中级人民法院未成年人案件审判庭

北海市中级人民法院司法警察支队

钦州市钦北区人民法院政治部

金秀瑶族自治县人民法院桐木人民法庭

崇左市中级人民法院立案庭

海南省

三亚市中级人民法院刑事审判庭

儋州市人民法院立案庭

重庆市

武隆区人民法院仙女山人民法庭

渝中区人民法院政治部（机关党委）

重庆两江新区人民法院（重庆自由贸易试验区人民法院）综合办公室

四川省

高级人民法院审判管理办公室

成都市武侯区人民法院立案庭（诉讼服务中心）

荥县人民法院未成年人与家事案件审判庭

攀枝花市中级人民法院研究室

叙永县人民法院摩尼人民法庭

绵阳市涪城区人民法院民事审判第一庭

井研县人民法院研城人民法庭

通江县人民法院沙溪人民法庭

凉山彝族自治州中级人民法院刑事审判第一庭

成都铁路运输第一法院成都互联网法庭

贵州省

高级人民法院办公室

清镇市人民法院研究室

仁怀市人民法院刑事审判庭

安顺市中级人民法院刑事审判第二庭

毕节市中级人民法院审判监督第二庭

铜仁市中级人民法院刑事审判第一庭

云南省

高级人民法院刑事审判第一庭

昆明市中级人民法院办公室

昆明市西山区人民法院刑事审判庭

曲靖市中级人民法院少年案件审判庭

玉溪市中级人民法院审判监督庭

澜沧拉祜族自治县人民法院行政审判庭（综合审判庭）

勐腊县人民法院民事审判庭

瑞丽市人民法院涉外审判庭

西藏自治区

高级人民法院行政审判庭

拉萨市中级人民法院审判管理办公室

山南市中级人民法院执行局

巴青县人民法院立案庭（诉讼服务中心）
普兰县人民法院塔尔钦中心人民法庭

陕西省

西安市中级人民法院民事审判第四庭
铜川市印台区人民法院陈炉人民法庭
武功县人民法院刑事审判庭
榆林市中级人民法院办公室
安康市中级人民法院审判管理办公室
商洛市商州区人民法院沙河子人民法庭
西安铁路运输中级法院环境资源审判庭

甘肃省

高级人民法院立案一庭
兰州市西固区人民法院福利路人民法庭
金昌市中级人民法院政治部
白银市中级人民法院审判管理办公室
静宁县人民法院雷大人民法庭
庆阳市中级人民法院刑事审判第二庭

青海省

高级人民法院刑事审判第一庭
西宁市城北区人民法院执行局
互助土族自治县人民法院双树人民法庭

宁夏回族自治区

永宁县人民法院闽宁人民法庭
固原市中级人民法院研究室
新疆维吾尔自治区
高级人民法院刑事审判第一庭
乌鲁木齐市中级人民法院乌鲁木齐知识产权法庭
昌吉回族自治州中级人民法院行政审判庭
喀什地区中级人民法院刑事审判第二庭
福海县人民法院喀拉玛盖人民法庭
库尔勒铁路运输法院立案庭

解放军

乌鲁木齐军事法院第一审判庭
中部战区军事法院民事审判庭
新疆生产建设兵团
阿拉尔垦区人民法院刑事审判庭
第二师中级人民法院立案庭

全国法院先进个人名单

北京市

姜巍巍（女） 高级人民法院政治部组宣处副处长
司　可（女） 东城区人民法院司法警察大队三级警长
温晓汾（女） 朝阳区人民法院民事审判二庭副庭长
李雪鹏　顺义区人民法院综合审判庭书记员
周丽婷（女） 北京知识产权法院技术调查室副主任

天津市

张　玉（女） 和平区人民法院立案庭书记员
李月辉　西青区人民法院李七庄人民法庭副庭长
朱福亮　第二中级人民法院督察室副主任
康　扬（满族） 东丽区人民法院司法警察大队副大队长

河北省

刘　鹏　高级人民法院民事审判第二庭法官助理
张海亮　唐山市中级人民法院执行局执行指挥中心副主任
张金政　秦皇岛市中级人民法院立案一庭庭长
周若茵（女） 宁晋县人民法院政治部副主任
徐　帅（女） 涞水县人民法院义安人民法庭庭长
张少卿　阳原县人民法院立案庭庭长

付相如　承德市中级人民法院督察室主任
李　智　沧州市新华区人民法院审判委员会专职委员
卢华伟　衡水市中级人民法院办公室主任

山西省

赵　昊　大同市云冈区人民法院副院长
韩旭辉　长治市潞州区人民法院原审判员
王秀华（女）　怀仁市人民法院刑事审判庭庭长
张改兰（女）　忻州市中级人民法院政治部法官管理处处长
斛艳艳（女）　吕梁市中级人民法院机关党委办公室主任
张雳冰　太原铁路运输中级法院政治部副主任

内蒙古自治区

杨文辉　高级人民法院政治部法官管理处副处长
许亚龙　乌海市中级人民法院信息技术司法辅助办公室主任
张子孝　克什克腾旗人民法院综合办公室主任
许　承　乌拉特前旗人民法院审判委员会专职委员
夏　敏（女）　锡林郭勒盟中级人民法院立案一庭书记员
姚宏波（蒙古族）　通辽铁路运输法院综合审判庭副庭长

辽宁省

王维鑫（满族）　高级人民法院组织人事处四级调研员
杨阳阳　沈阳市中级人民法院信访工作办公室法官助理
胡英杰（女）　鞍山市中级人民法院组织人事科科长
林　琳（女）　丹东市中级人民法院审判管理办公室副主任
明良业　阜新市中级人民法院宣传科（新闻中心）主任
刘丹宁（女）　灯塔市人民法院政治处副主任
刘泽森　朝阳县人民法院羊山人民法庭庭长
王晶晶（女，满族）　建昌县人民法院立案庭（诉讼服务中心）庭长

吉林省

刘梦琦　长春市南关区人民法院执行局法官助理
韦宝立　吉林市中级人民法院司法行政装备管理处副处长
李文东　辽源市龙山区人民法院刑事审判庭庭长
杨秋实（女）　前郭尔罗斯蒙古族自治县人民法院行政审判庭庭长
徐岩松　白城市中级人民法院立案二庭法官助理

黑龙江省

郭　涛　双鸭山市中级人民法院研究室副主任
闫善辉　大庆市中级人民法院机关党委专职副书记
张秋妍（女）　伊春市中级人民法院立案一庭庭长
王洪洋　七台河市新兴区人民法院政治部副主任
田　波　嫩江市人民法院立案庭副庭长
王旭成　哈尔滨铁路运输中级法院司法行政装备管理处副处长
高丽丽（女）　林区中级人民法院综合办公室副主任
李　娜（女）　绥北人民法院嘉荫人民法庭庭长

上海市
陆　诚（女）　高级人民法院信息管理处处长
朱　奇　第一中级人民法院司法行政装备处（信息管理处）信息管理一科科长
颜娉婷（女）　金山区人民法院司法警察大队三级警长
白　云（女）　静安区人民法院未成年人与家事案件综合审判庭副庭长
黄菲菲（女）　崇明区人民法院陈家镇人民法庭庭长
江苏省
刘　军　高级人民法院行政审判庭副庭长
邹　钢　高级人民法院办公室副主任
柯菲菲（女）　无锡市锡山区人民法院诉讼服务中心副主任
王　震　睢宁县人民法院刑事审判庭庭长
张宝玲（女）　连云港市连云区人民法院综合办公室主任
郑学记　淮安市中级人民法院司法警察支队支队长
徐刘根　东台市人民法院三仓人民法庭庭长
徐　佼（女）　泰州市中级人民法院刑事审判第一庭副庭长
李双才　宿迁市中级人民法院综合处处长
浙江省
黄绍兵　建德市人民法院司法警察大队副大队长
王咏梅（女）　宁海县人民法院司法警察大队一级警长
钱慧智（女）　嘉兴市中级人民法院审判管理处副处长
许婷婷（女）　湖州市中级人民法院环境资源审判庭庭长
吴霞林（女）　东阳市人民法院巍山人民法庭庭长
王俪婧（女）　衢州市柯城区人民法院民事审判二庭（巡回法庭）副庭长
纪燕玲（女）　舟山市中级人民法院办公室主任
孔　昱（女）　宁波海事法院办公室主任
安徽省
汪　飚　高级人民法院政治部组织人事处二级主任科员
张清龄（女）　芜湖市中级人民法院技术处副处长
陈栋梁　蚌埠市中级人民法院研究室法官助理
朱启凡（女）　淮南市中级人民法院离退休科科长
周冰一（女）　当涂县人民法院副院长
唐　超（女）　滁州市南谯区人民法院乌衣人民法庭庭长
薄同辉　宿州市中级人民法院司法警察支队三级警长
福建省
林孔亮　闽侯县人民法院副院长
李冠鑫　莆田市中级人民法院研究室副主任
张廷贵　南平市中级人民法院武夷新区巡回法庭副庭长
王雪勇　龙岩市中级人民法院司法警察支队副政委
范陈鑫　宁德市中级人民法院司法警察支队副政委
余洪峰　厦门海事法院政治部副主任
江西省
胡　强　南昌市中级人民法院办公室副主任
赵滨滨　湖口县人民法院立案庭庭长
雷珑婕（女）　宜春市中级人民法院审判管理办公室主任
吴水松　抚州市中级人民法院政治部副主任

郑　彬　上饶市中级人民法院立案一庭法官助理

山东省

姜晓艳（女）　东营市中级人民法院组织人事处处长

郭宏伟　烟台市中级人民法院研究室主任

陆　宾　济宁市中级人民法院信息宣传处副处长

牛　春（女）　泰安市泰山区人民法院岱庙人民法庭庭长

孙文星　乳山市人民法院滨海新区人民法庭庭长

袁　军　临沭县人民法院司法警察大队大队长

王炳申　滨州市滨城区人民法院立案庭原审判员

徐　宏（女）　济南铁路运输法院综合审判庭副庭长

牛　萌（女）　青岛海事法院研究室副主任

鞠吉瑞　山东法官培训学院教学部副教授

河南省

陈　琼（女）　高级人民法院司法技术鉴定处副处长

王松洋（女）　郑州市中级人民法院审判管理办公室副主任

李　冰　杞县人民法院副院长

李瑞增　安阳市中级人民法院办公室主任

武丽娟（女）　焦作市中级人民法院民事审判第三庭副庭长

楚军辉　漯河市中级人民法院办公室主任

郭丽莎（女）　三门峡市中级人民法院民事审判第四庭副庭长

李　静（女）　周口市中级人民法院刑事审判第一庭庭长

任蕴力　驻马店市中级人民法院民事审判第四庭副庭长

张林丰　济源市人民法院宣传教育科科长

湖北省

余　杰　武汉市中级人民法院研究室主任

阮　缘（女）　黄石市西塞山区人民法院政治部副主任

孙晓云（女）　襄阳市中级人民法院研究室法官助理

李　卿　荆门市掇刀区人民法院综合办公室主任

余穗军（女）　汉川市人民法院审判管理办公室（研究室）主任

王俊辉　荆州市中级人民法院研究室副主任

熊　清（女）　随县人民法院审判管理办公室（研究室）主任

程　璟　来凤县人民法院刑事审判庭法官助理

湖南省

蒋　琳　高级人民法院立案信访局副局长

尹　静（女）　湘潭市中级人民法院新闻信息科科长

周小晖（女，土家族）　张家界市中级人民法院审判管理办公室主任

沈斯彦（满族）　益阳市中级人民法院政治部副主任

刘姣丽（女）　永州市中级人民法院政治部宣传教育科副科长

魏维志（侗族）　通道侗族自治县人民法院副院长

曾宪华　娄底市中级人民法院执行局副局长

向　昉（女，土家族）　湘西土家族苗族自治州中级人民法院刑事审判第一庭审判员

广东省

李民韬　高级人民法院民事审判第四庭审判员

罗雅之（女，苗族）　广州市中级人民法院机关党委办公室法官助理

何远彬　深圳市龙华区人民法院刑事审判庭庭长
朱祖永　高州市人民法院金山人民法庭庭长
彭静雯（女）　四会市人民法院审判管理办公室（研究室）主任
姚秋福　阳西县人民法院政治部副主任
钟计瑞　英德市人民法院司法警察大队教导员
陈燕飞（女）　潮州市中级人民法院立案庭法官助理
谢保明　广州知识产权法院著作权审判庭法官助理

广西壮族自治区

吴　昊　南宁市兴宁区人民法院综合办公室一级科员
谢　康　梧州市中级人民法院刑事审判第一庭庭长
梁海冰　贵港市覃塘区人民法院司法警察大队大队长
谭展悦（女）　玉林市福绵区人民法院审判管理办公室（研究室）主任
黄　佶　贺州市八步区人民法院政治部主任
苏　嘉（瑶族）　河池市中级人民法院研究室副主任
陆英涛（壮族）　北海海事法院海商审判庭庭长

海南省

陈　茵（女）　海口市龙华区人民法院刑事审判庭法官助理
蔡预红（女，苗族）　屯昌县人民法院执行局局长

重庆市

张　伟　高级人民法院信息技术管理处处长
王慧群　江北区人民法院立案庭（诉讼服务中心）庭长
温春来　云阳县人民法院南溪人民法庭庭长
刘津坤　第四中级人民法院研究室（审判管理办公室）法官助理
钟丽君（女）　第五中级人民法院办公室宣传科科长

四川省

张　月（女）　高级人民法院办公室四级调研员
李　敏（女）　广元市中级人民法院审判委员会专职委员
青小丁（女）　遂宁市中级人民法院行政审判庭庭长
毛　刚　阆中市人民法院政治部主任
陈建强　眉山市中级人民法院办公室二级主任科员
贺　毳（女）　广安市中级人民法院执行局执行二处副处长
高玉丹（女）　天全县人民法院诉讼服务中心主任
朱　璐（女，藏族）　阿坝藏族羌族自治州中级人民法院政治部教育培训处处长
苟　刚　泸定县人民法院司法警察大队三级警长

贵州省

吴昌奇　高级人民法院政治部人事处二级主任科员
龙怀翔　六盘水市中级人民法院司法警察支队副支队长
肖敬贤　遵义市中级人民法院执行局法官助理
孙鲁霞（女）　施秉县人民法院副院长
孟锦雄（毛南族）　黔南布依族苗族自治州中级人民法院对外宣传科副科长

云南省

李　昱（女，傣族）　临沧市中级人民法院政治部一级科员
钟　磊　楚雄市人民法院副院长

陈玉莹（女） 蒙自市人民法院民事审判二庭审判员

李　富（彝族） 文山壮族苗族自治州中级人民法院政治部组织人事科科长

何　洪　南涧彝族自治县人民法院政治部主任

龙　汐（女） 昆明铁路运输中级法院研究室法官助理

西藏自治区

旦增朗珠（藏族） 拉孜县人民法院政治部副主任

王志钰　昌都市中级人民法院民事审判第二庭庭长

田　峰　波密县人民法院副院长

陕西省

苏　靖　高级人民法院司法技术室副主任

李国良　西安市雁塔区人民法院刑事审判庭副庭长

杜　彦　宝鸡市金台区人民法院副院长

亢俊谦　渭南市中级人民法院研究室法官助理

徐坤森　子长市人民法院民事审判庭庭长

王克琴（女） 汉中市汉台区人民法院政治部三级主任科员

甘肃省

董　浩　天水市中级人民法院法医技术室主任

杨　德　武威市凉州区人民法院督察室三级主任科员

夏丽萍（女） 定西市中级人民法院立案庭副庭长

董仓荣（藏族） 永靖县人民法院司法警察大队一级警司

余　敏（女） 兰州铁路运输法院政治部一级主任科员

青海省

徐开玉（女） 西宁市城东区人民法院执行局法官助理

班玛才昂仁增（藏族） 班玛县人民法院政治部主任

赵　琰（女） 格尔木市人民法院河西人民法庭庭长

宁夏回族自治区

马　磊（回族） 高级人民法院司法技术管理处一级主任科员

尤兆林（回族） 石嘴山市中级人民法院政治处副主任

买小林（回族） 同心县人民法院执行局局长

新疆维吾尔自治区

王昕彤（女） 高级人民法院研究室（少年审判庭）审判员

刘庆羽　克拉玛依市中级人民法院司法警察支队副支队长

古丽皮亚·热合木吐拉（女，维吾尔族） 吐鲁番市中级人民法院办公室副主任

曼司亚（女，哈萨克族） 巴里坤哈萨克自治县人民法院立案庭副庭长

康彦军　阿克苏地区中级人民法院政治部三级主任科员

艾尔帕提·阿布都尔斯力（维吾尔族） 察布查尔锡伯自治县人民法院海努克人民法庭庭长

解放军

吴　鑫　解放军军事法院刑事审判庭审判员

毛贤伟（土家族） 南部战区军事法院刑事审判庭庭长

新疆生产建设兵团

杨　璐　第四师中级人民法院办公室副主任

孙　仪（女） 五家渠垦区人民法院综合审判庭庭长

全国三八红旗手
（最高人民法院推荐）

阿依努尔·阿不力米提（女，维吾尔族） 新疆维吾尔自治区高级人民法院政治部副主任、老干部处处长

刘琳琳（女） 最高人民法院刑事审判第二庭审判员

全国巾帼建功标兵
（最高人民法院推荐）

罗　兰（女） 北京市东城区人民法院刑事审判庭副庭长

俞水娟（女） 江苏省苏州市中级人民法院国际商事审判庭（苏州国际商事法庭）庭长

陈玲玲（女） 福建省惠安县人民法院城关人民法庭副庭长

肖　凤（女） 最高人民法院刑事审判第一庭审判员

全国巾帼文明岗
（最高人民法院推荐）

河北省承德市中级人民法院未成年人案件综合审判庭

云南省红河哈尼族彝族自治州中级人民法院民事审判第一庭

全国五一劳动奖章
（最高人民法院推荐）

陈俊民 最高人民法院机关党委机关纪委案件审理室主任

全国最美家庭
（最高人民法院推荐）

云南省楚雄市人民法院民事审判第一庭庭长段莉萍家庭

2022 年中国版权金奖保护奖
（最高人民法院推荐）

北京知识产权法院审判监督庭

2022年度查处重大侵权盗版案件有功单位
（最高人民法院推荐）

最高人民法院民事审判第三庭第五调研组

2022年度查处重大侵权盗版案件有功个人
（最高人民法院推荐）

张　赫　最高人民法院民事审判第三庭二级高级法官助理

第十届“全国杰出青年法学家”提名奖
（最高人民法院推荐）

喻海松　最高人民法院研究室刑事处处长

法院系统第21届全国青年文明号

二星级全国青年文明号

浙江省杭州市余杭区人民法院执行局

安徽省蚌埠市中级人民法院立案一庭

湖北省武汉市江汉区人民法院民意街人民法庭

广东省佛山市南海区人民法院立案庭（诉讼服务中心）

海南省澄迈县人民法院老城人民法庭

四川省成都市龙泉驿区人民法院十陵人民法庭

一星级全国青年文明号

北京市顺义区人民法院刑事审判庭

天津市和平区人民法院民事审判第二庭

内蒙古自治区包头市中级人民法院诉讼服务中心

黑龙江省集贤县人民法院执行局

上海市第二中级人民法院研究室（审判管理办公室）

上海市长宁区人民法院商事审判庭（互联网案件审判庭）

江苏省淮安市清江浦区人民法院少年及家事审判庭

福建省厦门市中级人民法院厦门金融司法协同中心

江西省九江市柴桑区人民法院沙河人民法庭

山东省梁山县人民法院立案庭

河南省平顶山市中级人民法院研究室

重庆市长寿区人民法院长寿湖人民法庭

陕西省西安市未央区人民法院司法警察大队

宁夏回族自治区银川市兴庆区人民法院立案庭

西藏自治区林芝市中级人民法院立案庭（诉讼服务中心）

最高人民法院办公厅秘书一处

全国维护妇女儿童权益先进集体
（最高人民法院推荐）

最高人民法院赔偿办第三调研指导组

最高人民法院新闻传媒总社新媒体部

全国维护妇女儿童权益先进个人
（最高人民法院推荐）

翁彤彦（女） 最高人民法院刑一庭二级高级法官

徐　上（女） 最高人民法院民事审判第一庭二级法官助理

熊寿伟（女） 最高人民法院机关党委群团部一级主任科员

全国绿化模范单位
（最高人民法院推荐）

最高人民法院机关服务中心物业部

2020—2021 年度全国平安医院建设表现突出集体
（最高人民法院推荐）

北京市西城区人民法院民事审判一庭

天津市和平区人民法院民事审判第一庭

河北省邢台市中级人民法院民事审判第一庭

山西省太原市杏花岭区人民法院中涧河人民法庭

内蒙古自治区通辽市中级人民法院民事审判第二庭
辽宁省鞍山市铁东区人民法院民事审判第一庭
吉林省延边朝鲜族自治州中级人民法院民商事繁案审判第一团队
黑龙江省东方红人民法院民事审判庭
上海市徐汇区人民法院民事审判庭
江苏省南通市中级人民法院民事审判第一庭
浙江省平湖市人民法院民事审判一庭
安徽省池州市贵池区人民法院杏花村人民法庭
福建省建宁县人民法院民事审判庭
江西省南昌市东湖区人民法院民事审判第一庭
山东省青岛市市北区人民法院海云人民法庭
河南省洛阳市西工区人民法院民事审判庭
湖北省武汉市江汉区人民法院民事审判第一庭
湖南省长沙市中级人民法院民事审判第一庭
广东省广州市中级人民法院民事审判庭
广西壮族自治区南宁市青秀区人民法院伶俐人民法庭
海南省海口市美兰区人民法院医疗纠纷法庭
四川省成都市武侯区人民法院晋阳人民法庭（医疗法庭）
贵州省遵义市红花岗区人民法院刑事审判庭
云南省昆明市西山区人民法院民事审判一庭
西藏自治区拉萨市中级人民法院民事审判四庭
陕西省西安市高陵区人民法院刑事审判庭
甘肃省兰州市城关区人民法院渭源路人民法庭
青海省西宁市中级人民法院少年案件审判庭
宁夏回族自治区彭阳县人民法院刑事审判庭
新疆维吾尔自治区昌吉市人民法院民事审判一庭
新疆生产建设兵团分院第三师中级人民法院民事审判庭

2020—2021 年度全国平安医院建设表现突出个人
（最高人民法院推荐）

白　松（女）　北京市第二中级人民法院民事审判第二庭审判员

李　岩（女）　天津市高级人民法院刑事审判第一庭审判员

田保俊　河北省邯郸市中级人民法院第四民事审判团队审判员

杨春燕（女）　山西省太原市迎泽区人民法院东太堡人民法庭庭长

吉日嘎拉赛汗（女，蒙古族）　内蒙古自治区呼伦贝尔市海拉尔区人民法院民事审判庭副庭长

高　悦（女）　辽宁省沈阳市中级人民法院民事审判第一庭审判员

李　和　吉林省长春市朝阳区人民法院清和人民法庭审判员

于清春　黑龙江省肇东市人民法院民事审判第一庭庭长

陈海峰　上海市杨浦区人民法院民事审判庭副庭长

贡永红（女）　江苏省南京市中级人民法院民事审判第一庭庭长

朱旭东（女）　浙江省杭州市上城区人民法院民事审判一庭审判员

史源明　安徽省铜陵市铜官区人民法院民事审判一庭审判员

刘建发　福建省厦门市思明区人民法院滨海人民法庭审判员

汪军太　江西省鹰潭市月湖区人民法院审判委员会委员

刘继英　山东省济南市中级人民法院民事审判第四庭副庭长

井柏年　河南省郑州市二七区人民法院民事审判第一庭副庭长

李　微　湖北省襄阳市襄城区人民法院卧龙人民法庭庭长

黄爱武　湖南省株洲市芦淞区人民法院民事审判庭庭长

钟　华（女）　广东省深圳市中级人民法院刑事审判第一庭副庭长

傅馨慧（女）　广西壮族自治区柳州市城中区人民法院民事审判庭副庭长

杨浩恺　海南省海口市美兰区人民法院医疗纠纷法庭法官助理

胡智勇　重庆市第五中级人民法院民事审判第一庭副庭长

陈　曼（女）　四川省眉山市东坡区人民法院审判委员会专职委员

宗　星（女）　贵州省安顺市西秀区人民法院民事审判二庭审判员

曹雯靖超（女，白族）　云南省维西傈僳族自治县人民法院立案庭庭长

旦增桑珠（藏族）　西藏自治区林芝市巴宜区人民法院百巴法庭庭长

马利群　陕西省西安市碑林区人民法院民事审判第一庭庭长

董雪莉（女）　甘肃省甘谷县人民法院民事审判庭负责人

吕全英（女）　青海省西宁市城西区人民法院民事审判庭审判员

宋　乔　宁夏回族自治区银川市兴庆区人民法院民事审判第三庭审判员

潘　涛　新疆维吾尔自治区乌鲁木齐市中级人民法院民事审判第一庭审判员

王圣佳　新疆生产建设兵团哈密垦区人民法院副院长

王　鹏　最高人民法院民事审判第一庭法官助理

治理重复信访、化解信访积案专项工作优秀集体
（最高人民法院推荐）

最高人民法院立案庭民事审判团队

最高人民法院第四巡回法庭诉讼服务中心

治理重复信访、化解信访积案专项工作优秀个人
（最高人民法院推荐）

宁　晟　最高人民法院立案庭二级高级法官

王　珅　最高人民法院第三巡回法庭三级高级法官

2022年度知识产权保护工作成绩突出集体
（最高人民法院推荐）

北京市高级人民法院民事审判第三庭

北京知识产权法院审判第三庭

天津市高级人民法院民事审判第三庭（知识产权审判庭）

河北省高级人民法院民事审判第三庭

辽宁省沈阳市中级人民法院知识产权审判庭

上海市高级人民法院知识产权审判庭

上海市浦东新区人民法院知识产权审判庭

江苏省高级人民法院民事审判第三庭

江苏省南京市中级人民法院知识产权审判庭

浙江省嘉兴市中级人民法院知识产权审判庭

浙江省湖州市中级人民法院民事审判第三庭

安徽省高级人民法院民事审判第三庭

福建省高级人民法院民事审判第三庭

江西省高级人民法院民事审判第三庭

山东省高级人民法院民事审判第三庭（知识产权审判庭）

河南省高级人民法院民事审判第三庭

湖北省武汉市中级人民法院武汉知识产权审判庭

湖南省长沙市中级人民法院长沙知识产权法庭

广东省高级人民法院民事审判第三庭

广州知识产权法院专利审判庭

广西壮族自治区柳州市中级人民法院民事审判第三庭

重庆市高级人民法院民事审判第三庭

四川省高级人民法院民事审判第三庭

云南省昆明市中级人民法院知识产权审判庭

陕西省高级人民法院民事审判第三庭

2022 年度知识产权保护工作成绩突出个人
（最高人民法院推荐）

王栖鸾（女，回族） 北京市海淀区人民法院民事审判五庭（知识产权审判庭）副庭长

朱　阁（女） 北京互联网法院综合审判一庭副庭长

王颖鑫　天津市第三中级人民法院天津知识产权法庭副庭长

闫　涛　天津市滨海新区人民法院北塘中关村科技园中心法庭（互联网法庭）审判员

宋　菁（女） 河北省高级人民法院民事审判第三庭审判员

梁志斌　河北省廊坊市中级人民法院民事审判第一庭副庭长

凌　宇　山西省高级人民法院知识产权审判庭庭长

白海荣（女，蒙古族） 内蒙古自治区高级人民法院民事审判第三庭审判员

贺立春（女） 辽宁省高级人民法院民事审判第三庭审判员

王立媛（女） 辽宁省大连市中级人民法院民事审判第四庭副庭长

谷　娟（女） 吉林省高级人民法院民事审判第三庭（知识产权庭）副庭长

付兴驰（女） 黑龙江省高级人民法院民事审判第三庭审判员

张　莹（女） 上海市高级人民法院知识产权审判庭审判员

陈瑶瑶（女） 上海知识产权法院知识产权综合审判一庭审判员

陆　超　江苏省无锡市中级人民法院知识产权审判庭庭长

徐飞云（女） 江苏省苏州市中级人民法院知识产权审判庭副庭长

王亦非（女） 浙江省高级人民法院民事审判第三庭庭长

陈　晴（女） 浙江省宁波市中级人民法院宁波知识产权法庭庭长

许　琛（女） 安徽省合肥市中级人民法院合肥知识产权法庭审判员

黄晶晶（女） 安徽省芜湖经济技术开发区人民法院知识产权涉外民商事审判庭庭长

潘　筝　福建省福州市中级人民法院知识产权审判庭副庭长

林　勤（女） 福建省厦门市中级人民法院知识产权审判庭审判员

胡志勇　江西省景德镇市中级人民法院民事审判第三庭副庭长

刘军生　山东省济南市中级人民法院知识产权法庭庭长

纪晓昕（女）　山东省青岛市中级人民法院知识产权法庭庭长

赵健良（女）　河南省郑州市中级人民法院知识产权综合审判庭庭长

杨　楚（女）　河南省洛阳市中级人民法院知识产权审判庭庭长

吴如玉（苗族）　湖北省宜昌市中级人民法院民事审判第三庭副庭长

陈淑娟（女）　湖北省襄阳市中级人民法院知识产权审判庭副庭长

曾志燕（女，土家族）　湖南省高级人民法院民事审判第三庭审判员

刘殳扬　湖南省郴州市中级人民法院民事审判第三庭审判员

蒋筱熙（女）　广东省深圳市中级人民法院深圳知识产权法庭副庭长

邓丹云（女）　广州互联网法院综合审判二庭庭长

陈雪娇（女，彝族）　广西壮族自治区高级人民法院民事审判第三庭法官助理

李　婕（女）　海南自由贸易港知识产权法院审判事务部审判员

罗静怡（女）　海南自由贸易港知识产权法院审判第一庭审判员

张　琰（女）　重庆市第一中级人民法院民事审判第三庭（重庆知识产权法庭）审判员

杨晓玲（女）　重庆两江新区人民法院（重庆自由贸易试验区人民法院）知识产权审判庭庭长

杨　丽（女，彝族）　四川省高级人民法院民事审判第三庭庭长

范艾玓（女）　四川省成都市中级人民法院成都知识产权法庭审判员

白　帆　贵州省高级人民法院民事审判第三庭副庭长

沈　灵（女，傣族）　云南省高级人民法院知识产权审判庭副庭长

慕艳梅（女）　西藏自治区高级人民法院民事审判第三庭审判员

李　文　陕西省高级人民法院民事审判第三庭法官助理

李沫雨（女）　陕西省西安市中级人民法院知识产权法庭审判员

刘锦辉　甘肃省高级人民法院民事审判第三庭副庭长

李静萍（女）　青海省西宁市中级人民法院知识产权审判庭庭长

胡春燕（女）　宁夏回族自治区银川市中级人民法院民事审判第三庭审判员

卢　敏（女）　新疆维吾尔自治区乌鲁木齐市中级人民法院民事审判第三庭庭长

邹永梅（女）　新疆生产建设兵团第十二师中级人民法院民事审判第二庭庭长